LORENZ

Leitfaden – Band 2

Der Name **LORENZ**, seit langem ein Markenzeichen für die Ausbildung im Speditions- und Logistikgewerbe, steht für *Wilhelm Lorenz* (1898-1988), den Begründer dieses Lehrwerkes.

Die erste Ausgabe des Leitfadens erschien 1953. Seitdem wurde das Werk ständig aktualisiert und erweitert (von 1978 bis 2008 unter der Federführung von *Willy Korf,* seit 2009 von *Thorsten Hölser*).

Wilhelm Lorenz

Leitfaden für Spediteure und Logistiker in Ausbildung und Beruf

Band 2

17. Auflage 2009

Herausgegeben von

Thorsten Hölser

Unter Mitarbeit von

Hans-Jürgen Bleihauer, Jörg Fiedler,
Frank Huster, Nadja Kammerzell,
Martin Livonius, Dirk Lohre, Axel Salzmann,
Sabine Stork, Richard Stüwe, Hubert Valder,
Kurt E. Wald, Klaus Zänker

DVV Media Group |
Deutscher Verkehrs-Verlag

Bibliographische Information der Deutschen Bibliothek:
Die Deutsche Bibliothek verzeichnet diese Publikation in der
Deutschen Nationalbibliographie; detaillierte bibliographische Daten
sind im Internet unter http://dnb.ddb.de abrufbar.

ISBN 978-3-87154-400-2

DVV Media Group GmbH |
Deutscher Verkehrs-Verlag GmbH
Nordkanalstraße 36
20097 Hamburg
Telefon: 040 23714-01
Telefax: 040 232550
Internet: www.dvz.de
E-Mail: leserservice@dvz.de

Printed in Germany
Satz: Verlag
Druck:
Kessler Druck + Medien
86399 Bobingen

Geleitwort

Logistik macht Karriere. Die Logistikbranche rangiert in Deutschland in ihrer wirtschaftlichen Bedeutung mittlerweile an dritter Stelle. Das schafft Arbeitsplätze und Wachstum. Eine gute Ausbildung bildet dabei den Grundstein für den beruflichen Aufstieg und ist ein wesentlicher Baustein für den wirtschaftlichen Erfolg der Unternehmen.

Der Deutsche Speditions- und Logistikverband DSLV e.V. freut sich, dass der vorliegende **Leitfaden für Spediteure und Logistiker in Ausbildung und Beruf**, Band 2, allen bekannt als „der **LORENZ 2**" bereits in der 17. Auflage erscheint. Wir sind sicher, dass der aktualisierte Leitfaden den Auszubildenden und Weiterbildungsinteressierten in Speditions- und Logistikunternehmen eine zuverlässige Informationsquelle und ein umfassendes Nachschlagewerk sein wird.

Bonn, im November 2009

Deutscher Speditions- und Logistikverband e.V.
Präsidium und Hauptgeschäftsführung

Vorwort des Herausgebers

Die Speditions- und Logistikbranche sieht sich kontinuierlich besonderen Herausforderungen und tief greifenden Veränderungen gegenüber. Dies spiegelt sich auch in dem 2004 neu entwickelten Berufsbild

Kauffrau / Kaufmann für Spedition und Logistikdienstleistungen

wider. Auf diese Anforderungen möchte auch die neue Auflage des LORENZ Teil 2 – das Standardwerk für die berufliche Aus- und Weiterbildung – Antworten geben. Daher liegt Ihnen mit der nunmehr 17. Auflage ein nicht nur aktualisiertes, sondern in vielen Abschnitten komplett überarbeitetes Werk vor.

Der Schwerpunkt liegt hierbei im zweiten Teil auf den verkehrsträgerübergreifenden Aufgaben des Spediteurs und Logistikers. Hierzu gehören neben den Bereichen der Versicherungen, internationale Zahlungsverkehre, Informations- sowie Kommunikationstechnologien und Gefahrgut, insbesondere die Kapitel zur Logistik und Kosten- und Leistungsrechnung. Die Abschnitte Zoll und Umsatzsteuer wurden umfassend den aktuellen Entwicklungen und der neuen Rechtslage angepasst.

Das Speditions- und Logistikgewerbe hat sich in den vergangenen Jahren zu einem der wichtigsten Wirtschaftsfaktoren in der Bundesrepublik Deutschland entwickelt. Die Bedeutung der Branche spiegelt sich auch in den weiterhin wachsenden Beschäftigungszahlen wider. Verlag, Herausgeber und das Autorenteam möchten Ihnen, liebe Leser, mit der neuen Auflage des LORENZ 2 eine wichtige Hilfe in der täglichen Praxis und eine wertvolle Unterstützung in der Ausbildung an die Hand geben. Wir wünschen Ihnen viel Erfolg beim Studium dieses Lehrbuches und Nachschlagewerkes.

Abschließend möchte ich den bisherigen Herausgebern meine Anerkennung und Dank für Ihre Arbeit aussprechen. Nach dem Begründer dieses Lehrwerkes *Wilhelm Lorenz*, führte *Willy Korf* in den letzten 30 Jahren das Werk nicht nur fort, sondern entwickelte es erfolgreich weiter. In ihrem Sinne möchte ich als neuer Herausgeber dieses Standardwerk auch zukünftig weiter gestalten. Daher freue ich mich auf Hinweise sowie Anregungen und nehme auch kritische Anmerkungen der Leser jederzeit gerne entgegen (dvz-lorenz@speditionsportal.net).

Kelkheim, im November 2009

Thorsten Hölser

Inhaltsverzeichnis

Abbildungsverzeichnis

Tabellenverzeichnis

Abkürzungen

1PL	First-Party-Logistics Provider	Ap D	Appended Declaration = Ergänzende Erklärung (der Transportversicherer bei akkreditiv bed. Policen)
2PL	Second-Party-Logistics Provider		
3PL	Third-Party-Logistics Provider	APS	Allgemeines Präferenzsystem
4PL	Fourth-Party-Logistics Provider	A. R.	All Risks = alle Gefahren
		ATLAS	Automatisiertes Tarif- und Lokales Zoll-Abwicklungs-System
ABD	Ausfuhrbegleitdokument		
ABl.	Amtsblatt	AV	Allgemeine Vorschrift
ADNR	Verordnung der Beförderung gefährlicher Güter auf dem Rhein	AWV	Außenwirtschaftsverord-nung
		AZO	Allgemeine Zollordnung
ADR	Accord europeen relatif transport des marchandi-ses dangereuses par route = Europäisches Überein-kommen für die Beförde-rung gefährlicher Güter auf der Straße	**B**AFA	Bundesamt für Wirtschaft und Ausfuhrkontrolle
		BAG	Bundesamt für Güter-verkehr
		BEP	Break-even-Point (Zeit-punkt der Vollkosten-deckung)
ADS 1919	Allgemeine Deutsche Seeversicherungsbedin-gungen 1919	BFD	Bundesfinanzdirektion
		BGL	Bundesverband Güter-kraftverkehr Logistik und Entsorgung e.V.
ADSp	Allgemeine Deutsche Spediteurbedingungen		
AEO	Authorized Economic Operator = Zugelassener Wirtschaftsbeteiligter	BGBl.	Bundesgesetzblatt
		B./L.	Bill of Lading = Konossement
AES	Automated Export System	BMF	Bundesministerium der Finanzen
AIST	Arbeitsgemeinschaft zur Förderung und Entwick-lung des internationalen Straßenverkehrs		
		B./R.	Building risks = Baurisiken
AKP	afrikanische, karibische und pazifische Staaten	c.a.d.	Cash against documents = Zahlung gegen Dokumente
AO	Abgabenordnung	C. D.	Country damage = Landbeschädigung
a. P.	Additional premium = Zulage-Prämie		
		CFR	Cost + freight = Kosten und Fracht

c. i. f.	Cost, insurance, freight = Kosten, Versicherung, Fracht	**EC**	Extended Cover = erweiterte Deckung
c. i. f. and c.	Cost, insurance, freight and commission = Kosten, Versicherung, Fracht und Kommission	ECR	Efficient Consumer Response
		E. C. S. A.	East Coast of South America = Ostküste Südamerikas
CIP	Carriage + insurance paid to … = frachtfrei und versichert	EDI	Electronic Data Interchange (Elektronischer Datenaustausch)
CMR	Übereinkommen über den Beförderungsvertrag im internationalen Straßengüterverkehr	EDIFACT	Electronic Data Interchange For Administration, Commerce and Transport – Branchenübergreifender internationaler Standard für das Format elektronischer Daten im Geschäftsverkehr
C. N.	Cover Note = Deckungsnote		
Convs. (Cors)	Conveyances = Transportmittel		
CPT	Carriage paid to … = frachtfrei	EDL	Externer Dienstleister
		EGKS	Europäische Gemeinschaft für Kohle und Stahl
C. T. L.	Constructive Total Loss = konstruktiver Totalverlust	EGZ	Ergänzende Zollanmeldung
D/A	Documents against acceptance	EnergieStG	Energiesteuergesetz
		EPC	Electronic Product Code
DAF	Delivered at frontier = geliefert Grenze …	ERI	Einheitliche Richtlinien für Inkassi
DEQ	Delivered ex quay = geliefert ab Kai(verzollt)	ErlKN	Erläuterungen zur Kombinierten Nomenklatur
DES	Delivered ex slip … port of destination	EuGH	Europäischer Gerichtshof
D/C	Documentary Credit	EUSt	Einfuhrumsatzsteuer
DDP	Delivered duty paid = geliefert verzollt	EUStBV	Einfuhrumsatzsteuer-Befreiungsverordnung
DDU	Delivered duty unpaid = geliefert unverzollt	EVO	Eisenbahnverkehrsordnung
D/P	Documents against payment	EVZ	Externes Versorgungszentrum
d/TR	Documents against Trust Receipt	EWG	Europäische Wirtschaftsgemeinschaft
DTV 2000	Deutsche Transportversicherung / Güterversicherung ab 1.1.2000	EXW	Ex works … named place = ab Werk …
		EZT	Elektronischer Zolltarif

f. a. s.	Free alongside steamer = frei längsseits Schiff	FVG	Finanzverwaltungsgesetz
FCA	Free carrier = frei Frachtführer	f. w. d.	Freshwater damage = Süßwasserschaden
f. c. and s.	Free of capture and seizure frei von Beschlagnahme	**G.** A.	General Average = große Haverei
FCL	Full Container (Car) load = (Haus zu Haus) f. Verladung keine Verantwortung bei Carrier	GATT	Allgemeines Zoll- und Handelsabkommen (General Agreement on Tariffs and Trade)
FGO	Finanzgerichtsordnung	Gb	Gefahrgutbeauftragter
FIATA FCR	Forwarders Certificate of Reciept = Spediteur-Übernahme-Bescheinigung	GbV	Gefahrgutbeauftragtenverordnung
FIATA FCT	Forwarders Certificate of Transport = Spediteur-Transport-Bescheinigung	GDV	Gesamtverband der deutschen Versicherungswirtschaft
FIATA FBL	Negotiable Fiata Multimodul Transport Bill of Lading = Durchkonossement für kombinierte Transporte, eingeführt durch FIATA	GGVSEB	Gefahrgutverordnung Straße, Eisenbahn und Binnenschifffahrt
		GLN	Globale Lokationsnummer
		GRAI	Globale MTV-Identnummer
FIATA FWR	FIATA Warehouse Receipt = FIATA Lagerschein	GTIN	Globale Artikelidentnummer
		GüKG	Güterkraftverkehrsgesetz
FIFO	first in, first out	gVV	Gemeinsames Versandverfahren
f. o. b.	Free on board (steamer etc.) = frei an Bord		
F. O. D. abs.	Free of Damage absolutely = frei von jeglicher Beschädigung	**H.** and M.	Hull and Materials (sailing vessels) = Kasko und Zubehör
f. o. r./f. o. t.	Free on rail / free on truck = Frei (franko Waggon … genannter Abgangsort)	h. and o.	Hook and oil damage = Hakenriss und Ölschäden
		hlc	Held covered = vorläufig gedacht
F. P. A.	Free of particular average = frei von Beschädigung	H. M. etc.	Hull, Machinery etc. (steamers) = Kasko, Maschine etc.
F. P. A.u. c. b.	Free of particular average unless caused by = frei von Beschädigung außer verursacht durch		
		HS	Harmonisiertes System
		HZA	Hauptzollamt
F. r. c.	Free of reported casualty = frei von bekanntem Schaden		
FTP	File Transport Protocol		

IAEO	Internationale Atomenergie-Organisation	**L**AN	Local Area Network
IATA	International Air Transport Organization	LC	Letter of credit = Akkreditiv
ICAO	International Civil Aviation Organization	LCL	Der Verlader ist für Beladen, der Carrier für Um- oder Entladen ver-antwortlich
ICC	International Chambre of Commerce = Internationale Handelskammer	lmi-Prozesse	Leistungsmengenindu-zierte Prozesse
I.C.C.	Institute Cargo Clauses = engl. Versicherungs-bedingungen für Güter-transporte	lmn-Prozesse	Leistungsmengenneutrale Prozesse
		LOG-AGB	Allgemeine Geschäfts-bedingungen für Logistik-leistungen – Logistik-AGB
i.c.c.-A-or-C	Institute Cargo Clauses form A / form C = engl. Versicherungsbedingungen – Deckungsform A / oder C -	ltr.	Lighter = Leichter
		LVG	Luftverkehrsgesetz
IMDG-Code	International Maritime Dangerous Goods-Code	**M**DT	Mittlere Datentechnik
		MIP	Marine insurance Policy
IMO	International Maritime Organization	M.R.	Mate Receipt
		MRN	Movement Reference Number
Incoterms	International commercial Terms	MTO	Multi Modal Operater
i. o. p.	Irrespective of percentage = ohne Franchise	MTV	Mehrweg-Transportver-packung
		MÜ	Montrealer Überein-kommen
i. p.	Imaginary profit = imagi-närer Gewinn	M.V.	Motor vessel = Motorschiff
IT	Information Technology	**N**CTS	Neues Computerisiertes Transitsystem
I. V.	Increased value or Invoice value = Mehrwert oder Fakturenwert	n. d.	Non-Delivery = Nichtauslieferung
		n. r. a. d.	No risk after discharge = keine Deckung nach Entladung
j. and w. o.	Jettison and washing overboard = Seewurf u. Überbordspülen	n. r. a. l.	No risk after Landing = keine Deckung nach Landung
KN	Kombinierte Nomenklatur	NRZZ	Nomenklatur des Rates für die Zusammenarbeit auf dem Gebiet des Zollwesens
KPI	Key Performance Indica-tors (logistische Kenn-zahlen)		

NVE	Nummer der Versandeinheit	**S**. A. N. R.	Subject to approval, no risk= bis zur Genehmigung kein Versicherungsschutz
NVO	Non vessel operator = Charterer von Schiffen		
		S/C	Salvage Charges = Bergungskosten
O/d	On deck = auf Deck		
OFD	Oberfinanzdirektion	SCM	Supply-Chain-Management
OTIF	Zentralamt für den internationale Eisenbahnverkehr	s. d.	Short delivery = Minderauslieferung
		SDT	Shippers Declaration for the Transport of Dangerous Goods
P. A.	Particular Average = besondere Haverei		
		SLVS	Speditions- u. Logistik-Versicherungsschein
PAB	Produktionssynchroner Abruf		
		S. O. L.	Shipowner's Liability = Haftpflicht des Schiffseigentümers
PC	Personal Computer		
P&I	Protection & Indennity		
P. L.	Partial Loss = Teilverlust		
PML	Probable maximum loss = wahrscheinlich anzunehmender Höchstschaden	S.R. and C.C.	Strikes riots and Civil commotions = Streik, Aufruhr und bürgerliche Unruhen
PPS	Produktions-, Planungs- und Steuerungssysteme	SSCC	Serial Shipping Container Code
P. R.	Port risks = Hafenrisiken	Str.	Steamer = Dampfer
		S. V.	Sailing Vessel = Segelschiff
RFID	Radiofrequenztechnik für Identifikationszwecke	SZR	Special drawing rights (SDR) = Sonderziehungsrecht / Künstliche Währung des IWF zur Vereinfachung der Währungsumrechnung
RID	Reglement concernant le transport international ferroviaires des marchandises dangereuses = Ordnung für die internationale Eisenbahnbeförderung gefährlicher Güter		
		TARIC	Integrierter Tarif der EG
		TBL	Through Bill of Lading
		TCO	Total cost of Ownership
R. P.	Return Premium = Rückgabeprämie	Terminus a Quo	Attachment of the risk = Risikobeginn
RZZ	Rat für die Zusammenarbeit auf dem Gebiet des Zollwesens	Terminus ad T/s	Transhipment = Umladung
		Tkm	Tonnenkilometer
		T. L. O.	Total Loss only = nur gegen Totalverlust

T. P. + N. D.	Theft, Pilferage and Non-Delivery = Diebstahl, Beraubung und Nichtauslieferung	**W**. A.	With Average = mit Beschädigung
TRG neu	Transportrechtsreform- gesetz (ab 1.7.98 im HGB)	WAN	Wide Area Network
TUL-Prozesse	Transport, Umschlag, Lagerei	WoCo	World Cover = Transport- Vers. weltweit / übersee als Ergänzung zur „Schadenversicherung des SLVS"
ÜLG	Überseeische Länder und Gebiete	W. P.	Without prejudice = ohne Präjudiz
U. K.	United Kingdom = Vereinigtes Königreich (Großbritannien etc.)	**X**ML	eXtensible Markup Language
UPos.	Unterposition	XSL	eXtensible Stylesheet Language
UStG	Umsatzsteuergesetz		
UStDV	Umsatzsteuerdurchfüh- rungsverordnung	**Z**K	Zollkodex
		ZK-DVO	Zollkodex-Durchführungs- verordnung
VA	Vertrauenswürdiger Ausführer	ZLA	Zolllehranstalt
VAG	Versicherungsaufsichts- gesetz	ZM	Zusammenfassende Meldung
VBD	Versandbegleitdokument	ZollV	Zollverordnung
VDA	Verband der Automobilindustrie	ZollVG	Zollverwaltungsgesetz
		ZPLA	Zolltechnische Prüfungs- und Lehranstalt
v. o. p.	Valued as original policy = Wert wie Original-Police		
VPN	Virtual Private Network		
VSF	Vorschriftensammlung Finanzverwaltung		
VUA	Verbindliche Ursprungsauskunft		
VuB	Verbote und Beschränkungen		
VVG	Versicherungsvertrags- gesetz		
VZTA	Verbindliche Zolltarifauskunft		

1 Der Spediteur und der Zoll

Hans-Jürgen Bleihauer, Nadja Kammerzell, Richard Stüwe

1.1 Das Zollwesen in *Deutschland*

Das **Zollwesen** umfasst die Gesamtheit der institutionellen Bereiche und rechtlichen Vorschriften zur Gewährleistung von Warenbewegungen über die Zollgrenzen der *Europäischen Gemeinschaft* (vergleiche. *Art. 3 ZK*). Es berührt unmittelbar denjenigen, der aus persönlichen oder geschäftlichen Gründen Waren ein-, aus- oder durchführt. Insofern entstehen bei der Abwicklung von Speditionsleistungen im grenzüberschreitenden Bereich vielfältige Beziehungen zu Zollrecht und Zollverwaltung. **Zollwesen**

Grundsätzlich ist davon auszugehen, dass das Zollwesen in *Deutschland* zumindest hinsichtlich seiner rechtlichen Ausgestaltung als nationale Erscheinung nicht mehr existiert. Wenngleich zollrechtliche Einzelfragen noch partiell in nationalen rechtlichen Regelungen behandelt werden und auch das *Grundgesetz der Bundesrepublik Deutschland* in den *Artikeln 105, 106* und *108* prinzipielle Bestimmungen enthält, ist im gesamten Zollbereich supranationales Recht vorherrschend. Nach wie vor national organisiert ist dagegen die **Zollverwaltung** als zuständige Behörde für die Umsetzung des Zollrechts und damit als Partner für die Wirtschaft und folglich auch für den Spediteur. **Zollverwaltung**

Die Aufgabenbereiche der Zollverwaltung haben sich in den letzten Jahren erheblich verändert. Traditionelle zöllnerische Felder sind im Ergebnis weitreichender rechtlicher Vereinfachungen und vor allem auch im Resultat der engen integrativen Beziehungen der *EG*-Mitgliedsländer mehr in den Hintergrund getreten. Mit dem wachsenden Anteil der Informationstechnik bei der Kommunikation zwischen Verwaltung und am Warenverkehr Beteiligten konnten Verfahrensabläufe weiter rationalisiert werden. Das Verfahren *ATLAS* bestimmt heute im starken Maße zollrechtliche Prozesse. Mit dem *modernisierten Zollkodex* und dessen voraussichtlichem Inkrafttreten im Jahr 2013 wird ein weiterer Schritt bei der Schaffung eines effizienten und wirtschaftsfreundlichen europäischen Zollrechts geleistet. Dennoch bleiben bei allen Modernisierungen und Vereinfachungen Zollfragen für den international agierenden Spediteur ein fachlicher Kernbereich.

Heute ist die Zollverwaltung mit weiteren Aufgaben betraut, die über traditionelle zollrechtliche Verfahren hinausgehen und den Tätigkeitsbereich vieler Spediteure berühren. Das betrifft vor allem verbrauchsteuerrechtliche Fragen, die zum Beispiel beim Transport steuerbarer Waren, auch ohne Grenzüberschreitung, zu beachten sind. Hervorzuheben sind auch die Aufgaben zur Bekämpfung von Schwarzarbeit, die von der Zollverwaltung an weit über 100 Standorten wahrgenommen werden.

Zölle sind gemäß *Art. 4 Nr. 10 des Zollkodex der EG (Verordnung Nr. 2913/92 des Rates zur Festlegung des Zollkodex der Gemeinschaften, ABl. L 302/1)* Einfuhrabgaben. Der Zollanspruch ist an den Eintritt der betreffenden Ware in den Wirtschaftskreislauf der **Zölle**

Europäischen Gemeinschaft geknüpft. Nach § 3 der *Abgabenordnung (AO 1977)* sind Zölle Steuern im Sinne des Gesetzes:

(1)   *Steuern sind Geldleistungen, die nicht eine Gegenleistung für eine besondere Leistung darstellen und von einem öffentlich-rechtlichen Gemeinwesen zur Erzielung von Einnahmen allen auferlegt werden, bei denen der Tatbestand zutrifft, an den das Gesetz die Leistungspflicht knüpft; die Erzielung von Einnahmen kann Nebenzweck sein.*

(3)   *Einfuhr- und Ausfuhrabgaben nach Art. 10 Nr. 10 und 11 des Zollkodexes sind Steuern im Sinne dieses Gesetzes.*

Zölle gehören zu den indirekten Steuern. Sie belasten im Regelfall nicht denjenigen, der die Steuer zu entrichten hat, sondern werden über den Preis der Ware beim Weiterverkauf an den Endabnehmer übertragen.

Auch Verbrauchsteuern sind indirekte Steuern, da die Steuerlast grundsätzlich den Verbraucher und nicht den Hersteller oder Einführer einer verbrauchsteuerpflichtigen Ware treffen soll.

Da die bundesgesetzlich geregelten Verbrauchsteuern in der Verwaltungskompetenz der Bundeszollverwaltung liegen, werden diese öfter in den nachfolgenden Ausführungen zu beachten sein. Das nicht zuletzt deshalb, weil auch in diesem Bereich durchaus wichtige Beziehungen zur Tätigkeit des Spediteurs bestehen können.

Bei der Einfuhr gegebenenfalls zu erhebende Verbrauchsteuern sind keine Einfuhrabgaben im Sinne von *Art. 4 Nr. 10 ZK*, da es sich bei diesen um national geregelte Abgaben handelt.

Hingegen werden Abgaben, die im Rahmen der gemeinsamen Agrarpolitik bei der Einfuhr erhoben werden, von *Art. 4 ZK* erfasst.

Geschicht- Historisch sind Zölle als eine der ältesten Abgabenformen bekannt. Ursprünglich stellten
liches sie ein Entgelt für die Benutzung von Wegen, Brücken oder Märkten dar. Später standen die wirtschaftliche Überlegungen im Mittelpunkt. Der Schutzzollgedanke involviert eine Regulierung der Einfuhr von Waren mit dem Ziel, bessere Absatzbedingungen für die eigenen Produzenten zu schaffen.

Der bis in das 19. Jahrhundert in *Deutschland* vorherrschende Partikularismus und die damit in großer Zahl vorhandenen Zollschranken zwischen den Ländern behinderten erheblich den Ausbau des Handels. Besonders unter dieser Sicht war die Gründung des *Deutschen Zollvereins* im Jahre 1834 ein beachtlicher Fortschritt. Unter preußischer Führung wurden die vorhandenen Zollgrenzen innerhalb *Deutschlands* weitgehend beseitigt, womit bessere Voraussetzungen für einen wirtschaftlichen Aufschwung entstanden. Begleitet wurde dieser Prozess durch die Schaffung eines einheitlichen Zollrechts und eines Zolltarifes, wobei ebenfalls das Recht *Preußens* als Grundlage diente.

Mit der Gründung des *Deutschen Reiches* im Jahre 1871 wurde das gesamte *deutsche Reichsgebiet* ein einziges Zoll- und Handelsgebiet. Wichtigste Zollrechtsquelle war das bereits 1869 in Kraft gesetzte *Vereinszollgesetz*. Dieses wurde erst 1939 durch ein neues Zollgesetz abgelöst.

Zollrecht   Bereits in der Geschichte des **Zollrechts** ist die Differenzierung dieses Rechtsgebietes in folgende traditionelle Bereiche erkennbar:

- **Zollverfahrensrecht:** Vorschriften zur Sicherung eines bestehenden Zollanspruchs. Im Kern handelt es sich dabei um Befugnisse der Zollbehörden und Rechte sowie Pflichten der am grenzüberschreitenden Warenverkehr Beteiligten.
- **Zollschuldrecht:** Regelung der Voraussetzungen, bei deren Vorliegen eine Zollschuld entsteht.
- **Zolltarifrecht:** Festlegung der Höhe des entstehenden Zollanspruchs.

Das heutige moderne Zollrecht kennt noch weitere besondere Bereiche, wie zum Beispiel das Warenursprungs-und Präferenzrecht.

Mit der Entwicklung der zollverfahrensrechtlichen Grundlagen ging eine schrittweise Modernisierung des Zolltarifrechtes einher. Der 1902 in Kraft gesetzte *Bülow-Zolltarif*, benannt nach dem damaligen Reichskanzler *Bülow*, war erstmalig nach dem sogenannten Allzollsystem konzipiert. Das heißt, dieser Tarif erfasste jede nur denkbare Ware, auch wenn diese bislang unbekannt war. Dazu dienten damals wie heute allgemeine Vorschriften.

Die weitere Vervollkommnung des Zolltarifrechts war und ist nicht zuletzt durch die Anwendung international vereinheitlichter Warenverzeichnisse bestimmt. Namentlich der *Brüsseler Zollrat* erreichte als internationale Organisation auf dem Gebiet des Zollwesens wichtige Ergebnisse bei der weltweiten Harmonisierung zollrechtlicher Regelungsbereiche. Hervorzuheben ist dabei die Nomenklatur des *Brüsseler Zollrates*, die über einen erheblichen Zeitraum als Zolltarifschema Anwendung fand. Danach war es vor allem das *Harmonisierte System zur Bezeichnung und Codierung der Waren (HS)*, das bis in die Gegenwart als Zolltarifschema zunehmende Bedeutung erlangt. Mit ihm besteht die Möglichkeit der einheitlichen Codierung von Waren nicht nur zu zolltariflichen, sondern auch zu statistischen und anderen, zum Beispiel auch handelstechnischen Zwecken. Praktisch ist die Codierung der Waren in allen am *HS* beteiligten Ländern gleich.

Hinsichtlich der Zollsätze war im Ergebnis der Zollsenkungsrunden des *GATT* ein erheblicher Abbau zu verzeichnen. Diese Aktivitäten werden auch in jüngster Zeit durch die *Welthandelsorganisation (WTO)* kontinuierlich, wenngleich mit wechselhaftem Erfolg, fortgesetzt. Das am 1.1.1962 in Kraft getretene *Zollgesetz der Bundesrepublik Deutschland* und die dazugehörige *Allgemeine Zollordnung* bildeten den rechtlichen Rahmen für einen Zeitraum von mehr als 30 Jahren.

Die Zollrechtsentwicklung in der *Bundesrepublik* ist nicht von den Prozessen der europäischen Einigung zu trennen. Mit der Verwirklichung der *Zollunion* im Jahre 1968 wurde eine Entwicklung eingeleitet, die in der Schaffung eines europäischen Zollgesetzes, dem *Zollkodex der EG*, und seiner vollständigen Inkraftsetzung zum 1.1.1994 einen Höhepunkt erreichte.

Die Herstellung der Einheit *Deutschlands* im Jahre 1990 führte, gemessen am Umfang dieser Aufgabe, zu einer relativ reibungslosen Erweiterung des Anwendungsbereiches nationaler und gemeinschaftsrechtlicher Zollvorschriften auf das Gebiet der ehemaligen *DDR*. Zugleich wurde damit begonnen, den Wirkungsbereich der *Bundeszollverwaltung* auf die neuen Bundesländer auszudehnen. Der Abschluss dieses Prozesses brachte für die Wirtschaft im Zusammenwirken mit der Verwaltung gleiche Bedingungen wie in den alten Bundesländern. In jüngster Zeit erfolgten vor allem Maßnahmen zur Umstrukturierung der Zollverwaltung. In der Rechtsentwicklung wurde durch Nutzung der Datentechnik an weiteren Vereinfachungen gearbeitet.

Tabelle 1:

Zusammenfassung wichtiger Schritte in der Entwicklung des Zollwesens in Deutschland

1834	Gründung des *Deutschen Zollvereins*
1869	*Vereinszollgesetz*
1871	Gründung des *Deutschen Reiches* mit einheitlichem Zollgebiet
1902	*Bülow-Zolltarif*
1939	neues *Zollgesetz*
1949	Gründung der *Bundesrepublik* und der *DDR* – divergierende Zollrechtsentwicklung in den beiden deutschen Staaten
1958	Bildung der *Europäischen Wirtschaftsgemeinschaft* mit dem Ziel der Schaffung einer *Zollunion*
1962	*Bundesrepublik* und *DDR* setzen jeweils neue Zollgesetze in Kraft
1968	Verwirklichung der *Zollunion* in der *EG* und Inkraftsetzung des ersten *Gemeinsamen Zolltarifes der EG*
1990	Einheit *Deutschlands* und damit Einbeziehung der neuen Bundesländer in das Zollsystem der *EG*
1994	*Zollkodex der EG* mit *DVO*; Aufhebung der unübersichtlichen Regelungsfülle
ab 1998	strukturelle Straffung bei OFDen und HZÄ
2004	Erweiterung der *EU* und damit des territorialen Geltungsbereiches des *Zollgesetzes der Gemeinschaft* um 10 Staaten
2007	Aufnahme *Bulgariens* und *Rumäniens* in die *EU*; erneute Erweiterung des territorialen Geltungsbereiches der zollrechtlichen Regelungen der Gemeinschaft
2008	Errichtung von fünf Bundesfinanzdirektionen; Ausgliederung der Zollabteilungen aus den Oberfinanzdirektionen

Quelle: Eigene Darstellung

Grundgesetz Übergreifende Regelungen zum Zollwesen enthält das ***Grundgesetz der Bundesrepublik Deutschland (GG)***. Die einzelnen Artikel dieses Bereiches sind, ihrem finanzwirtschaftlichen Charakter folgend, im Kontext mit dem Finanzwesen formuliert.

Konkret enthält das *Grundgesetz* in *Abschnitt X* verfassungsrechtliche Regelungen des Finanzwesens wie folgt:

Art. 104 a	*Verteilung der Ausgaben auf Bund und Länder*
Art. 105	*Gesetzgebungskompetenz*
Art. 106	*Steuerverteilung*
Art. 107	*örtliches Aufkommen der Steuern und Finanzausgleich*
Art. 108	*Finanzverwaltung*
Art. 109-113	*Haushaltswirtschaft, Haushaltsplan, über- und außerplanmäßige Ausgaben, Ausgabenerhöhung und Einnahmeminderung*
Art. 114	*Rechnungslegung und Bundesrechnungshof*
Art. 115	*Kreditbeschaffung.*

Zoll- und Steueraufkommen Das *GG* bestimmt, dass alle Zölle, die Finanzmonopole, die bundesgesetzlich geregelten Verbrauchsteuern einschließlich der Einfuhrumsatzsteuer (EUSt) und die Abgaben im Rahmen der *Europäischen Gemeinschaften* durch **Bundesfinanzbehörden** verwaltet werden. Der Aufbau dieser Behörden ist durch Bundesgesetz zu regeln. Die übrigen Steuern werden durch Landesfinanzbehörden verwaltet.

Die Einnahmen aus Zöllen sind nach der Finanzverfassung der *EU* eigene Einnahmen der *EU* und werden dieser zugeführt. Die Erhebung und Verwaltung ist indes nach wie vor Angelegenheit der Zollbehörden beziehungsweise anderer zuständiger Behörden der einzelnen Mitgliedstaaten.

Das Aufkommen an Zöllen betrug 1949, im ersten Jahr nach der Währungsreform, 452,7 Mio. DM.

Die weitaus höchsten Erträge werden allerdings durch die Verbrauchsteuern, dabei vor allem die Energiesteuer, erzielt. Im Jahr 2008 waren das folgende Beträge:

Zölle	4,0 Mrd. €
Einfuhrumsatzsteuer	45,2 Mrd. €
Verbrauchsteuern	63,4 Mrd. €

(aus: www.Zoll.de)

Nach *Artikel 87 (1) GG* wird die *Bundesfinanzverwaltung* in bundeseigener Verwaltung mit eigenem Verwaltungsunterbau geführt. Der organisatorische Aufbau und die Aufgaben der *Bundesfinanzverwaltung* ergeben sich aus dem *Gesetz über die Finanzverwaltung (FVG)*, zuletzt geändert durch *Art. 6 des Gesetzes vom 10.8.2009 (BGBl. I S. 2702)*.

Regelungen zu den Aufgaben der Zollverwaltung enthält ferner das *Zollverwaltungsgesetz*.

Die Organisation und der Aufbau der **Bundeszollverwaltung** (ohne *Bundesmonopolverwaltung für Branntwein*) ist aus dem nachfolgenden Schema zu ersehen:

Behördenaufbau Zoll

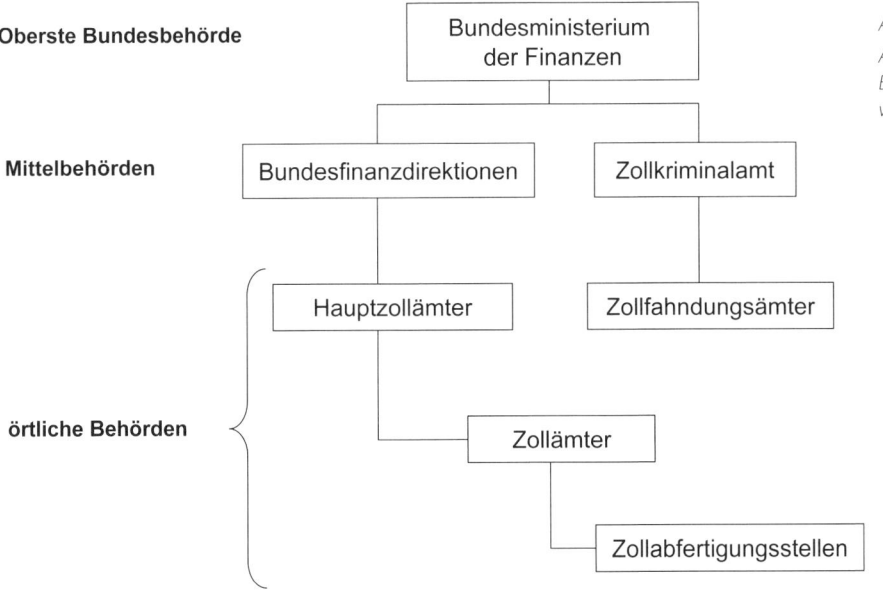

Abbildung 1: Aufbau der Bundeszollverwaltung

Quelle: Eigene Darstellung

Oberste Zollbehörde Oberste Zollbehörde ist das *Bundesfinanzministerium (BMF)*, das vom *Bundesminister der Finanzen* geleitet wird. Ihm obliegt die fachliche Leitung, die oberste Dienstaufsicht und die organisatorische Führung. Der *Bundesminister der Finanzen* hat außerdem die für die Zwecke und Aufgaben des Bundes erforderlichen Geldmittel zu beschaffen und für ihre etatmäßige Verwendung zu sorgen.

Die Zölle, Verbrauchsteuern und Monopole werden von der *Abteilung III* des *BMF* bearbeitet.

Mittelbehörden **Mittelbehörden der Bundesfinanzverwaltung** sind die *Bundesfinanzdirektionen (BFD)* und das *Zollkriminalamt*.

Jede *BFD* hat im Rahmen eines Fachpaketes spezielle fachliche Aufgaben in überregionaler Zuständigkeit. So obliegen zum Beispiel Fragen des allgemeinen Zollrechts und des Zolltarifrechtes der *BFD Nord* in *Hamburg*.

Aufgabe der *Zollfahndungsämter* ist die zentrale Bekämpfung des Schmuggels, der Verstöße gegen die Verbrauchsteuer- und Monopolgesetze und der Zuwiderhandlungen gegen das Außenwirtschafts- und Marktordnungsrecht sowie der Verstöße gegen die Verbote und Beschränkungen im grenzüberschreitenden Warenverkehr. Die *Zollfahndungsämter* sind der Kriminaldienst der Zollverwaltung. Sie sind deshalb mit den modernsten technischen Hilfsmitteln ausgestattet. Ihre Beamten sind Hilfsbeamte der Staatsanwaltschaft.

Tabelle 2:
Territoriale
Zuständigkeit
und Standorte
der Zoll- und
Bundesfinanz
direktionen

Bundesfinanzdirektion	Zuständigkeit für:	Sitz
BFD Südost	*Hauptzollämter Augsburg, Erfurt, Landshut, München, Nürnberg, Schweinfurt, Rosenheim, Regensburg*	*Krelingstraße 50 90408 Nürnberg*
BFD Mitte	*Hauptzollämter Berlin, Bielefeld, Braunschweig, Dresden, Frankfurt/ Oder, Hannover, Magdeburg, Osnabrück, Potsdam*	*Großbeerenstraße 341–345 14480 Potsdam*
BFD Nord	*Hauptzollämter Bremen, Hamburg-Hafen, Hamburg-Jonas, Hamburg-Stadt, Itzehoe, Kiel, Oldenburg, Stralsund*	*Rödingsmarkt 2 20459 Hamburg*
BFD Südwest	*Hauptzollämter Darmstadt, Heilbronn, Karlsruhe, Koblenz, Lörrach, Saarbrücken, Singen, Stuttgart, Ulm*	*Wiesenstraße 32 67433 Neustadt a.d.W.*
BFD West	*Hauptzollämter Aachen, Dortmund, Düsseldorf, Duisburg, Frankfurt/ Main-Flughafen, Gießen, Köln, Krefeld, Münster*	*Wörthstraße 1-3 50668 Köln*

Quelle: Eigene Darstellung

Eine wichtige Aufgabe erfüllen auch die ehemaligen *Zolltechnischen Prüfungs- und Lehranstalten* und die *Zolllehranstalten*. Diese wurden im Rahmen der umfangreichen strukturellen Veränderungen nunmehr Standorte des *Bildungs- und Wissenschaftszentrums der Bundesfinanzverwaltung (BWZ)* mit Hauptsitz in *Münster* und befinden sich in *Berlin, Frankfurt am Main, Hamburg, Köln* und *München*; ehemalige *Zolllehranstalten* sind als Standorte des *BWZ* in *Bremen, Freiburg, Hannover, Karlsruhe, Krefeld-Uerdingen*

(*Düsseldorf*), *Leipzig*, *Neustadt an der Weinstraße* (*Koblenz*), *Münster*, *Nürnberg*, *Rostock* und *Stuttgart* ansässig. Die Haupttätigkeit dieser Dienstsitze ist die Aus- und Fortbildung der Zollbeamten und die Untersuchung und Begutachtung eingeführter Waren (soweit die *Abfertigungszollstellen* dies beantragen).

Die ehemaligen *Zolltechnischen Prüfungs- und Lehranstalten* sind als Standorte des *Bildungs- und Wissenschaftszentrums* auch für die Erstellung verbindlicher Zolltarifauskünfte sowie von verbindlichen Auskünften über den Warenursprung zuständig. Die Erteilung dieser Auskünfte gegenüber dem Antragsteller erfolgt allerdings zentral durch das *HZA Hannover*.

Wichtigste Einrichtung für die Aus- und Fortbildung der Zollbeamten ist das *Bildungs- und Wissenschaftszentrum der Bundesfinanzverwaltung*. Außenstellen befinden sich unter anderem in *Plessow* und *Sigmaringen*. Beamte des gehobenen Dienstes werden am *Fachbereich Finanzen* der *Fachhochschule des Bundes für öffentliche Verwaltung* ausgebildet. Dieser befindet sich ebenfalls in *Münster*.

Mit der Herstellung und Verteilung von Zollvordrucken und anderen Ausrüstungsgegenständen ist das *Beschaffungsamt der Bundeszollverwaltung* in *Offenbach am Main*, beauftragt. Vordrucke können aber auch unter www.zoll.de im Formularcenter abgerufen werden.

Die *Hauptzollämter* sind **örtliche Bundesbehörden** und nach dem *Gesetz über die* **Örtliche** *Finanzverwaltung* den *Bundesfinanzdirektionen* unmittelbar nachgeordnet. Amtsbezirk **Behörden** und Sitz der Hauptzollämter bestimmt der *Bundesminister der Finanzen*.

Bedingt durch ihre enge territoriale Bindung sind die *Hauptzollämter* der wichtigste Partner für den Spediteur. Vollzogene Strukturänderungen sind darauf ausgerichtet, deren Stellung weiter zu stärken. Ein Ziel besteht darin, auch weiterhin territorial für die Wirtschaftsbeteiligten präsent zu sein. Die Zuständigkeit der *Hauptzollämter* erstreckt sich vor allem auf folgende Gebiete:

- Verwaltung der Zölle, der bundesgesetzlich geregelten Verbrauchsteuern einschließlich der Einfuhrumsatzsteuer und der Biersteuer, das heißt in erster Linie Erhebung dieser Abgaben
- zollamtliche Überwachung des Warenverkehrs über die Grenze und Durchführung der dazu erforderlichen Abfertigungshandlungen
- Durchsetzung der außenwirtschaftsrechtlichen Vorschriften
- Ahndung von Rechtsverletzungen auf dem Gebiet des Zoll- und Verbrauchsteuerrechts (Dazu existieren an den *Hauptzollämtern* spezielle Straf- und Bußgeldsachenstellen)
- Grenzaufsicht, das heißt Durchführung von Überwachungsmaßnahmen an der sogenannten „Grünen Grenze". Diese Aufgabe hat sich allerdings mit der Erweiterung der *EU* erheblich reduziert und besteht nur noch an der Grenze zur *Schweiz* beziehungsweise an der Seegrenze, sowie an den internationalen Flughäfen.

Zu den *Hauptzollämtern* gehören die ***Zollämter*** und ***Zollabfertigungsstellen***. Man unterscheidet Zollstellen an der Grenze (sogenannte *Grenzzollstellen*) und Zollstellen im Innern, die nicht an einer Grenze liegen (sogenannte *Binnenzollstellen*). Nach den verschiedenen Verkehrswegen gibt es *Flughafenzollstellen*, *Autobahn-* und *Landstraßenzollstellen*, *Hafenzollstellen* und *Eisenbahnzollstellen*.

Hauptzollämter sind in der Regel mit Zahlstellen ausgestattet. Außerhalb der Zahlstelle ist kein Beamter berechtigt, Gelder oder andere Zahlungsmittel in Empfang zu nehmen. Ausnahmen von diesem Grundsatz bedürfen einer besonderen schriftlichen Genehmigung der Dienststelle.

Die Aufgaben und Befugnisse der *Hauptzollämter* ergeben sich im Einzelnen aus den Gesetzen und den dazu ergangenen Aus- und Durchführungsbestimmungen, den allgemeinen Verwaltungsvorschriften und den besonderen Anordnungen der zuständigen *Bundesfinanzdirektion*. Ein *Hauptzollamt* kann innerhalb seiner Befugnisse selbständig unter eigener Verantwortung entscheiden und in dringenden Fällen bis zum Eingang einer sofort nachzusuchenden Entscheidung der *Bundesfinanzdirektion* vorläufige Anordnungen treffen, die der Sicherung des Steueraufkommens dienen oder zur Abwendung eines dem Fiskus erwachsenden Schadens zweckmäßig sind.

Den *Hauptzollämtern* sind ferner die *Zollkommissariate* mit ihren *Grenzaufsichtsstellen*, *Zollschiffsstationen* und *Funkleitstellen* zugeordnet. Deren Aufgabe liegt in der Überwachung der Grünen Grenze.

Spezielle Arbeitsbereiche der *Hauptzollämter* beschäftigen sich mit der Durchführung von Außenprüfungen in Firmen mit Ex- und Importtätigkeit sowie solchen Firmen, die mit dem Verbrauch, der Herstellung, Lagerung oder dem Transport verbrauchsteuerpflichtiger Waren befasst sind.

Die Beamten dieser *Hauptzollämter* müssen jene Verhältnisse ihres Bezirks genau kennen, die für die Verwaltung der Zölle und Verbrauchsteuern von Bedeutung sein können. Sie benötigen daher Kenntnisse über das einschlägige Wirtschafts- und Verkehrsleben. Erforderlich ist dazu ein möglichst guter Kontakt zu den Inhabern und Leitern von Betrieben, die mit der Tätigkeit des Zolls in Berührung kommen. Dazu gehören nicht zuletzt die Speditionsbetriebe. Die zuständigen Mitarbeiter der *Hauptzollämter* sollen ferner Beziehungen zu Sachverständigen, ortskundigen Personen und den Landes- und Gemeindebehörden ihres Bezirks pflegen.

An den Binnengrenzen der *EU* werden keine Zollabfertigungen mehr durchgeführt. Besondere Überwachungsaufgaben bestehen jedoch auch im Warenverkehr zwischen den Mitgliedsländern, denn nicht alle Bereiche sind bislang vollständig harmonisiert. Unterschiede zwischen den Mitgliedsländern der *EU* gibt es zum Beispiel noch bei den Verboten und Beschränkungen für die Einfuhr oder auch auf dem großen Gebiet der Verbrauchsteuern. Letztere sind lediglich hinsichtlich ihrer verfahrensmäßigen Realisierung weitgehend harmonisiert. Keine vollständige Einheitlichkeit besteht bei der Höhe der Steuersätze. Die aus diesen Umständen resultierenden notwendigen Kontrollen und

Mobile Kontrollgruppen Überwachungsmaßnahmen werden im Landesinneren durch **mobile Kontrollgruppen** der Zollverwaltung ausgeübt. Vergleichbare Einrichtungen bestehen auch in den anderen Mitgliedsländern der *EU*. Die *mobilen Kontrollgruppen* erfüllen ihre Aufgaben in Dienstkleidung. In ihrer Tätigkeit sind sie Hilfsbeamte der Staatsanwaltschaft. Zu ihren Befugnissen gehört das Recht, Beförderungsmittel und Ladungen zu durchsuchen. Ferner führen die Kontrollgruppen Prüfungen durch, ob bei Dieselfahrzeugen rechtswidrig steuerbegünstigtes Heizöl als Kraftstoff mitgeführt oder verwendet wird.

1.2 Die Quellen des Zollrechts

Die Tätigkeit der Zollverwaltung, die Rechte und Pflichten der am grenzüberschrei-tenden Warenverkehr Beteiligten, die Entstehung und Höhe der Einfuhrabgaben usw. werden umfassend durch Rechtsvorschriften geregelt. Diese Vorschriften bilden in ihrer Gesamtheit das Zollrecht. **Allgemeines**

Das **Zollrecht ist Bestandteil des öffentlichen Rechts**. In ihm finden sich primär un-mittelbare Regelungen des supranationalen Rechts der *EU* sowie ergänzende und aus-füllende Regelungen des nationalen deutschen Rechts. Inhaltlich unterliegt das Zollrecht in nicht unerheblichem Maße dem Einfluss völkerrechtlicher Vereinbarungen. Zu nennen sind hierbei insbesondere jene Vereinbarungen, die im Ergebnis der Tätigkeit des *Rates für die Zusammenarbeit auf dem Gebiet des Zollwesens (RZZ)*, heute *Weltzollorganisation*, abgeschlossen wurden. Dazu gehören zum Beispiel die *Kyoto-Konvention vom 18.5.1973*, die vornehmlich Verfahrensfragen zum Inhalt hat, oder das für Zolltarif und Statistik überaus bedeutsame *Übereinkommen über das Harmonisierte System zur Bezeichnung und Codierung der Waren (HS)*.

Für die Anwendung der rechtlichen Regelungen wurden umfangreiche Dienst-vorschriften in Form der *Vorschriftensammlung Finanzverwaltung (VSF)* erlassen, die allerdings ihren Geltungsbereich nur innerhalb der Zollverwaltung haben. Die Kennt-nis der wichtigsten Verwaltungsvorschriften kann indes auch für den Spediteur hilfreich sein, regeln sie doch die unmittelbaren Fragen der Abfertigung im Detail. Im Rahmen von gerichtlichen Auseinandersetzungen zu zollrechtlichen Problemen ist allerdings der direkte Bezug auf die Rechtsvorschriften erforderlich.

Eine erhebliche Änderung auf dem Gebiet des Zollrechts vollzog sich mit der *Ver-ordnung (EWG) Nr. 2913/92 des Rates vom 12.10.1992 zur Festlegung des Zollkodex der Gemeinschaft*. Der *Zollkodex (ZK)* wurde nach einem partiellen In-Kraft-Treten zum 1.1.1993 am 1.1.1994 vollständig in Kraft gesetzt. Damit sind die wichtigsten Rechts-quellen im Zollbereich innerhalb der Gemeinschaft nahezu vollständig vereinheitlicht. Perspektivisch wird mit dem voraussichtlich 2013 in Kraft tretenden *Modernisierten Zollkodex (VO(EG)450/2008 vom 23.4.2008)* eine weitere Vereinfachung zollrechtlicher Verfahren und damit ein weiterer wichtiger Schritt in der Zollrechtsentwicklung erreicht werden.

Zum Verständnis der Gesamtkonzeption des Zollrechts sind zunächst einige Ausführungen zur *EU* und namentlich zu deren rechtlichen Kompetenzen erforderlich. **EG-Vertrag**

Die rechtlichen Kompetenzen der *EU* waren und sind ein wichtiges Instrumentarium zur Durchsetzung der gemeinschaftlichen Ziele.

In diesem Zusammenhang sind die ursprünglich formulierten und inzwischen reali-sierten Ziele auf wirtschaftlichem Gebiet besonders hervorzuheben:

- Abschaffung von Zöllen und mengenmäßigen Beschränkungen im Handel zwi-schen den Mitgliedsländern
- Einführung eines gemeinsamen Zolltarifes
- Durchführung einer gemeinsamen Handelspolitik gegenüber dritten Ländern.

Der *EG-Vertrag* erhielt seine aktuelle Fassung durch die Änderungen aufgrund des am 1.2.2003 in Kraft getretenen *Vertrages von Nizza*. Dieser wurde zuletzt im Jahr 2005 durch den Vertrag über den Beitritt von *Bulgarien* und *Rumänien* geändert. Gegenüber den Gründungsverträgen der *Europäischen Gemeinschaften* aus den 50er Jahren und auch gegenüber dem *Vertrag von Maastricht* aus dem Jahre 1992, der letztlich die *Europäische Union* begründete, stellen diese Verträge eine bedeutende Weiterentwicklung dar. Diese ist vor allem dadurch charakterisiert, dass erheblich über den Bereich der Wirtschaft und des Handels hinausgegangen wird. Der bereits 2007 unterzeichnete *Vertrag von Lissabon* ist ein weiterer wichtiger Schritt zur Festigung der *EU*.

Durch den *EG-Vertrag* wurden vier Organe eingesetzt: das *Europäische Parlament*, der *Rat*, die *Kommission* und der *Europäische Gerichtshof*. Innerhalb der *Kommission* ist eine *Generaldirektion „Zollunion und indirekte Steuern"* für Zollfragen zuständig.

Recht-
setzungs-
kompetenz
Zur Erfüllung der Aufgaben nach Maßgabe des *EG-Vertrages* werden unterschiedliche Vorschriften erlassen:

a) **Verordnungen** – Diese entsprechen den Gesetzen im nationalen Recht. *EG-Verordnungen* sind als supranationales Recht in den Mitgliedsländern unmittelbar gültig. Es ist damit keine Überführung solcher Regelungen in die nationalen Rechtsordnungen erforderlich. Verordnungen werden vom *Rat* oder der *Kommission* erlassen und im *Amtsblatt der Europäischen Gemeinschaften* veröffentlicht.

b) **Richtlinien** – Hier handelt es sich um Festlegungen, die für jeden Mitgliedstaat, an den sie gerichtet sind, in ihrer inhaltlichen Zielstellung Verbindlichkeit besitzen. Die konkrete Umsetzung der Inhalte von Richtlinien bleibt jedoch den Staaten selbst überlassen. Daher wird stets eine Umwandlung in nationale Rechtsakte erforderlich.

c) **Entscheidungen** – Diese besitzen für den bezeichneten Adressatenkreis Verbindlichkeit, bedürfen allerdings auch einer weiteren Umsetzung.

d) **Empfehlungen und Stellungnahmen** – Derartige Akte haben keine Rechtsverbindlichkeit. Ihre Bedeutung liegt primär auf politischem Gebiet.

> **Im Zollbereich sind *EG-Verordnungen* die wichtigsten Rechtsakte!**
> Ihre Verbindlichkeit erstreckt sich unmittelbar auf jene, die an Warenbewegungen über die Zollgrenzen der EU beteiligt sind. Folglich ist es für den auf diesem Gebiet tätigen Spediteur wichtig, die einschlägigen Regelungen in ihren Grundzügen zu kennen!

Vor dem In-Kraft-Treten des *Zollkodex der EU* wurden bereits schrittweise einzelne zollrechtliche Regelungsbereiche durch Verordnungen der Gemeinschaft rechtlich ausgestaltet.

Zollkodex
Diese sind nunmehr weitgehend substantiell in den *Zollkodex* eingearbeitet. Damit erfolgte die wohl umfassendste Kodifizierungsaktion auf zollrechtlichem Gebiet. Der *Zollkodex* folgt in seiner Systematik den praktischen Abläufen bei der Ein- und Ausfuhr von Waren. Insofern ist er in seiner Handhabung durchaus nutzerfreundlich. Die einzelnen Titel gliedern sich wie folgt:

Titel I: *Allgemeines (Art. 1-19)*

In diesem Titel wird der Geltungsbereich des *Zollkodex* umrissen. Darüber hinaus werden die wichtigsten zollrechtlichen Begriffe definiert.

Allgemeine Vorschriften vervollständigen diesen Titel. Für die Tätigkeit des Spediteurs sind dabei insbesondere die Regelung über die Stellvertretung von großer praktischer Bedeutung. Festlegungen zur Auskunftserteilung durch die Zollbehörden tangieren gleichermaßen wichtige praktische Fragen der Abwicklung grenzüberschreitender Warenbewegungen.

Titel II: *Bemessungsgrundlagen für die Einfuhr- und Ausfuhrabgaben sowie für die Anwendung der sonstigen im Warenverkehr vorgesehenen Maßnahmen (Art. 20-36)*

Hier sind die übergreifenden Festlegungen zum *Zolltarif,* zur zolltariflichen Einreihung von Waren, zum Warenursprung sowie zum Zollwert enthalten. Diese Regelungen betreffen Bereiche, die unmittelbaren Einfluss auf die Höhe von zu entrichtenden Zöllen haben.

Titel III: Vorschriften, die für in das Zollgebiet der Gemeinschaft verbrachte Waren gelten, bis diese eine zollrechtliche Bestimmung erhalten haben (Art. 36a-57)

Die Vorschriften beinhalten wesentliche Pflichten der Beteiligten bei dem Verbringen von Waren. Da hier die unmittelbare Passage über die Zollgrenze der Gemeinschaft erfasst wird, sind die einschlägigen Regelungen auch unmittelbar an den Spediteur gerichtet, der im Güterverkehr grenzüberschreitend tätig wird. Dazu gehören solche wichtigen Fragen wie die Gestellung der Waren und die Abgabe einer summarischen Anmeldung.

Titel IV: Zollrechtliche Bestimmung (Art. 58-182)

Dieser Titel bildet den Kern der gemeinschaftsrechtlich geregelten Zollverfahrensvorschriften.

Dem praktischen Ablauf grenzüberschreitender Warenbewegungen folgend, werden jene Pflichten formuliert, die bei der Überführung von Waren in eines der möglichen Zollverfahren entstehen. Diese Pflichtenlage ist in Abhängigkeit von der Spezifik des jeweiligen Verfahrens außerordentlich differenziert. Im engen Zusammenhang damit stehen Anforderungen an die Verfahrensbeteiligten. Der Titel schließt Befugnisse der Zollbehörden mit ein. Insofern wird jener Bereich erfasst, der die praktische Tätigkeit des Spediteurs unmittelbar berührt.

Titel V: *Verbringen von Waren aus dem Zollgebiet der Gemeinschaft (Art. 182a-183)*

Dieser Titel erfasst das Ausfuhrverfahren. Gegenüber der ursprünglichen Fassung des *Zollkodex* wurden weitere ergänzende Regelungen eingefügt.

Titel VI: Vorzugsbehandlungen (Art. 184-188)

Der Kern dieser Regelungen betrifft die Befreiung von Einfuhrangaben bei Rückwaren und bestimmten Erzeugnissen der Seefischerei und anderen Meereserzeugnissen.

Titel VII: Zollschuld (Art. 189-242)

Erfasst werden hier vor allem jene Tatbestände, die zum Entstehen einer Zollschuld führen. Ebenso sind Fristen und Verfahrensfragen bei der Realisierung der Zollschuld enthalten. Dazu gehören die buchmäßige Erfassung, die Sicherheitsleistung aber auch bestimmte Zahlungserleichterungen, wie zum Beispiel die Gewährung einer Aufschubfrist. Von erheblicher Bedeutung sind auch die Regelungen zu Erstattung oder Erlass der Abgaben. Besonders die umfassenden Entstehungstatbestände für die Einfuhrzollschuld bedingen eine sorgfältige Prüfung aller im Tatbestand geforderten Voraussetzungen.

Titel VIII: Rechtsbehelf (Art. 243-246)

Dieser Titel gibt Grundsätze vor, die in den Mitgliedstaaten bei der Entstehung von Rechtsbehelfen gegen Entscheidungen der Zollbehörden zu beachten sind. Im Kern wird dabei allerdings vor allem auf das nationale Recht der Mitgliedsländer der *EG* verwiesen.

Titel IX: Schlussbestimmungen (Art. 247-253)

Zur weiteren Ausgestaltung des *Zollkodex* wurde gleichzeitig eine umfassende *Durchführungsverordnung* erlassen.

Im Vergleich zur Rechtslage vor dem 1.1.1994 ist die Zahl der geltenden Verordnungen erheblich gesunken. Damit wurde eine wesentlich bessere Überschaubarkeit des gesamten Rechtsgebietes erreicht. Neben dem *Kodex* und seiner *DVO* existieren im zollrechtlichen Bereich gegenwärtig noch spezielle gemeinschaftsrechtliche Regelungen, vorwiegend auf den Gebieten Zolltarifrecht und Zollbefreiungen. Hier sind vor allem die *VO (EWG) 2658/87 über die zolltarifliche und statistische Nomenklatur und den Gemeinsamen Zolltarif und die VO (EWG) 918/83 des Rates über das gemeinschaftliche System der Zollbefreiungen* zu nennen. Eine große Zahl weiterer rechtlicher Regelungen existiert in den verschiedenen Bereichen des speziellen Zollrechts, wie etwa dem Präferenzrecht oder dem Marktordnungsrecht.

Das gemeinschaftliche Zollrecht gilt einheitlich im gesamten Zollgebiet der Gemeinschaft. Eine territoriale Bestimmung des Zollgebietes enthält *Art. 3 ZK.*

Nationale Vorschriften   Ergänzt werden die Regelungen des Gemeinschaftsrechts durch einige **nationale Vorschriften**. Hier wäre nach wie vor die *Abgabenordnung vom 16.3.1976* zu nennen. Die dort enthaltenen Regelungen des allgemeinen Steuerrechts sind weitgehend vom Gemeinschaftsrecht überlagert und nur noch punktuell im Zollbereich anwendbar. Allerdings ist bei der Erhebung der Verbrauchsteuern die *AO* weiterhin als allgemeine Grundlage von erheblicher Bedeutung.

Als unmittelbare nationale zollrechtliche Regelungen existieren weiterhin:

a)   das *Zollverwaltungsgesetz vom 21.12.1992 (BGBl I S. 2125)*

Dieses Gesetz regelt jene Fragen, die ursprünglich Regelungsgegenstand des nationalen deutschen Zollgesetzes waren und nicht von den Vorschriften des Gemeinschaftsrechts erfasst werden. Dazu gehören folgende Komplexe:

Teil I Erfassung des Warenverkehrs

Neben den grundsätzlichen Aufgaben der Zollverwaltung *(§ 1)* ist in diesem Teil unter anderem der Zollstraßenzwang geregelt *(§ 2)*. Ferner sind Festlegungen zur Gestellung der Waren enthalten *(§ 4)*.

Teil II Erlangung einer zollrechtlichen Bestimmung

Ergänzende Regelungen zum *Zollkodex* betreffen in diesem Teil weitere Gründe für die Nichtannahme einer Zollanmeldung *(§ 7)*. Von besonderer Bedeutung für den Spediteur sind die Pflichten für die Nämlichkeitssicherung *(§ 8)*. Gleiches trifft für die Regelungen zur Zollbehandlung auf dem Betriebsgelände bestimmter Unternehmen zu *(§ 9)*.

Teil III Befugnisse der Zollverwaltung

Die in diesem Teil geregelten Befugnisse, insbesondere die zollamtliche Überwachung und die Überholung *(§ 10)* werden auch gegenüber den Beschäftigten der Speditionsunternehmen bei Erfordernis angewendet und betreffen primär die Überprüfung, ob Nichtgemeinschaftsware eingeführt wird und ob die dabei bestehenden Pflichten bei der Gestellung dieser Waren eingehalten wurden.

Teil IV Vorschriften für Grundstücke und Bauten im grenznahen Raum

Teil V Zollverwaltung; Beistandspflichten

Grundsätzliche Festlegungen zur Rechtsstellung der Zollverwaltung werden durch eine allgemeine Regelung zu den Öffnungszeiten der Zollstellen und deren Amtsplätzen ergänzt *(§ 18)*.

Teil VI Sondervorschriften für Freizonen und andere Teile des Hoheitsgebiets

Teil VII Sonstige Vorschriften

Teil VIII Sonstige Ermächtigungen

Teil IX Steuerordnungswidrigkeiten; Steuerstraftaten und Steuerordnungswidrigkeiten im Reiseverkehr

Hier werden die tatbestandsmäßigen Voraussetzungen für Steuerordnungswidrigkeiten fixiert, deren Bebußung nach *§ 328 AO* erfolgt.

Es ist hinzuzufügen, dass die genannten Regelungsbereiche teilweise nur geringfügig bereits im *Kodex* enthaltene Festlegungen ergänzen.

b)   die *Zollverordnung vom 23. Dezember 1993 (BGBl. I S. 2449)*

Diese nationale Verordnung regelt spezielle Probleme, die den deutschen Teil des gemeinschaftlichen Zollgebietes betreffen und nicht im Gemeinschaftsrecht erfasst sind. Das betrifft zum Beispiel Regelungen über Speisewagenvorräte, Betriebsstoffe für Schiffe oder auch die Einfuhr von Diplomaten- und Konsulargut.

Orientierungen für die Anwendung der zollrechtlichen Regelungen geben die Dienstvorschriften des *Bundesministers der Finanzen*. Diese sind in der *Vorschriftensammlung der Bundesfinanzverwaltung (VSF)* zusammengefasst.

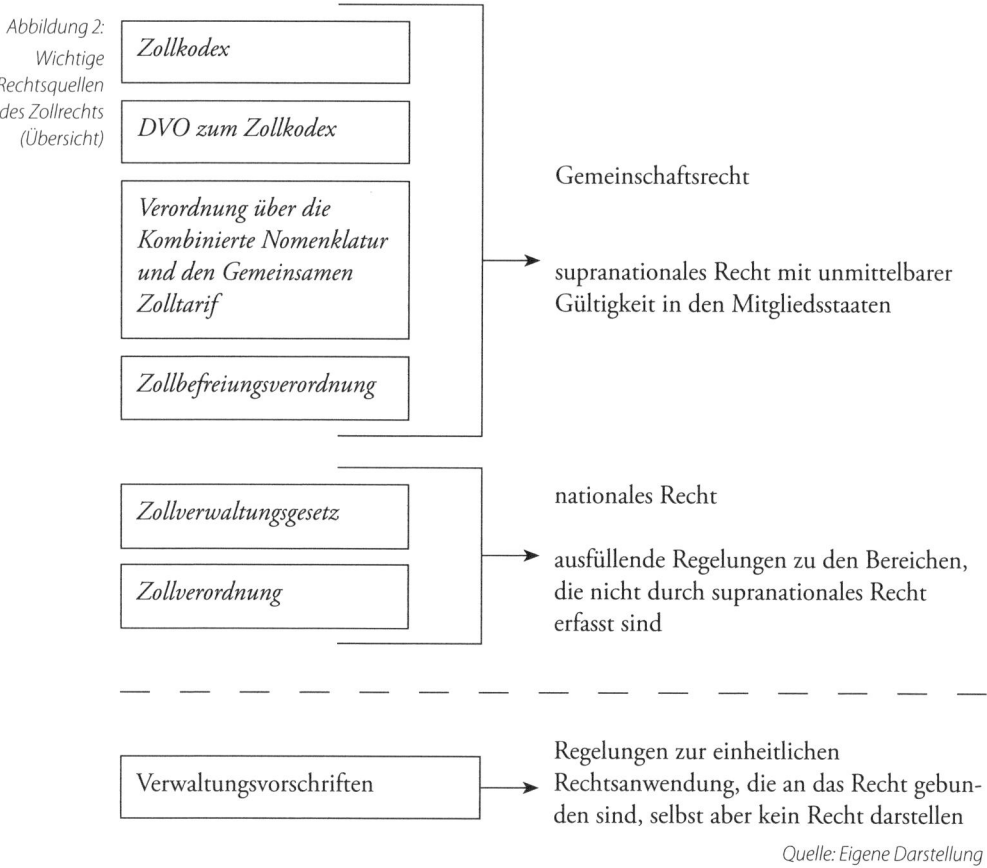

Abbildung 2:
Wichtige
Rechtsquellen
des Zollrechts
(Übersicht)

Quelle: Eigene Darstellung

1.3 Zollamtliche Überwachung

Überwachung des Warenverkehrs

Der Warenverkehr über die Grenzen des Zollgebietes der Gemeinschaft wird zollamtlich überwacht. Unerheblich ist, ob es sich um eine Ein-, Aus- oder Durchfuhr handelt.

1.3.1 Begriff der zollamtlichen Überwachung

Die **zollamtliche Überwachung besteht** gemäß *Art. 37 ZK* grundsätzlich so lange, bis für verbrachte Waren

- die **Überführung in den zollrechtlich freien Verkehr**
- die **Verbringung in eine Freizone oder ein Freilager**
- die **Wiederausfuhr oder**
- die **Vernichtung oder Zerstörung**

vorgenommen wurde. Mit der zollamtlichen Überwachung sollen die Erhebung der Abgaben sowie die Einhaltung des Zollrechts gesichert werden. Zu den Abgaben zählen neben den Zöllen, auch verschiedene Verbrauchsteuern (zum Beispiel Mineralölsteuer, Biersteuer, Tabaksteuer, Branntweinsteuer) sowie die Einfuhrumsatzsteuer. Bei letzteren handelt es sich anders als bei den nach Gemeinschaftsrecht erhobenen Zöllen um nationale Abgaben.

Die zollamtliche Überwachung dient ferner der Einhaltung von Bestimmungen außerhalb des Zollrechts, sofern dafür eine sachliche Zuständigkeit der Zollverwaltung besteht, wie etwa auf dem Gebiet des Außenwirtschaftsrechts und der sogenannten Verbote und Beschränkungen. Gerade das Recht der Verbote und Beschränkungen stellt einen immer größer werdenden Teil der Aufgaben der Zollbehörden dar.

Während der Überwachung kann die Zollverwaltung bezüglich der betroffenen Waren bestimmte Befugnisse ausüben. Aufgaben der Zollverwaltung können in bestimmten Fällen aber auch von Beamten der *Bundespolizei* (früher *Bundesgrenzschutz*) wahrgenommen werden (vergleiche *§ 1 Abs. 3b ZollVG*).

> Während der zollamtlichen Überwachung obliegen demjenigen besondere Pflichten, der die zu überwachenden Waren in Besitz hat. Insbesondere betrifft das Transporteure oder Lagerhalter und damit auch in besonderem Maße die Spediteure!

1.3.2 Begriff der Ware

Eine Legaldefinition des Warenbegriffes kennt das Zollrecht nicht. Allerdings besteht Übereinstimmung darin, dass unter Waren **Waren-begriff**
* alle beweglichen Sachen sowie der
* elektrische Strom

zu verstehen sind. Sie werden im *Zolltarif* ausdrücklich genannt oder in einer Sammelposition erfasst.

1.3.3 Zollgebiet der Gemeinschaft

Unter dem **Zollgebiet** versteht man das Territorium, auf dem die Zollhoheit ausgeübt **Zollgebiet** wird. Das ist nicht mit dem Staatsgebiet der *EU*-Mitgliedstaaten identisch. Vielmehr bilden die Mitgliedsländer der *EU* ein gemeinsames Zollgebiet.

Seit dem 1.5.2004 sind von den bisherigen 15 Mitgliedstaaten *(Belgien, Dänemark, Deutschland, Griechenland, Spanien, Frankreich, Irland, Italien, Luxemburg, Niederlande, Österreich, Portugal, Schweden, Finnland, Großbritannien)* weitere 12 Mitgliedstaaten *(Lettland, Estland, Litauen, Polen, Tschechien, Slowakei, Slowenien, Ungarn, Malta, Zypern* sowie am 1.1.2007 *Bulgarien und Rumänien)* in die *EU* aufgenommen worden. Auch dort gilt nunmehr das Gemeinschaftsrecht. Für eine Reihe der Mitgliedstaaten bestehen im Hinblick auf das Zollgebiet regionale Besonderheiten, auf die an dieser Stelle jedoch nicht eingegangen werden soll.

Beispiele:
In *Deutschland* gehören die Insel *Helgoland* sowie das Gebiet von *Büsingen* nicht zum Zollgebiet.
In *Spanien* gehören *Ceuta* und *Melilla* nicht zum Zollgebiet.

Keine Mitgliedsstaaten der *EU* und damit auch nicht zu deren Zollgebiet gehörig sind die *Türkei*, *San Marino* und *Andorra*. Allerdings haben diese Länder auf der Grundlage von Abkommen einen besonderen Status, der einem gemeinsamen Zollgebiet de facto entspricht.

1.3.4   Nichtgemeinschaftswaren und Gemeinschaftswaren

Gemein-schafts-ware

Das Zollrecht differenziert zwischen Gemeinschaftswaren und Nichtgemeinschaftswaren. Gemeinschaftswaren sind in *Art. 4 Nr. 7 ZK* definiert. Es handelt sich danach um

– *Waren, die unter den in Artikel 23 genannten Voraussetzungen vollständig im Zollgebiet der Gemeinschaft gewonnen oder hergestellt worden sind, ohne dass ihnen aus nicht zum Zollgebiet der Gemeinschaft gehörenden Ländern oder Gebieten eingeführte Waren hinzugefügt wurden;* Durch den Verweis *auf Art. 23 ZK* werden damit Ursprungswaren der Gemeinschaft erfasst.
– *aus nicht zum Zollgebiet der Gemeinschaft gehörenden Ländern oder Gebieten eingeführte Waren, die in den zollrechtlich freien Verkehr übergeführt worden sind*
– *Waren, die im Zollgebiet der Gemeinschaft entweder ausschließlich unter Verwendung von nach dem zweiten Gedankenstrich bezeichneten Waren oder unter Verwendung von nach den ersten beiden Gedankenstrichen bezeichneten Waren gewonnen oder hergestellt worden sind.*

Nicht-gemein-schafts-ware

Als **Nichtgemeinschaftswaren** werden nach *Art. 4 Nr. 8* alle Waren erfasst, die keine Gemeinschaftswaren sind.

Von wenigen Ausnahmen abgesehen überwachen die Zollbehörden ausschließlich Nichtgemeinschaftswaren. Eine eingeführte Ware bleibt als Nichtgemeinschaftsware solange unter zollamtlicher Überwachung, bis sie

a) Gemeinschaftsware geworden ist, das heißt in den zollrechtlich freien Verkehr übergeführt wurde oder
b) in eine Freizone oder ein Freilager verbracht wurde oder
c) wiederausgeführt wurde.

1.3.5   Zollrechtliche Pflichten beim Verbringen von Waren (in das oder aus dem Zollgebiet der Gemeinschaft)

Verbringen in das Zollgebiet

Bei grenzüberschreitenden Warenbewegungen sind regelmäßig zollrechtlich vorgeschriebene Phasen zu durchlaufen, die jeweils durch konkrete Pflichten für die Beteiligten bestimmt sind.

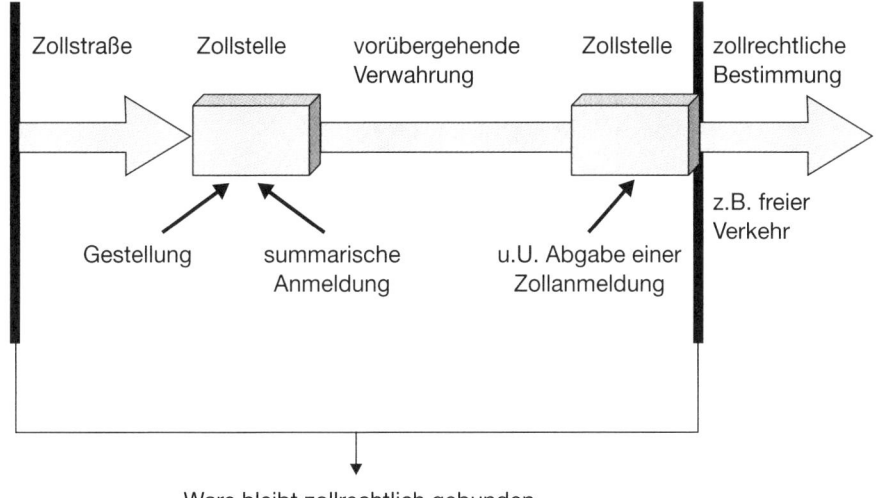

Ware bleibt zollrechtlich gebunden

Quelle: eigene Darstellung

Bei dem Verbringen von Waren in das Zollgebiet der Gemeinschaft besteht die Pflicht **Beför-**
des Verbringers, die Waren im Regelfall unverzüglich zur nächstgelegenen Zollstelle zu **derungs-**
befördern. Dies hat auf den festgelegten Zollstraßen zu erfolgen. Die Ware darf dabei **pflichten-**
nicht verändert werden. **zwang**

Besonderheiten existieren im öffentlichen Schienenverkehr, im Luftverkehr und im
(privaten) Reiseverkehr.

Die **Zollstraßen** sind Landstraßen, Wasserstraßen, Rohrleitungen und sonstige Beförderungswege, die öffentlich bekannt gegeben werden. Eine Verletzung dieses Zollstraßen-
zwanges stellt gemäß *§ 31 ZollVG* eine Ordnungswidrigkeit dar.

Sollte sich nach dem Verbringen in das Zollgebiet der Gemeinschaft die Notwendigkeit ergeben, eine Ware umzuladen, so gehen die Beförderungspflichten auf die Person
über, die die Ware mit der Umladung übernommen hat.

Eine zur Zollstelle beförderte Ware ist gemäß *Art. 40 ZK* zu gestellen. **Gestellung**

Die Gestellung ist eine der zentralen Pflichten desjenigen, der Waren über die Grenzen
des Zollgebietes der Gemeinschaft verbringt.

Der *Zollkodex* versteht unter der Gestellung die Mitteilung an die Zollbehörden in
der vorgeschriebenen Form, dass sich Waren, die unter zollamtlicher Überwachung stehen, bei einer Zollstelle oder an einem anderen von den Zollbehörden bezeichneten oder
zugelassenen Ort befinden *(Art. 4 Nr. 19 ZK)*. Damit soll sichergestellt werden, dass die
Zollbehörden Kenntnis von einer grenzüberschreitenden Warenbewegung erhalten. Verstöße gegen diese Pflicht können eine Straftat oder eine Ordnungswidrigkeit darstellen.
Sie führen in der Regel zur Zollschuldentstehung.

Nach nationalem Recht wird für die **Gestellungsmitteilung eine beliebige Form zugelassen** *(§ 8 ZollV)*. Sie kann also mündlich, schriftlich oder stillschweigend (zum Beispiel
durch Handzeichen) geschehen.

In der Abfertigungspraxis erfolgt die Gestellung in der Regel gleichzeitig mit der Abgabe einer summarischen Anmeldung beziehungsweise einer Zollanmeldung. Zu beachten
ist, dass für versteckte oder verheimlichte Waren eine ausdrückliche Mitteilung erfolgen
muss, um der **Gestellungspflicht** zu genügen *(§ 8 Satz 2 ZollV)*.

> **Beispiel:**
> Ein Lkw-Fahrer hat in einem Geheimfach seines Lkw Zigaretten oder Alkoholika.
> Gleiches gilt, wenn er diese Waren unter der anderen Ladung versteckt hat.

Gestellungspflichtig ist bei Einfuhren die Person, die die Ware in das Zollgebiet der
Gemeinschaft verbracht hat oder die gegebenenfalls die Beförderung der Waren unmittelbar nach dem Verbringen übernimmt. Das wird im Straßenverkehr zum Beispiel regelmäßig der betreffende Lkw-Fahrer sein.

**Ort der
Gestellung**
Als **Ort der Gestellung** ist gemäß *§ 4 Abs. 1 ZollVG* der Amtsplatz der zuständigen
Zollstelle vorgesehen. An dessen Stelle kann aber auch ein anderer von der zuständigen
Zollstelle zugelassener Ort treten. Die Gestellung ist zeitlich an die bekannt gegebenen
Öffnungszeiten der Zollstelle gebunden. Damit hat zum Beispiel ein außerhalb dieser
Zeiten eintreffendes Fahrzeug zu warten, um nach der Öffnung die Gestellungspflicht
ordnungsgemäß erfüllen zu können.

Die für die Gestellung bei der Einfuhr zuständigen Zollstellen sind dem Grunde nach
in *§ 7 ZollV* festgelegt. Dabei handelt es sich im Regelfall um

1. *im Landstraßen- und Binnenschifffahrtsverkehr die erste an der Zollstraße gelegene
    Zollstelle*
2. *im Seeverkehr jede an der Zollstraße gelegene Zollstelle …*
3. *im Luftverkehr … die Zollstelle bei dem ersten angeflogenen Zollflugplatz …*
4. *im Eisenbahnverkehr*
    a) *für aufgegebenes Reisegepäck jede Zollstelle, die zur Zollbehandlung im Schienen-
        verkehr befugt ist (Eisenbahnzollstelle)*
    b) *für in internationalen Autoreisezügen transportierte Kraftfahrzeuge die für den
        Ort der Entladung zuständige Eisenbahnzollstelle*
    c) *für Waren, die aus einer Freizone des Kontrolltyps I in das übrige Zollgebiet
        der Gemeinschaft verbracht werden, die Zollstelle, die zur Zollbehandlung des
        Warenverkehrs über die Freizonengrenze befugt ist …*
    d) *für andere Waren jede Eisenbahnzollstelle, bei der planmäßig nach der Einfuhr
        zum ersten Male gehalten wird; …*
5. *im Postverkehr jede Zollstelle, die zur Zollbehandlung im Postverkehr befugt ist (Post-
    zollstelle)*
6. *im Verkehr durch Rohrleitungen oder über andere Beförderungswege die Zollstelle, in
    deren Bezirk die Ware die Zollstraße verlässt.*

Sobald die Ware gestellt worden ist, hat gemäß *Art. 43 ZK* eine **summarische Anmeldung** zu erfolgen. Mit der summarischen Anmeldung werden der Zollbehörde die zur Erfassung der Waren erforderlichen Daten erstmalig mitgeteilt. Während bei der Gestellung nur das Eintreffen der Waren mitgeteilt wurde, müssen nun

Summa-rische Anmeldung

- Warenart
- Warenmenge
- Art der Verpackung (zum Beispiel „Kisten", „Paletten", „Kartons" etc.)
- Art des Beförderungsmittels

angegeben werden.

Grundsätzlich erfolgt die summarische Anmeldung auf dem dafür vorgesehenen *Vordruck 0306*. Allerdings kann auch ein Exemplar des Einheitspapieres Verwendung finden. Mit Zustimmung der Zollstelle können auch Handelspapiere für die summarische Anwendung genutzt werden. Das setzt allerdings voraus, dass diese alle erforderlichen Angaben enthalten. Die Abgabe einer summarischen Anmeldung ist allerdings nicht erforderlich, wenn (sofort) eine Zollanmeldung abgegeben wird *(Art. 45 ZK)*.

Im Rahmen des automatisierten Verfahrens *ATLAS* gibt es zudem die Möglichkeit der datenverarbeitungsgestützten Abgabe der summarischen Anmeldung. Dies ist in den letzten Jahren gängige Praxis geworden.

Nicht nur bei der **Einfuhr** sondern auch bei der **Ausfuhr** von Waren gelten zollrechtliche Regelungen. Danach ist im kommerziellen Warenverkehr auch bei der Ausfuhr die Ware generell zu gestellen und eine Ausfuhranmeldung abzugeben. Zwar entstehen bei der Ausfuhr anders als bei der Einfuhr keine Abgaben, jedoch soll die Einhaltung ausfuhrrechtlicher Bestimmungen sichergestellt werden (zum Beispiel die Einhaltung von Embargoverboten).

Ausfuhr

Die Ausfuhranmeldung ist bei der Zollstelle abzugeben, die für den Ort zuständig ist, an dem der Ausführer ansässig ist oder die Waren zur Ausfuhr verpackt oder verladen werden.

Zur Überprüfung der Einhaltung der Gestellungspflicht bei Ein- und Ausfuhr hat die Zollverwaltung die Befugnis zur **Überholung** *(§ 10 Abs. 3a ZollVG)*. In diesem Rahmen besteht die Möglichkeit, eine Warensendung körperlich in Augenschein zu nehmen und zu untersuchen. Der Gestellungspflichtige hat die Überholung zu dulden und gegebenenfalls selbst oder auf seine Kosten und Gefahr die erforderliche Hilfe zu leisten.

Über-holung

Bei der Einfuhr beginnt im Moment der Gestellung die sogenannte **vorübergehende Verwahrung**. Die Abgabe der summarischen Zollanmeldung liegt zeitlich bereits innerhalb der vorübergehenden Verwahrung. Es treffen den Beteiligten die Pflichten der *Art. 48 – 53 ZK*. Insbesondere dürfen die Waren nur solchen Behandlungen unterzogen werden, die zu ihrer Erhaltung erforderlich sind, ohne dass die Aufmachung und die technischen Merkmale verändert werden (keine Veränderung des Warencharakters). Ihre Lagerung darf ausschließlich an von den Zollbehörden zugelassenen Orten unter von diesen Behörden festgelegten Bedingungen erfolgen.

Vorüber-gehende Verwah-rung

Eine Prüfung der Waren durch den Einführer sowie die Entnahme von Mustern oder Proben ist mit Zustimmung der Zollbehörde zulässig.

Um die vorübergehende Verwahrung zu beenden, sind Aktivitäten des Beteiligten erforderlich. Dazu **legt der** *Zollkodex* in *Art. 49* **konkrete Fristen fest**. Danach sind im

Seeverkehr innerhalb von 45 Tagen, in anderen Fällen innerhalb von 20 Tagen ab dem Tag der summarischen Anmeldung die Förmlichkeiten zu erfüllen, damit die Waren eine zollrechtliche Bestimmung erhalten können. Die Zollbehörden können in gerechtfertigten Fällen diese Fristen verlängern oder verkürzen.

Beispielsfall einer Wareneinfuhr

Die Autofirma X möchte zur Herstellung von Pkw 10 000 Achsen aus *Japan* einführen. Die Waren werden per Schiff nach *Hamburg* gebracht.

Unmittelbar nach dem Eintreffen (Verbringen) müssen die Waren gestellt werden, das heißt das Zollamt vom Eintreffen der Waren informiert werden. Zugleich muss eine summarische Anmeldung abgegeben werden. Die Waren können nun an einem von der Zollstelle zugelassenen Ort – zum Beispiel bei einem Hafenumschlagsbetrieb – gelagert werden. Innerhalb von 45 Tagen muss eine Zollanmeldung abgegeben werden. Dies erfolgt am einfachsten mittels des Informatikverfahrens *ATLAS*. Während der Lagerung dürfen von der Firma *X* nur sogenannte Erhaltungsmaßnahmen durchgeführt werden. Die Zollbehörden haben das Recht, die Waren in Augenschein zu nehmen und zu untersuchen.

1.4   Die zollrechtliche Bestimmung

1.4.1   Allgemeines

Mit dem Verbringen von Waren in das Zollgebiet der Gemeinschaft beginnt die zollamtliche Überwachung. Der Einführer (genauer: der Verbringer) kann nicht mehr nach seinem Belieben mit den Waren verfahren. Er muss sich vielmehr an die zollrechtlichen Bestimmungen halten. Seine Beförderungspflichten, die Gestellung und eine eventuelle summarische Anmeldung wurden bereits dargestellt. Nun gilt es den weiteren Weg der Ware zu beschreiben. Ausgangspunkt der gesetzlichen Regelungen ist *Art. 48 ZK*. Danach muss jede ordnungsgemäß in das Zollgebiet der *EU* verbrachte Nichtgemeinschaftsware eine zollrechtliche Bestimmung erhalten.

Zoll- **rechtliche** **Bestim-** **mungen**

Zollrechtliche Bestimmungen (vergleiche *Art. 4 Ziff. 15 ZK*) sind:
- Überführung in ein Zollverfahren
- Verbringen in eine Freizone oder ein Freilager
- Wiederausfuhr
- Vernichtung oder Zerstörung
- Aufgabe zugunsten der Staatskasse.

Der Gesetzgeber unterscheidet also die Begriffe **zollrechtliche Bestimmung** und **Zollverfahren**. Er macht dies, um für die Zollverfahren einheitliche Regelungen treffen zu können, die für die übrigen zollrechtlichen Bestimmungen nicht gelten.

Welche zollrechtliche Bestimmung für eine Ware gewählt wird, liegt, unabhängig von der Beschaffenheit der Ware, der Warenmenge, dem Ursprung der Ware sowie ihrer Herkunft, im Ermessen des Beteiligten.

Dieser **Grundsatz der Wahlfreiheit** gemäß *Art. 58 Abs. 1 ZK* wird jedoch eingeschränkt durch bestimmte Verfahrensvoraussetzungen (zum Beispiel erforderliche Bewilligungen) oder dadurch, dass Regelungen über Verbote oder Beschränkungen (zum Beispiel Verbot der gewerblichen Einfuhr gefälschter Waren) der jeweils gewählten zollrechtlichen Bestimmung entgegenstehen.

Beispiele:
Fehlt die Bewilligung für ein Zolllagerverfahren kann eine dementsprechende Überführung nicht erfolgen.
Eine Ware, für die eine Einfuhrgenehmigung erforderlich ist, kann nur dann in ein Zollverfahren überführt werden, wenn diese Genehmigung vorgelegt wird.

Die am häufigsten in Betracht kommende zollrechtliche Bestimmung ist die Überführung von Waren in ein Zollverfahren. **Zoll-verfahren**

Art. 4 Nr. 16 ZK gibt zunächst eine abschließende Aufzählung aller möglichen Zollverfahren. **Zollverfahren** sind danach:
* Überführung von Waren in den zollrechtlich freien Verkehr
* Zolllagerverfahren
* Aktive Veredelung
* Umwandlungsverfahren
* Vorübergehende Verwendung
* Passive Veredelung
* Ausfuhrverfahren
* Versandverfahren.

Die Zollverfahren werden im *Zollkodex* und seiner *Durchführungsverordnung* einer weiteren Systematisierung unterzogen. Die entsprechende Systematisierung ist der Übersicht auf der folgenden Seite zu entnehmen. Sie trägt sowohl allgemeinen als auch speziellen Voraussetzungen der einzelnen Zollverfahren Rechnung.

Allgemeine Bedingung und Voraussetzung für alle Zollverfahren ist beispielsweise die vorherige Abgabe einer Zollanmeldung. Für bestimmte Verfahrensgruppen (zum Beispiel bei Zollverfahren mit wirtschaftlicher Bedeutung) ist die Erteilung einer Bewilligung durch die Zollbehörde allgemeine Voraussetzung.

Schließlich gibt es für einzelne Zollverfahren ganz spezielle Voraussetzungen. So ist etwa die Überführung von Waren in das Ausfuhrverfahren (= Zollverfahren) im Regelfall nur mit Gemeinschaftswaren möglich. Nichtgemeinschaftswaren müssen dagegen der zollrechtlichen Bestimmung der Wiederausfuhr zugeführt werden.

Im Folgenden werden zunächst die allgemeinen Voraussetzungen und Bedingungen der Zollverfahren behandelt. Weitere Aspekte zu dieser Problematik werden in den entsprechenden Abschnitten über die jeweiligen Zollverfahren dargestellt.

Abbildung 4:
Zollrechtliche
Bestimmung
(Übersicht)

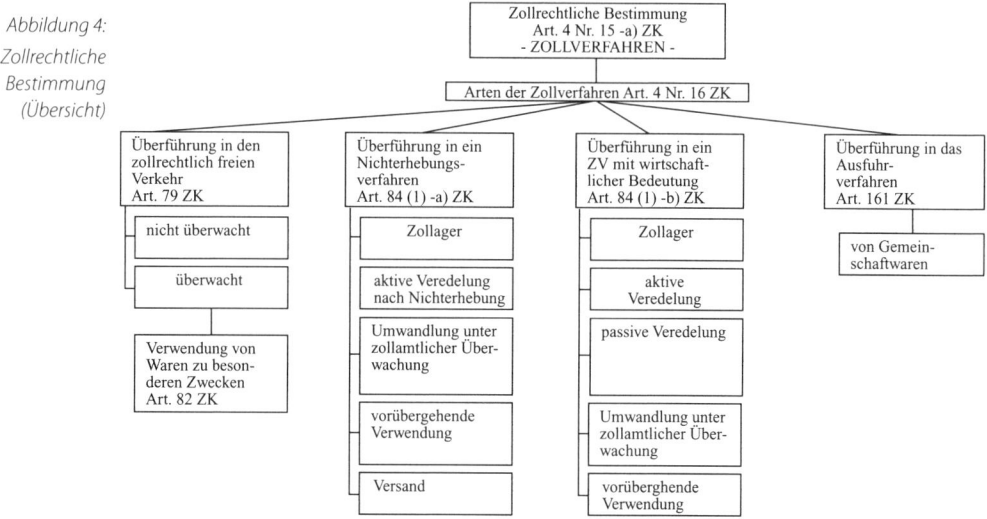

Quelle: Eigene Darstellung

1.4.2   Die Zollanmeldung

1.4.2.1   Allgemeines zur Zollanmeldung

Unabhängig davon, in welches Zollverfahren eine Ware überführt werden soll, ist stets die Abgabe einer **Zollanmeldung** erforderlich *(Art. 59 ZK)*.

> Die Zollanmeldung ist eine Handlung, mit der eine Person *(Art. 4 Nr. 1 ZK)* in der vorgeschriebenen Form die Absicht bekundet, eine Ware in ein Zollverfahren überführen zu lassen *(Art. 4 Nr. 17 ZK)*.

Anmelder   Die Pflicht zur Abgabe der Zollanmeldung obliegt im Allgemeinen dem **Anmelder**.

> Anmelder ist die Person, die entweder im eigenen Namen eine Zollanmeldung abgibt oder in deren Namen eine Zollanmeldung abgegeben wird *(Art. 4 Nr. 18 ZK)*.

Die **Abgabe einer Anmeldung im eigenen Namen ist durch jede Person zulässig**, die in der Lage ist, die Waren zu gestellen oder gestellen zu lassen und alle Unterlagen vorlegen kann, die für das betreffende Zollverfahren erforderlich sind *(Art. 64 ZK)*. Damit wird deutlich, dass es nicht zwingend der Eigentümer einer Ware sein muss. Aus diesem Grund können Speditionsunternehmen Zollanmeldungen im eigenen Namen abgeben, auch wenn die Waren einer anderen Person gehören.

Jedoch sieht *Art. 64 Abs. 2 ZK* Beschränkungen des Personenkreises vor, beispielsweise für den Fall, dass die Annahme der Zollanmeldung für eine Person bestimmte Verpflichtungen mit sich bringt *(Art. 64 Abs. 2 Buchst. a ZK)*. In diesem Fall darf allein der Verpflichtete die Zollanmeldung abgeben, das heißt als Anmelder auftreten.

> **Beispiel:**
> Nur der Bewilligungsinhaber eines Zollverfahrens mit wirtschaftlicher Bedeutung (etwa des Verfahrens der aktiven Veredelung) darf eine Zollanmeldung für das ihm bewilligte Zollverfahren abgeben. Die Annahme der Zollanmeldung verpflichtet ihn nämlich, die verfahrensrechtlichen Bestimmungen einzuhalten.

Mit Ausnahme des Versandverfahrens und der vorübergehenden Verwendung sowie in **Ansäs-** Fällen, in denen Waren gelegentlich angemeldet werden, muss der Anmelder im Zoll- **sigkeit** gebiet der Gemeinschaft *(Art. 3 ZK)* ansässig sein *(Art. 64 Abs. 2 Buchst. b ZK)*. Eine ausschließlich im Drittland ansässige Firma kann also beispielsweise nur ausnahmsweise („gelegentlich") Nichtgemeinschaftswaren zu einem Zollverfahren anmelden. Diese Nichtansässigen sind also auf die Hilfe ansässiger Dritter (Beispiel: Spediteure, Zollagenten) angewiesen.

1.4.2.2 Vertretung bei der Abgabe einer Zollanmeldung

Der Anmelder kann sich bei der Abgabe der Zollanmeldung vertreten lassen *(Art. 5 ZK)*. Diese **Vertretung** kann **direkt oder indirekt** erfolgen. Eine **direkte Vertretung** liegt vor, wenn der Vertreter im Namen und für Rechnung des Anmelders handelt. Um eine **indirekte Vertretung** handelt es sich, wenn der Vertreter im eigenen Namen, aber für Rechnung eines anderen (zum Beispiel des Käufers) tätig wird. Anders als bei der direkten Vertretung haftet hier auch der Vertreter selbst für seine Handlungen. Er wird selbst Anmelder, obwohl er als Vertreter handelt. Die indirekte Stellvertretung ist deshalb für Spediteure nicht zu empfehlen.

Die Art der Vertretung (direkt oder indirekt) muss **eindeutig in der Zollanmeldung** erklärt werden. Im Allgemeinen ist von einer direkten Vertretung auszugehen, wenn die Erklärung nicht ausdrücklich auf das Handeln für fremde Rechnung beschränkt wird.

> **Beispiel:**
> Die Spedition *A* unterzeichnet die Zollanmeldung mit dem Zusatz „i. V. (oder i. A.) der Firma *B*". Hier handelt es sich um direkte Vertretung, denn es ist für die Zollbehörden erkennbar, dass für einen anderen gehandelt wird. Wichtig ist der Hinweis auf die vertretene Firma. Diese muss identifizierbar sein. Anderenfalls handelt es sich allenfalls um indirekte Stellvertretung. Im Falle der direkten Stellvertretung ist nur der Vertretene (nicht der Vertreter) gegenüber den Zollbehörden aus der Zollanmeldung verpflichtet. Er muss beispielsweise entstandene Zollschulden begleichen.
> Unterschreibt die Spedition *A* jedoch im eigenen Namen mit dem Zusatz „für Rechnung der Firma *B*" liegt indirekte Stellvertretung vor.

Personen, die nicht erklären, im Namen oder für Rechnung eines anderen zu handeln, oder die erklären, im Namen oder für Rechnung eines anderen zu handeln, aber keine **Vertretungsmacht** besitzen, gelten als im eigenen Namen und für eigene Rechnung handelnd. In diesen Fällen ist der „Vertreter" immer der Anmelder.

Die genaue Klärung der Frage, wer letztlich Zollmelder ist, ist deshalb von Bedeutung, weil bei einer Überführung in den zollrechtlich freien Verkehr der **Zollanmelder in der Regel auch Zollschuldner** wird und damit zur Entrichtung der Einfuhrabgaben verpflichtet ist (vergleiche *Art. 201 Abs. 3 ZK*).

> **Beispiel:**
> Die Spedition *A* vergisst den Vermerk „i.V." und weist auch ansonsten nicht auf die Vertretung hin. In diesem Fall wird sie Zollschuldner und muss die Zollschuld begleichen. Sie kann allenfalls gegenüber ihrem Auftraggeber (intern) die Erstattung der Zollschulden verlangen.

1.4.2.3 Die Formen der Zollanmeldung im Überblick

Mit der Abgabe einer Zollanmeldung bringt der Anmelder zum Ausdruck, die Ware in ein von ihm bestimmtes Zollverfahren überführen lassen zu wollen. Seinen diesbezüglichen Willen kann der Anmelder auf verschiedenen Wegen zum Ausdruck bringen (siehe *Art. 61 ZK*).

Formen der Zollanmeldung Folgende **Formen für die Abgabe einer Zollanmeldung** sind möglich:
* Schriftlich
* Mit Mitteln der Datenverarbeitung
* Mündlich
* Mittels anderer Formen der Willensäußerung (sogenannte stillschweigende oder konkludente Erklärungen).

Der Anmelder kann die **Form** der Zollanmeldung nicht frei wählen. Im **Regelfall** ist vielmehr zwingend eine **schriftliche oder elektronische Zollanmeldung** abzugeben. Nur ausnahmsweise können auch die anderen Formen angewandt werden.

> **Beispiele:**
> * Eine elektronische Zollanmeldung (mit Mitteln der Datenverarbeitung abgegebene) wird unter Verwendung des Verfahrens *ATLAS* abgegeben (häufigster Fall).
> * Die Verwendung des *Einheitspapiers* stellt eine schriftliche Zollanmeldung dar.
> * Stillschweigende Zollanmeldungen sind insbesondere im (nichtkommerziellen) Reiseverkehr möglich, sofern keine Einfuhrabgaben entstehen *(Art. 230 ff. ZK-DVO)*.
> * Haben die Einfuhren einen Wert unter 1000,– €, kann mündlich angemeldet werden *(Art. 225 ff. ZK-DVO)*.

1.4.2.4 Die schriftliche Zollanmeldung

Im Folgenden soll zunächst die **schriftliche Form** einer Zollanmeldung vorgestellt werden. Sie kann als Grundform aller Zollanmeldungen bezeichnet werden, auch wenn sie mittlerweile nicht mehr die häufigste Anwendungsform ist.

Hierbei sind zwei Verfahrensarten zu unterscheiden:
* Normalverfahren *(Art. 62 – 75 ZK)*
* Vereinfachte Verfahren *(Art. 76 ZK)*.

Beim **Normalverfahren** ist die Abgabe der schriftlichen **Anmeldung** auf einem **Vordruck nach amtlichem Muster** erforderlich. Dies ist das *Einheitspapier* in einem entsprechenden Vordrucksatz *(Art. 62 ZK* in Verbindung mit *Art. 205* und *208 ZK-DVO,* siehe nachstehende Abbildung). **Normalverfahren**

Die Zollanmeldung muss unterzeichnet werden und alle Angaben enthalten, die für das betreffende Zollverfahren erforderlich sind. Das *Einheitspapier* ist unter Beachtung der umfangreichen Angaben im Merkblatt *(Art. 212* in Verbindung mit *Anhang 37 ZK-DVO)* auszufüllen und während der Öffnungszeiten bei der Zollstelle abzugeben, bei der die Ware gestellt wurde *(Art. 201, 202 ZK-DVO)*.

Außerdem sind der schriftlichen Anmeldung alle Unterlagen beizufügen, deren Vorlage für das betreffende Zollverfahren erforderlich ist. Diese Unterlagen lassen sich den *Art. 218 – 221 ZK-DVO* entnehmen. So ist zum Beispiel für die Überführung in den zollrechtlich freien Verkehr in der Regel eine Rechnung, auf deren Grundlage der **Zollwert** angemeldet wird, nach Maßgabe des *Art. 181 ZK-DVO* sowie eine **Zollwertanmeldung** unter Berücksichtigung der *Art. 178* und *179 ZK-DVO* vorzulegen.

Art. 76 ZK räumt den zuständigen Zollbehörden unter bestimmten Voraussetzungen die Möglichkeit ein, **Förmlichkeiten und Verfahren weitgehend zu vereinfachen**, wenn dadurch die Ordnungsmäßigkeit der Überführung der Waren in ein Zollverfahren nicht beeinträchtigt wird. Trotz Nutzung einer dieser Vereinfachungen handelt es sich weiterhin um schriftliche Zollanmeldungen. **Vereinfachte Anmeldeverfahren**

Vereinfachte Anmeldeverfahren sind gemäß *Art. 76 ZK*:
* Abgabe einer **unvollständigen Anmeldung**, die einige Angaben nicht enthält beziehungsweise der einige Unterlagen, die für das betreffende Zollverfahren erforderlich sind, nicht beigefügt wurden (sogenannte unvollständige Zollanmeldung).
* Abgabe einer **vereinfachten Zollanmeldung** (sogenanntes vereinfachtes Anmeldeverfahren) entweder in Form einer unvollständigen Anmeldung oder durch die Vorlage eines Handels- oder Verwaltungspapiers (zum Beispiel Frachtbrief oder Rechnung). Zolldokumente sind unter Umständen zunächst einmal nicht erforderlich.
* Abgabe einer Anmeldung durch **Anschreibung in der Buchführung** des Anmelders (sogenanntes Anschreibeverfahren). In diesem Fall werden die Zollbehörden zunächst nicht unmittelbar bcteiligt. Vielmehr bewirkt der Anmelder die Überführung in ein Zollverfahren selbständig. Erst später erhalten die Zollbehörden hiervon Kenntnis.

Abbildung 5:
Versand-
anmeldung
(Einheitspapier)

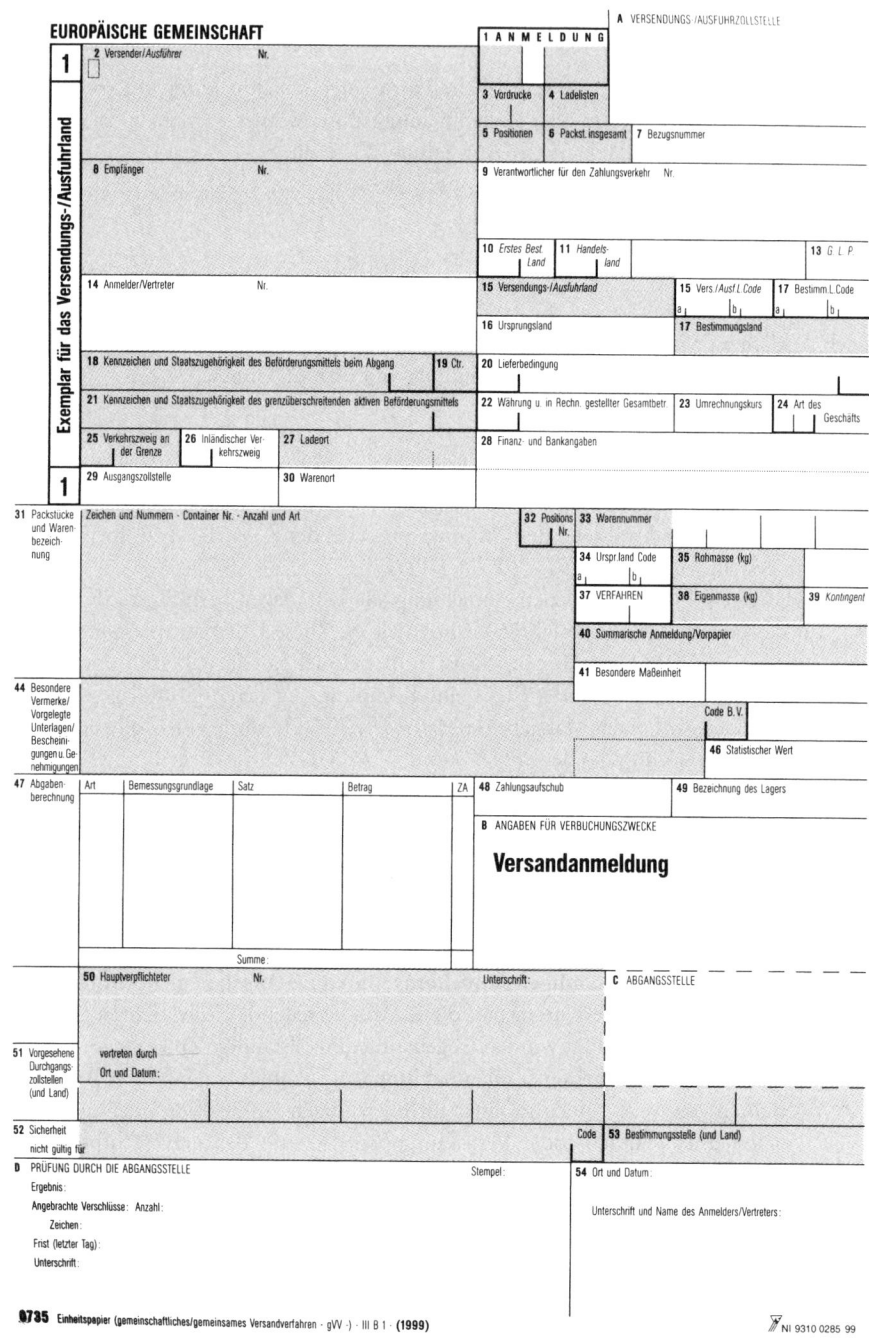

Quelle: Amtlicher Vordruck

Derartige vereinfachte Verfahren sind bei allen Zollverfahren möglich. Ihre inhaltliche Ausgestaltung ergibt sich aus den entsprechenden Regelungen zu den einzelnen Zollverfahren (siehe *Art. 253 ff. ZK-DVO*).

> Die vereinfachten Verfahren des *Art. 76 ZK* haben die früheren Vereinfachungen (Zollabfertigung nach vereinfachter Zollanmeldung (=ZnV), Zollabfertigung nach Aufzeichnung (=ZnA) und die Zollbehandlung nach Gestellungsbefreiung (=ZnG)) abgelöst. Diese in der Praxis aber auch heute noch häufig verwendeten Begriffe entsprechen nicht der aktuellen Gesetzeslage.

Unvollständige Zollanmeldung

Die Regelungen zur **unvollständigen Zollanmeldung** bieten die Möglichkeit einer Vereinfachung insbesondere für Anwender, die nicht ständig Waren einführen und die im Zeitpunkt der Überführung in den zollrechtlich freien Verkehr nicht alle erforderlichen Angaben machen oder nicht alle Unterlagen vorlegen können. Hier kann nämlich eine Annahme erfolgen, obwohl einige der im Allgemeinen notwendigen Angaben im Einheitspapier oder in den Unterlagen fehlen *(Art. 254 ff. ZK-DVO)*. So kann in bestimmten Fällen auf die Angabe der Tarifposition des Gemeinsamen Zolltarifs verzichtet werden. Manche Unterlagen können als Kopien vorgelegt werden. Die fehlenden Angaben oder Unterlagen sind jedoch in der Regel spätestens innerhalb eines Monats nach Annahme der Zollanmeldung nachzureichen *(Art. 256 Abs. 1 ZK-DVO)*.

Vereinfachtes Anmeldeverfahren

Das **vereinfachte Anmeldeverfahren** ermöglicht entweder die Verwendung eines unvollständig ausgefüllten Einheitspapieres oder sogar die Verwendung eines Verwaltungs- oder Handelspapiers allein (zum Beispiel Rechnungen, Beförderungsdokumente, Versandscheine, siehe *Art. 260 Abs. 2, 3 ZK-DVO*). Erforderlich ist eine **vorherige Bewilligung** durch die Zollbehörden. Bei bestimmten Waren kann sogar auf nachträgliche Ergänzungen verzichtet werden (siehe die in *Art. 262 Abs. 2 ZK-DVO* genannten Fälle).

Anschreibeverfahren

Die umfangreichsten Erleichterungen gewährt das **Anschreibeverfahren** *(Art. 263 ff. ZK-DVO)*. Hier verzichten die Zollbehörden weitgehend auf Kontrollen (insbesondere in den Fällen der Verknüpfung mit dem sogenannten zugelassenen Empfänger im Anschluss an ein Versandverfahren). Die Gestellung kann in den Geschäftsräumen des Zollanmelders geschehen, ohne dass zuvor eine Zollstelle aufgesucht werden muss. Im Betrieb erfolgt dann die Anschreibung in der Buchführung, die die gleiche Rechtswirkung wie die Annahme der Zollanmeldung durch die Zollbehörden hat *(Art. 76 Abs. 3 ZK)*. Auch hier ist eine vorherige Bewilligung notwendig. Die ergänzende Anmeldung muss im Folgemonat abgegeben werden. Am 16. dieses Monats sind auch eventuell fällige Abgaben zu entrichten.

> Obwohl Spediteure in der Regel nicht Anmelder sind und deshalb vereinfachte Anmeldeverfahren und Anschreibeverfahren nach dem Gesetzeswortlaut nicht anwenden dürften, lässt das *Bundesfinanzministerium* die Vereinfachungen auch zugunsten von Spediteuren zu *(Dienstvorschrift VSF Z 1211 Abs. 4)*. Eine Spedition, die Im- und Exporte durchführt, ist ohne Anschreibeverfahren in der Praxis nicht vorstellbar.

1.4.2.5   Das Verfahren *ATLAS*

**Datenver-
arbeitung** Neben der schriftlichen Anmeldung (Normalverfahren und vereinfachte Verfahren) kann eine **Anmeldung** auch **mit Mitteln der Datenverarbeitung** abgegeben werden, wenn das in entsprechenden Regelungen der *ZK-DVO* vorgesehen ist *(Art. 61 Buchstabe b ZK)*. Die elektronische Anmeldung soll in der Zukunft vollständig die schriftliche Anmeldung als *Standardzollanmeldung* ablösen. Schon heute ist in vielen Verfahren eine elektronische Anmeldung zwingend vorgeschrieben (zum Beispiel im gemeinschaftlichen / gemeinsamen Versandverfahren oder im Ausfuhrverfahren).

***ATLAS*
Allgemei-
nes** *ATLAS* (= *Automatisiertes Tarif- und Lokales Zoll-Abwicklungs-System*) ist ein von der Bundesfinanzverwaltung entwickeltes Informatikverfahren für die Zollabfertigung. Es wird ständig überarbeitet und an die Bedürfnisse einer modernen Verwaltung sowie der Wirtschaft angepasst. Durch *ATLAS* werden schriftliche Zollanmeldungen und Steuerbescheide durch elektronische Nachrichten ersetzt und eine weitgehend automatisierte und papierlose Zollabfertigung ermöglicht. Nach und nach wurden und werden sämtliche IT-Altverfahren durch *ATLAS* abgelöst und in ein *ATLAS*-Gesamtkonzept integriert. Dabei werden die verschiedenen Zollverfahren in *ATLAS* eingebunden.

Die **Vorteile von *ATLAS*** liegen auf der Hand:

Lange Wegezeiten zur und von der Zollstelle **entfallen** durch die elektronische Übermittlung von Zollanmeldungen.

Wartezeiten bei der Zollstelle entfallen ebenfalls, da man in der Regel keinen persönlichen Kontakt mehr zu einem Abfertigungsbeamten benötigt. Der Spediteur kann somit auch außerhalb der Öffnungszeiten der jeweiligen Dienststelle Zollanmeldungen übermitteln, wenn es in seinen Zeitplan passt.

Durch den weitgehenden Verzicht auf die Vorlage von Unterlagen wie Rechnungen, Präferenzpapieren etc. im Zeitpunkt der Abfertigung wird eine **papierlose und automatisierte Abfertigung** möglich. Vom Abfertigungsbeamten im Einzelfall angeforderte Dokumente werden nach der Prüfung an den Spediteur zurückgegeben.

Durch die Möglichkeit, Zollanmeldungen vorzeitig, das heißt vor dem tatsächlichen Eintreffen der Ware, einzureichen, kann häufig bereits zu diesem Zeitpunkt über die Ware entschieden werden, was **zu einer zusätzlichen Verfahrensbeschleunigung** und früheren Verfügbarkeit der Ware führt.

Eine Abfertigung mittels des *ATLAS*-Verfahrens ist bereits für folgende Fachverfahren möglich:

Summarische Anmeldung

Die Abgabe einer summarischen Anmeldung auf elektronischem Weg ersetzt die frühere Führung von Gestellungsbüchern sowie die Abgabe auf amtlichem Vordruck. Die Erfassung von Nichtgemeinschaftswaren wird nun bundesweit ausschließlich mittels *ATLAS-SumA* vorgenommen. Die Erledigung summarisch erfasster Daten erfolgt über Schnittstellen zum *ATLAS*-Verfahrensteil *Einfuhr* oder *Versand* sowie manuell.

Überführung in den freien Verkehr

Nichtgemeinschaftswaren können mittels des *ATLAS*-Verfahrensteils *Einfuhr* sowohl im Normalverfahren als auch im vereinfachten Verfahren in den freien Verkehr überführt werden. Die Abrechnung vereinfachter Verfahren nach Abgabe der ergänzenden Zollanmeldung *(EGZ)* ist ebenfalls über *ATLAS* möglich. Auch mündliche Zollanmeldungen (die bis zu einem Einfuhrwert von 1 000 € oder bei Privateinfuhren möglich sind) können hier erfasst und bearbeitet werden.

Zolllagerverfahren

Nichtgemeinschaftswaren können mit *ATLAS* in ein Zolllagerverfahren des Typs A, C, D und E überführt werden. Der Verfahrensteil *Zolllagerverfahren* unterstützt dabei sowohl das vereinfachte Verfahren als auch das Normalverfahren. Die Beendigung des Verfahrens kann ebenfalls über das System erfolgen, entweder durch Abgabe einer *ergänzenden Zollanmeldung* (für Lagertypen D und E, falls für letzteres das Anschreibeverfahren bewilligt wurde) oder durch Übermittlung eines Beendigungsanteils, sofern das Zielverfahren bereits in *ATLAS* umgesetzt ist.

Aktive Veredelung und Umwandlungsverfahren

Auch die Überführung von Waren im vereinfachten Verfahren in die *aktive Veredelung* oder in das *Umwandlungsverfahren* ist möglich. Die Beendigung des Verfahrens erfolgt jeweils durch Übermittlung eines Beendigungsanteils (sofern auch hier das Zielverfahren bereits in *ATLAS* umgesetzt ist). Die Abrechnung wird jedoch auch weiterhin außerhalb von *ATLAS* vorgenommen.

Passive Veredelung

Ganz neu hinzugekommen ist seit 1.7.2009 die Möglichkeit der *ATLAS*-gestützten Überführung von Waren in die *passive Veredelung*. Dabei wird sowohl die Überführung im Normalverfahren als auch im vereinfachten Verfahren unterstützt.

Versandverfahren *(NCTS)*

Die IT-gestützte Überführung von Waren in das externe und interne gemeinschaftliche sowie gemeinsame Versandverfahren wird über das *ATLAS-Subsystem Versand* abgewickelt. (Einzelheiten siehe *1.4.5.4*). Ebenso wie auch der Verfahrensteil *Ausfuhr* ist es Teil eines europäischen Projekts zur E-Zoll-Initiative. Der Funktionsumfang beinhaltet neben der Überführung auch die Beendigung und Erledigung von Versandverfahren sowie die vereinfachten Verfahren *Zugelassener Versender* und *Zugelassener Empfänger*. Auch die Verwaltung beziehungsweise die Be- und Entlastung von Sicherheiten wird IT-gestützt vorgenommen.

Ausfuhrverfahren *(AES)*

Seit dem 1.7.2009 ist die Abgabe elektronischer Ausfuhranmeldungen verpflichtend. Dies gilt für alle Ausführer, unabhängig vom Beförderungsweg und auch für die vereinfachten Verfahren. Die Überführung, Überwachung und Erledigung von Ausfuhrwaren erfolgt dabei im *ATLAS*-Verfahrensteil *Ausfuhr (AES)*. Näheres dazu unter *1.4.6.2*.

Elektronischer Zolltarif

Der *Elektronische Zolltarif (EZT)* ist ebenfalls Teil des IT-Verfahrens *ATLAS* und steht als *EZT-online* seit dem 1.1.2006 kostenlos als Auskunftsanwendung auf der Internetseite http://auskunft.ezt-online.de oder über www.zoll.de zur Verfügung. Daneben gibt es noch die Möglichkeit des Erwerbs einzelner Produkte zur Nutzung im jeweiligen firmeneigenen System.

Bewilligung

Nach und nach wurden und werden die meisten bestehenden Bewilligungen den Zollstellen auf elektronischem Weg zur Verfügung gestellt. Häufig kann dadurch bereits automatisiert geprüft werden, ob der Beteiligte die Zugangsvoraussetzungen für die Überführung in das jeweilige Zollverfahren hat.

Schnittstellen zu anderen Behörden

Einfuhrkontrollmeldungen an das *Bundesamt für Wirtschaft und Ausfuhrkontrolle* oder an die *Bundesanstalt für Landwirtschaft und Ernährung* sowie die für die statistische Erhebung vom *Statistischen Bundesamt* benötigten Angaben (die sogenannte statistische Anmeldung) werden vom System über entsprechende Schnittstellen zeitnah und automatisch an die jeweiligen Behörden übermittelt. Dabei werden die datenschutzrechtlichen Bestimmungen eingehalten. Darüber hinaus ist auch eine elektronische Abschreibung von Einfuhrgenehmigungen und Überwachungsdokumenten möglich.

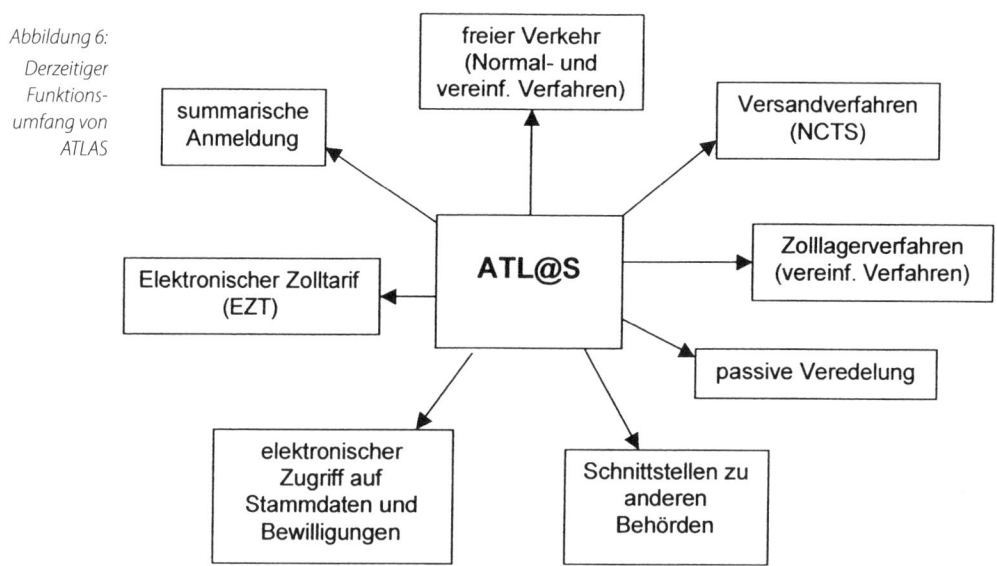

Abbildung 6:
Derzeitiger
Funktions-
umfang von
ATLAS

Quelle: Eigene Darstellung

Die **Zollabwicklung mittels** *ATLAS* ist auf drei verschiedene Arten möglich:

- **Die Teilnehmereingabe:**

  Im Rahmen der Teilnehmereingabe können Zollanmeldungen im Normal- sowie im vereinfachten Verfahren direkt vom Anmelder oder seinem Vertreter elektronisch erstellt und im *UN-Nachrichtenformat EDIFACT* an die zuständige Zollstelle übermittelt werden. Dort werden sie mittels des IT-Verfahrens *ATLAS* bearbeitet und anschließend die Entscheidung des bearbeitenden Beamten sowie der Bescheid über Einfuhrabgaben elektronisch zurückgesandt.

  Die Inanspruchnahme dieser vollständig automatisierten und schnellen Abwicklung der Zollformalitäten ist allerdings nur möglich, sofern bestimmte technische und formale Zugangsvoraussetzungen vorliegen (vergleiche *S. 59*).

- **Die Benutzereingabe:**

  Die Abgabe von Zollanmeldungen auf amtlichem Vordruck (Einheitspapier) wird im Bereich der Einfuhr parallel zur Teilnehmereingabe wie bisher noch möglich sein. Die Daten werden im Rahmen einer sogenannten Benutzereingabe durch den Zollbeamten in *ATLAS* eingestellt, IT-gestützt bearbeitet und anschließend eine Druckausgabe des Einfuhrabgabenbescheids für den Anmelder erzeugt.

  Ziel ist es jedoch, schrittweise die Zahl der Benutzereingaben zugunsten der Teilnehmereingaben beziehungsweise der Nutzung der Internetzollanmeldung zu reduzieren. Im Versand- und Ausfuhrverfahren ist bereits heute grundsätzlich keine Benutzereingabe mehr vorgesehen.

- **Die Internetzollanmeldung:**

  Auch Firmen, die nur gelegentlich Waren einführen oder für die sich die Teilnahme an *ATLAS* aus anderen Gründen nicht lohnt, sind von der Inanspruchnahme der Vorteile, die *ATLAS* zu bieten hat, nicht gänzlich ausgeschlossen. Sie können auf die Nutzung einer im Internet zur Verfügung gestellten Eingabemaske, der sogenannten *Internetzollanmeldung* zurückgreifen, die über das öffentliche Internet-Portal www.internetzollanmeldung.de zugänglich ist.

  Benötigt wird dazu lediglich ein Standardbrowser. Mit der *Internetzollanmeldung (IZA)* können Waren im Normalverfahren in den zollrechtlich freien Verkehr, in das Versandverfahren oder das Ausfuhrverfahren überführt werden. Hinterlegte Wertelisten aus den Anhängen zum Einheitspapier sowie eine Online-Hilfe erleichtern dem Nutzer das Ausfüllen der Zollanmeldung. Wie bei der Benutzereingabe muss auch die Internetzollanmeldung weiterhin ausgedruckt und unterschrieben zusammen mit allen erforderlichen Unterlagen bei der Zollstelle abgegeben werden, da sie erst dann ihre Rechtswirksamkeit erlangt. Die Zollanmeldung wird verschlüsselt über das Internet an das IT-Verfahren *ATLAS* übermittelt und kann mit Hilfe einer automatisch vergebenen Auftragsnummer vom Zollbeamten in die *ATLAS*-Anwendung übernommen und bearbeitet werden. Abschließend wird dem Anmelder der Einfuhrabgabenbescheid ausgedruckt. Bei der seit 4.5.2009 eingeführten neuen *Internetausfuhranmeldung Plus (IAA-Plus)* wird jedoch die handschriftliche Unterschrift durch ein elektronisches Zertifikat ersetzt, so dass auch hier eine vollständig papierlose Ausfuhrabwicklung möglich ist.

Verfahrens-
ablauf Optimal lässt sich ATLAS natürlich im Rahmen der vollautomatisierten Teilnehmereingabe nutzen. Der genaue Verfahrensablauf gestaltet sich dabei wie folgt:

Abbildung 7:

Schematischer
Verfahrens-
ablauf bei
Teilnehmer-
eingabe einer
Zollanmeldung
im Normal-
verfahren

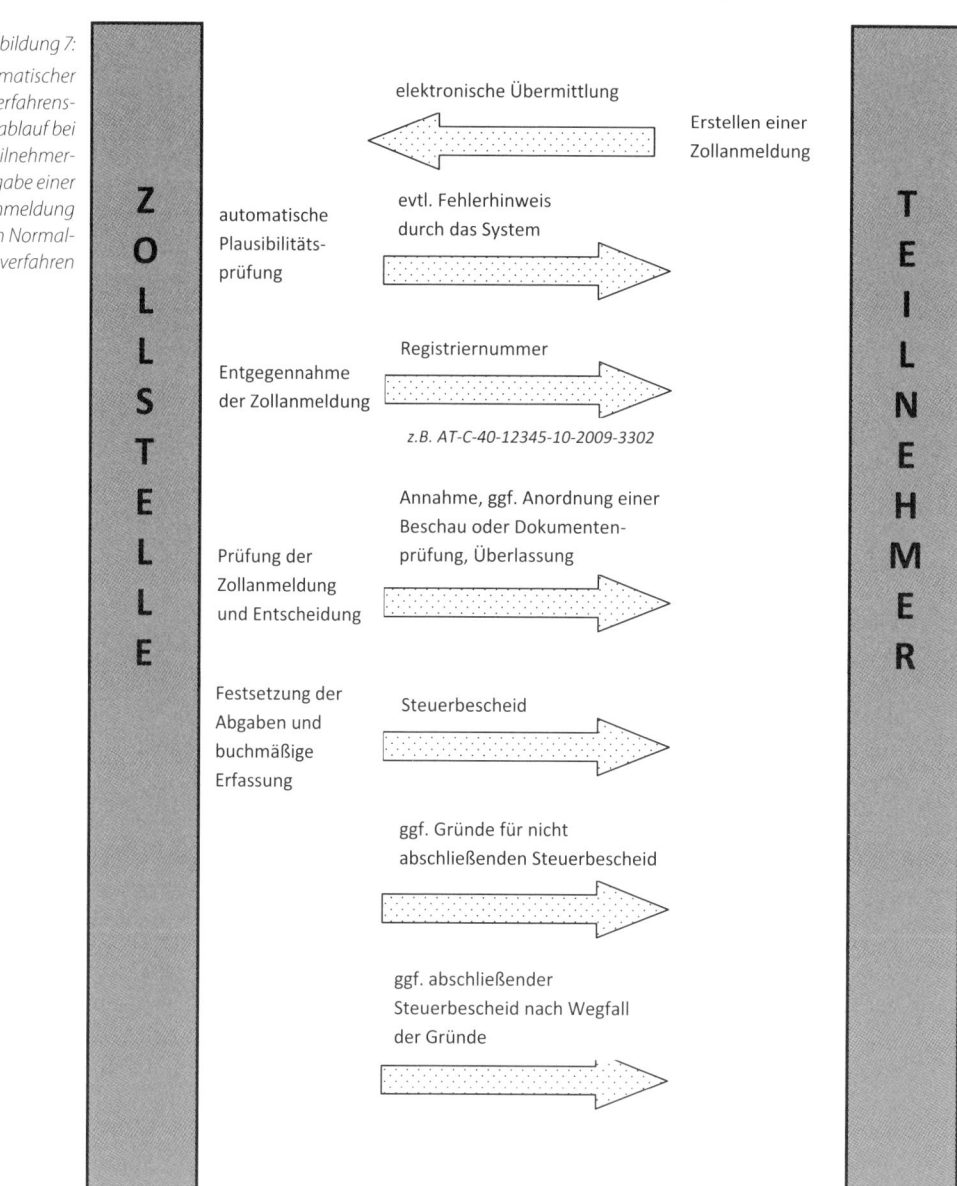

Quelle: Eigene Darstellung

Der Teilnehmer schickt der Zollstelle auf elektronischem Weg eine Zollanmeldung. Dies kann sowohl vorzeitig als auch nichtvorzeitig, im Normalverfahren als auch im vereinfachten Verfahren (sofern bewilligt) geschehen. Sie wird vom System automatisch entgegengenommen, der Zollstelle zur Verfügung gestellt und dort in der Reihenfolge des Eingangs bearbeitet. Gegenüber Zollanmeldungen, die wie bisher auf Einheitspapier abgegeben werden und im Rahmen einer Benutzereingabe bearbeitet werden, haben die Teilnehmereingaben absolute Priorität und werden bevorzugt behandelt.

Auf die Vorlage von Unterlagen im Zeitpunkt der Abfertigung kann gemäß *Artikel 77 Abs. 2 ZK* weitgehend verzichtet werden. Der jeweilige Abfertigungsbeamte kann jedoch die Vorlage der Unterlagen gemäß *Artikel 62 Abs. 2 ZK* in Einzelfällen zwecks Prüfung verlangen.

Dies geschieht ebenfalls elektronisch. *ATLAS* wurde so eingerichtet, dass eine Kommunikation zwischen der Zollstelle und dem Beteiligten möglich ist. Der Anmelder erfährt somit zeitnah und automatisch von den Entscheidungen des Abfertigungsbeamten sowie seinen eventuell getroffenen Anordnungen bezüglich Dokumentenprüfung oder Beschau.

Nach Prüfung der Zollanmeldung und gegebenenfalls nach einer Dokumentenprüfung oder einer durchgeführten Beschau wird die Überlassung der angemeldeten Waren ausgesprochen und dies elektronisch dem Beteiligten übermittelt. Der anschließend vom System erstellte Steuerbescheid ergeht ebenfalls auf elektronischem Weg.

Voraussetzungen für die Teilnahme am IT-Verfahren *ATLAS* sind:

Zugangsvoraussetzungen

*   **Anmeldung bei der *Bundesfinanzdirektion Südost – Dienstort Weiden***
    Diese erfolgt mit dem Vordruck *Anmeldung zur Teilnahme an ATLAS (Vordruck 0874)*. Des Weiteren müssen die notwendigen Daten zur Netzanbindung mit dem Formular *Beteiligte – Stammdaten Netzanbindung (Vordruck 0871)* mitgeteilt werden.

*   **Vorhandensein einer zertifizierten Teilnehmersoftware**
    Je nach Größe des Unternehmens sowie Anzahl und Art der Abfertigungen bieten Softwarefirmen auf die individuellen Bedürfnisse der Firma maßgeschneiderte *ATLAS*–Zugangsmöglichkeiten an. Diese reichen von kompletten Inhouse-Lösungen bis hin zu Online-Zugängen über ein Rechenzentrum.
    Eine Übersicht über einige Software-Anbieter findet sich auf der Internetseite der Bundesfinanzverwaltung unter www.zoll.de.

*   **Zollnummer des Beteiligten**
    Hinter der Zollnummer werden die unternehmensspezifischen Daten wie Adressdaten, Steuernummer, zollrechtliche Bewilligungen, bestehende Aufschubkonten usw. in *ATLAS* hinterlegt (zwingend erforderlich auch für den Vorsteuerabzug). Die Beantragung sowie die Anzeige von Änderungen erfolgt mittels Vordruck *Beteiligte – Stammdaten (Vordruck 0870)* beim
    Informations- und Wissensmanagement Zoll
    Postfach 10 07 61
    01077 Dresden
    Fax: 0351 44834-444

Zukünftig werden die Stammdaten auch in einer europäischen Datenbank gespeichert. In *Deutschland* wird dazu die Zollnummer um das Länderpräfix DE erweitert und die Daten unter der so generierten *EORI-Kennnummer* hinterlegt. Ohne eine Zustimmung zu diesem Verfahren werden ab 1.11.2009 keine zollrechtlichen Handlungen in der *Europäischen Union* mehr möglich sein.

- **Beantragung einer *Beteiligten-Identifikations-Nummer (BIN)***
  Die *BIN* ermöglicht eine elektronische Identifizierung des Teilnehmers gegenüber dem Zoll und ersetzt die handschriftliche Unterschrift auf einer Zollanmeldung. Sie wird bei der *KoSt ATLAS* mit dem Vordruck *BIN-Antrag (Vordruck 0872)* beantragt. Sie muss bei jeder Übermittlung von elektronischen *(EDIFACT-)*Nachrichten angegeben werden. Ferner wird für jedes Aufschub-Konto eine Aufschub-*BIN (Vordruck 0873)* benötigt.

Weiterführende Informationen und Ansprechpartner

Zentraler Ansprechpartner für die Einrichtung eines *ATLAS*-Zugangs ist:
Bundesfinanzdirektion Südost
Dienstort Weiden
Postfach 16 58
92606 Weiden
Tel.: 0961 302-356 oder -357
Fax: 0961 302-261

Die Betreuung der Teilnehmer sowie die Beseitigung von Problemen oder Störungen erfolgt rund um die Uhr durch:
Service Desk
Tel.: 0800 1012631 – Fax: 069 20971-584 – E-Mail: servicedesk@zivit.de

Umfassende Informationen und die Möglichkeit des Downloads sämtlicher erforderlicher Vordrucke sowie des *Merkblatts für Teilnehmer* und Verfahrensanweisungen finden sich auf der Internetseite der Zollverwaltung: www.zoll.de.

1.4.2.6   Weitere Formen der Zollanmeldung

Die übrigen Formen der Zollanmeldung sind für den gewerblichen Warenverkehr nur von geringer Bedeutung. Aus diesem Grund werden sie an dieser Stelle nur sehr verkürzt dargestellt.

Mündliche Zollanmeldung

Die Abgabe einer **mündlichen Zollanmeldung** ist nur bei der Überführung in den zollrechtlich freien Verkehr *(Art. 225 ZK-DVO)*, in die vorübergehende Verwendung *(Art. 229 ZK-DVO* und *696 ZK-DVO)* sowie beim Ausfuhrverfahren *(Art. 226 ZK-DVO)* möglich.

Dabei müssen die in diesen Vorschriften genannten Voraussetzungen gegeben sein. So ist beispielsweise die Abgabe einer mündlichen Anmeldung für Waren zu kommerziellen Zwecken bei der Überführung in den zollrechtlich freien Verkehr gemäß *Art. 225 Buchstabe b ZK-DVO* nur möglich, wenn

- der Gesamtwert je Sendung und Anmelder die vorgesehene statistische Wertschwelle von 1000,– € nicht übersteigt
- die Sendung nicht Teil einer regelmäßigen Serie gleichartiger Sendungen ist und
- die Waren nicht von einem unabhängigen Beförderer als Teil eines größeren kommerziellen Beförderungsvorganges transportiert werden.

Darüber hinaus müssen die **Vorbehaltsregelungen** in *Art. 227* und *235 ZK-DVO* beachtet werden. Danach kann die Zollstelle eine schriftliche Anmeldung verlangen, wenn sie Zweifel an der Richtigkeit oder der Vollständigkeit der Angaben hat.

Gemäß *Art. 235 ZK-DVO* darf eine Zollanmeldung nicht mündlich abgegeben werden, wenn für die Waren Ausfuhrerstattungen oder andere Beträge vorgesehen sind oder beantragt wurden oder die Waren Verbots- oder Beschränkungsmaßnahmen sowie besonderen Förmlichkeiten unterliegen.

Ebenfalls nur unter ganz bestimmten Voraussetzungen ist die Abgabe der Zollanmeldung durch **andere Formen der Willensäußerung** möglich *(Art. 230–233 ZK-DVO)*. Sie ist im gewerblichen Verkehr nur im Hinblick auf Beförderungsmittel interessant, die als Rückwaren in den zollrechtlich freien Verkehr übergeführt werden. Für Beförderungsmittel, die keine Rückwaren sind, kommt nur die vorübergehende Verwendung in Betracht.

> **Beispiel:**
> Der Lkw der Spedition *A*, ansässig in *Köln*, kehrt von einem Warentransport aus *Russland* wieder zurück. An der Grenzzollstelle zur *EU* kann er konkludent in den freien Verkehr übergeführt werden.

Andere Formen der konkludenten Willensäußerung sind:
a) Bei Beförderung der Waren gemäß *Art. 38 Abs. 1 ZK*
  – das Benutzen des grünen Ausgangs „anmeldefreie Waren"
  – das Passieren einer Zollstelle ohne getrennte Kontrollausgänge, ohne spontan eine Zollanmeldung abzugeben
  – das Anbringen einer Zollanmeldungsvignette oder eines Aufklebers „anmeldefreie Waren" an der Windschutzscheibe von Personenkraftwagen, sofern dies in den einzelstaatlichen Vorschriften vorgesehen ist (was in *Deutschland* allerdings nicht der Fall ist)
b) Bei Verzicht auf die Beförderungspflicht gemäß *Art. 38 Abs. 4 ZK* und *§ 5 Abs. 1 ZollV*
  – das einfache Überschreiten der Grenze des Zollgebiets der Gemeinschaft.

Das einfache Überschreiten der Grenze der Gemeinschaft ist beispielsweise möglich, wenn
- eine Überführung in den zollrechtlich freien Verkehr erfolgt, und
- es sich um Waren zu nichtkommerziellen Zwecken handelt und
- die im persönlichen Gepäck der Reisenden enthalten sind und die gemäß *Kapitel I, Titel XI der VO (EWG) Nr. 918/83 des Rates (Zollbefreiungsverordnung; VSF ZO210)* einfuhrabgabenfrei sind und

Andere Formen der Willensäußerung

- die gemäß *Art. 38 Abs. 4 ZK* in Verbindung mit *§ 5 Abs. 1 Nr. 1 Buchstabe a ZollV* von der Beförderungspflicht ausgenommen sind.

Schließlich müssen auch hier die Vorbehaltsregelungen gemäß *Art. 235 ZK-DVO* beachtet werden. Im kommerziellen Verkehr ist diese Alternative der Abgabe einer Zollanmeldung nicht möglich.

1.4.2.7 Die Annahme der Zollanmeldung

Eine bei den Zollbehörden abgegebene Zollanmeldung zur Überführung von Waren in ein Zollverfahren bedarf – unabhängig von ihrer Form – der rechtswirksamen **Annahme** durch diese Behörde. Bei der schriftlichen Zollanmeldung geschieht die Annahme, indem das Datum mittels Stempel auf dem *Einheitspapier* (= *Zollanmeldung*) angebracht wird. Erst wenn dies geschehen ist, die Zollbehörden also deutlich gemacht haben, dass sie die Zollanmeldung in Empfang genommen haben und mit ihrer Überprüfung beginnen, können sich **Rechtswirkungen** ergeben.

Dabei ist der **Zeitpunkt der Annahme von prinzipieller Bedeutung**, weil er allen Vorschriften über das jeweilige Zollverfahren, zu dem die Waren angemeldet werden, zugrunde zu legen ist *(Art. 67 ZK)*. Das bedeutet, dass sowohl bestimmte Rechtsfolgen als auch weitere durchzuführende Maßnahmen, die im Zusammenhang mit der Zollanmeldung stehen, von diesem Zeitpunkt abhängen.

> **Beispiel:**
> Die Annahme ist der Zeitpunkt, zu dem in der Regel die Bemessungsgrundlagen (zum Beispiel der Zollwert) festgestellt werden müssen *(Art. 214 ZK)*, um den zu zahlenden Zoll berechnen zu können.

Bei schriftlichen Anmeldungen im Rahmen des Normalverfahrens nimmt die Zollbehörde die Anmeldung unverzüglich an, wenn die Waren ordnungsgemäß gestellt wurden. Die **Anmeldung muss auf einem Vordruck nach amtlichem Muster abgegeben und unterzeichnet worden** sein. Sie muss alle Angaben enthalten, die für das betreffende Zollverfahren erforderlich sind.

Schließlich müssen ihr alle erforderlichen weiteren Unterlagen beigefügt sein *(Art. 62 Abs. 2 ZK)*. Dies sind bei der Überführung in den zollrechtlich freien Verkehr beispielsweise Rechnungen, unter Umständen eine Zollwertanmeldung oder auch Präferenznachweise.

Für die Annahme einer elektronischen Zollanmeldung im ATLAS-Verfahren sowie für mündliche Anmeldungen gelten die Bestimmungen des *Art. 63 ZK* sinngemäß *(Art. 77 ZK)*.

> **Beispiele:**
> Erfolgen Zollanmeldungen durch Anschreibung in der Buchführung des Anmelders (vereinfachtes Verfahren), so gelten sie als angenommen, wenn die Ware an den von der Zollbehörde zugelassenen Ort (zum Beispiel im Betrieb des Anmel-

ders) gestellt wurde, die Aufzeichnung in den Büchern mit allen erforderlichen Angaben geschehen ist und alle Unterlagen beim Anmelder vorliegen.

Eine mündliche Zollanmeldung ist dann angenommen, wenn die Ware gestellt und die Anmeldung von der Zollbehörde nicht ausdrücklich zurückgewiesen wurde.

1.4.2.8   Die Nichtannahme der Zollanmeldung

Eine Anmeldung wird durch die Zollbehörden nicht angenommen, wenn eine der Voraussetzungen der *Art. 63, 62 ZK* nicht vorliegt. Die Nichtannahme einer Zollanmeldung ist in *§ 7 ZollVG* weiter ausgestaltet.

Danach lehnt die Zollstelle die Annahme der Anmeldung ab, wenn

- sie sachlich nicht zuständig ist (zum Beispiel keine zur Abfertigung der gestellten Waren befugte Zollstelle)
- die Voraussetzungen für die betreffende Zollbehandlung nicht vorliegen (zum Beispiel die erforderliche Bewilligung fehlt) oder
- Verbote oder Beschränkungen entgegenstehen, weil zum Beispiel erforderliche Genehmigungen für die Einfuhr von Arzneimitteln fehlen.

Die Zollbehörden können die Anmeldung des Weiteren ablehnen, wenn

- sie örtlich nicht zuständig sind oder
- Regelungen über den Amtsplatz oder die Öffnungszeiten nicht beachtet werden.

Wird eine Zollanmeldung nicht angenommen, bleibt die Ware in der vorübergehenden Verwahrung gemäß *Art. 50 ZK*.

Der weitere Verfahrensablauf richtet sich nach dem konkreten Einzelfall. Möglich sind unter anderem die Überführung in ein anderes Zollverfahren, die Wahl einer anderen zollrechtlichen Bestimmung (zum Beispiel die Wiederausfuhr) oder Maßnahmen gemäß *Art. 53* und *56 ZK* sowie *§ 13 ZollVG*, wie zum Beispiel die Vernichtung oder Zerstörung von Amts wegen beziehungsweise die Veräußerung der Waren. Letztere Maßnahmen setzen aber immer eine vorherige Sicherstellung, Beschlagnahme oder die Einziehung durch die Zollbehörde voraus. **Maßnahmen bei Nichtannahme der Anmeldung**

1.4.2.9   Der Verfahrensablauf nach Annahme der Zollanmeldung

Wird eine Zollanmeldung durch die Zollbehörde angenommen, so sind in erster Linie folgende weitere Maßnahmen möglich:

- **Berichtigung** oder **Ungültigkeitserklärung** der Anmeldung *(Art. 65* und *66 ZK)*
- Inhaltliche **Überprüfung** der Zollanmeldung *(Art. 68 ZK)*
- Durchführung einer **Zollbeschau** *(Art. 69-71 ZK)*
- **Überlassung** der Waren zu dem beantragten Zollverfahren, sofern eine gegebenenfalls entstandene Abgabenschuld gezahlt oder zumindest abgesichert ist *(Art. 73-75 ZK)*.

Berichtigung der Zollanmeldung Auf Antrag des Anmelders kann die Zollbehörde eine **Berichtigung der Zollanmeldung** zulassen. Berichtigung bedeutet, dass der Anmelder eine oder mehrere Angaben in der Anmeldung ändern kann *(Art. 65 ZK)*.

Eine Berichtigung der Anmeldung ist **in folgenden Fällen ausgeschlossen:**
- Nach Ankündigung einer Zollbeschau
- Nach Feststellung der Unrichtigkeit einer betreffenden Angabe
- Nach Überlassung der Ware
- Wenn sich die Berichtigung auf andere als die ursprünglich angemeldete Ware bezieht.

Eine bereits angenommene Anmeldung kann außerdem durch die Zollbehörden auf Antrag des Anmelders für ungültig erklärt werden, wenn der Anmelder nachweist, dass die Waren irrtümlich zu dem bezeichneten Zollverfahren angemeldet worden sind oder, dass infolge besonderer Umstände die Überführung der Waren in das betreffende Zollverfahren nicht mehr gerechtfertigt ist *(Art. 66 ZK)*.

Beispiel:
Nach Annahme der Zollanmeldung – jedoch vor Überlassung der Waren – stellt sich heraus, dass sie schadhaft sind. Aus diesem Grund sollen sie in das Drittland zum Hersteller zurückgeschickt werden. Der Anmelder kann die Zollanmeldung für ungültig erklären lassen und anschließend die gewünschte Wiederausfuhr durchführen.

Sowohl die Berichtigung als auch die Ungültigerklärung kommen in der Praxis eher selten vor.

Überprüfung der Zollanmeldung Die wichtigste Maßnahme, die an den Zeitpunkt der Annahme der Zollanmeldung geknüpft ist, stellt die **Überprüfung der Zollanmeldung** durch die Zollbehörde dar. Gemäß *Art. 68 ZK* kann die Zollbehörde die angenommene Zollanmeldung und die gegebenenfalls weiteren vorzulegenden Unterlagen **inhaltlich** beziehungsweise durch eine **Beschau** einschließlich der Entnahme von Mustern und Proben prüfen.

Inhaltliche Prüfung Die Prüfung der Zollanmeldung sowie der weiteren vorzulegenden Unterlagen erfolgt insbesondere auf der Grundlage des *Art. 199 ZK-DVO* bezüglich
- der Richtigkeit der Angaben
- der Echtheit der Unterlagen und
- der Einhaltung aller weiteren Verpflichtungen im Zusammenhang mit der Überführung der Waren in ein Zollverfahren.

Zollbeschau Ob eine Zollbeschau *(Art. 68, 69 ZK; Art. 239-247 ZK-DVO)* durchgeführt wird, beziehungsweise in welcher Art und in welchem Umfang dies geschieht, entscheidet die Zollbehörde. Insoweit steht der Zollstelle ein Ermessensspielraum zu. Sie kann entweder eine Beschau der gesamten oder nur eines Teils der Ware vornehmen. Wird nur ein Teil der Waren beschaut, so gelten die Ergebnisse dieser Teilbeschau für alle in der Anmeldung bezeichneten Waren *(Art. 70 ZK)*.

Beispiel:

Es wird ein mit Pfirsichdosen beladener Lkw beschaut. Die Zollstelle entnimmt einige Dosen und prüft deren Inhalt. Da der Inhalt den in der Zollanmeldung gemachten Angaben entspricht, gilt dieses Ergebnis auch für die nicht beschauten Dosen.

Der **Zollanmelder hat das Recht bei einer Beschau anwesend zu sein.** Er hat im Gegenzug die Pflicht, die Beschau zu unterstützen. Verzichtet der Anmelder auf das Recht seiner Anwesenheit bei einer Beschau, so kann die Zollbehörde diese ausdrücklich verlangen. Eine Vertretung des Anmelders ist möglich.

Die **Kosten der Zollbeschau trägt der Anmelder** *(Art. 69 Abs. 1 ZK)*. Ein Ersatz für entnommene Muster und Proben erfolgt nicht. Allerdings trägt die Verwaltung die durch eine eventuelle Analyse oder Prüfung entstehenden Kosten *(Art. 69 Abs. 3 ZK)*.

Die Ergebnisse der Überprüfung der Anmeldung werden in einem sogenannten **Zollbefund** vermerkt. Faktisch wird damit dem Zollanmelder die Zollbehandlung beurkundet *(Art. 71 ZK, Art. 247 Abs. 1 ZK-DVO)*.

Findet keine Überprüfung der Anmeldung statt, so werden die in der Anmeldung enthaltenen Angaben für die Anwendung der Vorschriften über das Zollverfahren zugrunde gelegt *(Art. 71 Abs. 2 ZK)*.

Abschließend gehört zu den allgemeinen Maßnahmen nach Annahme der Zollanmeldung die **Überlassung** der Waren. **Über-lassung**

Sie ist die Maßnahme der Zollbehörde, durch die dem Anmelder gestattet wird, die Ware entsprechend dem gewünschten Zollverfahren zu benutzen.

Diese Maßnahme ist möglich, wenn

- in Bezug auf die Ware keine VuB-Regelungen entgegenstehen und
- die Anmeldung entweder überprüft oder ohne Überprüfung angenommen wurde *(Art. 73 Abs. 1 ZK)*.

Ist durch die Annahme der Zollanmeldung eine Zollschuld entstanden (zum Beispiel bei einer Überführung in den zollrechtlich freien Verkehr), so darf die Ware dem Anmelder erst überlassen werden, wenn der **Abgabenbetrag entrichtet** oder eine **Sicherheit geleistet** worden ist *(Art. 74 ZK)*. Letzteres kann beispielsweise im Wege einer **Bürgschaft** erfolgen *(siehe Art. 189 ff. ZK)*.

1.4.3 Die Überführung in den zollrechtlich freien Verkehr

Für die Überführung von Waren in den zollrechtlich freien Verkehr gelten grundsätzlich **Über-** die allgemeinen Bestimmungen des *Zollkodex* sowie der *Zollkodex-DVO*, wie sie bereits im **führung** *Abschnitt 1.4.1* bei der Überführung von Waren in ein Zollverfahren dargestellt wurden. **in den zoll-**

Es sind zwei Verfahren zu unterscheiden: **rechtlich**
- Überführung von Waren in den **nicht überwachten freien Verkehr** (Normalfall) **freien**
- Überführung von Waren in den **überwachten freien Verkehr** (siehe unten *1.4.4,* **Verkehr** sogenannte besondere Verwendung).

In den **nicht überwachten freien Verkehr** kann praktisch jede Nichtgemeinschaftsware überführt werden, sofern keine Verbote und Beschränkungen oder handelspolitische Maßnahmen entgegenstehen (siehe unten *1.10*) und eine eventuell entstandene Zollschuld *(Art. 201 Abs. 1 Buchst. a ZK)* beglichen wurde. Unter bestimmten Voraussetzungen reicht die Hinterlegung einer Sicherheit aus.

Durch die Überführung in den zollrechtlich freien Verkehr erhalten Nichtgemeinschaftswaren den Status von Gemeinschaftswaren *(Art. 79 ZK)*. Die zollamtliche Überwachung endet und der Anmelder kann ohne jede zollrechtliche Beschränkung über die Waren verfügen. Sie befinden sich nunmehr im Wirtschaftskreislauf der *EU*.

1.4.4   Der zollrechtlich freie Verkehr unter besonderer Zweckbindung (überwachter freier Verkehr)

Besondere Verwendung   Bestimmte Waren können bei der Überführung in den freien Verkehr eine Zollbegünstigung (entweder den Zollsatz „frei" oder einen ermäßigten Zollsatz) erhalten, wenn sie zu einem besonderen Zweck verwendet werden.

In diesen Fällen wird trotz Überlassung der Waren zum freien Verkehr die zollamtliche Überwachung fortgesetzt. Dadurch soll gewährleistet werden, dass die betreffenden Waren tatsächlich zu dem abgabenbegünstigten Zweck verwendet werden.

Besteht die Zollbegünstigung in der Anwendung eines ermäßigten Zollsatzes, so wird der danach berechnete Zollbetrag bereits bei der Überführung in den freien Verkehr erhoben. Dabei gelten die Vorschriften über die Zollschuld, die Erhebung der Einfuhrabgaben, die Zahlungsfrist und den Zahlungsaufschub sowie der Überlassung bei der Überführung von Waren in den nicht überwachten freien Verkehr sinngemäß.

Abbildung 8:
Zollrechtlich
freier Verkehr

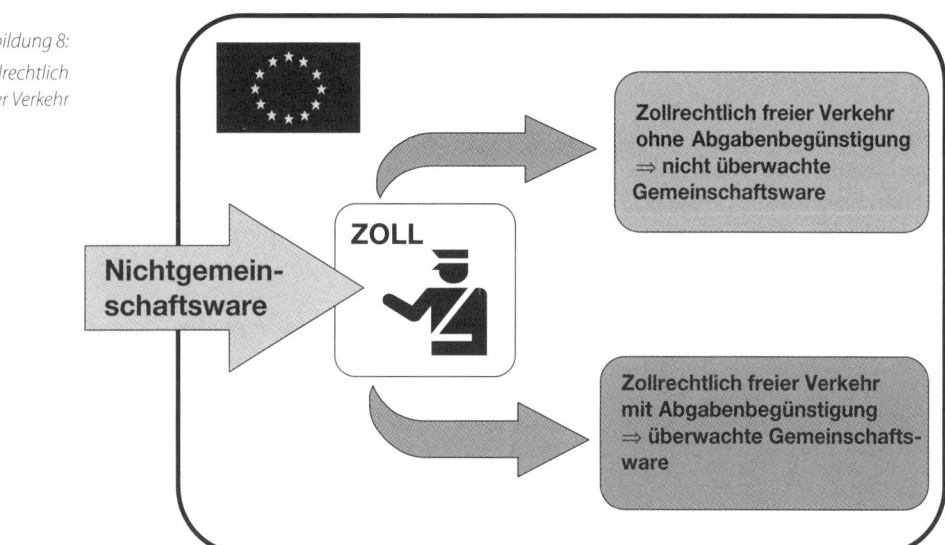

Nichtgemein-
schaftsware

ZOLL

Zollrechtlich freier Verkehr
ohne Abgabenbegünstigung
⇒ nicht überwachte
Gemeinschaftsware

Zollrechtlich freier Verkehr
mit Abgabenbegünstigung
⇒ überwachte Gemeinschaftsware

Quelle: Kock / Rogmann

Zum überwachten freien Verkehr können folgende Waren abgefertigt werden:

- Waren, die **auf Grund zolltariflicher Vorschriften zollbegünstigt** verwendet werden können. Rechtsgrundlage hierfür sind *Art. 82 ZK* in Verbindung mit *Art. 21 ZK* sowie die *Art. 291-300 ZK-DVO*. Diese Waren sind im *Zolltarif Spalte 2* mit dem Vermerk *unter zollamtlicher Überwachung* gekennzeichnet.
- Waren, deren **außertarifliche Zollbefreiung** von einer bestimmten Verwendung abhängig ist, wie bei bestimmten Zollbefreiungen gemäß *Art. 184 ZK* und der *VO (EWG) Nr. 918/83 – Zollbefreiungsverordnung*. Anders als bei der tariflichen Abgabenbefreiung sind die Waren nicht nur vom Zoll sondern auch von der Einfuhrumsatzsteuer befreit.

Beispiele:
1. Wird frischer Thunfisch industriell verwendet (zum Beispiel in Dosen abgefüllt), ist der Zollsatz „frei". Soll er dagegen „frisch" verkauft werden, beträgt der Zollsatz 20 %. Nach Überführung in den zollrechtlich freien Verkehr zur besonderen Verwendung bleibt der Thunfisch unter zollamtlicher Überwachung, bis er in Dosen abgefüllt wurde. Erst danach kann der Beteiligte frei über die Ware verfügen. Mit dieser Zollsatzvergünstigung soll die Thunfischindustrie unterstützt werden.
2. Kehrt ein *EU*-Bürger nach mehrjährigem Aufenthalt in den *USA* in die *EU* zurück, so ist sein Umzugsgut nach der Zollbefreiungsverordnung frei von Einfuhrabgaben. Es handelt sich um eine außertarifliche Abgabenbefreiung. Auch hier besteht eine zollamtliche Überwachung, denn das Umzugsgut darf ohne vorherige Unterrichtung der Zollbehörden innerhalb eines Jahres nicht verkauft, verliehen, verpfändet oder vermietet werden *(Art. 7 ZollbefrVO)*.
3. Außertarifliche (vollständige) Zollbefreiungen existieren beispielsweise für Verteidigungsgüter, Betriebsstoffe für die Luftfahrt und die Schifffahrt, Heiratsgut, Erbschaftsgut, für Organisationen der Wohlfahrtspflege bestimmte Waren, für Warenmuster oder –proben von geringem Wert.

Die Überführung von Waren in den überwachten freien Verkehr, die aufgrund zolltariflicher Vorschriften zollbegünstigt sind, bedarf im Allgemeinen der **Bewilligung**. Diese wird auf schriftlichen Antrag desjenigen, der die Waren selbst verwenden und verteilen will, erteilt. Der Antragsteller muss ordnungsgemäß Bücher und Aufzeichnungen führen. Die Bewilligung wird in der Regel durch einen Erlaubnisschein erteilt. **Zolltarifliche Abgabenbegünstigung**

Werden die Waren innerhalb der Verwendungsfrist dem begünstigten Verwendungszweck zugeführt, so können sie anschließend ohne zollrechtliche Beschränkungen veräußert oder weiterverwendet werden. Die zollamtliche Überwachung ist gemäß *Art. 37 Abs. 2 ZK* beendet.

Bei einer Verwendung der Waren, die nicht dem begünstigten Zweck entspricht, entsteht eine Zollschuld in Höhe des „nicht erhobenen Abgabenbetrages", das heißt letzten Endes, dem Anmelder werden die vorher eingeräumten Vergünstigungen wieder genommen. Daneben bleiben straf- oder ordnungswidrigkeitsrechtliche Maßnahmen möglich.

Eine nachträgliche Zollschuld entsteht auch, wenn die Waren der vorgeschriebenen

Verwendung nicht innerhalb der festgesetzten Frist zugeführt worden sind. Keine Zollschuld entsteht dagegen, wenn die Waren mit Zustimmung der Zollbehörde wieder ausgeführt, zerstört oder vernichtet werden. Diese Fälle werden ausdrücklich in *Art. 206 ZK* angesprochen.

Der „nicht erhobene Abgabenbetrag" ist der Unterschied zwischen dem Betrag der Einfuhrabgaben, der sich aus der Anwendung des begünstigten Abgabensatzes ergibt, und dem Betrag an Einfuhrabgaben, der ohne Inanspruchnahme der Zollbegünstigung zu entrichten wäre.

1.4.5   Die Versandverfahren

Allge-meines Die Wirtschaft nutzt die einzelnen Verkehrsmittel wie Lkw, Flugzeug, Eisenbahn, Seeschiffe usw. in vielfältiger Art und Weise zur Beförderung von Waren auch im grenzüberschreitenden Verkehr. Dabei soll der Warenfluss an den jeweiligen Zollgrenzen so wenig wie möglich aufgehalten werden.

Das Versandverfahren bietet dazu sowohl für die Wirtschaft als auch für die Zollbehörden wesentliche Erleichterungen. Die Waren werden an den Grenzzollstellen abgefertigt und können rasch zu den für den Sitz des Empfängers zuständigen Binnenzollämtern befördert werden, wo dann die Überführung der Waren in ein anderes Zollverfahren oder eine andere zollrechtliche Bestimmung erfolgt.

Im Binnenland können die notwendigen und oft umfangreichen Formalitäten (wie zum Beispiel die Erhebung von Einfuhrabgaben oder die Berücksichtigung handelspolitischer Maßnahmen) erfolgen.

> **Beispiel:**
> Die Waren kommen per Schiff in *Amsterdam* an. Sie können im gemeinschaftlichen Versandverfahren zu ihrem Bestimmungsort *Köln* befördert werden. Soll dort eine Überführung in den zollrechtlich freien Verkehr erfolgen, müssen die Waren erst dort „verzollt" werden.

Versand-verfahren Als Versandverfahren kommen gemäß *Art. 91 Abs. 1 ZK* in Betracht:
- Externe und das interne gemeinschaftliche Versandverfahren
- Carnet TIR-Verfahren
- Carnet ATA-Verfahren
- Beförderung aufgrund des *Rheinmanifestes* (*Art. 9 der revidierten Rheinschifffahrtsakte*)
- Beförderung mit *Vordruck 302* gemäß dem am 19. Juni 1951 in *London* unterzeichneten *Abkommen der NATO-Vertragsparteien über das Statut ihrer Streitkräfte*
- Beförderung durch die Post (einschließlich Paketpost).

In der *EU* werden täglich tausende Versandverfahren eröffnet. Es handelt sich um eines der meistgenutzten Zollverfahren, das insbesondere auch von Spediteuren in großem Umfang verwendet wird.

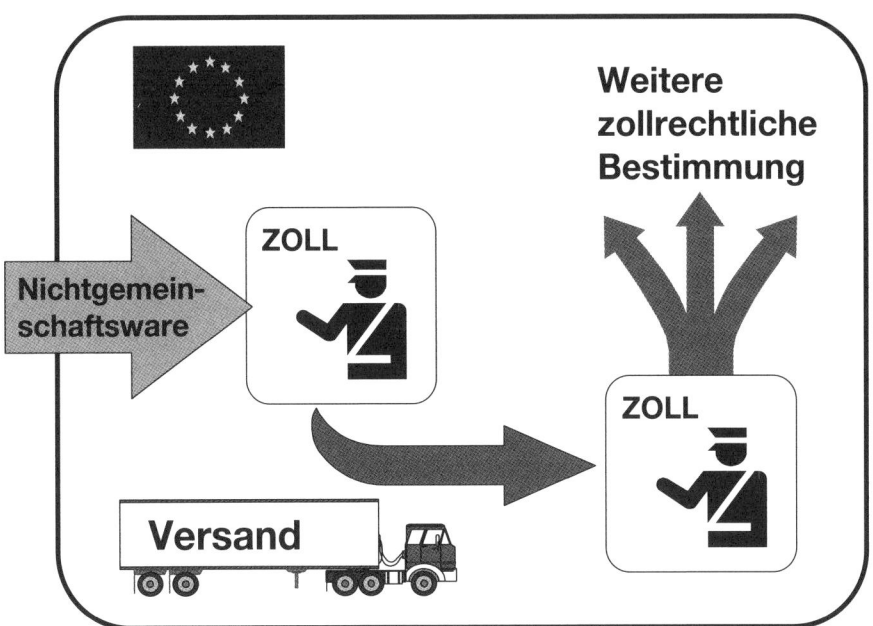

Abbildung 9:
Versand-
verfahren

Quelle: Kock/Rogmann

1.4.5.1 Das externe gemeinschaftliche Versandverfahren

Das externe gemeinschaftliche Versandverfahren kommt im Allgemeinen in Betracht, **Externes** wenn Nichtgemeinschaftswaren *(Art. 4 Nr. 8 ZK)* zwischen zwei in der *EU* gelegenen **gemein-** Orten befördert werden sollen. **schaftliches**

Versand-
verfahren

> Beispiel:
> Die Spedition *Blei GmbH* soll Waren von *Kiew* nach *Münster* befördern, wo die Überführung in den zollrechtlich freien Verkehr geplant ist. Hier könnte der Transport bis zur polnischen Grenze und dort die Überführung in ein externes Versandverfahren erfolgen, da die (Nichtgemeinschafts-)Waren zwischen zwei in der *EU* gelegenen Orten befördert werden (nämlich zwischen der Grenzzollstelle und *Münster*). Der Transport in der *Ukraine* muss nach ukrainischem Recht durchgeführt werden. Hinweis: Eine andere Möglichkeit wäre ein Transport mit *Carnet TIR*, das bereits in *Kiew* eröffnet werden könnte (siehe *Kap. 1.4.5.5*).

Gemeinschaftswaren *(Art. 4 Nr. 7 ZK)* können in das externe Versandverfahren nur dann übergeführt werden, wenn im Falle ihrer **Ausfuhr** aus der *EU* bestimmte Ausfuhrförmlichkeiten vorgesehen sind. Diese sind notwendig, wenn etwa Ausfuhrerstattungen für bestimmte landwirtschaftliche Waren (zum Beispiel Fleisch) im Bereich des Marktordnungsrechts *(Art. 91 [1] b ZK)* gewährt werden.

Da es sich bei dem **externen gemeinschaftlichen Versandverfahren um ein Zollverfahren** *(Art. 4 Nr. 16 Buchst. b ZK)* handelt, bedarf die Überführung der genannten

Waren einer Zollanmeldung *(Art. 59 ff. ZK)*; Dies war früher in erster Linie eine schriftliche *Versandanmeldung „T 1"* in Form der *Exemplare 1, 4, 5* und *7* des *Einheitspapiers.* Mittlerweile wird fast ausschließlich computerunterstützt angemeldet *(NCTS*-Verfahren, siehe unter *1.4.5.4)*

Hauptverpflichteter   **Inhaber des externen gemeinschaftlichen Versandverfahrens** ist gemäß *Art. 96 (1) ZK* der sogenannte **Hauptpflichtete.** Dies ist im Regelfall der Anmelder. Er ist im Allgemeinen **für die ordnungsgemäße Durchführung des Verfahrens,** insbesondere für die fristgerechte Wiedergestellung der unveränderten Waren bei der Bestimmungsstelle (Zollstelle bei der das externe gemeinschaftliche Versandverfahren beendet wird) **verantwortlich.**

Seine Pflichten enden durch Erledigung des gemeinschaftlichen Versandverfahrens bei der Abgangsstelle. Die Bestimmungsstelle informiert dabei die Abgangsstelle mittels **Rückschein** *(Exemplar 5 des Einheitspapiers)* über die Erledigung.

Sicherheitsleistung   Im Allgemeinen hat der **Hauptverpflichtete Sicherheit zu leisten** *(Art. 94 (1), Art. 189 ff. ZK).*

Da die für die Waren geltenden Zölle und anderen Abgaben während eines Versandverfahrens zeitweise ausgesetzt werden, muss der Hauptverpflichtete in der Regel eine Sicherheit leisten, um die Zahlung einer eventuell entstehenden Abgabenschuld zu sichern.

> **Beispiel:**
> Die Waren werden nicht bei der Bestimmungsstelle gestellt, weil sie während des Transports gestohlen oder vom Hauptverpflichteten der zollamtlichen Überwachung entzogen wurden. Für die Zahlung wird die vom Hauptverpflichteten geleistete Sicherheit in Anspruch genommen.

Die Sicherheit kann entweder als Einzelsicherheit, die für ein einziges Versandverfahren gilt, oder als Gesamtbürgschaft, die mehrere Beförderungen abdeckt, geleistet werden *(Art. 94 Abs. 2 ZK).*

Einzelsicherheit   Die Einzelsicherheit kann in Form einer Barsicherheit oder durch das Stellen eines Bürgen geleistet werden. Letzteres kann in Form von sogenannten Sicherheitstiteln erfolgen, die der Bürge an den Hauptverpflichteten ausgibt.

Der Betrag der Sicherheit ist so zu berechnen, dass er den gesamten Betrag der möglicherweise entstehenden Abgabenschulden erfasst *(Art. 94 Abs. 1 ZK).* Im Regelfall erfolgt die Berechnung auf der Grundlage der höchsten im Abgangsland für derartige Waren geltenden Abgabensätze *(Art. 345 Abs. 1, 379 Abs. 2 Unterabs. 3 ZK-DVO).* Dabei sind nicht nur die Zölle, sondern auch die anderen Abgaben (zum Beispiel Einfuhrumsatzsteuer, Verbrauchssteuern) zu berücksichtigen. Präferenzbegünstigungen bleiben unberücksichtigt.

Gesamtbürgschaft   Eine Gesamtbürgschaft wird nur auf vorherigen (schriftlichen) Antrag zugelassen. Sie wird gemäß *Art. 373 Abs. 1 ZK-DVO* nur solchen Personen erteilt, die in der Gemeinschaft ansässig sind, Versandverfahren regelmäßig in Anspruch nehmen und die keine schweren oder wiederholten Verstöße gegen Zoll- oder Steuervorschriften begangen haben. Außerdem muss sichergestellt sein, dass die Überwachung und Kontrolle der Verfahren nicht gefährdet ist und Aufzeichnungen geführt werden, die den Zollbehörden die Durchführung wirksamer Kontrollen ermöglichen.

Die Höhe der Gesamtbürgschaft richtet sich nach dem sogenannten Referenzbetrag. **Referenz-betrag** Dieser entspricht dem Betrag der Abgabenschuld, die für die Waren entstehen kann, die der Hauptverpflichtete während eines Zeitraums von mindestens einer Woche in das gemeinschaftliche Versandverfahren überführt. Der Hauptverpflichtete ist nach *Art. 379 Abs. 1, 4 ZK-DVO* verpflichtet, den festgesetzten Referenzbetrag nicht zu überschreiten. Er muss entsprechende Kontrollmaßnahmen ergreifen, um ein Überschreiten zu verhindern.

Die in den vergangenen Jahren von der *EG-Kommission* durchgeführte Reform des **Erleich-terungen** Versandrechts hat in Bezug auf die Gesamtbürgschaft erhebliche Erleichterungen für die Beteiligten mit sich gebracht. So kann der Betrag der Bürgschaft reduziert und in besonderen Fällen von der Sicherheitsleistung sogar vollständig befreit werden. Nach *Art. 380 Abs. 2 ZK-DVO* reduziert sich der Bürgschaftsbetrag auf 50 % des Referenzbetrags, wenn der Hauptverpflichtete nachweist, dass seine finanzielle Lage gesund ist und er über ausreichende Erfahrung bei der Anwendung des gemeinschaftlichen Versandverfahrens verfügt. Eine Reduzierung sogar auf 30 % des Referenzbetrags ist möglich, wenn der Hauptverpflichtete zusätzlich auch *eng mit den Zollbehörden zusammenarbeitet*.

Eine Befreiung von der Sicherheitsleistung kann bewilligt werden, wenn der Hauptverpflichtete die vorgenannten Zuverlässigkeitskriterien erfüllt, *die Beförderungen unter Kontrolle hat und über eine ausreichende finanzielle Leistungsfähigkeit verfügt, um seinen Verpflichtungen nachkommen zu können (Art. 380 Abs. 3 ZK-DVO)*. Für Waren mit erhöhtem Betrugsrisiko (zum Beispiel Branntwein, Zigaretten, Tabak, aber auch Fleisch und Butter, weitere Beispiele in *Anhang 44c ZK-DVO*) gelten zusätzlich die Verschärfungen des *Art. 381 ZK-DVO*.

Wurde die Versandanmeldung vollständig und inhaltlich richtig gemäß den *Anhängen* **Über-führung** *37* und *38 ZK-DVO* ausgefüllt und der Nachweis über die Sicherheitsleistung erbracht, **in das** nimmt die Abgangsstelle diese Anmeldung unter den Voraussetzungen des *Art. 63 ZK* **Versand-** an. Sie setzt die **Frist für die erneute Gestellung** bei der Bestimmungsstelle, **sichert die** **verfahren** **Nämlichkeit** (zum Beispiel mittels der Verwendung von Zollplomben) und **trägt die entsprechenden Angaben in die Versandanmeldung ein**. Sofern keine Verbote und Beschränkungen entgegenstehen, überlässt sie dem Hauptverpflichteten die Ware.

Voraussetzungen	Reduzierung auf 50 %	Reduzierung auf 30 %	Befreiung
Gesunde finanzielle Lage	ja	ja	ja
Ausreichende Erfahrung in Jahren	1 Jahr	2 Jahre	3 Jahre
Enge Zusammenarbeit mit den Zollbehörden	–	ja	ja
Kontrolle der Transporte	–	–	ja
Ausreichende finanzielle Leistungsfähigkeit	–	–	ja

Quelle: Eigene Darstellung[1]

Tabelle 3: Zusätzliche Voraussetzungen für die Reduzierung des Bürgschaftsbetrages / Befreiung von der Sicherheitsleistung für Waren ohne erhöhtes Betrugsrisiko

---

1   Die angegebenen Zeiträume werden jeweils um ein Jahr verkürzt, wenn der Hauptverpflichtete seine Versandanmeldungen EDV-gestützt als Teilnehmer am *NCTS* übermittelt.

Durchführung des Versandverfahrens Während der Beförderung wird die zollamtliche Überwachung des Versandverfahrens durch die beteiligten nationalen Zollbehörden der *EU*-Mitgliedsstaaten durchgeführt. Alle Vorfälle während des Beförderungsvorganges, wie zum Beispiel Verschlussverletzungen oder notwendig gewordene Umladungen werden durch die Zollbehörde im Versandschein vermerkt.

Beendigung des Versandverfahrens Die **ordnungsgemäße Beendigung** des externen gemeinschaftlichen Versandverfahrens **setzt** die **Wiedergestellung bei der Bestimmungsstelle voraus**. Die Bestimmungsstelle prüft insbesondere die Einhaltung der Gestellungsfrist und der Nämlichkeit der Ware. Es wird also überprüft, ob die Waren nicht verspätet eingetroffen und unverändert geblieben sind.

Werden die Waren der Bestimmungsstelle erst nach Ablauf der von der Abgangsstelle gesetzten Frist gestellt, so gilt diese Frist als gewahrt, wenn glaubhaft gemacht wird, dass die Nichteinhaltung auf vom Beförderer oder Hauptverpflichteten nicht zu vertretende Umstände zurückzuführen ist. Eine Zollschuldentstehung nach *Art. 204 ZK* kann auf diese Weise verhindert werden. Wurde das Verfahren ordnungsgemäß beendet, wird die Abgangsstelle hierüber informiert.

Nach Beendigung des externen gemeinschaftlichen Versandverfahrens unterliegen die Waren weiterhin der zollamtlichen Überwachung. Sie befinden sich dann in der vorübergehenden Verwahrung und müssen innerhalb von 20 Tagen eine neue zollrechtliche Bestimmung im Sinne von *Art. 4 Nr. 15 ZK* erhalten.

Vereinfachungen bei der Abgangsstelle Das **externe gemeinschaftliche Versandverfahren** kann auch in **vereinfachter Form** durchgeführt werden. Diese Vereinfachungen beziehen sich vor allem auf die Förmlichkeiten bei der Abgangs- beziehungsweise Bestimmungsstelle.

Vereinfachungen der Förmlichkeiten **bei der Abgangsstelle** ergeben sich aus den *Art. 398-404 ZK-DVO*.

Zugelassener Versender Danach können Personen – **sogenannte** *zugelassene Versender* – unter bestimmten Voraussetzungen von der Gestellungspflicht zum gemeinschaftlichen Versandverfahren bei der Abgangsstelle befreit werden. Die Waren können ohne Mitwirkung der Zollstellen auf dem Firmengelände der Versender in das Versandverfahren übergeführt und anschließend versendet werden. Dies hat den Vorteil, nicht mehr an die Öffnungszeiten der Zollstellen gebunden zu sein. Die Waren müssen vor Beginn des Versandverfahrens nämlich nicht mehr zur Zollstelle gebracht werden.

Die Möglichkeit der Inanspruchnahme dieser Vereinfachungen bedarf jedoch der vorherigen Bewilligung durch das zuständige Hauptzollamt.

Eine Bewilligung als zugelassener Versender kann nur eine Person erhalten, die

- laufend Waren versendet
- ordnungsgemäße Anschreibungen führt
- eine eventuell erforderliche Gesamtbürgschaft geleistet hat
- keine schweren oder wiederholten Zuwiderhandlungen gegen Zoll- oder Steuervorschriften begangen hat.

Liegen diese Voraussetzungen nach bereits erteilter Bewilligung nicht mehr vor, so kann die Bewilligung widerrufen werden.

Prinzipiell ist der zugelassene Versender, der zugleich Hauptverpflichteter ist, für die ordnungsgemäße Abwicklung des Versandverfahrens verantwortlich.

Vereinfachungen der Förmlichkeit **bei der Bestimmungszollstelle** – also bei der Been- **Verein-** digung eines Versandverfahrens – ergeben sich aus den *Art. 406-408a ZK-DVO*. **fachungen**

Danach **entfällt** die **Gestellungspflicht** bei der Bestimmungsstelle für im gemeinschaft- **bei der** lichen Versandverfahren beförderte Waren, wenn sie für einen sogenannten „**zugelassenen** **Bestim-** **Empfänger**" bestimmt sind. Die Gestellung außerhalb des Amtsplatzes ermöglicht es dem **mungs-** Empfänger unter anderem, Waren auch außerhalb der Öffnungszeiten der zuständigen Zoll- **zollstelle** stelle (in der Regel einer Binnenzollstelle) anzunehmen. Die in diesem Zusammenhang durch den zugelassenen Empfänger zu erfüllenden Pflichten ergeben sich aus *Art. 408 ZK-DVO*.

Auch diese Vereinfachungen bedürfen der **Bewilligung** des zuständigen Hauptzoll- amtes. Eine Bewilligung als zugelassener Empfänger wird nur Personen erteilt, die
- laufend Waren im gemeinschaftlichen Versandverfahren erhalten
- ordnungsgemäße Anschreibungen führen
- keine schweren oder wiederholten Zuwiderhandlungen gegen die Zoll- oder Steuer- vorschriften begangen haben.

Auch hier ist ein Widerruf einer bereits erteilten Bewilligung möglich, wenn die genann- ten Voraussetzungen nicht mehr vorliegen.

Auch im Versandverfahren *Carnet TIR* (siehe *1.4.5.5*) können die Zollbehörden seit dem 1.10.2005 gemäß *Art. 454a ff. ZK-DVO* einen zugelassenen Empfänger bewilligen. Damit wird ein erheblicher Nachteil dieses Versandverfahrens aufgehoben.

1.4.5.2   Das interne Versandverfahren

In das interne Versandverfahren können **Gemeinschaftswaren** (!) *(Art. 4 Nr. 7 ZK)* über- **Internes** führt werden und zwischen zwei innerhalb der Gemeinschaft gelegenen Orten ohne **Versandver-** Änderungen ihres zollrechtlichen Status **über das Gebiet eines Drittlandes befördert** **fahren** werden.

> **Beispiel:**
> Die Spedition *Kock* möchte Gemeinschaftswaren auf dem Landwege von *Italien* über die *Schweiz* nach *Deutschland* transportieren. Hier kommt es trotz Verlassens des Zollgebietes der Gemeinschaft nicht zu einem Statuswechsel der Waren. Sie bleiben während des gesamten Transportes Gemeinschaftswaren.

Eine Ausnahme bilden die Gemeinschaftswaren, für die zwingend das externe **Versandverfahren vorgeschrieben ist** *(Art. 91 (1) Buchst. b ZK)*.

Gemäß *Art. 163 (2) ZK* kann auch hier die Beförderung auf unterschiedliche Wei- se erfolgen. Das Standardverfahren ist das **interne gemeinschaftliche Versandverfahren**. Für die Durchführung des Verfahrens gelten die Regelungen wie beim externen gemein- schaftlichen Versandverfahren (siehe *1.4.51*). Jedoch muss der Gemeinschaftscharakter der Waren nachgewiesen werden.

1.4.5.3   Das gemeinsame Versandverfahren

Gemein-sames Versand-verfahren Seit dem 1.1.1988 sind Warenbeförderungen zwischen der *EU* und den *EFTA*-Staaten sowie zwischen den einzelnen *EFTA*-Staaten als **gemeinsames Versandverfahren** möglich. Rechtsgrundlage bildet das *Übereinkommen EWG-EFTA „Gemeinsames Versandverfahren"* vom 20.5.1987 *(vergleiche Beschluss des Rates vom 15.6.1987 ABL Nr. 2 22 6/1).*

Die Regeln des gemeinsamen Versandverfahrens ähneln denen des gemeinschaftlichen Versandverfahrens. Die *EU-Kommission* hat sich sogar verpflichtet, darauf zu achten, dass die Parallelität der Regelungen erhalten bleibt. Das Verfahren hat allerdings an Bedeutung verloren, da die meisten *EFTA*-Staaten mittlerweile *EU*-Mitglieder sind.

1.4.5.4   Das *NCTS (= Neues Computerisiertes Transitsystem)*

NCTS *NCTS (= New Computerised Transit System)* ist das neue EDV-gestützte Versandverfahren in *Europa*, welches eine weitgehend papierlose Abwicklung ermöglicht. Es ist das Ergebnis des europäischen IT-Projekts *Automatisierung des gemeinschaftlichen / gemeinsamen Versandverfahrens* und wurde unter Federführung der *Europäischen Kommission* und unter Beteiligung von 22 nationalen Verwaltungen entwickelt.

In *Deutschland* ist es Bestandteil des IT-Verfahrens *ATLAS* und dort durch das *Subsystem Versand* umgesetzt.

Fachlicher und geografischer Geltungsbereich Zunächst findet das *NCTS* bei allen internen gemeinschaftlichen wie gemeinsamen Versandverfahren Anwendung. Dies kann im Normalverfahren und im vereinfachten Verfahren (*Zugelassener Versender* und *Zugelassener Empfänger*) geschehen. Seit 1.1.2009 ebenfalls von *NCTS* umfasst ist das *Carnet-TIR*-Verfahren *(Transports Internationaux Routiers)* innerhalb der *Europäischen Union*. Bei Beginn oder Beendigung eines *Carnet-TIR-Verfahrens* in der *EU* müssen die Daten dabei durch den *Carnet-TIR*-Inhaber elektronisch an die zuständige Abgangs- beziehungsweise Eingangszollstelle gesendet werden.

Derzeit ist die elektronische Abwicklung des *Carnet-TIR-Verfahrens* jedoch nur innerhalb der *Europäischen Union* möglich. Aus diesem Grund ist auch weiterhin die Mitführung des *Carnets* sowie das Abstempeln und die Unterzeichnung durch die Zollstelle erforderlich (siehe unter *1.4.5.5*).

Unverändert geblieben ist die Abwicklung der vereinfachten Verfahren für bestimmte Beförderungsarten in den Bereichen des Transports über die Schiene, den Luft- oder Seeweg und über Rohrleitungen, welche auch in Zukunft mit den Dokumenten des jeweiligen Beförderers vorgenommen wird.

In *Deutschland* sind seit 30.6.2003 alle Zollstellen an *NCTS* angebunden.

Die Einführung eines EDV-gestützten Versandverfahrens ging einher mit der Reform der Versandverfahren.

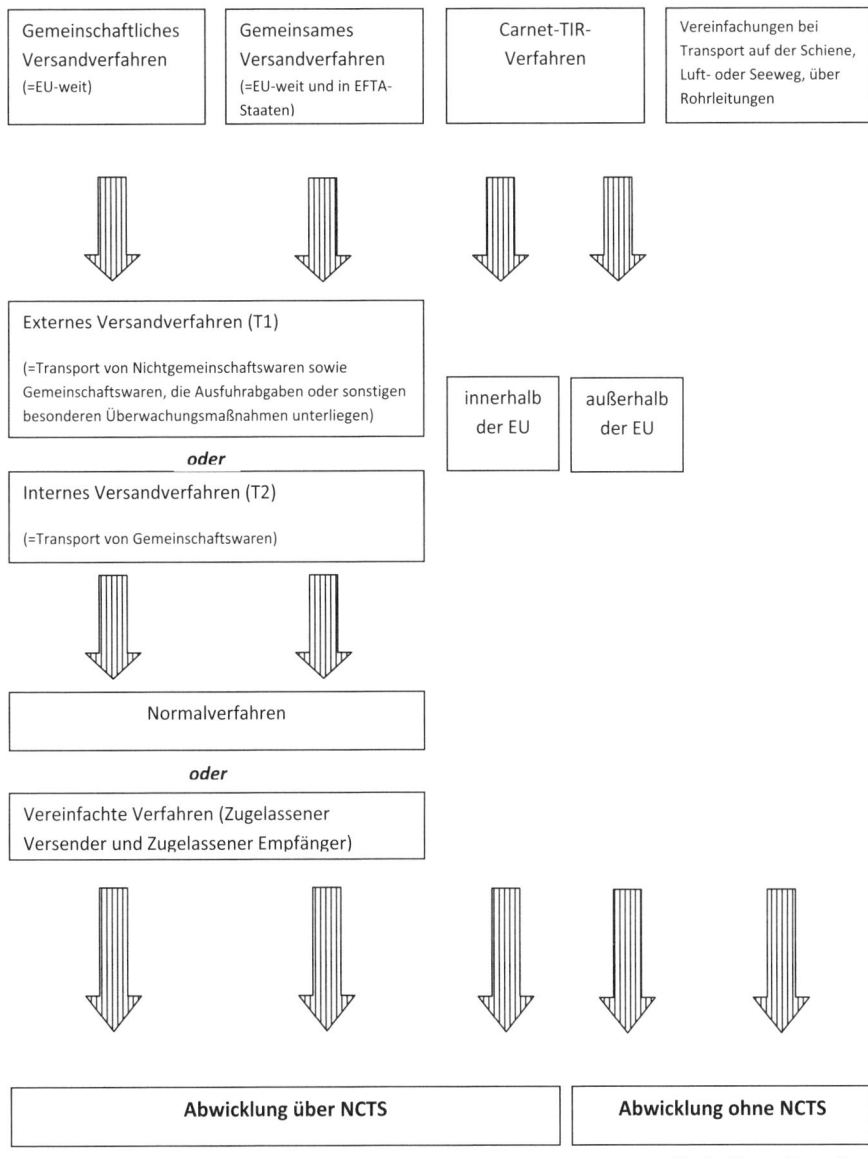

Abbildung 10:
Übersicht über den Geltungsbereich des NCTS

Quelle: Eigene Darstellung

Die Hauptziele von *NCTS* sind:

- Steigerung der Leistungsfähigkeit und Effizienz der Verfahren (insbesondere im Hinblick auf die jährlich zunehmende Anzahl an eröffneten Versandverfahren)
- wirksamere Betrugsbekämpfung beziehungsweise -verhinderung
- mehr Verfahrenstransparenz, bessere Überwachungsmöglichkeiten
- Beschleunigung des Verfahrensablaufs.

Vorteile von NCTS Das EDV-gestützte Versandverfahren bietet sowohl für die Wirtschaft als auch für den Zoll erhebliche Vorteile. Wie bei den anderen IT-gestützten Fachverfahren, die bereits in *ATLAS* integriert sind, fallen Wege- und Wartezeiten zur und bei der Zollstelle für den Beteiligten weg. Die Bearbeitung der Versandanmeldungen kann durch das elektronische Vorausschicken wesentlich beschleunigt werden. Auch die Erledigung der Versandverfahren geht zügiger vonstatten, da nicht mehr wie bisher eine Rücksendung des *Exemplars Nr. 5* auf dem Postweg erforderlich ist. Stattdessen wird lediglich eine elektronische Nachricht über die Gestellung der Waren bei der Bestimmungsstelle und über die Beendigung des Verfahrens an die Abgangsstelle geschickt. So kann auch die Sicherheitsleistung schneller freigegeben werden. Zugelassene Versender haben mit *NCTS* überdies den Vorteil, dass die beim Papierverfahren vorgeschriebenen Förmlichkeiten entfallen. Dem Zoll bietet *NCTS* die Möglichkeit der besseren Kommunikation und Zusammenarbeit zwischen den beteiligten Zollstellen und -verwaltungen, einer wirksameren Überwachung des Versandverfahrens und damit der Betrugseindämmung sowie der Verkürzung von Bearbeitungszeiten. Finanzielle Ausfälle zum Beispiel für den Hauptverpflichteten sowie Zoll- und Steuerausfälle können durch die höhere Sicherheit des Versandverfahrens verringert werden.

Wichtigstes Merkmal des *NCTS* ist, dass sämtlicher Datenaustausch auf elektronischem Wege erfolgt.

Statt des früheren Versandscheines mit mehreren Durchschlägen gibt es heute das sogenannte *Versandbegleitdokument (VBD)*, das die Waren von der Abgangsstelle zur Bestimmungsstelle begleitet. Mehrerer Exemplare davon bedarf es nicht (einzige Ausnahme: Die Verwendung von Ladelisten, dann gibt es ein *Exemplar A* und *B*).

Während bisher das *Exemplar Nr. 1 des EP* bei der Abgangsstelle verblieb und *Exemplar Nr. 4* und *5* die Waren begleiteten, wovon *Exemplar Nr. 5* als Rückschein nach Beendigung des Versandverfahrens an die Abgangsstelle zurückgesandt wurde, gibt es jetzt nur noch eine einzige Druckausgabe des *VBD*. Abgangsstelle, eventuell Durchgangsstellen sowie die Bestimmungsstelle haben elektronisch Zugriff auf das eröffnete Versandverfahren. Der Rückschein zur Erledigung des Versandverfahrens erfolgt ebenfalls auf elektronischem Weg.

Die bisherige *VAB-Nr.* wurde durch eine sogenannte *Movement Reference Number (MRN)* abgelöst.

Verfahrensablauf Der genaue Verfahrensablauf hängt davon ab, ob die Durchführung im Normalverfahren oder im vereinfachten Verfahren erfolgt.

Normalverfahren Förmliche Versandverfahren, das heißt im Normalverfahren zu eröffnende, ohne die Inanspruchnahme von Vereinfachungen als *Zugelassener Versender* oder *Empfänger*, können nicht mehr wie früher durch Abgabe des vollständig ausgefüllten und unterschriebenen *Einheitspapieres* bei der zuständigen Zollstelle eröffnet werden. Gemäß *Art. 353 ZKDVO* sind nunmehr alle Versandverfahren unter Verwendung von Informatikverfahren abzugeben. Dies kann entweder im Rahmen der Teilnehmereingabe (sofern der Hauptverpflichtete über eine Teilnehmerschnittstelle verfügt), durch einen *Dezentralen Kommunikationspartner (DezKP)* oder mittels Abgabe einer Internetversandanmeldung erfolgen. Die Abgabe eines *Einheitspapieres*, wie es bei *ATLAS Einfuhr* im Rahmen der Benutzereingabe noch möglich ist, ist zur Überführung von Nichtgemeinschaftswaren in ein Versandverfahren nur noch in folgenden Ausnahmefällen zugelassen:

- das System des EDV-gestützten Versandverfahrens der Zollbehörden funktioniert nicht
- die Anwendung des Hauptverpflichteten funktioniert nicht oder
- die Waren werden von Reisenden befördert, die keinen unmittelbaren Zugang zum EDV-gestützten System der Zollbehörden haben und damit die Versandanmeldung nicht unter Verwendung von Informatikverfahren bei der Abgangsstelle abgeben können.

Die Annahme der Versandanmeldung und Überlassung der Waren in das Versandverfahren wird im Normalverfahren durch den jeweiligen Zollbeamten beim zuständigen Zollamt durchgeführt. Nach einer eventuell durchgeführten Beschau der Waren und der Sicherung der Nämlichkeit wird das Versandbegleitdokument ausgedruckt (siehe *Abbildung 11, S. 78*). Es begleitet die Ware bis zur Bestimmungsstelle. Diese beendet nach der Wiedergestellung der Waren das Versandverfahren elektronisch und erledigt es durch eine Nachricht an die Abgangsstelle (Kontrollergebnisnachricht).

Vereinfachte Verfahren Zugelassene Versender und Empfänger kommunizieren dagegen vollständig elektronisch mit ihrer für sie zuständigen Zollstelle. Sie können dadurch die Vorzüge von *NCTS* in optimaler Weise nutzen. Auch die Bewilligungen, die den Status *Zugelassener Versender* sowie *Zugelassener Empfänger* gewähren, müssen seit dem 1.4.2004 den Anforderungen der *ATLAS*-Teilnehmereingabe entsprechen. Versandanmeldungen, die noch auf *Einheitspapier* abgegeben werden, können von den Zollstellen nicht mehr angenommen werden. Bewilligungen, die zu diesem Stichtag die Anforderungen nicht erfüllten, sind widerrufen worden.

Zugelassene Versender erstellen in ihrem Betrieb die Versandanmeldung und übermitteln sie der Zollstelle. Sie ist bereits vom System plausibilisiert und angenommen worden. Die Überlassung erteilt die Abgangsstelle, wobei dies ebenfalls grundsätzlich automatisiert vorgenommen wird. Im Regelfall (und außerhalb der Öffnungszeiten immer) geschieht dies ohne eine voreingestellte Wartezeit. Für Kontrollmaßnahmen hat aber die Zollstelle die Möglichkeit, eine Wartezeit einzurichten, um eventuell in den Versandvorgang einzugreifen und diesen dann manuell zu überlassen.

Der *zugelassene Empfänger* nimmt die Waren in seinem Betrieb auf und übermittelt der zuständigen Bestimmungsstelle elektronisch eine Eingangsanzeige. Er erhält dann automatisiert die Entladeerlaubnis von der Zollstelle. Nach der Prüfung der Verschlüsse sowie der Waren teilt er der Zollstelle einen Entladekommentar über seine Feststellungen mit. Dieser bildet die Grundlage für die Kontrollergebnisnachricht, die die Abgangsstelle als elektronischen Rückschein erhält und damit das Versandverfahren erledigt.

Notfallverfahren Funktioniert das System der Zollbehörden oder des Beteiligten einmal nicht, ist dennoch die Eröffnung von Versandverfahren möglich. In diesem Fall greift das sogenannte *Notfallverfahren*. Dieses gestattet die Überführung von Waren in ein Versandverfahren ausnahmsweise mittels der Abgabe eines ausgefüllten und unterschriebenen Satzes des *Einheitspapieres*. Dazu muss allerdings das technische Problem beim *Service Desk* gemeldet werden (woraufhin eine sogenannte *Ticketnummer* vergeben wird) und die Zollbehörden müssen diesem Verfahren zustimmen. *Zugelassene Versender* müssen für einen eventuellen Ausfall außerdem immer eine ausreichende Anzahl an durch ihr zuständiges *HZA* mit

Abbildung 11:
Versandbegleit-
dokument

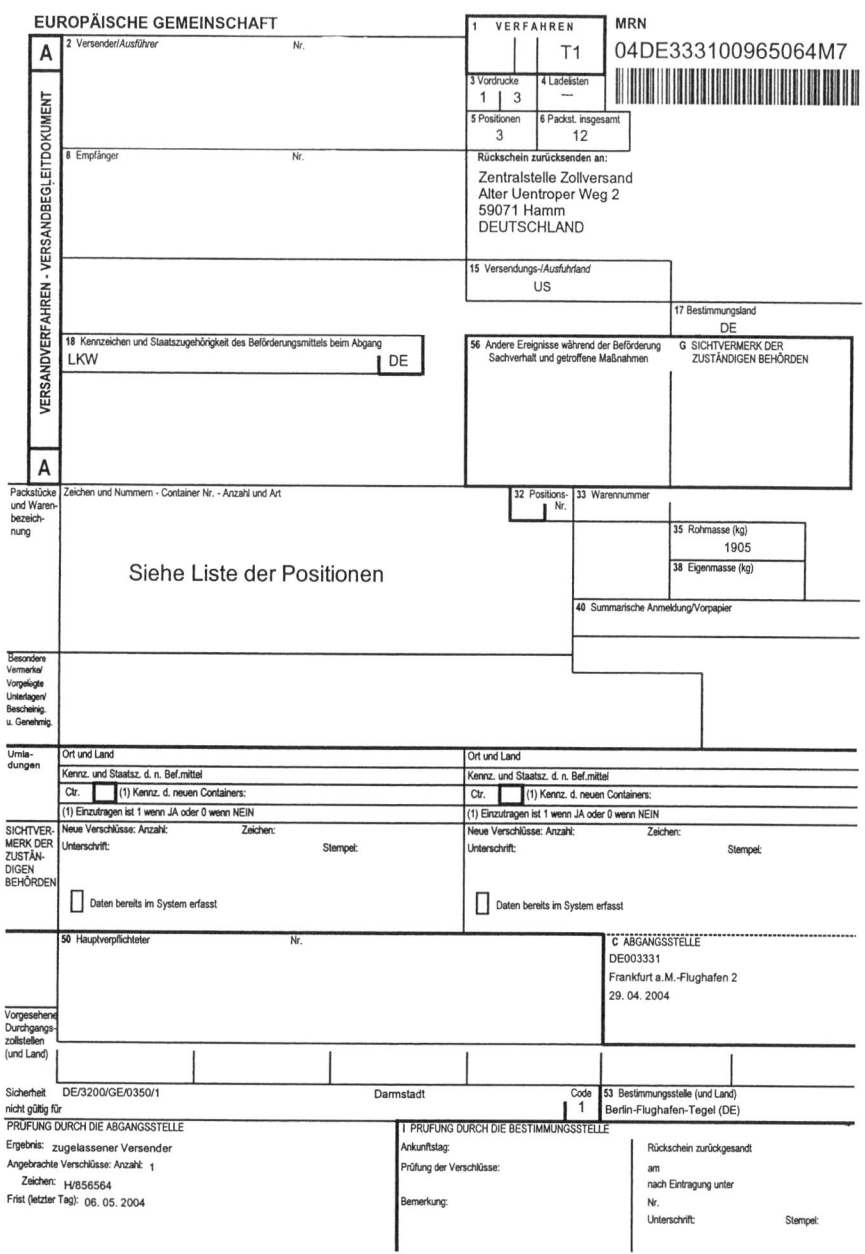

Quelle: Offizieller Vordruck

VAB-Nr. ausgefüllten Exemplaren des *Einheitspapieres* vorrätig halten. Im Notfallverfahren eröffnete Versandvorgänge werden nicht nachträglich elektronisch erfasst und werden auch papiermäßig beendet und erledigt.

Tritt die Störung erst bei der beabsichtigten Beendigung eines Versandverfahrens auf, wird die Entladeerlaubnis zunächst mündlich durch den Zollbeamten erteilt. Alle weiteren zu erfüllenden Förmlichkeiten (wie zum Beispiel Entladekommentar) werden nachgeholt, sobald das System wieder funktioniert. Ein schematischer Überblick über den generellen Verfahrensablauf sowie über das *Notfallverfahren* findet sich nachstehend.

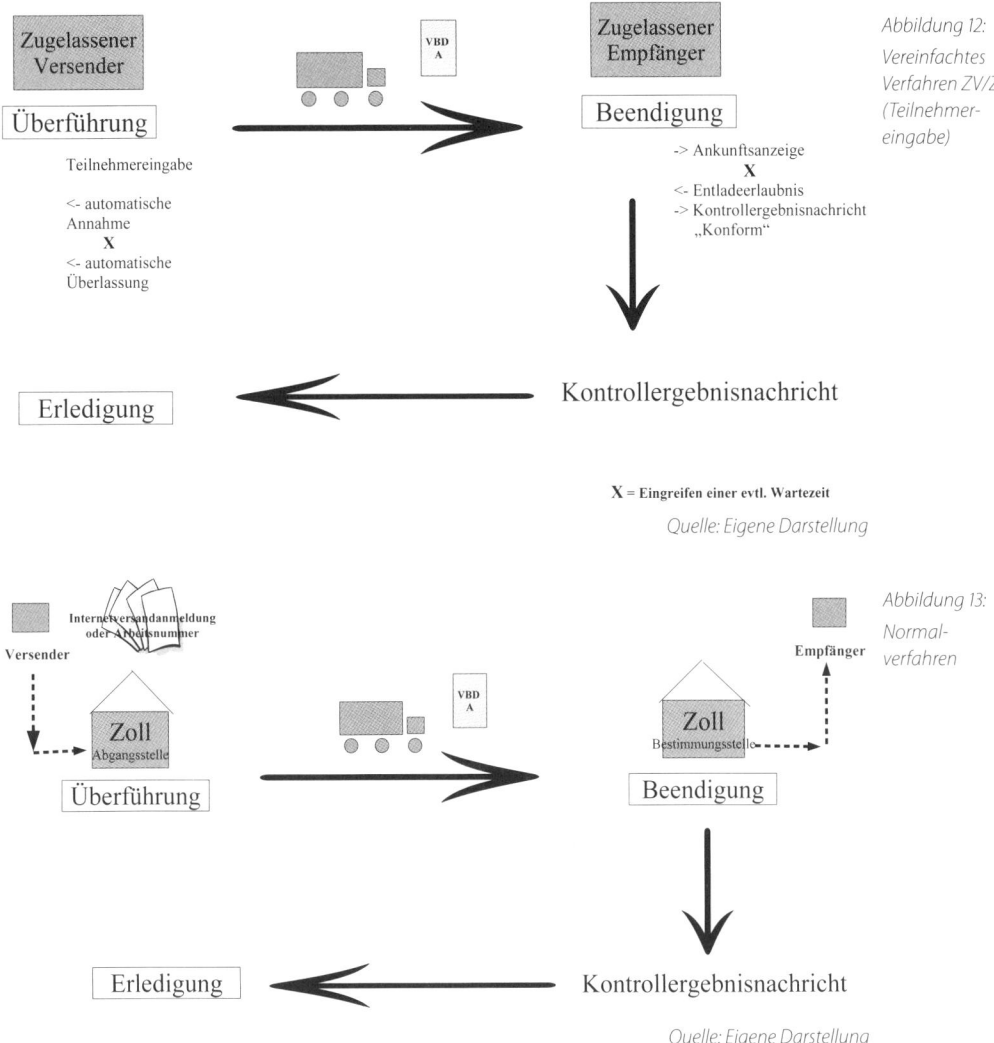

Abbildung 12:
Vereinfachtes Verfahren ZV/ZE (Teilnehmereingabe)

Quelle: Eigene Darstellung

Abbildung 13:
Normalverfahren

Quelle: Eigene Darstellung

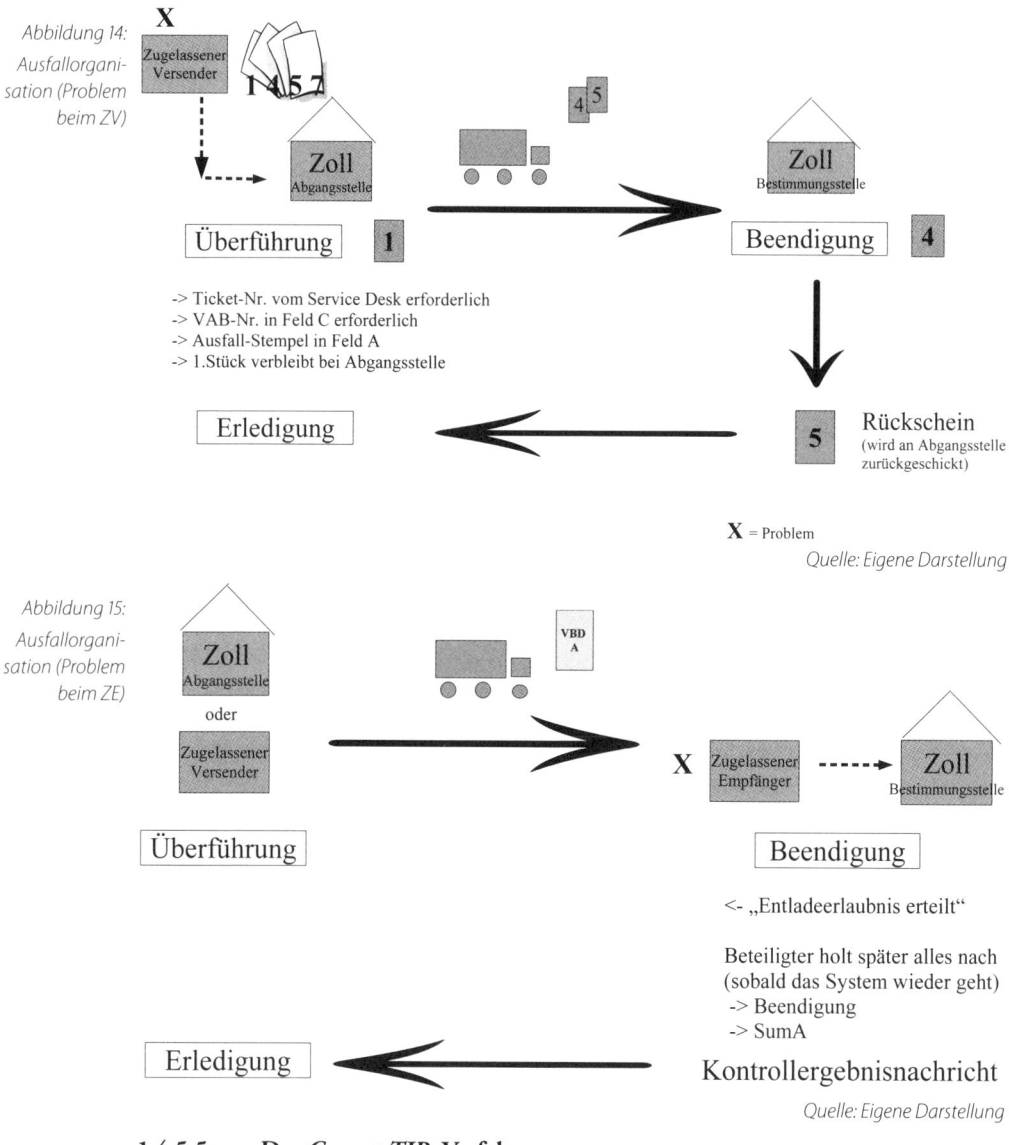

Abbildung 14:
Ausfallorgani-
sation (Problem
beim ZV)

Überführung **1**

-> Ticket-Nr. vom Service Desk erforderlich
-> VAB-Nr. in Feld C erforderlich
-> Ausfall-Stempel in Feld A
-> 1.Stück verbleibt bei Abgangsstelle

Beendigung **4**

Erledigung

5 Rückschein
(wird an Abgangsstelle
zurückgeschickt)

X = Problem
Quelle: Eigene Darstellung

Abbildung 15:
Ausfallorgani-
sation (Problem
beim ZE)

Überführung

Beendigung

<- „Entladeerlaubnis erteilt"

Beteiligter holt später alles nach
(sobald das System wieder geht)
-> Beendigung
-> SumA

Erledigung

Kontrollergebnisnachricht
Quelle: Eigene Darstellung

1.4.5.5   Das *Carnet-TIR-* Verfahren

Carnet-TIR-   Neben dem gemeinschaftlichen / gemeinsamen Versandverfahren kann die Beförderung
Verfahren   von Nichtgemeinschaftswaren im Zollgebiete der Gemeinschaft auch im *TIR-Verfahren*
(*TIR = Transport International des marchandises par la Route*) erfolgen (*Art. 91 Abs. 2 Buc
hstabe b* und *Art. 163 Abs. 2 Buchstabe b ZK*).

Beim *TIR*-Verfahren handelt es sich um ein internationales Versandverfahren, dessen
Rechtsgrundlage das *Zollübereinkommen über den internationalen Warentransport mit Carnet TIR (TIR-Übereinkommen vom 14.11.1975 – BGBL 1983 II S. 446)* bildet.

Diesem Übereinkommen sind neben der *Bundesrepublik Deutschland* insgesamt zur Zeit 64 Staaten beigetreten. Hierzu gehören unter anderen:

Belarus, Bosnien-Herzegowina, Bulgarien, Chile, Estland, EU, Georgien, Indonesien, Iran, Jordanien, Jugoslawien, Kanada, Korea, Kroatien, Kuwait, Lettland, Liechtenstein, Litauen, Marokko, Norwegen, Polen, Rumänien, Russische Föderation, Schweiz, Slowakische Republik, Slowenien, Syrien, Tschechische Republik, Türkei, Tunesien, Ukraine, Ungarn, Uruguay, USA, Zypern.

Neben den Bestimmungen des *TIR-Übereinkommens* finden die *Art. 91* und *163 ZK* sowie die *Art. 451 ff. ZK-DVO* Anwendung.

Ziel des *TIR*-Verfahrens ist es, die Warenbeförderung möglichst wenig durch Grenzformalitäten zu behindern. Weiterhin werden Einfuhr- beziehungsweise Ausfuhrabgaben während des Beförderungsvorganges nicht erhoben.

Dazu bietet die Verwendung des *Carnet TIR* dem Carnet-Inhaber folgende Vorteile:

- Bei Beförderung im *TIR*-Verfahren wird die Sicherheit durch bürgende Verbände geleistet (zum Beispiel *Bundesverband Güterkraftverkehr Logistik und Entsorgung (BGL) e.V.* weitere Informationen unter www.bgl-ev.de oder *Arbeitsgemeinschaft zur Förderung und Entwicklung des internationalen Straßenverkehrs (AI St)* weitere Informationen unter www.aist-ev.de) vergleiche *Art. 6 ff. des TIR-Übereinkommens.*
- Die bei der Abgangszollstelle (vergleiche *Art. 1 Buchstabe f TIR-Übereinkommen*) durchgeführten Kontrollmaßnahmen werden von allen am *TIR*-Verfahren beteiligten Staaten anerkannt *(Art. 4 TIR-Übereinkommen).*

Im Gegensatz zum gemeinschaftlichen Versandverfahren wird das *TIR*-Verfahren von jeder Vertragspartei für sich erledigt. Das *TIR*-Verfahren ist somit eine **Abfolge von nationalen Versandverfahren**, die auf einer gemeinsamen internationalen Rechtsgrundlage beruhen.

Beispiel:
Wenn Waren per Lkw von *Moskau* nach *Berlin* gebracht werden sollen, handelt es sich in jedem durchquerten Land um ein eigenes nationales Versandverfahren. Es reicht jedoch eine einmalige Überführung in das *Carnet TIR*-Verfahren aus. Dies erspart die Überführung in ein Versandverfahren in jedem durchquerten Mitgliedstaat.

Bei der Beförderung von Waren zwischen zwei in der Gemeinschaft gelegenen Orten im *TIR*-Verfahren gilt das Zollgebiet jedoch als ein einziges Gebiet *(Art. 451 Abs. 1 ZK-DVO)*, das heißt, dass die bei Überschreiten an der Grenze vorgesehenen Förmlichkeiten nur noch an den Außengrenzen der Gemeinschaft zu erfüllen sind *(Art. 452 ZK-DVO)*.

Für die Beförderung von Waren im **TIR-Verfahren** müssen im Allgemeinen **folgende Voraussetzungen** erfüllt sein:

- Der Warentransport hat zwischen den Vertragsparteien zu erfolgen. Wird auf einer Teilstrecke das Gebiet eines Staates berührt, der nicht dem *TIR-Übereinkommen* beigetreten ist, so wird das *TIR*-Verfahren während der Durchfahrt durch dieses Gebiet ausgesetzt *(Art. 26 TIR-Übereinkommen)*.

- Das Transportfahrzeug muss zollsicher hergerichtet sein. Der Nachweis wird durch Verschlussanerkenntnis erbracht *(Art. 3 Buchstabe a TIR-Übereinkommen)*.
- Das Fahrzeug muss mit einer *TIR*-Tafel gekennzeichnet sein *(Art. 16 TIR-Übereinkommen)*.
- Es muss ein gültiges *Carnet-TIR* vorgelegt werden *(Art. 3 Buchstabe b TIR-Übereinkommen)*.

Grundsätzlich erfolgt die Beförderung von Waren gemäß *Art. 91 Abs. 1 ZK* mit *Carnet-TIR* nach dem *TIR-Übereinkommen*, wenn
- die Beförderung außerhalb der Gemeinschaft begonnen hat oder enden soll
- die Beförderung Warensendungen betrifft, die sowohl im Zollgebiet der Gemeinschaft, als auch in einem Drittland abgeladen werden sollen oder
- die Beförderung zwischen zwei innerhalb der Gemeinschaft gelegenen Orten über ein Drittlandsgebiet erfolgt *(vergleiche auch Art. 163 Abs. 2 Buchstabe b ZK)*.

Beachte:
Mit Wirkung vom 1.10.2005 wurde ein erheblicher Nachteil des Carnet TIR-Verfahrens aufgehoben. Eine Gestellung bei einer Zollstelle ist nicht mehr zwingend erforderlich. Vielmehr kann ein zugelassener Empfänger bewilligt werden, der eine Gestellung und damit eine Beendigung des Versandverfahrens im eigenen Betrieb ermöglicht. Näheres regeln die Art. 454a–454c ZK-DVO. Nicht möglich bleibt allerdings die vereinfachte Anmeldung von Versandverfahren, die im Binnenland beginnen. Der zugelassene Versender, wie er beim externen gemeinschaftlichen Versandverfahren möglich ist, kann nicht bewilligt werden.

1.4.5.6   Das *Carnet-ATA*-Verfahren

Carnet-ATA-Verfahren Das *ATA*-Verfahren (= *Admission Temporaire oder Temporary Admission*) beruht auf dem *A.T.A.-Übereinkommen*, das in der *BRD* am 16.1.1966 in Kraft getreten ist. Es wurde mit dem Ziel geschlossen, die vorübergehende Einfuhr bestimmter Waren – vor allem Messe- und Ausstellungsgut – zu vereinfachen. Es dient vor allem der Vereinfachung der **vorübergehenden Verwendung** und der damit zusammenhängenden **Versandverfahren**. Insgesamt sind ca. 55 Staaten dem Übereinkommen beigetreten.

Beispiel:
Bilder aus *Russland* sollen in *Kiew*, *Prag*, *Wien*, *Paris* und *Berlin* ausgestellt und anschließend nach *Moskau* zurückgebracht werden. Das gesamte Verfahren kann unter Verwendung des *Carnet ATA* abgewickelt werden. Sowohl die Warenbeförderung zwischen den Ausstellungsorten als auch die Ausstellungen selbst werden von einem einzigen *Carnet* abgedeckt.

1.4.6   Das Ausfuhrverfahren

1.4.6.1   Gesetzliche Regelungen

Spediteure werden häufig auch beim Verbringen von Waren aus der *Europäischen Gemein-* **Allge-**
schaft tätig. Allerdings können solche Ausfuhren nicht beliebig durchgeführt werden. **meines**
Vielmehr sind hierbei bestimmte Pflichten zu erfüllen, die der *Zollkodex* in einem dafür
vorgesehenen **Ausfuhrverfahren** festgeschrieben hat. Damit soll die zollamtliche Überwachung von Exporten ermöglicht und verbotene Ausfuhren (zum Beispiel bei einem
Export-Embargo) verhindert werden.

Die Regelungen über das verfahrenstechnische Vorgehen bei der Ausfuhr von Waren
ergeben sich insbesondere aus *Art. 161, 182* und *183 ZK* und *Art. 592a ff. ZK-DVO*,
sowie ergänzend aus *§§ 8 ff.* der *Außenwirtschaftsverordnung (AWV)*. Zur praktischen
Handhabung dieser Regelungen wurde für die Zollstellen die *Dienstvorschrift über das
Ausfuhrverfahren* erlassen *(Vgl. VSF A 0610 Nr. 1, 2 u. 3)*.

> **Hinweis:**
> Es kann dem Praktiker nur empfohlen werden, ein Exemplar dieser Dienst-
> vorschrift zu erwerben. Die Zollbehörden dürfen hiervon im Allgemeinen nicht
> abweichen. Die Kenntnis der Dienstvorschrift kann deshalb auch bei der täglichen
> Arbeit nutzen. Dieser Hinweis gilt im Übrigen hinsichtlich sämtlicher Dienst-
> vorschriften des *Bundesministeriums der Finanzen (Vorschriftsammlung Bundes-
> finanzverwaltung – VSF –, Amtsblatt des Bundesministeriums der Finanzen)*. Die
> *VSF* kann über den Buchhandel bezogen werden.

Im Ausfuhrverfahren können – *gemäß Art. 161 ZK* – **Gemeinschaftswaren aus dem Zollgebiet der *EU* verbracht werden. Diese Ausfuhr umfasst die Anwendung von handelspolitischen Maßnahmen und die Überwachung von Verboten und Beschränkungen
sowie die Erfüllung der übrigen für die Waren geltenden Ausfuhrförmlichkeiten.**
Darüber hinaus können gegebenenfalls Ausfuhrabgaben erhoben werden.

> **Hinweis:**
> Zurzeit existieren keine Ausfuhrabgaben. Eine früher für Hartweizen geltende
> Regelung wurde zwischenzeitlich aufgehoben.

Dem Ausfuhrverfahren ähnlich ist gemäß *Art. 182 ZK* die Wiederausfuhr. Hier werden
Nichtgemeinschaftswaren aus dem Zollgebiet der Gemeinschaft verbracht. Die Regelungen der Ausfuhr werden zum Teil für entsprechend anwendbar erklärt.

> **Beispiel:**
> Die Wiederausfuhr von Nichtgemeinschaftswaren kommt etwa bei Waren vor, die sich
> in einem Zolllagerverfahren oder im Verfahren der aktiven Veredelung befinden.

Jede zur Ausfuhr bestimmte Gemeinschaftsware ist in das Ausfuhrverfahren zu überführen. Allerdings gilt das nicht für interne Versandverfahren nach *Art. 163 ZK* und das Verfahren der passiven Veredelung *(Art. 145 ff. ZK)*. Beide stellen Zollverfahren dar, die die Förmlichkeiten für die Ausfuhr eigenständig regeln. Jedoch finden insbesondere bei der passiven Veredelung manche Ausfuhrregelungen Anwendung (vergleiche *Art. 763 ff. ZK-DVO*).

Die zur Ausfuhr vorgesehenen Waren unterliegen mit Beginn ihrer Überführung in das Ausfuhrverfahren der zollamtlichen Überwachung und können durch die Zollbehörden kontrolliert werden. Sie müssen das Zollgebiet der Gemeinschaft gegebenenfalls über den von der Zollbehörde bestimmten Weg und unter Einhaltung der festgelegten Modalitäten verlassen.

Verantwortlich für die Warenausfuhr ist immer der in *Art. 788 ZK-DVO* genannte **Ausführer**. Dies ist **die Person, für deren Rechnung die Ausfuhranmeldung abgegeben wird und die zum Zeitpunkt der Annahme der Anmeldung Eigentümer der Ware ist. Liegt für diese Ausfuhr jedoch ein Ausfuhrvertrag über die Lieferung von Waren nach anderen Wirtschaftsgebieten als das der** *EU* **vor und ist Eigentümer** bereits (zum Beispiel bei Verwendung der Lieferklauseln „ab Werk" oder „ab Lager") **der gebietsfremde Vertragspartner, so gilt der in der Gemeinschaft ansässige Vertragspartner als Ausführer**. Ein Spediteur wird deshalb in der Regel kein Ausführer sein. Es sei denn, er ist selbst gebietsansässiger Vertragspartner oder Eigentümer der Ware (vergleiche hierzu auch *VSF A 0610 Nr. 2 Abs. 1*). Als Vertreter kann der Spediteur jedoch die Förmlichkeiten im Ausfuhrverfahren für den Ausführer erfüllen.

Nach dem *Zollkodex* ist **bei der Warenausfuhr zwischen dem Normalverfahren und den vereinfachten Ausfuhrverfahren zu unterscheiden.**

Die Regelungen für das Normalverfahren ergeben sich aus *Art. 161 ZK* in Verbindung mit *Art. 788 ff. der ZK-DVO* in Verbindung mit *§§ 8 ff. der AWV* (vergleiche untenstehende Übersicht).

Abbildung 16:
Übersicht
zum Ausfuhr-
verfahren

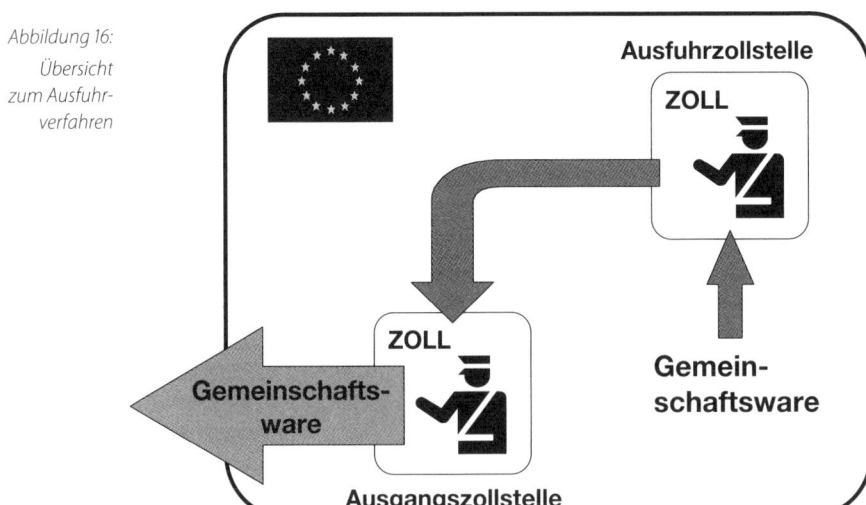

Quelle: Kock / Rogmann

Man spricht in diesem Zusammenhang vom **zweistufigen Ausfuhrverfahren**. Auf der **ersten Stufe** ist für die Ware eine **Ausfuhranmeldung** bei der zuständigen **Ausfuhrzollstelle** (zumeist im Binnenland gelegen) abzugeben. Das **tatsächliche Verbringen** der Waren erfolgt über die sogenannte **Ausgangszollstelle** und stellt die zweite Stufe dar.

Zwei- stufiges Ausfuhr- verfahren

> **Beispiel:**
> Wenn eine in *Münster* ansässige Firma Waren nach *Weißrussland* ausführen möchte, ist das Zollamt in *Münster* Ausfuhrzollstelle (1. Stufe) und zum Beispiel das Zollamt an der *EG*-Außengrenze Ausgangszollstelle (2. Stufe). An beiden Zollstellen sind Verfahrenspflichten einzuhalten.

Seit 1.7.2009 sind alle **Ausfuhranmeldungen** ausschließlich im elektronischen Verfahren (AES) abzugeben (*siehe Kapitel 1.4.6.2*). Statt des früheren *Exemplars Nr. 3* des *Einheitspapieres* wird die Ware während des Ausfuhrvorgangs vom *Ausfuhrbegleitdokument (ABD)* begleitet.

Ausfuhr- anmeldung

Zuständige Ausfuhrzollstelle ist die Zollstelle, in deren Bezirk der Ausführer seinen Wohnsitz oder Sitz hat. Jedoch kann die Ausfuhranmeldung auch bei der Zollstelle abgegeben werden, die für den Ort zuständig ist, an dem die Waren zur Ausfuhr verpackt oder verladen werden. Ausnahmen davon sind nur in begründeten Fällen möglich, die bei unvorhersehbaren Bestimmungsänderungen nach Beginn der Beförderung in einem anderen Mitgliedstaat eintreten können.

Ausfuhrzoll- stelle

Sofern die Ausfuhr durch einen **Subunternehmer** erfolgen soll, kann die Ausfuhranmeldung bei der für seinen Sitz zuständigen Zollstelle abgegeben werden.

Falls Käufer- oder Bestimmungsland beziehungsweise das Land des Einbaus der Ausfuhrsendung in der *Länderliste K* genannt ist, hat der Ausführer in der Ausfuhranmeldung zu versichern, dass er keine Kenntnis von einer rüstungstechnischen Verwendung der Waren oder Unterlagen zur Fertigung dieser Waren im Sinne des *§ 5c AWV* hat. Ausgenommen hiervon sind lediglich Warenlieferungen im Wert von nicht mehr als 2 500,– €.

Unter den Voraussetzungen des *Art. 797 ZK-DVO* kann eine Ausfuhr auch mit *Carnet-ATA* erfolgen, da hier die vorübergehende Verwendung mit Versand- und Ausfuhrverfahren verknüpft wird. Im Übrigen sind für im Versandverfahren beförderte Waren deren Regelungen maßgebend.

Neben der Pflicht zur Abgabe einer Ausfuhranmeldung für die Ausfuhrsendung ist die Ware der Ausfuhrzollstelle zu gestellen. Sofern die Waren an einem anderen Ort (zum Beispiel in der Firma beziehungsweise im Lager) im Bezirk der Ausfuhrzollstelle verpackt oder verladen werden sollen, kann die Zollstelle die Gestellung dort zulassen. Voraussetzung ist allerdings, dass die Ausfuhranmeldung so rechtzeitig abgegeben wird, dass eine zollamtliche Behandlung der Ausfuhrsendung möglich ist (spätestens zwei Stunden vor Dienstschluss der Zollstelle am Tage vor dem Verpacken oder Verladen). Die Gestellung außerhalb des Amtsplatzes muss in diesem Fall gemäß *§ 9 (2) AWV* schriftlich beantragt werden.

Die Ausfuhrzollstelle prüft die Zulässigkeit der Ausfuhr nach den Rechtsvorschriften, die in dem jeweiligen Mitgliedstaat gelten, aus dem die Waren ausgeführt werden sollen. Grundsätzlich wird dies das Land sein, in dem die Waren zur Ausfuhr verpackt oder verladen wurden. Soll die Ausfuhr von Waren in *Deutschland* aus einem anderen Mitgliedstaat erfolgen, so geht die Zollstelle davon aus, dass die in *Deutschland* geltenden Ausfuhrbeschränkungen (vergleiche insbesondere *Abschnitt 1.8*) auch in diesem Mitgliedstaat gelten. Insofern wird die Ausfuhrabfertigung abgelehnt, wenn eine danach erforderliche Ausfuhrgenehmigung nicht vorgelegt werden kann.

Im Rahmen der Zulässigkeitsprüfung kann die Zollstelle weitere Angaben zur Ware verlangen. Im Übrigen finden die Vorschriften über die zollamtliche Behandlung des *Zollkodex* Anwendung (vergleiche *Art. 62 ff. ZK*).

Ausgangszollstelle   Nach erfolgter Abfertigung durch die Ausfuhrzollstelle ist die Ware der Ausgangszollstelle zu gestellen. Als **Ausgangszollstelle** gilt gemäß *Art. 793 ZK-DVO* in der Regel die **letzte Zollstelle vor dem Ausgang der Waren aus dem Zollgebiet der Gemeinschaft (Grenzzollstelle)**. Sie überwacht den physischen Ausgang der Ware und bescheinigt dies elektronisch.

Ist eine zollamtliche Behandlung der Ware durch die Ausfuhrzollstelle nicht erfolgt, so lehnt die Ausgangszollstelle die Ausfuhrabfertigung ab.

Hinweis:

Sofern Waren keinen Verboten und Beschränkungen unterliegen und ihr Wert 3 000,– € nicht übersteigt, reicht es aus, wenn sie allein bei der Ausgangszollstelle angemeldet und gestellt werden (vergleiche *Art. 794 ZK-DVO*). Die Einschaltung der Ausfuhrzollstelle ist in diesen Fällen nicht erforderlich.

Mündliche und stillschweigende Ausfuhranmeldung   Die Abgabe einer elektronischen **Ausfuhranmeldung** ist in den von *Art. 226, 231* und *237 ZK-DVO* geregelten Fällen nicht erforderlich. Das betrifft unter anderem Waren zu nicht kommerziellen Zwecken, die im persönlichen Gepäck von Reisenden mitgeführt oder die an Privatpersonen gesandt werden. Gleiches gilt **für kommerzielle Waren im Wert bis zu 1 000,– €**, wenn sie keine regelmäßige gleichartige Sendung und kein Teil eines größeren kommerziellen Beförderungsvorganges darstellen. Ferner gelten die Befreiungen unter anderem für Geschäftspapiere, technische Zeichnungen, Beschreibungen (und ähnliche Unterlagen), Beförderungsmittel und Zubehör, sofern sie nicht als Handelsware ausgeführt werden. Weiterhin greifen Befreiungen für Umschließungen und Verpackungsmittel, Behälter und sonstige Großraumbehältnisse, die für den Transport der Ware verwendet werden, sowie für Erbschaftsgut, Heiratsgut, Übersiedelungsgut usw.

Vereinfachte Ausfuhranmeldung   Die Ausfuhr von Waren ist in bestimmten Fällen statt im Normalverfahren auch in einem vereinfachten Verfahren möglich.

Unvollständige Ausfuhranmeldung   In diesem Verfahren können die Zollbehörden die Annahme einer **unvollständig ausgefüllten Ausfuhranmeldung** zulassen. Eine besondere Bewilligung für dieses Verfahren ist nicht erforderlich. Allerdings ist es nur in begründeten Fällen zulässig, die insbesondere dann vorliegen, **wenn eine Lieferung durch einen Subunternehmer vorgesehen ist und die Wahrung von Geschäftsgeheimnissen erforderlich wird** (zum Beispiel zum Preis) oder der Ausführer erklärt, dass er noch keine vollständige Ausfuhranmeldung abgeben kann, weil zum Beispiel der Rechnungspreis oder der statistische Wert noch fehlt. Die unvollständige Anmeldung ist ebenfalls auf elektronischem Weg bei der zuständigen Zollstelle abzugeben. **Es müssen mindestens die Angaben in den Feldern 1, 2, 14, 17, 31, 33, 38, 44 und 54 enthalten sein.**

Vorwiegend sind das die Angaben zur Anmeldung zur Ausfuhr, zum Namen des Ausführers, Vertretungsverhältnis, Bestimmungsland, zu den Packstücken und zur Warenbezeichnung, zur Warennummer und Eigenmasse.

Ist ein Subunternehmer bei der Ausfuhr eingeschaltet, so hat dieser auch die Ausfuhrzollstelle des Ausführers anzugeben.

Soweit für die Ausfuhr eine Genehmigung oder eine Lizenz erforderlich ist, müssen diese zusammen mit der unvollständigen Anmeldung vorliegen. Nach Annahme der Anmeldung setzt die Zollstelle dem Anmelder eine **Frist von in der Regel zehn Tagen, um die noch fehlenden Angaben nachzureichen oder die Anmeldung durch eine neue vollständige Anmeldung zu ersetzen.** Letzteres ist vorwiegend der Fall, wenn die Anmeldung durch einen Subunternehmer erfolgte und die ergänzenden Angaben durch den Ausführer gemacht werden. Bezüglich weiterer Einzelheiten sei auf die *Art. 281, 282 ZK-DVO* verwiesen.

Im *Anschreibeverfahren* wird gemäß *Art. 283 ff. ZK-DVO* ermöglicht, die Ausfuhrformalitäten für Waren in den Geschäftsräumen des Beteiligten oder anderen von den Zollbehörden bezeichneten oder zugelassenen Orten zu erledigen. Die betreffende Person wird in diesem Verfahren als *Zugelassener Ausführer (ZA)* bezeichnet.

Anschreibe-verfahren

Die Gestellung der Ware bei der Ausfuhrzollstelle ist nicht erforderlich. Auf eine elektronische Abgabe einer Ausfuhranmeldung kann jedoch – anders als früher – nicht mehr verzichtet werden.

Die Inanspruchnahme dieses Verfahrens bedarf der **Bewilligung** des zuständigen Hauptzollamtes. Voraussetzung für deren Erteilung ist, dass nur genehmigungs- und lizenzfreie Waren ausgeführt werden. Allerdings kann die Ausfuhr von Waren erfolgen, für die eine Sammelgenehmigung oder allgemeine Genehmigung vorliegt, da hier keine zollamtliche Abschreibung erforderlich ist. Im Weiteren muss der *Zugelassene Ausführer* die Gewähr **für eine Überwachungsmöglichkeit der Zollbehörde im Unternehmen bieten.**

Die Bewilligung des Verfahrens richtet sich im Übrigen nach den Voraussetzungen der *Art. 284, 264* und *265 ZK-DVO.*

Für den *Zugelassenen Ausführer* liegt der **Vorteil des Verfahrens darin, dass von der Gestellungspflicht für die Waren abgesehen wird,** der Ausführer nicht an Öffnungszeiten der Zollstelle gebunden ist und er von einer automatisierten Überlassung profitieren kann. Dabei kann er die Ausfuhrförmlichkeiten weitgehend flexibel gestalten (zum Beispiel die Ausgangszollstelle jederzeit wechseln).

Der Ausgang der Ware wird durch die Ausgangszollstelle wie im Normalverfahren elektronisch bestätigt.

Die Verwendung von Handels- oder Verwaltungspapieren oder anderer Datenträger (sogenanntes **Handelspapierverfahren**) ist mit dem Einzug des vollständig elektronischen Ausfuhrverfahrens nicht mehr zugelassen.

Art. 289 ZK-DVO erlaubt den Mitgliedstaaten, neben den oben genannten Vereinfachungsmöglichkeiten zusätzliche nationale Vereinfachungen vorzusehen. Voraussetzung ist hier, dass der gesamte Ausfuhrvorgang im nationalen Wirtschaftsgebiet erfolgt. *Deutschland* hat davon Gebrauch gemacht und durch *§ 13 AWV* die Möglichkeit eines einstufigen Ausfuhrverfahrens für sogenannte *Vertrauenswürdige Ausführer (VA)* geschaffen.

Diese Vereinfachung ist seit 1.7.2009 möglich und löst das frühere *Vorausanmelde-verfahren* ab, mit dem Waren im Voraus bei der Ausfuhrzollstelle mittels einer Ausfuhr-kontrollmeldung angemeldet werden konnten.

Vertrauens-würdiger Ausführer   Im neuen einstufigen Ausfuhrverfahren für *Vertrauenswürdige Ausführer* muss die Ausfuhranmeldung (auch hier ausschließlich in elektronischer Form) nur bei der Aus-gangszollstelle abgegeben werden. Eine ausfuhrrechtliche Behandlung der Waren bei der Ausfuhrzollstelle ist nicht erforderlich. Die Ausgangszollstelle wird dabei von vornherein festgelegt, Ein späterer Wechsel ist – anders als beim Anschreibeverfahren – nicht mehr möglich. Die Waren müssen dabei grundsätzlich der Ausgangszollstelle gestellt werden. Zu den Unterschieden zwischen dem Anschreibeverfahren und dem neuen einstufigen Ausfuhrverfahren siehe nachfolgende Übersicht:

Tabelle 4: Vergleich Anschreibe-verfahren / Einstufiges Ausfuhr-verfahren

	Anschreibeverfahren (Zugelassener Ausführer)	Einstufiges Ausfuhrverfahren (Vertrauenswürdiger Ausführer)
Abwicklung des Verfahrens	zweistufig	einstufig
Zuständige Zollstelle für die Überführung der Waren in das Ausfuhrverfahren	Ausfuhrzollstelle	Ausgangszollstelle
Verpflichtung zur Gestellung	nein	ja (jedoch Ausnahmen zum Beispiel im Teilnehmerverfahren bei der Überwachung im Luft- / Seeverkehr möglich)
Abhängigkeit von Öffnungszeiten der Zollstelle	nein (jedoch Ausnahmen für sensible Waren möglich)	ja (allerdings bei Ausgangszollstellen verlängerte Öffnungszeiten)
Wartezeit bis zur Überlassung einer Ware	keine (jedoch Ausnahmen für sensible Waren möglich)	ja
Möglichkeit zur Abgabe einer Internetausfuhranmeldung	ja	nein
Möglichkeit zum Wechsel der Ausgangszollstelle	ja	nein
Möglichkeit für Ausgang über einen anderen Mitgliedstaat	ja	nein
Möglichkeit zur Überführung der Waren in ein Versandverfahren *(Artikel 793b ZK-DVO)*	ja	nein
Möglichkeit zur Bewilligung des Status als Vertreter	ja (sowohl direkt als auch indirekt)	nein

Quelle: www.zoll.de

Summa-rische Ausgangs-anmeldung   Seit 1.7.2009 besteht – ähnlich wie bei der Einfuhr – die Verpflichtung zur Abgabe einer Vorabanmeldung innerhalb festgelegter Fristen vor dem Verbringen der Waren aus dem Zollgebiet der Gemeinschaft. In aller Regel ist dies bei der Ausfuhr die elektronische Ausfuhranmeldung, die zukünftig zu einem früheren Zeitpunkt abzugeben ist. Nur in den Fällen, in denen keine Ausfuhranmeldung oder eine Wiederausfuhrmitteilung vorgesehen ist, ist stattdessen eine elektronische **summarische Ausgangsanmeldung** abzugeben. Anders als bei der Einfuhr werden somit keine zusätzlichen Ausfuhrförmlichkeiten geschaffen, sondern die Verpflichtung durch rechtzeitige Abgabe der elektronischen Ausfuhranmeldung bereits erfüllt.

Die *Kommission der Europäischen Gemeinschaften* hat am 2.4.2009 eine Übergangsregelung geschaffen, nach der die Abgabe der summarischen Anmeldungen vom 1.7.2009 bis zum 31.12.2010 nicht zwingend vorgeschrieben ist.

Auch die freiwillige Abgabe der elektronischen summarischen Anmeldungen ist in *Deutschland* bis auf weiteres nicht möglich.

Die Verpflichtung zur Abgabe der summarischen Ausgangsanmeldung unter Einhaltung der Fristen wird somit erst am 1.1.2011 wirksam.

1.4.6.2 Das *Automated Export System (AES)*

Mit der Einführung einer EDV-gestützten Abwicklung der Ausfuhrförmlichkeiten werden die bisherigen *ATLAS*-Module *Einfuhr* und *Versand* um einen wichtigen Eckpfeiler ergänzt. **AES**

Wie bereits *NCTS* ist auch das Teilmodul *Ausfuhr* in ein europäisches IT-Projekt unter der Leitung der *europäischen Kommission* namens *ECS/AES (Export Control System / Automated Export System)* eingebunden. Während *AES* die Abwicklung des Ausfuhrvorgangs in der *Bundesrepublik* (Annahme der Ausfuhranmeldungen und Übermittlung der Daten von Ausfuhr an die Ausgangszollstelle) realisiert, bildet *ECS* die elektronische Kommunikation zwischen der Ausfuhrzollstelle eines Mitgliedstaates und der Ausgangszollstelle eines anderen Mitgliedstaates ab.

Teilnehmer am Europäischen Ausfuhrkontrollsystem sind mittlerweile alle *EU*-Mitgliedstaaten. In *Deutschland* ist *AES* seit dem 1.8.2006 umgesetzt. Nachdem die Teilnahme am elektronischen Ausfuhrverfahren zunächst auf freiwilliger Basis erfolgte, ist die Abgabe ausschließlich elektronischer Ausfuhranmeldungen seit 1.7.2009 für alle Ausführer verpflichtend.

Ziele des *EU*-Projekts waren:
- Automatisierung der Ausfuhrabwicklung zur Beschleunigung der Verfahrensabläufe und damit des Warenflusses
- weitgehender Wegfall des Papieraufkommens
- Durchführung einer *EG*-einheitlichen effizienten Risikoanalyse
- Verbesserung der Datenqualität durch Plausibilitätskontrolle
- Größere Transparenz der Ausfuhrdaten.

Für den Ausführer sind insbesondere folgende daraus entstehende Punkte von Vorteil:
- Einbindung der Ausfuhrteilnehmersoftware in bestehende Firmenlösungen
- Vergrößerung des Abwicklungsfensters durch Vorabankunftsanzeige
- elektronischer Ausfuhrnachweis als Umsatzsteuernachweis
- weitgehender Verzicht des persönlichen Kontakts zur Zollstelle und damit Verringerung von Wege- und Wartezeiten.

Funktions- Das mittlerweile bei allen deutschen Zolldienststellen umgesetzte *Release 2.0* ermög-
umfang licht die vollelektronische Abwicklung aller Ausfuhrvorgänge. Es umfasst die Überführung von Waren in das Ausfuhrverfahren bei der Ausfuhrzollstelle, die Überwachung
bei der Ausgangszollstelle sowie die Erledigung der Ausfuhrverfahren. Dabei bildet es
sowohl das Normalverfahren als auch die vereinfachten Verfahren der unvollständigen
Ausfuhranmeldung, das *Anschreibeverfahren* des *Zugelassenen Ausführers* sowie das nationale
einstufige Ausfuhrverfahren für *Vertrauenswürdige Ausführer* ab. Auch die Überführung
von Waren ins Ausfuhrverfahren mittels Internetausfuhranmeldung (im Normal- und
mittlerweile auch im vereinfachten Verfahren) ist möglich. Eine Besonderheit ist die neue
Internetausfuhranmeldung Plus, die die bisher erforderliche handschriftliche Unterschrift
durch ein elektronisches Zertifikat ersetzt und somit auch hier eine vollständig papierlose
Abfertigung möglich macht. Seit 1.7.2009 können auch Ausfuhren im Rahmen der passiven
Veredelung sowie Ausfuhren von Marktordnungswaren, für die eine Ausfuhrerstattung
beantragt wird, erfasst werden. Eine Schnittstelle zum *Statistischen Bundesamt* ist bereits
seit Einführung von *AES* integriert, Schnittstellen zu weiteren Behörden, wie zum
Bundesamt für Wirtschaft und Ausfuhrkontrolle (BAFA), dem *Bundesamt für Landwirtschaft
und Ernährung (BLE)* sind seit kurzem ebenfalls vorhanden.

Die Einführung eines europäischen IT-gestützten Ausfuhrkontrollsystems ging einher
mit der sogenannten *kleinen Zollkodex-Reform* im April 2005 (vergleiche *EG-Verordnung
en Nr. 648/2005* vom 13.4.2005 und *Nr. 1875/2006*) durch die wichtige Änderungen
betreffend das Ausfuhrverfahrens festgelegt worden sind:

- Alle Ausfuhrsendungen müssen künftig einzeln vorab angemeldet werden.
- Die Ausfuhrvorgänge werden einer Risikoanalyse unterzogen.
- Bei der Ausfuhrzollstelle in ein Ausfuhrverfahren überführte Sendungen müssen
  mittels einer elektronischen Vorab-Ausfuhranzeige der Ausgangszollstelle gemeldet
  werden.
- Besonders geprüfte und zuverlässige Ausführer sollen in den Genuss der Ernen-
  nung zum sogenannten *Zugelassenen Wirtschaftsbeteiligten (AEO)* kommen, der
  bestimmte Vorteile für den Ausführer mit sich bringt.

Verfahrens- Der genaue Ablauf der automatisierten Exportabwicklung geht wie folgt vonstatten:
ablauf Für die zur Ausfuhr bestimmten Waren wird IT-gestützt (entweder im Rahmen der
Internetausfuhranmeldung, der Teilnehmereingabe im Normal- oder im vereinfachten
Verfahren) eine elektronische Ausfuhranmeldung der zuständigen Ausfuhrzollstelle (im
Rahmen des einstufigen Ausfuhrverfahrens der Ausgangszollstelle) übermittelt. Diese
nimmt, sofern keine Plausibilitätsgründe entgegenstehen, die Ausfuhranmeldung automatisiert entgegen. Nach der Gestellung der Waren (entweder auf dem Amtsplatz oder
bei erfolgter Antragstellung gemäß § 9 (2) AWV außerhalb des Amtsplatzes) erfolgt
die Annahme der Ausfuhranmeldung und die Entscheidung über eventuelle Kontrollmaßnahmen. Danach wird die Überlassung der Waren zur Ausfuhr elektronisch mittels
einer *EDIFACT*-Nachricht an den Ausführer übermittelt. In den meisten Fällen erfolgt
die Überlassung mittlerweile ebenfalls automatisiert. Zeitgleich wird das vom System ge-
nerierte sogenannte *Ausfuhrbegleitdokument (ABD)* ausgedruckt, das die Ware wie bisher
das *Exemplar Nr. 3 des Einheitspapiers* bis zum Ausgang der Ware aus der *EU* begleitet.

Die Ausgangszollstelle bekommt mittels einer sogenannten Vorabausfuhranzeige bereits zu diesem Zeitpunkt elektronisch Kenntnis von den Ausfuhrdaten.

> **Beispiel:**
> So hat die Ausgangszollstelle am *Frankfurter Flughafen*, über den eine Ausfuhrsendung die *EU* verlassen soll, bereits zum Zeitpunkt des Verlassens des Transportmittels vom Amtsplatz der Ausfuhrzollstelle in *Gießen* die Ausfuhrdaten in elektronischer Form vorliegen und kann über den tatsächlichen Ausgang der Ware bereits vor dem Eintreffen der Ware entscheiden.

Bei der Ausgangszollstelle werden die Ausfuhrwaren gestellt. Nach der sogenannten qualifizierten Gestellung, mittels dieser der Spediteur nach einem Abgleich der Daten der Ausfuhranmeldung mit der tatsächlichen Ware die Daten der Ausgangszollstelle bestätigt, teilt die Ausgangszollstelle die Erlaubnis zum Ausgang der Ware (sofern keine Kontrollmaßnahmen durchgeführt werden sollen) elektronisch mit. Die Waren können nun ausgeführt werden. Diese Ausgangsbestätigung, die an den Zoll übermittelt werden muß, ist einer der neuen Prozesse in *ATLAS-AES*, der bisher zum Abschluß des Zollverfahrens nicht notwendig war. Nach der Ausgangsbestätigung ist der Ausfuhrvorgang abgeschlossen und kann automatisiert bei der Ausfuhrzollstelle erledigt werden. Dort wird auch der *Ausfuhrnachweis für Umsatzsteuerzwecke* erzeugt, der anschließend elektronisch an den teilnehmenden Ausführer übermittelt wird.

Im Rahmen der vereinfachten Verfahren (unvollständige Ausfuhranmeldung, Anschreibeverfahren beim *Zugelassenen Ausführer* sowie einstufiges Ausfuhrverfahren beim *Vertrauenswürdigen Ausführer*) sind Vereinfachungen wie ein reduzierter Datenkranz, der Wegfall der Gestellung oder die ausschließliche Abwicklung des Verfahrens bei der Ausgangszollstelle möglich (siehe dazu unter *1.4.6.1*) .

Notfallverfahren Funktioniert das System der Zollbehörden oder des Beteiligten einmal nicht, erfolgt die Abwicklung des Ausfuhrvorgangs innerhalb des sogenannten Notfallverfahrens. In diesen Fällen wird auf die frühere papiergestützte Abwicklung mittels Einheitspapier zurückgegriffen. Das Verfahren entspricht dabei dem des *NCTS* (siehe unter *1.4.5.4*)

1.4.7   Weitere Zollverfahren

Allgemeines Der *Zollkodex* nimmt mit Ausnahme der Überführung in den freien Verkehr und des Ausfuhrverfahrens für alle weiteren Zollverfahren gemäß *Art. 4 Nr. 16 ZK* in *Art. 84, Abs. 1 ZK* eine Unterteilung in Zollverfahren mit wirtschaftlicher Bedeutung und Nichterhebungsverfahren vor.

Zollverfahren mit wirtschaftlicher Bedeutung *(Art. 84 Abs. 1 Buchst. a ZK)* **sind:**
- Zolllagerverfahren
- Aktive Veredelung
- Umwandlung unter zollamtlicher Überwachung
- Vorübergehende Verwendung
- Passive Veredelung.

Nichterhebungsverfahren *(Art. 84 Abs. 1 Buchst. b ZK)* **sind:**
- Versandverfahren
- Zolllagerverfahren
- Aktive Veredelung nach dem Nichterhebungsverfahren
- Umwandlung unter zollamtlicher Überwachung
- Vorübergehende Verwendung.

Sinn dieser Begriffsbestimmungen ist es vor allem, gemeinsame Regelungen, die für die jeweils genannten Zollverfahren einheitlich gelten, in diesem Abschnitt des *Zollkodex* zusammenzufassen und die einzelnen Verfahrensvorschriften zu entlasten.

So enthalten zum Beispiel die *Art. 85* und *86 ZK* Regelungen über die Bewilligung bei Zollverfahren mit wirtschaftlicher Bedeutung.

Dagegen betrifft die Regelung des *Art. 88 ZK* über eine mögliche Sicherheitsleistung die Nichterhebungsverfahren. *Art. 89 ZK* schließlich regelt die Beendigung von Nichterhebungsverfahren mit wirtschaftlicher Bedeutung (also alle in *Art. 84 ZK* genannten Zollverfahren mit Ausnahme des Versandverfahrens und der passiven Veredelung).

Reform der Zollverfahren mit wirtschaftlicher Bedeutung

Mit Wirkung vom 1.7.2001 hat die *Kommission* die Zollverfahren mit wirtschaftlicher Bedeutung umfassend reformiert. Die Änderungen erfassen zahlreiche Verfahrenserleichterungen. Zugleich wurde die *ZK-DVO* erheblich gestrafft und eine Vielzahl überflüssiger Vorschriften gestrichen. Sofern diese Neuerungen alle wirtschaftlichen Zollverfahren gemeinsam betreffen, werden sie bereits an dieser Stelle aufgeführt.

Antrag   Für alle Zollverfahren mit wirtschaftlicher Bedeutung gilt ein einheitlicher Bewilligungsantrag *(Art. 497 Abs. 1, Anhang 67 ZK-DVO)*.

Vereinfachter Antrag   Ausgeweitet wurde die Möglichkeit, die für alle genannten Verfahren erforderliche Bewilligung anlässlich der Abgabe der Zollanmeldung zu stellen *(Art. 497 ZK-DVO)*. In einfach gelagerten (Einzel-)Fällen ohne besondere zollrechtliche Risiken ist es also möglich, auf ein zeitaufwändiges vorheriges Bewilligungsverfahren zu verzichten. Stattdessen reicht es aus, wenn zum Zeitpunkt der Überführung in das jeweilige Verfahren eine Zollanmeldung abgegeben wird. Hiermit wird zugleich der Bewilligungsantrag gestellt. Mit der Annahme dieser Zollanmeldung durch die Zollbehörden wird die Bewilligung erteilt.

Einzige Bewilligung   Die sogenannte *einzige Bewilligung* ist nunmehr unter den Voraussetzungen der *Art. 500 ff. ZK-DVO* zulässig. Eine solche Bewilligung ist in mehreren Mitgliedstaaten gültig. Anders als bisher reicht es aber aus, einen einzigen Antrag in einem Mitgliedstaat zu stellen. Die dann erteilte *einzige Bewilligung* gilt für sämtliche beteiligte Mitgliedstaaten. Die Zustimmung der dortigen Stellen müssen sich die Zollbehörden selbst besorgen. Damit dieses Verfahren in einem überschaubaren zeitlichen Rahmen abläuft, wurden von der Kommission enge Fristen gesetzt. Einwände anderer Mitgliedstaaten sind nur innerhalb von 30 Tagen möglich. Spätere Einwendungen bleiben unberücksichtigt.

Aber auch bei „normalen" Bewilligungen müssen die Zollbehörden zügig arbeiten. Die Ablehnung eines Bewilligungsantrags muss binnen 30 Tagen (im Fall eines Zolllagers binnen 60 Tagen) erfolgen *(Art. 506 ZK-DVO)*.

Neu ist auch die in *Art. 508 ZK-DVO* geregelte rückwirkende Bewilligung. Wird die **Rück-** Erneuerung einer abgelaufenen Bewilligung beantragt, kann eine Bewilligung mit Rück- **wirkende** wirkung bis zu dem Zeitpunkt, an dem die vorausgegangene Bewilligung unwirksam **Bewilli-** wurde, erteilt werden. **gung**

Beispiel:
Eine der Firma *Blei GmbH* erteilte Bewilligung zur aktiven Veredelung läuft zum 31.12.2009 ab. Der zuständige Sachbearbeiter übersieht dies und überführt auch im Jahre 2010 weitere Waren in das Verfahren. Erst im Juni 2010 stellt sich der Irrtum heraus. In allen diesen Fällen ist jedoch bereits eine Zollschuld wegen zollrechtlicher Pflichtverletzung nach *Art. 204 Abs. 1 Buchstabe b ZK* entstanden. Mittels der rückwirkenden Bewilligung kann die Pflichtverletzung jedoch „geheilt" und eine Zollschuldentstehung verhindert werden.

Aber auch in Fällen, in denen der Beteiligte noch gar keine Bewilligung hatte, kann eine Bewilligung mit Rückwirkung erteilt werden. Sie ist dann im Regelfall frühestens ab dem Datum der Vorlage des Antrags auf Bewilligung wirksam *(Art. 508 Abs. 1 ZK-DVO)*. Nur in Ausnahmefällen kann sich die Rückwirkung auf einen weiteren Zeitraum, längstens aber auf ein Jahr vor dem Zeitpunkt der Antragstellung erstrecken *(Art. 508 Abs. 3 ZK-DVO)*. In diesem Fall muss eine wirtschaftliche Notwendigkeit nachgewiesen werden. Betrügerische Absichten oder grobe Fahrlässigkeit bei der Pflichtversäumung dürfen nicht vorliegen. Außerdem muss sich nachweisen lassen (zum Beispiel mittels der Buchführung), dass die zollrechtliche Abwicklung im beantragten Zeitraum ordnungsgemäß war.

Eine weitere erhebliche Verfahrenserleichterung stellen die *Art. 511 – 514 ZK-DVO* **Beförde-** dar. Danach kann in der Bewilligung festgelegt werden, dass Beförderungen der Waren **rungen** ohne ein an sich erforderliches Versandverfahren durchgeführt werden dürfen. Es sind **keinerlei Zollförmlichkeiten** mehr erforderlich. Insbesondere ist die Überführung in ein Versandverfahren entbehrlich.

Beispiel:
Die Spedition *Kötz* betreibt mehrere Zolllager in *Berlin*. Sie kann bei der zuständigen Zollstelle Beförderungserleichterungen beantragen. Dies kann sich beziehen auf Beförderungen
*   bei der Einfuhr (von der Grenze zum Zolllager)
*   zwischen den Zolllagern
*   bei der Ausfuhr (vom Zolllager zur Grenze).

Wird dies bewilligt, kann sie auf jegliche Versandverfahren verzichten. Voraussetzung ist allerdings, dass die Waren bereits an der Grenze in das Zolllagerverfahren übergeführt werden.

1.4.7.1   Das Zolllagerverfahren

Zolllager- Ist die endgültige Bestimmung von Waren noch nicht bekannt oder will der Beteiligte
verfahren die Waren noch nicht einem bestimmten „endgültigen" Zollverfahren oder einer anderen zollrechtlichen Bestimmung zuführen, können diese Waren unbefristet in einem Zolllager gelagert werden, ohne dass Einfuhrabgaben zu entrichten und handelspolitische Maßnahmen anzuwenden sind.

Die Vorteile des Zolllagerverfahrens werden mit den Begriffen **Kreditfunktion** und **Transitfunktion** umschrieben. Der Beteiligte braucht nämlich eventuelle Abgaben erst am Ende einer unter Umständen jahrelangen Lagerung zu zahlen. Der Staat gewährt ihm also in gewisser Weise einen Kredit. Sollen die Nichtgemeinschaftswaren gar nicht in den zollrechtlich freien Verkehr übergeführt, sondern vielmehr nach der Lagerung wiederausgeführt werden, handelt es sich um einen „verzögerten" Transit.

> **Beispiel:**
> Edelhölzer oder auch Rotwein werden in ein Zolllager aufgenommen und erst nach einigen Jahren bei „voller Reife" in den freien Verkehr übergeführt beziehungsweise wiederausgeführt.

Rechtsgrundlagen bilden die *Art. 98 - 113 ZK* sowie die *Art. 524 - 535 ZK-DVO*.

Danach können im Zolllagerverfahren folgende Waren im Zollgebiet der Gemeinschaft gelagert werden:
• Nichtgemeinschaftswaren
• Gemeinschaftswaren, für die in einer besonderen Gemeinschaftsregelung vorgesehen ist, dass bei Überführung in dieses Verfahren Maßnahmen anzuwenden sind, die an die Ausfuhr anknüpfen (insbesondere Waren des Marktordnungsrechts).

Als **Zolllager** gilt jeder von der Zollbehörde zugelassene und unter zollamtlicher Überwachung stehende Ort, an dem Waren unter den festgelegten Voraussetzungen gelagert werden können.

Zolllager können öffentliche oder private Zolllager sein.

Öffentliche Zolllager sind Zolllager, die jedermann für die Lagerung von Waren zur Verfügung stehen. Bei den öffentlichen Zolllagern sind die **Lager des Typs A, B und F** zu unterscheiden.

Private Zolllager sind dagegen Zolllager, die auf die Lagerung von Waren durch den Lagerhalter beschränkt sind. Hier gibt es die **Lagertypen C, D und E.**

Während bei den öffentlichen Zolllagern in der Regel Lagerhalter und Einlagerer unterschiedliche Personen sind, sind bei den privaten Zolllagern beide identisch.

Lagerhalter **Lagerhalter** ist derjenige, der die Bewilligung für den Betrieb eines Zolllagers erhalten
und hat. **Einlagerer** ist die Person, die durch die Anmeldung auf Überführung von Waren in
Einlagerer das Zolllagerverfahren gebunden ist, oder die Person, der die Rechte und Pflichten dieser ersten Person übertragen worden sind.

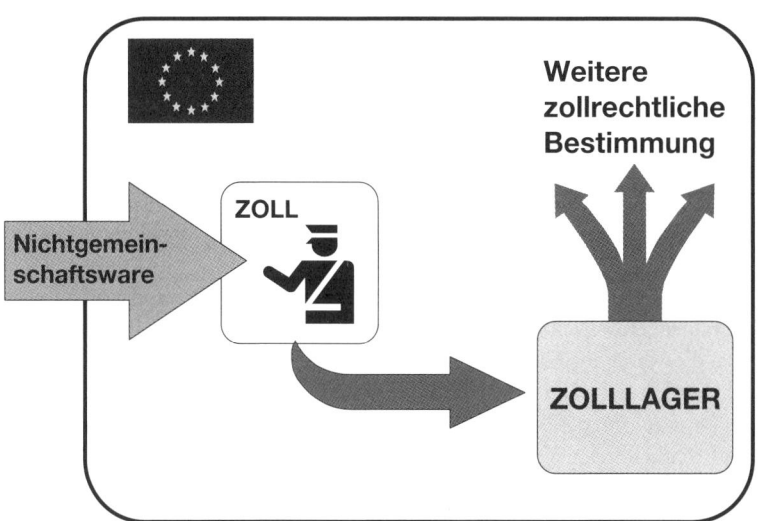

Abbildung 17:
Zolllager-
verfahren

Quelle: Kock / Rogmann

Der **Lagerhalter ist nach *Art. 101 ZK* dafür verantwortlich**, dass
- die Waren während ihres Verbleibs im Zolllager nicht der zollamtlichen Überwachung entzogen werden
- die Pflichten, die sich aus der Lagerung der Waren im Zolllagerverfahren ergeben, erfüllt werden und
- die in der Bewilligung festgelegten besonderen Voraussetzungen erfüllt werden.

Der **Einlagerer ist dafür verantwortlich**, dass die Pflichten, die sich aus der Überführung in das Zolllagerverfahren ergeben, eingehalten und die Waren nicht der zollamtlichen Überwachung entzogen werden. Der Lagerhalter wird in diesen Fällen von den entsprechenden Verpflichtungen befreit (vergleiche *Art. 102 ZK*).

Der Betrieb eines Zolllagers bedarf mit Ausnahme eines öffentlichen Zolllagers des Typs „F", das die Zollbehörden selbst betreiben, der Bewilligung durch die zuständige Zollbehörde. Das ist im Allgemeinen das jeweilige Hauptzollamt *(§ 24 (5) ZollV)*.

Dazu muss die betreffende Person einen schriftlichen Antrag stellen (siehe den Vordruck in *Anhang 67 ZK-DVO*).

In der Bewilligung kann die Zollbehörde neben den Modalitäten für die Überführung von Waren in das Zolllagerverfahren auch zulassen, dass bestimmte andere Waren, die nicht in das Lagerverfahren überführt werden, in den Räumlichkeiten des Zolllagers gelagert werden dürfen.

Beispiele:
- Nichtgemeinschaftswaren, die sich im Verfahren der aktiven Veredelung befinden
- Waren, die sich in der vorübergehenden Verwahrung befinden, also noch keine zollrechtliche Bestimmung enthalten haben.

Bei **privaten Zolllagern wird stets eine Sicherheitsleistung** verlangt, um bei eventuellen Verstößen die entstehende Abgabenschuld zu sichern. Die Sicherheit wird im Regelfall nach dem Betrag der Einfuhrabgaben bemessen, der auf die Warenmenge entfällt, die durchschnittlich in einem Zeitraum von 1 ½ Monaten in den freien Verkehr übergeführt werden.

Mit Überlassung der Waren zum Zolllagerverfahren sind die Waren durch den Einlagerer unverzüglich und unverändert in die Räumlichkeiten des Zolllagers zu verbringen. Dort hat der Lagerhalter die Waren unmittelbar in den in der Bewilligung zugelassenen Bestandsaufzeichnungen zu erfassen.

Private Zolllager des Typs D, die in der *Bundesrepublik Deutschland* am häufigsten Anwendung finden, ermöglichen eine für die Wirtschaftsbeteiligten erhebliche Vereinfachung. So können die Waren im Allgemeinen ohne Gestellung und vor Kenntniserlangung durch die Zollbehörden aus dem Lagerverfahren in den freien Verkehr übergeführt werden *(Art. 278 Nr. 3 Buchst. c ZK-DVO)*. Dazu ist es allein erforderlich, dass die Überführung in den zollrechtlich freien Verkehr in der Buchführung angeschrieben wird und bereits im Zeitpunkt der Überführung in das Lagerverfahren Menge, Beschaffenheit und Zollwert der Waren festgestellt wurden. Diese Bemessungsgrundlagen sind dann bei der Überführung in den freien Verkehr ohne zollamtliche Mitwirkung anzuwenden *(Art. 112 (3) ZK)*.

Beispiel:
Firma *A* lagert T-Shirts in einem Zolllager des Typs D. Bei Einlagerung müssen Menge, Zollwert und Beschaffenheit der T-Shirts festgehalten werden. Im Falle einer späteren Überführung in den zollrechtlich freien Verkehr kann auf diese Werte zur Berechnung der Zollschuld zurückgegriffen werden.

In diesem Fall entsteht im Zeitpunkt der Überführung der Waren in den freien Verkehr die Einfuhrzollschuld. Der Lagerhalter hat die innerhalb eines Kalendermonats in den freien Verkehr überführten Waren bis zum zehnten Tag des auf die Überführung folgenden Kalendermonats in einer Zahlungsanmeldung unter Berechnung der Abgaben zusammengefasst anzumelden. Die Abgaben sind, wenn Zahlungsaufschub gewährt worden ist, bis zum 16. dieses Kalendermonats zu entrichten.

Übliche Behandlung Während der Lagerung dürfen die in das Zolllagerverfahren übergeführten Waren nur sogenannten **üblichen Behandlungen** unterzogen werden *(Art. 109 ZK, Art. 531, 533* in Verbindung mit *Anhang 72 ZK-DVO)*. Dies können zum Beispiel sein:
- Zusammensetzen der Waren nach dem Transport
- Schädlingsbekämpfung
- Glätten und Bügeln von Textilien
- Waschen
- Verpacken, Auspacken, Umpacken, Umfüllen und einfaches Umladen in Behälter
- Aufteilen oder Zuschneiden, sofern es sich um einfache Vorgänge handelt
- Testen, Einstellen, Herstellen der Betriebsfähigkeit von Maschinen.

Wenn es die Umstände rechtfertigen, können diese Waren auch vorübergehend aus dem Zolllager entfernt werden (zum Beispiel zu Vorführzwecken, zur Anbahnung von Verkaufsgeschäften) *(Art. 110 ZK, 532 ff. ZK-DVO)*.

Im Rahmen des Zolllagerverfahrens kann weiterhin zugelassen werden, dass die Waren aus einem Zolllager in ein anderes Zolllager übergehen, ohne dass das Zolllagerverfahren beendet wird *(Art. 111 ZK, Art. 512 (1) ZK-DVO)*.

Das Zolllagerverfahren wird regelmäßig durch Überführung der Waren in den freien Verkehr oder ein anders Zollverfahren beziehungsweise durch den Erhalt einer anderen zollrechtlichen Bestimmung (Verbringen in eine Freizone, Wiederausfuhr, Vernichtung oder Zerstörung) beendet.

> **Hinweis:**
> Das Zolllagerverfahren eignet sich für Spediteure in den Fällen, in denen der Kunde nicht in der Lage ist, die endgültige zollrechtliche Bestimmung der Ware innerhalb der Fristen des *Art. 49 ZK* (in der Regel 20 Tage) zu klären. Denn werden die Waren zunächst in ein Zolllagerverfahren übergeführt, können sie dort unbefristet gelagert werden.

1.4.7.2   Die aktive Veredelung

Im Rahmen der aktiven Veredelung werden Nichtgemeinschaftswaren in das Zollgebiet der Gemeinschaft eingeführt, hier Veredelungsvorgängen (zumeist Bearbeitung, Verarbeitung oder Ausbesserung) unterzogen und die dadurch entstandenen Veredelungserzeugnisse wiederausgeführt. Bei der Einfuhr der unveredelten Waren werden entweder keine Einfuhrabgaben (sogenanntes Nichterhebungsverfahren) erhoben oder die bei der Einfuhr erhobenen Einfuhrabgaben werden bei der Ausfuhr der Veredelungserzeugnisse erstattet (sogenanntes Verfahren der Zollrückvergütung).

Aktive Veredelung

> **Beispiel:**
> Aus *Südkorea* eingeführte Computerteile werden in *Deutschland* zusammengebaut. Die kompletten Computer werden in die *USA* geliefert. Es entstehen weder Zoll noch Einfuhrumsatzsteuer.

Rechtsgrundlage für eine aktive Veredelung sind in erster Linie die *Art. 114-129 ZK* sowie *Art. 536-549 ZK-DVO*.

Die aktive Veredelung bedarf der vorherigen **Bewilligung** durch die zuständige Zollbehörde, wobei neben den allgemeinen Bewilligungsvoraussetzungen insbesondere wirtschaftliche Voraussetzungen erfüllt sein müssen. Das Vorliegen dieser wirtschaftlichen Voraussetzungen wurde durch den im Rahmen der *ZK-DVO-Reform* neu eingefügten *Art. 539 Abs. 1 ZK-DVO* erheblich erleichtert. Sie gelten im Regelfall als erfüllt.

Darüber hinaus muss die zolltechnische Durchführbarkeit gewährleistet sein, das heißt, es muss festgestellt werden können, dass die Einfuhrwaren in den Veredelungserzeugnissen tatsächlich enthalten sind.

Die Veredelungsarbeiten müssen in der Regel im Betrieb des Veredelers durchgeführt werden. Für ihre Durchführung wird eine Frist gesetzt (sogenannte Wiederausfuhrfrist). Eine nicht fristgerechte Wiederausfuhr lässt regelmäßig eine Zollschuld entstehen.

Entsteht für Veredelungserzeugnisse oder unveredelte Waren eine solche Zollschuld, so werden Ausgleichszinsen von dem Zollbetrag erhoben, der sich bei Ermittlung des Abgabenbetrages für die unveredelten Waren ergibt.

Beispiel:

Die aus *Südkorea* eingeführten Computerteile werden am 1.3. in *Deutschland* zusammengebaut. Ein Teil der kompletten Computer wird in die *USA*, der andere Teil in Deutschland verkauft. Nur für die in *Deutschland* am 1.8. verkauften Computer entsteht durch ihre Überführung in den zollrechtlich freien Verkehr eine Zollschuld. Für den Zeitraum vom 1.3. bis zum 1.8. sind Ausgleichszinsen zu zahlen.

Abbildung 18:
Aktive
Veredelung mit
anschließender
Wiederausfuhr

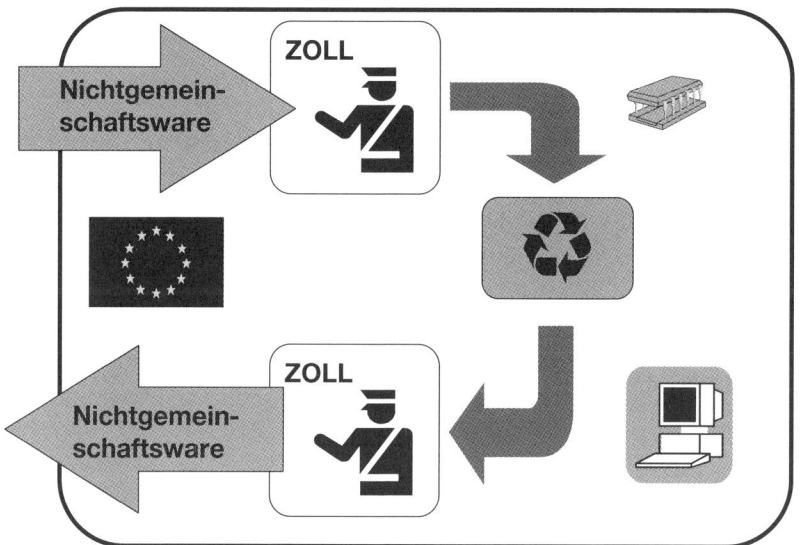

Quelle: Kock / Rogmann

1.4.7.3   Die passive Veredelung

Passive Im passiven Veredelungsverkehr können Gemeinschaftswaren zur Durchführung
Veredelung von Veredelungsvorgängen (Bearbeitung, Verarbeitung oder Ausbesserung) vorübergehend aus dem Zollgebiet der Gemeinschaft ausgeführt und die daraus entstandenen Veredelungserzeugnisse unter vollständiger oder teilweiser Befreiung von Einfuhrabgaben in den freien Verkehr übergeführt werden. Das Verfahren stellt damit das Spiegelbild der aktiven Veredelung dar.

Rechtsgrundlagen bilden die *Art. 145 – 160 ZK* sowie die *Art. 585 – 592 ZK-DVO*.

Auch die passive Veredelung bedarf der vorherigen **Bewilligung**. Sie wird vom zuständigen Hauptzollamt auf Antrag desjenigen erteilt, der die Veredelungsvorgänge durchführen lässt. Für die Erteilung der Bewilligung müssen neben allgemeinen Bewilligungsvoraussetzungen insbesondere wirtschaftliche Voraussetzungen und die zolltechnische

Durchführbarkeit gegeben sein. Grundsätzlich dürfen danach wesentliche Interessen von Herstellern der Gemeinschaft nicht beeinträchtigt werden. Außerdem muss festgestellt werden können, dass die Veredelungserzeugnisse aus den vorübergehend ausgeführten Gemeinschaftswaren hergestellt wurden.

Bei der Einfuhr der Veredelungserzeugnisse wird regelmäßig eine Zollermäßigung gewährt.

Diese Zollermäßigung besteht darin, dass der Zoll für die Veredelungserzeugnisse um den Betrag gemindert wird, der als Zoll für die unveredelten Waren zu erheben wäre, wenn sie unter den gleichen Umständen in den nicht zollrechtlich freien Verkehr überführt worden wären. Eine derartige Vergünstigung ist berechtigt, da der Veredeler die unveredelten Gemeinschaftswaren (also Waren des freien Verkehrs!) ausgeführt hat und seine eigenen Waren unverzollt bleiben sollen.

Die Berechnung der Zollvergünstigung kann auf zwei Arten erfolgen. Die in der Regel günstigere Variante ist die sogenannte Mehrwertverzollung. Dabei wird vom Wert des Veredelungserzeugnisses der Wert der ausgeführten Waren abgezogen und nur der Mehrwert verzollt. Dies geschieht allerdings nur dann, wenn der Beteiligte zuvor einen Antrag stellt *(Art. 591 ZK-DVO)*.

Beispiel:
Es wird Holz im Wert von 100 000,– € ausgeführt. Nach erfolgter Veredelung werden Tische mit einem Wert von 250 000,– € (angenommener Zollsatz von 10 %) eingeführt. Vom Zoll für die Tische wird der Zoll abgezogen, der für das Holz hätte gezahlt werden müssen. Es müssen 25 000,– € abzüglich 10 000,– €, also 15 000,– € Zoll gezahlt werden.

Bei der Differenzverzollung wird dagegen die ausgeführte Ware nicht mit dem Zollsatz der Veredelungserzeugnisse berücksichtigt, sondern nur mit dem Zollsatz, der für sie im Zeitpunkt der Ausfuhr zu erheben gewesen wäre. Dies ist für den Veredeler zumeist ungünstiger.

Beispiel:
Angenommen im vorgenannten Beispiel hätte Holz einen Zollsatz von 3 %. Die Differenzverzollung würde dann zu folgendem Ergebnis führen:
10 % Zoll von 250 000,– € = 25 000,– €. Hiervon abzuziehen wären 3 % Zoll von 100 000,– € = 3 000,- €. Es ergibt sich ein zu zahlender Zoll in Höhe von 25 000,– abzüglich 3 000,– € = 22 000,– €. Es können durch die Beantragung der Mehrwertverzollung also 7 000,– € gespart werden!

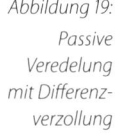

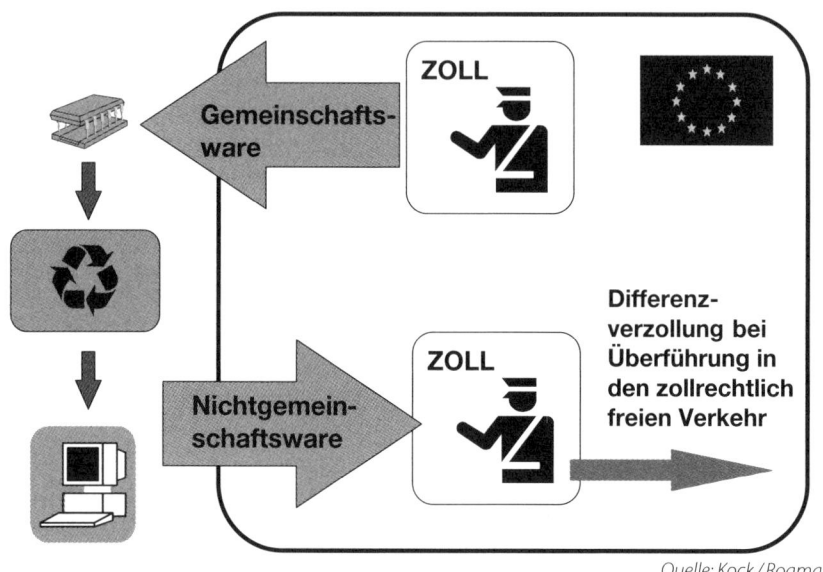

Quelle: Kock / Rogmann

1.4.7.4   Das Umwandlungsverfahren

Umwand- Im Umwandlungsverfahren können eingeführte Waren, die im Zollgebiet der Gemein-
lungs- schaft bleiben sollen, in Waren anderer Beschaffenheit umgewandelt und die umgewan-
verfahren delten Erzeugnisse den für sie geltenden Einfuhrabgaben unterworfen werden. Beim
Beteiligten kommt es in diesen Fällen zu einer Abgabeneinsparung, weil die durch Be-
oder Verarbeitung entstandenen Erzeugnisse niedrigeren Zollsätzen unterliegen.

> **Beispiel:**
> Es werden gebrauchte Pkw eingeführt, die verschrottet werden sollen. Nach erfolgter
> Umwandlung entsteht nur noch für den Schrott eine Einfuhrabgabenschuld.

Rechtsgrundlagen für die Umwandlung unter zollamtlicher Überwachung bilden die
Art. 130-136 ZK sowie die *Art. 551* und *552 ZK-DVO*.
    Der Bewilligungsinhaber kann jedoch nicht beliebige Ver- oder Bearbeitungen
durchführen. Vielmehr muss das Verfahren dazu beitragen, die Aufnahme oder
Beibehaltung von Umwandlungstätigkeiten in der Gemeinschaft zu fördern, ohne
dass wesentliche Interessen von Herstellern in der Gemeinschaft beeinträchtigt werden
(Art. 133 Buchst. e ZK). Wann diese sogenannten wirtschaftlichen Voraussetzungen vorliegen, ergibt sich aus *Art. 552 ZK-DVO* in Verbindung mit *Anhang 76 zur ZK-DVO*.
Dort wird etwa die Umwandlung in Abfälle und Reste, die Denaturierung, die Aussonde-
rung und / oder Zerstörung beschädigter Teile erlaubt. In den meisten Fällen werden die
Einfuhrwaren somit auf eine niedrigere Produktionsstufe abgesenkt, was zugleich einen
niedrigeren Zollsatz bedeutet. Neu ist, dass das Umwandlungsverfahren auch bewilligt
werden kann, wenn die Be- oder Verarbeitungsvorgänge dazu dienen, die Einhaltung

der bei der Überführung in den freien Verkehr geltenden technischen Vorschriften zu gewährleisten *(Art. 551 Abs. 1 UnterAbs. 2 ZK-DVO)*. Wird eine Form der Umwandlung in der Liste nicht genannt, müssen die Zollbehörden das Vorliegen der wirtschaftlichen Voraussetzungen eigenständig prüfen.

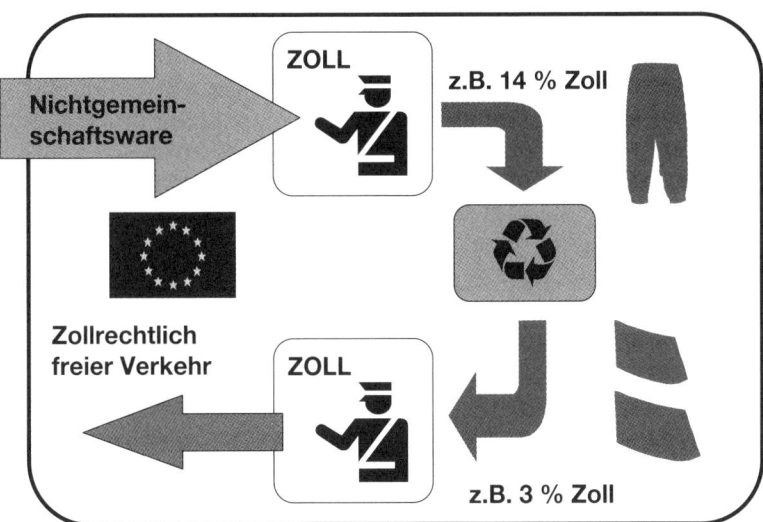

Abbildung 20:
Umwandlungs-
verfahren
(Standardfall)

Quelle: Kock / Rogmann

1.4.7.5 Die vorübergehende Verwendung

Im Verfahren der vorübergehenden Verwendung können Nichtgemeinschaftswaren, die zur Wiederausfuhr bestimmt sind, ohne dass sie, abgesehen von der normalen Wertminderung aufgrund des von ihnen gemachten Gebrauchs, Veränderungen erfahren haben, unter vollständiger oder teilweiser Befreiung von Einfuhrabgaben, und ohne dass sie handelspolitischen Maßnahmen unterliegen, im Zollgebiet der Gemeinschaft verwendet werden.
    Rechtsgrundlagen bilden die *Art. 137 – Art. 144 ZK* sowie die *Art. 553 – 592 ZK-DVO*.
    Für **die Überführung von Waren** in die vorübergehende Verwendung sind zwei Fälle zu unterscheiden:

-   Fälle, in denen die vorübergehende Verwendung bei **vollständiger Befreiung** von den Einfuhrabgaben bewilligt werden kann
-   Fälle, in denen die vorübergehende Verwendung lediglich unter **teilweiser Befreiung** von Einfuhrabgaben möglich ist.

**Vorüber-
gehende
Verwen-
dung**

Die Fälle vollständiger Einfuhrabgabenbefreiung sind in den *Art. 555 – 578 ZK-DVO* genau festgelegt. Für den Spediteur von besonderer Bedeutung ist dabei die vorübergehende Verwendung von Beförderungsmitteln *(Art. 555 ff. ZK-DVO)*. Denn die für Warentransporte verwendeten Beförderungsmittel müssen – ebenso wie die eingeführten Waren – zollrechtlich behandelt werden. Eine Spedition mit Sitz außerhalb der

Gemeinschaft muss ihre Lkw in die vorübergehende Verwendung überführen und die insoweit geltenden Vorschriften beachten.

Beispiel:
Eine Warenlieferung aus *Russland* wird mit dort zugelassenen Lkw befördert. Die Lkw dürfen abgabenfrei im Zollgebiet der Gemeinschaft verwendet werden.

Allerdings dürfen bei gewerblicher Verwendung die Lkw nur für Beförderungen verwendet werden, die außerhalb des Zollgebiets der Gemeinschaft beginnen oder enden. Beförderungen im Binnenverkehr sind nur unter engen Voraussetzungen möglich *(Art. 558 Abs. 1 Buchstabe c ZK-DVO)*. Vermietung oder Nutzung der Beförderungsmittel durch oder an in der Gemeinschaft ansässige Personen ist ebenfalls nur beschränkt möglich.

Auch Paletten und Container müssen, wenn sie außerhalb der Gemeinschaft ansässigen Personen gehören, in die vorübergehende Verwendung übergeführt werden.

Weitere Beispiele für die vollständige Befreiung von den Einfuhrabgaben sind Berufsausrüstung, Ausstellungsgut (insbesondere bei Messen), persönliche Gebrauchsgegenstände oder aber auch zu Sportzwecken eingeführte Waren.

Beispiel:
Spielt die brasilianische Fußballnationalmannschaft in *Deutschland*, müssen sämtliche mitgebrachten Sportgeräte in die vorübergehende Verwendung unter vollständiger Einfuhrabgabenbefreiung übergeführt werden. Das Verschenken eines Trikots im Anschluss an das Fußballspiel ist ohne Einschaltung der Zollbehörden nicht erlaubt. Es entsteht eine Zollschuld.

In allen anderen vom Gesetz nicht genannten Fällen führt die Überführung von Waren in die vorübergehende Verwendung nur zu einer teilweisen Befreiung von Einfuhrabgaben. Dabei entsteht für jeden Monat beziehungsweise angefangenen Monat, in dem sich die Waren im Verfahren der vorübergehenden Verwendung unter teilweiser Befreiung befinden, Zoll in Höhe von 3 % des Abgabenbetrages, der auf diese Waren erhoben worden wäre, wenn sie im Zeitpunkt der Überführung in die vorübergehende Verwendung in den freien Verkehr übergeführt worden wären. Die Höchstdauer einer solchen Verwendung beträgt zwei Jahre. Zweck der Verzollung ist es, die Wertminderung des verwendeten Gegenstandes mit Abgaben zu belegen.

Die zu erhebenden Abgaben werden mit Beendigung der vorübergehenden Verwendung erhoben. Dabei dürfen die zu erhebenden Einfuhrabgaben nicht höher sein als der Betrag, der bei Überführung in den freien Verkehr entstanden wäre.

Beispiel:
Firma *A* mit Sitz in der *Ukraine* möchte einen eigenen Bagger (Wert 200 000,– €, Zollsatz angenommen 10 %) zur Durchführung von Erdarbeiten in *Blankenburg/Harz* verwenden. Nach fünf Monaten wird der Bagger wiederausgeführt. Es ist Zoll in Höhe von 5 x 3 % des Gesamtzolls von 20 000,– € entstanden. Insgesamt ergibt sich somit ein Betrag von 3 000,– €.

Auch die vorübergehende Verwendung muss von den Zollbehörden bewilligt werden *(Art. 554 ZK-DVO)*. In vielen Fällen bestehen allerdings erhebliche Vereinfachungen *(Art. 497, 232 ZK-DVO)*.

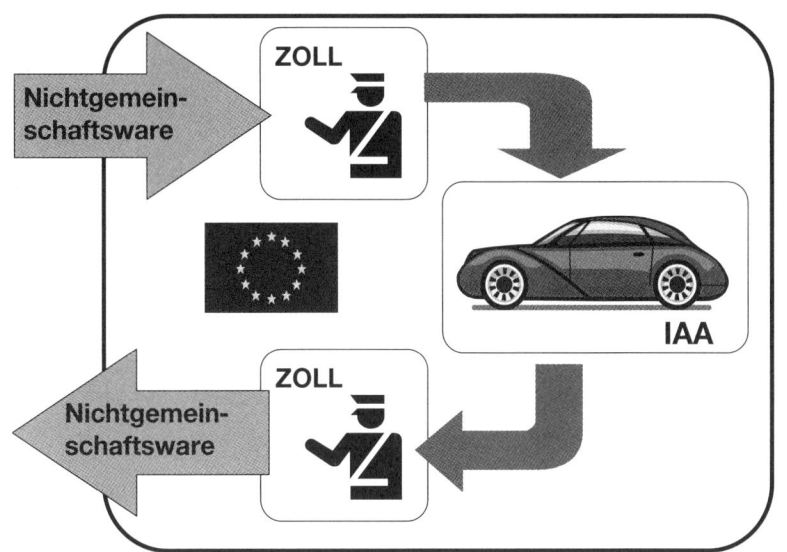

Abbildung 21:

Vorübergehende Verwendung mit Wiederausfuhr

Quelle: Kock/Rogmann

1.4.8 Zollrechtliche Bestimmungen außerhalb der Zollverfahren

Neben der Überführung von Waren in ein Zollverfahren sind in *Deutschland*
* das Verbringen von Waren in eine Freizone oder ein Freilager
* die Wiederausfuhr sowie
* die Vernichtung und Zerstörung unter zollamtlicher Überwachung
weitere Formen der zollrechtlichen Bestimmung.

Freizonen und Freilager sind Teile des Zollgebiets der Gemeinschaft, die jedoch vom **Freizonen** **übrigen Zollgebiet getrennt sind. In ihnen dürfen sowohl Nichtgemeinschaftswaren** **und** **als auch Gemeinschaftswaren unter den in *Art. 166 ZK* genannten Voraussetzungen** **Freilager** **verbraucht oder verwendet werden.** Anders als im Zolllager können in Freizonen und Freilagern prinzipiell alle industriellen und gewerblichen Tätigkeiten zugelassen werden. Eine zollamtliche Warenerfassung ist nicht erforderlich.

Rechtsgrundlagen sind die *Art. 166-181 ZK* sowie die *Art. 799-814 ZK-DVO*. Einzelheiten über die Errichtung von Freizonen und Freilagern legen die *EU*-Mitgliedsstaaten national fest. In *Deutschland* hat dies in der Vergangenheit dazu geführt, dass Freilager, die sich innerhalb eines Gebäudes oder Gebäudeteiles befinden, nicht gestattet wurden und heute noch werden. Freizonen gibt es hingegen zum Beispiel in *Bremen, Bremerhaven, Deggendorf, Duisburg, Hamburg* und *Kiel*. Sie sind jeweils durch Einzäunung vom übrigen Zollgebiet getrennt. Mittlerweile sind zwei unterschiedliche Formen von Freizonen zulässig *(Art. 799 ZK-DVO)*. Beim *Kontrolltyp I* stützen sich die zollamtlichen Kontrollen in Wesentlichen auf eine vorhandene Umzäunung. Dagegen stimmen beim *Kontrolltyp II* die (erleichterten) Kontrollen weitgehend mit den Erfordernissen des Zolllagerverfahrens überein. Damit hat zumindest für diesen Kontrolltyp eine deutliche Annäherung an das Zolllagerverfahren stattgefunden.

Wiederausfuhr, Vernichtung und Zerstörung **Wiederausfuhr**, **Vernichtung** und **Zerstörung** werden zunächst im *Zollkodex* in *Art. 182* zusammengefasst, weil diese Formen der zollrechtlichen Bestimmung nur bei Nichtgemeinschaftswaren in Betracht kommen. Die dort ebenfalls genannte Aufgabe zu Gunsten der Staatskasse wird in *Deutschland* nicht zugelassen. Weitere Rechtsgrundlagen bilden die *Art. 841* und *842 ZK-DVO*.

Eine Vernichtung oder Zerstörung von Waren ist der zuständigen Zollstelle schriftlich anzuzeigen, so dass eine Überwachung des Vorgangs möglich ist. Die Vernichtung führt zur vollständigen Beseitigung oder Entwertung einer Sache. Hingegen bleibt im Anschluss an eine Zerstörung ein wirtschaftlich verwertbarer Rest.

> **Beispiel:**
> Werden Waren vollständig verbrannt, handelt es sich um Vernichtung. Werden hingegen Möbel zerschlagen, bleibt Holz übrig, das wirtschaftlich noch verwertet werden kann und deshalb einer zulässigen zollrechtlichen Bestimmung zugeführt werden muss.

Auch die Wiederausfuhr von Nichtgemeinschaftswaren ist der Zollstelle vorab mitzuteilen. Anderenfalls kann dies zum Entstehen einer Zollschuld, Einfuhrumsatzsteuer und eventuell sogar von Verbrauchssteuern führen.

> **Beispiel:**
> Im Anschluss an eine aktive Veredelung oder ein Zolllagerverfahren werden die Veredelungserzeugnisse beziehungsweise die gelagerten Waren aus der *EU* wiederausgeführt.

In bestimmten Fällen kann bei der Wiederausfuhr die Abgabe einer Zollanmeldung erforderlich sein. Dabei gelten die Regelungen über das Ausfuhrverfahren sinngemäß (*Art. 182 Abs. 3* in Verbindung mit *Art. 161 Abs. 4, 5 ZK* und *Art. 841* in Verbindung mit *Art. 788–796 ZK-DVO*).

1.5 Bemessung des Zolls

1.5.1 *Zolltarif*

1.5.1.1 Grundlagen

Die Bemessung des Zolls ergibt sich aus dem *Zolltarif* und dem **Zollwert** einer einge- **Allge-**
führten Ware. In bestimmten Fällen treten an Stelle des Zollwertes andere spezifische **meines**
Grundlagen, wie zum Beispiel das Gewicht, die Stückzahl, die Fläche und Ähnliches.

Der *Zolltarif* bestimmt dabei die Höhe des Zollsatzes. Der Zollwert ist die wichtigste
Bemessungsgrundlage für den Zollbetrag.

Ein *Zolltarif* besteht immer aus zwei Grundelementen, dem Zolltarifschema und den
Zollsätzen.

Unter einem Zolltarifschema versteht man die systematische Auflistung aller Waren,
die zu Handelszwecken über die Zollgrenzen transportiert werden können. Insofern
spricht man auch von einer *Warennomenklatur*. Dabei ist wichtig, dass die systematische
Anordnung der Waren dem Rechtsanwender die Zuordnung einer konkreten Ware unter
eine entsprechende Tarifposition ermöglichen muss. Das bedingt eine nachvollziehbare
Gliederung und praktikable Einreihungsregeln.

Grundlage für das Zolltarifschema des *Gemeinsamen Zolltarifes der EG* ist das *Harmo-* **Harmo-**
nisierte System zur Bezeichnung und Codierung der Waren (HS). Das *HS* ist eine **nisiertes**
Weiterentwicklung der *Nomenklatur des Rates für die Zusammenarbeit auf dem Gebiet des* **System**
Zollwesens (NRZZ). Mit ihm erfolgte eine Anpassung an die modernen Warenstrukturen
im Ergebnis der Entwicklung der Technik und des Handels.

Bei dem *HS* handelt es sich um eine kombinierte Zolltarif- und Statistiknomenklatur.
Damit werden auch die statistischen Daten nach der Warenstruktur des *HS* erfasst und
veröffentlicht. Dies ermöglicht einen optimalen Vergleich sowie eine effektive Auswertung der Warenströme im internationalen Handel. Die Anwendungsmöglichkeiten für
das *HS* beschränken sich indes nicht auf die genannten Grundfunktionen. Besonders auf
dem Gebiet des Handelsdatenaustausches ist eine funktionierende Warennomenklatur
unverzichtbar. Insofern kann das *HS* gerade auch für die Tätigkeit des Spediteurs ein
wichtiges Instrument sein.

Struktur und rechtliche Ausgestaltung des *HS* sind auf die Realisierung des sogenannten Allzollsystems ausgerichtet. Dahinter verbirgt sich der Anspruch, jede nur denkbare
Ware in der Nomenklatur zu erfassen. In der Konsequenz ist es folglich möglich, dass für
alle auftretenden Waren, also auch für solche, die heute noch völlig unbekannt sind, eine
entsprechende Tarifposition ermittelt werden kann.

Bei innovativen Veränderungen der Warenstrukturen im internationalen Handel
besteht dennoch die Möglichkeit der Anpassung der Nomenklatur. Eine solche trat als
zweite Revision des HS zum 1.1.1996 in Kraft. Damit wurden erstmals größere Veränderungen vorgenommen. So wurden neue Unterpositionen für Waren aufgenommen, die im
Zuge des technischen Fortschrittes zunehmend dominieren. Aber auch die Vereinfachung
und Klarstellung von Rechtstexten der Nomenklatur war ein erklärtes Ziel der Revision.

Weitere Revisionen traten mit Wirkung vom 1.1.2002 sowie vom 1.1.2007 in Kraft. Für die Arbeit des Spediteurs ist von Bedeutung, immer mit der aktuellen Fassung des Zolltarifes zu arbeiten, da sich häufig Änderungen sowohl auf der Nomenklaturseite als auch auf der Seite der Zollsätze ergeben können.

Das *Harmonisierte System* besitzt einen numerischen Aufbau nach folgender Struktur:

21 Abschnitte (ABS)
97 Kapitel (Kap.) – das Kap. 77 ist dabei freigehalten
1221 Positionen (Pos.)
5052 Unterpositionen (UPos.)
(Fassung von 2009)

Kombi- Um bestimmten zolltariflichen und statistischen Anforderungen der *EU* gerecht werden
nierte zu können, ist bereits 1988 eine Warennomenklatur eingeführt worden, welche das *HS*
Nomen- um zwei Stellen erweitert, die sogenannte **Kombinierte Nomenklatur**. Die *Kombinierte*
klatur *Nomenklatur (KN)* umfasst

- die Nomenklatur des *HS*
- die gemeinschaftlichen Unterteilungen dieser Nomenklatur, genannt *Unterpositionen KN*, wenn ihnen ein Zollsatz zugeordnet ist
- die Einführenden Vorschriften
- die zusätzlichen Anmerkungen zu den Abschnitten und Kapiteln und
- die Fußnoten, die sich auf die Unterpositionen beziehen.

Diese achtstellige *Kombinierte Nomenklatur* ist Grundlage des seit dem 1.1.1988 anzuwendenden *Gemeinsamen Zolltarifs* (vergleiche *VO [EWG] Nr. 2658/87 des Rates vom 23.7. 1987 über die zolltarifliche und statistische Nomenklatur* sowie den *Gemeinsamen Zolltarif – ABl Nr. L 256/1 –).*

Inhaltlich bildet die *Kombinierte Nomenklatur* eine Verfeinerung der Warenlinien des *HS*, ohne dieses inhaltlich zu verändern.

Beispiel:
Das *HS* differenziert bei Zählern der Pos. 9028 zwischen

Gaszähler	9028 10
Flüssigkeitszähler	9028 20
Elektrizitätszähler	9028 30

Für die Erfordernisse der *EU* war die Untergliederung der Elektrizitätszähler der UPos. 9028 30 nicht ausreichend. Deshalb erfolgte in Übereinstimmung mit den Regelungen des *HS* eine zulässige Verfeinerung der Nomenklatur bei gleichzeitiger Erweiterung der Codierung auf acht Stellen:

– Elektrizitätszähler	9028 30
— Wechselstromzähler	9028 30 1
— Einphasen-Wechselstromzähler	9028 30 11
— Drehstromzähler	9028 30 19
— andere (als Wechselstromzähler)	9028 30 90

Die zweite Komponente des Tarifes, die **Zollsätze**, sind hinsichtlich ihrer Bemessungs- **Zollsätze** grundlage zu differenzieren.

Als Zollsätze kommen in Betracht:

*   **Wertzollsätze:** Diese werden im *Zolltarif* in Prozenten des Zollwerts angegeben. Die modernen Zolltarife enthalten im Gegensatz zu früheren Tarifen überwiegend Wertzollsätze.
*   **spezifische Zollsätze:** Das sind feststehende Beträge mit wägbaren, messbaren oder zählbaren Bemessungsgrundlagen, zum Beispiel 20,– € je 100 kg, 40,– € je 100 Liter oder 10,– € je Stück.
*   **Mischzollsätze:** Diese bestehen aus einem Wertzollsatz und einem spezifischen Zollsatz, wobei die spezifischen Sätze oft Höchst- oder Mindestgrenzen angeben, zum Beispiel 15 % des Wertes, mindestens 10,– € je 100 kg. Solche Zollsätze sollen bei Wertschwankungen eine Mindest- oder Höchstbelastung der Ware gewährleisten.

Der an das *Harmonisierte System zur Bezeichnung und Codierung der Waren* anknüpfende *Gemeinsame Zolltarif* ist seit dem 1.1.1988 unmittelbar geltendes Recht in allen Mitgliedstaaten der *EU*, einschließlich der neu beigetretenen Länder.

Nach *Art. 20 Abs. 3 ZK* umfasst der *Zolltarif der EU*
*   *die Kombinierte Nomenklatur*
*   *jede andere Nomenklatur, die ganz oder teilweise auf der Kombinierten Nomenklatur beruht und die durch besondere Gemeinschaftsvorschriften zur Durchführung zolltariflicher Maßnahmen im Warenverkehr erstellt worden ist.*

Hierbei handelt es sich namentlich um den *Integrierten Tarif der EU (TARIC)*. Dieser ver- **TARIC** schlüsselt in der neunten und zehnten Stelle der letztlich elfstelligen Codierung des *Zolltarifes* bestimmte gemeinschaftsrechtliche Maßnahmen, wie Zollkontingente, Zollaussetzungen, Zollpräferenzen, Antidumpingzölle und andere. Der *TARIC* ist unter www.zoll.de abrufbar.

Ferner gehören zum *Zolltarif:*
*   *die Regelzollsätze und die anderen Abgaben, die für die in der Kombinierten Nomenklatur erfassten Waren gelten*
*   *die Zollpräferenzmaßnahmen auf Grund von Abkommen zwischen der Gemeinschaft und bestimmten Ländern oder Ländergruppen, in denen eine Zollpräferenzbehandlung vorgesehen ist*
*   *die Zollpräferenzmaßnahmen, die von der Gemeinschaft einseitig zu Gunsten bestimmter Länder, Ländergruppen oder Gebiete erlassen worden sind*
*   *die autonomen Aussetzungsmaßnahmen, mit denen die bei der Einfuhr bestimmter Waren geltenden Zollsätze herabgesetzt oder ausgesetzt werden*
*   *die sonstigen in anderen Gemeinschaftsregelungen vorgesehenen zolltariflichen Maßnahmen.*

Der einheitlichen Auslegung und Anwendung des Zolltarifes dienen die *Erläuterungen* **Erläuterun-** *zur Kombinierten Nomenklatur (ErlKN)*. Diese beinhalten folgende inhaltlichen **gen zur KN** Komponenten:

- Erläuterungen zum *Harmonisierten System*
- Tarif-Avise des *Rates für die Zusammenarbeit auf dem Gebiet des Zollwesens* (heute *Weltzollorganisation*) für das *HS*
- Erläuterungen zur *Kombinierten Nomenklatur*
- Einzelentscheidungen der *EG* (*EG*-Verordnungen und Beschlüsse)
- Gerichtliche Entscheidungen
- Nationale Anordnungen des *BMF*.

Die Erläuterungen sind auch in den elektronischen Zolltarif integriert. Für die Zollverwaltung haben diese als Dienstvorschrift Verbindlichkeit. Eine solche Verbindlichkeit der Erläuterungen besteht indes nicht für die mit Zolltariffragen betrauten Gerichte. Allerdings hat der *EuGH* bereits mehrfach in Urteilen festgestellt, dass die *ErlKN* als maßgebliches Erkenntnismittel für die Auslegung der *Zolltarifnomenklatur* anzusehen sind. Besonders bei der Interpretation zolltariflicher Begriffe stellen die *ErlKN* ein gutes Hilfsmittel dar. In der praktischen Arbeit sollte aber immer berücksichtigt werden, dass primär zunächst Regelungen mit Rechtsqualität anzuwenden sind. Immer dann, wenn sich dabei Auslegungsfragen ergeben, ist auf die *Erläuterungen* als ein primäres Hilfsmittel zurückzugreifen.

Ausländische Zolltarife Für die Arbeit eines Spediteurs haben auch **Zolltarife der Bestimmungsländer** auszuführender Waren Bedeutung. Vermittels derer kann unter anderem festgestellt werden, wie hoch die dortige Zollbelastung liegt. Die Zuordnung der betreffenden Ware zur jeweiligen Tarifposition ist insofern vereinfacht, als in allen wichtigen Handelsländern die gleiche Warennomenklatur – also das *HS* – als Zolltarifschema Anwendung findet.

Informationen zu ausländischen Zolltarifen mit ihren Änderungen und den grundlegenden ausländischen Zollbestimmungen können über *Germany Trade & Invest* eingeholt werden. Dabei handelt es sich um eine Gesellschaft für Außenwirtschaft und Standortmarketing, die aus der *Bundesagentur für Außenwirtschaft* und der *Invest in Germany GmbH* zum 1.1.2009 entstanden ist.

Elektronischer Zolltarif Bis zum Jahre 1998 existierte der *Zolltarif* für die praktische Arbeit in Form einer gedruckten Ausgabe als *Deutscher Gebrauchs-Zolltarif*. Diese wurde im Regelfall jährlich neu aufgelegt und enthielt neben den Angaben zu den Zollsätzen umfangreiche weitere warenbezogene Informationen. Mit der Einführung des *elektronischen Zolltarifes (EZT)* wurde nunmehr eine neue Etappe eingeleitet. Der *EZT* enthält den gleichen Informationsumfang wie die ursprüngliche gedruckte Ausgabe. Allerdings können kurzfristige Veränderungen, zum Beispiel bei den Zollsätzen, auf dem Weg der Datenfernübertragung schnell und unkompliziert in den *Zolltarif* übernommen werden. In der Vergangenheit war dies mit einem erheblichen Aufwand verbunden. Der *EZT* existiert als Onlineversion und ist über www.zoll.de abrufbar.

Gelegentlich existieren Vorstellungen, dass mit der verstärkten Einbeziehung elektronischer Medien gleichsam die Feststellung der für Wareneinfuhren benötigten Codenummern faktisch automatisiert würde. Das ist indes keineswegs der Fall.

Im Gegenteil. Hier steht nach wie vor das Erfordernis einer intellektuellen Leistung in Form einer juristischen Subsumtion beim Anwender des *Zolltarifes*. Dabei ist die Ware mit ihren konkreten Merkmalen dem Wortlaut einer tariflichen Position oder Unterposition unterzuordnen. Dieser Vorgang wird als Einreihung bezeichnet. Grundkenntnisse über die Einreihung von Waren sind insbesondere für die mit Zollfragen beauftragten Mitarbeiter jener Firmen von Vorteil, die Einfuhren aus Ländern außerhalb der EU durchführen.

Der *EZT-Online* enthält vor allem folgende Informationen, die durch Mausklick auf die entsprechenden Schaltfenster auf dem Monitor anwählbar sind: **Informationsgehalt *EZT-Online***

a)   Codenummer

Die Codenummer besteht aus elf Ziffern. Hinter diesen verbergen sich differenzierte Inhalte

Beispiel: Codenummer *6209 90 10 20 0 (Strümpfe für Kleinkinder)*

62	Kapitel
6209	Position des *HS*
6209 90	Unterposition des *HS*
6209 90 10	Unterposition der *KN*
6209 90 10 20	*TARIC* (9. und 10. Stelle)
6209 90 10 20 0	nationale Codierung (11. Stelle)

In bestimmten Fällen wird eine vierstellige Zusatzcodierung gefordert. Das betrifft zum Beispiel Waren, die einem *Agrarteilbetrag* unterliegen. Die mit *EA* im Abgabenteil des Tarifes gekennzeichneten Teilbeträge werden bei einigen Waren erhoben, zu deren Herstellung Erzeugnisse verwendet wurden, die Agrarzöllen unterliegen (zum Beispiel bei Süßwaren).

Codierungsbeispiel	Bedeutung der Stellenzahl	Inhalt (Warenbeschreibung)
44	Kapitel	Holz und Holzwaren; Holzkohle
4420	Position	Hölzer mit Einlegearbeit (Intarsien oder Marketerie); Schmuckkassetten, Besteck-kästchen und ähnliche Waren, aus Holz; Statuetten und andere Ziergegenstände, aus Holz; Innenausstattungsgegenstände aus Holz, ausgenommen Waren des Kapitels 94
4420 10	Unterposition *HS*	Statuetten und andere Ziergegenstände, aus Holz
4420 1 011	Unterposition *KN*	Aus tropischem Holz im Sinne der Zusätzlichen Anmerkung 2 zu diesem Kapitel
4420 10 11 10	Unterposition *TARIC*	handgearbeitet
4420 10 11 10 0	Nationale Maßnahmen	Keine weitere Unterteilung im Bereich der nationalen Maßnahmen. Deshalb steht eine Null an der elften Stelle der Codierung.

Tabelle 5:
Codierungs-
beispiel

Quelle: Eigene Darstellung

b)   Verbale Beschreibung der Ware

Für den Spediteur als Zollanmelder gilt zu beachten, dass die verbale Warenbeschreibung in der Zollanmeldung, also zum Beispiel im Rahmen der Nutzung des Fachverfahrens *ATLAS* oder auch bei Verwendung des *Einheitspapier*, tarifgerecht sein muss. Das **Warenbeschreibung** heißt, die Anmeldung muss die Zuordnung der Ware zu einer Codenummer ermöglichen. Das bedingt die Angabe aller in der tariflichen Warenbeschreibung vorgegebenen Merkmale. Letzteres kann zum Beispiel die genaue stoffliche Beschaffenheit einer Ware, deren Leistung, Verwendungszweck und anderes sein. Eine Verletzung dieser Forderung aus *Art. 62 ZK* kann zur Nichtannahme der Zollanmeldung führen.

Beispiel:
Eingeführt werden sollen Kühlschränke der Codenummer 8418 2159 00 0.
Für diese Codenummer ist die alleinige Bezeichnung „Kühlschränke" nicht ausreichend, da solche auch unter anderen Codenummern erfasst sind. Für die vorliegende Codierung müssen folgende weitere Warenmerkmale gegeben und in der Anmeldung aufgeführt sein:
– Haushaltskühlschrank
– mit Kompressor
– mit einem Inhalt von 340 l oder weniger
– zum Einbau bestimmt.

In bestimmten Fällen ist auch die Aufmachung der Ware für die tarifliche Einreihung maßgeblich. Das trifft zum Beispiel bei Warenzusammenstellungen zu.

Beispiel:
Hemden für Männer aus Gewirken sind Waren der *Pos. 6105*. Krawatten aus Gewirken sind als Bekleidungszubehör der *Pos. 6117* zuzuweisen. Befinden sich beide Waren in einer gemeinsamen Aufmachung für den Einzelverkauf, so zum Beispiel in einer Kunststofffolie, erfolgt die Einreihung beider Waren unter die Position des charakterverleihenden Bestandteils der Zusammenstellung. Das wird im Regelfall das Hemd sein. Folglich ist die Beschreibung der Aufmachung in der Zollmeldung hier zwingendes Erfordernis (vergleiche dazu Ausführungen zu *AV 3 b*). Liegt keine gemeinsame Aufmachung vor, werden beide Waren getrennt eingereiht. Es ergeben sich daraus gegebenenfalls unterschiedliche Zollsätze.

Da die Zollanmeldung immer die elfstellige Codenummer der betreffenden Ware enthalten muss, ist es für den Spediteur von großer Bedeutung, Grundkenntnisse zu deren Ermittlung zu besitzen.

In der Praxis der Zollabfertigungsstellen wird häufig festgestellt, dass zur Warenbeschreibung in der Zollanmeldung lediglich jene Angaben aufgeführt werden, die im *Zolltarif* unmittelbar bei der elfstelligen Codenummer abzulesen sind.

Im oben angeführten Beispiel enthält die *Codenummer 8418 2159 00 0* bei der elfstelligen Codierung lediglich das Warenmerkmal „Einbaukühlschränke". Die weiteren anzugebenden Merkmale sind in vorangestellten übergreifenden Unterpositionslinien aufgeführt und ebenfalls in die Zollanmeldung einzutragen (siehe oben).

Vor allem bei Waren des technischen Bereiches sind häufig sehr viele Angaben erforderlich. Aus diesem Grund enthält die *Zusätzliche Anmerkung 2 zum ABS XVI des Zolltarifes* die Festlegung, dass der Zollmelder auf Verlangen der Anmeldestelle, also der Zollbehörde, erläuternde Unterlagen zur Beschreibung der Ware vorlegen muss. Das können technische Dokumentationen oder sogenannte Datenblätter sein. Deshalb ist es vorteilhaft, wenn der Spediteur zur Erfüllung seiner zollrechtlichen Pflichten von seinem Auftraggeber derartige Unterlagen rechtzeitig erhält.

Weiter enthält der *EZT* folgende Informationen:

c)   **Verbote und Beschränkungen**

Bei einem Hinweis auf Verbote und Beschränkungen (VuB) sind warenbezogen weitere Regelungen zu beachten. Die in diesem Zusammenhang im *EZT-Online* angegebenen Ziffern (zum Beispiel *VuB 0832*) verweisen auf die zutreffende Kennung der *Vorschriftensammlung der Bundesfinanzverwaltung*. Dort sind dann die zu beachtenden Regelungen enthalten.

d)   **Außenwirtschaftsrechtliche Maßnahmen**

Dazu gehören die Bestimmungen der Einfuhrliste. Besondere Bedeutung kommt hier der Information zu, ob beziehungsweise in welchen Fällen für die betreffende Ware eine außenwirtschaftsrechtliche Einfuhrgenehmigung erforderlich ist. Ebenfalls ist ersichtlich, welche Behörde für die Genehmigungserteilung zuständig ist.

e)   **Einfuhrumsatzsteuersatz**

Der *EZT-Online* informiert auch über den aktuellen anzuwendenden Satz für die Einfuhrumsatzsteuer. Differenziert wird zwischen dem Regelsteuersatz von gegenwärtig 19 % und dem ermäßigten Steuersatz von 7 %.

d)   **Zollsätze**

Unter dem Schaltfenster „Maßnahmen" sind die verschiedenen Zollsätze zu entnehmen. Das sind zunächst jene, die bei der Einfuhr von Waren aus Drittländern gewährt werden und auf dem Prinzip der Meistbegünstigung beruhen.

Anwendung finden diese Zollsätze immer dann, wenn

*   kein besonderer Zollsatz vorgesehen ist
*   bei Vorliegen eines besonderen Zollsatzes die notwendigen Voraussetzungen (Nachweis der Präferenzberechtigung) nicht erbracht werden
*   keine Zollaussetzung gegeben ist oder
*   kein Zollkontingent vorliegt beziehungsweise ein Kontingent bereits ausgeschöpft ist.

Zu beachten ist, dass die Beanspruchung von Zollpräferenzen beantragt werden muss. Das wird im Regelfall im Rahmen der Zollanmeldung erfolgen.

Im Zusammenhang mit den Abgabensätzen wird auch auf eventuell bestehende **Zollaussetzungen** und **Zollkontingente** verwiesen.

Zollaussetzungen sind Herabsetzungen von Zollsätzen, meist auf Null, die für exakt bestimmte Waren einer Codelinie zeitlich begrenzt oder auch für einen zunächst unbestimmten Zeitraum festgelegt werden.

Zollkontingente sind dagegen eine Möglichkeit zur Beanspruchung günstigerer Zollsätze bei Einhaltung rechtlich festgelegter Voraussetzungen. Dabei erfolgt im Regelfall eine mengen- oder wertmäßige Begrenzung, nach deren Auslastung wieder die entsprechenden Regelsätze zur Anwendung kommen.

Die praktische Durchsetzung der Kontingente erfolgt zumeist über das sogenannte *Windhundverfahren*. Damit kommt jener Einführer in den Genuss der günstigeren Zollsätze, der die Einfuhr rechtzeitig vor Auslastung des Kontingents realisiert.

Bei Einfuhren aus einer großen Zahl von Entwicklungsländern werden von der *EU* Zollvergünstigungen im Rahmen des *Allgemeinen Präferenzsystems (APS)* gewährt.

Voraussetzung ist, dass der Warenursprung in der geforderten Form nachgewiesen wird. Der *EZT-Online* informiert über diese Zollsätze unter Verweis auf die begünstigten Länder.

Eine weitere Zollsatzgruppe beruht auf Abkommen mit bestimmten Ländern oder Ländergruppen. Auch für diese Zollsätze ist eine Präferenzberechtigung nachzuweisen.

Gliederung des Zolltarifs Der *Zolltarif* gliedert sich übereinstimmend mit der Struktur des *HS* in 21 Abschnitte und 97 Kapitel. Dieser formellen Gliederung liegt sachlich das sogenannte Produktionsprinzip zu Grunde. Es bedeutet, dass die Erfassung der Waren mit den Rohstoffen beginnt und über Halbfertigprodukte zu den Fertigprodukten führt. Das Produktionsprinzip ist sowohl in der Struktur der gesamten Nomenklatur als auch innerhalb einzelner Abschnitte und Kapitel erkennbar. Falsch wäre allerdings, diesem Grundprinzip eine juristische Verbindlichkeit zusprechen zu wollen. Kenntnisse dazu ermöglichen lediglich eine bessere Groborientierung beim Umgang mit der Nomenklatur.

Beispiel für das Produktionsprinzip:
- lebende Bäume   *Pos. 0602*
- Rohholz   *Pos. 4403*
- Kisten aus Holz   *Pos. 4415*
- Ziergegenstände aus Holz   *Pos. 4420*

Im Einzelnen enthält die Nomenklatur des Zolltarifs folgende Abschnitte, die dann weiter in Kapitel aufgegliedert sind:

Abschnitt I
Lebende Tiere und Waren tierischen Ursprungs

Abschnitt II
Waren pflanzlichen Ursprungs

Abschnitt III
Tierische und pflanzliche Fette und Öle; Erzeugnisse ihrer Spaltung; genießbare verarbeitete Fette; Wachse tierischen und pflanzlichen Ursprungs

Abschnitt IV
Waren der Lebensmittelindustrie; Getränke, alkoholhaltige Flüssigkeiten und Essig; Tabak und verarbeitete Tabakersatzstoffe

Abschnitt V
Mineralische Stoffe

Abschnitt VI
Erzeugnisse der chemischen Industrie und verwandter Industrien

Abschnitt VII
Kunststoffe und Waren daraus; Kautschuk und Waren daraus

Abschnitt VIII
Häute, Felle, Leder, Pelzfelle und Waren daraus; Sattlerwaren; Reiseartikel, Handtaschen und ähnliche Behältnisse; Waren aus Därmen

Abschnitt IX
Holz und Holzwaren; Holzkohle; Kork und Korkwaren; Flechtwaren und Korbmacherwaren

Abschnitt X
Halbstoffe aus Holz oder anderen cellulosehaltigen Faserstoffen; Abfälle und Ausschuß von Papier oder Pappe; Papier, Pappe und Waren daraus

Abschnitt XI
Spinnstoffe und Waren daraus

Abschnitt XII
Schuhe, Kopfbedeckungen, Regen- und Sonnenschirme, Gehstöcke, Sitzstöcke, Peitschen, Reitpeitschen und Teile davon; zugerichtete Federn und Waren aus Federn; künstliche Blumen; Waren aus Menschenhaaren

Abschnitt XIII
Waren aus Steinen, Gips, Zement, Asbest, Glimmer oder ähnlichen Stoffen; keramische Waren; Glas und Glaswaren

Abschnitt XIV
Echte Perlen oder Zuchtperlen, Edelsteine, Schmucksteine oder dergleichen, Edelmetalle, Edelmetallplattierungen und Waren daraus; Phantasieschmuck; Münzen

Abschnitt XV
Unedle Metalle und Waren daraus

Abschnitt XVI
Maschinen, Apparate, mechanische Geräte und elektrotechnische Waren, Teile davon; Tonaufnahme- oder Tonwiedergabegeräte, Fernseh-, Bild- und -Tonaufzeichnungsgeräte oder Fernseh-, Bild- und -Tonwiedergabegeräte, Teile und Zubehör für diese Geräte

Abschnitt XVII
Beförderungsmittel

Abschnitt XVIII
Optische, photographische oder kinematographische Instrumente, Apparate und Geräte; Mess-, Prüf- oder Präzisionsinstrumente, -apparate und -geräte; medizinische und chirurgische Instrumente, Apparate und Geräte; Uhrmacherwaren; Musikinstrumente; Teile und Zubehör für diese Instrumente, Apparate und Geräte

Abschnitt XIX
Waffen und Munition; Teile davon und Zubehör

Abschnitt XX
Verschiedene Waren

Abschnitt XXI
Kunstgegenstände, Sammlungsstücke und Antiquitäten

1.5.1.2   Allgemeine Vorschriften zur Einreihung

Eine übergreifende praktische Bedeutung haben im Zolltarifrecht die *Allgemeinen Vorschriften*. Diese sind Regeln für die Einreihung von Waren in den Tarif. Grundlegende Kenntnisse dazu sind die Voraussetzung, um selbständig Einreihungen vornehmen zu können.

Einreihungsvorschriften   Die Grundregel für jede Einreihung enthält die *Allgemeine Vorschrift 1*:
Die Überschriften der Abschnitte, Kapitel und Teilkapitel sind nur Hinweise. Maßgebend für die Einreihung sind der Wortlaut der Positionen und der Anmerkungen zu den Abschnitten oder Kapiteln und – soweit in den Positionen oder in den Anmerkungen zu den Abschnitten oder Kapiteln nichts anderes bestimmt ist – die nachstehenden Allgemeinen Vorschriften.

Diese verbindliche Regelung involviert drei wesentliche Aussagen:

a)   Die Überschriften der Abschnitte, Kapitel und Teilkapitel sind nur Hinweise.
Sie besitzen mithin, wenn überhaupt, nur eine sehr begrenzte rechtliche Relevanz. Teilweise werden bestimmte Waren oder Stoffe in den Kapiteln aufgenommen, obgleich diese nicht durch die Überschrift abgedeckt sind. So enthält zum Beispiel das *Kapitel 5* laut Überschrift Waren tierischen Ursprungs, wobei bereits in der *Pos. 0501* Menschenhaar aufgeführt ist. Allerdings sind die Überschriften für eine grundsätzliche und grobe Orientierung zur Struktur der Nomenklatur von Bedeutung.

b)   *Maßgebend für die Einreihung sind der Wortlaut der Positionen und der Anmerkungen zu den Abschnitten oder Kapiteln.*
Aus dieser Aussage folgt, dass bei jeder **Einreihung von Waren** der vorliegende Sachverhalt (Ware) exakt auf den rechtlichen Tatbestand (Positionswortlaut und Anmerkungen) anzuwenden ist. Dieser Vorgang ist technisch ein klassischer Subsumtionsvorgang, wie er auch in anderen juristischen Disziplinen erfolgt. Die Bezeichnung der Ware – oder auch die Warenansprache – erfolgt in den Positionswortlauten ausgesprochen differenziert. Übergreifend lässt sich feststellen, dass

im Regelfall die Ware nach ihrer Zweckbestimmung (zum Beispiel „Möbel"), nach ihrer stofflichen Beschaffenheit (zum Beispiel „Waren aus Holz") oder nach Beidem erfasst ist (zum Beispiel „Geschirr aus Kunststoff").

Einreihungstechnisch sollte zuerst geprüft werden, ob eine einzureihende Ware nach ihrer Zweckbestimmung im Tarif aufgenommen wurde. Als weitere Möglichkeit bleibt die Einreihung nach der stofflichen Beschaffenheit. Sollten dabei zunächst mehrere Positionen als zutreffend ermittelt werden, ist grundsätzlich eine Auflösung dieser Positionskonkurrenzen über die *Allgemeine Vorschrift 3* vorzunehmen, sofern keine speziellen Anmerkungen existieren.

Der Positionswortlaut wird durch die juristisch gleichrangigen Anmerkungen ergänzt, die sich jeweils am Beginn der meisten Abschnitte und aller Kapitel befinden. Anmerkungen enthalten präzisierende Regelungen in Form von Ausweisungen (bestimmte Waren werden aus dem Abschnitt oder Kapitel ausgenommen), Zuweisungen (als Gegenstück zu den Ausweisungsanmerkungen), Definitionen, Einreihungsanweisungen (zum Beispiel zu Teilen und Zubehör) und andere.

Eine Einreihung darf niemals auf die alleinige Prüfung des Positionswortlautes beschränkt werden. Vielmehr ist immer festzustellen, inwieweit die vorliegenden Anmerkungen hinsichtlich der einzureihenden Ware bestimmte Festlegungen treffen.

---

c) Die dritte Aussage der *AV 1* verweist auf den subsidiären Charakter der nachstehenden *Allgemeinen Vorschriften*. Diese dürfen demnach nur dann Anwendung finden, wenn die einzureihende Ware mit ihren Merkmalen nicht unmittelbar in einem Positionswortlaut erfasst oder von einer Anmerkung geregelt wird.

Die *Allgemeine Vorschrift 2* besteht aus zwei Teilen und betrifft zunächst in der *AV 2a)* die Einreihung von

AV 2a) Unvollständige / zerlegte Waren

- unvollständigen Waren (mindestens ein Bestandteil fehlt)
  Beispiel: Pkw ohne Räder, Kleidungsstücke ohne Knöpfe
- unfertigen Waren (mindestens ein Arbeitsgang fehlt)
  Beispiel: Kleidungsstück, bei dem noch ein Saum anzubringen ist.
- zerlegten Waren
  Beispiel: Maschine, die aus transporttechnischen Gründen vor dem Transport in Einzelteile zerlegt wird
- noch nicht zusammengesetzten Waren
  Beispiel: Möbel, die im Regelfall erst am Aufstellungsort montiert werden.

2. a) Jede Anführung einer Ware in einer Position gilt auch für die unvollständige oder unfertige Ware, wenn sie im vorliegenden Zustand die wesentlichen Beschaffenheitsmerkmale der vollständigen oder fertigen Ware hat. Sie gilt auch für eine vollständige oder fertige oder nach den vorstehenden Bestimmungen dieser Vorschrift als solche geltende Ware, wenn diese zerlegt oder noch nicht zusammengesetzt gestellt wird.

Diese Vorschrift berücksichtigt die Tatsache, dass Waren im Zolltarif grundsätzlich im gebrauchsfertigen Zustand aufgenommen sind. Damit verbietet sich zunächst die Einreihung in die entsprechende Position, wenn die Ware – gegebenenfalls aus Transportgründen – zunächst in Einzelteile zerlegt gestellt wird. Gleiches trifft zu, wenn die Ware noch einer weiteren Bearbeitung unterzogen oder durch Zufügung eines weiteren Teils erst fertiggestellt werden muss. Da es im Regelfall jedoch wirtschaftlich sinnvoll sein wird, solche Waren wie gebrauchsfertige Waren einzureihen, ist die *AV 2a)* als Einreihungsvorschrift anzuwenden. Zu beachten bleibt allerdings, dass zum Beispiel bei zerlegten Waren alle erforderlichen Bestandteile in einer Sendung (also zeit- und ortsgleich) eingeführt werden müssen. Eine Ausnahme besteht für Waren des *Abschnittes XVI des Zolltarifes*. Hier können die Bestimmungen der *AV 2a)* bei entsprechendem Antrag auch auf Maschinen angewendet werden, die in Teilsendungen ein- oder ausgehen. Die einzelnen Teile einer zerlegten oder noch nicht zusammengesetzten Ware müssen ferner so beschaffen sein, dass sie auch rein technisch zusammensetzbar und passfähig sind. Die Teile müssen sich zudem zahlenmäßig entsprechen. Unvollständige oder unfertige Waren müssen bereits die wesentlichen Beschaffenheitsmerkmale der vollständigen oder fertigen Ware aufweisen. Dies liegt insbesondere dann vor, wenn das äußere Erscheinungsbild der vollständigen oder fertigen Ware entspricht oder wenn namentlich im technischen Bereich die wichtigsten funktionsnotwendigen Komponenten vorhanden sind. Hinsichtlich zerlegter oder noch nicht zusammengesetzter Waren weicht die *AV 2 a)* vom Subsidiaritätsgrundsatz der *AV 1* ab, indem solche Waren eben nicht als eine Vielzahl von Teilen, sondern vielmehr wie die zusammengesetzten Waren eingereiht werden.

Die *AV 2a)* trifft auch für Kombinationen der oben genannten Anwendungsfälle zu. So zum Beispiel für zerlegte unvollständige Waren u.s.w.

Stofferweiterung Mit der *AV 2b)* erfolgt eine Erweiterung von Positionswortlauten dahingehend, dass auch Waren aufgenommen werden, die nur teilweise aus dem im Positionswortlaut bezeichneten Stoff bestehen.

2. b) Jede Anführung eines Stoffes in einer Position gilt für diesen Stoff sowohl in reinem Zustand als auch gemischt oder in Verbindung mit anderen Stoffen. Jede Anführung von Waren aus einem bestimmten Stoff gilt für Waren, die ganz oder teilweise aus diesem Stoff bestehen. Solche Mischungen oder aus mehr als einem Stoff bestehenden Waren werden nach den Grundsätzen der Allgemeinen Vorschrift 3 eingereiht.

So ist zum Beispiel ein Ziergegenstand, der zum Teil aus Holz und zum Teil aus unedlem Metall besteht, sowohl unter *Pos. 4420* als auch unter *Pos. 8306* erfasst. Es entsteht eine Positionskonkurrenz. Solche Konkurrenzen können neben der differenzierten stofflichen Beschaffenheit aber auch andere Ursachen haben.

Beispiel:
Ein Bremsbelag für einen Pkw ist in bestimmten Fällen zunächst sowohl ein Reibungsbelag der *Pos. 6813* als auch Teil eines Pkw der *Pos. 8708*. Da jedoch im Endergebnis immer nur eine Position des Zolltarifes zutreffend sein kann, wird hier eine Regel zur Konkurrenzauflösung benötigt.

Die Auflösung der bestehenden Positionskonkurrenzen regelt die *Allgemeine* **Positions-**
Vorschrift 3:   **konkurrenz**

3. *Kommen für die Einreihung von Waren bei Anwendung der Allgemeinen Vorschrift 2b)*
    oder in irgendeinem anderen Fall zwei oder mehr Positionen in Betracht, so wird wie
    folgt verfahren:
    a) *Die Position mit der genaueren Warenbezeichnung geht den Positionen mit all-*
        gemeiner Warenbezeichnung vor. Zwei oder mehr Positionen, von denen sich
        jede nur auf einen Teil der in einer gemischten oder zusammengesetzten Ware
        enthaltenen Stoffe oder nur auf einen oder mehrere Bestandteile einer für den
        Einzelverkauf aufgemachten Warenzusammenstellung bezieht, werden im Hin-
        blick auf diese Waren als gleich genau betrachtet, selbst wenn eine von ihnen eine
        genauere oder vollständigere Warenbezeichnung enthält.
    b) *Mischungen, Waren, die aus verschiedenen Stoffen oder Bestandteilen bestehen,*
        und für den Einzelverkauf aufgemachte Warenzusammenstellungen, die nach
        der Allgemeinen Vorschrift 3a) nicht eingereiht werden können, werden nach
        dem Stoff oder Bestandteil eingereiht, der ihnen ihren wesentlichen Charakter
        verleiht, wenn dieser Stoff oder Bestandteil ermittelt werden kann.
    c) *Ist die Einreihung nach den Allgemeinen Vorschriften 3a) und 3b) nicht möglich,*
        wird die Ware der von den gleichermaßen in Betracht kommenden Positionen in
        dieser Nomenklatur zuletzt genannten Position zugewiesen.

Zum oben genannten Beispiel (Bremsbeläge) wäre die Konkurrenzauflösung über die
AV 3a) zu realisieren. Der Wortlaut der *Pos. 6813* bezeichnet die Ware genauer als der
Wortlaut der *Pos. 8708*. Damit ist allein die *Pos. 6813* zutreffend.

Bei dem oben genannten Ziergegenstand bliebe zu ermitteln, welcher der beiden
Stoffe charakterverleihend und damit für die Einreihung bestimmend ist.

Die *AV 3 b)* regelt unter anderem die Einreihung von Warenzusammenstellungen.
Dabei handelt es sich um zwei oder mehr verschiedene Waren, die der Befriedigung eines
Bedarfes oder der Ausübung einer Tätigkeit dienen und die für den Einzelverkauf aufgemacht sind. Solche Warenzusammenstellungen werden nach dem Bestandteil eingereiht,
der für die gesamte Zusammenstellung charakterverleihend ist.

Beispiele:
–   Videomonitor der *Pos. 8528* und Überwachungskamera der *Pos. 8525*,
    gemeinsam in einem Karton verpackt
    Die Einreihung erfolgt nach *AV 3 b)* in *Pos. 8528*, sofern der Monitor den
    Charakter der gesamten Zusammenstellung bestimmt. Hier sind solche Indi-
    katoren, wie Wert oder Bedeutung für die Verwendung der Gesamtzusammen-
    stellung zu nutzen.
–   Set aus einer Mütze der *Pos. 6505*, einem Paar Handschuhe der *Pos. 6116* und
    einem Schal der *Pos. 6117*, gemeinsam in einer Klarsichttüte verpackt
    Charakterverleihend wird hier im Regelfall und in Abhängigkeit von der
    Beschaffenheit der weiteren Bestandteile die Mütze sein. Das gesamte Set

wäre dann in *Pos. 6505* einzureihen.

Indikatoren für die Ermittlung des charakterverleihenden Stoffes oder Bestandteiles sind unter anderem die Art und Beschaffenheit, der Umfang, die Menge, das Gewicht oder Bedeutung für die Verwendung der Ware (vergleiche *ErlKN AV 3(HS)RZ 19.1*)

Hingegen ist bei einem Besteckkasten, bestehend aus Messern der *Pos. 8211* sowie Gabeln und Löffel der *Pos. 8215* keine Einreihung nach *AV 3 b)* möglich. Hier existiert mit der *Anmerkung 3* zu *Kapitel 82* eine Spezialregelung, welche die Anwendung der *AV 3* unter Berücksichtigung des Subsidiaritätsgrundsatzes aus der *AV 1* verbietet. In der Folge dieser Anmerkung sind derartige Waren in *Pos. 8215* einzureihen.

Nicht erfasste Waren   Die *Allgemeine Vorschrift 4* ist eine Regel, die relativ selten zur Anwendung kommt. Allerdings wird durch ihre Existenz nicht zuletzt definitiv belegt, dass alle nur denkbaren Waren, das heißt auch solche, die heute noch nicht bekannt sind, in den Tarif eingereiht werden können:

4.   *Waren, die nach den vorstehenden Allgemeinen Vorschriften nicht eingereiht werden können, werden in die Position der Waren eingereiht, denen sie am ähnlichsten sind.*

Behält-nisse / Ver-packungen   Häufig findet dagegen die *Allgemeine Vorschrift 5* Anwendung. Diese regelt die Einreihung von **Behältnissen und Verpackungen**:

5.   *Zusätzlich zu den vorstehenden Allgemeinen Vorschriften gilt für die nachstehend aufgeführten Waren Folgendes:*

     a)   Behältnisse, die zur Aufnahme einer bestimmten Ware oder Warenzusammenstellung besonders gestaltet oder hergerichtet und zum dauernden Gebrauch geeignet sind, werden wie die Waren eingereiht, für die sie bestimmt sind, wenn sie mit diesen Waren gestellt und üblicherweise zusammen mit ihnen verkauft werden. Diese Allgemeine Vorschrift wird nicht angewendet auf Behältnisse, die dem Ganzen seinen wesentlichen Charakter verleihen.

     b)   Vorbehaltlich der vorstehenden Allgemeinen Vorschrift 5a) werden Verpackungen wie die darin enthaltenen Waren eingereiht, wenn sie zur Verpackung dieser Waren üblich sind. Diese Allgemeine Vorschrift wird nicht angewendet auf Verpackungen, die eindeutig zur mehrfachen Verwendung geeignet sind.

Bei den Behältnissen gemäß *AV 5a)* kann es sich zum Beispiel um einen Geigenkasten, ein Gewehrfutteral, ein Etui für einen Rasierapparat, eine Tasche für einen Fotoapparat und Ähnliches handeln. Die Verpackungen gemäß *AV 5b)* sind zumeist Tüten, Kartons, Kisten, Blisterpackungen etc.

Um Behältnisse und Verpackungen in die gleiche Position des Tarifes einreihen zu können wie die darin befindliche oder dafür bestimmte Ware, sind regelmäßig die rechtlichen Voraussetzungen zu prüfen.

Behältnisse, die gemäß *AV 5a)* wie die dafür bestimmte Ware einzureihen sind, müssen folgende Voraussetzungen erfüllen:

a) Die Behältnisse müssen besonders gestaltet oder hergerichtet sein. Das findet seinen Ausdruck vor allem in der Form, die dem aufzunehmenden Gegenstand angepasst sein muss.

b) Sie müssen zum dauernden Gebrauch bestimmt sein, das heißt die Verwendung des Behältnisses muss temporär der Verwendung der darin befindlichen Ware entsprechen.

c) Behältnis und dafür bestimmte Ware müssen zusammen, also zeitgleich in einer Sendung, eingeführt werden. Es ist dagegen nicht erforderlich, dass sich die aufzunehmende Ware bereits in dem Behältnis befindet.

d) Behältnis und dafür bestimmte Ware müssen üblicherweise zusammen verkauft werden. Entscheidend ist dabei die Üblichkeit und nicht, was der Einführer oder der Empfänger der Ware tatsächlich beabsichtigt.

Die *AV 5a)* ist nicht anwendbar, wenn das Behältnis dem Ganzen den wesentlichen Charakter verleiht. Das wird in der Regel dann der Fall sein, wenn dieses einen höheren Wert besitzt als die dafür bestimmte Ware.

Verpackungen nach der *AV 5b)* sind im Gegensatz dazu nur zur einmaligen Verwendung bestimmt. Davon gibt es indes einige Ausnahmen, wie zum Beispiel die Mehrwegflaschen. Ferner ist bei einfachen Verpackungen erforderlich, dass sich die Ware in der Verpackung befindet.

Die Anwendung der *AV 5* für die Einreihung von Behältnissen oder Verpackungen kann durchaus zu finanziellen Vorteilen führen. Das liegt zum Beispiel dann vor, wenn der Zollsatz für die eigentliche einzuführende Ware niedriger ist, als der eigenständige Zollsatz für ein separat einzureihendes Behältnis.

In einer Fußnote zur *AV 5* erfolgt eine verbindliche Präzisierung des Verpackungsbegriffes:

> *Als Verpackungen gelten innere und äußere Behältnisse, Aufmachungen, Umhüllungen und Unterlagen mit Ausnahme von Beförderungsmitteln – insbesondere Behältern-, Planen, Lademittel und des bei der Beförderung verwendeten Zubehörs. Der Ausdruck „Verpackungen" umfasst nicht die in der Allgemeinen Vorschrift 5 a angesprochenen Behältnisse.*

Einreihung in Unterpositionen

Aus dem Wortlaut der *Allgemeinen Vorschriften 1* bis *5* ergibt sich, dass diese zunächst nur für die Position, also die Gliederungsstufe mit einer vierstelligen Codierung, zutreffen. Für die Einreihung in die Unterpositionen ist als Einreihungsregel die *Allgemeine Vorschrift 6* anzuwenden:

6. *Maßgebend für die Einreihung von Waren in die Unterpositionen einer Position sind der Wortlaut dieser Unterpositionen, die Anmerkungen zu den Unterpositionen und – sinngemäß – die vorstehenden Allgemeinen Vorschriften. Einander vergleichbar sind dabei nur Unterpositionen der gleichen Gliederungsstufe. Soweit nichts anderes bestimmt ist, gelten bei Anwendung dieser Allgemeinen Vorschrift auch die Anmerkungen zu den Abschnitten und Kapiteln.*

Diese Vorschrift regelt die Einreihung in die Unterpositionen analog der *Allgemeinen Vorschrift 1*.

Einrei-hungs-schritte

Die Zuordnung einer Ware zu einer Codenummer des Tarifes kann durch nachfolgende Einreihungsschritte methodisch sicher durchgeführt werden:

1. Warenansprache nach Zweckbestimmung und stofflicher Beschaffenheit
   Innerhalb dieses Schrittes ist die einzureihende Ware auch allgemein nach zolltariflichen Merkmalen zu charakterisieren. Dazu ist zum Beispiel festzustellen, ob es sich um ein Teil, Zubehör, eine unvollständige oder unfertige Ware, eine Mischung, eine Warenzusammenstellung etc. handelt.

2. Ermittlung der möglicherweise zutreffenden Bereiche der Nomenklatur unter Zuhilfenahme des Inhaltsverzeichnisses durch Abgleichung mit den Ergebnissen der Warenansprache.

3. Ermittlung einer zutreffenden Position im favorisierten Kapitel durch Prüfung des Positionswortlautes und der Anmerkungen sowie gegebenenfalls der *Erläuterungen zur Kombinierten Nomenklatur*.

4. Prüfung der weiteren Bereiche der Nomenklatur, Ausschluss derselben oder Feststellung einer Positionskonkurrenz.

5. Bei Erfordernis Auflösung der gegebenfalls entstandenen Positionskonkurrenz mit Hilfe der *Allgemeinen Vorschrift 3*.

6. Feststellung der im Regelfall elfstelligen Codenummer (Endergebnis der Einreihung).

Einrei-hungs-beispiel

Beispiel 1:
Einzureihen ist eine handgefertigte Wäschetruhe aus Buchenholz. Die Truhe hat ein Alter von 85 Jahren.

Erster Schritt – Warenansprache:
Nach Zweck:
- Möbel
- Antiquität
- Innenausstattungsgegenstand

nach stofflicher Beschaffenheit:
- Ware aus Holz

Zweiter Schritt – Feststellung der in Betracht kommenden Bereiche der Nomenklatur:
- *Kap. 94* für Möbel
- *Kap. 97* für Antiquitäten
- für Innenausstattungsgegenstände gibt es laut Überschriften kein gesondertes Zweckkapitel
- *Kap. 44* für Ware aus Holz

Dritter Schritt – Feststellung einer gegebenenfalls zutreffenden Position im favorisierten Kapitel:

Zweckmäßig wäre hier zuerst die Prüfung des *Kap. 94*, da eine Einreihung als Möbel am wahrscheinlichsten ist. Zu prüfen ist der Wortlaut der *Pos. 9403*:

Warenmerkmale (Tatbestandsmerkmale) im Wortlaut der Pos. sind a) Möbel und b) andere als vorher in *Kap. 94* (also in den *Pos. 9401* und *9402*) genannt.

Folglich ist zunächst zu prüfen, ob es sich bei einer Wäschetruhe überhaupt um ein Möbel handelt. Dazu geben die *Erläuterungen zur Kombinierten Nomenklatur* sachdienliche Auskunft. Gemäß *ErlKN Pos. 9403 (HS) RZ 03.0* sind Wäschetruhen als Möbel anzusehen. Zudem handelt es sich um andere Möbel als Sitzmöbel der *Pos. 9401* oder Spezialmöbel der *Pos. 9402*. Der Wortlaut der Position ist damit zunächst erfüllt. Darüber hinaus ist nun zu prüfen, ob Anmerkungen zum Kapitel weitere Regelungen für die Einreihung festlegen. *Anm. 2 zu Kap. 94* bestimmt, dass Möbel der *Pos. 9401* bis *9403* dazu bestimmt sein müssen, auf den Boden gestellt zu werden. Auch diese rechtliche Anforderung wird durch die Wäschetruhe erfüllt. Da gemäß *Anm. 1 Kap. 94* die Wäschetruhe in ihrer vorliegenden Beschaffenheit auch nicht ausgewiesen wird, ist *Pos. 9403* als zunächst zutreffend festgestellt worden.

Hier könnte nun die Meinung entstehen, die Einreihung könne abgeschlossen werden, da ja ein Ergebnis ermittelt wurde. Wie bereits erläutert, besteht aber durchaus die Möglichkeit, dass für bestimmte Waren zunächst mehrere Positionen zutreffen. In all jenen Fällen sind diese Positionskonkurrenzen mit Hilfe der speziellen *Allgemeinen Vorschrift 3* aufzulösen.

Vierter Schritt – Prüfung der weiteren Bereiche der Nomenklatur:

Zunächst bleibt festzustellen, ob die Ware als Antiquität in *Kap. 97* eingereiht werden könnte. Der Wortlaut der *Pos. 9706* legt allerdings fest, dass Antiquitäten mehr als 100 Jahre alt sein müssen. Damit ist *Kap. 97* nicht zutreffend.

Wäre die Truhe älter als 100 Jahre, wäre eine Einreihung unter *Pos. 9706* vorzunehmen. Da *Anm. 4a) zu Kap. 97* einen Vorrang dieses Kapitels festlegt, käme keine Konkurrenz zur *Pos. 9403* zustande.

Bei der Prüfung des *Kap. 44* ist festzustellen, dass gemäß *Anm. 1o) Kap. 44* Waren des *Kap. 94* aus *Kap. 44* ausgewiesen werden. Da bereits feststeht, dass *Pos. 9403* zutrifft, ist diese Ausweisungsregelung einschlägig und vermeidet die Entstehung einer Konkurrenz.

Damit bleibt *Pos. 9403* die einzig zutreffende Position.

Fünfter Schritt – Auflösung einer gegebenenfalls entstandenen Konkurrenz

Dieser Schritt erübrigt sich bei vorliegendem Beispiel, da keine Konkurrenz entstanden ist.

Sechster Schritt – Feststellung der Codenummer:

Für die Einreihung in die Codenummer sind folgende Merkmale zutreffend:
* es handelt sich bei der Wäschetruhe um ein Holzmöbel,
* zugleich liegt kein Möbel von der in Schlafzimmern, Küchen, Büros, Ess- und Wohnzimmern sowie Läden verwendeten Art vor.

Damit trifft die *Codenummer 9403 6090 00 0* definitiv zu.

Im Ergebnis können nun die entspechenden Maßnahmen (Zollsatz, Einfuhrumsatzsteuersatz und andere) aus dem *EZT-Online* abgerufen werden.

Einrei-hungs-beispiel

Beispiel 2:
Bei der Erstellung der Zollanmeldung muss der Spediteur die Codenummer von Zündkerzen für Verbrennungsmotoren feststellen.

Erster Schritt – Warenansprache:
* Teil eines Verbrennungsmotors (Zweck)

Hinweis:

Bei der Warenansprache ist das Prinzip der primären Zweckbestimmung zu beachten. Danach ist die Zündkerze nicht Teil eines Fahrzeuges, sondern vielmehr als Teil der tariflich nächsthöheren Ware anzusprechen. Im vorliegenden Fall ist das der Motor:

---

* Ware aus unedlem Metall (Stoff)

Zweiter Schritt – Bereiche der Nomenklatur:
ABS XVI (Zweck)
ABS XV (Stoff)

Dritter Schritt – Position im favorisierten Kapitel:

Für die Teileeinreihung in *ABS XVI* existiert die *Anmerkung 2* zu *ABS XVI* als spezielle Einreihungsvorschrift:

2. *Teile von Maschinen (ausgenommen Teile von Waren der Position 8484, 8544, 8545, 8546 oder 8547), die nicht durch Anmerkung 1 zu Abschnitt XVI, Anmerkung 1 zu Kapitel 84 oder Anmerkung 1 zu Kapitel 85 von Abschnitt XVI ausgenommen werden, sind nach folgenden Regeln einzureihen:*

a) *Teile, die sich als Waren einer Position des Kapitels 84 oder 85 (ausgenommen die Positionen 8409, 8431, 8448, 8466, 8473, 8485, 8503, 8522, 8529, 8538 und 8548) darstellen, sind dieser Position zuzuweisen, ohne Rücksicht darauf, für welche Maschine sie bestimmt sind;*

b) *andere Teile sind, wenn sie erkennbar ausschließlich oder hauptsächlich für eine bestimmte Maschine oder für mehrere in der gleichen Position (auch in Position 8479 oder Position 8543) erfasste Maschinen bestimmt sind, der Position für diese Maschine oder Maschinen oder, soweit zutreffend, der Position 8409, 8431, 8448, 8466, 8473, 8503, 8522, 8529 oder 8538 zuzuweisen. Teile, die hauptsächlich sowohl für Waren der Position 8517 als auch für Waren der Positionen 8525 bis 8528 bestimmt sind, gehören zu Position 8517;*

c) *alle übrigen Teile sind der Position 8409, 8431, 8448, 8466, 8473, 8503, 8522, 8529 oder 8538 oder, soweit diese nicht zutreffen, der Position 8487 oder 8548 zuzuweisen.*

In Anwendung dieser Vorschrift sind zunächst folgende Voraussetzungen zu prüfen:
a)   Hat die Ware überhaupt Teilecharakter?
b)   Ist die Hauptware (der Motor) eine Maschine des *ABS XV*?
c)   Liegen keine Waren des in *Anm. 2 ABS XVI* aufgeführten Klammerzusatzes vor?
d)   Werden die Zündkerzen durch *Anm. 1 der Kap. 84/85* nicht ausgewiesen?

Liegen diese vier Voraussetzungen vor, ist die Einreihung nach der Regel der *Anm. 2 a) ABS XVI* zu prüfen. In diesem Zusammenhang ist der Frage nachzugehen, ob die Zündkerzen nach eigener Beschaffenheit in einer *Pos.* der *Kap. 84/85* erfasst sind. Das ist in *Pos. 8511* der Fall. Dagegen ist die *Pos. 8409*, welche Teile von Verbrennungsmotoren erfasst, nicht zutreffend, obgleich eine reine Bewertung nach dem Positionswortlaut dies vermuten lassen könnte. Entscheidend ist hierbei die Anwendung der Regel in *Anm. 2 ABS XVI*, durch die eine Entstehung einer Positionskonkurrenz ausgeschlossen wird.

Vierter Schritt – Ausschluss des Stoffbereiches:
Durch *Anm. 1 f) ABS XV* wird festgelegt, dass Waren des *ABS XVI* nicht zu *ABS XV* gehören. Damit ist die Zugehörigkeit der Zündkerzen aus unedlem Metall zu einer Position des *ABS XV* definitiv ausgeschlossen.

Fünfter Schritt – Konkurrenzen:
Eine Konkurrenz ist nicht entstanden.

Sechster Schritt – Codenummer:
Bei Zündkerzen handelt es sich um Waren der Codenummer 8511 1000 90 0, sofern diese nicht für zivile Luftfahrzeuge bestimmt sind. Die nunmehr festgestellte Codenummer kann in die Zollanmeldung übernommen werden.

1.5.1.3   Verbindliche Zolltarifauskünfte

Verbind-
liche
Zolltarif-
auskünfte
Aus verschiedenen Gründen kann es von Bedeutung sein, die tarifliche Zuordnung der einzuführenden Waren vor Realisierung der Einfuhr zu kennen. Dazu bieten sich verschiedene Möglichkeiten an. Namentlich in eindeutigen Fällen und bei vorhandenen diesbezüglichen Kenntnissen kann die erforderliche Einreihung durch den Einführer, Spediteur etc. selbst vorgenommen werden. Darüber hinaus erteilen die Zollbehörden entsprechende Auskünfte. Diese sind allerdings unverbindlich, es sei denn, es werden ausdrücklich verbindliche Tarifauskünfte beantragt. Letztere sind Entscheidungen der

Antrag-
stellung
Zollbehörde im Sinne von *Art. 4 Nr. 5 ZK*. Die Antragstellung muss in diesen Fällen schriftlich bei der Zollbehörde des Mitgliedstaates, in dem die betreffende Auskunft verwendet werden soll, vorgenommen werden. Darüber hinaus kann der Antrag auch bei der Zollbehörde des Mitgliedstaates, in dem der Antragsteller ansässig ist, gestellt werden. Verbindliche Zolltarifauskünfte sind gebührenfrei. Allerdings können erforderliche Auslagen der Zollbehörde dem Antragsteller in Rechnung gestellt werden. Solche Auslagen entstehen gegebenenfalls bei der Durchführung benötigter Analysen oder der Einholung von Sachverständigengutachten.

Im Antrag ist die betreffende Ware mit allen einreihungsrelevanten Merkmalen exakt zu beschreiben. Zweckmäßig ist auch die Beifügung eines Musters oder einer Probe. Mit der Erteilung der verbindlichen Zolltarifauskunft bindet sich die Zollbehörde hinsichtlich der Einreihung der Ware. Der Adressat der Auskunft hat damit die Möglichkeit, sich über alle Maßnahmen, die von der Einreihung abhängig sind, zu informieren. Das werden vor allem Zollsätze oder außenwirtschaftsrechtliche Maßnahmen sein. Grundsätzlich hat eine verbindliche Zolltarifauskunft eine Gültigkeit von sechs Jahren, gerechnet vom Zeitpunkt ihrer Erteilung. Räumlich erstreckt sich die Gültigkeit auf das gesamte Zollgebiet der Gemeinschaft. Damit sind die Zollbehörden aller Mitgliedsländer an die Auskunft gebunden.

Gelegentlich tritt auf, dass in den einzelnen Mitgliedsländern zu gleichen Waren unterschiedliche Auskünfte erteilt werden. In diesen Fällen werden bestehende Differenzen in den Auffassungen im Rahmen eines besonderen Verfahrens bereinigt.

Zu beachten ist, dass sich verbindliche Zolltarifauskünfte immer auf eine tatsächliche Ein- oder Ausfuhr richten müssen. Bei Änderung der Rechtslage besteht die Möglichkeit, dass eine solche Auskunft kraft Rechtsvorschrift ungültig wird. Über die Ungültigkeit wird der Berechtigte durch die Zollverwaltung informiert. Diese Information ist lediglich eine Serviceleistung und hat nicht den Charakter einer Entscheidung. Darüber hinaus besteht die Möglichkeit, eine Auskunft zu widerrufen oder zu ändern. Der Widerruf oder die Änderung wird dem Berechtigten ebenfalls mitgeteilt. In diesen Fällen handelt es sich jeweils um eine neue Entscheidung, gegen die auch ein Rechtsbehelf eingelegt werden kann. Allein im Jahr 2008 wurden in *Deutschland* 29 045 verbindliche Zolltarifauskünfte erteilt (Quelle: *Jahresstatistik der Bundeszollverwaltung 2008*)

Anträge auf Erteilung einer verbindlichen Zolltarifauskunft sind beim *Hauptzollamt Hannover, Waterloostraße 5* in *30196 Hannover* zu stellen. Das Antragsformular ist über die Internetseite der Zollverwaltung unter www.zoll.de in einem speziellen Formularcenter enthalten.

EUROPÄISCHE GEMEINSCHAFT – VERBINDLICHE ZOLLTARIFAUSKUNFT   **VZTA**

Abbildung 22:
Verbindliche Zoll-
tarifauskunft

2 1 Erteilende Zollbehörde	2 VZTA-Nummer

3 **Berechtigter** (Name und Anschrift) vertrauliche Daten	4 Datum der Erteilung

Wichtige Hinweise

Unbeschadet der Artikel 11 Absatz 3, Artikel 13, 14 und 16 der Verordnung (EWG) Nr. 1715/90 des Rates bleibt diese VZTA 6 Jahre, vom Datum der Erteilung an gerechnet, gültig.

Die mitgeteilten Angaben werden in einer Datenbank der Kommission der Europäischen Gemeinschaften für Zwecke der vorgenannten Verordnung gespeichert.

5 Datum und Nummer des Antrags

6 Einreihung in die Zollnomenklatur

7 Warenbeschreibung

8 Handelsbezeichnung und zusätzliche Angaben   vertrauliche Daten

9 Begründung der Einreihung

10 Die VZTA wird auf der Grundlage folgender vom Antragsteller vorgelegter Unterlagen erteilt:

Beschreibung   Kataloge   Photos   Muster/Proben   Sonstiges

Ort   Unterschrift   Stempel

Datum

AUSFERTIGUNG FÜR DIE KOMMISSION

2

Printed by Wilhelm Köhler, 4950 Minden (Germany)

Quelle: Amtlicher Vordruck

Bei eigenen Recherchen können auch alle bereits erteilten verbindlichen Zolltarifauskünfte der Mitgliedsländer der *EG* genutzt werden. Eine entsprechende Datenbank ist innerhalb des *EZT* abrufbar. Hier ist allerdings zu beachten, dass diese nur für den Berechtigten unmittelbare Ansprüche begründen. Insofern kann es durchaus zweckmäßig sein, für eigene Importe eine gesonderte Auskunft zu beantragen.

Für die Erteilung der verbindlichen Zolltarifauskünfte ist ein besonderer Vordruck geschaffen worden (siehe *Abbildung 22, Seite 125*).

1.5.2   Der Zollwert

1.5.2.1   Allgemeines

Zur Berechnung der Höhe des zu zahlenden Abgabenbetrages sind **vier Bemessungsgrundlagen** erforderlich. Es sind dies die **Menge** der eingeführten Waren, ihre **Beschaffenheit**, der **Zollsatz** und der **Zollwert**.

> **Beispiel:**
> Es werden 100 t (= Menge) Papier (= Beschaffenheit) zu einem bestimmten Preis (= Zollwert, gegebenenfalls nach Berichtigungen) unter Zugrundelegung eines Zollsatzes von 4,5 % eingeführt.

Der Zollwert ist jener Wert einer Ware, von dem ein im *Zolltarif* enthaltener prozentualer Satz (= Zollsatz) als Zollbetrag erhoben wird. Die Feststellung der Höhe des Zollwertes ist somit bei der ganz überwiegenden Zahl gewerblicher Überführungen in den zollrechtlich freien Verkehr erforderlich. Er spielt nur in ganz seltenen Fällen keine Rolle, nämlich bei Waren, für die ein **spezifischer Zollsatz** vorgesehen ist. Die Höhe des Zolls richtet sich dann zum Beispiel nach der Stückzahl oder dem Gewicht (zum Beispiel Uhren, Filme). Je niedriger der Zollwert ist, umso geringer ist in der Regel auch der Zollbetrag. Die konzeptionelle Struktur des sogenannten *Wertzollsystems* begünstigt damit den Importeur, der in der Lage ist, einen vorteilhaften Preis zu erzielen. Dieser Gesichtspunkt hat nur bei den spezifischen Zöllen keinen Einfluss.

Der Zollwert wird in allen Mitgliedstaaten der *Europäischen Union* nach einheitlichen Vorschriften ermittelt, damit die Höhe des durch den *Gemeinsamen Zolltarif* geschaffenen Zollschutzes in der gesamten Gemeinschaft gleich ist und so bei allen Importen Wettbewerbsverzerrungen vermieden werden, die sich aus Unterschieden zwischen den einzelstaatlichen Vorschriften ergeben könnten.

Bis zum 1.7.1980 wurde der Zollwert anhand des sogenannten **Normalpreises** (= üblicher Wettbewerbspreis) einer eingeführten Ware bestimmt. Es kam nicht darauf an, was die Ware im Einzelfall den jeweiligen Einführer gekostet hatte. Entscheidend war vielmehr, was „üblicherweise" für eine solche Ware bezahlt wurde. Der übliche Wettbewerbspreis beruhte auf dem *Brüsseler Abkommen über den Zollwert der Waren* aus dem Jahre 1950, das von der *Bundesrepublik Deutschland* durch *Gesetz über internationale Vereinbarungen auf dem Gebiete des Zollwesens vom 17.12.1951 (BGBl. II 1952 S. 8)* ratifiziert wurde.

Ab 1.10.1951 wurden in der *Bundesrepublik Deutschland* erstmalig derartige Wertzölle angewendet.

Bis zum 30.6.1980, dem Zeitpunkt, zu dem die *EU*-Mitgliedstaaten das *Brüsseler Abkommen über den Zollwert* kündigten, waren von den 82 Staaten des *Brüsseler Zoll-Rats* (heute *WCO = World Customs Organisation = Weltzollorganisation*) dem *Brüsseler Zollwertabkommen* nur insgesamt 33 Staaten beigetreten. Es fehlten jedoch so wichtige Handelspartner der *Europäischen Union* wie die *USA, Kanada, Australien* und *Südafrika.* Hinzu kam, dass der theoretische Zollwertbegriff des *Brüsseler Zollwertabkommens* sich im Laufe der Zeit als so anspruchsvoll erwies, dass in der praktischen Anwendung erhebliche Schwierigkeiten, Zweifel und Streitfragen auftraten. Ein allgemein üblicher Wettbewerbspreis ließ sich häufig nicht zweifelsfrei feststellen.

Dies führte immer wieder zu Gerichtsverfahren vor den nationalen Finanzgerichten, dem *Bundesfinanzhof* und zuletzt sogar vor dem *Europäischen Gerichtshof.* Es ist deshalb allgemein begrüßt worden, dass der viel zu theoretische Brüsseler Begriff des Zollwerts durch einen neuen Zollwertbegriff abgelöst wurde. Die neue Definition des Zollwerts legt nicht mehr den üblichen Wettbewerbspreis zugrunde, sondern stellt auf den Preis der eingeführten Ware ab. In den Zollwertvorschriften wird dieser Zollwert als **Transaktionswert** bezeichnet. Die gleiche Ware kann danach, je nachdem ob der Einführer günstig oder ungünstig eingekauft hat, einen unterschiedlichen Zollwert haben. Dies hat die Konsequenz, dass unterschiedlich hohe Abgabenbeträge entstehen. Der Einführer, der günstig eingekauft hat, wird neben dem niedrigeren Preis ein zweites Mal begünstigt.

Das neue Zollwertrecht ist in multilateralen Verhandlungen im Rahmen des *GATT* (heute Teil der *WTO = World Trade Organisation = Welthandelsorganisation*) entstanden, die zu dem weltweiten Übereinkommen zur Durchführung des *Art. VII* des *GATT vom 12.7.1979,* der die Grundsätze für den Begriff des Zollwerts beinhaltet, geführt haben *(GATT-Zollwert-Kodex).* Die *EU* hat es im *ZK* und in der *ZK-DVO* umgesetzt. Im weltweiten Handel gelten damit überwiegend die gleichen zollwertrechtlichen Regelungen. Nur in Detailfragen ergeben sich vereinzelte Unterschiede.

Für die praktische Anwendung der Zollwertvorschriften hat das *Bundesministerium der Finanzen* **Dienstvorschriften** erlassen, die in der *eVSF (= elektronische Vorschriftensammlung) der Zollbehörden* unter der Kennung *Z 5101 ff.* veröffentlicht worden sind. Sie wurden in den vergangenen Jahren umfassend überarbeitet und der aktuellen Rechtslage angepasst.

1.5.2.2 Die Methoden der Zollwertermittlung

Zur Zollwertermittlung stehen insgesamt sechs unterschiedliche Methoden zur Verfügung, die zwingend in der nachfolgenden Reihenfolge zu prüfen sind *(Art. 29, 30 Abs. 1* und *31 Abs. 1 ZK).* Sobald sich der Zollwert auf Grund einer der Methoden feststellen lässt, dürfen die folgenden Methoden nicht mehr angewandt werden.

Methoden der Zollwertermittlung

Die Methoden der Zollwertermittlung
    I.   Transaktionswert für eingeführte Waren
        a) bei nicht miteinander verbundenen juristischen oder natürlichen Personen
        b) bei miteinander verbundenen juristischen oder natürlichen Personen

II.   Transaktionswert gleicher Waren
III.   Transaktionswert gleichartiger Waren
IV.   Deduktive Methode (berichtigter Verkaufspreis)
V.   Errechneter Wert
VI.   „Geschätzter" Wert (=sogenannte Schlussmethode).

Trans-
aktions- 1.5.2.2.1   Transaktionswertmethode
wert Die Ermittlung des Zollwerts nach dieser Methode hat **Vorrang** vor allen anderen Methoden. Ausschlaggebend ist der sogenannte Transaktionswert der eingeführten **Ware** *(Art. 29 ZK)*.

Definition: *Transaktionswert ist der für die Waren bei einem Verkauf zur Ausfuhr in das Zollgebiet der Gemeinschaft tatsächlich gezahlte oder zu zahlende Preis, gegebenenfalls nach Berichtigung wegen einzelner Kostenfaktoren (Art. 32, 33 ZK)*. Die Voraussetzungen zur Anwendung dieser Methode sind Folgende:

Die Voraussetzungen des Transaktionswertes bei nicht Verbundenen nach
Art. 29 Abs. 1 ZK
–   Waren
–   Verkauf (inklusive Werkverträge, Werklieferungsverträge)
–   Zur Ausfuhr in die Gemeinschaft (vergleiche *Art. 147 Abs. 1 ZKDVO*)
–   tatsächlich gezahlter oder zu zahlender Preis (vergleiche *Art. 29 Abs. 3 Buchst. a ZK*)
–   +/– Berichtigungen nach *Art. 32, 33 ZK*
–   Keine Einschränkungen, Bedingungen, Leistungen
–   Keine Verbundenheit (vergleiche *Art. 143 ZKDVO*)

Die einzelnen Merkmale des Transaktionswertes sind folgendermaßen zu definieren:
a)   Waren sind alle beweglichen Güter einschließlich des elektrischen Stroms.
b)   Es muss ein Kaufgeschäft vorliegen. Der Begriff des Kaufvertrages wird weit ausgelegt. Werklieferungsvertrag oder Werkvertrag (siehe *§§ 631, 651 BGB*) stehen ihm gleich.

Beispiel:
Werden Waren im Drittland veredelt (passive Veredelung), kann bei einer Einfuhr nur ein Werk- oder Werklieferungsvertrag vorgelegt werden. Dies wird als Verkauf im Sinne von *Art. 29 ZK* anerkannt. Der Werklohn wird dem Kaufpreis gleichgesetzt. Waren sind nicht Gegenstand eines Kaufgeschäftes, wenn es sich um eine kostenlose Sendung (Schenkung), eine Wareneinfuhr auf Grund eines Miet- oder Leasingvertrages oder einer leihweisen Überlassung, bei der die Ware Eigentum des Absenders bleibt, handelt. In diesen Fällen muss der Zollwert nach den anderen Methoden ermittelt werden.

c) Der Verkauf muss zur Ausfuhr in das Zollgebiet der Gemeinschaft erfolgt sein. Dies **Verkauf zur** in der Praxis sehr schwer nachzuprüfende Merkmal wird durch *Art. 147 Abs. 1 ZK-* **Ausfuhr** *DVO* konkretisiert. Danach wird die Tatsache, dass Waren, die Gegenstand eines Verkaufs sind, zur Überführung in den zollrechtlich freien Verkehr in der Gemeinschaft angemeldet werden, als ausreichendes Indiz dafür angesehen, dass sie zum Zweck der Ausfuhr in das Zollgebiet der Gemeinschaft verkauft wurden. Der Gesetzgeber geht also davon aus, dass jemand, der Waren im Ausland kauft und sie anschließend in den zollrechtlich freien Verkehr überführt, im Regelfall einen Verkauf zur Ausfuhr vorgenommen hat. In vielen Fällen kauft der Einführer aber nicht vom Hersteller der Ware. Vielmehr sind zuvor weitere Verkäufe im Drittland vorgenommen worden. **Bei aufeinander folgenden Verkäufen im Drittland vor der Einfuhr der Waren in das Zollgebiet der Gemeinschaft ist nach *Art. 147 Abs. 1 S. 2 ZK-DVO* der letzte Verkauf zugrunde zu legen, der zum Verbringen der Waren in das Zollgebiet geführt hat.** Nur dieser wird als Verkauf zur Ausfuhr anerkannt.

Dies bedeutet allerdings nicht, dass frühere Verkäufe in keinem Fall zur Feststellung des Transaktionswertes herangezogen werden können. Jedoch kann dann nicht mehr auf die **Indizwirkung des *Art. 147 Abs. 1 S. 1 ZK-DVO*** zurückgegriffen werden. Vielmehr ist bei der Anmeldung eines Preises aus einem Verkauf, der dem letzten Verkauf, der zur Verbringung der Waren in das Zollgebiet der Gemeinschaft geführt hat, vorausgeht, den Zollbehörden nachzuweisen, dass dieser Verkauf mit Bestimmung für das genannte Gebiet abgeschlossen wurde *(Art. 147 Abs. 1 S. 3)*. Der Anmelder hat somit ein Wahlrecht, welchen Kaufpreis er der Zollwertberechnung zugrunde legen will. Er kann es bei der Indizwirkung des *Art. 147 Abs. 1 ZK-DVO* belassen und den letzten Verkauf zugrunde legen. Er kann aber, bei entsprechendem Nachweis, auch erreichen, dass frühere Verkaufspreise angewendet werden. Da diese in der Regel niedriger liegen, wird er zumeist versuchen, einen entsprechenden Nachweis zu erbringen. Dies ist ihm allerdings nur möglich, wenn frühere Verkäufe von den jeweiligen Verkäufern offen gelegt werden.

Beispiel:
Stellt die Firma *A* in den *USA* Pkw zum Preis von 30 000,– US\$ für die Firma *B* her und verkauft diese die Wagen für 40 000,– US\$ an die Firma *C* in *Deutschland*, kann ein Zollwert von 30 000,– US\$ zu Grunde gelegt werden. Der erforderliche Nachweis eines Verkaufs zur Ausfuhr in die Gemeinschaft lässt sich beispielsweise dadurch erbringen, dass die Pkw entsprechend den in der *EU* geltenden Bestimmungen gebaut wurden (zum Beispiel im Hinblick auf den Schadstoffausstoß). Häufig wird es dem Einführer (hier die Firma *C*) allerdings nicht möglich sein, den niedrigeren Kaufpreis nachzuweisen, da der Verkäufer in der Regel seinen Einkaufspreis nicht offen legt. Anders ist dies jedoch bei verbundenen Unternehmen. Bei miteinander verbundenen Unternehmen können Geschäftsinterna häufig ausgetauscht werden.

d) Die wichtigste Voraussetzung für die Ermittlung des Zollwerts ist der tatsächlich vom Käufer unmittelbar oder mittelbar gezahlte oder noch zu zahlenden Preis. In der Regel ist dies der Rechnungsendbetrag.

Die Frage nach dem Transaktionswert ist mit der Feststellung des Rechnungspreises aber noch nicht endgültig geklärt. Es müssen eventuelle **weitere Leistungen des Käufers** berücksichtigt werden. Dies ist zum Beispiel der Fall, wenn der Käufer neben dem Rechnungsendbetrag zusätzlich noch eine Schuld des Käufers beglichen oder er noch Lizenzgebühren für den Verkäufer an eine dritte Person zu zahlen hat. Bei einem solchen **aufgespaltenen Kaufpreis** bildet die Summe der Zahlungen oder Leistungen den tatsächlich gezahlten oder zu zahlenden Preis. Im Rechnungspreis nicht enthaltene Aufwendungen für Werbung und Garantie gehören allerdings als vom Käufer auf eigene Rechnung durchgeführte Tätigkeiten selbst dann nicht zum tatsächlich gezahlten oder zu zahlenden Preis, wenn der Käufer insoweit durch den Verkäufer dazu verpflichtet worden ist, zum Beispiel als Alleinvertreter des Verkäufers.

Preisermäßigungen

Preisermäßigungen, die in der Rechnung ausgewiesen sind, werden ohne Rücksicht darauf, warum sie gewährt wurden, anerkannt, zum Beispiel Treuerabatte, Saisonrabatte.

Soweit solche Preisermäßigungen dem Grunde und der Höhe nach im Zeitpunkt der Ermittlung des Zollwerts feststehen (zum Beispiel Mengenrabatt für eine bestimmte Menge innerhalb eines bestimmten Zeitraumes) werden solche Preisnachlässe bereits in diesem Zeitpunkt anerkannt, sofern der Zollstelle nachgewiesen werden kann, dass die Preisermäßigung in Anspruch genommen wird.

Skonto

Ein nach den Zahlungsbedingungen eingeräumtes, **allgemein übliches Skonto** wird in der angemeldeten Höhe anerkannt. Zumeist beträgt ein solches Skonto 3 %. Ein darüber hinausgehendes Skonto kann aber ebenfalls anerkannt werden, wenn nachgewiesen wird, dass die Zahlung des Kaufpreises tatsächlich unter Abzug des höheren Skontos erfolgt ist.

Hinzurechnungen

e) **Dem tatsächlich gezahlten oder zu zahlenden Preis fehlen aber oft Kosten, die bei der Bestimmung des Zollwertes zusätzlich berücksichtigt werden müssen.** Es handelt sich dabei um Beträge, die außerhalb der *EU* entstanden und erforderlich sind, damit die Ware in die *EU* eingeführt werden kann. Gemäß *Art. 32 ZK* sind deshalb folgende Kosten hinzuzurechnen, soweit sie dem Käufer entstanden sind, aber **in dem tatsächlich gezahlten oder zu zahlenden Preis nicht enthalten** sind:

- Provisionen und Maklergebühren, ausgenommen Einkaufsprovisionen
- Verpackungskosten (Material und Arbeitslohn)
- Kosten von Behältnissen und Verpackungen (sogenannte Umschließungen), die für Zollzwecke als Einheit mit den betreffenden Waren angesehen werden, zum Beispiel Gläser mit Honig. Letzten Endes werden die Gläser mit dem für Honig geltenden Zollsatz verzollt. Gleiches gilt für den Einfuhrumsatzsteuersatz.

  Dies gilt allerdings nicht, wenn die Behältnisse und Verpackungen aus dem freien Verkehr des Zollgebiets der Gemeinschaft stammen und dem Verkäufer vom Käufer zur Verfügung gestellt wurden (Beispiel: Käufer liefert die

Gläser, die vom Verkäufer mit Honig befüllt werden. In diesem Fall wäre es sinnvoll, eine passive Veredelung zu beantragen).

Werden Behältnisse oder Verpackungen an den Verkäufer zurückgeliefert, wird davon ausgegangen, dass ihre Kosten im tatsächlich gezahlten oder zu zahlenden Preis enthalten sind, und werden eventuell gesondert zu zahlende Kosten für ihre Rücklieferung dem gezahlten oder zu zahlenden Preis nicht hinzugerechnet.

• Lizenzgebühren, zum Beispiel für Patente, Marken und Urheberrechte.

• Der Wert jeglicher Erlöse aus späteren Weiterverkäufen, sonstigen Überlassungen oder Verwendungen der eingeführten Waren, wenn vereinbart wurde, dass sie dem Verkäufer zugute kommen.

• Beförderungs- und Versicherungskosten für die eingeführten Waren. Ferner Ladekosten sowie Kosten für die Behandlung der eingeführten Waren, die mit ihrer Beförderung zusammenhängen bis zum **Ort des Verbringens** in das Zollgebiet der Gemeinschaft. Beförderungskosten, die sich auf den gesamten Transport beziehen, können aufgeteilt werden, wenn die Waren auf die gleiche Beförderungsart über den Ort des Verbringens in das Zollgebiet der Gemeinschaft befördert wurden *(Art. 164a) ZK-DVO)*. Es wird nur der Teil dem Transaktionswert hinzugerechnet, der außerhalb der Gemeinschaft entstanden ist. Für **Flugkosten** gelten die Aufteilungssätze des *Anhangs 25 der DVO*. Mit Wirkung vom 1.5.2004 wurde die Berechnung der in den Zollwert einzubeziehenden Luftfrachtkosten wesentlich vereinfacht. So spielt es keine Rolle mehr, in welchem Mitgliedstaat der Ankunftsflughafen liegt.

Beispiel:
Bei einem Transport von *San Francisco* nach *Berlin* sind 78 % der Luftfrachtkosten dem Zollwert gemäß *Art. 32 (1) Buchstabe e) i) ZK* hinzuzurechnen. Der Prozentsatz gilt auch, wenn die Ware in *Lissabon, Paris*, *Warschau* oder *Budapest* ankommt.

f) Manchmal enthält der zwischen den Beteiligten vereinbarte Kaufpreis Kosten, die **Abzüge** für Tätigkeiten anfallen, die in der *EU* erbracht werden. Derartige Beträge dürfen aber, gerade weil sie im Wirtschaftsgebiet erbracht werden, nicht in den Zollwert eingehen. Sie müssen deshalb unter den Voraussetzungen des *Art. 33 ZK* eventuell abgezogen werden.

Beispiel:
Der Verkäufer ist verpflichtet die Waren „frei Haus" zu liefern. Die Beförderungskosten zwischen der Grenze und dem Lieferort dürfen, da sie in der *EU* entstanden sind, nicht in den Zollwert einbezogen werden.
Lautet die Lieferbedingung hingegen „ab Werk" müssen die außerhalb der Gemeinschaft entstandenen Beförderungskosten hinzugerechnet werden *(Art. 32 Abs. 1 Buchst. e) i) ZK)*. Ein Abzug kann nicht stattfinden.
Bei welcher Lieferbedingung Abzüge vorgenommen werden müssen, lässt sich dem folgenden Schaubild entnehmen:

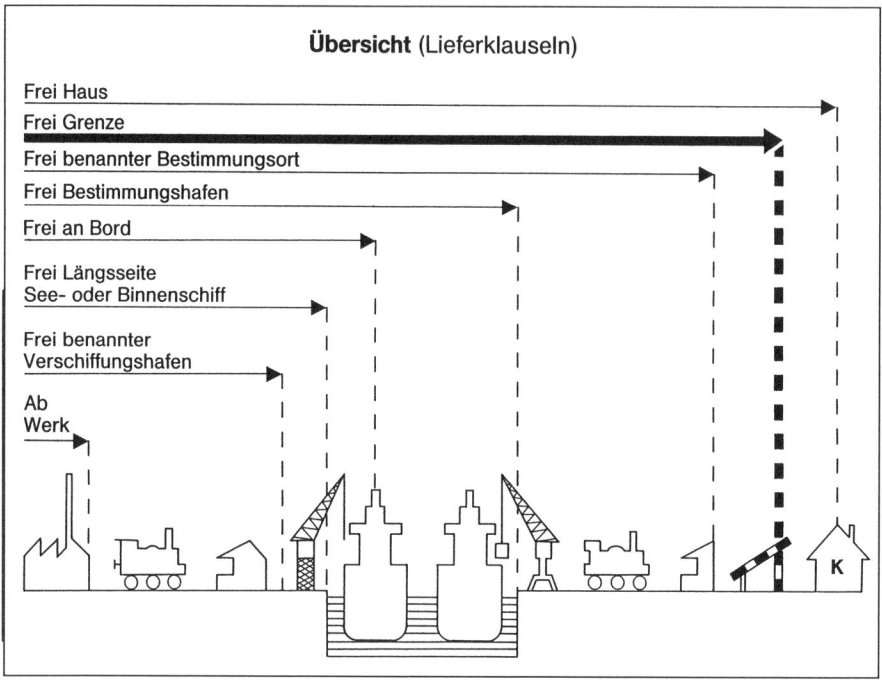

Abbildung 23: Übersicht Liefer-klauseln

Quelle: Eigene Darstellung

Nicht in den Zollwert einbezogen werden im Einzelnen folgende Aufwendungen und Kosten, sofern sie getrennt von dem für die eingeführten Waren tatsächlich gezahlten oder zu zahlenden Preis ausgewiesen werden *(Art. 33 ZK)*. Diese Kosten sind vielmehr, sofern sie vom Käufer gezahlt wurden, vom Kaufpreis abzuziehen:

- Beförderungskosten für die Waren nach deren Ankunft am Ort des Verbringens in das Zollgebiet der Gemeinschaft (sogenannte innergemeinschaftliche Beförderungskosten)
- Zahlungen für den Bau, die Errichtung, die Montage, die Instandhaltung der eingeführten Ware oder die technische Unterstützung, wenn diese Tätigkeiten nach der Einfuhr erfolgen
- Kreditierungskosten, die auf Grund einer Finanzierungsvereinbarung an den Verkäufer zu zahlen sind
- Kosten für das Recht auf Vervielfältigung der eingeführten Waren in der Gemeinschaft
- Einkaufsprovisionen
- Einfuhrabgaben und andere in der Gemeinschaft auf Grund der Einfuhr oder des Verkaufs der Waren zu zahlende Abgaben.

Berichtigungen des gezahlten oder zu zahlenden Preises wegen der vorgenannten Umstände sind nur zulässig, wenn die zusätzlichen Leistungen des Käufers nachweisbar sind und der Höhe nach ziffern- und zahlenmäßig feststehen. Ist dies nicht der Fall, so kann die Ermittlung des Zollwerts nach dieser Methode nicht erfolgen.

g) Der auf die geschilderte Art und Weise ermittelte Transaktionswert kann jedoch **Negative** nur dann angewandt werden, wenn keine der sogenannten **negativen Vorausset- Voraus-** zungen des *Art. 29 Abs. 1 Buchst. a)–d) ZK* vorliegt. Handelt es sich um einen der **setzungen** dort genannten Fälle, muss eine der anderen fünf Methoden zu Grunde gelegt werden. Im Einzelnen existieren die folgenden negativen Voraussetzungen:

*   Hinsichtlich der Verwendung oder des Gebrauchs der eingeführten Waren durch den Käufer dürfen keine Einschränkungen bestehen *(Art. 29 Abs. 1 Buchst. a) ZK)*. Liegen **Einschränkungen** vor, kann der Transaktionswert nicht zur Ermittlung des Zollwertes herangezogen werden. In manchen Fällen werden gewisse Einschränkungen jedoch akzeptiert. Dies ist etwa der Fall, wenn sie sich auf den Wert der Waren nicht wesentlich auswirken. Wenn also ein Verkäufer von einem Autohändler verlangt, dass dieser die eingeführten Autos nicht vor einem festgelegten Zeitpunkt, zu dem ein neues Modelljahr beginnt, verkaufen darf, ist die Transaktionswertmethode anwendbar. Für den Wert der Pkw ist dies unerheblich, so lange zum festgelegten Verkaufszeitpunkt das Modell noch aktuell ist. Einschränkungen liegen auch dann nicht vor, wenn gleiche Waren für unterschiedliche Industriezweige oder Verwendungszwecke unterschiedliche Preise haben, zum Beispiel Kakaobohnen zur Herstellung von Schokolade oder zur Verwendung bei der Margarineherstellung.

*   Der gezahlte oder zu zahlende Preis kann des Weiteren nur dann anerkannt werden, wenn hinsichtlich dieses Preises oder des dafür maßgebenden Kaufgeschäfts **keinerlei Bedingungen oder Leistungen** vorliegen *(Art. 29 Abs. 1 Buchst. b) ZK)*, die zu einer Ermäßigung des gezahlten oder zu zahlenden Preises geführt haben und deren Wert nicht bestimmt werden kann.

Beispiel:
Der Verkäufer legt den Preis für die eingeführten Waren unter der Bedingung fest, dass der Käufer auch andere Waren in bestimmten Mengen kauft, oder der Preis für die eingeführten Waren hängt von dem Preis ab, zu dem der Käufer dem Verkäufer andere Waren verkauft, oder der Preis für die eingeführten Waren ist auf der Grundlage einer nicht mit dem Kauf der eingeführten Waren zusammenhängenden Form der Bezahlung festgelegt worden.

*   Auch wenn der Erlös aus späteren Weiterverkäufen an den Verkäufer abgeführt werden muss, kann der Transaktionswert nicht angewandt werden *(Art. 29 Abs. 1 Buchst. c) ZK)*, sofern eine Berichtigung nach *Art. 32 ZK* nicht erfolgen kann.

h) Letzte Voraussetzung für die Ermittlung des Zollwerts auf der Grundlage des **Verbun-** gezahlten oder zu zahlenden Preises ist, dass Käufer und Verkäufer nicht miteinan- **denheit** der verbunden sind *(Art. 29 Abs. 1 Buchst. d) ZK* in Verbindung mit *Art. 143 ZK-DVO)*. Hinter dem sprachlich missverständlichen Begriff der Verbundenheit verbirgt sich die Vermutung des Gesetzgebers, dass bei engen wirtschaftlichen Beziehungen zwischen den Kaufvertragsparteien ein Preis vereinbart wurde, der unter dem wirklichen Wert der Ware liegt.

Käufer und Verkäufer sind miteinander verbunden, wenn

- sie der Leitung des Geschäftsbetriebes der jeweils anderen Person angehören
- sie sich in einem Arbeitgeber-/Arbeitnehmerverhältnis zueinander befinden
- sie Teilhaber oder Gesellschafter derselben Personengesellschaft sind
- eine beliebige Person unmittelbar oder mittelbar 5 % oder mehr der stimmberechtigten Anteile oder Aktien beider Personen besitzt, kontrolliert oder innehat
- eine von ihnen unmittelbar oder mittelbar die andere Person kontrolliert
- beide von ihnen unmittelbar oder mittelbar von einer dritten Person kontrolliert werden
- sie zusammen unmittelbar oder mittelbar eine dritte Person kontrollieren oder
- sie Mitglieder derselben Familie sind. Als Mitglieder derselben Familie werden alle Personen angesehen, die in einem der folgenden Verwandtschaftsverhältnisse zueinander stehen: Ehegatten, Eltern und Kind, Geschwister (auch Halbgeschwister), Großeltern und Enkel, Onkel oder Tante und Neffe oder Nichte, Schwiegereltern und Schwiegersohn oder Schwiegertochter, Schwäger und Schwägerinnen.

Ein „Kontrollieren" liegt vor, wenn eine Person auf die Geschäfte einer anderen derart Einfluss ausüben kann, dass sie zum Beispiel in ihrer Preisgestaltung und Kalkulation nicht frei ist.

Die Verbundenheit von Käufer und Verkäufer muss vom Anmelder selbst in der Zollwertanmeldung angegeben werden. Wird eine Verbundenheit verneint, so wird diese Angabe nur überprüft, wenn begründete Zweifel an ihrer Richtigkeit bestehen und wenn Anhaltspunkte dafür gegeben sind, dass der gezahlte oder zu zahlende Preis, zum Beispiel durch eine Verbundenheit, beeinflusst ist. Falsche Angaben, mit denen eine Verbundenheit verschleiert werden soll, können allerdings zu einer strafrechtlichen Ahndung führen.

Der Transaktionswert kann ausnahmsweise trotz Verbundenheit zu Grunde gelegt werden, wenn die Verbundenheit der Kaufvertragsparteien den Preis nicht beeinflusst hat. Aus der Verbundenheit allein kann nämlich nicht zwingend geschlossen werden, dass eine Preisbeeinflussung vorliegt. Es müssen vielmehr weitere Anhaltspunkte gegeben sein, die begründete Zweifel aufkommen lassen, dass der dem verbundenen Käufer berechnete Preis zu niedrig ist. Das ist regelmäßig der Fall, wenn es sich um Intercompanypreise handelt. Dies sind (niedrigere) Preise, zu denen die Waren nicht an Unabhängige verkauft würden. Eine Preisbeeinflussung durch Verbundenheit liegt auch vor, wenn sich durch eine Prüfung der Begleitumstände des Kaufgeschäfts herausstellt, dass der Preis nicht nach den branchenüblichen Kalkulationsgrundsätzen gebildet worden ist, oder die Handelsspanne beim Weiterverkauf unangemessen hoch ist oder abweichende Preise für gleiche oder gleichartige Waren bei Verkäufen an nicht verbundene Käufer bekannt sind.

Beispielsfall zur Berechnung des Zollwertes nach Methode 1:

Die Firma *A* erwirbt in den *USA* eine Maschine zum Preis von (umgerechnet) 100 000,– €. Dem Käufer wird ein Skonto von 3 % gewährt, sofern er innerhalb von zwei Wochen nach Ankunft der Ware zahlt. Die Lieferbedingung ist „ab Werk". Es entstehen Beförderungskosten für den Seetransport bis *Rotterdam* in Höhe von 5 000,– € und für die anschließende Fahrt nach Köln 1 000,– €. Für Verpackungskosten stellt der Verkäufer 450,– € in Rechnung. Die Umladung in *Rotterdam* kostet 150,– €.

Der Zollwert berechnet sich wie folgt:

•	Gezahlter oder zu zahlender Preis		100 000,– €
•	abzüglich 3 % Skonto	./.	3 000,– €
•	Beförderungskosten für den Seetransport	+	5 000,– €
•	Verpackungskosten	+	450,– €
Zollwert			**102 450,– €**

Die Umladekosten in *Rotterdam* und die Beförderungskosten bis *Köln* bleiben bei der Ermittlung des Zollwertes unberücksichtigt, da sie innerhalb der Gemeinschaft anfallen. Sie sind allerdings bei der Berechnung des Einfuhrumsatzsteuerwertes zu berücksichtigen.

Im Hinblick auf die 3 % Skonto spielt es keine Rolle, ob der Anmelder das Skonto später tatsächlich in Anspruch nimmt. Es reicht vielmehr aus, wenn dies zum Zeitpunkt der Annahme der Zollanmeldung noch möglich war.

1.5.2.2.2 Preis für gleiche Waren

1. **Lässt sich der Transaktionswert nicht durch die Methode 1 ermitteln,** muss von den Zollbehörden geprüft werden, **ob ein Zollwert für gleiche Waren existiert.**

2. Voraussetzung für die Anwendung dieser Methode ist, dass bereits ein Zollwert für gleiche Waren vorliegt, die im annähernd gleichen Zeitpunkt wie die zu bewertenden Waren eingeführt worden sind *(vergleiche Art. 30 Abs. 2a) ZK).* Dabei können Abweichungen hinsichtlich Handelsstufe und/oder Menge und Beförderungskosten berücksichtigt werden *(siehe Art. 150 Abs. 1 und 2 ZK-DVO).*

Gleiche Waren sind Waren, die in jeder Hinsicht, also in ihren körperlichen Eigenschaften, in ihrer Qualität und ihrem Ansehen (einschließlich Marke) gleich sind und in demselben Land sowie grundsätzlich von demselben Produzenten hergestellt worden sind wie die zu bewertenden Waren.

Preis für gleiche Waren

Beispiel:

Der Wert gleicher Waren kann herangezogen werden, wenn der Einführer bereits vorher Lieferungen vom selben Hersteller erhalten hat. Dies kann etwa eine kostenlose Nachlieferung für schadhafte Waren sein. Eine gleiche Ware liegt nicht vor, wenn für ihre Herstellung im Zollgebiet der Gemeinschaft erarbeitete Techniken, Entwürfe, Pläne oder ähnliches zur Verfügung gestellt worden sind.

1.5.2.2.3   Preis für gleichartige Waren

Preis für 1.   Die Methoden I und II sind nicht anwendbar.

gleich- 2.   Weitere Voraussetzung ist es, dass bereits ein Zollwert für gleichartige Waren vor-
artige   liegt, die in etwa demselben Zeitpunkt wie die zu bewertenden Waren eingeführt
Waren   worden sind *(Art. 30 Abs. 2 Buchst. b) ZK)*. Abweichungen hinsichtlich Handelsstufe, Menge und Beförderungskosten können berücksichtigt werden (vergleiche
Art. 151 Abs. 1 ZK-DVO).
Gleichartige Waren sind Waren, die, obwohl sie nicht in jeder Hinsicht gleich sind,
gleiche Eigenschaften und gleiche Materialzusammensetzungen aufweisen, die
es ihnen ermöglichen, gleiche Aufgaben zu erfüllen und im Handelsverkehr aus-
tauschbar zu sein. Dabei müssen Qualität, Ansehen und das Vorhandensein einer
Marke berücksichtigt werden.

Beispiel:

Um gleichartige Waren handelt es sich, wenn ein Autoradiohersteller verschiedenen
deutschen Autoproduzenten identische Radios mit unterschiedlicher Herstelleran-
gabe liefert.
Im Übrigen gelten die Ausführungen im vorstehenden Abschnitt entsprechend.

Deduktive   1.5.2.2.4   Deduktive Methode (berichtigter Verkaufspreis)
Methode   **Bei der deduktiven Methode wird der spätere Verkaufspreis in der Gemeinschaft
zur Ermittlung des Zollwertes herangezogen.** Von diesem Weiterverkaufspreis werden
bestimmte, in *Art. 152 ZK-DVO* näher geregelte Beträge abgezogen:

- Die branchenübliche Handelsspanne, das heißt die beim Verkauf von Waren der-
  selben Gattung oder Art im Zollgebiet der Gemeinschaft üblicherweise erzielte
  Spanne, bezogen auf den Verkaufspreis, also der in Prozenten ausgedrückte Unterschied zwischen dem Einstandspreis (Preis frei Lager + Eingangsabgaben) und dem
  Verkaufspreis. Dabei kommt es auf die Herkunft der verkauften Waren nicht an.
- Die innergemeinschaftlichen Beförderungs- und Versicherungskosten, soweit sie
  nicht in der Handelsspanne enthalten sind.
- Die im Zollgebiet der Gemeinschaft geschuldeten Zölle und sonstigen Einfuhrab-
  gaben.

Die praktische Relevanz dieser Berechnungsmethode ist sehr gering.

1.5.2.2.5   Errechneter Wert

Der nach dieser Methode zu ermittelnde Zollwert beruht gemäß *Art. 30 Abs. 1 Buchst. d)
ZK* auf einem errechneten Wert, der aus der Summe folgender Elemente besteht:

- Kosten oder Wert des Materials, der Herstellung sowie sonstiger Be- oder Verarbeitungen, die bei der Erzeugung der eingeführten Waren angefallen sind.
- Ein Betrag für Gewinn und Gemeinkosten, der jenem Betrag entspricht, der
  üblicherweise von Herstellern im Ausfuhrland bei Verkäufen von Waren der gleichen Gattung oder Art wie die zu bewertenden Waren zur Ausfuhr in die Gemeinschaft angesetzt wird.

- Kosten oder Wert aller anderen Aufwendungen nach *Art. 32 Abs. 1 Buchst. e) ZK* (Beförderungs-, Versicherungs- und Ladekosten bis zum Ort des Verbringens).

Für die Anwendung dieser Methode müssen folgende Voraussetzungen erfüllt sein:
- Die Ermittlung des Zollwerts nach den Methoden I bis V war nicht möglich.
- Es werden weder vom Hersteller noch von der Regierung des Ausfuhrlandes Einwendungen gegen die Anwendung dieser Methode erhoben.
- Die in *Art. 30 Abs. 1 Buchst. d) ZK* genannten Elemente für die Errechnung des Wertes müssen feststellbar sein.

Der Beteiligte hat ein Wahlrecht zwischen der deduktiven Methode und der Ermittlung nach dem errechneten Wert.

Auch für diese Methode gilt, dass ihre praktische Relevanz sehr gering ist, da eine derartige Ermittlung des Zollwertes für die Zollbehörden und den Anmelder nur unter erheblichen Schwierigkeiten durchführbar ist.

1.5.2.2.6   Schlussmethode

Wenn die Ermittlung des Zollwerts nach den Methoden I bis V nicht möglich gewesen ist, muss der Zollwert durch die Schlussmethode ermittelt werden *(Art. 31 ZK)*. Diese Methode muss zwingend zur Feststellung eines Zollwertes führen, da weitere Berechnungsmethoden nicht existieren.

Schluss-
methode

Es sollen möglichst Zollwerte herangezogen werden, die in flexibler Anwendung der vorangegangenen Methoden ermittelt werden können. Dies bedeutet letztlich, dass eine der vorgenannten Methoden angewendet werden soll, ohne dass sämtliche ihrer Voraussetzungen vorliegen.

Letzten Endes lässt der Gesetzgeber den Zollbehörden allerdings bei der Anwendung der Schlussmethode weitgehend freie Hand. So können auch Preislisten und Preisangebote für Lieferungen im Zollgebiet der Gemeinschaft oder Börsennotierungen herangezogen werden. Bei Miet- und Leasingverträgen ist der Zollwert unter Zugrundelegung der fortlaufenden Zahlungen während der betriebsgewöhnlichen Nutzungsdauer eventuell einschließlich Mietsonder- und sogenannten Restkaufpreiszahlungen zu ermitteln. Dabei ist zu berücksichtigen, dass in der Summe der fortlaufenden Zahlungen Beträge enthalten sein können, die – getrennt ausgewiesen – nicht vom Zollwert umfasst werden, zum Beispiel Wartungskosten.

Um allerdings die Zollbehörden dazu zu zwingen, gerechte Werte zu ermitteln, sieht *Art. 31 Abs. 2 ZK* einige Einschränkungen vor. So darf folgendes nicht zu Grunde gelegt werden:
- Verkaufspreise in der Gemeinschaft von Waren, die in der Gemeinschaft hergestellt wurden
- Verfahren, nach dem jeweils der höhere von zwei Alternativwerten für die Zollbewertung heranzuziehen ist
- Inlandsmarktpreise von Waren im Ausfuhrland
- Andere Herstellungskosten als jene, die bei dem „errechneten Wert" für gleiche oder gleichartige Waren nach *Art. 30 Abs. 1 Buchst. d) ZK* ermittelt wurden

- Ausfuhrpreise in ein Land, das nicht zum Zollgebiet der Gemeinschaft gehört
- Mindestzollwerte
- Willkürliche oder fiktive Werte.

Hinweis:

In der Praxis läuft die Schlussmethode zumeist auf eine Schätzung hinaus, bei der faktisch gegen den Wortlaut des Gesetzes Inlandspreise zu Grunde gelegt werden. In diesem Fall wird unterstellt, dass sich die Inlandspreise von den Preisen im Drittland nicht unterscheiden.

Abschließend sei noch einmal darauf hingewiesen: Die Methoden sind in der vorgenannten **Reihenfolge** zu prüfen. Greift eine Methode, dürfen die folgenden nicht mehr angewendet werden. Praktische Bedeutung haben aber – wie bereits festgestellt – für fast alle Fälle allein die Methoden I und VI.

1.5.2.2.7 Weiterführende Hinweise

Zur Vervollständigung und Vertiefung werden im Folgenden einige besondere Hinweise gegeben:

Ort des Verbringens in die Gemeinschaft

Die genaue Bestimmung dieses territorialen Punktes ist für die Berechnung der verschiedenen Kostenanteile von erheblicher Bedeutung, denn nur die Kosten bis zum Ort des Verbringens dürfen für den Zollwert berücksichtigt werden. Eine entsprechende Regelung enthält *Art. 163 ZK-DVO*.

Im Eisenbahn-, Binnenschiffs- oder Straßenverkehr ist der Ort des Verbringens die **erste Zollstelle im Gebiet der Gemeinschaft**. Besonderheiten bestehen, wenn eine Ware nach dem Verbringen in das Zollgebiet über einen Drittstaat in einen anderen Teil dieses Gebietes befördert wird. Erfolgt diese Beförderung durch die in *Art. 163 Abs. 2 ZK-DVO* genannten Länder, wird der Zollwert unter Berücksichtigung des ersten Ortes des Verbringens in das Zollgebiet der Gemeinschaft ermittelt. Voraussetzung ist allerdings, dass die Durchfuhr durch diese Länder dem **üblichen Transportweg** entspricht.

Folgende Beispiele mögen das Verfahren verdeutlichen:

a) Beförderung einer mit der Lieferbedingung „*fob Kiew*" gekauften Ware nach *Großbritannien*:
   Die Ware wird auf dem Landwege von *Kiew* über *Polen* durch die *Bundesrepublik Deutschland* und die *Niederlande* nach *Rotterdam*, von hier aus auf dem Seewege nach *London* befördert. Ort des Verbringens in das Zollgebiet der Gemeinschaft ist die Grenzzollstelle in *Polen*.

b) Beförderung einer mit der Lieferbedingung „*fob New York*" gekauften Ware nach *Köln*:
   Die Ware wird auf dem Seewege von *New York* nach *Southampton*, dann auf

dem Landwege nach *London*, von hier auf dem Seewege nach *Rotterdam* und letztlich auf dem Landwege nach *Köln* befördert. Ort des Verbringens ist *Southampton*. Die Umladung in *Southampton* wird von der britischen Zollstelle formlos bescheinigt.

c)   Beförderung einer mit der Lieferbedingung „*fob New York*" gekauften Ware nach *Hamburg*:
     Die Ware wird auf dem Seewege von *New York* über *Lissabon* nach *London* befördert. Hier werden für *Großbritannien* bestimmte Güter gelöscht. Die für *Hamburg* bestimmten Waren verbleiben auf dem Schiff und werden erst in *Hamburg* gelöscht. Ort des Verbringens ist *Hamburg*.

Anders ist die Rechtslage, wenn die von *New York* kommende Ware in *Lissabon* umgeladen wird. Der Ort des Verbringens ist damit *Lissabon*, selbst wenn nach dem Umladen der unmittelbare Weitertransport per Schiff nach *Hamburg* erfolgt. Allerdings muss die Umladung von der zuständigen Zollstelle in *Lissabon* bescheinigt sein.

Umrechnung ausländischer Währungen

Die Regelung dieses Problemkreises erfolgt in *Art. 35 ZK* sowie in den *Art. 168-172 ZK-DVO*.

Danach ist für die Umrechnung von Faktoren, die nicht in € ausgedrückt sind und zur Ermittlung des Zollwerts der Waren dienen, der jeweils am vorletzten Mittwoch eines Kalendermonats notierte und an diesem oder am folgenden Tag im *Amtlichen Kursblatt der Frankfurter Wertpapierbörse* veröffentlichte Briefkurs anzuwenden. Dieser Kurs gilt jeweils für den gesamten folgenden Kalendermonat. Bei späteren Abweichungen von mehr als 5 % gilt die Sonderregelung des *Art. 171 DVO*, dessen komplizierter und deshalb nur schwer zu verstehender Wortlaut an dieser Stelle nicht wiedergegeben werden soll. In der Praxis kommt die Regelung im Übrigen nur sehr selten zur Anwendung.

Sind feste Umrechnungskurse vereinbart oder sonst festgelegt, so sind diese bei der Zollwertermittlung anzuwenden.

> **Hinweis:**
> Die aktuellen Umrechnungskurse für ausländische Währungen können interaktiv über die Internetadresse www.zoll.de abgefragt werden. Dort werden im Übrigen auch frühere Kurse veröffentlicht.

Aufteilung eines Gesamtpreises

Sind Waren, die für die Abfertigung zum freien Verkehr im Zollgebiet der Gemeinschaft angemeldet werden, Teil einer größeren Sendung gleicher, in einer einzigen Transaktion erworbener Waren, so ist der tatsächlich gezahlte oder zu zahlende Preis im Sinne von *Art. 29 Abs. 1 ZK* derjenige Teil des Gesamtpreises, der dem Verhältnis der angemeldeten Warenmenge zu der insgesamt erworbenen Warenmenge entspricht.

Kosten für Vorentwürfe

Nach *Art. 32 Abs. 1 Buchst. b) Ziffer iv) ZK* ist der Wert der für die Herstellung der eingeführten Waren notwendigen Techniken, Entwicklungen, Entwürfe, Pläne und Skizzen, die außerhalb der Gemeinschaft erarbeitet wurden, in den Zollwert der eingeführten Waren einzubeziehen, sofern dieser Wert nicht schon in dem gezahlten oder zu zahlenden Preis enthalten ist. Hat der *EU*-Einführer die Techniken usw. aber selbst entwickelt, beziehungsweise innerhalb der Gemeinschaft erworben, darf eine Hinzurechnung nicht erfolgen. Dies kommt insbesondere im Zusammenhang mit passiver Veredelung häufig vor. Kosten für Forschung und Vorentwürfe gehören nicht zum Zollwert.

Zerlegte Waren, Warenzusammenstellungen

Bei der Ermittlung des Zollwerts für Waren, die aus Transportgründen zerlegt in einer oder mehreren Sendungen eingeführt werden, wird der Zollwert für die vollständige unzerlegte Gesamtware festgestellt und auf die für sich zu verzollenden Teile entsprechend ihrem geschätzten Wertverhältnis zueinander aufgeteilt. Das Gleiche gilt auch für Warenzusammenstellungen.

Zweifel am angemeldeten Wert

Die Zollbehörden müssen den Zollwert für eingeführte Waren nicht auf der Grundlage des Transaktionswertes ermitteln, wenn sie wegen begründeter Zweifel nicht überzeugt sind, dass der angemeldete Wert dem gezahlten oder zu zahlenden Preis entspricht. In diesem Fall können die Zollstellen vom Zollwertanmelder zusätzliche Auskünfte verlangen (zum weiteren Verfahren siehe *Art. 181a ZK-DVO*). Überzeugen die Auskünfte nicht, muss eine der anderen Zollwertberechnungsmethoden angewendet werden. Im Regelfall läuft dies auf die Schlussmethode hinaus. Auf diese Weise soll verhindert werden, dass ein Anmelder zu niedrige Warenwerte angibt, um geringere Einfuhrabgaben zu zahlen.

1.5.2.3   Die Zollwertanmeldung

Nach *Art. 178 ZK-DVO* muss jeder Anmeldung auf Abfertigung eingeführter Waren zum freien Verkehr im Regelfall eine Anmeldung der Angaben über den Zollwert – nachstehend als Zollwertanmeldung bezeichnet – beigefügt sein. Für die Zollwertanmeldung ist ein besonderer Vordruck vorgeschrieben, der dem Muster in *Anhang 28* der *ZK-DVO* entspricht. Die Zollwertanmeldung wird häufig auch als *D.V. 1 (= declaration of value)* bezeichnet.

Beachte:

Für Zollanmelder, die am IT-Verfahren *ATLAS* teilnehmen und ihre Zollanmeldungen online an die Zollstelle übermitteln, entfällt die Vorlage einer Zollwertanmeldung nach Vordruck *D.V.1*. Die entsprechenden inhaltlichen Angaben müssen jedoch ebenfalls gemacht werden. Insoweit gelten die nachfolgenden Hinweise entsprechend.

EUROPÄISCHE GEMEINSCHAFT · **ANMELDUNG DER ANGABEN ÜBER DEN ZOLLWERT D. V. 1**

Abbildung 24: Zollwert-anmeldung

1 Verkäufer (Name oder Firma, Anschrift)

FÜR AMTLICHE ZWECKE

2 (a) Käufer (Name oder Firma, Anschrift)

2 (b) Zollwertanmelder (Name oder Firma, Anschrift)

3 Lieferungsbedingung (z. B. FOB New York)

WICHTIGER HINWEIS

Mit Unterzeichnung und Vorlage dieser Anmeldung übernimmt der Zollwertanmelder die Verantwortung bezüglich der Richtigkeit und Vollständigkeit der auf diesem Vordruck und sämtlichen mit ihm zusammen vorgelegten Ergänzungsblättern gemachten Angaben und bezüglich der Echtheit aller als Nachweis vorgelegten Unterlagen. Der Zollwertanmelder verpflichtet sich auch zur Erteilung aller zusätzlichen Informationen und zur Vorlage aller weiteren Unterlagen, die für die Ermittlung des Zollwerts der Waren erforderlich sind.

4 Nummer und Datum der Rechnung

5 Nummer und Datum des Vertrags

6 Nummer und Datum der früheren Zollentscheidungen zu den Feldern 7 bis 9

7 (a) Sind Käufer und Verkäufer VERBUNDEN im Sinne von Artikel 143 der Verordnung (EWG) Nr. 2454/93 ?*) – Falls NEIN, weiter zu Feld 8

Zutreffendes ankreuzen ☒

☐ JA ☐ NEIN

(b) Hat die Verbundenheit den Preis der eingeführten Waren BEEINFLUSST? ☐ JA ☐ NEIN

(c) (Antwort freigestellt) Kommt der Transaktionswert der eingeführten Waren einem der Werte in Artikel 29 Abs. 2b der Verordnung (EWG) 2913/92 SEHR NAHE? Falls JA, Einzelheiten angeben ☐ JA ☐ NEIN

8 (a) Bestehen EINSCHRÄNKUNGEN bezüglich der Verwendung und des Gebrauchs der Waren durch den Käufer, ausgenommen solche, die
– durch das Gesetz oder von den Behörden in der Gemeinschaft auferlegt oder gefordert werden,
– das Gebiet abgrenzen, innerhalb dessen die Waren weiterverkauft werden können,
– sich auf den Wert der Waren nicht wesentlich auswirken? ☐ JA ☐ NEIN

(b) Liegen hinsichtlich des Kaufgeschäfts oder des Preises BEDINGUNGEN vor oder sind LEISTUNGEN zu erbringen, deren Wert im Hinblick auf die zu bewertenden Waren nicht bestimmt werden kann? Art der Einschränkungen, Bedingungen oder Leistungen angeben. Falls der Wert im Hinblick auf die zu bewertenden Waren bestimmt werden kann, Betrag im Feld 11b angeben. ☐ JA ☐ NEIN

9 (a) Hat der Käufer unmittelbar oder mittelbar LIZENZGEBÜHREN für die eingeführten Waren nach den Bedingungen des Kaufgeschäfts zu zahlen? ☐ JA ☐ NEIN

(b) Ist das Kaufgeschäft mit einer Vereinbarung verbunden, nach der ein Teil der Erlöse aus späteren WEITERVERKÄUFEN, sonstigen ÜBERLASSUNGEN oder VERWENDUNGEN unmittelbar oder mittelbar dem Verkäufer zugute kommt? ☐ JA ☐ NEIN

Falls JA zu (a) oder auch (b): Die Umstände angeben und, wenn möglich, die Beträge in den Feldern 15 und 16 angeben.

*) PERSONEN GELTEN NUR DANN ALS VERBUNDEN, WENN
(a) sie der Leitung des Geschäftsbetriebs der jeweils anderen Person angehören;
(b) sie Teilhaber oder Gesellschafter von Personengesellschaften sind;
(c) sie sich in einem Arbeitgeber-/Arbeitnehmerverhältnis zueinander befinden;
(d) eine beliebige Person unmittelbar oder mittelbar 5% oder mehr der im Umlauf befindlichen stimmberechtigten Anteile oder Aktien beider Personen besitzt oder kontrolliert;
(e) eine von ihnen unmittelbar oder mittelbar die andere kontrolliert;
(f) beide von ihnen unmittelbar oder mittelbar von einer dritten Person kontrolliert werden;
(g) sie zusammen unmittelbar oder mittelbar eine dritte Person kontrollieren oder
(h) sie Mitglieder derselben Familie sind.
Die Tatsache, daß ein Käufer und ein Verkäufer miteinander verbunden sind, schließt die Anwendung des Transaktionswerts nicht unbedingt aus (siehe Artikel 29 Abs. 2 der Verordnung (EWG) 2913/92 und Anhang 23 zur der VO (EWG) Nr. 2454/93).
Auf das Merkblatt „Zollwert" (Vordruck 0466) wird hingewiesen.
Hinweis nach § 9 Abs. 2 Bundesdatenschutzgesetz
Zu den Angaben in diesem Vordruck sind Sie nach Artikel 178 der Verordnung (EWG) Nr. 2454/93 und § 11 Abs. 1 Umsatzsteuergesetz verpflichtet.

10 (a) Anzahl der beigefügten Ergänzungsblätter D. V. 1 BIS

10 (b) Ort, Datum, Unterschrift

0464 Anmeldung der Angaben über den Zollwert + – III B 4 – **(1994)**

DS   N-I 441 627 94

Quelle: Amtlicher Vordruck

Abbildung 25:
Zollwert-
anmeldung
(Rückseite)

			Ware (Pos.)	Ware (Pos.)	Vermerke der Zollstelle
A. Grundlage der Berechnung	**11**	(a) Nettopreis in der RECHNUNGSWÄHRUNG (Tatsächlich gezahlter Preis oder Preis im maßgebenden Bewertungszeitpunkt)			
		Nettopreis in NATIONALER WÄHRUNG			
		(Umrechnungskurs ....)			
		(b) Mittelbare Zahlungen (siehe Feld 8b)			
		(Umrechnungskurs ....)			
	12	Summe A in NATIONALER WÄHRUNG			
B. HINZU-RECH-NUNGEN: Kosten in NATIO-NALER WÄH-RUNG, die NICHT in A enthalten sind*) Gegebe-nenfalls NACH-STEHEND frühere Zollent-scheidun-gen hierzu angeben	**13**	Kosten, die für den Käufer entstanden sind (a) Provisionen (ausgenommen Einkaufsprovisionen)			
		(b) Maklerlöhne			
		(c) Umschließungen und Verpackung			
	14	Gegenstände und Leistungen, die vom Käufer unent-geltlich oder zu ermäßigten Preisen für die Verwen-dung im Zusammenhang mit der Herstellung und dem Verkauf zur Ausfuhr der eingeführten Waren geliefert werden			
		Die aufgeführten Werte sind ggf. entsprechend auf-geteilt			
		(a) In den eingeführten Waren enthaltene Materia-lien, Bestandteile und dergleichen			
		(b) Bei der Herstellung der eingeführten Waren ver-wendete Werkzeuge, Gußformen und dergleichen			
		(c) Bei der Herstellung der eingeführten Waren ver-brauchte Materialien			
		(d) Für die Herstellung der eingeführten Waren notwendige Techniken, Entwicklungen, Entwürfe, Pläne und Skizzen, die außerhalb der Gemeinschaft erarbeitet wurden			
	15	Lizenzgebühren (siehe Feld 9a)			
	16	Erlöse aus Weiterverkäufen, sonstigen Überlassungen oder Verwendungen, die dem Verkäufer zugute kommen (siehe Feld 9 b)			
	17	Lieferungskosten bis (Ort des Verbringens)			
		(a) Beförderung			
		(b) Ladekosten und Behandlungskosten			
		(c) Versicherung			
	18	Summe B			
C. ABZÜGE: Kosten in NATIO-NALER WÄH-RUNG, die in A ENT-HALTEN sind*)	**19**	Beförderungskosten nach Ankunft am Ort des Verbringens			
	20	Zahlungen für den Bau, die Errichtung, Montage, Instand-haltung oder technische Unterstützung nach der Einfuhr			
	21	Andere Zahlungen (Art)			
	22	Zölle und Steuern, die in der Gemeinschaft wegen der Einfuhr oder des Verkaufs der Waren zu zahlen sind			
	23	Summe C			
24 ANGEMELDETER WERT (A + B – C)					

*) Wenn Beträge in AUSLÄNDISCHER WÄHRUNG zu zahlen sind, hier den Betrag in ausländischer Währung und den Umrechnungskurs unter Bezug auf jede Ware und Zeile angeben.

Bezug   Betrag   Umrechnungskurs

Zusätzliche Angaben

Quelle: Amtlicher Vordruck

Die Zollwertanmeldung darf nur von einer Person abgegeben werden, die ihren **Wohn- oder Geschäftssitz im Zollgebiet der Gemeinschaft** und alle Tatsachen über die in der Anmeldung zu bestätigenden Umstände zur Verfügung hat. Hierauf sollte jeder Zollspediteur den Importeur hinweisen, wenn dieser ihn beauftragt, die Zollwertanmeldung in seinem Namen abzugeben. Die Person, die die Zollwertanmeldung abgibt, wird als **Zollwertanmelder** bezeichnet. Zumeist ist der Zollwertanmelder auch Käufer, Einführer und Zollanmelder in einer Person.

Die Mitgliedstaaten der *EU* können davon absehen, eine Zollwertanmeldung zu verlangen, wenn der Zollwert der eingeführten Waren nicht nach *Art. 29 ZK* ermittelt werden kann. In diesem Falle muss der Zollwertanmelder der zuständigen Zollstelle jede andere Information geben, die für die Ermittlung des Zollwerts nach einer anderen im *ZK* vorgesehenen Methode erforderlich ist. Werden Waren ständig unter gleichen Handelsbedingungen von demselben Verkäufer an denselben Käufer geliefert, so kann zugelassen werden, dass nicht alle Angaben über den Zollwert bei jeder Einfuhr vollständig gemacht werden, es sei denn, die Umstände haben sich geändert. Eine vollständige Zollwertanmeldung wird jedoch mindestens alle drei Jahre verlangt.

Liegt der Einfuhr kein Kaufgeschäft (einschließlich Werkvertrag und Werklieferungsvertrag) zu Grunde, kann auf die Zollwertanmeldung **verzichtet** werden. Allerdings muss dann der Empfänger die Angaben über den Zollwert in einer anderen von der Zollbehörde vorgeschriebenen Form und Art erbringen.

Weiterhin kann in folgenden Fällen von der Vorlage einer Zollwertanmeldung abgesehen werden *(Art. 179 ZK-DVO)*:
- Wenn der Zollwert der eingeführten Waren 10 000,– € je Sendung nicht übersteigt, sofern es sich nicht um eine Teilsendung oder um mehrfache Sendungen von demselben Absender an denselben Empfänger handelt;
- wenn es sich um Einfuhren handelt, die keinen gewerblichen Charakter haben;
- wenn die Anmeldung der betreffenden Angaben für die Anwendung des Zolltarifs nicht erforderlich ist oder die Zölle auf Grund einer speziellen zollrechtlichen Regelung nicht erhoben werden.

Bei der Verwendung von Datenverarbeitungsanlagen oder bei globalen, periodischen oder zusammenfassenden Zollanmeldungen können Abweichungen in der Form der Darstellung der zur Ermittlung des Zollwerts erforderlichen Daten zugelassen werden.
Der Zollwertanmelder muss der Zollwertanmeldung eine Rechnung über den Kauf der eingeführten Waren beifügen beziehungsweise der Zollstelle jederzeit zur Verfügung stellen können.
Lautet die Rechnung über die eingeführten Waren auf eine Person, die in einem anderen Mitgliedstaat als demjenigen ansässig ist, in dem der Zollwert angemeldet wird, so muss der Zollwertanmelder der Zollstelle eine zweite Ausfertigung der Rechnung vorlegen. Diese Zweitausfertigung erhält der Anmelder mit Stempelabdruck der Zollstelle zur Weiterleitung an die Person zurück, auf die die Rechnung ausgestellt ist.

> **Beachte:**
> Bei Teilnahme am IT-Verfahren *ATLAS* wird weitgehend auf die Vorlage der jeweiligen Nachweise verzichtet. Die oben aufgeführten Unterlagen müssen sich jedoch im Zeitpunkt der Übermittlung der Zollwertanmeldedaten im Original im Betrieb des Zollwertanmelders befinden. Die Unterlagen sind der Zollstelle auf Verlangen für eine Prüfung vorzulegen.

1.6   Zollschuld und Zollschuldner

Die rechtlichen Regelungen zu Zollschuld und Zollschuldner können in beträchtlichem Umfang die Tätigkeit des Spediteurs berühren. Unter bestimmten Voraussetzungen besteht nämlich die Möglichkeit, dass der **Spediteur selbst zum Zollschuldner wird.**

Zollschuld   Die Zollschuld ist nach *Art. 4 Nr. 9 ZK* die Verpflichtung einer Person, die für eine bestimmte Ware im geltenden Gemeinschaftsrecht vorgesehenen Einfuhrabgaben oder Ausfuhrabgaben zu entrichten. Als Person kommen sowohl juristische als auch natürliche Personen sowie Personenvereinigungen ohne eigene Rechtspersönlichkeit in Frage, wenn sie im Rechtsverkehr wirksam auftreten können (vergleiche *Art. 4 Nr. 1 ZK*).

Zoll-schuldner   Eine zur Erfüllung der Zollschuld verpflichtete Person wird als Zollschuldner bezeichnet *(Art. 4 Nr. 12 ZK)*.

Entste-hungstat-bestände   Auf welche Weise eine Zollschuld entsteht, ist in *Titel VII des ZK* geregelt. Von besonderer Bedeutung sind in diesem Zusammenhang die *Art. 201–204 ZK*, die die wesentlichen Entstehungstatbestände von Einfuhrzollschulden enthalten. Die in den *Art. 209 ff. ZK* geregelten Entstehungstatbestände für Ausfuhrzollschulden können an dieser Stelle vernachlässigt werden, da sie in der Praxis zurzeit bedeutungslos sind. Die letzte bestehende Ausfuhrzollschuld für Hartweizengrieß ist vom Gesetzgeber mittlerweile gestrichen worden. Mit der Einführung neuer Ausfuhrzölle ist nicht zu rechnen.

Art. 201 ZK   Den **Regelfall der (legalen) Zollschuldentstehung** enthält *Art. 201 Abs. 1 Buchst. a) ZK*. Wenn eine einfuhrabgabenpflichtige Ware in den zollrechtlich freien Verkehr übergeführt wird, entsteht eine Einfuhrzollschuld. Hier wird die Grundvoraussetzung für die Erhebung von Einfuhrzöllen deutlich. Sie dürfen nämlich im Allgemeinen nur dann erhoben werden, wenn die Waren in den Wirtschaftskreislauf der *EU* – also in den freien Verkehr – eingehen (sogenannter Wirtschaftszollgedanke).

> **Definition:**
> Einfuhrabgabenpflichtig ist eine Ware dann, wenn der Zolltarif für sie einen Zollsatz vorsieht. Ist der Zollsatz dagegen „frei", handelt es sich nicht um eine einfuhrabgabenpflichtige Ware.

Den **Zeitpunkt der Zollschuldentstehung** regelt *Art. 201 Abs. 2*. Danach entsteht die Zollschuld in dem Moment, in dem die betreffende Zollanmeldung durch die zuständige Zollstelle angenommen wird. Der *Europäische Gerichtshof* hat allerdings im Jahre 2001 entschieden, dass dies nur dann gilt, wenn es später auch tatsächlich zur Überlassung der Waren und damit zu einem Statuswechsel kommt. Aus den Nichtgemeinschaftswaren müssen Gemeinschaftswaren geworden sein. Die Zollschuld entsteht also unter der aufschiebenden Bedingung des später im Rahmen der Überlassung erfolgenden Statuswechsels.

Zollschuldner ist nach *Art. 201 Abs. 3* **der Anmelder. Dahinter verbirgt sich die Person, in deren Namen die Anmeldung abgegeben wird.**

Die Regelung entlastet den Spediteur. Dieser meldet nämlich im Regelfall als direkter Vertreter im Namen und für Rechnung einer Firma eine Ware an. Zollschuldner wird in diesem Fall allein die Firma als Vertretener. Der Spediteur ist „nur" direkter Stellvertreter und deshalb kein Zollschuldner.

Zu beachten ist insoweit, dass die Vertretungsmacht auf Verlangen der Zollbehörden nachgewiesen werden muss *(Art. 5 Abs. 5 ZK).* Wer ohne Vertretungsmacht handelt, wird selbst Zollschuldner.

Neben der direkten Stellvertretung lässt der *Zollkodex* allerdings auch die sogenannte **indirekte Stellvertretung** zu. Sie liegt dann vor, wenn zum Beispiel ein Spediteur in eigenem Namen aber für fremde Rechnung handelt *(Art. 5 Abs. 2, 2. Anstrich ZK).* In diesem Fall werden nach *Art. 201 Abs. 3 ZK* sowohl der Anmelder als auch die Person, für deren Rechnung die Anmeldung abgegeben wird, Zollschuldner. **Sowohl der handelnde Spediteur als auch der Vertretene sind zur Erfüllung der Zollschuld als Gesamtschuldner verpflichtet,** haften also jeweils für den gesamten Abgabenbetrag *(Art. 213 ZK).* **Der Spediteur trägt dann das Risiko, dass er bei Zahlungsunfähigkeit der vertretenen Firma für den betreffenden Betrag voll in Anspruch genommen werden kann. Ein Regress würde erfolglos bleiben.**

Eine Zollschuld entsteht nicht, wenn eine Einfuhrabgabenbefreiung greift. Insbesondere in der *EG-Zollbefreiungsverordnung* sind eine Vielzahl derartiger Zollbefreiungen geregelt. Neben den Freimengen für Waren im persönlichen Gepäck von Reisenden (bis 430,– € für Flug- und Seereisende) seien beispielhaft erwähnt: Übersiedlungsgut, Heiratsgut, Erbschaftsgut, Schulmaterial, Erprobungswaren und geringwertige Sendungen (bis 22,– €) im Postverkehr.

Art. 201 ZK regelt in *Abs. 1b)* einen weiteren, wenn auch seltenen Fall der Zollschuldentstehung. Eine Einfuhrzollschuld entsteht danach, wenn eine einfuhrabgabenpflichtige Ware in das Verfahren der vorübergehenden Verwendung unter teilweiser Befreiung von Einfuhrabgaben übergeführt wird.

Beispiel:
Ein Bagger aus der *Ukraine* soll im Zollgebiet zu Erdarbeiten eingesetzt werden. Für jeden Monat sind 3 % des auf dem Bagger liegenden Zolls zu zahlen. Bei einem Zollwert des Baggers von 600 000,– € und einem angenommenen Zollsatz von 10 % entsteht somit ein monatlicher Zoll in Höhe von 5 000,– €.

Während *Art. 201*, wie dargestellt, die legale Zollschuldentstehung regelt, enthalten die *Art. 202 – 205 ZK* Entstehungstatbestände, die bei Verstößen gegen das Zollrecht Anwendung finden.

Art. 202 ZK betrifft das **vorschriftswidrige Verbringen** von Waren in das Zollgebiet der **Art. 202 ZK** Gemeinschaft. Er erfasst allerdings nicht nur den **klassischen Einfuhrschmuggel**, sondern

auch jedes vorschriftswidrige Verhalten zwischen dem Überqueren der Grenze des Zollgebiets und der Gestellung der Waren. Näheres regeln insbesondere die *Art. 38–41 ZK*.

Beispiele:
- Nach Passieren der Grenze wird auf dem Weg zur zwei km entfernt liegenden
  Zollstelle die vorgeschriebene Zollstraße verlassen oder die Waren werden
  erst später (schuldhaft verzögert) zur Zollstelle gefahren.
- Es werden Waren über die „grüne" Grenze, also unter Umgehung der Zoll-
  stellen in das Zollgebiet der *EU* geschmuggelt.

**Die Zollschuld entsteht in dem Zeitpunkt, in dem die Ware vorschriftswidrig in das
Zollgebiet verbracht wird** *(Art. 202 Abs. 2 ZK)*. Zollschuldner sind nach *Art. 202 Abs. 3
ZK* in erster Linie die Personen, welche die Ware vorschriftswidrig in das Zollgebiet
verbracht haben. Als Zollschuldner kommen aber auch Beteiligte sowie Erwerber und
Besitzer in Betracht.

Beispiel:
So kann etwa ein Spediteur, der eingeschmuggelte Waren ohne Zollpapiere übernimmt, Zollschuldner werden, wenn er Kenntnis vom Einfuhrschmuggel hatte
oder dies hätte wissen müssen.

Art. 203 ZK Ein weiterer Fall der Zollschuldentstehung ist das Entziehen aus der zollamtlichen
Überwachung nach *Art. 203 ZK*.

Definition:
Ein Entziehen liegt vor, wenn konkrete zollamtliche Überwachungsmaßnahmen
nicht mehr durchgeführt werden können. Es reicht nach Auffassung des
Europäischen Gerichtshofs aus, wenn eine vorübergehende Einschränkung der zollamtlichen Kontrolle erfolgt ist.

Voraussetzung für ein Entziehen ist somit das Bestehen der zollamtlichen Überwachung.
Diese beginnt mit dem Verbringen der Waren in das Zollgebiet der Gemeinschaft.
Sie endet im Regelfall mit dem Wechsel des zollrechtlichen Status, das heißt mit der
Überführung einer Nichtgemeinschaftsware in den zollrechtlich freien Verkehr. In die-
sem Moment erhält sie nämlich den zollrechtlichen Status einer Gemeinschaftsware.
Weitere Fälle der Beendigung der zollamtlichen Überwachung regelt *Art. 37 Abs. 2 ZK*.

Solange die zollamtliche Überwachung währt, kann also entzogen werden. Einschrän-
kend wird der Begriff des Entziehens dahingehend verstanden, dass zollamtliche Überwa-
chungsmaßnahmen **konkret** begonnen haben müssen. Dies ist im Regelfall erst in dem
Moment der Fall, wenn die Waren bei der zuständigen Zollstelle gestellt worden sind. Vor
Gestellung der Waren kommt nach überwiegender Auffassung in Rechtsprechung und
Schrifttum allein eine Zollschuldentstehung nach *Art. 202 ZK* in Frage.

Beispiele für eine Zollschuldentstehung nach *Art. 203 Abs. 1 ZK*:

- Verlassen des Amtsplatzes nach Gestellung, ohne zuvor die Zustimmung der Zollstellen einzuholen
- Entfernen von Waren aus einem Verwahrungslager oder Zolllager ohne Bewilligung der Zollstellen
- Diebstahl von Waren, die sich in einem Zollverfahren (zum Beispiel Versandverfahren, aktive Veredelung) befinden.

Für den Spediteur kommt insbesondere das Entfernen von Waren aus dem Verwahrungslager in Betracht. Im Verwahrungslager befinden sich häufig Nichtgemeinschaftswaren, die mittels eines Versandverfahrens zur Spedition befördert worden sind und nun zollrechtlich abgefertigt werden sollen, bevor sie an den Kunden ausgeliefert werden. Gerade in der täglichen Praxis kommt es nämlich häufig vor, dass Waren aus dem Verwahrungslager zum Kunden transportiert werden, bevor eine Zollanmeldung abgegeben wird. Zwar bleibt dies in der Regel unentdeckt, jedoch sollte dem Spediteur bewusst sein, dass durch das Entziehen eine Zollschuld (zuzüglich Einfuhrumsatzsteuer) entsteht, für die er haften muss. Darüber hinaus drohen Buß- und Strafgelder, eventuell auch das Entziehen zollrechtlicher Begünstigungen (Beispiel: *Zugelassener Versender* und *Empfänger*, Bewilligungen für Zollverfahren).

Gemäß *Art. 203 Abs. 2 ZK* entsteht die Zollschuld im Moment des Entziehens. Zollschuldner ist nach *Art. 203 Abs. 3* der Handelnde, also die Person, welche die Ware der zollamtlichen Überwachung entzogen hat. Zollschuldner können aber auch Beteiligte oder Erwerber sein.

Einen weiteren wichtigen Zollschuldentstehungstatbestand, der insbesondere für Spediteure von besonderer Bedeutung ist, regelt *Art. 204 ZK*. Die Vorschrift erfasst zwei unterschiedliche Fälle: **Art. 204 ZK**

Zunächst entsteht nach *Art. 204 Abs. 1a)* eine Einfuhrzollschuld, wenn eine der **Pflichten nicht erfüllt** wird, die sich bei einer einfuhrabgabenpflichtigen Ware aus deren vorübergehenden Verwahrung oder aus der Inanspruchnahme des Zollverfahrens, in das sie übergeführt worden ist, ergeben.

Beispiel:
Für eine Ware, die sich bei einem Spediteur in vorübergehender Verwahrung befindet, wird nicht innerhalb der Frist des *Art. 49* (Regelfall: 20 Tage) eine Zollanmeldung abgegeben. Es entsteht eine Zollschuld nach *Art. 204 Abs. 1 Buchst. a ZK*, für die der Spediteur haftet. Wie beim Entziehen drohen Straf- und Bußgelder. Allerdings besteht in diesem Fall eventuell die Möglichkeit, die Pflichtverletzung nach *Art. 859 ZK-DVO* zu heilen (siehe unten).

Gemäß *Art. 204 Abs. 1b)* entsteht eine Einfuhrzollschuld aber unter anderem auch dann, wenn eine der **Voraussetzungen für die Überführung einer Ware in das betreffende Verfahren nicht erfüllt** ist.

Beispiel:

Der Anmelder überführt Waren in ein Zolllager, dessen Bewilligung allerdings längst abgelaufen ist.

Dem Spediteur, der eine der vorgenannten Verfehlungen begangen hat, bietet *Art. 204* allerdings eine **Rettungsmöglichkeit.** Wenn sich die Verfehlung nachweislich nicht auf die ordnungsgemäße Abwicklung der vorübergehenden Verwahrung oder des betreffenden Zollverfahrens ausgewirkt hat, entsteht keine Zollschuld. *Art. 859 ZK-DVO* konkretisiert dies. Die Vorschrift, die in den vergangenen Jahren ausgeweitet wurde, zählt die Fälle auf, die eine Zollschuldentstehung verhindern.

Voraussetzung ist aber, dass es sich nicht um den Versuch handelt, die Ware zu entziehen. Gleichfalls darf die Pflichtverletzung weder vorsätzlich noch grob fahrlässig begangen worden sein. Letztlich müssen alle notwendigen Förmlichkeiten erfüllt werden, um die Situation der Ware zu bereinigen. Dies bedeutet häufig, dass die Waren der zuständigen Zollstelle vorzuführen sind.

Beispiel:

Wäre im oben genannten Fall der verspäteten Abgabe einer Zollanmeldung eine rechtzeitig beantragte Fristverlängerung gewährt worden, könnte dies eine Zollschuldentstehung nach *Art. 204 ZK* verhindern, sofern die weiteren Voraussetzungen des *Art. 859 ZK-DVO* vorliegen. Sofern die Waren sich noch im Verwahrungslager befinden, der Pflichtenverstoß allenfalls auf leichter Fahrlässigkeit beruhte und ein Antrag auf Fristverlängerung nachträglich gestellt wird, führt die Verfehlung nicht zu einer Zollschuldentstehung.

Die Zollschuld nach *Art. 204 ZK* entsteht im Zeitpunkt der Pflichtverletzung *(Art. 204 Abs. 2 ZK)*. Zollschuldner ist nach *Art. 204 Abs. 3 ZK* die Person, die die verletzte Pflicht hätte erfüllen müssen.

Beispielfälle für eine Zollschuldenstehung nach *Art. 204 Abs. 1 ZK*:

- Nichtgemeinschaftswaren werden im Versandverfahren befördert. Dabei wird versehentlich der *Versandschein T1* (beziehungsweise das Versandbegleitdokument, wenn am *ATLAS*-Verfahren teilgenommen wird) vom Fahrer nicht mitgenommen. Ein gleich zu beurteilender Sachverhalt ergibt sich, wenn der Versandschein nur einen Teil der mitgeführten Waren berücksichtigt. Hier kommt eine Pflichtverletzung nach *Art. 204 (1) a) ZK*, aber auch ein Entziehen nach *Art. 203 (1) ZK* in Betracht. Gegen ein Entziehen spricht, dass sich die Waren, wenn auch ohne Kenntnis der Zollbehörden, in einem überwachten Verfahren befinden. Eventuellen Verstößen wird dadurch vorgebeugt, dass die Waren während des Transports gemäß *Art. 349 (1) ZK-DVO* durch Verschluss gesichert sind. So werden unter anderem Zollplomben angebracht. Es verbleibt allein eine Pflichtverletzung. Verstoßen wurde gegen die Pflicht aus *Art. 350 (1) ZK-DVO*. Nach dieser Vorschrift muss der *Versandschein T1* die Waren bei der Beförderung begleiten und auch sämtliche der mitgeführten Waren erfassen. Es kommt somit in beiden der oben genannten Fälle im Hinblick auf die Waren, für welche kein Versandschein mitgeführt wird, zu einer Zollschuldentstehung nach *Art. 204 (1) a) ZK*.

- Eingefrorene Ware taut in einem Versandverfahren vom Beteiligten gewollt auf, ohne dass dieser Umstand den Zollbehörden zuvor mitgeteilt wurde. Im Versandverfahren sind die Waren gemäß *Art. 96 ZK* unverändert zu gestellen. Der Hauptverpflichtete muss also dafür sorgen, dass sich die Waren bei Beendigung des Versandverfahrens in dem Zustand befinden, den sie bei Überführung in das Verfahren hatten. Da dies vorliegend nicht der Fall ist, greift *204 (1) a) ZK*. Die Fiktion des *Art. 206 ZK* (Nichtentstehen einer Zollschuld im Falle einer Vernichtung beziehungsweise Zerstörung) kommt mangels der erforderlichen Zustimmung der Zollbehörden nicht zur Anwendung.

- In einem gemeinschaftlichen Versandverfahren werden die Nämlichkeitsmittel verletzt, indem zum Beispiel die Zollplomben entfernt werden oder anderweitig ein Zugriff auf die Waren erfolgt. Es handelt sich zum eine Pflichtverletzung nach *Art. 204 Abs. 1 Buchst. a) ZK*. Sofern die Waren im Anschluss an das Öffnen der Zollplombe der zollamtlichen Überwachung entzogen werden, liegen auch die Voraussetzungen des *Art. 203 Abs. 1 ZK* vor.

- In einem Versandverfahren werden Waren nach Ablauf der Gestellungsfrist gestellt. Hier könnte die Zollschuld nach *Art. 204 Abs. 1 Buchst. a ZK* wegen Überschreitung der nach *Art. 356 Abs. 1 ZK-DVO* gesetzten Gestellungsfrist entstanden sein. Unter den Voraussetzungen des *Art. 859 Ziff. 2 ZK-DVO* kann die Verpflichtung geheilt werden. Dies ist beispielsweise der Fall, wenn die Nichteinhaltung der Frist auf vom Beförderer oder Hauptverpflichteten nicht zu vertretende Umstände zurückzuführen ist.

- Eine Ware in vorübergehender Verwahrung (oder in einem Zollverfahren) wird ohne Einhaltung der vorgeschriebenen Förmlichkeiten aus dem Zollgebiet der Gemeinschaft ausgeführt. Sofern kein Entziehen nach *Art. 203 Abs. 1 ZK* vorliegt, kann das Entstehen einer Zollschuld nach *Art. 204 Abs. 1 Buchst. a ZK* kann unter den Voraussetzungen des *Art. 859 Ziff. 6 ZK-DVO* verhindert werden.

- Nichtgemeinschaftswaren werden in den zollrechtlich freien Verkehr übergeführt. Nachträglich stellt sich heraus, dass erforderliche Präferenznachweise nicht erbracht werden können. Die Zollschuld ist in der gesetzlich geschuldeten Höhe entstanden *(Art. 201 Ab.s 1 Buchst. a ZK)*. Die Präferenz bleibt wegen der fehlenden Dokumente unberücksichtigt.

Art. 205 ZK   Einen letzten seltenen Fall der Zollschuldentstehung regelt *Art. 205 ZK*. Dies betrifft den regelwidrigen Verbrauch oder die Verwendung von Waren in Freizonen oder Freilagern.

> **Hinweis:**
> Gibt es für eine Zollschuld mehrere Zollschuldner, so sind diese gesamtschuldnerisch zur Erfüllung der Zollschuld verpflichtet *(Art. 213 ZK)*. Jeder Gesamtschuldner haftet auf die gesamte Summe. Die Zollbehörden können sich nach pflichtgemäßem Ermessen einen der Gesamtschuldner für die Zahlung heraussuchen. Dieser kann dann „internen" Ausgleich von den anderen Gesamtschuldnern verlangen.

Entlastung nach Art. 206 ZK   Eine **Entlastungsmöglichkeit von bereits entstandenen Zollschulden** enthält *Art. 206 ZK*. Danach entsteht keine Zollschuld, wenn die betreffenden Waren aus ihrer Natur liegenden Gründen, durch Zufall oder in Folge höherer Gewalt oder mit Zustimmung der Zollbehörden vernichtet oder zerstört worden oder unwiederbringlich verloren gegangen sind. Die Nachweispflicht obliegt allerdings auch hier den Beteiligten.

> **Beispiel:**
> Ein unverschuldeter Verkehrsunfall, bei dem die unter zollamtlicher Überwachung stehenden Nichtgemeinschaftswaren vernichtet worden sind, führt zwar zunächst zu einer Zollschuldentstehung nach *Art. 204 Abs. 1 Buchst. a ZK*. Da die Ware aber durch Zufall vernichtet wurde, greift *Art. 206 ZK*, so dass die Einfuhrzollschuld als nicht entstanden gilt.

Art. 206 ZK findet allerdings nicht im Falle des Entziehens Anwendung. Es muss vielmehr ein Fehlverhalten im Sinne des *Art. 202 ZK* oder des *Art. 204 Abs. 1 Buchst. a ZK* vorliegen.

> **Hinweis:**
> Gemäß *§ 21 (2) UStG* gelten die Vorschriften für die Zollschuldentstehung auch im Hinblick auf die Einfuhrumsatzsteuer. Diese entsteht somit zeitgleich mit einer Zollschuld. Gleiches gilt im Übrigen auch für die Verbrauchsteuern (zum Beispiel Mineralölsteuer, Kaffeesteuer, Tabaksteuer und Branntweinsteuer).

Bemessungsgrundlage   Ist eine Zollschuld entstanden, muss ihre Höhe – von einigen Ausnahmen abgesehen – nach den **Bemessungsgrundlagen des *Art. 214 ZK*** bestimmt werden. Was Bemessungsgrundlagen sind, sagt die Vorschrift nicht ausdrücklich. Gemeint sind: Menge, Beschaffenheit, Wert und Zollsatz.

Weitere Maßnahmen der Zollbehörde   Die entstandene Zollschuld muss von den Zollbehörden **buchmäßig erfasst** werden *(Art. 217 ZK)*. Die schnelle Aufnahme in die Bücher soll eine zügige Weiterleitung der Zollschulden an die *EU*-Kommission sicherstellen. Dieser stehen nämlich 75 % der erhobenen Zölle zu. Anschließend ist der Abgabenbetrag dem Zollschuldner in **geeigneter Form** (= Steuerbescheid) mitzuteilen *(Art. 221 Abs. 1 ZK)*. Er muss innerhalb der in *Art. 222 ff. ZK* genannten Fristen den Abgabenbetrag entrichten.

Unter bestimmten Voraussetzungen kann es zu einem (nachträglichen) **Erlöschen der Zollschuld** kommen. Dies ist gemäß *Art. 233 ZK* zunächst einmal der Fall, wenn der Abgabenbetrag entrichtet oder erlassen wird.

Auch wenn die Zollanmeldung für ungültig erklärt wird, die Waren vor der Überlassung beschlagnahmt und gleichzeitig oder später eingezogen werden oder auf Anordnung der Zollbehörden vernichtet oder zerstört werden, erlischt die Zollschuld. Auch im Falle des Einfuhrschmuggels führen Beschlagnahme und Einziehung zu einem Erlöschen der Zollschuld, sofern die Beschlagnahme unmittelbar während des vorschriftswidrigen Verbringens erfolgt.

Beispiel:
Während Zigaretten über die „grüne Grenze" eingeschmuggelt werden, schreitet die Zollfahndung ein, nimmt die Schmuggler fest und beschlagnahmt die Waren. Eine spätere Einziehung, die zum endgültigen Eigentumsverlust der Schmuggler führt, lässt die durch den Schmuggel entstandene Zollschuld erlöschen. Gleiches gilt im Hinblick auf die Einfuhrumsatzsteuer. Dagegen bleibt die Tabaksteuer bestehen.

Wann es zu einem Erlass kommt, regeln die *Art. 235 ff. ZK*. In diesen Fällen muss der Zollschuldner eine entstandene Zollschuld nicht entrichten. Dem Erlass einer Zollschuld wird die Erstattung, das heißt die Rückzahlung der Gesamtheit oder eines Teils der entrichteten Einfuhr- oder Ausfuhrabgaben, gleichgestellt. Erstattung oder Erlass sind beispielsweise möglich, wenn eine Abgabenschuld nicht besteht.

Beispiel:
Wenn die Zollbehörden bei der Berechnung des zu zahlenden Zolls von einem zu hohen Zollwert ausgegangen sind, kann dies, wenn sich dieser Fehler nachträglich herausstellt, im Wege eines Erlasses oder einer Erstattung korrigiert werden.

Neben den bereits genannten Fällen sehen *Zollkodex (Art. 236-239 ZK)* und *ZollkodexdurchführungsVO (Art. 900-905 ZK-DVO)* noch eine ganze Reihe weiterer Möglichkeiten vor, in denen auf Antrag innerhalb von drei Jahren nach Ergehen des Steuerbescheides der Erlass oder die Erstattung von Einfuhrabgaben verlangt werden kann. Durch die genannten Regelungen wird die Formenstrenge des Zollschuldrechts zugunsten einer Gerechtigkeit im Einzelfall aufgehoben.

Wichtige Erlass- und Erstattungsgründe sind die folgenden:

* Die Waren wurden vom Einführer zurückgewiesen, weil sie schadhaft waren oder nicht den Bedingungen des Vertrags entsprachen *(Art. 238 ZK)*. Allerdings dürfen die Waren noch nicht verwendet oder gebraucht worden sein.
* Die Waren werden aus einem Zolllager gestohlen und kurzfristig wieder gefunden *(Art. 900 Buchst. a ZK-DVO)*.
* Die Waren werden vom Zollbeteiligten irrtümlich aus einem Zollverfahren mit vollständiger oder teilweiser Einfuhrabgabenbefreiung entzogen. Sofort nach Feststellung des Irrtums werden sie wieder in den ursprünglichen zollrechtlichen Status zurückversetzt *(Art. 900 Buchst. b ZK-DVO)*.

- Die Waren wurden irrtümlich vom Absender an den Empfänger geliefert *(Art. 900 Buchst. h ZK-DVO)*.
- Die Waren sind wegen einer offensichtlichen Falschbestellung für den Empfänger für die vorgesehene Verwendung ungeeignet *(Art. 900 Buchst i ZK-DVO)*.
- Der Empfänger erhält die Waren erst nach Ablauf einer vertraglich fest vereinbarten Lieferfrist *(Art. 900 Buchst. m ZK-DVO)*.

Die Fälle einer irrtümlichen Überführung in ein Zollverfahren, das die Verpflichtung zur Zahlung von Abgaben beinhaltet, erfasst *Art. 901 ZK-DVO*. Unter den in *Art. 901* und *902 ZK-DVO* geregelten Voraussetzungen kann es auch in diesen Fällen zu einem Erlass oder einer Erstattung kommen.

In (weiteren) „besonderen" Fällen kann eine Erstattung beziehungsweise Erlass nach *Art. 239 ZK* in Verbindung mit *Art. 905 ZK-DVO* beantragt werden. Beim Beteiligten darf dann jedoch weder betrügerische Absicht noch offensichtliche Fahrlässigkeit vorliegen. Leider hat der Gesetzgeber nicht genau definiert, was unter einem „besonderen Umstand" zu verstehen ist. Die hierzu ergangene Rechtsprechung des *Europäischen Gerichtshofes* war in der Vergangenheit leider sehr restriktiv. Sie hat dazu geführt, dass es sehr selten zu einer Anwendung der genannten Vorschriften kommt. „Besondere" Fälle sollen nämlich nur dann vorliegen, wenn es sich um Umstände handelt, die andere Wirtschaftsbeteiligte in vergleichbaren Fällen nicht treffen würden („außergewöhnliche Situation"). Letzten Endes hat die einschränkende Anwendung der Vorschriften dazu geführt, dass nur bei einer durch die Zollbehörden verursachten Zollschuldentstehung zugunsten des Beteiligten Erlass / Erstattung gewährt werden kann.

Beispiele:
Die Zollbehörden geben eine falsche Auskunft, sodass es zu einer Zollschuldentstehung kommt.
Auf Grund des Verhaltens eines von den Zollbehörden eingeschalteten verdeckten Ermittlers kommt es zu einer Zollschuldentstehung.

In einigen, eher seltenen Fällen ist die Anwendung des *Art. 905 ZK-DVO* an eine Zustimmung der *EU-Kommission* geknüpft. Dies ist insbesondere der Fall, wenn die in Frage stehenden Zollschulden 500 000,– € überschreiten.

1.7 Warenursprung und Präferenzen

1.7.1 Das Warenursprungsrecht

Das Warenursprungsrecht bestimmt im Wesentlichen die „Nationalität" und damit das **Allge-** Ursprungsland der Ware. **meiner**

Diese Frage ist nicht immer einfach zu beantworten. Bei der Bestimmung des Waren- **Waren-** ursprungs geht es nicht allein danach, in welchem Land die Warensendung auf den Weg **ursprung** gebracht wurde. Nicht selten werden Waren exportiert, die ursprünglich importiert oder aus importierten Bestandteilen zusammengesetzt wurden.

Das Warenursprungsrecht wird häufig auch als Recht zur Regelung des „allgemeinen Warenursprungs" beziehungsweise „**nichtpräferenziellen Warenursprungs**" bezeichnet.

> **Vom allgemeinen beziehungsweise nichtpräferenziellen Ursprung der Ware hängt es ab, ob bei der Ein- oder Ausfuhr handelspolitische Maßnahmen Anwendung finden (zum Beispiel außenwirtschaftliche Genehmigungspflichten, die Anwendung von Ein- und Ausfuhrverboten beziehungsweise -beschränkungen, die Verhängung von Anti-Dumpingzöllen).**

Wichtige rechtliche Grundlagen zum allgemeinen Warenursprung ergeben sich aus *Art. 22 – 26 ZK* und *Art. 35 – 65 ZKDVO*.

Nach den einschlägigen Regelungen der *EU* sind Ursprungswaren eines Landes sol- **Ursprungs-** che Waren, die im Sinne des *Art. 23 ZK* vollständig in diesem Land gewonnen oder her- **waren** gestellt wurden. Sofern mehrere Länder an der Herstellung der Ware beteiligt waren, hat die Ware gemäß *Art. 24 ZK* den Ursprung in dem Land, das die letzte wesentliche und wirtschaftlich gerechtfertigte Be- oder Verarbeitung vorgenommen hat. Dabei müssen diese Be- beziehungsweise Verarbeitungen in einem dazu eingerichteten Unternehmen erfolgen und zur Herstellung eines neuen Erzeugnisses geführt haben oder eine bedeutende Herstellungsstufe darstellen.

Beispiele für eine Ursprungsbegründung aufgrund *vollständigen Gewinnens oder Herstellens*:

in *Brasilien* geernteter Kaffee (Gewinnung)	→	Ursprung gemäß *Art. 23 ZK* in *Brasilien*
in *Argentinien* aus dort geborenen und aufgezogenen Rindern hergestellte Steaks (Herstellung)	→	Ursprung gemäß *Art. 23 ZK* in *Argentinien*

Beispiele für eine Ursprungsbegründung aufgrund der *letzten wesentlichen Be- oder Verarbeitung*:

in *Brasilien* geernteter Kaffee wird in *Peru* geröstet und gemahlen	→	Ursprung gemäß *Art. 24 ZK* in *Peru*

in *Argentinien* geborene   →   Ursprung gemäß *Art. 24 ZK* in *Mexiko*
und aufgezogene Rinder
werden in *Mexiko* geschlachtet
und zu Steaks verarbeitet.

Eine Be- und Verarbeitung, die lediglich zur Umgehung bestimmter in der *EU* geltender Vorschriften (wie Einfuhrgenehmigungspflichten) vorgenommen wurde, kann den so erzeugten Waren keinesfalls eine Ursprungseigenschaft dieses Be- oder Verarbeitungslandes verleihen. *(Art. 25 ZK)*

Die genaue Feststellung des Warenursprungs im Einzelfall ist häufig sehr kompliziert. Durch die *EU* wurden deshalb für bestimmte Waren, insbesondere Waren der Textilindustrie – gemäß *Art. 37* und *Art. 39* in Verbindung mit *Anhängen 10* und *11* der *ZKDVO* – Be- und Verarbeitungsvorgänge vorgeschrieben, die ausgeführt sein müssen, um der Ware den Ursprung des betreffenden Landes zu verleihen.

Nachweis des Ursprungs **Der Ursprung ist in der Regel bei der Einfuhr gegenüber der Zollbehörde nachzuweisen.** Dieser Nachweis wird grundsätzlich entweder durch die Vorlage einer **Ursprungserklärung** oder durch ein **Ursprungszeugnis** erbracht.

Ursprungserklärung:
Erklärung des Herstellers oder des Lieferanten auf der Rechnung oder einem anderen Handelspapier zur Herkunft der betreffenden Ware.

Ursprungszeugnis:
Den Ursprung der Ware bezeugende Urkunde, die von einer Stelle des Ursprungslandes ausgestellt sein muss, die nach den zutreffenden Vorschriften dafür ausdrücklich anerkannt ist.

Aus den unterschiedlichen Inhalten ergibt sich, dass Ursprungszeugnisse höhere Anforderungen erfüllen müssen.

In der *Bundesrepublik Deutschland* sind die *Industrie- und Handelskammern, Handwerkskammern* oder *Landwirtschaftskammern* zur Ausstellung von Ursprungszeugnissen berechtigt. In welchen konkreten Fällen eine Ursprungserklärung oder ein Ursprungszeugnis erforderlich ist, ergibt sich aus einer Einfuhrliste, die in den *EZT* eingearbeitet wurde.

Verbindliche Ursprungsauskunft (VUA) Eine bessere Kalkulationssicherheit erhalten Wirtschaftsbeteiligte, wenn sie eine *Verbindliche Ursprungsauskunft (VUA)* beantragen. Die *Verbindliche Ursprungsauskunft* kann sich dabei sowohl auf die Feststellung des nichtpräferenziellen Ursprungs nach *Art. 22 ZK* als auch auf den nachfolgend beschriebenen präferenziellen Ursprung nach *Art. 27 ZK* beziehen. Die hierfür zugrunde liegenden Rechtsgrundlagen sind die *Artikel 12 ZK* und die *Artikel 5 bis 14 ZK-DVO*. Die *VUA* ist für die Zollbehörden für drei Jahre rechtlich bindend. Zuständig für die Erteilung der *VUA* sind das *Hauptzollamt Hannover* sowie die *Industrie- und Handelskammern* (letztere nur für den nichtpräferenziellen Ursprung).

1.7.2 Das Präferenzrecht

Auch hier geht es um den Ursprung einer Ware. Dabei handelt es sich jedoch um spezielle Regelungen, die vom allgemeinen Warenursprungsrecht abzugrenzen sind.

> Vom präferenziellen Ursprung der Ware hängt es ab, ob bei der Einfuhr ermäßigte Zollsätze zur Anwendung kommen beziehungsweise die Einfuhr zollfrei erfolgen kann. Präferenzen sind hier also immer Vergünstigungen hinsichtlich der zu erhebenden Einfuhrzölle.

Präferenzen Gemäß *Art. 27 ZK* gewährt die *EU* bei der Einfuhr von Ursprungswaren aus bestimmten Ländern oder Ländergruppen solche Präferenzen auf der Grundlage von Abkommen mit diesen Ländern. Ferner werden die Vergünstigungen auch einseitig von der *EU* zu Gunsten bestimmter Länder, zum Beispiel den Entwicklungsländern eingeräumt.

Mit den meisten Ländern hat die *EU* Abkommen der verschiedensten Art abgeschlossen, in denen diese Vorzugsbehandlung vorgesehen ist. Beispielhaft sind hier das Abkommen über den *Europäischen Wirtschaftsraum (EWR)* oder die Abkommen mit den Mittel- und Osteuropäischen Ländern zu nennen.

Für die Gewährung präferenzieller Zollsätze im Einfuhrland sind die Voraussetzungen in den jeweiligen Abkommen zu prüfen. Grundsätzlich werden Präferenzen nur für Waren mit Ursprung in den Mitgliedstaaten des Abkommens gewährt.

Freiverkehrseigenschaft Eine Besonderheit gibt es im Warenverkehr zwischen der *EU* und der *Türkei*. Hier müssen sich die Waren, gemäß *Art. 3 Beschluss 1/95* des *Assoziationsrates EG-TR*, lediglich im zollrechtlich freien Verkehr der jeweiligen Vertragspartei befinden, um in den Genuss von präferenziellen Zollsätzen bei der Einfuhr in das Gebiet der anderen Vertragspartei zu kommen. Bei bestimmten landwirtschaftlichen Erzeugnissen ist der direkte Ursprung in der *Türkei* erforderlich.

Weiterhin ist Voraussetzung, dass der Zollanmelder bei der Einfuhr die **Präferenzberechtigung anmeldet** (im *Feld 36* des *Einheitspapieres* beziehungsweise in dem dafür vorgesehenen Feld in der *ATLAS*-Eingabemaske) und den im Abkommen vorgeschriebenen Präferenznachweis vorlegt.

Im Warenverkehr mit der *Türkei* wird dieser Nachweis mit der *Warenverkehrsbescheinigung A.TR.* (vergleiche Abbildung S. 156) erbracht.

Die Freiverkehrseigenschaft der Ware ist ferner im Warenverkehr zwischen den Mitgliedstaaten der *EU* erforderlich. Allerdings ist der förmliche Nachweis dafür mittels eines *T2-Versandpapiers* lediglich nur noch dann notwendig, wenn die Waren über ein Drittland, zum Beispiel die *Schweiz*, befördert werden.

Präferenzieller Ursprung In allen anderen Abkommen beziehungsweise Regelungen, die Zollpräferenzen zum Gegenstand haben, ist deren Gewährung in der Regel vom Ursprung der Ware abhängig. Dieser präferenzielle Warenursprung ist jedoch nicht für alle Regelungen global bestimmbar. Einen solchen Ursprung gibt es nicht. Vielmehr ist dieser als Ursprung im Sinne des jeweiligen Abkommens anzusehen, deren Ursprungsregeln unterschiedlich sein können. Um den präferenziellen Ursprung der Ware festzustellen, ist nach diesen Regeln vorzugehen.

Abbildung 26:
Warenverkehrs-
bescheinigung

WARENVERKEHRSBESCHEINIGUNG

1. Ausführer (Name, vollständige Anschrift, Staat)	**A.TR.** **Nr. D** 662372

2. Frachtpapier (Ausfüllung freigestellt)
Nr. _____ vom _____

3. Empfänger (Name, vollständige Anschrift, Staat) (Ausfüllung freigestellt)

4.
ASSOZIATION
zwischen der
EUROPÄISCHEN WIRTSCHAFTSGEMEINSCHAFT
und der
TÜRKEI

(¹) Anzugeben ist der Mitglied staat oder „Türkei"

5. Ausfuhrstaat

6. Bestimmungsstaat (¹)

7. Angaben über die Beförderung (Ausfüllung freigestellt)

8. Bemerkungen

9. Laufende Nummer

10. Zeichen, Nummern, Anzahl und Art der Packstücke (bei lose geschütteten Waren je nach Fall Name des Schiffes, Waggon- oder Kraftwagennummer); Warenbezeichnung

11. Rohgewicht (kg) oder andere Maße (hl, m³, etc.)

12. BESCHEINIGUNG DER ZOLLSTELLE

Stempel

Die Richtigkeit der Erklärung wird bescheinigt.
Ausfuhrpapier (²):

(¹) Nur auszufüllen, wenn im Ausfuhrstaat erforderlich

Art/Muster _____ Nr. _____
vom _____
Zollstelle: _____
Austellender Staat: _____

_____
(Ort und Datum)

_____
(Unterschrift)

13. ERKLÄRUNG DES AUSFÜHRERS

Der Unterzeichner erklärt, daß die vorgenannten Waren die Vorraussetzungen erfüllen, um diese Bescheinigung zu erlangen.

_____
(Ort und Datum)

_____
(Unterschrift)

Quelle: Amtlicher Vordruck

Grundsätzlich kann davon ausgegangen werden, dass Waren, die vollständig in einer **Ursprungs-** Vertragspartei des Abkommens hergestellt wurden, auch sogenannte Ursprungserzeug- **regeln** nisse und damit präferenzberechtigt sind. Soweit dies nicht vorliegt, weil mehrere Länder an der Herstellung beteiligt sind, enthalten die Abkommen Anhänge mit Listen, die in der Regel für alle Waren zu erfüllende Bedingungen vorschreiben. Sofern diese erfüllt wurden, ist die Ware als ein Ursprungserzeugnis anzusehen und damit bei der Einfuhr in das Gebiet der anderen Vertragspartei präferenzberechtigt.

Die Zollvergünstigung hängt wesentlich davon ab, dass der Anmelder die Ware als Zustän- **präferenzberechtigt anmeldet und den vorgeschriebenen Präferenznachweis vorlegt.** **digkeit**

Zuständig für die Ausstellung dieser Nachweise bei der Ausfuhr von Waren aus der Bundesrepublik, die im Bestimmungsland zur Gewährung einer Präferenz führen sollen, **ist die Zollstelle**, in deren Bezirk der Ausführer seinen Sitz beziehungsweise Ort der Geschäftsleitung, Zweigniederlassung oder Betriebsstätte hat oder bei der die Ausfuhrzollförmlichkeiten erfüllt werden. Im Übrigen kann jede andere Zollstelle die Prüfung der Ursprungseigenschaft vornehmen und einen Präferenznachweis ausstellen. Auch in fremden Wirtschaftsgebieten erfolgt deren Ausstellung grundsätzlich durch die Zollbehörden.

Einen Antrag auf diesen Nachweis kann in der Regel nur der Ausführer stellen, der sich durch einen Spediteur als Bevollmächtigten vertreten lassen kann. Sofern dieses Vertretungsverhältnis aus wirtschaftlichen Gründen nicht aus dem Präferenznachweis ersichtlich sein soll, ist es ausreichend, wenn die Vertretung aus dem Antrag erkennbar ist. Insofern erscheint der Bevollmächtigte als Absender im Präferenznachweis.

Darüber hinaus kann der Lieferant beziehungsweise Ausführer **Präferenznachweise** für Sendungen bis zu bestimmten Wertgrenzen **selbst ausstellen. Bei diesen Nachweisen handelt es sich in der Regel um die Ursprungserklärung auf der Rechnung.**

Ohne Präferenznachweis werden im Reise- und Postverkehr die Zollvergünstigungen bei der Einfuhr für Waren nichtkommerzieller Art innerhalb bestimmter Wertgrenzen gewährt.

Zur Inanspruchnahme der Vergünstigung ist der Nachweis innerhalb der gegebenenfalls vorgesehenen Frist der Zollstelle des Einfuhrlandes vorzulegen, in dem die Abfertigung zum freien Verkehr oder zu einem anderen Zollverfahren vorgenommen wird. Bei einer eventuellen Fristüberschreitung durch zum Beispiel außergewöhnliche Umstände wie Streiks, Unfälle und dergleichen kann die Vergünstigung dennoch gewährt werden, wenn durch entsprechende Unterlagen nachgewiesen wird, dass sich der Präferenznachweis auf die gestellte Ware bezieht. Sofern daran kein Zweifel besteht, kann die Zollstelle auf diese Unterlagen verzichten. Eine Überschreitung der Vorlagefrist bedeutet also nicht in jedem Fall den Verlust der Vergünstigung.

Bei der Abfertigung zu einem Zolllagerverfahren, Versandverfahren und der vorübergehenden Verwendung kann auf Antrag des Beteiligten die Vorlage eines Präferenznachweises im Zollbefund vermerkt werden. Diese Vermerke ersetzen gegenüber deutschen Zollstellen die Vorlage des Präferenznachweises bei weiteren Zollbehandlungen.

Die Zollstellen gewähren die vorgesehenen Präferenzen bei der Einfuhr nur, wenn die **Unmittel-** Waren **unmittelbar befördert** wurden. Ein Drittland darf nicht berührt werden. Allerdings **bare Beför-** ist eine Durchfuhr durch Drittländer möglich, wenn die Beförderung mit einem einzigen, **derung** im Abkommensstaat beziehungsweise Vertragsstaat ausgestellten Frachtpapier erfolgt, welches als Nachweis für die unmittelbare Beförderung der Zollstelle vorzulegen ist.

Präferenz-nachweis Welcher Präferenznachweis im Einzelnen zur Anwendung kommt, ergibt sich aus den jeweiligen Protokollen mit den Ursprungsregeln zum Abkommen oder der *DVO* zum *Zollkodex*.

Präferenznachweise für Ursprungswaren untergliedern sich in **förmliche** und **vereinfachte Präferenznachweise**.

Förmliche Nachweise sind:

- die *Warenverkehrsbescheinigung EUR. 1* (vergleiche Abbildung S. 162)
  Sie gilt im Warenverkehr zwischen dem *Europäischen Wirtschaftsraum (EWR)*, der aus den 27 *EG*-Staaten und *Norwegen, Island* und *Liechtenstein* besteht, und der *Schweiz*.
- die *Warenverkehrsbescheinigung EUR-MED*
  Sie kommt immer dann zum Einsatz, wenn Dreiecksgeschäfte von mindestens drei Vertragsparteien getätigt werden und eines der betroffenen Länder aus der *Paneuropa-Mittelmeer-Zone* kommt. (Vergleiche Übersicht über Präferenznachweise)
- die *Warenverkehrsbescheinigung A. TR*
  Sie wird im Warenverkehr mit der *Türkei* verwendet und bescheinigt, dass sich die Waren im freien Verkehr der Vertragspartei befindet. Ein Ursprungsnachweis ergibt sich daraus nicht.
- das **Ursprungszeugnis nach** *Formblatt A* (vergleiche Abbildung S. 161)
  Es wird im Warenverkehr mit den Entwicklungsländern verwendet. Ausgestellt wird es von den dortigen Zollbehörden oder Regierungsstellen. Die entsprechenden Regelungen ergeben sich aus *Art. 80 ff. der ZKDVO*. Anstatt des *Formblatts A* kann in bestimmten Fällen ebenfalls eine Ursprungserklärung auf der Rechnung verwendet werden.

Vereinfachte Nachweise sind:

- die *Ursprungserklärung auf der Rechnung (UE)* (vergleiche Abbildung S. 163)
  Sie kann von jedem Ausführer bis zu einem Warenwert von 6 000,– € selbst ausgestellt werden. Für Ausfuhrsendungen, die über diesen Wert hinausgehen, dürfen die Ursprungserklärung auf der Rechnung nur ermächtigte Ausführer (EA) abgeben. Hier ist zusätzlich die Angabe der Bewilligungsnummer auf der Rechnung erforderlich.
- die *Ursprungserklärung auf der Rechnung für den Paneuropa-Mittelmeerraum (UE EUR-MED)*
  Sie findet in all den Fällen Anwendung, in denen auch die *EUR-MED* verwendet wird. Die Wertgrenze liegt bei 6 000,– €.
- die *Warenverkehrsbescheinigung EUR. 2*
  Sie gilt nur im Postverkehr aus *Syrien* und wird vom Ausführer selbst ausgefüllt und unterzeichnet. Die Wertgrenze ist bei 2 820,– € festgelegt.

Ohne Nachweis werden Präferenzen für Waren nichtkommerzieller Art in Kleinsendungen grundsätzlich bis zu einem Wert von 500,– € und im Reiseverkehr bis zu 1 200,– € gewährt.

Eine Ausnahme stellen Waren aus der *Türkei* dar; für diese wird der Ursprung ohne Nachweis bis zu einem unbegrenzten Wert anerkannt.

Welcher Präferenznachweis bis zu welcher Wertgrenze vorgelegt werden kann und welche Vereinfachung sowie Vorlagefristen bestehen, kann aus *Tabelle 6* entnommen werden.

Wenn die Ausstellung des Präferenznachweises bei der Ausfuhr infolge eines Irrtums oder eines entschuldbaren Versehens unterblieben ist oder ein früher für die gleiche Ware ausgestellter Nachweis im Empfangsstaat nicht innerhalb der Gültigkeitsfrist vorgelegt werden konnte, darf in der Regel die **nachträgliche Ausstellung des Nachweises** erfolgen. Dazu ist ein Antrag bei der oben genannten Zollstelle zu stellen. Die nachträgliche Ausstellung wird durch den Vermerk „Nachträglich ausgestellt" auf dem Präferenznachweis zum Ausdruck gebracht.

Zweitausfertigungen des Präferenznachweises können auf Antrag des Ausführers ausgestellt werden, wenn die erste Ausfertigung verlorengegangen oder vernichtet worden ist. Der Antrag ist ebenfalls bei der oben genannten Zollstelle zu stellen.

Kann bei der Einfuhr einer präferenzberechtigten Ware ein entsprechender Nachweis nicht erbracht werden, setzt die Zollstelle in der Regel eine Frist von bis zu vier Wochen zur Vorlage des Nachweises, wenn anzunehmen ist, dass die Voraussetzungen für die Zollvergünstigung vorliegen. Die Zollstelle erteilt unter Anwendung des besonderen Zollsatzes einen vorläufigen Zollbescheid. Für die Differenz zwischen dem Regelzollsatz und dem besonderen Zollsatz muss der Zollanmelder eine Sicherheit leisten. Bei sogenannten sicheren Zollbeteiligten (zum Beispiel Aufschubnehmer) kann von der Sicherheitsleistung abgesehen werden. Die gesetzte Frist zur nachträglichen Vorlage des Präferenznachweises kann bei nachgewiesenem Bedürfnis auf Antrag bis zu drei Monate verlängert werden.

Soweit eine Ware in der Zollanmeldung nicht als präferenzberechtigt angemeldet wurde und eine Verzollung mit dem Regelzollsatz erfolgte, wird nach Vorlage des ordnungsgemäßen Präferenznachweises der erlassene Steuerbescheid unter den Voraussetzungen der *Art. 235 ff. ZK* und *Art. 877 ff. ZKDVO* geändert.

Land	Präferenznachweis	Vorlagefrist
EWR beziehungsweise EFTA – *Norwegen* – *Island* – *Liechtenstein* – *Schweiz*	– EUR.1 / EUR-MED – UE / UE EUR-MED (bis 6 000,– € ohne Bewilligung)	4 Monate
Staaten des afrikanisch-karibisch-pazifischen Raumes / AKP-Staaten (EPA) – *Überseeische Länder und Gebiete / ÜLG-Staaten (LOMB)*	– EUR.1 – UE (bis 6 000,– € ohne Bewilligung)	10 Monate
– *Entwicklungsländer (SPG-Länder)*	– Form A – UE (bis 6 000,– € ohne Bewilligung)	10 Monate
– *Färöer-Inseln*	– EUR.1 / EUR-MED – UE / UE EUR-MED (bis 6 000,– € ohne Bewilligung)	4 Monate
– *Marokko* – *Tunesien*	– EUR.1 / EUR-MED – UE / UE EUR-MED (bis 6 000,– € ohne Bewilligung)	4 Monate

Tabelle 6:

Übersicht über Präferenznachweise

Land	Präferenznachweis	Vorlagefrist
– *Algerien*	– EUR.1 / EUR-MED – UE / UE EUR-MED (bis 6 000,– € ohne Bewilligung)	4 Monate
– *Syrien*	– EUR.1 – EUR.2 (bis 2 820,– € ohne Bewilligung, nur im Postverkehr)	5 Monate
– *Türkei* (Waren, die unter die Handels- regelung für Agrarerzeugnisse fallen) – *Türkei* (EGKS-Waren) – *Türkei* (sonstige Waren)	– EUR.1 – UE (bis 6 000,– € ohne Bewilligung) – A.TR.	4 Monate
– *Mazedonien* – *Kroatien* – *Albanien* – *Bosnien-Herzegowina* – *Serbien* – *Montenegro* – *Kosovo* – *Moldau*	– EUR.1 – UE (bis 6 000,– € ohne Bewilligung)	4 Monate
– *Ceuta* – *Melilla*	– EUR.1 – UE (bis 6 000,– € ohne Bewilligung)	4 Monate
– *Andorra* (landwirtschaftliche Produkte)	– EUR.1 – UE (bis 6 000,– € ohne Bewilligung)	4 Monate
– *Ägypten* – *Jordanien* – *Israel*	– EUR.1 / EUR-MED – UE / UE EUR-MED (bis 6 000,– € ohne Bewilligung)	4 Monate

– *Libanon*
– *Palästinensische Behörde für das*
  Westjordanland und den Gaza-
  Streifen
	– EUR.1
	– UE
	(bis 6 000,– € ohne Bewilligung)
		4 Monate

– *Südafrika*	– EUR.1 – UE (bis 6 000,– € ohne Bewilligung)	4 Monate
– *Chile* – *Mexiko*	– EUR.1 – UE (bis 6 000,– € ohne Bewilligung)	10 Monate

Quelle: eigene Darstellung

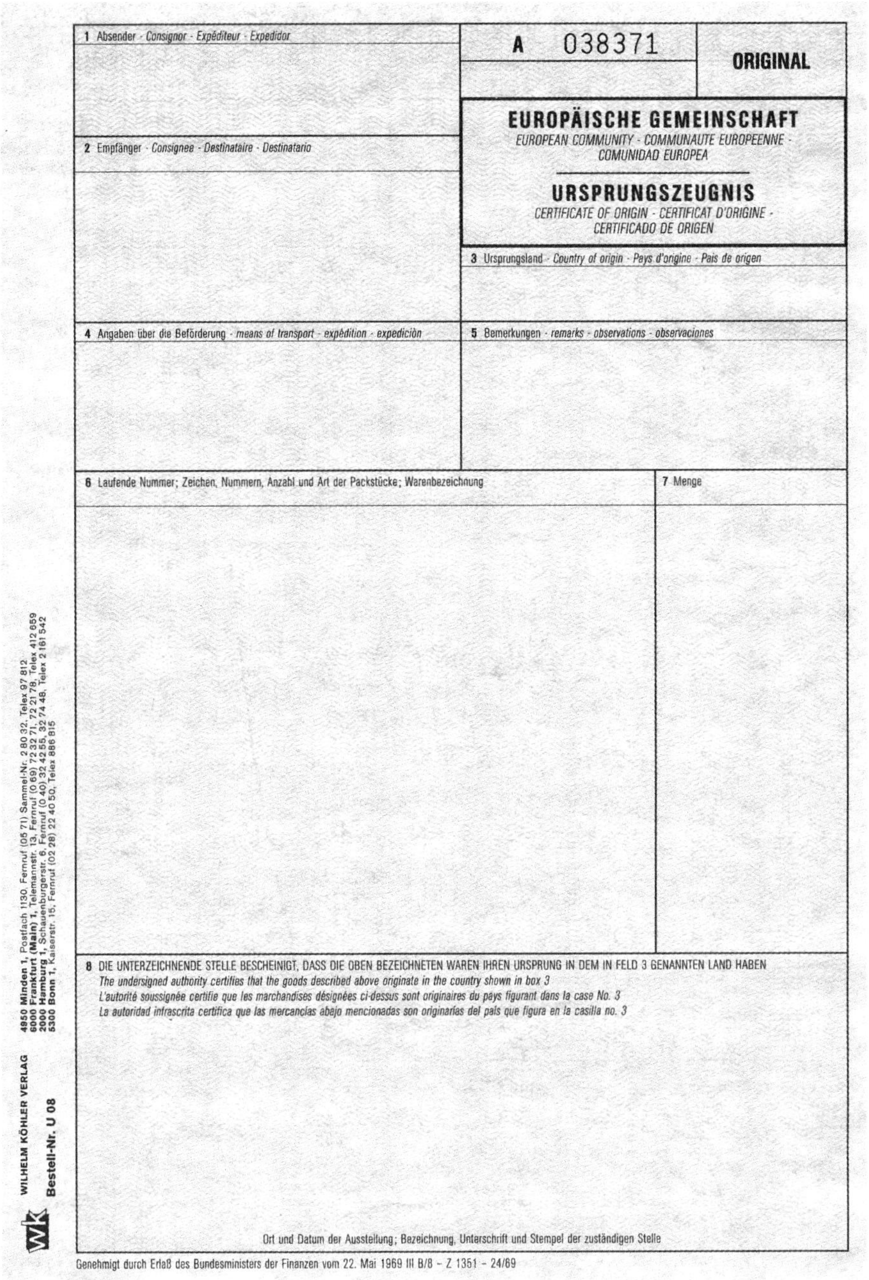

1 Absender - *Consignor - Expéditeur - Expedidor*

A 038371

ORIGINAL

2 Empfänger - *Consignee - Destinataire - Destinatario*

EUROPÄISCHE GEMEINSCHAFT

EUROPEAN COMMUNITY - COMMUNAUTE EUROPEENNE - COMUNIDAD EUROPEA

URSPRUNGSZEUGNIS

CERTIFICATE OF ORIGIN - CERTIFICAT D'ORIGINE - CERTIFICADO DE ORIGEN

3 Ursprungsland - *Country of origin - Pays d'origine - Pais de origen*

4 Angaben über die Beförderung - *means of transport - expédition - expedición*

5 Bemerkungen - *remarks - observations - observaciones*

6 Laufende Nummer; Zeichen, Nummern, Anzahl und Art der Packstücke; Warenbezeichnung

7 Menge

8 DIE UNTERZEICHNENDE STELLE BESCHEINIGT, DASS DIE OBEN BEZEICHNETEN WAREN IHREN URSPRUNG IN DEM IN FELD 3 GENANNTEN LAND HABEN

The undersigned authority certifies that the goods described above originate in the country shown in box 3

L'autorité soussignée certifie que les marchandises désignées ci-dessus sont originaires du pays figurant dans la case No. 3

La autoridad infrascrita certifica que las mercancías abajo mencionadas son originarias del país que figura en la casilla no. 3

Ort und Datum der Ausstellung; Bezeichnung, Unterschrift und Stempel der zuständigen Stelle

Genehmigt durch Erlaß des Bundesministers der Finanzen vom 22. Mai 1969 III B/8 - Z 1351 - 24/69

WILHELM KÖHLER VERLAG Bestell-Nr. U 08

4950 Minden 1, Postfach 1130, Fernruf (05 71) Sammel-Nr. 2 80 32, Telex 97 812
6000 Frankfurt (Main) 1, Telemannstr. 13, Fernruf (0 69) 72 32 71, 72 21 78, Telex 412 659
2000 Hamburg 1, Schauenburgerstr. 6, Fernruf (0 40) 32 42 55, 32 74 48, Telex 2 161 542
5300 Bonn 1, Kaiserstr. 15, Fernruf (02 28) 22 40 50, Telex 886 815

Abbildung 27: Ursprungszeugnis

Quelle: Offizieller Vordruck

Abbildung 28:
Warenverkehrs-
bescheinigung

WARENVERKEHRSBESCHEINIGUNG

1. Ausführer/Exporteur (Name, vollständige Anschrift, Staat)

EUR. 1   Nr. **D**   569694

Vor dem Ausfüllen Anmerkungen auf der Rückseite beachten

2. Bescheinigung für den Präferenzverkehr zwischen

und

(Angabe der betreffenden Staaten, Staatengruppen oder Gebiete)

3. Empfänger (Name, vollständige Anschrift, Staat)
(Ausfüllung freigestellt)

4. Staat, Staatengruppe oder Gebiet, als dessen bzw. deren Ursprungswaren die Waren gelten

5. Bestimmungsstaat, -staatengruppe oder -gebiet

6. Angaben über die Beförderung (Ausfüllung freigestellt)

7. Bemerkungen

) Bei unverpackten Waren ist die Anzahl der Gegenstände oder „lose geschüttet" anzugeben

8. Laufende Nr.; Zeichen, Nummern, Anzahl und Art der Packstücke ¹); Warenbezeichnung

9. Rohgewicht (kg) oder andere Maße (l, m³, usw.)

10. Rechnungen (Ausfüllung freigestellt)

In der Bundesrepublik Deutschland vom Ausführer auszufüllen

11. SICHTVERMERK DER ZOLLBEHÖRDE
Die Richtigkeit der Erklärung wird bescheinigt.
Ausfuhrpapier:²)
Art/Muster _____ Nr. _____
vom _____
Zollbehörde: _____
Ausstellender/s Staat/Gebiet: _____
Bundesrepublik Deutschland _____

Stempel

(Ort und Datum)

(Unterschrift)

12. ERKLÄRUNG DES AUSFÜHRERS/ EXPORTEURS
Der Unterzeichner erklärt, daß die vorgenannten Waren die Voraussetzungen erfüllen, um diese Bescheinigung zu erlangen.

(Ort und Datum)

(Unterschrift)

Quelle: Offizieller Vordruck

ERKLÄRUNG DES AUSFÜHRERS/EXPORTEURS

Der Unterzeichner, Ausführer/Exporteur der auf der Vorderseite beschriebenen Waren,

ERKLÄRT, daß diese Waren die Voraussetzungen erfüllen, um die beigefügte Bescheinigung zu erlangen;

BESCHREIBT den Sachverhalt, aufgrund dessen diese Waren die vorgenannten Voraussetzungen erfüllen, wie folgt:

LEGT folgende Nachweise VOR [1]):

VERPFLICHTET SICH, auf Verlangen der zuständigen Behörden alle zusätzlichen Nachweise zu erbringen, die für die Ausstellung der beigefügten Bescheinigung erforderlich sind, und gegebenenfalls jede Kontrolle seiner Buchführung und der Herstellungsbedingungen für die obengenannten Waren zu dulden;

BEANTRAGT die Ausstellung der beigefügten Bescheinigung für diese Waren.

(Ort und Datum)

(Unterschrift)

ACHTUNG : Unrichtige Angaben, die für die Vorzugsbehandlung von Bedeutung sind, können als Steuerstraftat oder Steuerordnungswidrigkeit geahndet werden.

[1] Zum Beispiel: Einfuhrpapiere, Warenverkehrsbescheinigungen, Rechnungen, Erklärungen des Herstellers usw. über die verwendeten Erzeugnisse oder die in unverändertem Zustand wieder ausgeführten Waren.

Druck genehmigt durch Erlaß des Bundesministers der Finanzen vom 13. 12. 1973   III B 8–Z 1354–241/73

A 0987

Bestell-Nr.   PURSCHKE + HEdSEL, 12357 BERLIN, Kanalstraße 7   12315 BERLIN, Postfach 47 06 63   Telefon: (030) 66 09 01 - 0   Fax: (030) 66 09 01 - 11
3482 2.6 (1989)   53129 BONN, ...   09111 CHEMNITZ, ...   06118 HALLE/SAALE, ...
                   92245 KÜMMERSBRUCK/AMBERG, ...   29990 LINDWEDEL, ...   42353 WUPPERTAL, ...

Quelle: Offizieller Vordruck

1.8   Außenwirtschaftsrecht

Allge- Das Außenwirtschaftsrecht versteht unter dem Außenwirtschaftsverkehr sämtliche recht-
meines liche und wirtschaftliche Beziehungen zwischen der *Bundesrepublik Deutschland* und
fremden Wirtschaftsgebieten.

Diese lassen sich in vier Bereiche einteilen:

- den Warenverkehr
- den Dienstleistungsverkehr
- den Kapitalverkehr und
- den Zahlungsverkehr.

Außenwirt- Prinzipiell ist dieser Außenwirtschaftsverkehr frei. Er unterliegt jedoch einigen natio-
schaftsver- nalen sowie gemeinschaftsrechtlichen Beschränkungen. Nationale Regelungen zur
ordnung Beschränkung des Außenwirtschaftsverkehrs sind das *Außenwirtschaftsgesetz (AWG)* und
die *Außenwirtschaftsverordnung (AWV)*.

Daneben regelt die vorrangig geltende gemeinschaftsrechtliche *EG-dual-use-Verord-
nung* die Ausfuhr von Waren, die sowohl für zivile als auch für militärische Zwecke eingesetzt werden können ("dual-use-Güter").

Den Außenwirtschaftsverkehr einschränkende Regelungen treten in Form von Verboten (Embargomaßnahmen), Genehmigungsvorbehalten (zum Beispiel Einfuhrgenehmigungspflichten) sowie sonstigen Überwachungsmaßnahmen (zum Beispiel Ursprungszeugnisse bei Textileinfuhren) auf.

Beschränkungen der Wareneinfuhr ergeben sich aus *Spalte 5 der Einfuhrliste* (eingearbeitet in den *EZT = Elektronischer Zolltarif* unter *Einfuhrhinweise*).

Beschränkungen der Warenausfuhr sind insbesondere in der *Ausfuhrliste (Anlage AL
zur AWV)* und den entsprechenden Rechtsnormen der *dual-use-VO* oder der *AWV* geregelt.

Zur praktischen Handhabung der oben genannten außenwirtschaftlichen Vorschriften
durch die deutschen Zollstellen sind Dienstvorschriften des *Bundesministeriums der Finanzen* ergangen, die im Fachteil Außenwirtschaftsrecht enthalten sind.

Waren- Die außenwirtschaftsrechtliche Einfuhrabfertigung ist gemäß *§ 27 Abs. 1 und 3 AWV*
einfuhr zusammen mit den nach Zollvorschriften erforderlichen Anträgen vom Einführer bei
einem Zollamt seiner Wahl zu beantragen. Er kann sich dabei durch einen Spediteur
vertreten lassen.

Einführer ist gemäß *§ 21b (1) AWV* die Person, die Waren in das Wirtschaftsgebiet
verbringt. Liegt der Einfuhr jedoch ein Vertrag mit einem Gebietsfremden über den Erwerb von Waren zum Zwecke der Einfuhr (Einfuhrvertrag) zu Grunde, so ist nur der
gebietsansässige Vertragspartner Einführer.

Bei der Einfuhr aus Drittländern stehen gemäß *§ 23 (1) AWV* hinsichtlich des Ein-
führerbegriffes die Gemeinschaftsansässigen (ansässig in der *EU*) den Gebietsansässigen
(ansässig in der *Bundesrepublik Deutschland*) gleich. Somit kann in diesem Fall auch der
in anderen *EU*-Staaten ansässige Einführer sein.

> **Hinweis:**
> Der Spediteur oder Frachtführer, der beim Verbringen der Waren tätig wird, ist im Allgemeinen kein Einführer und damit für die Beachtung der Einfuhrbestimmungen nach dem Außenwirtschaftsrecht nicht verantwortlich. Speditionsfirmen können jedoch im Zuge des im Speditionsgewerbe festzustellenden Funktionswandels, wonach Lagerhaltung und Lagerbewirtschaftung sowie Mitwirkung bei der Geschäftsabwicklung auf sie übergehen, Vertragspartner eines Einfuhrvertrages und damit Einführer sein.

Die Zollstelle prüft die Zulässigkeit der Einfuhr. Sie lehnt die Einfuhrabfertigung ab, wenn eine für die Einfuhr erforderliche Einfuhrgenehmigung oder -lizenz beziehungsweise die Waren nicht den Angaben in der Rechnung und den sonstigen Unterlagen entsprechen.

Welche Unterlagen aus außenwirtschaftsrechtlicher Sicht vorzulegen sind, ergibt sich für die Einfuhr aus der Einfuhrliste.

Nach *§ 10 AWG* ist die Einfuhr von Waren durch Gemeinschaftsansässige nach Maßgabe der Einfuhrliste ohne Genehmigung zulässig. Im Übrigen bedarf die Einfuhr der Genehmigung. Sofern also die Einfuhrliste etwas anderes bestimmt oder die Einfuhr durch einen Gemeinschaftsfremden erfolgt, ist eine Einfuhrgenehmigung erforderlich. **Einfuhrgenehmigung**

Bei der Einfuhr ist zu beachten, dass nach *§ 35 AWV* Gemeinschaftsfremde aus den *EFTA*-Staaten den Gemeinschaftsansässigen gleichgestellt sind, sofern eine Einfuhr genehmigungsfrei zulässig ist.

Soweit es sich bei dem Einführer um eine gemeinschaftsansässige Person oder eine ihr gleichgestellte Person handelt, ist die Einfuhr also, sofern in der Einfuhrliste nichts Gegenteiliges bestimmt wird, ohne Genehmigung zulässig. Für gemeinschaftsfremde Einführer, die den gemeinschaftsansässigen Personen nicht gleichgestellt sind, ist dagegen immer eine Einfuhrgenehmigung erforderlich. Bei der Wareneinfuhr ist insofern zwischen genehmigungsfreier (liberalisierter) und genehmigungsbedürftiger (nicht-liberalisierter) Einfuhr zu unterscheiden.

Die Genehmigungsfreiheit oder -bedürftigkeit ergibt sich aus der oben genannten Einfuhrliste in Verbindung mit den Länderlisten, die der Einfuhrliste beigefügt sind. Beides ist im *Elektronischen Zolltarif* abgebildet.

Nahezu vollständig liberalisiert ist die Einfuhr von Industriewaren aus allen Ländern. Allerdings besteht noch für einige Warengruppen des Textilsektors aus bestimmten Ländern mit niedrigem Preisniveau – vorwiegend im ostasiatischen Raum – eine Einfuhrgenehmigungspflicht.

Die einführenden Vorschriften zum *Elektronischen Zolltarif* enthalten die **Bestimmungen zur Einfuhrliste**, welche die Anwendung und Handhabung des im Tarif eingearbeiteten Teils der Einfuhrliste erläutern. Hinsichtlich der Genehmigungsbedürftigkeit der Wareneinfuhr durch Gemeinschaftsansässige beziehungsweise ihnen gleichgestellte Gemeinschaftsfremde ist *Nr. 3 der Bestimmungen zur Einfuhrliste* zu beachten.

Bei der genehmigungsbedürftigen Einfuhr darf kein Liefervertrag abgeschlossen werden, bevor eine Einfuhrgenehmigung vorliegt. Antragsberechtigt ist gemäß *§ 30 AWV* nur der Einführer.

Abbildung 30:
Einfuhrgenehmi-
gungspflicht

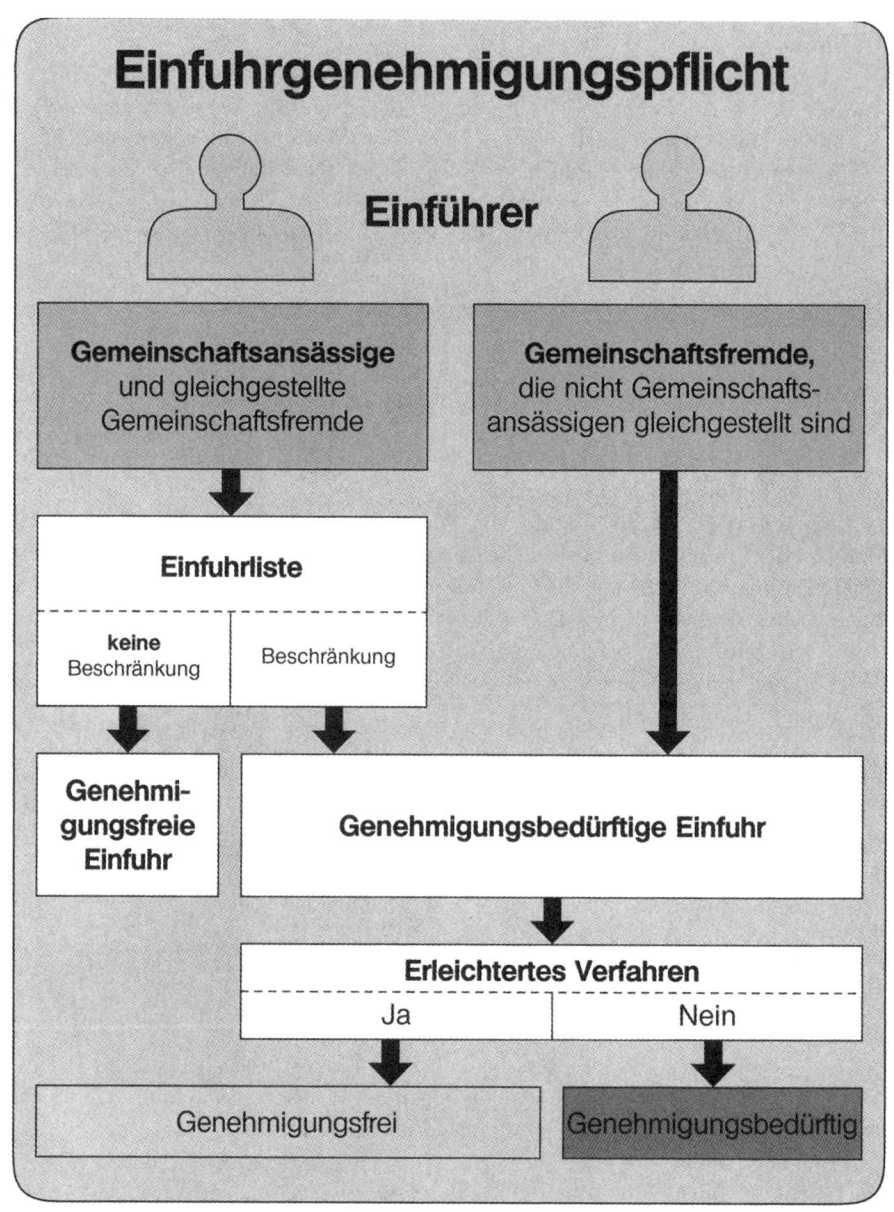

Quelle: Kock/Rogmann

Zuständig für die Erteilung von Einfuhrgenehmigungen ist für Industriewaren das *Bundesamt für Wirtschaft und Ausfuhrkontrolle (BAFA)* und für landwirtschaftliche Produkte die *Bundesanstalt für Landwirtschaft und Ernährung (BLE).* Die Einfuhrgenehmigung ist der Zollanmeldung (eventuell mit weiteren Überwachungsdokumenten) beizufügen.

Neben einer eventuell bestehenden Genehmigungspflicht können sich weitere Pflichten aus der Einfuhrliste ergeben, die durch den Einführer gegebenenfalls zu beachten sind. So hat die *EU* zur besseren Beobachtung ungewöhnlicher Einfuhrentwicklungen im Bereich der genehmigungsfreien Einfuhr eine gemeinschaftliche Überwachung eingeführt. Für diese Waren, die in der Einfuhrliste mit „ÜD" gekennzeichnet sind, ist ein **Überwachungsdokument** vom zuständigen Bundesamt vorzulegen. Das Bundesamt setzt die Einfuhrfrist fest und gibt dem Antragsteller die abgestempelte Erstausfertigung zurück, die bei der Einfuhrabfertigung der entsprechenden Waren der Zollstelle vorzulegen ist. (Vergleiche *§ 28a AWV*).

Überwachungsdokument

Überwachungspflichtig ist zum Beispiel die Einfuhr bestimmter Erzeugnisse aus Stahl.

Die Einfuhr von Marktordnungswaren (vergleiche *Bestimmungen zur Einfuhrliste Nr. 12*) ist im Allgemeinen genehmigungsfrei zulässig. Für Waren bestimmter Marktorganisationen kann die Einfuhr jedoch von der Vorlage einer **Einfuhrlizenz** abhängig sein. Das betrifft zum Beispiel Getreide, Reis, Zucker, Milch und Milcherzeugnisse, Rindfleisch und andere Waren. Lizenzpflichtige Erzeugnisse sind in der Einfuhrliste mit einem „L" gekennzeichnet. Für diese Waren ist bei der Abfertigung zum freien Verkehr eine *Lizenz* vorzulegen. Bei Waren, für deren Einfuhr gemäß *§ 35a AWV* Qualitätsnormen der *EU* gelten, ist bei der Einfuhr eine **Kontrollbescheinigung Obst und Gemüse** vorzulegen. In der *Bundesrepublik* erteilt die Lizenzen die *Bundesanstalt für Landwirtschaft und Ernährung*.

Lizenzen Kontrollbescheinigung für Obst und Gemüse

Des Weiteren kann nach Maßgabe des *§ 27a AWV* aus Gründen der Marktbeobachtung eine **Einfuhrkontrollmeldung** erforderlich sein, sofern in der *Einfuhrliste Spalte 5* die Ware mit „EKM" gekennzeichnet ist. Durch das IT-Verfahren *ATLAS*, durch das Zollanmeldungen auf elektronischem Weg übermittelt werden können, wird die Einfuhrkontrollmeldung über entsprechende Schnittstellen bereits automatisiert an die jeweiligen Behörden übermittelt. Nur in den Fällen, in denen noch mittels *Einheitspapier* angemeldet wird, ist die Einfuhrkontrollmeldung auf einem Mehrstück des *Exemplars Nr. 6* vom Einführer selbst auszustellen und bei der Einfuhrabfertigung vorzulegen.

Einfuhrkontrollmeldung

Bei der Einfuhrabfertigung sind ferner eine Rechnung oder sonstige Unterlagen vorzulegen, aus denen das Einkaufs- oder Versendungsland und das Ursprungsland der Ware ersichtlich sind.

In welchen Fällen ein **Ursprungszeugnis** oder eine **Ursprungserklärung** erforderlich ist, ergibt sich aus *Nr. 6 und 7* der *Bestimmungen zur Einfuhrliste* sowie der *Spalte 5 der Einfuhrliste* (gekennzeichnet mit **UZ** oder **UE**). Während die Ursprungserklärung vom Exporteur beziehungsweise Lieferanten selbst zum Beispiel auf der Rechnung ausgestellt werden kann, muss das Ursprungszeugnis von einer dazu berechtigten Stelle des Ursprungslandes ausgestellt sein.

Ursprungszeugnis, Ursprungserklärung

Eine Befreiung von der Einfuhrgenehmigungspflicht beziehungsweise ein erleichtertes Verfahren ist in *§ 32 AWV* sowohl für Gemeinschaftsansässige als auch Gemeinschaftsfremde vorgesehen. So gibt es zum Beispiel für Muster oder Proben Ausnahmen von der Vorlagepflicht außenwirtschaftsrechtlicher Unterlagen.

Befreiungen

Auch die Ausfuhr von Waren kann beschränkt werden. Dies geschieht etwa, um einer Gefährdung des lebenswichtigen Bedarfs im Wirtschaftsgebiet oder in seinen Teilen im gesamtwirtschaftlichen Interesse vorzubeugen oder entgegenzuwirken. Solche Beschränkungen sind nur zulässig, wenn der Bedarf auf andere Weise nicht beziehungsweise nicht

Ausfuhr

rechtzeitig oder nur mit unverhältnismäßigen Mitteln gedeckt werden kann. Das gilt vor allem für den ernährungs- und landwirtschaftlichen Bereich. Gegenwärtig ist der Schutz der Sicherheit des Staates und seiner auswärtigen Interessen Hauptgrund für die Einschränkung des Außenwirtschaftsverkehrs.

Ausführer   Für die Einhaltung solcher Beschränkungen ist der **Ausführer** verantwortlich. Nach *Art. 788 ZK-DVO* ist dies in der Regel die Person, für deren Rechnung die Ausfuhranmeldung abgegeben wird und die zum Zeitpunkt der Annahme der Anmeldung durch die Zollbehörde Eigentümer der Ausfuhrware ist. Sofern der Eigentümer der Ware gemäß den Bestimmungen des Ausfuhrvertrages außerhalb der Gemeinschaft ansässig ist, gilt der in der Gemeinschaft ansässige Vertragspartner als Ausführer.

> **Hinweis:**
> Somit ist bei der Ausfuhr ein Spediteur nicht unmittelbar für die Einhaltung des Außenwirtschaftsrechts verantwortlich; es sei denn, er ist selbst Vertragspartner.

Soll eine Ware in ein Drittland ausgeführt werden, so ist dies wie bei allen anderen Zollverfahren vom Ausführer bei der für ihn zuständigen Zollstelle zu beantragen. Dies geschieht mittels einer **Ausfuhranmeldung**, die seit 1.7.2009 grundsätzlich elektronisch (im Normal- oder vereinfachten Verfahren) abzugeben ist (Siehe *Kapitel 1.4.6.2*). Die Zollstelle prüft die Zulässigkeit der Ausfuhr. Neben zollrechtlichen Bestimmungen sind dabei außenwirtschaftsrechtliche Regelungen zu beachten, die die Ausfuhr von Waren verbieten (Embargomaßnahmen) oder beschränken (zum Beispiel durch Genehmigungsvorbehalte) können.

Embargos   **Embargos** sind politisch motivierte Beschränkungen, die auf die Beendigung von Kriegen oder Konflikten zielen und sich gegen ein bestimmtes Land oder einzelne Personen richten. Man unterscheidet zwischen Total-, Teil- und Waffenembargos. Eine Liste über zur Zeit bestehende Embargomaßnahmen findet sich auf der Internetseite des *Bundesamtes für Wirtschaft und Ausfuhrkontrolle* (www.bafa.de).

Ausfuhrge-
nehmigung   **Genehmigungsvorbehalte** werden für die Ausfuhr von Waren nach nationalem Recht in der *AWV* in Verbindung mit *Teil I der Ausfuhrliste* und nach *EG-Recht* in der *Dual-use-VO* in Verbindung mit *Anhang I* geregelt.

Die Ausfuhr von Waren des *Teils I Abschnitt A der Ausfuhrliste* (Waffen, Munition und sonstiges Rüstungsmaterial) unterliegt einer generellen Genehmigungspflicht (*§ 5 [1] AWV*).

Bei Waren mit doppeltem Verwendungszweck, das heißt Waren, die sowohl eine militärische als auch eine zivile Endverwendung haben können, regelt die *Dual-use-VO* in *Art. 3*, wann eine Ausfuhrgenehmigungspflicht besteht. So ist für Waren, die in *Anhang I Dual-use-VO* gelistet sind, bei ihrer Ausfuhr eine Ausfuhrgenehmigung vorzulegen. Waren, die dort nicht gelistet sind, aber in *Teil I Abs. B oder C 901-999 der Ausfuhrliste* aufgeführt sind, besteht gemäß *§ 5 (2) AWV* eine Ausfuhrgenehmigungspflicht nach nationalem Recht.

Auch für Waren, die weder in *Anhang I Dual-use-VO* noch in den jeweiligen Abschnitten des *Teils I der Ausfuhrliste* gelistet sind, kann die Ausfuhr dennoch von der Vorlage einer Ausfuhrgenehmigung abhängig sein, und zwar dann, wenn die Voraussetzungen gemäß *Art. 4 (1), (2), (3) Dual-use-VO* beziehungsweise *§§ 5c) (1), 5d) (1) AWV* erfüllt sind.

Hat der Ausführer sogar Kenntnis von einer tatsächlichen militärischen Endverwendung, so sieht der Gesetzgeber eine Mitwirkungspflicht für den Ausführer vor. Er hat in diesen Fällen das *Bundesamt für Wirtschaft und Ausfuhrkontrolle* von seiner Kenntnis zu unterrichten, welches dann über eine Genehmigungspflicht entscheidet *(Art. 4 (4) Dual-use-VO, §§ 5c) (2), 5d) (2) AWV)*. **Unterrichtungspflicht**

Befreiungen von der Genehmigungs- oder Unterrichtungspflicht sind in *§§ 5 (3)* und *(4), 5c) (4), 5d) (4) sowie 19 AWV* geregelt. Daneben gibt es die Möglichkeit der sogenannten „**Allgemeinen Genehmigungen**", mit denen die Ausfuhr bestimmter Waren in bestimmte Länder allgemein genehmigt wird. **Befreiungen**

Beispiel:
Nach der *Allgemeinen Genehmigung Nr. 12* ist es gestattet, Waren des *Abschnittes C der Ausfuhrliste (beziehungsweise Anhang I der Dual-use-VO)* bis zu einem Wert von 2 500,– € ohne Einzelgenehmigung auszuführen. Das gilt unter anderem allerdings nicht für Software, Technologieunterlagen und bestimmte Chemikalien.

Für welche Güter es Allgemeingenehmigungen gibt, wird vom *Bundesamt für Wirtschaft und Ausfuhrkontrolle* im *Bundesanzeiger* veröffentlicht.

Die Prüfung, ob eine Ware von der *Ausfuhrliste* beziehungsweise *Anhang I der Dual-use-VO* erfasst ist und somit einer Genehmigungspflicht unterliegt, ist nicht immer unkompliziert. Um gegebenenfalls Probleme bei der Zollabfertigung zu vermeiden, sollte der Ausführer rechtzeitig eine **Negativbescheinigung** beim *Bundesamt für Wirtschaft und Ausfuhrkontrolle* beantragen. Mit ihr wird amtlich bestätigt, dass die auszuführenden Waren nicht von der Ausfuhrliste erfasst sind und somit genehmigungsfrei ausgeführt werden können. **Negativbescheinigung**

Neben Waren industriellen Ursprungs können auch Waren des landwirtschaftlichen Sektors bei der Ausfuhr von einer Genehmigungspflicht beziehungsweise einer Vorlagepflicht bestimmter außenwirtschaftsrechtlicher Dokumente betroffen sein.

Für welche Waren es eine eventuelle Genehmigungspflicht gibt, ist im *Teil II der Ausfuhrliste* bestimmt. Für die dort gelisteten Waren pflanzlichen Ursprungs besteht jedoch gemäß *§ 6a) AWV* eine Genehmigungspflicht nur, sofern die dort geforderten Qualitätsnormen und gegebenenfalls Mindestpreise nicht eingehalten wurden. Diese Waren sind in der *Ausfuhrliste* mit **G** oder **G 1** gekennzeichnet. Für Waren des *Kapitels 7* und *8*, die mit **G** bezeichnet sind, ist dazu gemäß *§ 16a) AWV* im Allgemeinen eine **Kontrollbescheinigung über die Qualitätskontrolle von Obst und Gemüse** vorzulegen. **Kontrollbescheinigung Obst und Gemüse**

Zuständig für die Erteilung von Genehmigungen ist gemäß *§ 3 Marktordnungsgesetz* die *Bundesanstalt für Landwirtschaft und Ernährung (BLE)*.

Für einige landwirtschaftliche Erzeugnisse der gemeinsamen Marktorganisationen, für Getreide, Reis, Zucker, Fette, Milch und Milcherzeugnisse, Rindfleisch, Schaf- und Ziegenfleisch sowie für Wein ist die Vorlage einer **Ausfuhrlizenz** erforderlich. Die betreffenden Waren sind in der *Warenliste Ausfuhr (VSF A 0690)* mit „**L**" gekennzeichnet. Diese Lizenzen erteilt die *Bundesanstalt für Landwirtschaft und Ernährung (BLE)*. **Ausfuhrlizenz**

Für bestimmte Waren der gemeinsamen Marktorganisationen wird bei ihrer Ausfuhr in Drittländer eine **Ausfuhrerstattung als Subvention** gezahlt, um unter anderem Überschüsse an solchen Waren in der *EU* abzubauen und um gegebenenfalls die Wettbewerbs- **Erstattungen** fähigkeit dieser Waren auf dem Drittlandsmarkt zu gewährleisten. **Sofern eine Ausfuhrerstattung beantragt werden soll, ist eine Lizenz erforderlich.** Erstattungsfähig sind Waren der Marktorganisation für Getreide, Reis, Rind-, Schweine- und Geflügelfleisch, Fette, Milch und Milcherzeugnisse, Eier, Fischerzeugnisse, Rohtabak, Wein, Zucker, Obst und Gemüse sowie deren unmittelbare Verarbeitungserzeugnisse.

Darüber hinaus kann eine Ausfuhrerstattung für bestimmte Waren der zweiten und dritten Verarbeitungsstufe erfolgen, sofern bestimmte landwirtschaftliche Grunderzeugnisse verarbeitet wurden. Das betrifft zum Beispiel Zucker-, Back- und Teigwaren, Bier, Kasein, Dextrine und andere. Die Festsetzung der Erstattungssätze erfolgt durch die *EU-Kommission*. Für welche Waren zur Zeit Erstattungen gezahlt werden, ist aus der *MO-Warenliste (VSF M 8010)* zu entnehmen.

Die Erstattungen erfolgen für das gesamte Bundesgebiet durch das *Hauptzollamt Hamburg-Jonas*. Ausfuhrsendungen mit Marktordnungswaren, für die eine Ausfuhrerstattung beantragt wird, sind elektronisch mittels *ATLAS Ausfuhr* (im Rahmen der Teilnehmereingabe beziehungsweise der *IAA-Plus*) in das Ausfuhrverfahren zu überführen. Sofern die Ausfuhr in ein Drittland über einen anderen *EU*-Mitgliedstaat erfolgen soll, ist zusätzlich ein **Kontrollexemplar T 5** vorzulegen. Nach der Ausgangsbescheinigung durch die Ausgangszollstelle erfolgt über eine Schnittstelle die Weiterleitung der für die Auszahlung notwendigen Daten an das *HZA Hamburg-Jonas*, welches die Erstattung durch einen Bescheid festsetzt.

Verbringen   Zu beachten ist, dass neben der Ausfuhr von Gütern in bestimmten Fällen auch das **Verbringen** (das heißt die Beförderung innerhalb der *EU*) Genehmigungs- beziehungsweise Unterrichtungspflichten unterworfen ist. So ist zum Beispiel das Verbringen von Rüstungsgütern, also Waren, die in *Teil I Abschnitt A der Ausfuhrliste* aufgeführt sind, ebenfalls von der Vorlage einer Genehmigung abhängig. Inwieweit bei Waren mit doppeltem Verwendungszweck bei ihrem Verbringen in einen anderen *EU*-Staat eine Genehmigungspflicht (beziehungsweise eine Unterrichtungspflicht) besteht, regeln die *Art. 21 Dual-use-VO* in Verbindung mit *Anhang IV* sowie *§ 7 (2) bis (4) AWV.*

1.9   Außenhandelsstatistik

Allge- In der *Bundesrepublik* ist für die Führung der **Außenhandelsstatistik** das *Statistische*
meines *Bundesamt* in *Wiesbaden* zuständig.

Die statistische Erfassung wird rechtlich und damit auch verfahrenstechnisch differenziert zwischen

Extra-/ a)   der Ein- und Ausfuhr im Handel mit Drittländern, also jenen Ländern, die nicht
Intrahandel   der *EU* angehören (Extrahandel) und

b)   dem Handel zwischen einzelnen Mitgliedsländern der *EU* (Intrahandel).

Bei statistisch zu erfassenden Warenbewegungen mit Drittländern besteht auf verfahrensmäßigem Gebiet ein enger Zusammenhang mit der Zollabfertigung. Insofern ist folglich auch eine Zuständigkeit der Zollverwaltung gegeben. So ist regelmäßig mit der Zollanmeldung von Waren eine statistische Anmeldung vorgesehen. Damit liegt eine unmittelbare Verantwortung auch beim Spediteur.

Auch auf dem Gebiet der Statistik werden nationale Regelungen weitestgehend durch supranationales Gemeinschaftsrecht überlagert.

Für den Intrahandel enthält die *VO(EG) 638/2004* die wichtigsten Regelungen.

Praktische Verfahrensweise im Extrahandel / Einfuhr: **Verfahren**

Vorlage der statistischen Einfuhranmeldung im elektronischen Verfahren *ATLAS* oder mit dem *Einheitspapier* gemeinsam mit der *Zollanmeldung*

> Hinweis: Zu beachten ist, dass die Ware mit der richtigen statistischen Maßeinheit versehen ist. Im Regelfall erfolgt die Angabe nach Gewicht. Bei Abweichungen (zum Beispiel Stückzahl) ist ein entsprechender Hinweis im *EZT* oder im *statistischen Warenverzeichnis* (siehe unten) vorhanden.

Zollstellen prüfen gegebenenfalls die Richtigkeit und Vollständigkeit der statistischen Anmeldung im Rahmen der Zollabfertigung.

In Zweifelsfällen ist eine Beschau der Ware durch die Zollstelle möglich.

Die statistische Anmeldung erfolgt durch Angabe der Codenummer des Zolltarifes. Bei Abgabe monatlicher Sammelanmeldungen zur Außenhandelsstatistik sowie bei der Ausfuhr verschiedener Waren in einer Sendung sind besondere Verfahren vorgesehen.

In bestimmten Fällen ist eine Befreiung von der statistischen Anmeldung gegeben. Das betrifft zum Beispiel Waren mit einem Wert von bis zu 1 000,– € und einem Eigengewicht bis 1 000 kg. Ebenso ist bei Messegut oder Übersiedlungs- und Erbschaftsgut eine statistische Anmeldung nicht erforderlich.

Im Intrahandel ist seit der Verwirklichung des europäischen Binnenmarktes die Verknüpfung des statistischen Erfassungsverfahrens mit der Zollabfertigung entfallen. Dafür ist durch die Auskunftspflichtigen eine periodische Anmeldung unmittelbar an das *Statistische Bundesamt* zu übersenden. Die Anmeldung kann über das Internet oder unter Verwendung eines speziellen Vordruckes erfolgen. Die Nutzung des *Einheitspapieres* ist im Intrahandel nicht mehr möglich.

Gemeinschaftsrechtliche Grundlage für die Statistische Erfassung im Intrahandel ist die *VO (EG) 638/2004 vom 31.3.2004.*

> **Der Auskunftspflichtige kann die erforderlichen statistischen Informationen auch durch einen Dritten erteilen lassen. Dieser Drittanmelder muss in einem Mitgliedsstaat der *EU* ansässig sein. Typischerweise wird es sich dabei nicht selten um einen Spediteur handeln.**

Statisti- Zur Codierung der Waren wird vom *Statistischen Bundesamt* jährlich ein aktuelles
sches *Warenverzeichnis für die Außenhandelsstatistik* herausgegeben. Die Codierung erfolgt
Waren- nach der auch für Zolltarifzwecke verwendeten *Kombinierten Nomenklatur.* Abweichend
verzeichnis von dieser existieren nur für statistische Zwecke die *Kapitel 98* und *99.* Hier werden aus
Vereinfachungsgründen Warengruppen zusammengefasst, die für zolltarifliche Belange
differenziert anzumelden sind.

Die benötigten Codes und Angaben zur statistischen Maßeinheit können allerdings
auch unmittelbar aus dem *EZT* entnommen werden.

Im innergemeinschaftlichen Verkehr mit Gemeinschaftswaren genügt im Regelfall die
Angabe der ersten acht Stellen der Codenummer, die der Warennummer des *Warenver-
zeichnisses für die Außenhandelsstatistik* entspricht.

1.10   Verbote und Beschränkungen für den Warenverkehr über die Grenze

Allge- **Bei den Verboten und Beschränkungen für den Warenverkehr über die Grenze handelt**
meines **es sich um Regelungen, die das Verbringen von Waren über die Zollgrenze der *EU* oder
die Hoheitsgrenze der Mitgliedsstaaten verbieten oder beschränken.** Diese Vorschriften
sind in einer Vielzahl von Gesetzen und Rechtsverordnungen – sowohl des nationalen
Rechts wie auch des Gemeinschaftsrechts – enthalten. Im *Elektronischen Zolltarif* wird
durch das Zeichen *VuB* auf einige jedoch nicht auf alle dieser Vorschriften hingewiesen.

Die **Überwachung der Verbote und Beschränkungen** wird in der Zukunft **verstärkt
Aufgabe der Zollbehörden** sein. Da die Zölle bereits in den vergangenen Jahren deutlich
zurückgegangen sind und sich hieran auch nichts ändern wird, geraten die Verbote und
Beschränkungen verstärkt ins Blickfeld. Sie dienen – von einigen Ausnahmen abgesehen –
nicht in erster Linie dem Schutz der Wirtschaft. Vielmehr werden sie aus Gründen der öffentlichen Sittlichkeit, Ordnung oder Sicherheit, zum Schutz der Gesundheit und des Lebens von Menschen, Tieren oder Pflanzen, des nationalen Kulturgutes von künstlerischem,
geschichtlichem oder archäologischen Wert erlassen. Allerdings kann auch der Schutz des
gewerblichen und kommerziellen Eigentums Verbote und Beschränkungen rechtfertigen.

Vor diesem Hintergrund wird es zu veränderten Tätigkeitsfeldern bei den Speditionen
kommen, die sich den verstärkten Kontrollbemühungen des deutschen Zolls ausgesetzt
sehen. Die Rechtsmaterie ist im Einzelnen sehr kompliziert. Dies liegt an der fast unü-
berschaubaren Vielzahl rechtlicher Regelungen und den damit verbundenen unterschiedlichen Voraussetzungen für Ein- und Ausfuhr. Unklarheiten können sich aber auch im
Hinblick auf die Rechtsfolgen von Verstößen ergeben. So sind in manchen Fällen Ein-
oder Ausfuhrfuhrgenehmigungen erforderlich (Beispiele: artengeschützte Tiere, Waffen).
Fehlen diese, darf die Ware nicht ein- oder ausgeführt werden. Die Zollbehörden haben – je nach *VuB-Gesetz* – die Möglichkeit, die Waren zu beschlagnahmen, einzuziehen,
zurückzuweisen, die Vorführung bei einer bestimmten Behörde oder die Beseitigung des
Verstoßes zu verlangen. Problematisch für den Spediteur kann die Erkennbarkeit eines
Verstoßes sein. Es lässt sich oft nicht ohne weiteres feststellen, ob eine Marke gefälscht ist,
ein Tier artengeschützt ist oder ein Kühlschrank FCKW enthält.

Verbote und Beschränkungen betreffen unter anderem die folgenden Schutzgüter und Waren:

- Schutz der öffentlichen Ordnung: Waffen und Munition, Kriegswaffen, radioaktive Stoffe
- Schutz der menschlichen Gesundheit: Betäubungsmittel, Arzneimittel, Fleisch
- Schutz der Umwelt: Beseitigung und Verwertung von Abfällen, Immissionsschutz
- Schutz der Tierwelt: Artenschutzrecht zugunsten wildlebender Tiere, Tierseuchenrecht, Tierarzneimittel
- Schutz der Pflanzenwelt: Artenschutzrecht zugunsten wildlebender Pflanzen, sanitärer Pflanzenschutz, Saatgut
- Gewerblicher Rechtsschutz: Schutz geschützter Marken, Schutz des geistigen Eigentums, Unterdrückung falscher Angaben auf Ware
- Schutz des Kulturgutes.

Schutzgüter und betroffene Waren

Die Beachtung dieser Verbote und Beschränkungen ist ein wesentlicher Bestandteil des Rechts des grenzüberschreitenden Warenverkehrs und gleichzeitig eine der grundlegenden Aufgaben des Zolls (vergleiche *§ 1 ZollVG*).

Folgerichtig enthält auch der *Zollkodex* in vielen Vorschriften Hinweise auf *VuB-Regelungen* (zum Beispiel *Art. 58 Abs. 2 ZK, Art. 73, 75 ZK*).

Für den Spediteur von besonderer Bedeutung wird in **Zukunft der gewerbliche Rechtsschutz (insbesondere das Markenrecht)** sein. Nach der *EG-Produktpiraterieverordnung (VO (EG) Nr. 1383/2003*, auch als *Grenzbeschlagnahmeverordnung* bezeichnet), die vornehmlich dem Schutz vor gefälschten Markenwaren dient, ist es den Zollbehörden erlaubt, Falsifikate sowohl bei der Einfuhr, der Ausfuhr aber auch bei der Überführung in einige Zollverfahren aus dem Verkehr zu ziehen. Voraussetzung ist allerdings, dass ein Markeninhaber zuvor einen sogenannten Grenzbeschlagnahmeantrag gestellt hat.

Beispiel:

Die Firma *adidas* hat unter Bezug auf ihren Markennamen einen sogenannten Grenzbeschlagnahmeantrag gestellt, der von der zuständigen *Zentralstelle Gewerblicher Rechtsschutz* (Sitz in *München*) bei der *Bundesfinanzdirektion Südost* positiv beschieden wurde. Wenn nun gefälschte Markenwaren eingeführt und von den Zollbeamten entdeckt werden, sind diese berechtigt, die Aussetzung der Überlassung auszusprechen beziehungsweise die Waren zurückzuhalten. Beides kommt einer Beschlagnahme der Waren gleich.

Die *Produktpiraterieverordnung* wurde zum 1.7.2004 grundlegend geändert. Insbesondere wurde das Verfahren für den Markeninhaber vereinfacht und kostengünstiger ausgestaltet.

Ähnlichen Schutz genießen zum Beispiel auch Patente, Geschmacksmuster, Gebrauchsmuster und Urheberrechte, sowie sogenannte **geographische Herkunftsangaben**.

Beispiel:

Fällt den Zollbehörden bei einer Einfuhr auf, dass die Waren die geographische Herkunftsangabe *Made in Germany* tragen, ohne tatsächlich aus *Deutschland* zu stammen, können sie die Waren an der Grenze beschlagnahmen.

In den vorgenannten Fällen kommt es im Anschluss an die Beschlagnahme zur Einziehung, was den endgültigen Eigentumsverlust darstellt. Die Waren werden anschließend von den Zollbehörden verwertet.

Beispiel:

Gefälschte Markenwaren werden in der Regel vernichtet. Sie dürfen nur im Ausnahmefall anderweitig verwendet werden. So wurden in einem Einzelfall gefälschte Fußbälle, die sich in einwandfreiem Zustand befanden, an Kinderheime verschenkt.

Bei Markenfälschungen ist der Spediteur verpflichtet, detaillierte Auskünfte über die erfolgte Ein- oder Ausfuhr zu geben.

Beispiel:

Im Zolllager eines Spediteurs werden mehrere Container mit gefälschten Markenturnschuhen gefunden. Bei einer solchen „offensichtlichen Rechtsverletzung" kann der Spediteur, auf unverzügliche Auskunft über die „Herkunft und den Vertriebsweg" der Waren in Anspruch genommen werden.

Besonders „zukunftsträchtige" Verbote und Beschränkungen dürften neben dem Markenrecht und den oben genannten verwandten Rechtsgütern in den kommenden Jahren sein:

Abfälle
- Abfälle, deren Verbringung in die oder aus der *EU* von den Zollbehörden überwacht und kontrolliert werden muss. Neben der *Verordnung (EG) Nr. 1013/2006*, welche die Verbringung von Abfällen in die, aus der und durch die Gemeinschaft regelt, gilt das nationale *Abfallverbringungsgesetz*. Abfälle dürfen nicht über alle Zollstellen ein- oder ausgeführt werden. Vielmehr muss dies über sogenannte „befugte Zollstellen" geschehen. Je nach Abfallart muss eine Genehmigung vorgelegt werden.

CE-Sicherheitszeichen
- CE-Sicherheitszeichen, deren Anbringung und Verwendung auf Industrieerzeugnissen zur Sicherheit der Verbraucher in der *EU* kontrolliert wird.

Lebensmittel
- Lebensmittel, deren Überwachung zu Gunsten der Verbraucher angesichts technischer Weiterentwicklungen immer komplizierter wird.

Chemikalien
- Chemikalien, die eine besondere Gefährlichkeit aufweisen, dürfen in bestimmten Fällen weder ein- noch ausgeführt werden. Bei Ausfuhren sind in erster Linie die *EG-Chemikalienverordnung (EG) Nr. 689/2008* und die *EG-FCKW-Verordnung (EG) Nr. 2037/2000* zu beachten. Bei Einfuhren greifen vornehmlich das nationale *Chemikaliengesetz* und die nationale *Chemikalienverbotsverordnung*.

Auf eine Besonderheit sei in Bezug auf Verbote und Beschränkungen noch ausdrücklich hin **Inner-** gewiesen. Die zuständigen Behörden müssen nicht nur den grenzüberschreitenden Verkehr **gemein-** mit Drittländern, sondern auch den innergemeinschaftlichen Verkehr überwachen. Auch **schaftlicher** dies wird zu einer erheblichen Ausweitung der Kontrollmaßnahmen in der Zukunft führen. **Verkehr**

> **Beispiel:**
> Die Überwachung des Rindfleischexportes aus *Großbritannien* in den übrigen Teil der *EU* hat innergemeinschaftliche Kontrollen erforderlich gemacht, die man wegen Zollunion und Binnenmarkt eigentlich überwunden glaubte. Es ist davon auszugehen, dass in Zukunft im Zusammenhang mit Lebensmitteln auch andere Mitgliedstaaten der *EU* von Ausfuhrverboten betroffen sein werden. Das Beispiel macht deutlich, dass auch heute – mehr als 50 Jahre nach Gründung der *Europäischen Wirtschaftsgemeinschaft* – ein *EU*-weiter Wirtschaftsraum ohne Binnengrenzen noch längst nicht vollständig geschaffen worden ist.

Inwieweit in den kommenden Jahren weitere Verbote und Beschränkungen des grenzüberschreitenden Warenverkehrs zu Gunsten der oben genannten Rechtsgüter vom Gesetzgeber erlassen werden, lässt sich heute allenfalls in Ansätzen erahnen. Erkennbar ist, dass die Rechtsmaterie – anders als von der Politik regelmäßig angekündigt – immer komplizierter wird. Die Möglichkeiten, Fehler zu machen, nehmen zu. Die Aufgaben für Spediteure werden schwieriger.

1.11   Verbrauchsteuern

Neben der Sicherung der Einhaltung des Zollrechts hat die Zollverwaltung weitere wich **Allge-** tige Aufgaben bei der Durchsetzung des Verbrauchsteuerrechts. Gemäß *§ 1 Abs. 2 ZollVG* **meines** wird der Verkehr mit verbrauchsteuerpflichtigen Waren über die Grenzen des deutschen Steuergebietes zollamtlich überwacht. Darüber hinaus obliegt der Zollverwaltung auch die Überwachung des Verkehrs mit solchen Waren innerhalb des Steuergebietes.

Die dazu erlassenen vorwiegend nationalen rechtlichen Regelungen berühren die Tätigkeit jener Spediteure, die sich mit nationalen oder internationalen Transporten von verbrauchsteuerpflichtigen Waren befassen.

Zur Harmonisierung der Verbrauchsteuererhebung in der *EG* und zur Schaffung von Rechtsklarheit wurde die *Richtlinie 2008/118/EG* vom 16.12.2008 über das allgemeine Verbrauchsteuersystem und zur Aufhebung der *Richtlinie 92/12/EWG* erlassen

Ein entscheidender Schritt war allerdings bereits mit der Einführung eines neuen Verbrauchsteuerrechts zum 1.1.1993 vollzogen. Grundlage für die zu diesem Zeitpunkt neu in Kraft gesetzten nationalen Verbrauchsteuergesetze bildete die *Richtlinie 92/12 EWG über das allgemeine System, den Besitz, die Beförderung und die Kontrolle verbrauchsteuerpflichtiger Waren*, kurz *Systemrichtlinie* genannt, die inzwischen durch oben genannte Richtlinie ersetzt wurde. Deren wesentlicher Inhalt besteht unter anderem in der Konzipierung des Verkehrs mit verbrauchsteuerpflichtigen Waren, worauf nachfolgend in Grundzügen eingegangen werden soll.

Verbrauch- **steuerarten**	In *Deutschland* werden folgende besondere Verbrauchsteuern erhoben:

- Energiesteuer
- Tabaksteuer
- Biersteuer
- Branntweinsteuer, Alkopopsteuer
- Schaumweinsteuer (einschließlich der Zwischenerzeugnissteuer)
- Kaffeesteuer
- Stromsteuer.

Die entsprechenden nationalen Verbrauchsteuergesetze wurden mit dem *Gesetz zur Anpassung von Verbrauchsteuer- und anderen Gesetzen an das Gemeinschaftsrecht sowie zur Änderung anderer Gesetze – Verbrauchsteuer-Binnenmarktgesetz – (BGBl. I 1992 S. 2150)* erlassen.

Mit Wirkung vom 1.4.1999 kam es darüber hinaus in *Deutschland* zur Einführung einer Stromsteuer. Rechtliche Grundlage ist das *Stromsteuergesetz* vom 24.3.1999 *(BGBl. I S. 378 ff.)*. Diese Steuer wird ebenfalls von der *Bundeszollverwaltung* erhoben.

Die bis Juli 2006 in *Deutschland* erhobene Mineralölsteuer wurde in Umsetzung der *Richtlinie 2003/96 der EU* durch eine Energiesteuer ersetzt. Das dazu erlassene *Energiesteuergesetz* erfasst neben den klassischen Steuergegenständen, wie zum Beispiel Benzin oder Diesel, weitere Steuergegenstände des Energiebereiches. Das betrifft unter anderem:

- Kohle
- Teere
- Pflanzliche und tierische Öle und Fette, die als Heiz- oder Kraftstoff Verwendung finden.

Steuer- **gegen-** **stände**	Die genannten Verbrauchsteuern sind hinsichtlich des Gegenstandes in allen Mitgliedstaaten der *EU* vereinheitlicht. Eine Ausnahme bildet die Besteuerung von Kaffee und Alkopops. Zu den genannten verbrauchsteuerpflichtigen Waren ist nach den Harmonisierungsintentionen der *EU* noch Wein hinzuzufügen, wobei die *Steuersatzrichtlinie der EU für Wein* den Mindeststeuersatz auf null festlegt. In *Deutschland* erfolgt keine Besteuerung. Jedoch sind bei einem Transport von Wein in andere Mitgliedstaaten verfahrensmäßige Anforderungen zu beachten.

Der Steuergegenstand selbst wird in den meisten Fällen durch Verweis auf die Codierung des *Zolltarifes* beschrieben.

Regelungsgegenstand der *Systemrichtlinie* ist unter anderem das Verfahren der Beförderung von verbrauchsteuerpflichtigen Waren innerhalb der Gemeinschaft. Dies soll ermöglicht werden, ohne überhaupt eine Steuer entstehen zu lassen. Vielmehr ist die Steuerentstehung an die Entnahme in den steuerrechtlich freien Verkehr des jeweiligen Mitgliedslandes der *EU* gebunden.

Grundlegendes Prinzip ist dabei das **Bestimmungslandprinzip**. Das heißt, die Steuer soll dort entrichtet werden, wo der Verbrauch auch tatsächlich erfolgt. Eine Abweichung gibt es lediglich für den privaten Bereich. Hier ist das **Ursprungslandprinzip** umgesetzt.

Steuer- **begünsti-** **gungen**	In rechtlich vorgesehenen Fällen und unter Einhaltung differenzierter Voraussetzungen ist eine Steuerbegünstigung in Form einer Steuerbefreiung möglich. Solche Begünstigungen enthalten die nachfolgenden Regelungen mit Wirkung vom 1.4.2010:

Energiesteuergesetz vom 15.6.2006 (BGBl. I S. 1534), zuletzt geändert durch das Gesetz vom 15.7.2009 (BGBl. I S. 1870	*Abschnitt 4* des Gesetzes enthält Befreiungen für bestimmte Verwendungszwecke	*Tabelle 7: Steuerbegünstigungen*
Tabaksteuergesetz vom 21.12.1992 (BGBl. I S. 2150) zuletzt geändert durch das Gesetz vom 15.7.2009 (BGBl.I S. 1870)	*§ 30* – Befreiung von der Steuer und vom Verpackungszwang	
Biersteuergesetz vom 21.12.1992 (BGBl.I S. 2150, 2158) zuletzt geändert durch das Gesetz vom 15.7.2009 (BGBl.I S. 1883)	*§ 23* – Steuerbefreiung für bestimmte gewerbliche Verwendungen sowie für Haustrunk und Proben	
Gesetz über das Branntweinmonopol vom 8.4.1922 (RGBl.I S. 405) zuletzt geändert durch das Gesetz vom 15.7.2009 (BGBl.I S. 1883)	*§ 152* – Steuerbefreiungen- und -entlastungen, im wesentlichen bei anderer Verwendung, als für Trink- und Genusszwecke	
Gesetz zur Besteuerung von Schaumwein und Zwischenerzeugnissen vom 21.12.1992 (BGBl.I S. 2150,2176) zuletzt geändert durch das Gesetz vom 15.7.2009 (BGBl.I S. 1886)	*§ 20* – Befreiungen und Entlastungen, unter anderem für Proben	
Kaffeesteuergesetz vom 21.12.1992, (BGBl.I S. 2150, 2199) zuletzt geändert durch das Gesetz vom 15.7.2009 (BGBl.I S. 1919)	*§ 20* – Befreiung unter anderem für Proben, Testzwecke, Ausfuhr, Vernichtung	

Quelle: Eigene Darstellung

Für die **steuerbegünstigte Verwendung verbrauchsteuerpflichtiger Waren ist grundsätzlich eine Erlaubnis erforderlich.** Im Bereich des Energiesteuerrechts gilt das gleichermaßen für die Verteilung. Diese Erlaubnis ist in bestimmten Fällen allgemein erteilt (vergleiche *Anlage 1 zu § 55 der Energiesteuerverordnung*). Anderenfalls ist eine förmliche Einzelerlaubnis beim zuständigen Hauptzollamt einzuholen.

Steuerlager

Eine tragende Säule des Verbrauchsteuerrechts ist das sogenannte **Steuerlager** (vergleiche zum Beispiel *§ 5 EnergieStG*). Dahinter verbergen sich Betriebe, in denen unter Steueraussetzung verbrauchsteuerpflichtige Waren hergestellt, bearbeitet oder gelagert werden können. Die bislang vorhandene Unterscheidung zwischen Herstellungsbetrieb und Lager wurde aufgehoben. Herstellung und Lagerung unter Steueraussetzung bedürfen der Erlaubnis durch das zuständige Hauptzollamt. Im Regelfall entsteht die Steuer mit der Entnahme in den steuerrechtlichen freien Verkehr. Das ist der Fall, wenn die Ware aus dem Steuerlager entnommen wird, ohne dass sich ein Steueraussetzungsverfahren oder ein Zollverfahren (ohne das Verfahren der Überführung in den freien Verkehr und das Ausfuhrverfahren) anschließt. Die Steuer entsteht ferner durch Entnahme des Steuergegenstandes zum Verbrauch im Steuerlager.

Steueraussetzung

Der Transport zwischen zwei Steuerlagern erfolgt im Steueraussetzungsverfahren. Beförderung und Aufnahme in das empfangende Steuerlager haben unverzüglich zu erfolgen. Soweit keine Unregelmäßigkeit vorliegt, entsteht dabei keine Steuer.

Abbildung 31:

Begleitendes Verwaltungsdokument

EUROPÄISCHE GEMEINSCHAFT
VERBRAUCHSTEUERPFLICHTIGE WAREN

BEGLEITENDES VERWALTUNGSDOKUMENT

Ausfertigung für den Versender

1

1 Versender	MwSt Nummer
2 Verbrauchsteuernummer des Versenders	3 Bezugsnummer
4 Verbrauchsteuernummer des Empfängers	5 Rechnungsnummer
6 Rechnungsdatum	
7 Empfänger MwSt Nummer	8 Zuständige Behörde am Abgangsort
7a Ort der Lieferung	
9 Beförderer	10 Sicherheitsleistung
11 Sonstige Angaben zur Beförderung	12 Abgangsland / 13 Bestimmungsland
	14 Steuerlicher Beauftragter

1

| 15 Abgangsort | 16 Versanddatum | 17 Beförderungsdauer |

18a Zeichen, Anzahl und Art der Packstücke, Warenbeschreibung	19a Warenkode (KN-Kode)
	20a Menge / 21a Rohgewicht (kg) / 22a Eigengewicht (kg)
18b Zeichen, Anzahl und Art der Packstücke, Warenbeschreibung	19b Warenkode (KN-Kode)
	20b Menge / 21b Rohgewicht (kg) / 22b Eigengewicht (kg)
18c Zeichen, Anzahl und Art der Packstücke, Warenbeschreibung	19c Warenkode (KN-Kode)
	20c Menge / 21c Rohgewicht (kg) / 22c Eigengewicht (kg)

23 Bescheinigungen (bestimmte Weine und Spirituosen, kleine Brauereien und Brennereien)

A Kontrollvermerk der zuständigen Behörde

24 Für die Richtigkeit der Angaben in Feld 1-22

Firma des Unterzeichners (mit Telefonnummer)

Name des Unterzeichners

Ort, Datum

Unterschrift

Fortsetzung auf der Rückseite (Ausfertigungen 2, 3 und 4)

2720 Begleitendes Verwaltungsdokument

Quelle: Amtlicher Vordruck

EUROPÄISCHE GEMEINSCHAFT
VERBRAUCHSTEUERN

VEREINFACHTES BEGLEITDOKUMENT
INNERGEMEINSCHAFTLICHE BEFÖRDERUNG VON WAREN DES STEUERRECHTLICH FREIEN VERKEHRS

Abbildung 32:
Vereinfachtes
Begleit-
dokument

1

Ausfertigung für den Lieferer

1 Lieferer (Name und Adresse) MwSt Nummer

2 Bezugsnummer des Lieferers

3 Zuständige Behörde des Bestimmungslandes (Bezeichnung und Anschrift)

4 Empfänger (Name und Adresse) MwSt Nummer

5 Beförderer/Beförderungsmittel

6 Bezugsnummer und Datum der Anmeldung bei der zuständigen Behörde des Bestimmungslandes

7 Ort der Lieferung

1

8 Zeichen, Anzahl und Art der Packstücke, Warenbeschreibung

9 Warenkode (KN-Kode)

10 Menge

11 Rohgewicht (kg)

12 Eigengewicht (kg)

13 Rechnungspreis/Warenwert

14 Bescheinigungen (bestimmte Weine und Spirituosen, kleine Brauereien und Brennereien)

A Kontrollvermerk der zuständigen Behörde

15 Für die Richtigkeit der Angaben in Feld 1-13:
Rücksendung der Ausfertigung 3
gewünscht: Ja ☐ Nein ☐ (*)
Firma des Unterzeichners (mit Telefonnummer)

Name des Unterzeichners

Ort, Datum

Unterschrift

Fortsetzung auf der Rückseite der Ausfertigungen 2 und 3

2725 (Vereinfachtes Begleitdokument)

(*) Zutreffendes ankreuzen

WILHELM KÖHLER VERLAG
4950 Minden 1, Postfach 1130, Telefon 0571/28031, Telex 97812, Telefax 0571/28021; 8000 Frankfurt/M 1, Telemannstr. 13, Telefon 069/72327 1 + 72 2178, Telefax 069/72 72 98; 2000 Hamburg 1, Mönckebergstr. 11, Telefon 040/324255 + 327448, Telefax 040/33 37 23; 5300 Bonn 1, Kaiserstr. 15, Telefon 0228/224050, Telefax 0228/26 16 40; 7050 Leipzig, Gelbkestr. 12, Telefon Leipzig 65157 + 63586, Telefax Leipzig 65496

Quelle: Amtlicher Vordruck

Grundsätzliche Verfahrensschritte beim Steueraussetzungsverfahren im Energiesteuerrecht:

Abgabe eines elektronischen Verwaltungsdokumentes (ab 1.4.2010). Ausnahmen sind teilweise für Beförderungen im Steuergebiet zugelassen

Sicherheitsleistung durch den Inhaber des abgebenden Steuerlagers, wenn Steuerbelange nach Ermessen des *HZA* gefährdet erscheinen

Unverzügliche Eintragung des Abganges in die Buchführung des Versenders

Unverzüglicher Transport und Aufnahme des Steuergegenstandes in das empfangende Steuerlager

Eintragung des Einganges in die Buchführung des Empfängers.

Ein Steueraussetzungsverfahren ist nicht nur bei einem Transport zwischen zwei Steuerlagern im Steuergebiet zulässig. Die gleiche Möglichkeit besteht zwischen Steuerlagern in verschiedenen Mitgliedsländern der *EU*.

Das Hauptzollamt kann zudem auf Antrag zulassen, dass der Beförderer oder der Eigentümer der Ware die Sicherheit anstelle des Versenders leistet.

Darüber hinaus kann das Steueraussetzungsverfahren in folgenden Fällen Anwendung finden:

- bei der Ausfuhr in Drittländer (Länder, die nicht der *EU* angehören)
- bei der Einfuhr aus Drittländern unmittelbar am Ort der Einfuhr durch einen registrierten Versender.

Für die Abwicklung des Steueraussetzungsverfahrens findet das begleitende Verwaltungsdokument (vergleiche Abbildung *S. 178*) Anwendung.

Steuerschuldner   Wird eine verbrauchsteuerpflichtige Ware dem Steueraussetzungsverfahren entzogen, entsteht die Steuer. **Steuerschuldner** wird grundsätzlich der Versender, daneben auch der Empfänger, wenn er vor dem Entstehen der Steuer Besitz an der Ware erlangt hat. Der Beförderer oder Eigentümer der Ware wird Steuerschuldner, sofern er eine Sicherheit geleistet hat. Entsteht in Folge einer Unregelmäßigkeit die Steuer, wird diese in dem Mitgliedsland erhoben, in dessen Gebiet die Unregelmäßigkeit begangen wurde.

Nachweisführung   Das Funktionieren des Binnenmarktes erforderte weiterhin Regelungen, die einerseits den ungehinderten Handel mit bereits versteuerten verbrauchsteuerpflichtigen Waren ermöglichen und andererseits das Bestimmungslandprinzip, also die Versteuerung im Verbraucherland, gewährleisten. Bereits versteuerte Ware kann zu gewerblichen Zwecken in andere Mitgliedsstaaten verbracht werden. Für den Transport ist ein vereinfachtes Begleitdokument (Abbildung *S. 179*) gemäß *VO (EWG) 3649/92* zu verwenden.

An dessen Stelle können auch bestimmte kaufmännische Unterlagen, wie Rechnungen, Lieferscheine, Frachtbriefe usw. treten, wenn sie die gleichen Angaben enthalten, die das vereinfachte Begleitdokument vorsieht.

Der Empfänger der Ware hat den beabsichtigten Bezug bei seinem zuständigen HZA anzumelden. Für die Steuer ist eine Sicherheit zu leisten. Die Steuer entsteht mit dem Empfang der Ware im Steuergebiet. Steuerschuldner ist der Bezieher. Mit der Bestätigung des Verbringens in einen anderen Mitgliedstaat kann der Versender wiederum eine Erstattung der bereits bezahlten Steuer bei seiner Behörde beantragen.

Einfuhr aus Drittländern Werden verbrauchsteuerpflichtige Waren aus Drittländern nach *Deutschland* eingeführt, entsteht die Steuer zum Zeitpunkt der Überführung in den steuerlich freien Verkehr durch die Einfuhr. Einfuhr ist der Eingang der Ware in das Steuergebiet, sofern kein zollrechtliches Nichterhebungsverfahren (zum Beispiel *Zolllagerverfahren*) vorliegt.

1.12 Rechtsbehelfsverfahren in Zollsachen

Allgemeines Die Einlegung von Rechtsbehelfen ist eine Möglichkeit, sich vor ungerechtfertigten Entscheidungen der Verwaltung zu schützen.

Da auch der Spediteur Adressat von Entscheidungen der Zollbehörden sein kann, ist diesen Fragen die nötige Beachtung zu schenken.

Die Rechtsbehelfe in Zollsachen sind im *Zollkodex* in den *Art. 243 – 246* nur sehr unvollständig geregelt. Die Einzelheiten des Rechtsbehelfsverfahrens bleiben vielmehr den Mitgliedstaaten überlassen (vergleiche *Art. 245 ZK*).

Rechtsbehelfsbefugnis *Art. 243 Abs. 1 ZK* regelt die sogenannte **Rechtsbehelfsbefugnis**. Danach ist zur Einlegung eines Rechtsbehelfs auf dem Gebiet des Zollrechts jede Person befugt, die von einer Entscheidung der Zollbehörde unmittelbar und persönlich betroffen ist. Der Spediteur kann das auch immer dann sein, wenn er als indirekter Vertreter im eigenen Namen für fremde Rechnung auftritt. In solchen durchaus typischen Fällen liegt eine Eigenhaftung des Spediteurs vor, die nur durch einen eindeutigen Hinweis darauf vermieden werden kann, im fremden Namen zu handeln. Die Möglichkeit der Einlegung eines Rechtsbehelfs ist aber auch dann gegeben, wenn eine Entscheidung beantragt, jedoch nicht fristgerecht getroffen wurde. In diesem Fall ist der Antragsteller zur Einlegung berechtigt.

Der Rechtsbehelf ist in dem Mitgliedstaat einzulegen, in dem die Entscheidung getroffen oder beantragt wurde. Damit entfällt für die Wirtschaftsbeteiligten die Wahl des ganz überwiegend noch durch einzelstaatliches Recht geprägten Rechtsschutzsystems.

Der *Zollkodex* sieht vor, dass gegen **Entscheidungen** der Zollbehörden in zwei Stufen Rechtsbehelfe eingelegt werden können.

Generell ist erforderlich, vor Einlegung eines Rechtsbehelfes zunächst zu prüfen, ob die anzufechtende Maßnahme tatsächlich eine Entscheidung der Zollbehörde ist.

Entscheidungen sind nach *Art. 4 Nr. 5 ZK*

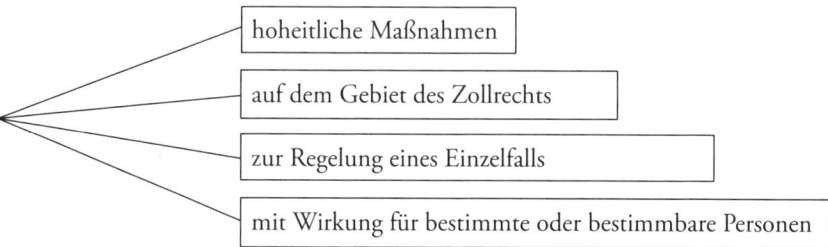

hoheitliche Maßnahmen

auf dem Gebiet des Zollrechts

zur Regelung eines Einzelfalls

mit Wirkung für bestimmte oder bestimmbare Personen

Mit diesen Merkmalen ist die zollrechtliche Entscheidung als europäischer Verwaltungsakt grundsätzlich mit dem Verwaltungsakt – definiert in *§ 35 Verwaltungsverfahrensgesetz* – im nationalen deutschen Recht vergleichbar.

Beispiele:
- Verbindliche Zolltarifauskünfte oder verbindliche Ursprungsauskünfte nach *Art. 12 ZK*
- die Ablehnung von Erstattungs- und Erlassanträgen
- die Bewilligung oder Ablehnung eines Zolllagers
- der Steuerbescheid über eine Zollschuld.

Keine Entscheidung mit daraus resultierender Rechtsbehelfsbefugnis ist zum Beispiel eine unverbindliche Auskunft der Zollbehörde oder die Mitteilung der Zollbehörde an den Adressaten einer verbindlichen Tarifauskunft, dass wegen einer veränderten Rechtslage eine Auskunft ungültig geworden ist.

Auf der ersten Stufe muss der Rechtsbehelf bei den von den Mitgliedstaaten dafür bestimmten Zollbehörden eingelegt werden. Dies ist im Regelfall die Zollbehörde, die die anzufechtende Entscheidung erlassen hat.

Da das einzelne Zollamt keine eigenständige Behörde ist, sondern vielmehr Teil eines Hauptzollamtes, müssen Rechtsbehelfe gegen Entscheidungen eines Zollamtes an das betreffende Hauptzollamt gerichtet werden.

Bei der vom *Zollkodex* vorgeschriebenen zweiten Stufe muss es sich um eine unabhängige Instanz handeln. Dies kann nach deutschem Recht nur ein Gericht sein. In Deutschland sind dies regelmäßig die jeweiligen Finanzgerichte.

Wirkungen des Rechtsbehelfs Mit der Einlegung eines Rechtsbehelfes wird die Vollziehung der angefochtenen Entscheidung nach *Art. 244 ZK* nicht ausgesetzt. Es liegt mithin keine aufschiebende Wirkung vor. Allerdings können besondere Gründe vorliegen, die eine Aussetzung der Vollziehung ermöglichen. Das trifft zu, wenn die Zollbehörde selbst berechtigte Zweifel an der Rechtmäßigkeit der angefochtenen Entscheidung hat oder wenn dem Beteiligten ein unersetzbarer Schaden entstehen könnte. Die Aussetzung bei Entrichtung einer Sicherheitsleistung ist ebenfalls direkt in *§ 244 ZK* geregelt. Insofern sind die entsprechenden Regelungen der nationalen Abgabenordnung nicht anwendbar.

Wie bereits erwähnt, werden die weiteren Einzelheiten des Rechtsbehelfsverfahrens den **Zweistufig-** Mitgliedstaaten überlassen. Damit kann in *Deutschland* grundsätzlich auf die Regelungen **keit des** der *Abgabenordnung* zurückgegriffen werden. **Verfahrens**

Auf der ersten Stufe, also bei den außergerichtlichen Rechtsbehelfen, kann Einspruch gegen die Maßnahme der Finanzbehörden eingelegt werden *(§ 348 AO)*. Von erheblicher praktischer Bedeutung ist der Einspruch gegen Steuerbescheide über Zollschulden. Wird gegen den Steuerpflichtigen eine Zollschuld in einer Höhe festgesetzt, die er beanstandet, muss er schriftlich innerhalb eines Monats Einspruch bei der zuständigen Zollstelle einlegen. Über den Einspruch entscheidet die Finanzbehörde, die den Verwaltungsakt (hier: Steuerbescheid) erlassen hat *(§ 367 Abs. 1 AO)*. Dies dürfte im Regelfall das Hauptzollamt sein.

Bleibt der Einspruch erfolglos, muss innerhalb eines Monats schriftlich Klage vor dem zuständigen Finanzgericht erhoben werden (= 2. Stufe, vergleiche *Art. 243 Abs. 2 Buchst. b ZK)*. Näheres regelt *§ 33 FGO*. Sie bestimmt die Voraussetzungen für ein Klageverfahren.

Der Finanzrechtsweg ist gegeben **Finanz-**
a)   in öffentlich-rechtlichen Streitigkeiten über Abgabenangelegenheiten, soweit die **rechtsweg** Abgaben der Gesetzgebung des Bundes unterliegen und durch Bundes- oder Landesfinanzbehörden verwaltet werden
b)   in öffentlich-rechtlichen Streitigkeiten über die Vollziehung von Verwaltungsakten in anderen als den in a) bezeichneten Angelegenheiten, soweit die Verwaltungsakte durch Bundes- oder Landesfinanzbehörden nach den Vorschriften der *AO* zu vollziehen sind und soweit nicht ein anderer Rechtsweg ausdrücklich gegeben ist
c)   in öffentlich-rechtlichen und berufsrechtlichen Streitigkeiten über Angelegenheiten, die durch das *Steuerberatungsgesetz* geregelt sind
d)   in anderen als den vorbezeichneten öffentlich-rechtlichen Streitigkeiten, soweit für diese durch Bundes- oder Landesgesetz der Finanzrechtsweg eröffnet ist.

Die Finanzgerichte entscheiden im ersten Rechtszug über alle Streitigkeiten, für die der Finanzrechtsweg gegeben ist, soweit nicht der *Bundesfinanzhof (BFH)* zuständig ist. Der *BFH* entscheidet über das Rechtsmittel
a)   der Revision gegen Urteile des Finanzgerichts und gegen Entscheidungen, die Urteilen des Finanzgerichts gleichstehen
b)   der Beschwerde gegen andere Entscheidungen des Finanzgerichts oder des Vorsitzenden des Senats.

Wird im gerichtlichen Verfahren die Frage nach der Gültigkeit oder der Auslegung von *EG-Rechtsakten* gestellt, so kann das Finanzgericht, wenn es dies für erforderlich hält, nach *Art. 234 EG-Vertrag* eine Vorabentscheidung des *Europäischen Gerichtshofs (EuGH)* einholen, die das Gericht bindet. Der *BFH* als letztinstanzliches Gericht muss bei Vorliegen einer solchen Frage regelmäßig eine Vorabentscheidung einholen.

1.13 Zukünftige Entwicklung des Zollrechts

In den kommenden Jahren wird es zu wesentlichen Änderungen des Zollrechts kommen. Alle Zollbeteiligte werden eine Vielzahl neuer Regelungen beachten müssen. Am 23.4. 2008 hat die *EG* einen neuen *Modernisierten Zollkodex (VO (EG) Nr. 450/2008 = MZK)* erlassen, der das Zollrecht in ganz wesentlichen Teilen ändert. Das Gesetz ist am 24.6.2008 in Kraft getreten. Allerdings hat dies noch keine Auswirkungen auf Im- und Exporte. Denn der *MZK* wird erst dann Anwendung finden, wenn die erforderliche Durchführungsverordnung geschaffen wurde. Hiermit ist in nächster Zeit nicht zu rechnen. Genaue Prognosen lassen sich nicht abgeben. Spätestens bis 2013 muss die Umsetzung allerdings erfolgt sein.

Parallel dazu wurden aber auch der *Zollkodex* und die *ZollkodexdurchführungsVO* nicht unerheblich geändert. Die wichtigsten Neuerungen seien an dieser Stelle kurz vorgestellt:

Zugelassener Wirtschaftsbeteiligter
• Einführung der Person des „**Zugelassenen Wirtschaftsbeteiligten**" *(Authorized Economic Operator – AEO)*

Seit 1.1.2008 können Unternehmen, die in der *EU* ansässig und am Zollgeschehen beteiligt sind, diesen Status beantragen. Er berechtigt zu Vergünstigungen bei sicherheitsrelevanten Zollkontrollen und / oder Vereinfachungen gemäß den Zollvorschriften. Ziel ist die Absicherung der durchgängigen internationalen Lieferkette („supply chain") vom Hersteller einer Ware bis zum Endverbraucher. Besteht die Lieferkette ausschließlich aus *Zugelassenen Wirtschaftsbeteiligten* gilt sie als sicher (Stichwort Risikoanalyse). Die Kontrollmaßnahmen der Zollbehörden können reduziert werden. Stattdessen werden grenzüberschreitende Warenbewegungen der *Nicht-AEOs* genauer überprüft. Derzeit laufen Verhandlungen mit Drittländern (insbesondere *USA, China, Schweiz*), die zu einer weltweiten Anerkennung des Status führen sollen.

Im Einzelnen bedeutet dies, dass jedem Wirtschaftsbeteiligten, der die vorgeschriebenen Kriterien (zum Beispiel ausreichende Zahlungsfähigkeit, angemessene Einhaltung der Zollvorschriften in der Vergangenheit, zufrieden stellende Buchführung, angemessene Sicherheitsstandards) erfüllt, auf Antrag der Status eines *Zugelassenen Wirtschaftsbeteiligten* bewilligt werden kann. Die damit einmal geprüften Kriterien müssen dann bei der Beantragung von weiterer zollrechtlicher Vereinfachungen (auch in anderen Mitgliedstaaten) nicht noch einmal geprüft werden. Der Status gilt in allen Mitgliedstaaten der *EU* und ist zeitlich nicht befristet.

Aber auch ohne *AEO* können Unternehmen weiterhin zollrechtliche Vereinfachungen in Anspruch nehmen. Bereits bestehende Vereinfachungen bleiben gültig. Allerdings wird es in Zukunft leichter sein, umfassende Vereinfachungen in Anspruch nehmen zu können, wenn man den Status eines *AEO* hat

Risikomanagement
• Einführung eines gemeinsamen Rahmens für das **Risikomanagement** *(Art. 13 ZK)*: Die systematische Ermittlung von Risiken, die im Zusammenhang mit grenzüberschreitenden Warentransporten bestehen (zum Beispiel in Bezug auf sicherheitsrelevante, finanzielle sowie verfahrenstechnische Aspekte), sollen unter Verwendung elektronischer Systeme vereinheitlicht werden. Hierzu gehören beispielsweise das

Sammeln von Daten und Informationen sowie deren Weitergabe, das Vorschreiben und Umsetzen von Maßnahmen und auch die Analyse und Bewertung von Risiken. Außerdem werden IT-Systeme für das automatisierte Risikomanagement und den Datenaustausch zwischen den Zollstellen (Eingangs- und Einfuhr- beziehungsweise Ausfuhr- und Ausgangszollstelle) eingeführt beziehungsweise kompatibel gestaltet. Gerade im Hinblick auf eine Gleichschaltung dieser IT-Systeme müssen die Zollbehörden der einzelnen Mitgliedstaaten und die *Europäische Kommission* noch intensive Arbeiten leisten.

- Abgabe der **summarischen (Vorab-)Anmeldung** vor dem Verbringen in das und aus dem Zollgebiet der Gemeinschaft (*Art. 36a ff.* beziehungsweise *182a ff. ZK neu*)
  Die summarische Anmeldung ist zukünftig im Regelfall auf elektronischem Wege abzugeben. Die papiergestützte Anmeldung wird dagegen zur Ausnahme. Besonders hingewiesen werden muss darauf, dass die summarische Anmeldung in Zukunft grundsätzlich vor dem Verbringen von Waren in das beziehungsweise aus dem Zollgebiet der Gemeinschaft abzugeben ist. Nach dem gegenwärtigen Gesetzgebungsstand muss diese Vorabmitteilung, sofern sie elektronisch abgegeben wird, bei auf dem Landweg beziehungsweise Luftweg beförderten Waren zwei Stunden vor deren Eintreffen abgegeben werden. Für den Seeweg ist eine Abgabefrist von 24 Stunden vor dem Eintreffen der Waren vorgesehen.
  Die summarische Vorabanmeldung sollte bei Ein- und Ausfuhren ab dem 1.7.2009 zur Anwendung kommen. Da die hierfür erforderlichen ergänzenden Bestimmungen in der *ZK-DVO* allerdings noch nicht wirksam sind, ist mit der Einführung der Vorabanmeldung erst zum 1.1.2011 zu rechnen.

Summa-rische Anmeldung

Die hier nur kurz skizzierten Änderungen haben folgende gemeinsamen Hintergründe und Ziele:
- Erhöhung der Sicherheit an den *EG*-Außengrenzen (Erfordernisse der Terrorismusbekämpfung)
- *EG*-weit einheitliches Kontrollniveau für zollrechtliche Abfertigungen,
- Beschleunigung der Warenbeförderung (zum Beispiel durch elektronische Zollanmeldungen, Risikoanalyse)
- Stärkung der Wettbewerbsfähigkeit der in der *EG* tätigen Unternehmen
- Sicherheitskontrollen zum Schutz der Bevölkerung am Ort des Wareneingangs, sonstige Kontrollen zum Schutz der finanziellen Interessen der *EG* an der Binnenzollstelle bzw. beim Beteiligten
- zentrale Zollabwicklung (auch) bei der Einfuhr (Versandverfahren werden überflüssig!) Die Zollabfertigung soll ohne Einschaltung weiterer Personen vom Firmensitz aus durchgeführt werden können.

Es bleibt abzuwarten, wie schnell und in welchem Umfang die Änderungen kommen werden. Das gesamte Gesetzgebungspaket ist zwar im Hinblick auf die grundlegenden Bestimmungen weit fortgeschritten, jedoch steckt der Teufel immer noch im Detail. Dies zeigt sich darin, dass die Mitgliedstaaten der *EU* in Bezug auf die Durchführungsbestimmungen noch auf keine endgültigen Regelungen gefunden haben. Der gegenwärtige Gesetzgebungsstand ist ein echtes Kuriosum. Es existiert ein „alter" *Zollkodex*, der in manchen Teilen nicht mehr anwendbar ist. Daneben ist bereits ein „neuer" *Modernisierter Zollkodex* in Kraft getreten, der aber zurzeit noch nicht wirksam ist. An den jeweiligen Durchführungsbestimmungen wird noch gearbeitet. Das Zollrecht befindet sich also in einem nur schwer zu überblickenden Schwebezustand. Es kommt – auch mehr als zehn Jahre nach der Einführung des *Zollkodex* – nicht zur Ruhe. Im Gegenteil!

2 Der Spediteur und die Umsatzsteuer
Martin Livonius

2.1 Rechtsgrundlagen und Begriffsbildung

Das *Umsatzsteuergesetz (UStG)* ist die Rechtsgrundlage für das in *Deutschland* anzuwendende Umsatzsteuerrecht. Das derzeit gültige *Umsatzsteuergesetz 2005* wurde bereits durch diverse Gesetzesänderungen den Richtlinien der Gemeinschaft angepasst. Wichtige Verfahrensregelungen sind in der *Umsatzsteuer-Durchführungsverordnung (UStDV) 2005* enthalten. Die meisten und wichtigsten Befreiungen eingeführter Gegenstände enthält die *Einfuhrumsatzsteuer-Befreiungsverordnung 1993 (EUStBV)* vom 11.8.1992, zuletzt geändert durch *VO vom 24.11.2008 (BGBl. I 2008 S. 2232)*. **Rechtsgrundlagen der Umsatzsteuer**

Das *UStG* und die *UStDV* wird von Zeit zu Zeit in der jeweils geltenden Fassung als konsolidierter Text im *Bundesgesetzblatt (BGBl)* und im *Bundessteuerblatt (BStBl)* veröffentlicht.

Die *Richtlinien zum Umsatzsteuergesetz (UStR)*, sowie **Erlasse, Verfügungen und Schreiben der Finanzverwaltung** im Bund und in den Ländern, sind **die Verwaltung bindende Allgemeine Verwaltungsvorschriften**. Sie sollen die einheitliche Anwendung des Umsatzsteuerrechts durch die Finanzverwaltung sicherstellen, sind jedoch kein Gesetz. Die Umsatzsteuerrichtlinien werden im *BStBl*, und als Sonderdruck im *Bundesanzeiger* publiziert. Zur Zeit sind die *Umsatzsteuer-Richtlinien 2008* in Kraft. Die Erlasse, Verfügungen und Schreiben der Finanzverwaltung im Bund und in den Ländern werden, sofern sie von allgemeiner Bedeutung sind, im *BStBl* und für eine bestimmte Zeit vom *Bundesministerium der Finanzen* auch im Internet (www.bundesfinanzministerium.de) veröffentlicht und regelmäßig in die *Umsatzsteuer-Richtlinien* bei deren Neufassung eingearbeitet.

Das *Umsatzsteuergesetz* basiert insbesondere auf der *Mehrwersteuersystemrichtlinie (MwStSystRL) 2006/112/EG vom 28.11.2006*. Deren Vorgängerin war die *Sechste Richtlinie des Rates vom 17.5.1977 (Richtlinie 77/388/EWG) zur Harmonisierung der Rechtsvorschriften der Mitgliedstaaten über die Umsatzsteuern*. Weiterhin gelten auch die *Achte Richtlinie des Rates vom 6.12.1979 (Richtlinie 79/1072/EWG)* und die *Dreizehnte Richtlinie des Rates vom 17.11.1986 (Richtlinie 86/560/EWG)*, die das Vorsteuer-Vergütungsverfahren regeln. Mit diesen Richtlinien wurde in allen *EU*-Mitgliedstaaten das System einer Umsatzsteuer mit Vorsteuerabzug eingeführt. **Die Richtlinien selbst stellen materiell kein den Bürger oder Unternehmer verpflichtendes Gesetz dar, jedoch können sich die Beteiligten unmittelbar darauf berufen, wenn sie für sie günstigere Regelungen enthalten.** **EG-Richtlinien**

Der *Rat der Europäischen Union* hat am 12.2.2008 drei Rechtsakte (zwei Richtlinien und eine Verordnung) verabschiedet, die auf *EU*-Ebene unter dem gemeinsamen Titel *Mehrwersteuerpaket* bekannt geworden sind. Diese Vorgaben werden zum 1.1.2010 zu

Änderungen sowohl im deutschen Umsatzsteuergesetz, wie auch in den Gesetzen der anderen Mitgliedstaaten führen.

Urteile Zur Umsatzsteuer zählen auch die Urteile des *Europäischen Gerichtshofes (EuGH)* und der nationalen Gerichte, zum Beispiel *Bundesfinanzhof (BFH)* oder Finanzgerichte (FG). **Die Entscheidungen des *EuGH* zum Gemeinschaftsrecht sind für die nationalen Gerichte bindend**, also damit auch die Entscheidungen des *EuGH* zum Umsatzsteuerrecht. Diese werden zurzeit nur teilweise im *BStBl*, aber vollständig im Internet (www.curia.eu) veröffentlicht.

Grundlagen der Besteuerung Der Umsatzsteuer unterliegen folgende Umsätze:
- die Lieferungen und sonstige Leistungen, die ein Unternehmer im Inland gegen Entgelt im Rahmen seines Unternehmens ausführt
- die Einfuhr von Gegenständen aus dem Drittlandsgebiet in das Inland
- der innergemeinschaftliche Erwerb im Inland gegen Entgelt.

Danach müssen folgende Kriterien erfüllt sein:
- Es muss sich um eine Lieferung oder eine sonstige Leistung handeln, die
- von einem Unternehmer
- im Inland
- gegen Entgelt und
- im Rahmen seines Unternehmens ausgeführt wird.

Steuerbar / steuerpflichtig Sind diese Kriterien erfüllt, handelt es sich nach *§ 1 Abs. 1 UStG* um einen **steuerbaren** Umsatz. Ein steuerbarer Umsatz unterliegt nur dann der Umsatzsteuer, wenn er auch steuerpflichtig und nicht steuerbefreit ist. **Grundsätzlich ist jeder steuerbare Umsatz auch steuerpflichtig, es sei denn die Steuerbefreiung ist ausdrücklich im Gesetz geregelt.**

Nicht steuerbare Umsätze sind von vornherein steuerfrei. Dies ist immer dann der Fall, wenn eines der oben genannten Kriterien nicht erfüllt ist, zum Beispiel wenn es sich nicht um einen Unternehmer, sondern um eine Privatperson handelt, oder wenn der Umsatz im Ausland getätigt wird. Im letzteren Fall gilt natürlich das dortige Umsatzsteuerrecht.

Lieferungen eines Unternehmers sind Leistungen, durch die er oder in seinem Auftrag ein Dritter den Abnehmer oder in dessen Auftrag einen Dritten befähigt, im eigenen Namen über einen Gegenstand zu verfügen (Verschaffung der Verfügungsmacht). Bei dem Begriff Lieferungen handelt es sich somit um Warenlieferungen.

Sonstige Leistungen sind Leistungen, die keine Lieferungen sind *(§ 3 Abs. 9 UStG)*. Bei den **„sonstigen Leistungen" handelt es sich um Dienstleistungen**, wie zum Beispiel das Befördern, die Besorgung von Beförderungen, Umschlagleistungen, Lagerleistungen, Zollabfertigungen, Ausstellen von Dokumenten, Verpacken etc., also um **typische Leistungen im Logistikgewerbe.**

Inland Inland ist in *§ 1 Abs. 2 UStG* und *Abschnitt 13 UStR* definiert. Danach ist **Inland im Sinne des *Umsatzsteuergesetzes* das Gebiet der *Bundesrepublik Deutschland*** mit Ausnahme des Gebietes von *Büsingen*, der *Insel Helgoland*, der Freizonen des Kontrolltyps I nach *§ 1 Abs. 1 Satz 1 des Zollverwaltungsgesetzes* (Freihäfen), der Gewässer und Watten zwischen der Hoheitsgrenze und der jeweiligen Strandlinie sowie der deutschen Schiffe und der deutschen Luftfahrzeuge in Gebieten, die zu keinem Zollgebiet gehören.

Ausland ist gemäß *§ 1 Abs. 2 Satz 2 UStG* das Gebiet, das danach nicht Inland ist. **Ausland** **Das Ausland wird für Umsatzsteuerzwecke in Gemeinschaftsgebiet, also die anderen Gemein-** *EU*-Mitgliedsstaaten, und Drittlandsgebiet unterteilt. Drittlandsgebiet ist das Gebiet, **schafts-** dass nicht Gemeinschaftsgebiet ist. **gebiet**

Zum Beispiel gelten das *Fürstentum Monaco* als Gebiet der *Französischen Republik* und **Drittland** die *Insel Man* als Gebiet des *Vereinigten Königreichs* und damit als zum Gemeinschaftsgebiet im Sinne des Umsatzsteuerrechts gehörig.

Zu beachten ist, dass einige Gebiete unterschiedlich umsatzsteuerrechtlich, zollrechtlich und für statistische Zwecke behandelt werden.

	Land/Territorium	Zoll	USt	Statistik
1	*Belgien*	Ja	Ja	Ja
2	Bulgarien	Ja	Ja	Ja
3	*Dänemark*	Ja	Ja	Ja
	Färöer Inseln	Nein	Nein	Nein
	Grönland	Nein	Nein	Nein
4	*Deutschland*	Ja	Ja	Ja
	Gebiet von Büsingen	Nein	Nein	Nein
	Helgoland	Nein/Ja	Nein	Ja
5	*Estland*	Ja	Ja	Ja
6	*Frankreich*	Ja	Ja	Ja
	Übers. Departments (DOM)[1]	Ja	Nein	Nein
	Übers. Territorien (TOM)[2]	Nein	Nein	Nein
	Monaco	Ja	Ja	Ja
	Korsika	Ja	Ja	Ja
7	*Finnland*	Ja	Ja	Ja
	Åland Inseln	Ja	Nein	Ja
8	*Griechenland*	Ja	Ja	Ja
	Berg Athos	Ja	Nein	Ja
9	*Irland*	Ja	Ja	Ja
10	*Italien*	Ja	Ja	Ja
	Campione d'Italia	Nein	Nein	Nein
	Livigno	Nein	Nein	Nein
	San Marino	Ja	Nein	Ja
	Vatikan	Nein	Nein	Nein
11	*Lettland*	Ja	Ja	Ja
12	*Litauen*	Ja	Ja	Ja
13	*Luxemburg*	Ja	Ja	Ja
14	*Malta*	Ja	Ja	Ja
15	*Niederlande*	Ja	Ja	Ja
	Aruba	Nein	Nein	Nein
	Niederländische Antillen	Nein	Nein	Nein
16	*Österreich*	Ja	Ja	Ja
17	*Polen*	Ja	Ja	Ja

Tabelle 8:
Die territoriale Anwendung für Zoll, Umsatzsteuer und Statistische Zwecke

	Land/Territorium	Zoll	USt	Statistik
18	*Portugal*	Ja	Ja	Ja
	Azoren	Ja	Ja	Ja
	Madeira	Ja	Ja	Ja
20	*Slowenien*	Ja	Ja	Ja
21	*Slowakei*	Ja	Ja	Ja
22	*Spanien*	Ja	Ja	Ja
	Andorra	Ja	Nein	Nein
	Kanarische Inseln[3]	Ja	Nein	Ja
	Ceuta	Nein	Nein	Nein
	Melilla	Nein	Nein	Nein
23	*Schweden*	Ja	Ja	Ja
24	*Tschechische Republik*	Ja	Ja	Ja
25	*Ungarn*	Ja	Ja	Ja
22	*Vereinigtes Königreich*	Ja	Ja	Ja
	Dhekelia	Ja	Ja	Ja
	Kanalinseln[4]	Ja	Nein	Ja
	Isle of Man	Ja	Ja	Ja
	Gibraltar	Nein	Nein	Nein
	Übers. Länder und Territorien[5]	Nein	Nein	Nein
	Vereinigtes Königreich Akrotiri	Ja	Ja	Ja
27	*Zypern[6]*	Ja	Ja	Ja

[1] **DOM**
Guadeloupe
Martinique
Reunion
Französisch Guayana

[2] **TOM**
Mayotte
Miquelon
St. Pierre
Französisch Polynesien
Französische Südseeinseln
Französische Antarktis
Futuna
Neu Kaledonien
Wallis

[3] **Kanarische Inseln**
Gran Canaria
Fuerteventura
Lanzarote
Teneriffa
La Gomera

[4] **Kanalinseln**
Alderney
Herm
Guernsey
Jersey
Sark

[5] **Überseeische Länder und Territorien**
Anguilla
Bermuda
Britische Jungfrauinseln
Falkland-Inseln
Cayman-Inseln
Monserrat
Sandwich-Inseln
St. Helena
Süd-Georgia
Turks and Caicos
Pitcairn
Britische Antarktis
Britische Territorien Im Indischen Ozean

[6] **Nur südlicher (griechischer) Teil**

Quelle: Eigene Darstellung

Der **Umsatz wird** bei Warenlieferungen, sonstigen Leistungen und dem innergemeinschaft- **Entgelt** lichen Erwerb **nach dem sogenannten Entgelt bemessen. Entgelt ist alles, was der Leistungsempfänger aufwenden muss, jedoch abzüglich der Umsatzsteuer.** Unter Entgelt versteht man also im Allgemeinen den Kaufpreis einer Ware, den Preis für die Leistung, weitere Kosten wie Beförderungskosten usw. Die Steuerschuld ergibt sich dann aus der Belastung des Entgelts, der sogenannte Bemessungsgrundlage, mit dem jeweils geltenden Steuersatz.

Der Ort einer Leistung ist besonders wichtig, da davon die Art und Weise der Besteue- **Leistungs-** rung abhängt. Es muss daher festgestellt werden, wo der Ort einer sonstigen Leistung **ort** liegt, um die korrekte steuerliche Behandlung sicherzustellen. Nur wenn dieser Ort im Inland liegt, ist der Umsatz nach deutschem Umsatzsteuerrecht zu besteuern.

Für **Beförderungsleistungen gelten besondere Ortsbestimmungen**:
*   Grundsätzlich wird die Beförderungsleistung dort ausgeführt, wo die Beförderung bewirkt wird *(§ 3b Abs. 1 Satz 1 UStG)*.
*   Wenn sich die Beförderungsleistung sowohl auf das Inland als auch auf das Ausland erstreckt, so wird nur der inländische Streckenabschnitt mit deutscher Umsatzsteuer besteuert *(§ 3b Abs. 1 Satz 2 UStG)*.
*   Mit der Beförderung zusammenhängende Leistungen, wie das Beladen, Entladen, Umschlagen etc. werden dort ausgeführt, wo der Unternehmer jeweils ausschließlich oder zum wesentlichen Teil tätig wird *(§ 3b Abs. 2 UStG)*.
*   Bei einer innergemeinschaftlichen Beförderungsleistung: Im Abgangsland der Beförderung oder in dem Land, in dem dem Leistungsempfänger eine *USt-ID-Nr.* erteilt worden ist *(§ 3 b Abs. 3 Satz 1, 2 und 3 UStG)*.
*   Auch wenn die Beförderungsleistung nur im Inland stattfindet, aber im Zusammenhang mit einer innergemeinschaftlichen Beförderungsleistung steht: Im Abgangsland der Beförderung oder in dem Land, in dem dem Leistungsempfänger eine *USt-ID-Nr.* erteilt worden ist *(§ 3b Abs. 3 Satz 1, 2 und 3 UStG)*.

Der *Umsatzsteuer-Identifikations-Nummer* kommt daher für die Bestimmung des Leis- **USt-IdNr.** **tungsortes eine wesentliche Bedeutung zu.** Die *Umsatzsteuer-Identifikations-Nummer* oder kurz *USt-IdNr.* darf in *Deutschland* nicht mit der allgemeinen Steuernummer verwechselt werden. Die *USt-IdNr.* setzt sich aus dem Ländercode und weiteren Stellen (Ziffern und Buchstaben) zusammen und ist im innergemeinschaftlichen Waren- und Dienstleistungsverkehr der **Nachweis, dass es sich um einen umsatzsteuerlich registrierten Unternehmer handelt**[1].

---

1 Die *USt-IdNr.* wird aufgrund eines schriftlichen Antrages vom *Bundeszentralamt für Steuern (BZSt) – Außenstelle –* in *Saarlouis* erteilt.

Tabelle 9: Aufbau der Umsatzsteuer-Identifikations-nummern

Mitgliedstaat	Kurzform	Länder-Kennzeichen	Weitere Stellen
Belgien	No TVA/BTW-nr.	BE	9
Bulgarien	DDS = ДДР	BG	9 oder 10
Dänemark	SE-Nr.	DK	8
Deutschland	USt-IdNr.	DE	9
Estland	KMKR number	EE	9 (nur Ziffern)
Finnland	ALV-NRO	FI	8
Frankreich	ID-TVA	FR	11
Griechenland	A.φ.M.	EL	8
Irland	VAT.No.	IE	8
Italien	P.IVA	IT	11
Lettland	PVN numurs	LV	11 (nur Ziffern)
Litauen	PVM moketojo kodas	LT	9 (nur Ziffern) oder 12 (nur Ziffern)
Luxemburg	No TVA	LU	8
Malta		MT	8 (nur Ziffern)
Niederlande	OB nummer	NL	12
Österreich	UID	AT	U + 8
Polen	NIP	PL	10 (nur Ziffern)
Portugal	NIPC	PT	9
Rumänien		RO	10
Schweden	MomsNr	SE	12
Slowakei	IC DPH	SK	9 (nur Ziffern) oder 10 (nur Ziffern)
Slowenien	DDV	SI	8 (nur Ziffern)
Spanien	N.IVA	ES	9
Tschechische Republik	DIC	CZ	8, 9 oder 10 (nur Ziffern)
Ungarn		HU	8 (nur Ziffern)
Vereinigtes Königreich	VAT.No.	GB	9 oder 12
Zypern		CY	9

Quelle: BMF Schreiben vom 23.2.2009 http://www.bzst.bund.de

2.2   Güterbeförderung in *Deutschland*

Beförderungsleistungen im Inland

Ist die Beförderungsstrecke ausschließlich im Inland, so ist der Leistungsort im Inland.

Beispiel:
Der Transportunternehmer *T* mit Sitz in *Brüssel (Belgien)* transportiert im Auftrag der Firma *F* eine Ware von *Aachen* nach *Frankfurt*.
Der Ort der Beförderungsleistung ist im Inland. Die Beförderungsleistung ist steuerbar und steuerpflichtig. *T* muss sich in *Deutschland* umsatzsteuerlich registrieren lassen und deutsche Umsatzsteuer in Rechnung stellen.

Wenn es sich jedoch um eine Güterbeförderung handelt, die einer innergemeinschaftlichen Beförderung vorangeht („Vorlauf") oder nachfolgt („Nachlauf") und der Empfänger der Rechnung die *USt-IdNr.* eines anderen Mitgliedstaates der *EU* verwendet, verlagert sich der Beförderungsort in den betreffenden Mitgliedstaat.

Der Ort einer Güterbeförderung liegt grundsätzlich dort, wo die Beförderung tatsächlich bewirkt wird *(§ 3b Abs. 1 S. 1 UStG)*. Hieraus folgt, dass wenn die Beförderungsstrecke teilweise im Inland und teilweise im Ausland ist und es sich dabei nicht um eine innergemeinschaftliche Beförderung handelt, die Beförderungsleistung in einen steuerbaren und nicht steuerbaren Leistungsteil aufzuteilen ist.

Bei einer Beförderungsleistung, bei der nur ein Teil der Leistung steuerbar ist und bei der die Umsatzsteuer auf diesen Teil auch erhoben wird, ist die Bemessungsgrundlage das Entgelt, das auf diesen Teil entfällt. Das auf den steuerbaren Leistungsteil entfallende tatsächlich vereinbarte oder vereinnahmte Entgelt ist nach folgender Formel zu ermitteln:

Strecken-abschnitts-beförde-rung

Grundsätzlich ist von dem vereinbarten oder vereinnahmten Nettobeförderungspreis auszugehen. Der Nettobeförderungspreis ist für jede einzelne Beförderungsleistung im Verhältnis der Längen der inländischen und ausländischen Streckenanteile – einschließlich sogenannter Leerkilometer – aufzuteilen. Das auf den inländischen Streckenanteil entfallende Entgelt kann nach folgender Formel ermittelt werden:

$$\text{Entgelt für den inländischen Streckenanteil} = \frac{\text{Nettobeförderungspreis für die Gesamtstrecke} \times \text{Anzahl der km des inländischen Streckenanteils}}{\text{Anzahl der km der Gesamtstrecke}}$$

Das Finanzamt kann jedoch Spediteure, Frachtführer, Verfrachter, Lagerhalter, Umschlagunternehmer und dergleichen, die steuerfreie Ausfuhrlieferungen bewirken, auf Antrag von der Verpflichtung befreien, die Entgelte für die steuerbaren und steuerpflichtigen Umsätze getrennt aufzuzeichnen (vergleiche *Abschnitt 259 Abs. 17 und 18 UStR*).

Die Aufteilung unterbleibt außerdem bei grenzüberschreitenden Beförderungen mit kurzen in- oder ausländischen Beförderungsstrecken, wenn diese Beförderungen entweder insgesamt als steuerbar oder insgesamt als nicht steuerbar zu behandeln sind.

Bei grenzüberschreitenden Beförderungen ist die Verbindungsstrecke zwischen zwei Orten im Ausland, die über das Inland führt als ausländische Beförderungsstrecke anzusehen, wenn diese Verbindungsstrecke den nächsten oder verkehrstechnisch günstigsten Weg darstellt und der inländische Streckenanteil nicht länger als 30 km ist *(§ 2 Satz 1 UStDV)*.

Zu den Verbindungsstrecken im Inland gehören insbesondere diejenigen Verbindungsstrecken von nicht mehr als 30 km Länge, für die in gegenseitigen Abkommen und Verträgen mit der *Schweiz, Österreich* und den *Niederlanden* die Erleichterungen für den Durchgangsverkehr vereinbart worden sind.

Verbin-dungs-strecken im Inland

Bei diesen Strecken ist eine Prüfung, ob sie den nächsten oder verkehrstechnisch günstigsten Weg darstellen, nicht erforderlich. Bei anderen Verbindungsstrecken muss diese Voraussetzung im Einzelfall geprüft werden (vergleiche *Abschnitt 42a Abs. 6 UStR*).

Bei grenzüberschreitenden Beförderungen ist die Verbindungsstrecke zwischen zwei Orten im Inland, die über das Ausland führt als inländische Beförderungsstrecke anzusehen, wenn er ausländische Streckenanteil nicht länger als 10 km ist *(§ 3 Satz 1 UStDV)*.

Verbin- Zu den Verbindungsstrecken im Ausland gehören insbesondere diejenigen Verbin-
dungs- dungsstrecken von nicht mehr als 10 km Länge, die in den oben genannten und spe-
strecken im ziellen Abkommen und Verträgen mit *Österreich* und *Belgien* enthalten sind (vergleiche
Ausland *Abschnitt 2a Abs. 8 UStR*).

Neben- Eine für die Praxis im Logistikgewerbe besonders wichtige Unterscheidung betrifft die
leistungen Unterscheidung zwischen Hauptleistung und Nebenleistung (-en), denn der Spediteur
erbringt neben der Besorgung oder Durchführung der eigentlichen Beförderungsleistung
eine Vielzahl zusätzlicher Leistungen. **Von einer Nebenleistung spricht man, wenn sie
im Vergleich zur Hauptleistung nebensächlich ist, jedoch mit ihr eng – im Sinne einer
wirtschaftlichen Abrundung und Ergänzung – zusammenhängt und üblicherweise in
ihrem Gefolge vorkommt.**

Nebenleistungen können zum Beispiel sein:
* Miete für Beförderungsmittel und Behälter
* Verzollungskosten (Zollabfertigungsgebühren) etc.

Ob von einer einheitlichen Leistung oder von mehreren getrennt zu beurteilenden selbst-
ständigen Einzelleistungen auszugehen ist, ist umsatzsteuerlich insbesondere für die Bestimmung
des Ortes sowie für die Anwendung von Befreiungsvorschriften von Bedeutung.

Für jede umsatzsteuerliche Leistung gilt das **Prinzip der Einheitlichkeit der Leistung. Die
Nebenleistung teilt umsatzsteuerrechtlich das Schicksal der Hauptleistung.** Das gilt auch
dann, wenn für die Nebenleistung ein besonderes Entgelt verlangt und entrichtet wird.

Welche Leistung als Hauptleistung angesehen wird, ergibt sich aus dem konkreten
Auftrag für das leistende Unternehmen.

> **Beispiel:**
> Ein Kunde beauftragt einen Spediteur mit einer Beförderung und dem damit ver-
> bundenen Umschlag.
> Werden die beiden Leistungen von ein und demselben Unternehmer erbracht,
> handelt es sich bei der Beförderung um die Hauptleistung und bei dem Umschlag
> um eine unselbstständige Nebenleistung.
> Wird der Umschlag jedoch an ein anderes Unternehmen vergeben, dann ist der
> Umschlag für dieses andere Unternehmen allerdings eine steuerliche Hauptleistung.

Ände- Durch das *Mehrwertsteuerpaket* gelten ab 2010 sonstige Leistungen von Unternehmern
rungen an andere Unternehmer grundsätzlich als am Sitzort des Leistungsempfängers erbracht
durch das (Bestimmungslandprinzip).
Mehrwert- Das neue Recht unterscheidet nach Transportleistungen an Unternehmer (englisch
steuerpaket Business) und an Privatpersonen (englisch Consumer):
* Business to Business (=B2B)-Umsätze: *Als Ort der Dienstleistung an einen Steuerpflichtigen, der als solcher handelt, gilt der Ort, an dem dieser Steuerpflichtige den Sitz
  seiner wirtschaftlichen Tätigkeit hat.*
* Business to Consumer (=B2C)-Umsätze: *Als Ort der Dienstleistung an einen Nicht-
  steuerpflichtigen gilt der Ort, an dem der Dienstleistungserbringer den Sitz seiner wirtschaftlichen Tätigkeit hat.*

Bei einer Rechnung an einen anderen Unternehmer, muss jetzt unterschieden werden, wo dieser Unternehmer seinen Sitz hat. Hat der Rechnungsempfänger seinen Sitz in *Deutschland*, so ist, wie bisher, mit deutscher Umsatzsteuer an ihn abzurechnen. Sitzt der Empfänger jedoch in einem anderen Land, so ist mit Hinweis auf die Umkehrung der Steuerschuldnerschaft, netto zu fakturieren (= Änderung der aktuellen Rechtslage!).

Wird die Rechnung über eine Transportdienstleistung in Deutschland an eine Privatperson geschickt, muss der Spediteur, wie bisher, mit deutscher Umsatzsteuer abrechnen.

2.3 Innergemeinschaftliche Güterbeförderung

Die innergemeinschaftliche Güterbeförderung ist ein steuerbarer und nicht steuerbefreiter Umsatz. Jedoch kann sich die **Besteuerung** in das Land, das dem Rechnungsempfänger die *USt-IdNr.* erteilt hat, **verlagern**. Durch diese Regelung soll vermieden werden, dass der Beförderungsunternehmer sich in einem anderen *EU*-Mitgliedstaat registrieren lassen muss und der Leistungsempfänger Rechnungen mit ausländischer Umsatzsteuer erhält. **Begriff der innergemeinschaftlichen Güterbeförderung**

Eine innergemeinschaftliche Beförderung eines Gegenstandes (innergemeinschaftliche Güterbeförderung) liegt vor, wenn sie in dem Gebiet von zwei verschiedenen *EU*-Mitgliedstaaten beginnt und endet. Abgangsort ist der Ort, an dem die Beförderung der Güter tatsächlich beginnt *(Art. 48 Abs. 2 MwStSystRL)*. Ankunftsort ist der Ort, an dem die Beförderung der Güter tatsächlich endet *(Art. 48 Abs. 3 MwStSystRL)*. Eine Anfahrt des Beförderungsunternehmers zum Abgangs- oder Ankunftsort ist unmaßgeblich.

Entscheidend ist lediglich, dass Abgangsort und Ankunftsort in verschiedenen Mitgliedstaaten liegen. Deshalb liegt keine innergemeinschaftliche Güterbeförderung vor, wenn Abgangs- und Ankunftsort im selben Mitgliedstaat liegen, auch wenn die Strecke über das Hoheitsgebiet eines anderen Mitgliedslandes oder eines Drittlandes führt.

Eine innergemeinschaftliche Güterbeförderung liegt auch vor, wenn Abgangs- und Ankunftsort in verschiedenen Mitgliedstaaten liegen und

- die Beförderungsstrecke über weitere Mitgliedstaaten führt (zum Beispiel bei Beförderungen von *Deutschland* über *Belgien* nach *Frankreich*) oder
- die Beförderungsstrecke über einen Drittstaat führt (zum Beispiel bei Beförderungen von *Italien* über die *Schweiz* nach *Deutschland*).

Eine **Besonderheit gilt für Güterbeförderungen** zwischen **deutschen Freihäfen** und anderen *EU*-Mitgliedstaaten, da Freihäfen gemäß *§ 1 Abs. 2 Satz 1 UStG* nicht zum umsatzsteuerlichen Inland gehören. Jedoch gehören nach *Artikel 5 und 6 MwStSystRL* Häfen (auch Freihäfen) zum (deutschen) Gemeinschaftsgebiet. Daher liegt auch eine innergemeinschaftliche Güterbeförderung vor, wenn Abgangsort ein deutscher Freihafen ist und der Ankunftsort in einem anderen Mitgliedsstaat liegt.

Die Voraussetzungen einer innergemeinschaftlichen Güterbeförderung sind für jeden Beförderungsauftrag gesondert zu prüfen; sie müssen sich aus den im Beförderungs- und Speditionsgewerbe üblicherweise verwendeten Unterlagen (zum Beispiel schriftlicher Speditionsauftrag oder Frachtbrief) ergeben.

2.3.1   Ort der innergemeinschaftlichen Güterbeförderung ohne Verwendung einer *USt-IdNr.*

Liegt eine innergemeinschaftliche Güterbeförderung vor, so liegt der Ort dieser Leistung grundsätzlich dort, wo die Beförderung beginnt (Abgangsort). Dieser ist für die gesamte Beförderungsleistung maßgebend; eine Aufteilung der Beförderungsstrecke in einen inländischen und einen ausländischen Teil ist nicht vorzunehmen.

Beispiel:
Die Privatperson *P* aus *Deutschland* beauftragt den deutschen Frachtführer *F*, Güter von *Spanien* nach *Deutschland* zu befördern.
Es handelt sich um eine innergemeinschaftliche Güterbeförderung, da die Beförderung in einem *EU*-Mitgliedstaat beginnt und in einem anderen *EU*-Mitgliedstaat endet. Der Ort der Beförderungsleistung liegt in *Spanien*, da die Beförderung der Güter in *Spanien* beginnt und *P* keine *USt-IdNr.* verwendet. *F* ist Steuerschuldner in *Spanien (Art. 2 Abs. 1 Buchst. a MwStSystRL)*. Die Abrechnung richtet sich nach den Regelungen des spanischen Mehrwertsteuerrechts.

Für die Annahme einer innergemeinschaftlichen Güterbeförderung ist es unerheblich, ob die Beförderungsstrecke ausschließlich über das Gemeinschaftsgebiet oder auch über Drittlandsgebiet führt.

Beispiel:
Die Privatperson *P* aus *Italien* beauftragt den in der *Schweiz* ansässigen Frachtführer *F*, Güter von *Deutschland* über die *Schweiz* nach *Italien* zu befördern.
Bei der Beförderungsleistung des *F* handelt es sich um eine innergemeinschaftliche Güterbeförderung, da der Transport in zwei verschiedenen *EU*-Mitgliedstaaten beginnt und endet. Der Ort der Beförderungsleistung liegt in *Deutschland*, da die Beförderung der Güter in *Deutschland* beginnt *(§ 3b Abs. 3 Satz 1 UStG)*. Unbeachtlich ist dabei, dass ein Teil der Beförderungsstrecke auf das Drittland *Schweiz* entfällt. Der leistende Unternehmer *F* ist Steuerschuldner und hat den Umsatz im Rahmen des allgemeinen Besteuerungsverfahrens in *Deutschland* zu versteuern.

Ab dem 1.1.2010 kommt es grundsätzlich nicht mehr auf die Verwendung der *USt-IdNr.* an. Die Unterscheidung soll wie folgt getroffen werden:
- B2B-Umsätze: Es ist nunmehr der Sitz oder der Sitz der Niederlassung des Leistungsempfängers gemäß *Artikel 44 MWStSystRL* (neu) für die Besteuerung maßgebend. Rechnet der Spediteur an einen Unternehmer in einem anderen *EU*-Mitgliedstaat unter Hinweis auf das *reverse charge System* netto ab, so hat der Spediteur diese *innergemeinschaftliche Dienstleistung* in der *Zusammenfassenden Meldung* zu deklarieren.
- B2C-Umsätze: Es bleibt bei dem Grundsatz, dass eine innergemeinschaftliche Beförderung am Beginn der Beförderung zu versteuern ist.

Um den Ort der Leistung zu bestimmen ist also nicht mehr die *USt-IdNr.*, sondern nur noch der Sitz des Leistungsempfängers maßgebend. Soll aber netto fakturiert werden, so benötigt der Spediteur für seine *ZM* dennoch die *USt-IdNr.* des Leistungsempfängers. Daher ist, wie bisher die *USt-IdNr.* des Leistungsempfängers aufzuzeichnen und auf seine Gültigkeit hin zu überprüfen. Darüber hinaus muss festgestellt werden, wo der Leistungsempfänger seinen Sitz hat.

2.3.2 Ort der innergemeinschaftlichen Güterbeförderung bei Verwendung einer *USt-IdNr.*

Der Ort der innergemeinschaftlichen Güterbeförderung verlagert sich aus dem Abgangsland der Beförderung in das Land, das die *USt-IdNr.* erteilt hat.

Rechtslage bis zum 31.12.2009

Somit ist vor der steuerlichen Behandlung und Abrechnung speditioneller Leistungen festzustellen, in welchem Land der Rechnungsempfänger sitzt, ob er eine *USt-IdNr.* hat und in welchem Land er diese *USt-IdNr.* erhalten hat. Denn wenn die Rechnung an eine Firma geht, die in einem anderen Land sitzt und dort eine *USt-IdNr.* hat und diese dem die Rechnung ausstellenden Spediteur mitteilt, ist die Rechnung an diesen Unternehmer netto zu fakturieren; der Rechnungsempfänger ist nach den gesetzlichen Regelungen des Empfängerlandes verpflichtet, die in diesem Land geltende Mehrwertsteuer zu erklären.

In der nachfolgenden Übersicht werden die verschiedenen Leistungsorte in Abhängigkeit von der Regelung in *§ 3b UStG* ermittelt, wobei für die Länder die üblichen Ländercodes verwendet werden:

Die Beförderung erfolgt von … nach …	Der leistende Unternehmer hat seinen Sitz in …	Der Leistungsempfänger hat seine Ust-ID-Nr. in …	Der Ort der Leistung liegt in …
DE nach CZ	DE	DE	DE
CZ nach DE	DE	DE	DE
DE nach CZ	DE	CZ	CZ
CZ nach DE	DE	CZ	CZ
DE nach CZ	DE	FR	FR
CZ nach DE	DE	FR	FR
DE nach FR	CH	DE	DE
FR nach DE	CH	DE	DE

Tabelle 10: Leistungsorte für innergemeinschaftliche Güterbeförderungen

Quelle: Eigene Darstellung

Beispiel :

Ein in *Deutschland* ansässiges Logistikunternehmen erhält von einem französischen Unternehmen einen Auftrag mit folgenden Teilen: Er soll in *Paris* zwei Sendungen übernehmen und diese verschiedenen Empfängern in *Deutschland* zustellen und den Empfängern in Rechnung stellen. Für die erste Sendung geht die Rechnung an eine deutsche Firma mit deutscher *USt-IdNr.* und für die zweite Sendung an eine in *Belgien* ansässige Firma mit belgischer *USt-IdNr.*

Es handelt sich stets um innergemeinschaftliche Güterbeförderungen, da der Abgangs- und der Bestimmungsort in zwei verschiedenen *EU*-Ländern liegt. Als

Leistungsempfänger im *Umsatzsteuergesetz* ist grundsätzlich derjenige zu behandeln, in dessen Auftrag die Leistung ausgeführt wird, also der Auftraggeber. Aus Vereinfachungsgründen wird jedoch in *Abschnitt 42c UStG* festgelegt, dass bei Leistungen im Sinne des *§ 3b Abs. 3-6 UStG* der Rechnungsempfänger als Leistungsempfänger anzusehen ist.

Erste Sendung:

Der Leistungsort liegt nicht im Abgangsland, sondern im Land, welches dem Leistungsempfänger die *USt-IdNr.* erteilt hat, also *Deutschland*. Das Logistikunternehmen rechnet daher an die deutsche Firma mit deutscher Umsatzsteuer ab.

Zweite Sendung:

Hier gilt ähnliches: Der Leistungsort liegt nicht im Abgangsland, sondern im Land, welches dem Leistungsempfänger die *USt-IdNr.* erteilt hat, also *Belgien*. Das Logistikunternehmen rechnet daher an die belgischen Firma ohne deutsche Umsatzsteuer ab (netto). Der Rechnungsempfänger muss nach belgischem Recht die Leistungen versteuern.

Merke:

In *§ 3b Abs. 3 Satz 1 UStG* steht nicht, dass die betreffende Leistung in *Deutschland* begonnen oder dass sie *Deutschland* überhaupt berührt haben muss. Entscheidend für die Abrechnung ist das Land, das dem Leistungsempfänger die *USt-IdNr.* erteilt hat, die er gegenüber dem Spediteur verwendet. Hat der Leistungsempfänger, das heißt Rechnungsempfänger, keine *USt-IdNr.*, liegt der Ort der Leistung im Abgangsland.

Verwendung einer falschen USt-ID-Nr. Wird von dem Leistungs- (Rechnungs-) empfänger eine falsche *USt-IdNr.* verwendet, muss der Spediteur für eine ursprünglich netto ausgestellte Rechnung die Umsatzsteuer nachentrichten, das heißt **der Spediteur trägt das Risiko in Höhe der Umsatzsteuer.** Denn die *USt-IdNr.* ist gemäß *§ 3b Abs. 3-6 UStG* Voraussetzung für die Verlagerung des Leistungsortes. Liegt keine, eine ungültige oder falsche *USt-IdNr.* vor, so gilt der Grundsatz, dass die Beförderung dort zu versteuern ist, wo sie beginnt.

Gemäß *§ 6 Abs. 4 UStG* muss der Unternehmer nachweisen, dass sein Fehlverhalten auf unrichtigen Angaben des Abnehmers beruht und er als Spediteur auch bei Beachtung der Sorgfalt eines ordentlichen Kaufmanns diese Unrichtigkeit nicht hatte erkennen können. Da jeder Unternehmer die *USt-IdNr.* eines Rechnungsempfängers durch eine qualifizierte Anfrage beim *Bundeszentralamt für Steuern – Außenstelle Saarlouis –* (Industriestraße 6, 66740 Saarlouis, Tel.: 06831 456-0, Fax: 06831 456-120, Internet: http://www.bzst.bund.de) überprüfen lassen kann, das heißt eine schriftliche Bestätigung, dass eine bestimmte *USt-IdNr.* tatsächlich einer nach Name, Ort und Land bestimmten Firma zugeordnet ist, könnte die Finanzverwaltung die Ansicht vertreten, dass nur in den Fällen, in denen eine derartige Bestätigung vorliegt, die Sorgfalt eines ordentlichen Kaufmanns erfüllt worden ist.

Der Ort des Beladens, Entladens und Umschlagens (und ähnlicher Leistungen) im Zusammenhang mit der Beförderung von Gegenständen ist nach *§ 3b Abs. 2 UStG* grundsätzlich dort, wo der leistende Unternehmer jeweils ausschließlich oder zum wesentlichen Teil tätig wird. Handelt es sich bei der Beförderung um die innergemeinschaftliche Beförderung eines Gegenstandes und verwendet der Auftraggeber gegenüber dem leistenden Unternehmer eine *USt-IdNr.* eines anderen Mitgliedstaates, so ist der Leistungsort nach *§ 3b Abs. 4 UStG* ohne Rücksicht auf den Tätigkeitsort in dem Land, von dem die *USt-IdNr.* erteilt wurde. **Ort der Nebenleistungen**

Der Lieferer ist verpflichtet, die Steuerbefreiung einer innergemeinschaftlichen Lieferung buch- und belegmäßig nachzuweisen. Buchnachweis bedeutet kurz, dass der Lieferer Aufzeichnungen zur innergemeinschaftlichen Lieferung machen muss, aus denen die Sachverhalte des Verkaufes an eine Firma in einem anderen *EU*-Mitgliedstaat hervorgehen. Eine Dienstleistung des Spediteurs kommt somit hier nicht in Betracht. **Buch- und Belegnachweis**

Anders ist es mit dem **Belegnachweis.** Dieser bedeutet, dass bei dem Lieferer ein Beleg vorhanden sein muss, aus dem die tatsächliche Beförderung der Ware in einen anderen *EU*-Mitgliedstaat hervorgeht. Diesen Beleg kann der Spediteur dem Lieferer zur Verfügung stellen.

Bei dem Belegnachweis muss unterschieden werden, ob der Lieferer oder der Abnehmer die Ware selbst in das Ausland befördern, dann spricht man von einem **Beförderungsfall** *(§ 9 UStDV)* – ein Fall, in dem die Spedition in keiner Weise betroffen ist –, oder ob der Lieferer oder der Abnehmer einen Spediteur mit der Beförderung beauftragen, dann spricht man von einem **Versendungsfall** *(§ 10 UStDV).*

In Versendungsfällen sind nach *§ 17a Abs. 4 UStDV* Belegnachweise wie folgt zu erbringen:

1. durch das Doppel der Rechnung und
2. durch einen Beleg entsprechend *§ 10 Abs. 1 UStDV.*

In *§ 10 Abs. 1 Nr. 1 UStDV* werden die sogenannten Versendungsbelege aufgezählt. Dazu zählen der *CMR*-Frachtbrief, der Luftfrachtbrief, das Konnossement, der Posteinlieferungsschein usw. (vergleiche *Abschnitt 133 UStR*).

Wahlweise kann die innergemeinschaftliche Lieferung auch durch einen sogenannten sonstigen handelsüblichen Beleg nachgewiesen werden. **Der sonstige handelsübliche Beleg muss die in *§ 10 Abs. 1 Nr. 2 UStDV* aufgezählten Angaben enthalten:**

a) Namen und Anschrift des Ausstellers sowie Tag der Ausstellung
b Namen und Anschrift des Unternehmers sowie des Auftraggebers, wenn dieser nicht der Unternehmer ist
c) Handelsübliche Bezeichnung und Menge des gelieferten Gegenstandes
d) Ort und Tag der Ausfuhr
e) Empfänger und Bestimmungsort
f) Versicherung des Ausstellers, dass die Angaben in dem Beleg aufgrund von Geschäftsunterlagen gemacht wurden, die im Gemeinschaftsgebiet nachprüfbar sind
g) Unterschrift des Ausstellers.

Daraus ergibt sich, dass der Dienstleister, der seinem Auftraggeber einen Belegnachweis für die Steuerbefreiung der innergemeinschaftlichen Lieferung in Versendungsfällen zur

Verfügung stellen will oder aufgrund des Auftrages zur Verfügung stellen muss, einen der oben genannten Belege ausstellen muss.

Wie ein sonstiger handelsüblicher Beleg aussehen sollte, kann der *Bescheinigung für Umsatzsteuerzwecke*, die das *Bundesministerium der Finanzen* vorgeschlagen hat, entnommen werden (vergleiche Abbildung *S. 201*).

Diese Bescheinigung wurde im Laufe der letzten Jahre mehrfach den Entwicklungen des Umsatzsteuerrechts angepasst, zuletzt am 17.1.2000. Damals wurde die von Aussteller anzukreuzende Angabe, ob es sich um eine Versendung in das Drittlandsgebiet oder in das übrige Gemeinschaftsgebiet handelt, ergänzt und von *Ausfuhrbescheinigung für Umsatzsteuerzwecke* in *Bescheinigung für Umsatzsteuerzwecke* umbenannt.

Dieses vom Bundesministerium vorgeschlagene Muster ist kein zwingend vorgeschriebenes Formular, sondern lediglich ein Vorschlag für einen geeigneten Nachweis. Vorteil ist jedoch, dass es bekannt ist und die Betriebsprüfung erleichtert.

Das Formular ist also der Form nach variabel und kann den Erfordernissen der Spedition angepasst werden. **Die oftmals gebräuchliche Kennzeichnung eines Belegs mit einem Stempel** *Bescheinigung für Umsatzsteuerzwecke nach …* **genügt den Erfordernissen alleine nicht, vielmehr muss der Beleg den Inhalt nach alle in** *§ 10 Abs. 1 Nr. 2 UStDV* **aufgezählten Angaben enthalten.**

Die Unterschrift des Spediteurs ist mit einem relativ hohen Aufwand verbunden. Das *BMF* hat daher mit Erlass vom 1.7.1987 zugelassen, das anstelle der Unterschrift ein Unterschriftstempel oder ein maschinell erstellter Unterschriftsausdruck den Anforderungen genügt. Allerdings ist dafür die Bewilligung der zuständigen OFD Voraussetzung, auf deren Datum und Aktenzeichen im Beleg hingewiesen werden muss.

Beispiel:
Ein Spediteur in *Köln* erhält von seinem Kunden den Auftrag, eine Sendung nach *Prag* zu versenden. Er beauftragt daher einen Frachtführer mit der Beförderung von *Köln* nach *München* an einen anderen Spediteur in *München* und beauftragt dann diesen mit der Weiterbeförderung nach *Prag*. Der Kunde des Spediteurs in *Köln* hat im Speditionsauftrag vermerkt, dass er einen Belegnachweis für die Steuerbefreiung seiner Lieferung benötigt.

Der Spediteur kann die Bescheinigung grundsätzlich in den Fällen ausstellen, in denen er den Auftrag vom Lieferer erhält und die Beförderungsleistung gemäß dem ihm erteilten Auftrag in das Ausland selbst durchführt oder damit einen Frachtführer beauftragt. Er kann somit seinem Kunden einen Belegnachweis ausstellen. Sofern der Spediteur einem Frachtführer die Beförderung überträgt, muss er natürlich in seinen Unterlagen Nachweise über die grenzüberschreitende Beförderung durch den Frachtführer vorrätig haben, andernfalls kann er die Bescheinigung nicht ausstellen, in der er ja die grenzüberschreitende Beförderung bestätigt.

Name/Firma und Anschrift des Spediteurs oder Frachtführers
(Straße, Hausnummer, Postleitzahl, Ort)

(Ort)   (Datum)

Anlage 1 zum BMF-Schreiben vom 17. Januar 2000
– IV D 2 – S 7134 – 02/00 –

Abbildung 33:

Bescheinigung für Umsatzsteuerzwecke

Bescheinigung für Umsatzsteuerzwecke
bei der Versendung/Beförderung durch einen Spediteur oder Frachtführer

☐ [1] in das Drittlandsgebiet (§ 10 Abs. 1 Nr. 2 UStDV, Abschnitt 133 Abs. 2 Satz 1 UStR)

☐ [1] in das übrige Gemeinschaftsgebiet (§ 17 a Abs. 4 Nr. 2 UStDV)

An
Firma/Herrn/Frau

_____

_____
(Straße)

in _____
(PLZ, Sitz/Wohnort)

Ich bestätige hiermit, dass mir am _____

_____

von Ihnen/von der Firma/von Herrn/von Frau [2] _____

_____ in _____
(Straße)   (PLZ, Sitz/Wohnort)

die folgenden Gegenstände übergeben/übersandt [2] worden sind:

Packstücke			Menge und handelsübliche Bezeichnung der Gegenstände
Zahl	Verpackungsart	Zeichen und Nummern	

☐ [1] Ich habe die Gegenstände

am _____
(Tag der Versendung/Beförderung)

nach _____
(Ort im Ausland)

an _____
(Empfänger oder Verfügungsberechtigter)

versendet/befördert [2].

☐ [1)3)] Ich versichere, dass ich die Gegenstände am _____
(Tag der Versendung/Beförderung)

nach _____
(Ort im Ausland)

an _____
(Empfänger oder Verfügungsberechtigter)

versenden/befördern [2] werde.

Der Auftrag ist mir von

_____

_____ in _____
(Straße)   (PLZ, Sitz/Wohnort)

erteilt worden. Ich versichere, dass ich die Angaben nach bestem Wissen und Gewissen auf Grund meiner Geschäftsunterlagen gemacht habe, die im Gemeinschaftsgebiet nachprüfbar sind.

_____
(Unterschrift)

1) Zutreffendes bitte ankreuzen
2) Nichtzutreffendes bitte streichen
3) Gilt nur, wenn der Spediteur oder Frachtführer vom **Abnehmer** beauftragt wird.

Quelle: Anlage 1 zum BMF-Schreiben vom 17.1.2000

201

> **Merke:**
> Der Buch- und Belegnachweis sind faktisch Voraussetzungen für die Steuerbefreiung der innergemeinschaftlichen Lieferung! Das heißt, ein fehlender oder unvollständiger Belegnachweis führt zum Wegfall der Steuerbefreiung mit der Folge, dass die innergemeinschaftliche Lieferung wie eine inländische Lieferung behandelt und Umsatzsteuer nacherhoben wird.

Abbildung 34: CMR-Frachtbrief

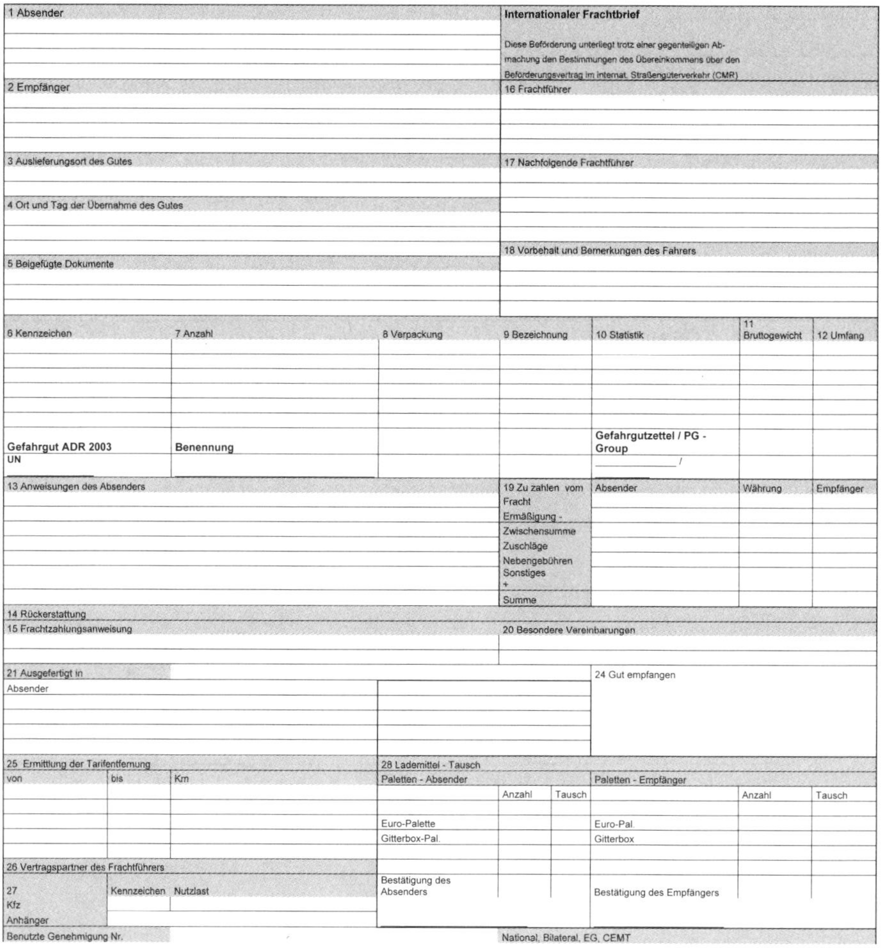
1 Absender
Internationaler Frachtbrief
Diese Beförderung unterliegt trotz einer gegenteiligen Abmachung den Bestimmungen des Übereinkommens über den Beförderungsvertrag im internat. Straßengüterverkehr (CMR)
2 Empfänger
16 Frachtführer
3 Auslieferungsort des Gutes
17 Nachfolgende Frachtführer
4 Ort und Tag der Übernahme des Gutes
18 Vorbehalt und Bemerkungen des Fahrers
5 Beigefügte Dokumente
6 Kennzeichen | 7 Anzahl | 8 Verpackung | 9 Bezeichnung | 10 Statistik | 11 Bruttogewicht | 12 Umfang
Gefahrgut ADR 2003 | UN | Benennung | Gefahrgutzettel / PG - Group
13 Anweisungen des Absenders
19 Zu zahlen vom | Absender | Währung | Empfänger
Fracht
Ermäßigung -
Zwischensumme
Zuschläge
Nebengebühren
Sonstiges
+
Summe
14 Rückerstattung
15 Frachtzahlungsanweisung
20 Besondere Vereinbarungen
21 Ausgefertigt in
Absender
24 Gut empfangen
25 Ermittlung der Tarifentfernung
von | bis | Km
28 Lademittel - Tausch
Paletten - Absender | Anzahl | Tausch
Paletten - Empfänger | Anzahl | Tausch
Euro-Palette
Gitterbox-Pal.
Euro-Pal.
Gitterbox
26 Vertragspartner des Frachtführers
27 Kfz | Anhänger | Kennzeichen | Nutzlast
Bestätigung des Absenders
Bestätigung des Empfängers
Benutzte Genehmigung Nr.
National, Bilateral, EG, CEMT

Quelle: k.A.

Neuerdings erkennt die Finanzverwaltung auch den *CMR*-Frachtbrief als Belegnachweis an (vergleiche *BMF*-Schreiben vom 6.1.2008 – *IV B 9 – S 7141/08/10001*). Das *BMF*-Schreiben hat allerdings noch gefordert, dass der *CMR*-Frachtbrief vollständig ausgefüllt sein muss und es muss die tatsächliche Übergabe an den Abnehmer im übrigen

Mitgliedstaat ersichtlich sein. Dies sei dann der Fall, wenn im *Feld 24* des *CMR*-Frachtbriefs der Empfang der Ware mit allen dort erforderlichen Angaben bestätigt wird (*Randnummer 38* des oben genannten *BMF*-Schreibens).

Jetzt hat aber mit Urteil vom 12.5.2009 *VR65/06* der *Bundesfinanzhof* (entgegen dem oben genannten *BMF*-Schreiben) geurteilt, dass der *CMR*-Frachtbrief auch dann ein Versendungsbeleg darstellt, wenn er keine in *Feld 24* vorgesehene Warenempfangsbestätigung enthält.

Wie oben dargestellt, ist die Rechnung netto zu fakturieren, jedoch handelt es sich dabei nicht um eine Steuerbefreiung, sondern lediglich um eine **Verlagerung des Ortes der Besteuerung in das Land, das dem Rechnungsempfänger die *USt-IdNr.* erteilt hat.**

Ausgangs-rechnun-gen deutscher Firmen

Neben den übrigen Angaben nach *§ 14 Abs. 4 UStG* sieht *§ 14a UStG* weitere Formvorschriften vor, die nach der *Mehrwersteuersystemrichtlinie* auch von Unternehmern in den anderen *EU*-Mitgliedstaaten zu beachten sind:
- Der Unternehmer ist zur Ausstellung einer Rechnung verpflichtet
- Auf der Rechnung sind die *Umsatzsteuer-Identifikationsnummer* des Unternehmers und die des Leistungsempfängers anzugeben und
- In der Rechnung ist auf die Steuerschuldnerschaft des Empfängers hinzuweisen.

Wie dieser Hinweis auf die Steuerschuldnerschaft auszusehen hat, ist nicht geregelt. Es können daher beispielsweise folgende Formulierungen verwendet werden:

„Steuerschuldner ist der Leistungsempfänger gemäß *13b UStG in Verbindung mit § 3b Abs. 3 – 6 UStG (Artikel 193 in Verbindung mit 47 Abs. 2 MwStSystRL)*"
oder auf Englisch:
„The recipient is liable for VAT according to *Article 193* in connection with *Article 47 (2) EC VAT Directive 2006/112.*"

Empfängt ein deutsches Unternehmen eine Rechnung oder Gutschrift, auf der keine Umsatzsteuer ausgewiesen ist, aber auf die Umkehrung der Steuerschuldnerschaft hingewiesen wurde, ist nach dem *BMF*-Schreiben vom 5.12.2001 wie folgt zu verfahren:
- Die Umsatzsteuer ist von dem in der Rechnung oder Gutschrift ausgewiesenen Betrag (Bemessungsgrundlage) zu berechnen
- Der Leistungsempfänger hat bei der Steuerberechnung den Steuersatz zugrunde zu legen, der sich für den maßgeblichen Umsatz nach *§ 12 UStG* ergibt
- Der Leistungsempfänger hat den Umsatz in seiner Umsatzsteuer-Voranmeldung anzumelden. Die Steuer entsteht mit Ausstellung der Rechnung, spätestens jedoch mit Ablauf des der Ausführung der Leistung folgenden Kalendermonats. Wird das Entgelt oder ein Teil des Entgelts vereinnahmt, bevor die Leistung oder Teilleistung ausgeführt worden ist, entsteht insoweit die Steuer mit Ablauf des Voranmeldungszeitraums, in dem das Entgelt oder das Teilentgelt vereinnahmt worden ist
- Der Unternehmer kann, wenn er die sonstige Leistung für sein Unternehmen bezieht, den Vorsteuerabzug in der Umsatzsteuer-Voranmeldung oder Umsatzsteuererklärung für den Zeitraum geltend machen, in der er den Umsatz zu versteuern hat.

Beispiel:

Ein deutsches Logistikunternehmen erhält eine Rechnung über 10 000,– €, auf der keine Umsatzsteuer ausgewiesen wurde, aber auf die Umkehrung der Steuerschuldnerschaft hingewiesen wurde.

Abbildung 35:
USt-Anmeldung
für Beispiel

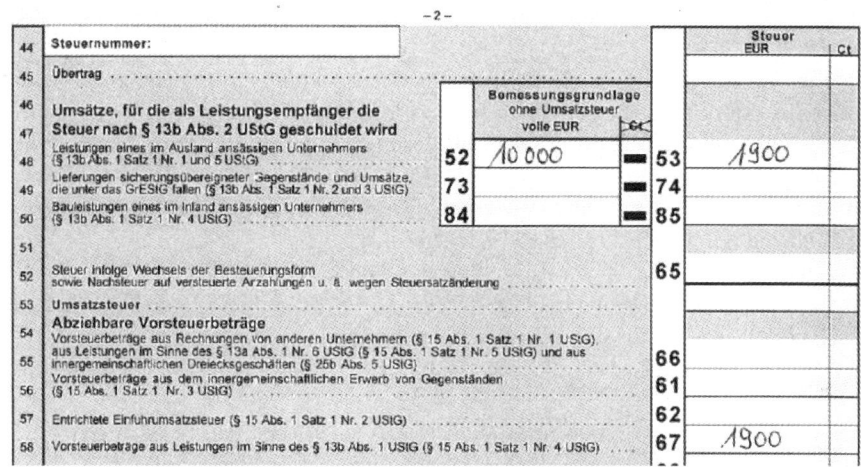

Quelle: Amtlicher Vordruck.

Merke:

Die Meldung der nach *§ 13b UStG* bezogenen Leistungen erfolgt bei einem voll zum Vorsteuerabzug berechtigten Unternehmer lediglich zu Kontrollzwecken und führt bei einem voll zum Vorsteuerabzug berechtigten Erwerber zu einem „Nullsummenspiel"!

Neu-
regelungen

Ab dem 1.1.2010 gilt:

• B2B-Umsätze: Es ist nunmehr der Sitz oder der Sitz der Niederlassung des Leistungsempfängers gemäß *Artikel 44 MWStSystRL (neu)* für die Besteuerung maßgebend. Rechnet der Spediteur an einen Unternehmer in einem anderen *EU*-Mitgliedstaat unter Hinweis auf das *reverse charge System* netto ab, so hat der Spediteur diese *innergemeinschaftliche Dienstleistung* in der *Zusammenfassenden Meldung* zu deklarieren.

2.3.3 Mehrere Beförderungsunternehmer

Sind mehrere Unternehmer an einer Güterbeförderung (sogenannte gebrochene Güterbeförderung) beteiligt, ist jede Beförderungsleistung eines jeden Unternehmers für sich zu beurteilen. Beauftragt der mit der Beförderung zwischen zwei Mitgliedstaaten beauftragte Unternehmer seinerseits einen oder mehrere Subunternehmer mit der Beförderung, so ist für jede Beförderungsleistung gesondert zu prüfen, ob es sich um eine innergemeinschaftliche Güterbeförderung handelt. Jeder Unternehmer erbringt seine Beförderungsleistung an seinen Auftraggeber, das heißt Leistungsempfänger und nicht an den letzten Empfänger.

Bei einer gebrochenen innergemeinschaftlichen Güterbeförderung sind nicht nur Beförderungen als innergemeinschaftliche anzusehen, bei denen Abgangs- und Ankunftsort in zwei verschiedenen Mitgliedstaaten liegen. Auch Beförderungen, die einer innergemeinschaftlichen Güterbeförderung vorangehen (Vorläufe) oder sich daran anschließen (Nachläufe) und sich auf einen Mitgliedstaat beschränken, sind wie die innergemeinschaftliche Güterbeförderung zu behandeln *(§ 3b Abs. 3 Satz 3 UStG)*.

Eine derartige innergemeinschaftliche Güterbeförderung liegt auch dann vor, wenn zwischen den Vor- und Nachläufen und der eigentlichen innergemeinschaftlichen Güterbeförderung Unterbrechungszeiten (zum Beispiel durch Zwischenlagerung) liegen. Praktische Bedeutung hat dies vor allem bei der Verlagerung des Leistungsortes bei der Verwendung einer *USt-IdNr.* eines anderen Mitgliedstaates durch den Leistungsempfänger der Vor- oder Nachbeförderung.

Beispiel:
Frachtführer *F* befördert für den niederländischen Spediteur *S* Güter von *Köln* nach *Aachen*. In *Aachen* übernimmt *S* die Güter und befördert sie nach *Rotterdam*.
Die Güterbeförderung des *F*, die nur in *Deutschland* stattfindet, ist nach *§ 3b Abs. 3 Satz 3 UStG* steuerbar. Sollte allerdings *S* seine niederländische *USt-IdNr.* verwenden, wird der Ort für den Vorlauf nach *§ 3b Abs. 3 Satz 2 UStG* in die *Niederlande* verlagert. Dort schuldet *S* wegen Verlagerung der Steuerschuld die Steuer, die er aber als Vorsteuer abziehen kann. *F* hat in den *Niederlanden* keine Erklärungs- oder Zahlungspflichten.

Der leistende Unternehmer hat nachzuweisen, dass seine Beförderungsleistung in unmittelbaren Zusammenhang mit einer innergemeinschaftlichen Güterbeförderung steht. Dazu hat der Auftraggeber der jeweiligen Leistung den Abgangsort und den Bestimmungsort der Gesamtbeförderung in dem im Beförderungs- und Speditionsgewerbe üblicherweise verwendeten Dokument (zum Beispiel schriftlicher Speditionsauftrag, Frachtbrief oder Bodero) anzugeben. Stattdessen kann der Leistungsempfänger eine Bescheinigung folgenden Inhalts erstellen:

Abbildung 36:

Bescheinigung
für inner-
gemeinschaft-
liche Güter-
beförderungen
im unmittel-
baren Zusam-
menhang
mit inner-
gemeinschaft-
lichen Güter-
beförderungen
(Vor- und Nach-
läufe)

Der Unternehmer _____

(Name und Anschrift des leistenden Unternehmers)

hat für meine Rechnung die Beförderung folgender Güter:

_____

(Bezeichnung der Beförderungsgegenstände)

von_____ nach_____

(Bezeichnung des Abgangsortes)   (Bezeichnung des Bestimmungsortes)

übernommen / besorgt.

Diese innerstaatliche Beförderung steht in unmittelbaren Zusammenhang mit einer innergemeinschaftlichen Beförderung dieser Güter, da die Gesamtbeförderung der Güter in

_____ beginnt

(Bezeichnung des Abgangsortes / Staat)

und in _____

(Bezeichnung des Bestimmungsortes / Staat)

endet.

_____   _____

(Ort und Datum)   (Name, Anschrift und Unterschrift des Leistungsempfängers)

Quelle: Abschnitt 42e Abs. 2 UStR

2.3.4   Vermittlung von innergemeinschaftlichen Beförderungsleistungen

Die Grundsätze zur Bestimmung des Leistungsortes für innergemeinschaftliche Beförderungsleistungen gelten sinngemäß auch für die Vermittlung innergemeinschaftlicher Beförderungsleistungen *(§ 3b Abs. 5 UStG)*.

Eine Vermittlung liegt vor, wenn der Vermittler den Beförderungsvertrag im Namen und für Rechnung seines Auftraggebers abschließt. Typische Vermittler sind (Vermittlungs-) Makler *(§ 652 BGB)*, Handelsmakler *(§ 93 HGB)*, Handelsvertreter *(§ 84 HGB)* usw.

Vermittlungsleistung   Die Vermittlungsleistung wird grundsätzlich an dem Ort erbracht, an dem die innergemeinschaftliche Beförderung des Gegenstandes beginnt. Verwendet der Auftraggeber der Vermittlungsleistung gegenüber dem Vermittler eine ihm erteilte *USt-IdNr.*, so gilt die Vermittlungsleistung als in dem Gebiet des *EG*-Mitgliedstaates ausgeführt, der die verwendete *USt-IdNr.* erteilt hat.

Beispiel:

Der in *Deutschland* ansässige Unternehmer *U* beauftragt den französischen Vermittler *V*, die Beförderung eines Gegenstandes im Namen und für Rechnung des *U* von *Brüssel* nach *Paris* zu vermitteln. Die Beförderung des Gegenstands wird durch den Frachtführer *F* ausgeführt. *U* verwendet gegenüber *V* seine deutsche *USt-IdNr.*

Da *U* gegenüber *V* seine deutsche *USt-IdNr.* verwendet, verlagert sicher der Ort der Vermittlungsleistung vom Abgangsort *Brüssel* nach *Deutschland (§ 3b Abs. 5 Satz 2 UStG)*. *U* ist als Leistungsempfänger Steuerschuldner nach *§ 13b Abs. 2 Satz 1 UStG* (vergleiche *Abschnitt 42g Abs. 1 UStR 2008*).

Im Gegensatz zum Vermittler wird der Leistungskommissionär im eigenen Namen, aber für fremde Rechnung *(§ 3 Abs. 11 UStG)* tätig. Er kann für seinen Auftraggeber sowohl als Einkäufer als auch als Verkäufer tätig werden. Typischer Leistungs(-einkaufs-)kommissionär ist der Spediteur *(§ 453 HGB)*.

Beispiel:

Spediteur *S* hat von dem deutschen Unternehmer *U* den Auftrag erhalten, die Versendung von Waren von *Mailand* nach *Düsseldorf* zu besorgen.

S erbringt gegenüber *U* eine Dienstleistungskommission, deren Leistungsort sich über *§ 3 Abs. 11 UStG* aus *§ 3b Abs. 3 UStG* ergibt (vergleiche *Abschnitt 32 Abs. 6 UStR 2008*).

Beachte:

In den Fällen des Selbsteintritts der Spedition zu festen Kosten – Übernahmesätzen – sowie des Sammelladungsverkehrs sind die Spediteure umsatzsteuerlich als Beförderer anzusehen! Die Ortsbestimmung richtet sich in diesen Fällen unmittelbar nach den Vorschriften über die Beförderungsleistung *(§ 3b UStG)*.

2.3.5 *Zusammenfassende Meldung*

Durch das *Mehrwertsteuerpaket* ist auch die *Zusammenfassende Meldung* (ZM) für Dienstleistungen zum 1.1.2010 eingeführt worden. Das heißt, Spediteure und Transportunternehmen, die innergemeinschaftliche Transporte durchführen beziehungsweise vermitteln, müssen ab dem 1.1.2010 bei innergemeinschaftlichen Transporten monatlich ZM zum 20. Tag des auf den Meldezeitraum folgenden Monats beim *Bundeszentralamt für Steuern, Dienstsitz Saarlouis*, auf elektronischem Weg nach Maßgabe der *Steuerdaten-Übermittlungs-Verordnung StDÜV (§ 18a Abs. 1 Satz 1 UStG)* abgeben müssen.

Wie die *ZM* für Dienstleistungen aussehen wird, war zum Zeitpunkt des Redaktionsschlusses noch nicht bekannt. Voraussichtlich wird jedoch an den Feldern der *ZM*, die bisher lediglich für innergemeinschaftliche Warenlieferungen abzugeben waren, nichts ändern. Ob allerdings eine gesonderte *ZM* für Dienstleistungen und eine Warenlieferungen oder ob beide in demselben Formular gemeldet werden können, bleibt abzuwarten.

Da die *ZM* bisher in der Regel lediglich von den Kunden der Spediteure beziehungsweise Transportdienstleister abgegeben werden mussten, ist nachfolgend das Formular für Warenlieferungen, wie es bis Ende 2009 gebräuchlich ist, abgedruckt:

Abbildung 37:
Zusammen-
fassende
Meldung (Blatt 1)

Umsatzsteuer-Identifikations-nummer (USt-IdNr.) Bitte 9 Ziffern eintragen

| 01 | D E | | | | | | | | | |

Bundeszentralamt für Steuern
- Dienstsitz Saarlouis -

66738 Saarlouis

Zusammenfassende Meldung
über innergemeinschaftliche Warenlieferungen
und innergemeinschaftliche Dreiecksgeschäfte

Meldezeitraum
Für jeden Meldezeitraum, in dem innergemeinschaftliche
Warenlieferungen und/oder Lieferungen i.S.d. § 25 b Abs. 2 UStG im Rahmen
innergemeinschaftlicher Dreiecksgeschäfte ausgeführt wurden, ist eine gesonderte
ZM abzugeben

(Bitte nur <u>einen</u> Meldezeitraum angeben,
Jahreszahl bitte ergänzen, bitte <u>nicht</u> mit "X" füllen) ↓

Unternehmer - Art und Anschrift - Telefon

02	1. Quartal	1	200	7
	2. Quartal	2	200	
	3. Quartal	3	200	
	4. Quartal	4	200	
	Kalenderjahr	5	200	

Berichtigung (falls ja, bitte "1" eintragen) | 03 | |

Einlagebogen (Anzahl) | 04 | 4 |

Betragsangaben in EURO (falls ja, bitte "1" eintragen) | 05 | 1 |

Ich versichere, die Angaben in dieser Zusammenfassenden Meldung wahrheitsgemäß nach bestem Wissen und Gewissen gemacht zu haben.

Hinweis:
Wer vorsätzlich oder leichtfertig entgegen seinen Verpflichtungen gem. § 18 a Umsatzsteuergesetz (UStG) eine Zusammen-fassende Meldung nicht, nicht richtig, nicht vollständig oder nicht rechtzeitig abgibt oder nicht bzw. nicht rechtzeitig berichtigt, handelt ordnungswidrig. Die Ordnungswidrigkeit kann mit einer Geldbuße bis zu zehntausend Deutsche Mark geahndet werden   (§ 26 a UStG).

Bei der Anfertigung dieser ZM hat mitgewirkt:

Name, Anschrift, Telefon

Datum, Unterschrift

Hinweis nach den Vorschriften der Datenschutzgesetze:
Die mit der Zusammenfassenden Meldung angeforderten
Daten werden aufgrund der §§ 149 ff. Abgabenordnung
(AO) und § 18a UStG erhoben.
Die Angaben der Telefonnummern sind freiwillig.

	1		2		3
Meldung der Warenlieferungen (§18 a Abs. 4 Nr. 1 u. 2 UStG) vom Inland in das übrige Gemeinschaftsgebiet und der Lieferungen i.S.d. § 25 b Abs. 2 UStG im Rahmen innergemeinschaftlicher Dreiecksgeschäfte					
Zeile	Länder kenn- zeichen	USt-IdNr. des Erwerbers/Unternehmers in einem anderen Mitgliedstaat	Summe der Bemessungsgrundlagen vgl. Mantelbogen Seite 1 volle DM/EUR	Pf/Ct	Hinweis auf Dreiecksge- schäfte (falls ja, bitte "1" eintragen)
1				—	
2				—	
3				—	
4				—	
5				—	
6				—	
7				—	
8				—	
9				—	
10				—	
11				—	
12				—	
13				—	
14				—	
15				—	

Abbildung 38: Zusammen- fassende Meldung (Blatt 2, Ausschnitt)

Quelle: Amtlicher Vordruck

Beachte:

Die Dauerfristverlängerung für die Umsatzsteuer-Voranmeldung gilt nicht für die *ZM*! Das heißt die *ZM* für den Monat Januar muss bis zum 20. Februar abge-geben worden sein, selbst wenn die *Umsatzsteuer-Voranmeldung* aufgrund einer Dauerfristverlängerung erst am 10. März abzugeben ist.

Beachte:

Die *ZM* und die *Umsatzsteuer-Voranmeldung* (siehe dort Zeile 21), die derselbe Meldepflichtige abgegeben hat, aber auch die Zahlen der *ZM*, die der Versender der Waren abgegeben hat, werden anhand der *USt-IdNr.* mit den Zahlen, die der Empfänger angegeben hat (in der Regel Zeile 35 Steuerpflichtiger innergemein-schaftlicher Erwerb zu 19 %) abgestimmt.

2.4 Grenzüberschreitende Güterbeförderungen im Zusammenhang mit der Ausfuhr

2.4.1 Grundlagen

Grundlagen

Die Ausfuhr von Waren ist ein steuerbarer aber steuerfreier Umsatz. Der Grund für die Steuerbefreiung ist die Vermeidung von Wettbewerbsnachteilen für deutsche Waren auf ausländischen Märkten durch eine eventuelle Belastung mit deutscher Umsatzsteuer. Die Steuerbefreiung folgt aus *§ 6* in Verbindung mit *§ 4 Nr. 1 Buchst. a UStG*. Die Voraussetzungen der Steuerbefreiung sind in *§ 6 UStG* geregelt. *§ 6 Abs. 1* definiert die Ausfuhrlieferung wie folgt:

- Die Ware muss **von einem Unternehmer in ein Drittlandsgebiet befördert oder versendet** worden sein
- der **Abnehmer** muss ein im **Ausland ansässiger Unternehmer** sein und
- der ausländische **Abnehmer muss** die Ware für **sein Unternehmen erworben** haben.

Nachweispflichten

Nach *§ 6 Abs. 4 UStG* müssen diese Voraussetzungen vom leistenden Unternehmer nachgewiesen werden.

Der Ausfuhrnachweis ist materiell-rechtliche Voraussetzung für die Steuerbefreiung (vergleiche *Abschnitt 131 Abs. 1 Satz 1 UStR*), das heißt, liegt kein Nachweis für die Ausfuhr vor, so ist die Beförderung wie eine innerdeutsche zu behandeln, das heißt es ist deutsche Umsatzsteuer zu erheben.

Nach *§ 20 Abs. 1* und *§ 21 Nr. 1 UStDV* muss der Unternehmer buch- und belegmäßig nachweisen, dass der Gegenstand ausgeführt oder wiederausgeführt worden ist.

Für die Führung des Ausfuhrnachweises hat der Unternehmer in jedem Fall die Grundsätze des *§ 8 UStDV* zu beachten (Mussvorschrift). Danach muss der Unternehmer durch Belege **eindeutig und leicht nachprüfbar** nachweisen, dass er oder der Abnehmer den Gegenstand der Lieferung in das Drittlandsgebiet befördert oder versendet hat.

Belegnachweise sind der Versendungsbeleg gemäß *§ 10 Abs. 1 Nr. 1 UStDV* oder der sonstige handelsübliche Beleg gemäß *§ 10 Abs. 1 Nr. 2 UStDV*. Zu den Einzelheiten vergleiche oben *Abschnitt 1.13.3.2* (Buch und Belegnachweis bei innergemeinschaftlichen Lieferungen in Beförderungs- und Versendungsfällen).

Ausgangsrechnungen deutscher Firmen

Da es sich bei **Güterbeförderungen im Zusammenhang mit der Ausfuhr** um einen steuerfreien Umsatz handelt, ist die Rechnung netto zu fakturieren.

Neben den übrigen Angaben nach *§ 14 Abs. 4 UStG* ist insbesondere dessen *Nr. 8* zu beachten, der seit dem 1.1.2004 gilt. **Danach muss eine Rechnung im Falle einer Steuerbefreiung einen Hinweis darauf enthalten.**

Wie dieser Hinweis auf die Steuerschuldnerschaft auszusehen hat, ist nicht geregelt. Es können folgende Formulierungen verwendet werden:

Deutsch:
Steuerfreie Beförderungsleistung in ein Drittland gemäß Artikel 146 Abs. 1 Buchst. e MwStSystRL (§ 4 Nr. 3a) aa) UStG).

Englisch:
Zero rated export supply of transport services according to Article 146 (1) lit. e EC-VAT Directive 2006/112.

Bei einer Güterbeförderung, die einer grenzüberschreitenden Güterbeförderung vorangeht, kann die Ausfuhr oder die Wiederausfuhr aus Vereinfachungsgründen durch folgenden Bescheinigung des auftraggebenden Spediteurs / Hauptfrachtführers auf dem schriftlichen Transportauftrag nachgewiesen werden:

Bescheinigung für Umsatzsteuerzwecke

Ich versichere, dass ich die im Auftrag genannten Gegenstände nach .... (Ort im Drittlandsgebiet) versenden werde. Die Angaben habe ich nach bestem Wissen und Gewissen auf Grund meiner Geschäftsunterlagen gemacht, die im Gemeinschaftsgebiet nachprüfbar sind.

------------------------------------ --

(Ort und Datum) *(Unterschrift)*

Rechnen der Spediteur / Hauptfrachtführer und der Unterfrachtführer durch Gutschrift *(§14 Abs. 2 Satz 2 UStG)* ab, kann diese Bescheinigung auch auf der Gutschrift erfolgen. Auf die eigenhändige Unterschrift des auftraggebenden Spediteurs / Frachtführers kann verzichtet werden, wenn die für den Spediteur / Hauptfrachtführer zuständige Oberfinanzdirektion beziehungsweise oberste Finanzbehörde dies genehmigt hat und in dem Transportauftrag oder der Gutschrift auf die Genehmigungsverfügung beziehungsweise den Genehmigungserlaß unter Angabe von Datum und Aktenzeichen hingewiesen wird (vergleiche *Abschnitt 48 Abs. 7 UStR 2008*).

2.4.2 Anmeldung

Grenzüberschreitende Güterbeförderungen im Zusammenhang mit der Ausfuhr müssen in Zeile 24 der Umsatzsteuervoranmeldung erklärt warden:

18	**I. Anmeldung der Umsatzsteuer-Vorauszahlung**					
19	**Lieferungen und sonstige Leistungen** (einschließlich unentgeltlicher Wertabgaben)		Bemessungsgrundlage ohne Umsatzsteuer		Steuer	
20	**Steuerfreie Umsätze mit Vorsteuerabzug**		volle EUR	Ct	EUR	Ct
21	Innergemeinschaftliche Lieferungen (§ 4 Nr. 1 Buchst. b UStG) an Abnehmer mit USt-IdNr.	41				
22	neuer Fahrzeuge an Abnehmer ohne USt-IdNr.	44				
23	neuer Fahrzeuge außerhalb eines Unternehmens (§ 2a UStG)	49				
24	**Weitere steuerfreie Umsätze mit Vorsteuerabzug** (z.B. **Ausfuhrlieferungen**, Umsätze nach § 4 Nr. 2 bis 7 UStG) ...	43				

Abbildung 39: Anmeldung der USt-Voranmeldung

Quelle: Amtlicher Vordruck

2.4.3   Ausfuhrnachweis für Umsatzsteuerzwecke bei Ausfuhrverfahren über *ATLAS-Ausfuhr*

ATLAS-
Ausfuhr

Seit 1.7.2009 besteht *EU*-einheitlich die Pflicht zur Teilnahme am elektronischen Ausfuhrverfahren *(Art. 787 ZK-DVO)*. Die bisherige schriftliche Ausfuhranmeldung wird durch eine elektronische Ausfuhranmeldung ersetzt. In *Deutschland* steht hierfür seit dem 1.8.2006 das IT-System *ATLAS-Ausfuhr* zur Verfügung. Die Pflicht zur Abgabe elektronischer Anmeldungen betrifft alle Anmeldungen unabhängig vom Beförderungsweg (Straßen-, Luft-, See-, Post- und Bahnverkehr).

Die *Ausfuhrzollstelle (AfZSt)* überführt die elektronisch angemeldeten Waren in das Ausfuhrverfahren und übermittelt der angegebenen *Ausgangszollstelle (AgZSt)* vorab die Angaben zum Ausfuhrvorgang. Über das europäische IT-System *AES (Automated Export System) / ECS (Export Control System)* kann die *AgZSt*, unabhängig davon, in welchem Mitgliedstaat sie sich befindet, anhand der Registriernummer der Ausfuhranmeldung *(MRN – Movement Reference Number)* den Ausfuhrvorgang aufrufen und den körperlichen Ausgang der Waren überwachen. Die *AgZSt* vergewissert sich unter anderem, dass die gestellten Waren den angemeldeten entsprechen, und überwacht den körperlichen Ausgang der Waren aus dem Zollgebiet der Gemeinschaft. Der körperliche Ausgang der Waren ist der *AfZSt* durch die *AgZSt* mit der *Ausgangsbestätigung / Kontrollergebnis* unmittelbar anzuzeigen. Weder im nationalen noch im europäischen Zollrecht existiert eine Differenzierung zwischen Beförderungs- und Versendungsfällen.

Der Nachrichtenaustausch zwischen den Teilnehmern und den Zolldienststellen wird im IT-Verfahren *ATLAS* mit *EDIFACT*-Nachrichten durchgeführt, die auf *EDIFACT*-Nachrichtentypen basieren. Die (deutsche) *AfZSt* erledigt den Ausfuhrvorgang auf Basis der von der *AgZSt* übermittelten *Ausgangsbestätigung* dadurch, dass sie dem Ausführer / Anmelder elektronisch den *Ausgangsvermerk (Art. 796e ZK-DVO)* als pdf-Dokument übermittelt. Der *Ausgangsvermerk* beinhaltet die Daten der ursprünglichen Ausfuhranmeldung, ergänzt um die zusätzlichen Feststellungen und Ergebnisse der *AfZSt*. Der belegmäßige Nachweis der Ausfuhr wird daher zollrechtlich in allen Fällen (Beförderungs- und Versendungsfällen) durch den *Ausgangsvermerk* erbracht.

ATLAS-
Ausfuhr
Alternativ-
nachweis

Von dem seit 1.7.2009 geltenden elektronischen Nachrichtenaustauschverfahren sind – aus zollrechtlicher Sicht – Abweichungen nur zulässig

- im Ausfall- und Sicherheitskonzept (erkennbar am Stempelabdruck *ECS/AES Notfallverfahren*). Hier wird das *Exemplar Nr. 3* des *Einheitspapiers*, ein Handelsbeleg oder ein Verwaltungspapier als schriftliche Ausfuhranmeldung verwendet,
- bei der Ausfuhr mit mündlicher oder konkludenter Anmeldung (in Fällen von geringer wirtschaftlicher Bedeutung, das heißt Warenwert kleiner als 1000,– €). Hier wird ein sonstiger handelsüblicher Beleg als Ausfuhranmeldung verwendet.

Nur in diesen Fällen wird die vom Ausführer / Anmelder vorgelegte Ausfuhranmeldung von der *AgZSt* auf der Rückseite mit Dienststempelabdruck versehen.

Geht die Nachricht *Ausgangsbestätigung / Kontrollergebnis* der *AgZSt* bei der *AfZSt* – aus welchen Gründen auch immer – nicht ein, kann das Ausfuhrverfahren nicht automatisiert mit dem pdf-Dokument *Ausgangsvermerk* erledigt werden. Das Gemeinschaftszollrecht sieht in diesen Fällen eine Überprüfung des Ausfuhrvorgangs vor (*Art. 796d* und *796e ZK-DVO*). Sofern der Ausfuhrvorgang weder verwaltungsintern noch durch den Anmelder / Ausführer geklärt werden kann, wird die ursprüngliche Ausfuhranmeldung für ungültig erklärt. Wird durch die Recherchen der *AgZSt* der Ausgang bestätigt, erstellt die *AfZSt* einen per *EDIFACT*-Nachricht übermittelten *Ausgangsvermerk*. Legt der Anmelder / Ausführer einen sogenannten Alternativnachweis vor, erstellt die *AfZSt* ebenfalls einen per *EDIFACT*-Nachricht übermittelten *Alternativ-Ausgangsvermerk*.

Die Lieferung von Gegenständen, die durch den liefernden Unternehmer oder den Abnehmer in das Drittlandsgebiet oder in die in *§ 1 Abs. 3 UStG* bezeichneten Gebiete (insbesondere in die Freihäfen) befördert oder versendet werden, ist bei Vorliegen aller Voraussetzungen als Ausfuhrlieferung umsatzsteuerfrei *(§ 4 Nr. 1 Buchst. a, § 6 UStG)*. Die Voraussetzungen dafür müssen sich unter anderem aus entsprechenden Belegen – Ausfuhrnachweis in Form einer Ausfuhrbestätigung der Grenzzollstelle, eines Versendungsbelegs oder eines sonstigen handelsüblichen Belegs – ergeben *(§ 6 Abs. 3 UStG, §§ 8 ff. UStDV)*.

Unter Bezugnahme auf die Erörterungen mit den obersten Finanzbehörden der Länder gilt zum belegmäßigen Nachweis der Ausfuhr in den Fällen, in denen die Ausfuhranmeldung mittels dem EDV-gestützten Ausfuhrverfahren *(ATLAS-Ausfuhr)* auf elektronischem Weg erfolgt, Folgendes:

2.4.3.1 Ausfuhranmeldung im elektronischen Ausfuhrverfahren

Das durch die *AfZSt* an den Anmelder / Ausführer per *EDIFACT*-Nachricht übermittelte pdf-Dokument *Ausgangsvermerk* gilt als Beleg im Sinne des *§ 9 Abs. 1 UStDV* oder des *§ 10 Abs. 1 UStDV* und ist als Nachweis für Umsatzsteuerzwecke anzuerkennen. Dies gilt unabhängig davon, ob der Gegenstand der Ausfuhr vom Unternehmer oder vom Abnehmer befördert oder versendet wird. Entsprechendes gilt in den Fällen, in denen die *AfZSt* einen *Alternativ-Ausgangsvermerk* erstellt und diesen dem Anmelder / Ausführer per *EDIFACT*-Nachricht übermittelt. Der liefernde Unternehmer hat den Ausfuhrnachweis in dieser Form grundsätzlich auch dann zu führen, wenn er nicht selbst der Anmelder der Ausfuhr ist.

Ausgangsvermerk

Beruht die Übermittlung des *Alternativ-Ausgangsvermerk* darauf, dass der Anmelder / Ausführer einen sogenannten Alternativnachweis vorgelegt hat, gilt der *Alternativ-Ausgangsvermerk* nur in Verbindung mit diesem Alternativausweis als Beleg im Sinne des *§ 9 Abs. 1 UStDV* oder des *§ 10 Abs. 1 UStDV*. Als Alternativnachweis werden für Umsatzsteuerzwecke insbesondere anerkannt: Einfuhrverzollungsbelege aus dem Drittland, von den Zollbehörden eines Mitgliedstaates oder eines Drittstaates beglaubigte Dokumente, Versendungsbelege (zum Beispiel Frachtbrief, Konnossement, Posteinlieferungsschein oder deren Doppelstücke), sonstige handelsübliche Belege (zum Beispiel Bescheinigung des beauftragten Spediteurs, Versandbestätigung des Lieferers, Kopie des vom ausländischen Abnehmer unterzeichneten oder authentifizierten Lieferscheins). Alternativnachweise, die nicht in Verbindung mit einem *Alternativ-Ausgangsvermerk* vorgelegt werden, können nicht als Beleg im Sinne des *§ 9 Abs. 1 UStDV* oder des *§ 10 Abs. 1 UStDV* anerkannt werden.

Alternativnachweise in ausländischer Sprache, insbesondere Einfuhrverzollungsbelege aus dem Drittlandsgebiet, können grundsätzlich nur in Verbindung mit einer amtlich anerkannten Übersetzung anerkannt werden. Zahlungsnachweise oder Rechnungen (*Art. 796 da Nr. 4 Buchst. b ZK-DVO*) können grundsätzlich nicht als Alternativnachweise anerkannt werden.

Die Unternehmen haben die mit der Zollverwaltung ausgetauschten *EDIFACT*-Nachrichten und das Logbuch zum Nachweis des Nachrichtenaustauschs zu archivieren (*§ 147 Abs. 6 und § 147 Abs. 1 Nr. 4* in Verbindung mit *Abs. 3 AO*).

Kann der Unternehmer in Versendungsfällen den Belegnachweis nicht führen, weil er nicht selbst der Anmelder der Ausfuhr war und ihm kein *Ausgangsvermerk* oder ein *Alternativ-Ausgangsvermerk* vorliegt, kann er den Belegnachweis entsprechend *§ 10 Abs. 1 UStDV* führen.

2.4.3.2 Ausfuhranmeldung außerhalb des elektronischen Ausfuhrverfahrens

In Fällen, in denen die Ausfuhranmeldung nicht im elektronischen Ausfuhrverfahren durchgeführt werden kann (bei Ausfall der IT-Systeme), wird – wie bisher – das *Exemplar Nr. 3 der Ausfuhranmeldung* (= *Exemplar Nr. 3 des Einheitspapiers – Einheitspapier Ausfuhr / Sicherheit, Zollvordruck 033025* oder *Einheitspapier, Zollvordruck 0733 mit Sicherheitsdokument, Zollvordruck 033023*) oder ein Handelspapier (zum Beispiel Rechnung) oder ein Verwaltungspapier (zum Beispiel das begleitende Verwaltungsdokument, das bei der Ausfuhr verbrauchsteuerpflichtiger Waren unter Steueraussetzung anstelle des *Exemplars Nr. 3 des Einheitspapiers* verwendet wird) als Nachweis der Beendigung des zollrechtlichen Ausfuhrverfahrens verwendet. Dieser Beleg wird als Nachweis für Umsatzsteuerzwecke anerkannt, wenn die Ausfuhrbestätigung durch einen Vermerk (Dienststempelabdruck der Grenzzollstelle mit Datum) auf der Rückseite des *Exemplars Nr. 3 der Ausfuhranmeldung* oder des Handels- oder Verwaltungspapiers angebracht ist. Dieser Beleg muss im Fall des Ausfallkonzepts außerdem den Stempelabdruck *ECS/AES Notfallverfahren* tragen, da im Ausfallkonzept stets alle anstelle einer elektronischen Ausfuhranmeldung verwendeten schriftlichen Ausfuhranmeldungen mit diesem Stempelabdruck versehen werden. Das *Ausfuhrbegleitdokument (ABD)* ist nicht als Ausfuhrnachweis geeignet, weil es von der *AgZSt* weder abgestempelt noch zurückgegeben wird.

In Fällen, in denen die Ausfuhranmeldung weiterhin nicht im elektronischen Ausfuhrverfahren erfolgt (bei Ausfuhren mit mündlicher oder konkludenter Anmeldung in Fällen von geringer wirtschaftlicher Bedeutung beziehungsweise bei Ausfuhranmeldungen bis zu einem Warenwert von 1 000 EUR), wird – ebenfalls wie bisher – auf andere Weise als mit dem *Exemplar Nr. 3 der Ausfuhranmeldung* (= *Exemplar Nr. 3 des Einheitspapiers*) der Ausgang der Ware überwacht. Wird hierfür ein handelsüblicher Beleg (zum Beispiel Frachtbrief, Rechnung, Lieferschein) verwendet, wird er als Nachweis für Umsatzsteuerzwecke anerkannt, wenn die Ausfuhrbestätigung durch einen Vermerk (Dienststempelabdruck der Grenzzollstelle mit Datum) auf der Rückseite angebracht ist.

Der Ausfuhrnachweis kann vom Unternehmer in Beförderungsfällen (*§ 9 UStDV*), in Versendungsfällen (*§ 10 UStDV*), bei Ausfuhrlieferungen in Bearbeitungs- und Verarbeitungsfällen (*§ 11 UStDV*) und bei Lohnveredelungen an Gegenständen der Ausfuhr (*§ 12 UStDV*) in der zuvor beschriebenen Form geführt werden.

Für weitere Einzelheiten, zum Beispiel zur Ausfuhranmeldungen im Rahmen der einzigen Bewilligung vergleiche *BMF*-Schreiben vom 17.7.2009 (*IV B 9 – S 134/07/10003*).

2.5   Grenzüberschreitende Güterbeförderungen im Zusammenhang mit der Einfuhr

Die Belastung importierter Waren mit Umsatzsteuer, **die als Einfuhrumsatzsteuer** **Grund-** **(EUSt) bezeichnet wird**, geht letztlich auf die Tatsache zurück, dass in allen Ländern **lagen** die Ausfuhrwaren steuerfrei sind oder mit niedrigen Sätzen besteuert werden. Daher werden sie im Einfuhrland mit EUSt belegt, damit die eingeführten Waren steuerlich genau so hoch belastet werden, wie Waren, die im Inland hergestellt werden, um Wettbewerbsverzerrungen zu Lasten der heimischen Industrie und um unversteuerten Letztverbrauch zu vermeiden.

Die Steuerpflicht auf Einfuhren ergibt sich aus *§ 1 Abs. 1 Nr. 4 UStG*. Danach unterliegen die *Einfuhr von Gegenständen in das Inland … der Umsatzsteuer (Einfuhrumsatzsteuer)*. **Die Einfuhr ist somit ein steuerbarer und steuerpflichtiger Umsatz, sofern nicht ein Steuerbefreiungstatbestand vorliegt.** Steuerfrei sind zum Beispiel sonstige Leistungen, wie sie von Spediteuren erbracht werden, gemäß *§ 4 Nr. 3a Doppelbuchst. bb) UStG*, wenn sie sich auf Gegenstände der Einfuhr in das Gebiet eines Mitgliedstaates der *Europäischen Union* beziehen und in der Bemessungsgrundlage für diese Einfuhr enthalten sind.

Für die EUSt gelten nach *§ 21 Abs. 2 UStG* die Vorschriften für die Erhebung der Zölle sinngemäß. Dies bedeutet, dass Regelungen des gemeinschaftlichen Zollrechts, wie beispielsweise die Regelungen für die Entrichtung der Zollschuld auch auf die Zahlung der EUSt anzuwenden sind, das heißt zum Beispiel dass die EUSt von der Zollbehörde erhoben wird und durch die Annahme der Zollanmeldung durch die Zollstelle gemäß *Art. 201 Abs. 2 ZK in Verbindung mit § 13 Abs. 2, § 21 Abs. 2 UStG* entsteht. Die EUSt entsteht, wenn der Einfuhrgegenstand zum freien Verkehr abgefertigt wird, entweder bei der Gestellung des Einfuhrgegenstandes an der Grenze oder im Fall der späteren Abfertigung (zum Beispiel wenn der Gegenstand zunächst in einem Zolllager gelagert wird und erst nach seiner Entnahme vom Lager abgefertigt wird).

Bemessungsgrundlage für die EUSt ist gemäß *§ 11 UStG* der Wert des eingeführten **Bemes-** **Gegenstandes.** Dieser muss nach den zollrechtlichen Vorschriften über den Zollwert und **sungs-** seine Feststellung ermittelt werden. **grundlage**

Dem Zollwert oder dem Veredelungsentgelt müssen stets weitere Beträge hinzuge- **für die EUSt** rechnet werden, soweit sie nicht bereits enthalten sind:

- die außerhalb des deutschen Zollgebiets (Drittländer im Sinne von *§ 1 Abs. 1 Nr. 4 UStG*) für den eingeführten Gegenstand geschuldeten Beträge an Eingangsabgaben, Steuern und sonstigen Abgaben
- der aufgrund der Einfuhr im Zeitpunkt des Entstehens der EUSt auf den Gegenstand entfallende Betrag an Zoll, Agrarzoll, Verbrauchsteuern für Mineralöl, Bier, Kaffee, Branntwein oder Tabak (außer der EUSt selbst), soweit die Steuern unbedingt entstanden sind
- die auf den Gegenstand entfallenden Kosten für die Vermittlung der Lieferung und für die Beförderung sowie sonstige Leistungen bis zum ersten Bestimmungsort im Gemeinschaftsgebiet.

Erster Bestimmungsort im Gemeinschaftsgebiet ist der Ort, an dem der grenzüberschreitende Beförderungsverkehr endet. Dieser Ort ergibt sich in der Regel aus dem Frachtbrief.

Bei Spedition zu festen Preisen und beim Sammelladungsverkehr kann ein anderer als der im Frachtbrief genannte Ort der erste Bestimmungsort sein, zum Beispiel wenn mehrere Frachtführer eingesetzt sind (*Moskau – München, München – Hamburg*; erster Bestimmungsort ist *Hamburg*). Der Nachweis kann durch den Speditionsauftrag erbracht werden.

Die dem Zollwert oder dem Veredelungsentgelt (sofern nicht schon enthalten) hinzuzurechnenden Beförderungskosten sind alle Kosten, die für die grenzüberschreitende Warenbewegung vom Abgangsort bis zum ersten oder einem weiteren Bestimmungsort im Gemeinschaftsgebiet vom Empfänger aufgewendet werden. Dazu zählen insbesondere:

*   Frachtkosten
*   Kosten für die Besorgung der Beförderung (Spediteursprovision)
*   Kosten für Nebenleistungen (zum Beispiel Transportversicherung)
*   Die auf den Gegenstand entfallenden Kosten für die Vermittlung der Lieferung und für die Beförderung bis zu einem weiteren Bestimmungsort im Gemeinschaftsgebiet, sofern diese im Zeitpunkt des Entstehens der EUSt feststehen.

Zur Bemessungsgrundlage der EUSt gehören nicht Preisermäßigungen und Vergütungen, die sich auf den eingeführten Gegenstand beziehen und die im Zeitpunkt des Entstehens der EUSt feststehen, zum Beispiel Mengenrabatte, Skonti.

> **Beispiel:** (Importabfertigung von Waren aus *Norwegen*)
> Ein Logistikdienstleister in *Düsseldorf* erhält von einem Kunden in *Düsseldorf* den folgenden Auftrag inklusive Vollmacht zur Zollabfertigung von Waren aus *Norwegen*: Er soll in *Oslo* einen Container übernehmen, zum freien Verkehr abfertigen und für einige Tage einlagern bis der Endempfänger, eine Werkstatt in *Frankfurt am Main* die Weiterbeförderung nach *Frankfurt am Main* anweist. Alle Kosten ab Werk *Oslo* übernimmt der Kunde (= Importeur) in *Düsseldorf*.
> Der Logistikdienstleister beauftragt mit dem Transport von *Oslo* nach *Düsseldorf* einen norwegischen Transporteur, dieser rechnet mit dem Logistikdienstleister ab. Aufgrund des Auftrages und der Vollmacht erfolgt die Zollabfertigung in *Düsseldorf* durch den Logistikdienstleister. Die Lagerung wird von einem Unternehmen im Hafen *Neuss* übernommen, das direkt mit der Werkstatt in *Frankfurt am Main* abrechnen wird. Mit dem Transport von *Düsseldorf* nach *Frankfurt am Main* wird ein deutscher Frachtführer beauftragt, dieser rechnet ebenfalls mit dem Logistikdienstleister ab.
> Bei der Zollabfertigung in *Düsseldorf* wird der Zollwert wie folgt festgesetzt: Der Transaktionswert errechnet sich aus dem Rechnungspreis der Ware zuzüglich der Beförderungskosten von *Oslo* bis zum Ort der Ankunft in der Gemeinschaft, also bis zur Grenze.
> Die EUSt-Bemessungsgrundlage berechnet sich wie folgt:

Zollwert
+ Beförderungskosten bis *Düsseldorf* (= erster Bestimmungsort in der Gemeinschaft)
+ Lagerung + Beförderungskosten bis *Frankfurt (M)* (= weiterer Bestimmungsort)
= EUSt Bemessungsgrundlage
davon 19 % = Betrag EUSt

In bestimmten vom Gesetz vorgesehenen Fällen sind Einfuhren von der EUSt befreit. Die **Abzug der** EUSt-Befreiungen sind in *§ 5 UStG* und in der *EUSt-Befreiungsverordnung (EUStBV)* gere- **EUSt als** gelt. Einfuhrumsatzsteuerfrei sind zum Beispiel Investitionsgüter, Gegenstände erzieherischen, wissenschaftlichen oder kulturellen Charakters, Gegenstände für Organisationen **Vorsteuer** der Wohlfahrtspflege, Werbedrucke etc.

Der Unternehmer kann nach *§ 15 Abs. 1 Nr. 2 UStG* die entrichtete EUSt für Gegenstände, die für sein Unternehmen eingeführt worden sind, als Vorsteuerbetrag abziehen.

Nach *§ 20 Abs. 2 und § 21 Nr. 2 UStDV* muss der Unternehmer buch- und belegmäßig nachweisen, dass die **Kosten für die steuerbefreite Leistung in der Bemessungsgrundlage für die Einfuhr enthalten sind**.

Entscheidend für den Vorsteuerabzug der EUSt ist der **Nachweis der Zahlung durch einen zollamtlichen Beleg** nach *Abschnitt 199 Abs. 1 Satz 2* und *Abschnitt 202 Abs. 1 Nr. 2 UStR 2005*. Für diesen Beleg gibt es gegenwärtig folgende Möglichkeiten:

*   Bei Abfertigungen im sogenannten Einzelverfahren ist der vom Zoll abgestempelte Zollbeleg zu verwenden, also der Steuerbescheid der Anmeldung zum freien Verkehr auf dem *Exemplar 8 des Einheitspapiers*.

*   Bei Abfertigungen im sogenannten Sammelzollverfahren reicht die Sammelzollanmeldung mit den berechneten Eingangsabgaben auf dem *Vordruck 0512* für den Vorsteuerabzug aus. Sofern der *Vordruck 0512* dem Abzugsberechtigten nicht zur Verfügung gestellt werden kann, wird der sogenannte *Ersatzbeleg für den Vorsteuerabzug (Vordruck 0484)* (vergleiche Abbildung S. 218) verwendet. Dabei handelt es sich um einen Beleg, der vom Vertreter vorbereitet und dem Zoll zur Abstempelung und Überprüfung zugeleitet wird. Gegebenenfalls kann aber jedes andere Papier als *Ersatzbeleg für den Vorsteuerabzug* verwendet und vom Zoll abgestempelt werden, wenn dieser Beleg alle Angaben des *Vordrucks 0484* enthält. Nach der Dienstanweisung in *VSF Z 8234 Abs. 3* schließt ein abgestempelter Ersatzbeleg die Bestätigung der Zahlung der EUSt ein. Daher ist ein zum Ersatzbeleg zusätzlicher Nachweis der Zahlung der EUSt nicht erforderlich.

*   Bei Einfuhren über *ATLAS* kann die entrichtete EUSt durch einen Ausdruck des elektronisch übermittelten Bescheids über die Eingangsabgaben nachgewiesen werden. In diesem Fall ist jedoch zusätzlich die Zahlung der EUSt an den Zoll des Abgabenschuldners oder dessen Beauftragten durch einen Beleg nachzuweisen (*BMF-Schreiben vom 8.2.2001*).

> **Mängel im Beleg für den Vorsteuerabzug, wie unvollständige oder falsche Angaben, gehen zu Lasten des Unternehmers!**

Abbildung 40:
Ersatzbeleg für
den Vorsteuer-
abzug

Zutreffendes ist angekreuzt ⊠ oder ausgefüllt	(VSF Z 82 34 Abs. 2)

Ersatzbeleg für den Vorsteuerabzug

(Abzug der Einfuhrumsatzsteuer als Vorsteuer)

Die Felder 1 bis 8
sind vom Antrag-
steller auszufüllen.

1. Zu Zollbeleg (Kennbuchstabe, Nummer, Datum, ggf. Position)

2. Zeitpunkt (ggf. Zeitraum) des Entstehens der Einfuhrumsatzsteuer

3. Anmelder (Name oder Firma, Anschrift)

4. Eingeführte Gegenstände (Bezeichnung), Menge (Maßeinheit)

5. Bemessungsgrundlage für die Einfuhr (§ 11 UStG)
   DM

6. Einfuhrumsatzsteuerbetrag
   DM

DM in Buchstaben

7. ☐ Dieser Betrag ist entrichtet.

8. ☐ Dieser Betrag ist spätestens bis zum 16. Tag des auf die Entstehung der Steuer folgenden Monats zu entrichten
   (Hinweis auf § 16 Abs. 2 Satz 4 UStG)
   Grund
   ☐ Zahlungsaufschub   ☐ Einfuhr in einem   ☐ Überführung aus einem Zollagerverfahren
                              Sammelzollverfahren   in den freien Verkehr

9. Der im Feld 1 bezeichnete Zollbeleg wurde hinsichtlich des im Feld 6 angegebenen Einfuhrumsatzsteuerbetrags für den Vorsteuerabzug ungültig gemacht.

10. Zollstelle, Datum, Dienststempel

0484 Ersatzbeleg für den Vorsteuerabzug – III B 4 – (1992)   DS

Quelle: Amtlicher Vordruck

In den Fällen, in denen die Kosten für eine Leistung nach *§ 11 Abs. 1* und *2* und / oder *Abs. 3 Nr. 3* und *4 UStG* Teil der Bemessungsgrundlage für die Einfuhr geworden sind, kommen neben den zollamtlichen Belegen nach *Abschnitt 47 Abs. 4 Nr. 2 Satz 2 UStR 2008* als **Nachweisbelege insbesondere**

- der schriftliche Speditionsauftrag
- das im Speditionsgewerbe übliche *Bordero*
- ein Doppel des Versandscheines
- ein Doppel der Rechnung des Lieferers über die Lieferung der Gegenstände oder der vom Lieferer ausgestellte Lieferschein in Betracht.

Erfolgen **Beförderung und Zollabfertigung durch verschiedene Beauftragte**, wird nunmehr in Fällen, in denen der belegmäßige Nachweis nicht mittels zollamtlichem Beleg nach *Abschnitt 47 Abs. 4 Nr. 1 UStR 2008* geführt werden kann, als ausreichender Nachweis auch eine Bestätigung des Verzollungsspediteurs auf einem der **oben genannten Belege** anerkannt, wenn der Verzollungsspediteur in dieser eigenhändig unterschriebenen Bestätigung versichert, dass es sich bei den beförderten Gegenständen um Gegenstände der Einfuhr handelt, die zollamtlich abgefertigt wurden und die Beförderungskosten (des Beförderungsspediteurs) in der Bemessungsgrundlage für die Einfuhrumsatzsteuer enthalten sind (vergleiche *BMF*-Schreiben vom 22. 7.2005).

Bei der Abrechnung von Leistungen im Zusammenhang mit der Einfuhr stellt sich die Frage, ob die von dem Spediteur bei einer Zollabfertigung verauslagten Eingangsabgaben zum Entgelt gehören und so mit Umsatzsteuer zu fakturieren sind, oder als sogenannte durchlaufenden Posten gelten und daher ohne Umsatzsteuer zu fakturieren sind.

Durchlaufende Posten sind Beträge, die der Unternehmer im Namen und für Rechnung eines anderen vereinnahmt und verausgabt. Diese gehören nicht zum Entgelt (*§ 10 Abs. 1 Satz 4 UStG*).

Nach *Abschnitt 152 Abs. 1 Satz 2 UStR* liegt ein durchlaufender Posten dann vor, … *wenn der Unternehmer, der die Beträge vereinnahmt und verauslagt, im Zahlungsverkehr lediglich die Funktion einer Mittelsperson ausübt ohne selbst einen Anspruch auf den Betrag gegen den Leistenden zu haben und auch nicht zur Zahlung an den Empfänger verpflichtet zu sein.*

Daraus folgt zum Beispiel, dass die von einem Vertreter bei einer Zollabfertigung **verauslagten Eingangsabgaben** wie Zölle, EUSt und Verbrauchsteuern **nur dann steuerfrei** an den Importeur abgerechnet werden können, wenn die **Zollmeldung im fremden Namen und für fremde Rechnung** gestellt wurde und die **Vertretungsmacht mit einer Vollmacht nachgewiesen werden kann**. Die vom Vertreter an den Zoll gezahlten Eingangsabgaben sind dann eindeutig durchlaufende Posten und zählen nicht zum steuerpflichtigen Entgelt, sie werden ohne Umsatzsteuer weiterberechnet.

Wurde die Zollanmeldung jedoch im eigenen Namen gestellt, sind die an den Zoll entrichteten Eingangsabgaben keine durchlaufenden Posten mehr und gehören somit zum Entgelt und sind mit Umsatzsteuer weiter zu berechnen.

Ausgangsrechnungen im Zusammenhang mit der Einfuhr

Beispiel:
Sachverhalt wie oben (Importabfertigung von Waren aus *Norwegen*)
Die Abrechnungen der Beteiligten sehen wie folgt aus:

1. Der norwegische Transporteur stellt dem Logistikdienstleister die Beförderung *Oslo-Düsseldorf* steuerfrei in Rechnung, da es sich um eine grenzüberschreitende Beförderung handelt und die Kosten in die EUSt-Bemessungsgrundlage eingerechnet werden. Er muss jedoch nach deutschem Steuerrecht einen Buch- und Belegnachweis darüber führen, dass er eine grenzüberschreitende Beförderung steuerfrei an einen deutschen Leistungsempfänger abrechnet.

2. Der deutsche Frachtführer rechnet die Beförderungsleistung ab *Neuss* Hafen bis *Frankfurt am Main* ebenfalls steuerfrei an den Logistikdienstleister in *Düsseldorf* ab, da die Kosten in der EUSt-Bemessungsgrundlage enthalten sind. Auch in diesem Fall benötigt der Frachtführer einen Nachweis darüber, dass bei der Verzollung die Kosten der EUSt unterworfen worden sind. Fehlt der Nachweis oder sind die Kosten nicht nach dem Umsatzsteuerrecht mit EUSt belastet worden, ist die Beförderung steuerpflichtig abzurechnen.

3. Der Lagerhalter in *Neuss* rechnet ebenfalls umsatzsteuerfrei ab, wenn ihm ein Nachweis über die Einbeziehung der Lagerkosten in die EUSt-Bemessungsgrundlage vorliegt, jedoch steuerpflichtig, wenn der Nachweis fehlt, oder die Kosten nicht in die EUSt-Bemessungsgrundlage eingerechnet worden sind.

4. Sofern nach der Importabfertigung weitere Kosten entstehen, zum Beispiel Beförderung ab Umschlaglager oder dem Amtsplatz des Zollamtes bis zum Lager in *Neuss*, sind die beschriebenen Regeln für die Abrechnung der Beförderung oder der Lagerung entsprechend anzuwenden.

5. Der Logistikdienstleister rechnet an seinen Kunden wie folgt ab: Alle Kosten ab Werk *Oslo* bis zum Endempfänger in *Frankfurt am Main* steuerfrei. Außerdem stellt er ihm die verauslagte EUSt in Rechnung und leitet ihm den Steuerbescheid zu, aus dem der gezahlte EUSt-Betrag hervorgeht, damit der Kunde die EUSt als Vorsteuer ziehen kann.

2.6   Sonstige Steuerbefreiungen

Steuerfrei sind nach *§ 4 Nr. 3b UStG* die Beförderung von Gegenständen nach und von den Inseln, die die autonomen Regionen *Azoren* und *Madeira* bilden.

Nach *§ 4 Nr. 3c UStG*, sind die Leistungen steuerbefreit, die sich unmittelbar auf eingeführte Gegenstände beziehen, für die zollamtlich eine vorübergehende Verwendung in den in *§ 1 Abs. 1 Nr. 4 UStG* bezeichneten Gebiete bewilligt worden ist, wenn der Leistungsempfänger ein ausländischer Auftraggeber *(§ 7 Abs. 2 UStG)* ist. Dies gilt nicht für sonstige Leistungen, die sich auf Beförderungsmittel, Paletten und Container beziehen.

Unmittelbaren Bezug haben zum Beispiel die Leistungen der Messespediteure für ausländische Messeaussteller; Beförderung, Lagerung, Vorführung und das Herrichten der

Messewaren. Einen besonderen Nachweis verlangt die Vorschrift nicht. Es ist lediglich nachzuweisen, dass es sich um Leistungen handelt, die sich auf Gegenstände beziehen, die sich im Zeitpunkt der Leistung in einer zollamtlich genehmigten vorübergehenden Verwendung befinden. Dies kann in der Regel durch zollamtlichen Verwendungsschein geschehen.

2.7 Prüfungsschema zum Beförderungsort

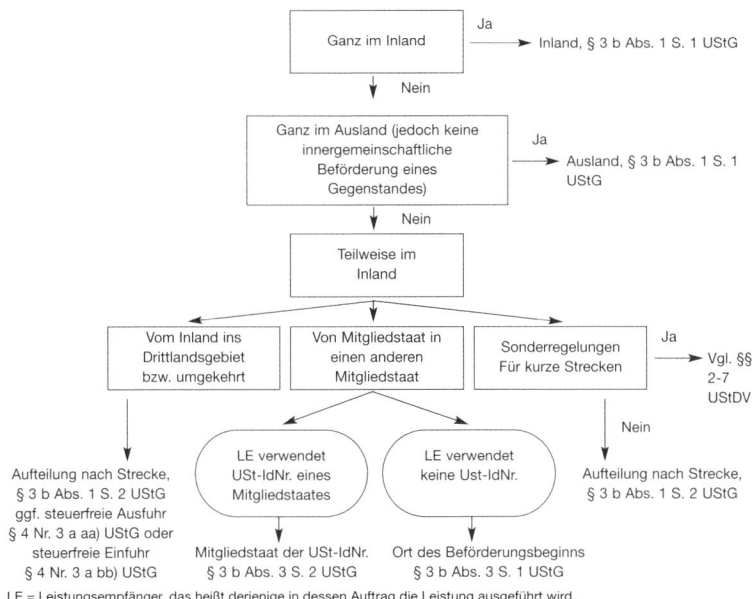

Abbildung 41: Prüfungsschema zum Beförderungsort

LE = Leistungsempfänger, das heißt derjenige in dessen Auftrag die Leistung ausgeführt wird.

Quelle: eigene Darstellung

2.8 Der Spediteur als Fiskalvertreter

Immer mehr Spediteure werden als Fiskalvertreter tätig und bieten damit den Kunden eine hochwertige Dienstleistung an, die im internationalen Warenverkehr für die Kunden sehr interessant ist. Dabei sind die Regelungen, die der Spediteur anwenden muss, dem Warenverkehr zuzurechnen und daher eigentlich atypisch für die Spedition. **Grundlagen**

Auszugehen ist dabei von der Steuerbefreiung nach *§ 5 Abs. 1 Nr. 3 UStG.* Danach ist die Einfuhr solcher Gegenstände steuerfrei, die von einem Schuldner der Einfuhrumsatzsteuer im Anschluss an die Einfuhr unmittelbar zur Ausführung von innergemeinschaftlichen Lieferungen *(§ 4 Nr. 1 Buchstabe b, § 6a)* verwendet werden; der Schuldner der Einfuhrumsatzsteuer hat das Vorliegen der Voraussetzungen des *§ 6a Abs. 1 bis 3* nachzuweisen.

Dieser Fall wird anhand folgender Übersicht deutlich:

Abbildung 42:
Schema
Fiskalvertretung

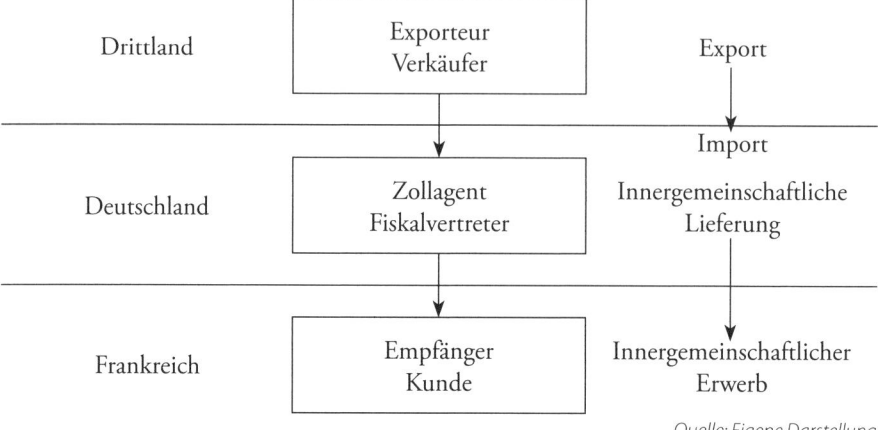

Quelle: Eigene Darstellung

Voraussetzung für die Steuerbefreiung ist, dass eine in *Deutschland* ansässige Person die Pflichten übernimmt, die das Umsatzsteuerrecht für den Unternehmer festlegt, der die Lieferung durchführt. Diese Pflichten können ohne Probleme von einem Unternehmer erfüllt werden, der in *Deutschland* ansässig und als Unternehmer steuerlich registriert ist. Jedoch werden weder der im Drittland ansässige Verkäufer, noch der in einem anderen *EU*-Mitgliedsland ansässige Empfänger Interesse daran haben, sich hier steuerlich registrieren zu lassen und Steuererklärungen und statistische Meldungen abzugeben.

Einzige Alternative zur EUSt-Befreiung mit anschließender innergemeinschaftlicher Lieferung ist die Abfertigung zum Versandverfahren mit *T1-Anmeldung*. Die höheren Kosten, die höheren Risiken und die mehrfache Zollabfertigung beim Versandverfahren führten zu der **Einführung des Fiskalvertreters**. Seit dem 1.1.1997 kann sich der **Schuldner der Einfuhrumsatzsteuer bei seiner innergemeinschaftlichen Lieferung von** *Deutschland* **in einen anderen** *EU*-**Mitgliedstaat von einem Fiskalvertreter vertreten lassen.** Zweck der Fiskalvertretung ist die Vereinfachung des Besteuerungsverfahrens für die im Ausland ansässigen Unternehmer, indem auf eine steuerliche Registrierung verzichtet wird und die steuerlichen Pflichten von einem Fiskalvertreter wahrgenommen werden. Die Regelungen hierzu sind den *§§ 22a bis 22e UStG* zu entnehmen.

Voraus-   Die **Voraussetzungen für die Tätigkeit als Fiskalvertreter** sind in den *§§ 22a Abs. 2*
setzungen und *3* und *22d UStG* geregelt. Danach muss der Fiskalvertreter
für die 1)   zu dem **Personenkreis gehören, der zur unbeschränkten Hilfeleistung in Steuer-**
Tätigkeit   **sachen nach** *§ 3 Steuerberatungsgesetz (StBerG)* **oder zur beschränkten Hilfe-**
                    leistung in Steuersachen nach *§ 4 Nr. 9c StBerG* **befugt ist**
2)   eine **gesonderte Steuer- und USt-IdNr.** für die Fiskalvertretung haben und
3)   eine **Vollmacht des im Ausland ansässigen Unternehmers** haben.

Nach *§ 4 Nr. 9c* in Verbindung mit *Nr. 9a StBerG* sind Speditionsunternehmen, wenn sie in *Deutschland* ansässig sind, keine Kleinunternehmer im Sinne des *§ 19 UStG*, nicht nach *§ 22e UStG* die Fiskalvertretung untersagt worden ist, zur beschränkten Hilfeleistung in Steuersachen befugt.

Der Fiskalvertreter benötigt **eine gesonderte Steuer- und *USt-IdNr.*** für alle seine Fiskalvertretergeschäfte und **nicht jeweils einzeln pro Vertretenem.**

Zur **Vollmacht des Fiskalvertreters** enthält das *BMF-Schreiben vom 11.5.1999* in *Textziffern 14* und *15* folgende Aussagen: **Vollmacht**

- *Erst die Vollmacht berechtigt zur Tätigkeit als Fiskalvertreter.*
- *Die Vollmacht ist vor der steuerfreien innergemeinschaftlichen Lieferung zu erteilen, wobei die Vollmacht nicht schriftlich vorliegen muss.*
- *Auf Verlangen der Finanzbehörde ist die Vollmacht schriftlich nachzuweisen.*
- *Ist die Vollmacht in einer Fremdsprache ausgestellt, ist in begründeten Fällen auf Verlangen der Finanzbehörde eine beglaubigte Übersetzung beizufügen.*
- *Die Vertretung gilt, soweit die jeweils erteilte Vollmacht reicht.*

> **Merke:**
> **Die in der Praxis übliche Zollvollmacht berücksichtigt in der Regel nicht die Anforderungen an eine Fiskalvertretervollmacht.**

Sachverhalt	Zollvollmacht	Fiskalvertretervollmacht
1. Rechtliche Grundlage	*Art. 5 Zollkodex*	*§ 22a Abs. 3 UStG*
2. Inhalt	Berechtigung zur Vertretung im fremden Namen	Verpflichtung zur Übernahme fremder USt-Pflichten
3. Wirkung	Im Außenverhältnis gegenüber einer Zollstelle	Im Außenverhältnis gegenüber der Steuerverwaltung
4. Hinweis Vollmacht	In der Zollanmeldung	In der Rechnung des Verkäufers im Drittland

Tabelle 11:
Unterschiede zwischen der Zollvollmacht und der Fiskalvertretervollmacht

Quelle: Eigene Darstellung

Die Vollmacht ist zwingende Voraussetzung, um als Fiskalvertreter agieren zu können. Liegt keine Vollmacht vor, so muss eine andere Zollanmeldung abgegeben werden, zum Beispiel Abfertigung auf *T1-Versandschein*. **Pflichten des Fiskalvertreters**

Der Fiskalvertreter übernimmt die steuerlichen Pflichten des im Ausland ansässigen Vertretenen als eigene Pflichten. Diese sind:

1) Er hat eine Umsatzsteuer-Erklärung für das Kalenderjahr unter der gesonderten Steuernummer abzugeben, in der er die Besteuerungsgrundlagen für die von ihm Vertretenen zusammenzufassen sind

2) Ferner hat er vierteljährlich (ab dem 1.1.2010 monatlich) eine *Zusammenfassende Meldung* beim *Bundeszentralamt für Steuern* abzugeben, in der die Bemessungsgrundlagen für alle Vertretenen zusammenzufassen sind; es sei denn, er hat eine Befreiung bekommen, wenn die gesamten Umsätze der Vollmachtgeber die in *§ 18a Abs. 6 UStG* genannten Schwellen nicht überstiegen haben

3) Der Fiskalvertreter hat auch monatlich die *INTRASTAT*-Erklärung bei dem *Statistischen Bundesamt* abzugeben und

4) Er muss Aufzeichnungen (das heißt Buch- und Belegnachweis) im Sinne des *§ 22 UStG* für jeden von ihm vertretenen ausländischen Unternehmer gesondert führen.

Die Ab- Die Rechnung über die Leistung des Vertretenen (= Eingangsrechnung des Fiskal-
rechnung vertreters) kann sowohl vom Vertretenen als auch vom Fiskalvertreter erteilt werden. In
des Fiskal- beiden Fällen hat die Rechnung stets die nach *§ 22c UStG* erforderlichen Angaben zu
vertreters enthalten. Dies sind:

a)   Der Hinweis auf die Fiskalvertretung

b)   Den Namen und die Anschrift des Fiskalvertreters, sowie

c)   Die dem Fiskalvertreter nach *§ 22d Abs. 1 UStG* erteilte *USt-IdNr.*

Rechnet der Fiskalvertreter für seine von ihm erbrachte Leistung ab, erbringt er grundsätzlich eine steuerbare und steuerpflichtige Leistung. Nach *Textziffer 10* des *BMF-Schreibens* vom 11.5.1999 erbringt der Fiskalvertreter gegenüber dem im Ausland ansässigen Unternehmer eine sonstige Leistung, die einer beratenden Tätigkeit im Sinne des *§ 3a Abs. 4 Nr. 3 UStG* entspricht. Die Leistung wird dort erbracht, wo der Leistungsempfänger (der Vertretene) sein Unternehmen betreibt (*§ 3a Abs. 3* in Verbindung mit *Abs. 4 Nr. 3 UStG*). Es liegt somit keine Steuerbefreiung vor, sondern der Ort der Leistung des Fiskalvertreters wird in das Land des Rechnungsempfängers verlagert. Der Fiskalvertreter stellt somit seine Rechnung netto aus.

> **Beispiel:**
> Ein Spediteur in *Hamburg* erhält den Auftrag seines französischen Kunden aus *Paris*, für eine aus den *USA* eingetroffene Sendung die Zollabfertigung vorzunehmen, die EUSt und die sonstigen Abgaben dem französischen Auftraggeber zu berechnen.
> Hier bezieht der Spediteur alle Kosten bis *Paris* in die Bemessungsgrundlage ein und unterwirft sie der EUSt. Die Kosten bis *Hamburg*, weil sie als der erste Bestimmungsort in der Gemeinschaft anzusehen sind, sowie die Kosten bis *Paris*, weil *Paris* als sogenannte weiterer Bestimmungsort in der Gemeinschaft zum Zeitpunkt der Zollabfertigung bereits feststeht.
> Jedoch kann der französische Auftraggeber die ihm berechnete deutsche EUSt in Frankreich nicht als Vorsteuer abziehen.
> Steuerrechtlich gibt es folgende drei Lösungsmöglichkeiten:
>
> Alternative 1:
> Um die deutsche EUSt als Vorsteuer geltend zu machen, kann sich der französische Empfänger bei dem deutschen Finanzamt registrieren lassen.
>
> Alternative 2:
> Der französische Kunde stellt den Auftrag dergestalt um, dass die Eingangsabfertigung in Paris durchgeführt wird. Die Ware wird nicht in *Deutschland* zum freien Verkehr abgefertigt, sondern im Versandverfahren nach *Frankreich* (*T1-Anmeldung*, da es sich um Ware mit Ursprung in einem Drittland handelt) geleitet. In *Frankreich* muss das Versandverfahren erledigt werden und anschließend kann die Abfertigung zum freien Verkehr erfolgen.

Alternative 3:

Der Spediteur schlägt seinem französischen Kunden vor, für ihn als Fiskalvertreter tätig zu werden. Der Spediteur nimmt die Zollabfertigung in *Hamburg* vor und beantragt dabei mit dem *Code 42 00* die Befreiung von der EUSt-Zahlung. Anschließend geht die Ware als innergemeinschaftliche Lieferung an den Käufer in *Frankreich*. Der Kunde erklärt in seiner französischen Umsatzsteuererklärung einen innergemeinschaftlichen Erwerb und kann, wenn er zum Vorsteuerabzug berechtigt ist, die berechnete französische Umsatzsteuer wieder als Vorsteuer abziehen. Der Fiskalvertreter rechnet an seinen Kunden netto ab.

2.9 Das Umsatzsteuerlager

Seit 1.1.2004 kann nach *§ 4 Nr. 4a UStG* auch in *Deutschland* ein Lager für umsatzsteuerpflichtige (Gemeinschafts-) Waren beantragt und abgewickelt werden. Die Vorschriften setzen *Art. 16 Abs. 1 Teil B Buchstabe c* und *Teil D Buchstabe a* der *6. MWSt-Richtlinie* um. Umsatzsteuerlager können, brauchen aber nicht mit Zoll- oder Verbrauchsteuerlagern verbunden zu sein (*Art. 16 Abs. 1 Teil B Buchstabe c 2. Gedankenstrich* der *6. MWSt-Richtlinie*).

Durch die Regelungen soll erreicht werden, dass der im Ausland ansässige Unternehmer sich nicht im Inland für umsatzsteuerliche Zwecke erfassen lassen muss, wenn er nur Umsätze im Zusammenhang mit Gegenständen erbringt, die sich in einem Steuerlager befinden.

Dieses neue Umsatzsteuerlager kann kurz wie folgt beschrieben werden:

- Das Lager muss beim zuständigen Finanzamt beantragt werden; als Lagerort kann unter anderem auch jedes Zolllager bestimmt werden.
- In *Anlage 1* zum *Umsatzsteuergesetz* sind die Gegenstände, die der Umsatzsteuerlagerregelung unterliegen können, aufgelistet. Dazu zählen im Wesentlichen Rohstoffe (zum Beispiel Metalle, chemische Erzeugnisse, Getreide, Kaffee, Tee, Kartoffeln), die typischerweise mehrfach innerhalb des Warenlagers umgesetzt werden. Für die Einstufung ist der Zolltarif maßgebend.
- Für die Behandlung der Waren im Steuerlager gelten die gleichen Regeln wie für die Behandlung von Waren in einem Zolllager.
- Für die Einlagerung, die Lieferungen, Leistungen und Warenbehandlung in einem Umsatzsteuerlager enthält *§ 4 UstG* die jeweiligen Steuerbefreiungen, die Umsatzsteuerpflicht entsteht bei der Auslagerung.

Mit dem neuen Steuerlager wird somit eine Gleichbehandlung von nicht steuerfreien Gemeinschaftswaren mit abgabenpflichtigen Drittlandswaren erreicht. Weitere Einzelheiten und Beispiele können der Vorauflage und dem *BMF*-Schreiben vom 28.1.2004 entnommen werden. Das Steuerlager kann somit eine sehr interessante neue Dienstleistung von Speditionsunternehmen sein und die bisherigen Lagerarten, das heißt gewerbliches Lager für Waren Dritter, Zolllager für abgabenpflichtige Drittlandswaren und Verbrauchsteuerlager für verbrauchsteuerpflichtige Gemeinschaftswaren sinnvoll ergänzen.

3   Der Spediteur und die Versicherung des Gutes im Rahmen des Speditionsauftrages sowie die Transportversicherung für Güter

Axel Salzmann

Neben den *ADSp*, die seit 1927 dem Speditionsgewerbe als fertig bereit liegende Vertragsordnung zur Verfügung steht, gibt es seit dem Frühjahr 2006 ein weiteres Bedingungswerk, die *Logistik-AGB*. Auch dieses Bedingungswerk wird ebenfalls zur Anwendung von Seiten des *Deutschen Spedition- und Logistikverbandes (DSLV), Bonn* empfohlen. Beide Bedingungswerke regeln den Bereich der Versicherung mit. In den nachfolgenden Unterabschnitten werden die Grundzüge in Bezug auf Versicherungen in aller Kürze dargestellt.

3.1   *ADSp* und Versicherung

Allgemeine Deutsche Spediteur-Bedingungen 2003   Die *ADSp* sind unverändert ein Gemeinschaftswerk aller an Speditionsgeschäften in *Deutschland* interessierten Wirtschaftsorganisationen, -verbände und -kreise unter der Federführung des *DIHK*. Erstmals sind diese 1927 in Kraft getreten und wie man damals sagte, festgestellt worden. Die *ADSp* haben eine sehr turbulente Entwicklung hinter sich und wurden letztmals in ihrer jetzigen Fassung vom **1.1.2003** im *Bundesanzeiger* veröffentlicht. Weitgehend gelten sie auch heute noch als fertig bereitliegende Vertragsordnung, so dass sie ohne übertriebene Formalanforderungen in gewisser Weise „automatisch" Vertragsgegenstand zwischen Auftraggeber und Spediteur werden.

Bis zum Jahre 2003 gab es zuletzt eine Kombination zwischen einer Haftungs- und Schadenversicherung, die mehr oder minder automatisch dazu führte, dass für jeden Speditionsauftrag Versicherungsschutz für das Gut durch den Spediteur besorgt wurde, es sei denn, der Auftraggeber des Spediteurs hat hierauf ausdrücklich verzichtet. Aufgrund extrem schlechter Schadensverläufe der Speditionsversicherung kam es durch Verhandlungen im Jahr 2002 zu gravierenden Veränderungen in dem über 75 Jahre bestehenden Vertragswerk. Was hat sich geändert? Die **Kombination zwischen der Haftungs- und Schadenversicherung wurde aufgegeben**, trotzdem sehen die *ADSp* in *Ziffer 21* vor, dass der **Spediteur dann die Versicherung des Gutes zu besorgen hat, wenn zu vermuten ist, dass ein Bedürfnis für die Versicherung des Gutes im Raum steht, in dessen Folge die Prämie für die Versicherung durch den Auftraggeber zu zahlen ist.** Unabhängig davon setzen die *ADSp* für deren Geltung voraus, dass der Spediteur seine Haftung versichert *(Ziffer 29 ADSp)*. Erfolgt dies nicht, so kann sich der Spediteur nicht auf die *ADSp* und die haftungsreduzierende Wirkung dieses Vertragswerks berufen. **Insofern kommt unverändert im Schadenfall die Versicherung des Gutes oder die Haftungsversicherung des Spediteurs in Betracht.** Zunächst wird kurz die Haftungsversicherung des Spediteurs gemäß *Ziffer 29 ADSp* dargestellt, anschließend die Versicherung des Gutes gemäß *Ziffer 21* in Verbindung mit *Ziffer 3 ADSp*.

3.1.1 Haftungsversicherung des Spediteurs

29 Haftungsversicherung des Spediteurs
29.1 Der Spediteur ist verpflichtet, bei einem Versicherer seiner Wahl eine Haftungsversicherung zu marktüblichen Bedingungen abzuschließen und aufrechtzuerhalten, die seine verkehrsvertragliche Haftung nach den ADSp und nach dem Gesetz im Umfang der Regelhaftungssummen abdeckt.

Zu *Ziffer 29*
Geregelt ist in *Ziffer 29* ausschließlich die Verpflichtung des Spediteurs, eine Haftungsversicherung abzuschließen. Folge hiervon ist, dass, soweit die Haftung der *ADSp* dies vorsieht, das Gut des Verladers mitversichert ist. Darüber hinaus wird auch im Rahmen der Haftungsversicherung Schutz für Güterfolge- und Vermögensschäden gewährleistet, soweit dies in *Ziffer 23* und *24 ADSp* definiert ist. Grundsätzlich können Güterfolge- und **Vermögensschäden** bis zu einem Wert von € 100 000,– ersetzt werden. Als Besonderheit festzuhalten bleibt, dass die Haftungsversicherung sehr wohl Einschränkungen im Deckungsumfang zulässt. So sind im Rahmen des Deckungsschutzes zum Teil empfindliche Deckungsbegrenzungen vorgesehen, gerade im Bereich der Schadenfälle des **groben Organisationsverschuldens** beziehungsweise bei Ausschlüssen für **wertvolle** und diebstahlsgefährdete **Güter**. Insofern kann tatsächlich nur von einer eingeschränkten Versicherung des Gutes über die Haftungsversicherung nach den *ADSp* ausgegangen werden. In der Praxis hat sich gezeigt, dass zwischenzeitlich auch Versicherer wieder bereit sind, risikoentsprechende Deckungssummen zu vereinbaren, sodass in vielen Schadensfällen die extrem reduzierte Haftungssumme bis maximal € 100 000,– vertraglich speditionsfreundlich abgeändert wurde.

Grobes Organisationsverschulden

In den weiteren Absätzen der *Ziffer 29*, insbesondere *Ziffer 29.2* und *3* werden weitere Details geregelt, so zum Beispiel, dass der Spediteur eine **Selbstbeteiligung** im Schadenfall vorsehen kann. Demzufolge besteht nicht grundsätzlich eine Deckungszusage des Versicherers, auch wenn der Spediteur eine Haftungsversicherung gezeichnet hat. Besonders hervorzuheben ist, dass auf Verlangen des Auftraggebers des Spediteurs dieser eine Bestätigung des Versicherers vorzulegen hat, woraus sich der Umfang der Haftungsversicherung des Spediteurs im Einzelnen ergibt. In der Praxis wird hiervon wenig Gebrauch gemacht, obwohl gerade für den Verlader des Spediteurs sich hier grundsätzliche Weichenstellungen dahingehend ableiten lassen, ob zusätzlicher Versicherungsschutz über die Versicherung des Gutes oder über eine Transportversicherung empfehlenswert sind.

3.1.2 Versicherung des Gutes – *Ziffer 21* in Verbindung mit *Ziffer 3 ADSp*

21 Versicherung des Gutes
21.1 Der Spediteur besorgt die Versicherung des Gutes (zum Beispiel Transport- oder Lagerversicherung) bei einem Versicherer seiner Wahl, wenn der Auftraggeber ihn vor Übergabe der Güter beauftragt.
Kann der Spediteur wegen der Art der zu versichernden Güter oder aus einem anderen

Grund keinen Versicherungsschutz eindecken, hat der Spediteur dies dem Auftraggeber unverzüglich mitzuteilen.

Zu *Ziffer 21.1*

Eine völlig neuartige und herausragende Bedeutung hat die *Ziffer 21 ADSp* durch die *ADSp-Systemveränderungen* zum 1.1.2003 erhalten. Dort ist nun **eine Berechtigung des Spediteurs definiert, Versicherungsschutz für den Auftraggeber ohne ausdrückliche Beauftragung einzudecken, deren Gegenstand die Versicherung des Gutes ist und die abgestellt wird auf traditionelle Waren-Transportversicherungen oder General-Policen.**

Transportversicherung ist die Versicherung von Gütern in Bewegung und Bewegungsbereitschaft gegen alle Gefahren. Durch das Merkmal Bewegungsbereitschaft werden Vor-, Zwischen- und Nachlagerungen erfasst, nicht aber der stationäre, sozusagen endgültige Ruhezustand. Das Gut im stationären Ruhezustand zu versichern ist Sache der Lagerversicherung. Sie war früher durch Versicherungsaufsichtsrecht beschränkt auf die vier so genannten klassischen Lagergefahren und die darauf zugeschnittenen Versicherungen: Feuer, Einbruch-Diebstahl, Leitungswasser, Sturm. Aus Gründen solider Versicherungstechnik verfahren viele Versicherer weiterhin nach diesen Grundsätzen.

Trotzdem gilt: Der Versicherungsauftrag soll schriftlich vereinbart werden. Nach *Ziffer 3.2 ADSp* (wird im Folgenden noch dargestellt) genügt **Datenfernübertragung** oder jede sonst lesbare Form, sofern sie den Aussteller erkennbar macht. Wird der Versicherungsauftrag mündlich oder telefonisch erteilt und vom Spediteur angenommen oder sogar ausgeführt, so ist der Auftrag auch wirksam zustande gekommen.

Vorgesehen ist darüber hinaus, dass der **Auftraggeber** die Initiative für die Versicherung hat, indem er **die zu versichernde Summe** (vergleiche *Ziffer 3 ADSp*) und **die zu deckenden Gefahren angeben soll.** Ist der Verkehrsvertrag nicht auf Lagerung (stationäre Ruhe) beschränkt und lautet der Auftrag nur „Versicherung", so ist Transportversicherung gemeint. Bei einer Lagerung wäre jedenfalls Feuer zu versichern; ob dies auch für eine der anderen Gefahren gilt, hängt von der Art des Gutes ab. Im Zweifel darf und muss der Spediteur nach gewissenhaftem Ermessen handeln. Er darf zu marktüblichen Bedingungen versichern, auch über seine dafür bereitgehaltene General-Police, was *Ziffer 21.2* voraussetzt. Eigenart dieser Versicherungskonstruktion ist, dass der Spediteur Versicherungsnehmer und Prämienschuldner ist mit einem Erstattungsanspruch gegenüber dem Auftraggeber, der der Versicherte ist. Insofern bleibt festzuhalten, dass die *Ziffer 21.1* die Fälle der konkreten Auftragserteilung und nicht die der Vermutung, wonach der Spediteur Versicherungsschutz einzudecken hat, regelt.

21.2 *Der Spediteur ist berechtigt, aber nicht verpflichtet, die Versicherung des Gutes zu besorgen, wenn dies im Interesse des Auftraggebers liegt. Der Spediteur darf vermuten, dass die Eindeckung einer Versicherung im Interesse des Auftraggebers liegt, insbesondere wenn*

– der Spediteur bei einem früheren Verkehrsvertrag eine Versicherung besorgt hat
– der Auftraggeber im Auftrag einen Warenwert (Ziffer 3.4) angegeben hat.
Die Vermutung des Interesses an der Eindeckung einer Versicherung besteht insbesondere nicht, wenn

   – *der Auftraggeber die Eindeckung schriftlich untersagt*
   – *der Auftraggeber ein Spediteur, Frachtführer oder Lagerhalter ist.*

Zu *Ziffer 21.2*

Regelmäßig wird ein Interesse zur Eindeckung des Versicherungsschutzes beim Spediteur dann vermutet, wenn er damit seine Haftung reduzieren kann und mögliche Regresse ausgeschlossen werden können. **Zur Verkehrssitte zählt, dass Transportversicherungsschutz durch den Spediteur besorgt wird.**

Versicherungsschutz besorgen

Mit dieser Regelung wird gerade für das Massengeschäft bei der Sammelladung eine praktikable Handhabe angeboten. Zweifelsfragen sind dann ausgeschlossen, wenn der Auftraggeber des Spediteurs schriftlich klarstellt, dass kein Versicherungsschutz gewünscht wird.

Praxisbeobachtungen haben gezeigt, dass unabhängig von den Änderungen der *ADSp* zum 1. 1.2003 der Spediteur bei vielen Aufträgen unverändert den Versicherungsschutz zu besorgen hat. Zum Teil rührt dies ohne Zweifel aus der Vergangenheit, da viele Auftraggeber den Automatismus, den früher die *ADSp* zu eigen hatten, vermuten, zum Anderen hat die Praxis gezeigt, dass gerade bei anspruchsvollen Relationen die Abwicklung über den Spediteur sehr unkompliziert ist. Unverändert entspricht die Regelung der *Ziffer 22.1. ADSp* vor allem auch dem Willen der Verladerverbände, um weniger erfahrene Auftraggeber vor ungeahnten Risiken zu schützen.

21.3 *Der Spediteur hat nach pflichtgemäßem Ermessen über Art und Umfang der Versicherung zu entscheiden und sie zu marktüblichen Bedingungen abzuschließen, es sei denn, der Auftraggeber erteilt dem Spediteur unter Angabe der Versicherungssumme und der zu deckenden Gefahren schriftlich eine andere Weisung.*

21.4 *Ist der Spediteur Versicherungsnehmer und hat er für Rechnung des Auftraggebers gehandelt, ist der Spediteur verpflichtet, auf Verlangen gemäß Ziffer 14.1 Rechnung zu legen. In diesem Fall hat der Spediteur die Prämie für jeden einzelnen Verkehrsvertrag auftragsbezogen zu erheben, zu dokumentieren und in voller Höhe ausschließlich für diese Versicherungsdeckung an den Versicherer abzuführen.*

Zu *Ziffer 21.4*

Mit der auftragsbezogenen Prämienabführung wird eine zentrale Verpflichtung des Spediteurs definiert. **Pauschalprämien** sind demzufolge unzulässig. Verstöße hiergegen sind mit erheblichen wirtschaftlichen Risiken für den Spediteur verbunden. Zum Teil wird die Meinung vertreten, dass bei Missachtung dieser Bestimmung strafrechtliche Tatbestände verwirklicht werden. Weiter zu beachten ist, dass die Versicherungssteuer bei der Rechnungsstellung an den Kunden durch den Spediteur auszuweisen ist. Gut beraten ist der Logistikdienstleister, wenn er die Fragen der Abrechnung in allen Details, speziell was die Versicherungssteuer anbelangt, vorab mit seinem Steuerberater eingehend abklärt.

21.5 *Für die Versicherungsbesorgung, Einbeziehung des Entschädigungsbetrages und sonstige Tätigkeiten bei der Abwicklung von Versicherungsfällen und Havarien steht dem Spediteur eine besondere Vergütung, neben dem Ersatz seiner Auslagen zu.*

Zu *Ziffer 21.5*

Diese Bestimmung definiert die Berechtigung des Spediteurs, eine **Vergütung für die Aufwendungen für die Versicherung des Gutes dem Auftraggeber in Rechnung zu stellen.**

Für die Praxis sind für den Wareninteressenten folgende Regelungen der *Ziffer 3 ADSp* von Bedeutung, wonach der Auftraggeber des Spediteurs verpflichtet wird, bei Auftragserteilung mit Blick auf hochwertige und besonders diebstahlsgefährdete Transportgüter zusätzliche Mitteilungsverpflichtungen zu übernehmen. Auszugsweise werden im Folgenden die einschlägigen Bestimmungen dargestellt. Eine außerordentlich große Bedeutung erlangt die Bestimmung der *Ziffer 3 ADSp* durch die neue Rechtsprechung des *BGH* zur Deklaration für besonders wertvolle Güterarten.

Ziffer 3 Auftragsübermittlungsfehler, Inhalt, besondere Güterarten

3.1   *Aufträge, Weisungen, Erklärungen und Mitteilungen sind formlos gültig. Nachträgliche Änderungen sind als solche deutlich kenntlich zu machen.*
      Die Beweislast für den Inhalt sowie die richtige und vollständige Übermittlung trägt, wer sich darauf beruft.

3.3   *Der Auftraggeber hat dem Spediteur bei Auftragserteilung mitzuteilen, dass Gegenstand des Verkehrsvertrages sind:*
      – Gefährliche Güter
      – Lebende Tiere und Pflanzen
      – Leicht verderbliche Güter
      – Besonders wertvolle und diebstahlgefährdete Güter

3.4   *Der Auftraggeber hat im Auftrag Adressen, Zeichen, Nummern, Anzahl, Art und Inhalt der Packstücke, Eigenschaften des Gutes im Sinne von Ziffer 3.3, den Warenwert für eine Versicherung des Gutes und alle sonstigen erkennbar für die ordnungsgemäße Ausführung des Auftrags erheblichen Umstände anzugeben.*

Zu *Ziffern 3.1* bis *3.4*

Pflicht zur Angabe des Warenwertes   Ausdrücklich festgehalten wird in den *ADSp* seit dem 1.1.2003, dass der Auftraggeber **Angaben vorzunehmen** hat, die den **Warenwert für die Versicherung des Gutes** enthalten. Mit dieser Erweiterung der Mitteilungsverpflichtung ergibt sich als Umkehrschluss, **dass eine Verpflichtung für den Abschluss einer Versicherung immer nur dann zwingend besteht, wenn ausdrücklich der Wert des Gutes benannt wird.** Davon unabhängig verbleibt das Recht des Spediteurs, durch Schätzung den Wert des betreffenden Gutes vorzunehmen.

3.6   *Der Auftraggeber hat den Spediteur bei besonders wertvollen oder diebstahlgefährdeten Gütern (zum Beispiel Geld, Edelmetalle, Schmuck, Uhren, Edelsteine, Kunstgegenstände, Antiquitäten, Scheck-, Kreditkarten, gültige Telefonkarten oder andere Zahlungsmittel, Wertpapiere, Valoren, Dokumente, Spirituosen, Tabakwaren, Unterhaltungselektronik, Telekommunikationsgeräte, EDV-Geräte und -Zubehör) sowie bei Gütern mit einem tatsächlichen Wert von 50,– €/kg und mehr so rechtzeitig vor Übernahme durch den Spediteur schriftlich zu informieren, dass der Spediteur die Möglichkeit hat, über die Annahme des Gutes zu entscheiden und Maßnahmen für eine sichere und schadenfreie Abwicklung des Auftrags zu treffen.*

Zu *Ziffer 3.6*

Aus dieser vertraglichen Regelung ergibt sich, dass die *ADSp* entsprechend den tatsächlichen Versicherungsmöglichkeiten für sensible Güter in die Vertragsbeziehung mit dem Auftraggeber übernommen haben. Im Umkehrschluss bedeutet dies für den Auftraggeber, dass er gut beraten ist, bei sensiblen und diebstahlgefährdeten Gütern mit dem Spediteur Spezialvereinbarungen zu treffen, wonach zusätzliche Sicherungsmaßnahmen ergriffen werden. Unter diesen Voraussetzungen besteht grundsätzlich auch die Möglichkeit, nach vorheriger Deklaration Versicherungsschutz auch für sensible Transportgüter zu vereinbaren. Wie bedeutsam diese Regelung ist, haben zahlreiche Entscheidungen des *Bundesgerichtshofs* in den letzten Jahren gezeigt, indem der *BGH* bei unterlassener Deklaration von sogenannten sensiblen Gütern den Auftraggebern im Schadensfall grundsätzlich ein Mitverschulden zugesprochen hat, mit der Rechtsfolge, dass in Schadensfällen nur Teilersatz geleistet wurde. Konkret bedeutet dies, dass der Auftraggeber die Bestimmung der *Ziffer 3 ADSp* außerordentlich ernst zu nehmen hat und erhöhte Risikofaktoren für die Transportgüter, sei es aufgrund der Transportroute oder aufgrund des extrem hohen Wertes, ohne Vorbehalte zu deklarieren hat, um auch dem Spediteur die Chance zu geben, Vorkehrungen und Sicherungsmaßnahmen risikogerecht zu ergreifen.

3.1.3   *Logistik-AGB*

Die *Allgemeinen Geschäftsbedingungen für Logistikleistungen – Logistik-AGB* in der Fassung vom 30.3.2006 sind ein Ergebnis der Veränderungen im Dienstleistungssektor der Spedition und Logistik. Seit Jahren erhalten Spediteure und Logistikdienstleister weitergehende Aufträge als die bloße Besorgung und Organisation von Transporten. Vielfach kommen zusätzlich werkvertragliche Dienstleistungen hinzu, die für alle Beteiligten im Schadensfall vor ungewöhnliche Probleme stellen und zum Teil für beide Vertragsparteien erhebliche Risiken in sich bergen. Dies speziell deshalb, da das Thema Versicherung zwischen den Parteien ausgespart wurde. Mit den *Logistik-AGB* wurde ein Zusatzmodul zu den *ADSp* geschaffen, die für diesen Bereich Rechtssicherheit für die Vertragsparteien zur Folge hat.

Logistik-AGB

Ziffer 1 der Logistik-AGB lautet

> *Diese Logistik-AGB gelten für alle logistischen (Zusatz-)Leistungen, die nicht von einem Verkehrsvertrag nach Ziffer 2.1 der Allgemeinen Deutschen Spediteurbedingungen (ADSp) – soweit vereinbart – oder von einem Fracht-, Speditions- oder Lagervertrag erfasst werden, jedoch vom Auftragnehmer im wirtschaftlichen Zusammenhang mit einem solchen Vertrag erbracht werden.*
>
> *Die logistischen Leistungen können Tätigkeiten für den Auftraggeber oder von ihm benannte Dritte sein, wie zum Beispiel die Auftragsannahme (Call-Center), Warenbehandlung, Warenprüfung, Warenaufbereitung, länder- und kundenspezifische Warenanpassung, Montage, Reparatur, Qualitätskontrolle, Preisauszeichnung, Regalservice, Installation oder die Inbetriebnahme von Waren und Gütern oder Tätigkeiten in Bezug auf die Planung, Realisierung, Steuerung oder Kontrolle des Bestell-, Prozess-, Vertriebs-, Retouren-, Entsorgungs-, Verwertungs- und Informationsmanagements.*

Auftraggeber ist die Vertragspartei, die ihren Vertragspartner mit der Durchführung logistischer Leistungen im eigenen oder fremden Interesse beauftragt.

Auftragnehmer ist die Vertragspartei, die mit der Durchführung logistischer Leistungen beauftragt wird.

Soweit die ADSp vereinbart sind, gehen die Logistik-AGB vor, wenn sich einzelne Klauseln widersprechen sollten oder ein Sachverhalt nicht einer Vertragsordnung zugeordnet werden kann.

Die Logistik-AGB finden keine Anwendung auf Verträge mit Verbrauchern.

Aus dem Anwendungsbereich ergibt sich, dass die *Logistik-AGB* bei solchen Geschäften zur Anwendung kommen, bei denen einerseits die *ADSp* nicht greifen, andererseits nicht speditionsübliche Leistungen Gegenstand des Auftragsverhältnisses sind. Hauptanwendungsfeld **Alltags-** sind so genannte Zurufgeschäfte oder Alltagsgeschäfte, die zwischen den Vertragsparteien **und Zuruf-** vereinbart werden ohne Detailregelegung für Haftung und Versicherung zu treffen.

geschäft Die *Logistik-AGB* sind im Internet zu finden unter www.spediteure.de. Gegenstand der *Logistik-AGB* neben dem bereits dargestellten Anwendungsbereich sind weiter:

* *Elektronischer Datenaustausch*
* *Vertraulichkeit*
* *Pflichten des Auftraggebers, Schutz des geistigen Eigentums*
* *Pflichten des Auftragnehmers*
* *Leistungshindernisse, höhere Gewalt*
* *Vertragsanpassung*
* *Betriebsübergang*
* *Aufrechnung, Zurückbehaltung*
* *Pfand- und Zurückbehaltungsrecht, Eigentumsvorbehalt*
* *Abnahme, Mängel- und Verzugsanzeige*
* *Mängelansprüche des Auftraggebers*
* *Sonderkündigungsrecht*
* *Haftung des Auftragnehmers*
* *Qualifiziertes Verschulden*
* *Freistellungsanspruch des Auftragnehmers*
* *Verjährung*
* *Haftungsversicherung des Auftragnehmers*
* *Erfüllungsort, Gerichtsstand, anzuwendendes Recht*
* *Schlussbestimmungen.*

Besonders hinzuweisen ist in diesem Zusammenhang darüber hinaus auf die Haftung des Auftragnehmers, die für den Auftraggeber erstmals eine Kalkulierbarkeit für die Risiken ermöglicht sowie auch *Ziffer 18 Haftungsversicherung des Auftragnehmers*, die die Anwendung der *Logistik-AGB* davon abhängig macht, dass ein Versicherungsschutz vorhanden ist. Die Praxis zeigt, dass die Marktakzeptanz zunehmend wächst. Aktuelle, höchstrichterliche Rechtsprechung, wonach zum Beispiel bei verpackungsspezifischen Dienstleistungen der Spediteur zu einer unbegrenzten Haftung verurteilt wurde, ist eine weitere Ursache für diese Entwicklung. Nicht zu verkennen ist, dass die Marktdurchdringung letztlich auch von der Empfehlung der Verladerverbände abhängt. Die Veränderungen der Praxis zeigen jedoch, dass das Bedürfnis im Markt sehr groß ist und auch bei den Verladerverbänden ein sehr großes Interesse besteht diese Risiken kalkulierbar und versicherbar zu machen.

3.1.4 Regelungsmöglichkeiten durch AGB's beziehungsweise gesonderte Parteivereinbarungen zur Versicherung des Gutes

Neben den in *Ziffer 2.1.1* und *Ziffer 2.1.2 ADSp* dargestellten Möglichkeiten besteht im **Vertrags-** Rahmen der Vertragsfreiheit zusätzlicher Spielraum Sondervereinbarungen zu treffen. **freiheit** Hiervon wird durchaus in der Praxis Gebrauch gemacht, insbesondere bei besonderen **schafft** Projektaufträgen und speziellen Risikoverhältnissen, die sich aus der Art der transpor- **zusätz-** tierten Güter ergeben. Im Massengeschäft ist dies allerdings seltener der Fall. Trotzdem **lichen** bleibt die Empfehlung, gerade bei produkt- und **reiseroutenbezogenen Spezialitäten und** **Gestal-** **Risikopotenzialen** bei Auftragserteilung die Thematik der Versicherung des Gutes indivi- **tungs-** duell zu regeln. Dabei ist besonders auf das nach dem *HGB* und den *ADSp* vorhandene **spielraum** Haftungsausschlusspotenzial zu achten, wodurch grundsätzlich das Risiko der Beschädigung oder des Untergangs des Gutes in vielen Schadensvarianten beim Auftraggeber verbleibt.

3.2 Versicherungswesen und Versicherungszweige

Kein Gesetz erklärt, was **Versicherung** ist. Viele Wissenschaftler und Praktiker versuchten **Ver-** eine Begriffsdefinition zu geben, zum Beispiel *Professor Hellauer*: **sicherungs-**

Versicherung ist, vom gemeinschaftlichen Standpunkt aus betrachtet, eine wirtschaftliche **begriff** *Einrichtung, die bezweckt, einen Vermögensbedarf, der durch ein zumindest bezüglich des Zeitpunktes unbestimmtes Ereignis für den Einzelnen entsteht, durch eine Gemeinschaft gänzlich oder teilweise zur Deckung zu bringen. Die Gemeinschaft wird durch Personen gebildet, die sich in derselben Lage des eventuellen Vermögensbedarfs befinden. Ist ein Versicherungsunternehmer vorhanden, so ist sie durch die Gesamtheit der in gleicher Weise Versicherten gegeben.*

Juristisch und betriebswirtschaftlich ist Versicherung ein Vertrag, bei dem der eine Teil, der Versicherte (Assekurat), gegen Bezahlung eines bestimmten Betrages, der Prämie, oder eines später nach Bedarf zu bestimmenden Betrages, der Umlage, das Recht erwirbt, bei Eintritt eines zumindest bezüglich des Zeitpunktes unbestimmten Ereignisses die gänzliche oder teilweise Deckung eines dadurch entstehenden Vermögensbedarfes durch den anderen Teil, den Versicherer (Assekuradeur, Assekuranten), zu fordern.

In der Zusammenfassung sei hier eine knappere Definition versucht:

> Die Zahlung der Versicherungsprämie ist die bewusste Hergabe von Geld als Ausgleich für nicht vorhersehbare Schäden am Vermögen. Die Versicherungsleistung erfolgt durch Zahlung einer Entschädigung in Geld.

Das System **Versicherung** funktioniert mathematisch nur und solange, wie der einzelne Versicherer viele möglichst gleichartige oder ähnliche Risiken deckt und daraus seine Bedarfsprämie richtig berechnet ist. In der Transportversicherung sind Zweifel angebracht, ob die Bedarfsprämien im letzten Jahrzehnt richtig kalkuliert wurden.

Formen der Versicherungsunternehmen und Vertriebsformen

Die Versicherungswirtschaft in *Deutschland* kennt zwei Unternehmensformen:

1.   Die Versicherungs-Aktiengesellschaft (Versicherungs-AG)
2.   Den Versicherungsverein auf Gegenseitigkeit (VVaG)

Die wirtschaftlichen und versicherungstechnischen Grundlagen bei beiden Unternehmensformen sind heute fast gleich, so dass hier nur noch rechtliche Unterschiede zusammengefasst werden sollen:

Die Vertriebsformen der Transportversicherungen sind vielfältig, zum Beispiel

- **direkt;** man wendet sich an den Versicherer seiner Wahl
- **über Vertreter / Agenten;** diese vertreten die Versicherer mit unterschiedlichen Vollmachten. Agenturen handeln für den namentlich genannten Versicherer
- **über Assecuradeure;** das sind Zeichnungsbevollmächtigte nur für Tansportversicherer, die an Seeplätzen niedergelassen sind, zum Beispiel *Hamburg* und *Bremen*, auch im Ausland in *Antwerpen und Rotterdam*. Deren Vollmachten sind bei der jeweiligen *Handelskammer* zum Beispiel im *Hamburg* oder beim *Verein Bremer Seeversicherer* hinterlegt. Ein Assecuradeur kann mehrere Versicherer vertreten.
- **über Versicherungsmakler;** das sind national und international arbeitende Unternehmen, die eigenverantwortlich selbst dokumentieren, zum Beispiel in Form von Versicherungs-Zertifikate und -Open-Policies beziehungsweise General-Policen, die von dem/den Versicherer/n und vom Makler unterschrieben sind. Mischformen, in dieser Art zu operieren, sind bei dem Maklern/Agenten möglich. Durch das Inkrafttreten der *EU-Vermittler-Richtlinie* sind die Voraussetzungen für die gewerberechtliche Anmeldung als Versicherungsmakler deutlich heraufgesetzt worden. Langfristig wird dies zur Folge haben, dass Kleinstunternehmen es immer schwerer haben werden, den Anforderungen gerecht zu werden.

Die Versicherungs-AG

ist die häufigste Gesellschaftsform. Das Gesellschaftskapital entsteht durch Einlage privater Gesellschafter wie bei jeder anderen AG in unserer Volkswirtschaft. Auf dem Weg der AG-Gründung wird zum Ausgleich des Risikos die Zusammenfassung möglichst vieler Versicherungsverträge beschlossen und in die Wege geleitet. Der Bereich der Transportversicherung wird in der Regel der AG, welche die Schadenversicherung betreibt, zugeordnet.

Der Versicherungsverein auf Gegenseitigkeit

ist in der Transportversicherung sehr selten noch vertreten, früher war sie in der See- und Flusskasko-Versicherung geläufig. Schiffseigner und Partikuliere wählen diese Form, um das Risiko der Schiffsversicherung abzudecken. Die Betriebsmittel entstehen entweder durch ein Umlageverfahren oder Prämienzahlung der Vereinsmitglieder mit oder ohne Nachschussverpflichtung bei Verlusten des Vereins. Je nach Satzung des VVaG können auch Nichtmitglieder Versicherungsschutz erhalten. Im Bereich der Sach- und Kranken-, wie in der Personenversicherung ist der VVaG aber nach wie vor wie seit Jahrzehnten vertreten.

Versucht man, die zahlreichen Versicherungszweige nach Arten zu differenzieren, dann wird nach dem zu **versichernden Interesse** gegliedert; das kann sein eine Person, eine Sache oder ein Vermögenswert. Deshalb unterscheiden wir grob zwischen folgenden Versicherungssparten:

a) **Versicherung von Personen**
   – Lebensversicherung, Unfallversicherung, Krankenversicherung
b) **Versicherung von Sachen/Objekten**
   – zu unterteilen nach der Versicherung unbeweglicher Sachen (Gebäude, Immobilien) und beweglicher Sachen (Mobilien, Handelsgüter, Hausrat)
   – Feuerversicherung, Glasversicherung, Sturmversicherung und andere mehr und
   – Transportversicherung, Einbruch-Diebstahlversicherung und andere mehr
c) **Versicherung von Vermögen**
   – Haftpflichtversicherung, Kreditversicherung, Kautionsversicherung und andere mehr

Versicherungsarten und moderne Mischformen

Mischformen dieser Sparten setzen sich immer stärker am Markt durch.

> **Beispiele:**
> In der Personen-Versicherung so genannte „Familien-Policen" (Privat-Haftpflicht, Hausrat-Versicherung, Kranken- und Rechtsschutz-Versicherung und andere Mischungen), in der Versicherung von Speditionsrisiken die *UNIVERSAL-POLICE* der *MULTI LINE TRANS-COVER* und andere ähnliche zur Abdeckung der gesetzlichen Haftung aus Speditionsbetrieb, Verkehrsverträgen, Umwelt- und Feuerhaftung, Kfz-Betrieb und Kasko und anderem je nach Bedarf zu einer festen Jahresprämie oder einer umsatzbezogenen Prämie mit einer jährlichen Mindestprämie kombiniert.

Transportversicherung bedeutet die Übernahme des Wagnisses, das mit dem Transport von Gütern zusammenhängt, durch einen Versicherungsunternehmer gegen Erhebung der Prämie. Je nach den vereinbarten Kauf- oder Verkaufsbedingungen haftet der Käufer oder der Verkäufer für die wohlbehaltene Ankunft der verkauften oder gekauften Waren am Bestimmungsort. Einer von den beiden trägt das Wagnis (Risiko), das aus den Gefahren während des Transportes entsteht.

Transportversicherung trotz Verkehrsträgerhaftung?

Für die finanziellen Schäden durch Verlust oder Beschädigung der Ware erwarten Verkäufer oder Käufer einen Schutz, der über die Haftung der am Transport beteiligten Unternehmer – Spediteur, Frachtführer, Kaiumschlagbetriebe, Verfrachter von Seeschiffen/Luftfrachtführer – hinausgeht.

So bestehen zwischen dem Deckungsumfang einer Transportversicherung und der Haftung der Verkehrsträger auch nach Einführung des neuen Transportrechts zum 1.7.1998 und der neuen *ADSp 1.1.2003* noch erhebliche Lücken. Die wesentlichen sind in der Regel:

- für höhere Gewalt zum Beispiel Naturkatastrophe keine Haftung
- zeitliche Haftungsbegrenzung nur bezogen auf den Verkehrsvertrag
- höhenmäßige Haftungsbegrenzung über das Gewicht oder das Ladevolumen
- Haftungsdeckelung (Begrenzung) durch *AGB*.

Haftungs-ausschließende Tatsachen Der Frachtführer und nach den Änderungen des *HGB* in der Fassung der Bekanntmachung vom 29.6.1998 *(Bundesgesetzblatt Teil I, Seite 1588)* ab 1.7.1998 auch der deutsche Spediteur haften, solange sich das Transportgut in ihrer Obhut befindet und keine haftungsausschließende Tatsachen (vergleiche *§ 426 HGB*) vorliegen wie so genannte unabwendbare Ereignisse (zum Beispiel höhere Gewalt, unverschuldetes Feuer infolge Blitzschlag etc.). Der Transportversicherer bietet jedoch Versicherungsschutz für **alle** Transportbewegungen auch vor Übernahme durch Frachtführer und nach Verlassen des Frachtführergewahrsams (zum Beispiel nach dem Be- und Entladen, Umladen, Lagerung im Zoll usw.), üblicherweise während der gesamten Dauer des Transportes.

Bei See- und Binnenschifffahrtstransporten haften die Reeder nicht für die Aufwendungen an der Ladung im Falle der

- **Havarie-grosse (große Haverei)**
  Die Opfer und Kosten für die Rettung der Ladung bei Havarien, gleich ob vom Schiff verschuldet oder nicht, liegen beim Ablader oder seiner Transportversicherung.

Die Haftungsprinzipien sind bei den einzelnen Verkehrsträgern verschieden. Insbesondere bei mehrstufigen Transporten, wenn verschiedene Frachtführer oder Verfrachter von Seeschiffen an der Durchführung des Transportes beteiligt sind, ist es nicht einfach, im Schadensfalle zu ermitteln, welcher der am Transport Beteiligten die Schuld an dem Schaden trägt. Soweit es sich um die Gefahren während des Transportes handelt, sprechen wir von der **Transportversicherung**, soweit es sich um die Gefahren während einer disponierten Lagerung handelt, von der **Lagerversicherung**. Verbund- und Mischformen sind gebräuchlich, nachdem die „Spartentrennung" in der Versicherungswirtschaft *EU*-bedingt nur noch unverbindlich und von den Versicherungsunternehmen unterschiedlich konsequent gehandhabt wird.

Aufgrund der Geschehnisse in der Vergangenheit, Stichwort *World Trade Center* und *Toulouse*, gibt es Underwriting-Richtlinien der Erstversicherer. Das heißt auch die Versicherung von Lägern ist grundsätzlich möglich, aber der Versicherer will wissen, was, wie und wo gelagert wird. Es wird also mehr Transparenz seitens der Versicherer gefordert. Dem Risikomanagement kommt in diesem Zusammenhang eine immer größere Bedeutung zu. Je mehr der Logistiker bereit ist, in Schadenverhütung zu investieren und dies zu dokumentieren, umso günstiger wird die Prämienkalkulation erfolgen.

3.3 Transportversicherung – Übersicht

3.3.1 Begriff der Transportversicherung

Eine eindeutige Begriffsbestimmung der Transportversicherung gibt es nicht. Gesetzliche Regelungen fanden sich bis zum Jahr 2008 in *§§ 129 ff. VVG* für die Binnentransportversicherung und in *§§ 778 ff. HGB* für die Seeversicherung, für die gemäß *§ 186 VVG a.F.* das *VVG* keine Anwendung fand. Die Bestimmungen der *§§ 129 ff. VVG a.F.* sind weitgehend unverändert in das neue *VVG* übernommen worden. *§ 130 VVG n.F.* spricht von der Versicherung von Gütern sowie der Versicherung eines Schiffes gegen die Gefahren der Binnenschifffahrt einschließlich der Kollisionshaftpflicht.

Die die Seeversicherung betreffenden *§§ 778 ff. HGB a.F.* sind zum 1.1.2008 ersatzlos gestrichen worden.

3.3.2 *VVG*-Reform, neues Recht

Die Unterscheidung zwischen Binnentransportversicherung und Seeversicherung ist geblieben. Für die Seeversicherung wird in Anlehnung an *§ 186 VVG a.F.* in *§ 209 VVG* Folgendes bestimmt:

Die Vorschriften dieses Gesetzes sind auf die Rückversicherung und die Versicherung gegen die Gefahren der Seeschifffahrt (Seeversicherung) nicht anzuwenden.

Nur für die Seekaskoversicherung hat die Trennung von See- und Binnentransportversicherung praktische Bedeutung. Die Seekaskoversicherung wird vom neuen *VVG* nicht erfasst. Für sie gibt es gar keine rechtliche Grundlage, mit Ausnahme der *AVB*, die der AGB-Kontrolle unterliegen. Für die Güterversicherung dagegen bleibt es bei der Geltung des neuen *VVG*.

In der Praxis findet eine Versicherung nur der Seereise nämlich nicht statt. Meistens haben wir es mit der Versicherung der Güter auf multimodalen Transporten zu tun. Neben der Seeversicherung besteht also in aller Regel eine Versicherung des Land-, Binnenschifffahrts- oder Lufttransports. Sowohl die deutschen Bedingungen *(DTV-Güterversicherungsbedingungen 2000, ADS Güterversicherung 73/84/94)* als auch die englische *Institute Cargo Clauses (ICC)* und die *Institute Cargo Clauses (Air)* sehen eine von-Haus-zu-Haus-Deckung vor (warehouse-to-warehouse). Es liegt somit typischerweise eine Kombination von Seeversicherung und Versicherung eines Transports mit anderen Beförderungsmitteln vor.

In der Binnentransportversicherung übernimmt das neue Recht in *§ 130 VVG n.F.* nahezu wörtlich den Text des alten *§ 129 VVG*, wobei aber die Regelung der *Ziff. 1.1.1 DTV-Güterversicherungsbedingungen* aufgegriffen werden, das heißt dass auch die Gefahren der mit der Beförderung verbundenen Lagerungen versichert sind.

3.3.3   Sparten der Transportversicherung, Einteilung nach der Art des versicherten Interesses

a) Versicherung des Transportmittels

Die Versicherung von See-, Fluss- und Binnenschiffen, die gewerblich genutzt werden, fällt unter die Transportversicherung. Die Zuordnung der Wassersportkaskoversicherung (Yachtkaskoversicherung) ist streitig. Der *BGH* geht davon aus, dass dies Transportversicherung sein kann, in jedem Fall Sachversicherung ist.

Eine Besonderheit dabei stellt die Versicherung von Schiffsbaurisiken. Versichert werden kann der Neubau eines Schiffes *(DTV-Bedingungen für die laufende Versicherung von Schiffsbaurisiken 1998, Fassung 2008)*. Versichert wird dabei der Verlust oder die Beschädigung der versicherten Sachen (Bestandteile des Neubaus, Zubehör, Ausrüstung). Die Versicherung des kompletten Neubaus eines Schiffes ist ab dem Zeitpunkt des Stapellaufs Seeversicherung.

Die Kaskoversicherung von Landfahrzeugen wird verschiedenen Sparten zugeordnet. Selbstfahrende Arbeitsmaschinen wie Gabelstapler, Kräne oder Bagger werden in der Maschinenversicherung gedeckt. Nur rollendes Material (Lokomotiven, Waggons), das im allgemeinen Verkehr eingesetzt wird, fällt demgegenüber unter die Transportversicherung. Anders wiederrum wird dies jedoch der Maschinenversicherung zugerechnet, wenn das rollende Material innerhalb eines Betriebsgeländes zum Einsatz kommt (Grenzen sind fließend).

b) Versicherung der Güter

Unabhängig von der Wahl des Transportmittels können alle Arten von Gütern versichert werden. Die Beförderung kann per Flugzeug, Kfz, Schiff, Tier oder sogar Mensch erfolgen. Zur Güterversicherung zählt die Werkverkehrsversicherung. (Vergleiche *§§ 1 Abs. 2, 9 GüKG*).

c) Haftungsversicherung der Verkehrsträger (Verkehrshaftungsversicherung)

Von Verkehrshaftungsversicherung spricht man immer dann, wenn es um die Versicherung der Haftung der Verkehrsträger und Spediteure geht (Frachtführer, Verfrachter, Lagerhalter). Die Versicherung der Haftung der Frachtführer, Verfrachter, Spediteure, Logistiker und Lagerhalter ist eine Haftpflichtversicherung, auch wenn sie traditionell bei den meisten Versicherern und auch im *GDV* in der Abteilung Transportversicherung angesiedelt ist. Haftpflichtversicherung ist auch die *Protection-and-Indemnity-Versicherung (P&I)* der Reeder, die bei *PI-Clubs* in *England*, teilweise in *Skandinavien* und heute auch gelegentlich in *Deutschland* eingedeckt wird. Wegen *§ 209 VVG n.F.* findet das *VVG* keine Anwendung, so dass diese Seehaftpflichtversicherung Seeversicherung ist.

Die *Charterers´ Liability Insurance* ist ebenfalls Haftpflicht- und Seeversicherung. Dabei steht im Vordergrund dieser Sparte der Transportversicherung die Haftung des Charterers gegenüber dem Reeder für Schäden am Schiff und gegenüber den Ladungsbeteiligten für Verlust beziehungsweise Beschäftigung der Ladung.

d) Sonderzweige

Die Versicherung im Bereich der Sonderzweige ist immer dann Transportversicherung, wenn die Transportgefahr allein oder überwiegend Gegenstand der Versicherung ist. Das greift beispielsweise bei der Valoren-Versicherung nach den *DTV-Valoren 2000/2008*. Anders, sobald das stationäre Risiko überwiegt, wie in der Ausstellungsversicherung oder auch von gleich hoher Bedeutung ist, wie der Transport, so etwa bei der Schmuckwaren-, Uhren- und Reiselager- Versicherung *(AVB Reiselager Schmuck 1988/2008)*, mit der Rechtsfolge, dass diese Versicherung der Sonderzweige dann nicht mehr unter die Transportversicherung fällt.

Die Versicherung von Valoren betrifft Güter mit hohem Wert. Die *DTV-Valoren 2000/2008* unterscheiden die Transporte durch ein Beförderungsunternehmen oder als Begleittransport vom Versicherungsnehmer. Für Transporte durch Beförderungsunternehmen besteht eine Allgefahrendeckung, bei Begleittransporten eingeschränkt, eine Deckung für bestimmte genannte Gefahren.

Bei allen übrigen Sparten der Sonderzweige handelt es sich in der Regel nicht um eine Transportversicherung, sondern vielmehr um sonstige Schadenversicherung. Das gilt zum Beispiel für die Fotoapparate-Versicherung *(AVB Fotoapparate 1985/2008)*, die Jagd- und Sportwaffen-Versicherung *(AVB Jagd- und Sportwaffen 1994/2008)*, die Camping-Versicherung *(AVB Camping 1985/2008)*, die Reiserücktrittskosten-Versicherung *(AVB RV 2002/2008)*, die Reisegepäck-Versicherung *(AVB Reisegepäck 1992/2008)*, die Musikinstrumenten-Versicherung *(AVB Musikinstrumente 1994/2008)* und die Schmuck- und Pelze-Versicherung *(AVB Schmuck und Pelze 1985/2008)*.

e) Transportversicherung bei Paketdienstleistern sowie Praxisbeispiele

Die großen privaten Paketdienste, als Beispiel sollen nur *UPS*, *DHL*, *DPD* und *GLS* stehen, bieten entweder obligatorisch oder fakultativ **Transportversicherungsschutz für das Paketgut**. **Paketversicherung**

Die Geschäftsbedingungen dieser Dienste ergänzen / ändern in der Regel die neuen *ADSp 1.1.03* den *Art. 29* und *30* und geben Auskunft darüber, wie hoch gehaftet wird (starke Unterschiede in der Haftungshöhe und bei der Verjährung!) und ob eine Transportversicherung von Haus zu Haus

- gegen Aufpreis beantragt werden muss (fakultativ)
oder
- im Preis bis zu einer in den Geschäftsbedingungen genannten Versicherungssumme automatisch enthalten ist (obligatorisch).

Bei hochwertigen Sendungen übernehmen die meisten Paketdienste keine den Rahmen ihrer Standardangebote überschreitenden Transportversicherungen. Es empfiehlt sich, dann den Kundenbetreuer / Akquisiteur des Paketdienstes zu befragen und Einsicht in seine *AGB* zu nehmen.

Das System Haftungsersetzung durch Versicherung bei Paketdiensten hat vom Grundsatz her der *BGH* im Urteil vom 6.12.1990 *(IZR 138/89)* bestätigt.

Die Versicherung des Gutes bei Speditionsaufträgen nach der ADSp 2003

Die **Versicherung des Gutes** bei Speditionsaufträgen nach der *ADSp 2003*

Die frühere *ADSp* / Speditionsversicherung hat in jüngster Vergangenheit wesentliche Veränderungen erfahren (vergleiche *Kapitel 3, 3.1.1* und *3.1.2*). Wie dort dargestellt, hat nach den vertraglichen und theoretischen Grundlagen die Versicherung des Gutes (*Ziffer 21 ADSp*) die entscheidende Funktion übernommen. Versicherer und Makler haben deshalb praxisorientierte Produkte entwickelt.

Um dem Leser trotzdem aufzuzeigen, wie die Speditionsversicherung als Ganzes funktioniert, sollen die Policen eines führenden Speditionsversicherungsmaklers, nämlich die des Hauses der *Oskar Schunck Aktiengesellschaft & Co.KG, München*, dargestellt werden. Das Haus *Oskar Schunck Aktiengesellschaft & Co.KG* bietet dem Speditionsgewerbe den sogenannten *Speditions-, Logistik- und Lager-Versicherungsschein (SLVS-Plus)* an und für die Versicherung des Gutes den *WorldCover-Plus*, den wir im Folgenden behandeln wollen. Es ist das Angebot eines Versicherungsmaklers. **Der Versicherungsmarkt bietet dem Speditionsgewerbe heute eine Vielzahl ähnlicher oder anderer Policen an, die aber in vielen Punkten durchaus vergleichbar sind.** Interessierte Leser, die über weitere Policen zur Speditionsversicherung etwas in Erfahrung bringen wollen, lesen bitte in der *DVZ*-Publikation *ADSp und die Speditions- und Transportversicherung, 2. Auflage, Hamburg 2003* nach, erschienen im gleichen Verlag wie dieses Lehrbuch.

WorldCover-Plus

Der *WorldCover-Plus* ist die Weiterentwicklung der bisher an dieser Stelle vorgestellten Police – *WORLD COVER.* Neben der Verbesserung des Versicherungsumfangs wurde der *WorldCover-Plus* auf Basis der neuentwickelten Versicherungsbedingungen *DTV-Güter 2000 in der Fassung 2004* erstellt.

Selbstverständlich ist der *WorldCover-Plus* – ebenso wie sein Vorgänger eine moderne All-Risk-Police, die vom Spediteur für seinen Auftraggeber (Speditionskunde) eingedeckt wird. Vertragspartner und Prämienschuldner ist somit der Spediteur, der wiederum seinem Kunden (Auftraggeber) die Prämie in Rechnung stellt. Wahlweise können einzelne oder alle Transporte eines Kunden (Auftraggeber des Spediteurs) versichert werden. Versichert werden nicht nur die Transporte, sondern auch die Lagerungen im Verlauf der versicherten Reise.

Der *WorldCover-Plus sowie seine Vorgängerpolice* wurden, wie eingangs beschrieben, aufgrund der Einführung des neuen *TRG* in 1998 entwickelt und sollte Risiken, die in der Schadenversicherung des *SLVS* nicht hinreichend oder gar nicht gedeckt waren, absichern. Seit dem 1.1.2003 greift nun die Neuregelung der *ADSp* – die Haftungs- und Schadenversicherung wurden getrennt und in unterschiedlichen Versicherungspolicen versichert. Somit steht die Schadenversicherung in der bis Ende 2002 bekannten Form nicht mehr zur Verfügung.

Im *WorldCover-Plus* werden Transporte und transportbedingte Lagerungen weltweit zu all-Risk-Konditionen versichert. Deckungsumfang und Prämien sind dabei nur bei sensiblen Gütern vor Risikobeginn abzustimmen, allgemeines Speditionsgut ist ohne weitere Rücksprache mit den Versicherern versichert. Politische Gefahren wie zum Beispiel Krieg oder Streik sind für bestimmte Relationen, unter anderem im Bereich der *Europäischen Union* prämienfrei mitversichert. Bei Transporten in Krisengebieten wird der aktuelle Tagessatz berechnet. Güterfolge- und reine Vermögensschäden sind generell prämienfrei mitversichert. Ebenso können weitere Risiken, wie zum Beispiel Ausstellungen und

Messen mitversichert werden. Für internationale Geschäfte ist die Ausstellung von akkreditivkonformen Zertifikaten selbstverständlich.

Wie hoch ist der Deckungsschutz? Bei jedem anbietenden Versicherer unterschiedlich; zurzeit meist 1,0 Mio. € je Transportmittel und Ausstellung, 2,0 Mio. € je Lager. Zusätzlich sind noch weitere allgemeine Kosten und Aufwendungen, wie zum Beispiel Aufräum-, Bergungs- und Beseitigungskosten sowie Mehrkosten durch Umladung versichert. Die jeweiligen Höchstversicherungssummen ergeben sich aus dem *WorldCover-Plus*, da sie dem Wunsch des Versicherungsnehmers, seiner Transportaktivität und seiner Kundschaft individuell angepasst werden. **Deckungsumfang**

Ein Transportversicherer übernimmt oft das ganze Risiko der Versicherung nicht allein, sondern teilt es mit anderen Versicherern. Dabei ist zwischen **Rückversicherung** und **Mitversicherung** zu unterscheiden. **Rück- und Mitversicherung**

Rückversicherung:

Es kommen keine vertraglichen Beziehungen zwischen dem Rückversicherer und dem Versicherungsnehmer des Erstversicherers (der Versicherer, dessen Name auf der Police steht) zustande. Der Rückversicherer bleibt anonym.

Mitversicherung:

Es kommen vertragliche Beziehungen zwischen mehreren Versicherern und dem Versicherungsnehmer zustande. Diese Versicherer teilen das Risiko offen dokumentiert in der Police untereinander auf. Ein Versicherer ist der sogenannte führende Versicherer, mit dem der Versicherungsnehmer allein verhandelt.

Oft wird diese Art der Versicherungsdeckung auch Beteiligungsversicherung genannt. Jeder Versicherer haftet nur für seinen gezeichneten Anteil und niemals als Gesamtschuldner, auch dann nicht, wenn ein Versicherer für alle (übrigen) Versicherer die Police unterzeichnet hat. Übliche Formulierungen für die Zeichnung in der Mitversicherung sind zu m Beispiel:

Für 40 % Führungsanteil und die (übrigen) mitbeteiligten Versicherer: XYZ-Versicherungs-AG
oder
For and on behalf of the co-insurers: XYZ-Vers.-AG.

Welche Dinge der führende Versicherer für die übrigen Versicherer regeln kann und welche nicht, ergibt sich aus dem Versicherungsvertrag beziehungsweise einer gesonderten Deckungsvereinbarung.

Beispielsweise definieren die *DTV-Güter 2000 in der Fassung 2004* in *Ziffer 25.2*, dass die vom führenden Versicherer mit dem Versicherungsnehmer getroffenen Vereinbarungen für die Mitversicherer verbindlich sind. Dies gilt insbesondere zugunsten des Versicherungsnehmers für die Schadenregulierung.

Der führende Versicherer ist jedoch ohne Zustimmung der Mitversicherer, von denen jeder einzeln zu entscheiden hat, nicht berechtigt, unter anderem das Policenmaximum zu erhöhen oder die Kündigungsbestimmungen des Vertrages zu ändern.

Fehlt die Zustimmung der beteiligten Versicherer, haftet der Führende aus einer ohne Einschränkungen abgegebenen Erklärung auch für die Anteile der Mitversicherer.

Es bleibt der Hinweis, dass auch hier das Kartellrecht eine Rolle spielt. Demzufolge hat in der Praxis die Mitversicherungsgemeinschaft stark an Bedeutung verloren, da viele Versicherer jegliche Berührung mit dem Kartellrecht scheuen.

3.4.   Rechtsgrundlagen der Transportversicherung

Wir unterscheiden zwischen den gesetzlichen und den vertraglich vereinbarten Rechtsgrundlagen (Versicherungsbedingungen).

Die gesetzlichen Bestimmungen für das Versicherungsgeschäft finden wir im *Bürgerlichen Gesetzbuch (BGB)*, im *Handelsgesetzbuch (HGB)* und im *Versicherungsvertragsgesetz (VVG)*. Das *BGB* und das *HGB* enthalten nur wenige Bestimmungen über den Versicherungsvertrag.

Reform des VVG seit 1.1.2008 in Kraft Das *Versicherungsvertragsgesetzt (VVG)* ist zum 1.1.2008 reformiert worden. Dort sind die wesentlichen Grundsätze für den Versicherungsvertrag geregelt. Das *VVG* gliedert sich wie folgt:

Teil I – Allgemeiner Teil

I. Kapitel. Vorschriften für alle Versicherungszweige (§§ 1-73)

    1.   Abschnitt. Allgemeine Vorschriften (§§ 1-18)

    2.   Abschnitt. Anzeigepfl., Gefahrenerhöhung, and. Obliegenh. (§§ 19-32)

    3.   Abschnitt. Prämie (§§ 33-42)

    4.   Abschnitt. Versicherung für fremde Rechnung (§§ 43-48)

    5.   Abschnitt. Vorläufige Deckung (§§ 49-52)

    6.   Abschnitt. Laufende Versicherung (§§ 53-58)

    7.   Abschnitt. Versicherungsvermittler, Versicherungsberater (§§ 59-73)

        1. Unterabschnitt. Mitteilungs- und Beratungspflichten (§§ 59-68)

        2. Unterabschnitt. Vertretungsmacht (§§ 69-73)

II. Kapitel. Schadensversicherung (§§ 74-99)

    1.   Abschnitt. Allgemeine Vorschriften (§§ 74-87)

    2.   Abschnitt. Sachversicherung (§§ 88-99)

Teil II – Einzelne Versicherungszweige

I.Kapitel. Haftpflichtversicherung (§§ 100-124)

    1.   Abschnitt. Allgemeine Vorschriften (§§ 100-112)

    2.   Abschnitt. Pflichtversicherung (§§ 113-124)

II. Kapitel. Rechtsschutzversicherung (§§ 125-129)

III. Kapitel. Transportversicherung (§§ 130-141)

IV. Kapitel. Gebäudefeuerversicherung (§§ 142-149)

V. Kapitel. Lebensversicherung (§§ 150-171)

VI. Kapitel. Berufsunfähigkeitsversicherung (§§ 172-177)

VII. Kapitel. Unfallversicherung (§§ 178-191)

VIII. Kapitel. Krankenversicherung (§§ 192-208)

Teil III – Schlussvorschriften (§§ 209-215)

3.4.1 Die laufende Versicherung in den Sparten der Transportversicherung

Der Gesetzgeber lässt für die Vertragsgestaltung der laufenden Versicherung erhebliche Abweichungen von den Bestimmungen des Allgemeinen Teils zu. Dies ist in den Grundzügen im Gesetz definiert (*§§ 53-58 VVG*).

3.4.1.1 Laufende Versicherung in der Güterversicherung

Die laufende Versicherung hat in der Praxis eine überragende Bedeutung in der Güterversicherung. In der Industrie und im Handel überwiegen aber laufende Versiche-rungen in Form von Generalpolicen oder Umsatzpolicen. Die *DTV-Bestimmungen für die laufende Versicherung* stellen auf das Anmeldeverfahren ab. Vorgesehen ist die Möglichkeit der Anmeldung sämtlicher Transporte und Lagerungen einzeln mit Angabe des Versicherungswertes. Dieses Verfahren ist angelehnt an die klassische Generalpolice und wird auch in *§ 53 VVG* als typisches Merkmal einer laufenden Versicherung definiert. Vereinbart wird deshalb in vielen Fällen eine summarische Anmeldung der versicherten Umsätze für Transporte und Lagerungen, und zwar zum Beispiel monatlich, vierteljährlich, halbjährlich oder jährlich.

Güterversicherung ist laufende Versicherung

Die General- und Umsatzpolicen erfüllen beide Voraussetzungen des *§ 210 VVG*. Für Großrisiken (*Art. 10 Abs. 1 EGVVG* in Verbindung mit *Nr. 7 Anlage A zum VAG*) bieten sie Versicherungsschutz und sind typische laufende Versicherungen und unterliegen somit weitgehen nicht den strengen sonstigen *VVG*-Regeln.

3.4.1.2 Laufende Versicherung in der Verkehrshaftungsversicherung

Um eine laufende Versicherung handelt es sich ebenso bei der Speditionsversicherung gemäß *Ziffer 29 ADSp*, die weitestgehend über die *DTV-VHV 2003/2008* versicherungsgemäß abgebildet werden.

Verkehrshaftungsversicherung ist laufende Versicherung

Die *DTV-VHV 2003/2008* haben sich als laufende Versicherung definiert. Nach *Ziffer 1* sind Gegenstand der Versicherung alle Verkehrsverträge, die Fracht-, Speditions- und Lagerverträge sind. Das versicherte Interesse wurde somit der Gattung nach bezeichnet. Zur Anmeldung enthielten die *DTV-VHV 2003/2008* in *Ziffer 11* keine Regelung. Dies regeln die Vertragsparteien selbst. So wird beispielsweise häufig vertraglich vereinbart, dass der jeweilige Versicherungsnehmer seine Umsätze in Bezug auf die in der Betriebsbeschreibung angezeigten Tätigkeiten anzumelden hat oder alternativ die Umsätze des Speditions-, Fracht- oder Lagergeschäfts pauschal aufzugeben. Damit sind die Voraussetzungen für das Vorliegen einer laufenden Versicherung gegeben.

3.4.2 Konkrete Auswirkungen der *VVG*-Reform auf die Sparten der Transportversicherung

3.4.2.1 Versicherung der Transportmittel

a. Seekasko

Da die Seeversicherung – wie bisher – nicht unter den Geltungsbereich des neuen *VVG* fällt *(§ 209)*, ändert sich nichts an der bisherigen Praxis. Bei der AGB-Kontrolle der *AVB der Seekaskoversicherer* ist deshalb von großem Interesse, inwieweit das neue *VVG* sich als Leitbild durchsetzt, da die Bestimmungen der *§§ 778 ff. HGB* ab 1.1.2008 weggefallen sind.

b. Baurisikoversicherung, Versicherung von Haftungs- und Reparaturrisiken von Schiffswerften

Für diese Sparten wird in den *AVB 2008* klargestellt, dass es sich um laufende Versicherungen handelt, womit *§ 210 VVG* zur Anwendung kommt.

c. Flusskaskorisiken

Bei der Flusskaskoversicherung handelt es sich um die Versicherung eines Großrisikos nach *Art. 10 Abs. 1 EGVVG* in Verbindung mit *Nr. 6 der Anlage A zum VAG*. Nach den *AVB Flusskasko 2000/2008* bleibt es im Recht der Obliegenheit beim „Alles-oder-Nichts-Prinzip".

3.4.2.2 Versicherung der Güter

Welches Transportmittel auch immer verwendet wird, so wird die Güterversicherung als Großrisiko gemäß *Art. 10 Abs. 1 EGVVG* in Verbindung mit *Nr. 7 Anlage A zum VAG* definiert. Da reine Seetransporte praktische ohne Bedeutung sind und laufende Policen wie General- und Umsatzpolicen überwiegen, findet auch dort *§ 210 VVG* Anwendung.

3.4.2.3 Versicherung der Verkehrsträger (Verkehrshaftungsversicherung)

Wie bereits oben ausgeführt wurde, sind die *DTV-VHV 2003/2008* als laufende Versicherung konzipiert. Nach *Ziffer 1 DTV-VHV 2003/2008* sind Gegenstand der Versicherung alle Verkehrsverträge. Das versicherte Interesse wird also nur der Gattung nach bezeichnet. Einzelne Risiken sind also anzumelden oder die Umsätze des Speditions-, Fracht- oder Lagergeschäfts müssen pauschal aufgegeben werden, mit der Folge, dass dann die Voraussetzungen des *§ 53 VVG* erfüllt sind. Die Qualifizierung der Verkehrshaftungsversicherung als laufende Versicherung ist durchaus wichtig, weil die Versicherung der Haftung des Frachtführers, Spediteurs oder Lagerhalters in einer Police zusammengefasst wird.

3.4.2.4 Versicherung der Sonderzweige

Bei den sogenannten Sonderzweigen der Transportversicherung zählt nur die Valorenversicherung zu dem Großrisiko, das regelmäßig auch als laufende Versicherung konzipiert wird. Für die Valorenversicherung kommt *§ 210 VVG* zur Anwendung.

3.5 Die Güterversicherung und die wirtschaftliche Bedeutung

Deutschland nimmt unverändert im Außenhandel eine führende – speziell im Export – Stellung in der Welt ein. Typischerweise werden Exporte in *Deutschland* versichert, sodass der Güterversicherung eine signifikante Rolle zukommt. Der deutsche Güterversicherungsmarkt gehört in Bezug auf das Prämienaufkommen zur Weltspitze. Auch national ist die Güterversicherung die bedeutendste Sparte der Transportversicherung. Neben dem gesetzlichen Rahmen spielen praktisch ausschließlich die vertraglichen Bedingungen die entscheidende Bedeutung.

3.5.1 Die einschlägigen *Allgemeinen Vertragsbedingungen (AVB)* sind:

- *DTV-Güterversicherungsbedingungen 2000 in der Fassung 2008 (DTV-Güter 2000/2008) Volle Deckung*
- *DTV-Güterversicherungsbedingungen 2000 in der Fassung 2008 (DTV-Güter 2000/2008) Eingeschränkte Deckung*
- *Bestimmungen für die laufende Versicherung – DTV-Güter 2000/2008*
- Besondere Bestimmungen für die Güterversicherung (ADS Güterversicherung 1973/84/94) in Verbindung mit *Allgemeine Deutsche Seeversicherung 1919 (ADS 1919)*
- *Bestimmungen für die laufende Versicherung (1984/1994)*
- *Institute Cargo Clauses (ICC).*

Die Rechtsquellen zur Güterversicherung sind ohne praktische Bedeutung.

§ 209 VVG definiert, dass die Vorschriften des *VVG* keine Anwendung auf die Seeversicherung finden. Dieses Recht ist dispositiver Natur, das heute in der Praxis durch die *DTV-Güter 2000* ersetzt worden ist. Dieses Bedingungswerk findet bei allen Transporten mit allen Verkehrsträgern Anwendung, also nicht nur für Seetransporte oder im multimodalen Verkehr, sondern auch für reine Land-, Luft- sowie Beförderungen auf Flüssen und Binnengewässern.

3.5.2 Allgemeines

Die Güterversicherung ist dem Grunde nach eine Sachversicherung und keine Haftpflichtversicherung. Als Sachversicherung erfasst sie grundsätzlich allein das Sacherhaltungsinteresse des Versicherungsnehmers oder das des Versicherten bei einer Versicherung für fremde Rechnung.

Für die Logistik von besonderer Bedeutung ist der Regress des Spediteurs beziehungsweise des Transportversicherers gegen den Schadenverursacher. Grundsätzlich ist der Versicherungsnehmer zur Regresswahrung und Regresssicherung verpflichtet. Die Regresswahrung ist im Seeversicherungsrecht eine Maßnahme der Schadenminderungspflicht. Die Pflicht zur Regresswahrung ist in § 86 Abs. 2 VVG geregelt.

Die *DTV-Güter 2000/2008* haben die Regresswahrung in *Ziffer 15.6* im Detail definiert. Demzufolge gehen die Ansprüche gegen den Schadenverursacher auf den Versicherer über ab dem Zeitpunkt, wenn der Versicherer den Transportschaden ersetzt.

Dabei richtet sich der Regress immer gegen den Schadenverursacher, in der Praxis also gegen einen Spediteur, Verfrachter, Frachtführer, Lagerhalter, eine Kaianstalt oder bei einer Schlechterfüllung gegen den Vertragspartner.

3.6 *DTV-Güter 2000/2008; Volle Deckung*

3.6.1 Interesse / Gegenstand der Versicherung

a) Allgemeines

DTV-Güter 2008/2009 sind geschlossenes Bedingungswerk

Die *DTV-Güter 2000/2008* stellen ein in sich geschlossenes Bedingungswerk dar, das die *ADS Güterversicherung 73/84/94* und die über *Ziffer 9.6.2* ergänzend geltenden *ADS 1919* ersetzen. Die *DTV-Güter 2000/2008* gelten für See-, Luft- und Binnentransporte sowie für den multimodalen Verkehr.

Die *ICC* gelangen deshalb zu einer praktischen Bedeutung, weil die Lieferungsbedingungen *CIF* und CIP der *Incoterms* bestimmen, wonach der dort definierte Versicherungsschutz mangels Vereinbarung anderer *AVB* wie *DTV-Güter 2000/2008* oder *ADS Güterversicherung 73/84/94* mindestens der Deckungsform C der *ICC* entsprechen muss. Der Deckungsform der *ICC* entsprechen die *DTV-Güter 2000/2008 (Eingeschränkte Deckung)* aber auch die Strandungsfalldeckung der *ADS Güterversicherung 73/84/94*.

DTV-Güter 2008/2009 haben marktbeherrschenden Status

Die *DTV-Güter 2000/2008* sind wie die *ADS Güterversicherung 73/84/94* und die *ADS 1919* sowie die *ICC* für die Versicherung einzelner Transporte entwickelt worden. Sie werden in vielen Verträgen auch laufenden Versicherungen in Form von General- und Umsatzpolicen zugrunde gelegt nach den Bestimmungen für die laufende Versicherung.

b) Gegenstand der Versicherung / Versicherbares Interesse

Gegenstand einer Versicherung und damit auch der Güterversicherung ist nicht die Sache selbst, sondern das tatsächliche Interesse daran. Im Schadenfall wird diese Beziehung nachteilig verändert beziehungsweise gestört. Ein Interesse hat insbesondere derjenige, der ohne Versicherung den Schaden zu tragen hätte. Das ist in der Regel der Eigentümer, der auf *jedes in Geld schätzbare Interesse* abstellt.

Versichertes Interesse ist jedes in Geld schätzbare Interesse

Weiter ergibt sich hieraus, dass die Versicherung für gegenwärtiges und für künftiges Interesse genommen werden kann. Künftige Interessen werden in der laufenden Versicherung in Form von General- und Umsatzpolicen versichert.

Das versicherte Interesse muss „legal" sein. Der Versicherungsvertrag darf in keinem Fall verbotenen oder sittenwidrigen Zwecken dienen. Beispiele für Verbotsgesetze sind zum Beispiel das *Kriegswaffenkontrollgesetz* und die *Außenwirtschafts-VO* (so auch der *BGH 77,88*).

c) Gefahren der Beförderung

Die *DTV-Güter 2000/2008/Volle Deckung* ist eine sogenannte Allgefahrendeckung.

Durch die Formulierung *Gefahren der Beförderung* wird der Grundsatz der Universalität oder Totalität der Gefahrendeckung vollumfänglich definiert.

Güter

Güter sind Waren aller Art. Dies ist sehr weit auszulegen. Dazu zählen auch Tiere, die mithilfe eines Transportmittels von einem Ort zu einem anderen befördert werden. Güter können auch Container, Fahrzeuge, Verpackung und Paletten sein, wenn sie befördert werden beziehungsweise – und das ist letztlich entscheidend – nicht Transportmittel sind.

Güter sind Waren aller Art

Lagerungen

Unter Lagerungen wird nicht nur die Güteraufbewahrung in Lagerhäusern verstanden, mitversichert sind auch Lagerungen im Freien. Versichert sind sowohl transportbedingte Lagerungen in Speditionen, Umschlagplätzen, Zolllägern oder Kaianstalten als auch disponierte Lagerungen, das heißt solche, die vom Versicherungsnehmer verfügt worden sind, sofern sie in direktem beziehungsweise engen kausalen Zusammenhand mit dem Transport stehen. Konsignations- und Auslieferungslager sind in der Regel disponierte Lagerungen ohne unmittelbare Verbindung mit dem Transport. Die Dauer der Versicherung von Lagerungen wird in den *Ziffern 8 und 9 DTV-Güter 2000/2008* geregelt.

Imaginärer Gewinn

Imaginärer Gewinn ist der kalkulierte oder erwartete Gewinn, nicht aber der tatsächlich erzielte oder zu erzielende Gewinn. Die Versicherung eines pauschalisierten Gewinns verstößt nicht gegen das Bereicherungsverbot das dem Sachversicherungsrecht grundsätzlich innewohnt. Im Rahmen der Vertragsfreiheit können die Parteien den imaginären Gewinn festsetzen. Das gilt jedoch nicht unbegrenzt.

Bei einer gemeinsamen Versicherung von Gütern und Gewinn wird pauschal von einem Gewinninteresse von 10 % ausgegangen *(Ziffer 10.3 DTV-Güter 2000/2008)*.

Sonstige Interessen

Für sonstige Aufwendungen und Kosten wie Zoll, Steuern, Fracht und Abgaben gilt das oben Gesagte entsprechend. Die endgültig bezahlte Fracht ist im Versicherungswert enthalten. Im Schadenfall sind die genannten Kosten aber nur dann zu ersetzen, wenn ein versichertes Interesse bereits entstanden ist, das heißt, wenn der Versicherte bereits geleistet hat.

3.6.2   Umfang der Versicherung

Es gilt der uneingeschränkte Grundsatz der Universalität oder Totalität der Gefahren. Jede Gefahr, das heißt auch kommerzielles Risiko, ist zunächst versichert. Soll eine Gefahr ausgeschlossen werden, so ist diese in den Katalog der Ausschlüsse aufzunehmen.

Dabei gilt als Gefahr jede Möglichkeit der Entstehung eines Schadens. Gefahr ist also etwas anderes als der Eintritt eines Versicherungsfalls. Letzteres ist die Ursache eines künftig eintretenden oder bereits eingetretenen Schadens. Typische Beispiele sind Transportmittelunfall, Sturm, Feuer, Kernenergie oder Krieg.

Grundsatz der Generalität aller Gefahren

a) Verlust oder Beschädigung

Die Güterversicherung setzt stets einen Vermögensschaden zu Lasten des versicherten Interesses voraus. Definiert wird der Schadensbegriff konkret durch die Worte „Verlust" oder „Beschädigung". Der Verlust oder die Beschädigung führt zu einem Geldbedarf für Wiederbeschaffung, also einem Vermögensschaden.

b) Versicherte Aufwendungen undKosten (Ziff. 2.3 DTV-Güter 2000/2008)
Beitrag zur *großen Haverei*

Der Versicherer ersetzt auch den Beitrag zur *großen Haverei*.

Im Rahmen dieser Bedingungen ist der Versicherer verpflichtet den Versicherungsnehmer frei von Ersatzansprüchen und Aufwendungen freizuhalten, die sich aus der vertraglichen Vereinbarung den üblichen *Both-to-Blame-Collision-Clause* ergeben.

3.7　　Nicht versicherte Gefahren und Schäden und versicherungsrechtliche Definitionen

Von der Haftung für gewisse Gefahren können sich die Versicherer freizeichnen. Die gesetzlichen Haftungsausschlüsse sind in den *§ 131* und *132* des *VVG* für die Land- und Binnenschifffahrt-Transporte und in *§ 821* des *HGB* für Seetransporte enthalten. Im Wesentlichen beziehen sie sich auf Schäden, welche vom Versicherungsnehmer oder von dem Versicherten vorsätzlich oder fahrlässig verursacht werden. In der Praxis wird der Haftungsausschluss „fahrlässig" durch den Versicherungsvertrag auf „grobfahrlässig" reduziert. Zudem erfolgt in den Gesetzen eine Freistellung des Versicherers für Schäden, die durch die natürlich Beschaffenheit der versicherten Güter eingetreten sind. Diese Risiken sind interessengerechterweise nicht versicherbar. Viel Raum besteht für die vertraglichen Freizeichnungen. Von der Leistungspflicht ist der Versicherer befreit,

a)　　　von der Gefahr einer bestimmten Schadengröße oder Schadenart

b)　　　von der Gefahr bestimmter Schadenarten und Schadengrößen im Falle bestimmter Schadenursachen

c)　　　von der Gefahr bestimmter Schadenursachen.

Ausschluss von krieg und kriegsähnlichen Ereignissen　Ausgeschlossen sind ferner die Gefahren des Krieges, Bürgerkrieges oder kriegsähnlicher Ereignisse und solche, die sich unabhängig vom Kriegszustand aus der feindlichen Verwendung von Kriegswerkzeugen sowie aus dem Vorhandensein von Kriegswerkzeugen als Folge einer dieser Gefahren ergeben *(Ziffern 2.4.1., 2.4.1.1 DTV-Güter 2000/2008)*.

3.7.1　　Kriegsgefahr

Bewaffnete Auseinandersetzung　a) Krieg

Unter „Krieg" ist eine bewaffnete Auseinandersetzung zwischen zwei oder mehreren Staaten, also das Bestehen eines kriegsmäßigen Gewaltzustandes zu verstehen.

b) Bürgerkrieg

Unter „Bürgerkrieg" versteht man den bewaffneten Kampf innerhalb eines Staates zwischen Aufständischen und der amtierenden Regierung. Völkerrechtlich ist der Bürgerkrieg nicht ein Krieg, sondern wird als innere Angelegenheit eines Staates zugeordnet.

c) Kriegsähnliche Ereignisse

Der Begriff „kriegsähnliche Ereignisse" ist ein Auffangtatbestand für unterschiedliche Sachverhalte. Hierunter fällt alles, was nicht eindeutig als Krieg zu bewerten ist. Beispiele hierfür sind Grenzkonflikte, von der Staatsgewalt geplante Terroranschläge, Blockade von Schiffen und Gütern.

d) Feindliche Verwendung von Kriegswerkzeugen

Erfasst werden hierdurch derartige Tatbestände, die wiederum nicht eindeutig dem Begriff Krieg oder dem oben definierten kriegsähnlichen Ereignis zuzuordnen sind. Es geht darum, dass Kriegswerkzeuge bestimmungsgemäß kriegerisch eingesetzt werden. Wenn zum Beispiel transportierte Munition in Friedenszeiten explodiert oder bei Manöverschäden greift dieser Ausschluss nicht. Wiederum anders ist die Rechtslage, wenn es zu einer beabsichtigten Kollision von Kriegs- oder Handelsschiffen kommt, mit dem Ziel zur Durchsetzung eines Embargos, so geschehen in *Jugoslawien*.

e) Mitversicherung des Kriegsrisikos

Im Rahmen der DTV-Kriegsklausel für die Versicherung von Seetransporten sowie von Lufttransporten ist das Kriegsrisiko im Verkehr mit dem Ausland nach den *DTV-Güter 2000/2008* begrenzt versicherbar. Auf eine Besonderheit ist dabei hinzuweisen. Die *DTV-Kriegsklausel* enthält einen Ausschluss für sogenannte „dirty bombs". Als unversicherbar **Ausschluss** gelten in diesem Zusammenhang Schäden infolge der Verwendung von „dirty bombs", da **von dirty** der Umfang eines derartigen Schadenszenarios als unkalkulierbar angesehen wird. **bombs**

3.7.2 Sonstige politische Gefahren

… von Streik, Aussperrung, Arbeitsunruhen, terroristischen oder politischen Gewalthandlungen, unabhängig von der Anzahl der daran beteiligten Personen, Aufruhr und sonstigen bürgerlichen Unruhen *(Ziffer. 2.4.1.2 DTV-Güter 2000/2008)*.

a) Streik

„Streik" ist eine besondere Form des Arbeitskampfes. Der Begriff umfasst nicht nur Handlungen von Arbeitnehmern als Streikende, sondern auch solche von Dritten, die mit Ausschreitungen die Streikenden unterstützen.

b) Aussperrung

„Aussperrung" ist eine ganz spezielle Maßnahme der Arbeitgeber im Arbeitskampf.

c) Arbeitsunruhen

Anders als beim Streik handelt es sich bei „Arbeitsunruhen" nicht um einen Begriff des Arbeitsrechts. Der Begriff der Arbeitsunruhen dient als eine Art Auffangtatbestand für Gewalthandlungen anlässlich von Arbeitnehmerunruhen.

d) Terroristische oder politische Gewalthandlungen

Der Ausschluss terroristischer Gewalthandlungen wurde 1984 in die Bedingungswerke der Transportversicherung aufgenommen, um nicht abschätzbaren Schadengrößen vertragsgemäß begegnen zu können.

e) Aufruhr

Eine Zusammenrottung eines zahlenmäßig nicht unerheblichen Teils des Volkes, mit dem Ziel einen mit Gewalt verbundenen Kampf gegen die Staatsgewalt zu führen, wird als Aufruhr definiert.

f) Bürgerliche Unruhen

Die Begriffe „bürgerliche Unruhen" und „innere Unruhen" sind synonyme Begriffe, also aus Bedingungssicht tatsächlich identisch.

g) Mitversicherung des Streik- und Terrorismusrisikos

Die zunächst ausgeschlossenen Gefahren von Streik, Aussperrung, Arbeitsunruhen, terroristischen oder politischen Gewalthandlungen, Aufruhr und sonstigen bürgerlichen Unruhen kommen dann aber nahezu in jeder Güterversicherung im Rahmen der *DTV-Streit- und Aufruhrklausel* in den Versicherungsschutz wieder einbezogen.

Ausschluss von dirty bombs Eine Besonderheit bleibt allerdings: Der Ausschluss für „dirty bombs" bleibt bei der Mitversicherung der Streik- und Terrorismusgefahren fortbestehen.

3.7.3   Beschlagnahme

Die Beschlagnahme wird als eine Entziehung oder ein sonstiger Eingriff von hoher Hand definiert *(Ziffer. 2.4.1.3 DTV-Güter 2000/2008; Ziffer 1.1.2.4 ADS Güterversicherung 73/84/94).*

a) Beschlagnahme

Beschränkung der Verfügungsgewalt Unter „Beschlagnahme" versteht man die Entziehung oder Beschränkung der Verfügungsgewalt zugunsten eines Dritten, insbesondere des Staates. Der Zweck ist dabei untergeordnet, ob zur Aneignung, zur Nutzung oder zur Durchsetzung anderer staatlicher Belange wie des Zoll- oder des Gesundheitsrechts.

b) Mitversicherung der Beschlagnahme

Im Rahmen der *DTV-Beschlagnahmeklausel (2000/2008)* sind obige Risiken grundsätzlich versicherbar. Dabei hat der Versicherungsnehmer die benannten Obliegenheiten einzuhalten. Ausgeschlossen bleiben die in Ziffer 2.4.1.1 genannten Kriegsgefahren sowie Schäden durch behördliche Maßnahmen aufgrund des Zustandes der Güter oder infolge gerichtlicher Verfügungen anlässlich eines Zivilrechtsverfahrens.

Was die Kündigung dieses Risikos anbetrifft, so gelten hier die Regeln zur Mitversicherung des Streik- und Terrorismusrisikos.

3.7.4 Dirty Bombs

Bei diesem Ausschluss und zwar ohne Rücksicht auf mitwirkende Ursachen, geht es um sogenannte „dirty bombs". Das Schadenpotenzial wird bei der Verwendung von „dirty bombs" allein bei einem derartigen Schadenszenarium für den Bereich des *Hamburger Hafens* auf mögliche 4 Mrd. € geschätzt. Dieses Risiko gilt schlechthin als unversicherbar. Es kann auch nicht über die *DTV-Kriegsklausel 2008* oder die *DTV-Streik- und Aufruhrklausel*, die auch terroristische Handlungen umfasst, mitversichert werden.

3.7.5 Kernenergie

Nach dem Unfall im Kernenergiereaktor *Tschernobyl* ist das Kernenergierisiko und die damit verbundenen Folgeschäden als sogenannte Kumulgefahren ebenso wie bei „dirty bombs" nicht mehr versicherbar.

3.7.6 Nicht ersatzpflichtige Schäden (Ziffer 2.5 DTV-Güter 2000/2008)

a) Verzögerung der Reise

Verzögerungsschäden fallen grundsätzlich nicht unter den Gegenstand einer Güterversicherung. Trotzdem können sie als reine Vermögensschäden (nicht mit einem Güterschaden zusammenhängend) über die Klausel für die Versicherung von reinen Vermögensschäden mitversichert werden. Unter Verzögerung wird die zeitliche Abweichung von der gewöhnlichen Dauer eines Transports definiert.

b) Verderb-, Beschaffenheitsschäden: Innerer Verderb, natürliche Beschaffenheit

Innerer Verderb ist ein Unterfall der natürlichen Beschaffenheit. Innerer Verderb liegt vor, wenn sich Güter durch biologische oder bakterielle Vorgänge, die in ihrer Natur liegen, zersetzen, verfaulen, verschimmeln oder sich sonst verändern, wie das zum Beispiel bei verderblichen Gütern wie Fleisch, Fisch, Obst oder Gemüse der Fall ist.

Von einem Beschaffenheitsschaden ist auszugehen, wenn Güter im normalen Verlauf des Transports einen Schaden aufgrund ihrer Beschaffenheit erleiden. Typische Beispiele sind Schimmel, natürlicher Schwund, Selbsterhitzung oder Rost.

c) Mengen-, Maß-, Gewichtsdifferenzen

Zu den typischen Beschaffenheitsschäden, die unabhängig von versicherten Ereignissen eintreten, zählen handelsübliche Differenzen und Verluste. Auch Schwund oder Manko durch Austrocknung oder Verdunstung sind konkrete Beispiele.

d) Nicht beanspruchungsgerechte Verpackung

Die Anforderungen an die Verpackung sind vielfältigster Natur und hängen speziell von der Wahl des Transportmittels, der Dauer des Transports und den zu durchfahrenden Klimazonen ab. Dabei muss die Verpackung nicht allen denkbaren Einwirkungen widerstehen können. Mit „beanspruchungsgerecht" ist ins besonders gemeint, dass sie

Beanspruchungsgerechte Verpackung

251

die Güter vor den Schadenmöglichkeiten eines normal verlaufenden Transports schützen. Die Mängel der Verpackung können auf einem Fehler der Konzeption oder auf einer fehlerhaften Ausführung sowie der Verwendung von mangelhaftem Material beruhen.

e) Unsachgemäße Verladeweise

Dieser Begriff dient der Klarstellung. In diesem Zusammenhang haben die Gerichte mehrfach entschieden, dass auch die unsachgemäße Stauung oder Verladeweise einen bedingungsgemäßen Verpackungsmangel darstellt. Eine weitere Besonderheit ist, dass Container zur Verpackung gehören. Wird ein undichter Container an Deck verladen und kommt es deshalb zu einem Nässeschaden, so ergibt sich für den Versicherer grundsätzlich Leistungspflicht.

3.7.7   Verschulden des Versicherungsnehmers (Ziffer 3 DTV-Güter 2000/2008)

Der Versicherer ist von der Verpflichtung zur Leistung frei, wenn der Versicherungsnehmer den Versicherungsfall vorsätzlich oder grob fahrlässig herbeiführt.

a) Keine Schadenverhütungspflicht

Diese Ziffer enthält einen subjektiven Risikoausschluss, aus dem keine Schadenverhütungspflicht des Versicherungsnehmers erwächst.

b) Repräsentantenhaftung

Der Versicherungsnehmer muss sich grundsätzlich das qualifizierte Verschulden eines Repräsentanten zurechnen lassen. Repräsentant ist danach, wer aufgrund eines Vertretungs- oder ähnlichen Verhältnisses an die Stelle des Versicherungsnehmers tritt, mit der Befugnis, in einem nicht unbedeutenden Umfang selbstständig für den Versicherungsnehmer zu handeln.

3.7.8   Dauer der Versicherung (Ziffer 8 DTV-Güter 2000/2008)

Haus zu Haus Versicherungsschutz

a) Beginn der Versicherung

Versicherungsschutz besteht von Haus zu Haus und beginnt, sobald die Güter am Absendungsort zur unverzüglichen Beförderung von der Stelle entfernt werden, an der sie bis vor Beginn des Transportes aufbewahrt wurden *(Ziffer 8.1 DTV-Güter 2000/2008)*.

b) Absendungsort

Absendungsort ist nicht die geographische Grenze des Ortes, von dem der Versand beginnt. Absendungsorte können zum Beispiel das Produktionsgelände einer Firma, die Verpackungs- oder Auslieferungsstelle sowie Vorrats- oder Konsignationsläger sein.

c) Entfernen von der Aufbewahrungsstelle

Mit dem Verbringen der Güter zum Beispiel von einem Lagerraum zur Verladerampe, von wo unmittelbar verladen und transportiert werden soll, beginnt der Versicherungsschutz. Demzufolge ist ein Schaden auf dem Weg zur Rampe versichert.

d) Ende der Versicherung an Ablieferungsstelle

Die Versicherung endet, wenn die Güter am Ablieferungsort an die Stelle transportiert wurden, die der Empfänger angegeben hat. Das kann ein Lager, Freilager, Kaischuppen, eine Produktionsstätte oder auch ein anderes Transportmittel sein.

3.7.9   *Lagerungen (Ziffer 9 DTV-Güter 2000/2008)*

a) Disponierte Lagerungen

Bei Lagerungen der Güter während der Dauer der Versicherung ist die Versicherung für jede Lagerung auf ... Tage begrenzt *(Ziffer 9.1 DTV-Güter 2000/2008)*. Die Anzahl der Tage wird in der Police konkretisiert.

b) Lagerungen

Ziffer 9 DTV-Güter 2000/2008 bestimmt, dass auch die mit einem Transport verbundenen Lagerungen Gegenstand der Güterversicherung sein können. Lagerungen werden erfasst bei Aufenthalten in Lagerräumen und in Freilagern.

3.7.10   **Bestimmungen für den Schadenfall**
(Ziffer 15 DTV-Güter 2000/2008)

Anzuzeigen ist jeder Versicherungsfall und jedes Schadenereignis, selbst dann, wenn es nicht zu einem Versicherungsfall führt. Gemeint ist jedes Ereignis, das zu einem Schaden am Transportmittel oder den Gütern geführt hat oder führen kann.

Bei einer Verletzung der Anzeigepflicht sieht *Ziffer 15.5 DTV-Güter 2000/2008* keine Sanktionen vor. Vorsicht ist trotzdem geboten. Führt eine Nichtanzeige eines Schadensereignisses dazu, dass Schadensabwendungs- oder minderungsmaßnahmen unterbleiben, kann der Versicherer gemäß *Ziffern 15.2, 15.5 DTV-Güter 2000/2008* leistungsfrei werden.

a) Eintritt des Versicherungsfalls

Der Zeitpunkt, ab dem Leistungspflicht beginnt, ist in *Ziffer 2.3.1.2 DTV-Güter 2000/2008* konkretisiert. Die Schadenabwendungs- und -minderungspflicht startet nicht erst „nach", sonder bereits „bei" Eintritt des Versicherungsfalls. Das ist der Zeitpunkt, zu dem ein Schaden ohne Rettungsmaßnahmen unvermeidbar ist. Der Schaden steht also unmittelbar bevor oder droht.

b) Regresswahrung

Die Regresswahrung und -sicherung ist eine Maßnahme der Schadenminderungspflicht, dies ist für das Seeversicherungsrecht definiert. Mit *Ziffer 15.6 DTV-Güter 2000/2008* wird verdeutlicht, dass generell eine Pflicht zur Wahrung und Sicherung des Regresses besteht.

Pflicht zur Regresswahrung

3.7.11　Ersatzleistung *(Ziffer 17 DTV-Güter 2000/2008)*

a) Totalverlust

Ein Totalverlust liegt immer dann vor, wenn die Güter physisch nicht mehr vorhanden sind, weil sie zum Beispiel verbrannt oder ausgelaufen sind. Totalverlust ist aber nicht immer nur bei einer Substanzvernichtung gegeben. Eine weitere Fallvariante ist, dass die Güter ohne Aussicht auf Wiedererlangung entzogen worden sind. Beispiele: Diebstahl, Beschlagnahme, ohne wirtschaftlich sinnvolle Bergungsmöglichkeit. Sind die Güter nicht mehr reparaturfähig oder reparaturwürdig, so wird gefolgert, dass eine Reparatur wirtschaftlich nicht sinnvoll ist (Wiederherstellungskosten übersteigen den Wert der Güter). Im Ereignis liegt ein Totalverlust vor.

b) Teilverlust

Ein Teilverlust liegt vor, wenn nur ein Teil der Güter im oben dargestellten Sinne in Verlust geraten ist.

3.7.12　Unterversicherung

Angabe eines zu geringen Versicherungswertes　Ist die Versicherungssumme niedriger als der Versicherungswert, so ersetzt der Versicherer den Schaden und die Aufwendungen nur nach dem Verhältnis der Versicherungssumme zum Versicherungswert *(Ziffer 17.5 DTV-Güter 2000/2008)*. Bei Teilschäden wird die Entschädigung nach der sogenannten Proportionalitätsregel berechnet. Die Formel lautet:

Entschädigung = Schaden x Versicherungssumme

Anders als bei den übrigen Schadenversicherungen kommt es beim Versicherungswert in der Güterversicherung nicht auf den Zeitpunkt des Eintritts des Versicherungsfalls an. Maßgeblich für den Versicherungswert ist vielmehr nach *Ziffer 10.3 DTV-Güter 2000/2008* der Wert der Güter am Absendungsort.

Die Unterversicherungsregel gilt auch für alle Aufwendungen und Kosten wie Beiträge zur *großen Haverei* und Schadenminderungskosten. Für Letztere besteht aber nach *Ziffer 2.3.3 DTV-Güter 2000/2008* eine Ausnahmeregelung, wonach diese ohne Rücksicht darauf ersetzt werden, ob sie zusammen mit anderen Entschädigungen die Versicherungssumme übersteigen.

3.7.13　Grenzen der Leistungspflicht　　　　*(Ziffer 21 DTV-Güter 2000/2008)*

a) Begrenzung der Leistung durch die Versicherungssumme

Der Versicherer haftet für den während der Dauer der Versicherung entstandenen Schaden nur bis zur Höhe der Versicherungssumme (Ziff. 21.1 DTV-Güter 2000/2008).

Entschädigungsgrenze: Die Leistungspflicht des Versicherers wird durch die Versicherungssumme begrenzt. Auch wenn der tatsächliche Schaden größer ist als die Versicherungssumme, hat der Versicherer nur die Versicherungssumme zu zahlen.

Grundsätzlich stellt dabei die Versicherungssumme die Grenze der Ersatzpflicht für Aufwendungen und Kosten dar. Für jeden während der Dauer der Versicherung eingetretenen Schaden hat der Versicherer bis zur Höhe der Versicherungssumme zu leisten, also für jeden Versicherungsfall.

b) Kein Verbrauch der Versicherungssumme

Die Versicherungssumme steht für jeden Versicherungsfall während der Dauer der Versicherung zur Verfügung. Einen Verbrauch oder eine Wiederauffüllung der Versicherungssumme gibt es nicht. Beispielsweise ist denkbar, dass eine mit 50 000,– € versicherte Maschine mehrfach (Vor-, See- und Nachtransport) beschädigt und repariert wird und anschließend auf der Nachreise einen Totalverlust erleidet. Insgesamt ist dann die Versicherungssumme tatsächlich mehrfach überschritten worden und es besteht hierfür eine Leistungspflicht für den Versicherer.

3.7.14 Übergang von Ersatzansprüchen (Ziffer 23 DTV-Güter 2000/2008)

Die Entschädigungspflicht des Versicherers besteht unabhängig davon, wenn ein Dritter den Schaden zu ersetzen hat. Mit der Leistung durch den Versicherer gehen Ersatzansprüche gegen Dritte auf ihn über (Regressmöglichkeit).

3.7.15 Versicherungswert und die Praxis

Als Versicherungswert gilt der volle Wert des versicherten Interesses. Dies ist
a) der gemeine Handelswert oder
b) der gemeinsame Wert, den die Güter beim Versicherungsbeginn am Abladeort haben, unter Hinzurechnung der Versicherungskosten, der Kosten, die bis zur Annahme der Güter durch den Beförderer entstehen, und der endgültig bezahlten Fracht oder
c) der gemeine Wert zuzüglich Versicherungs- und Transportkosten und eines imaginären Gewinns, wenn das Interesse des Käufers versichert ist.

Versicherungswert ist der gemeine Handelswert

Die Versicherungssumme ist derjenige Teil des Versicherungswertes, der tatsächlich auch zur Versicherung kommt. Die Folgen, die eintreten, wenn Versicherungswert und (die gewählte, beantragte) Versicherungssumme nicht übereinstimmen, werden nachstehend erläutert.

Unterversicherung (vergleiche *3.7.12* und *§ 75 VVG*) liegt vor, wenn die Versicherungssumme niedriger als der Versicherungswert ist. Der Versicherer hat den Schaden und die Aufwendungen nur nach dem Verhältnis der Versicherungssumme zum Versicherungswert zu ersetzen.

Unterversicherung

Beispiel:

Schaden:	€ 5 000,–
(gewählte, beantragte) Versicherungssumme:	€ 20 000,–
(tatsächlicher, richtiger) Versicherungswert:	€ 40 000,–
Entschädigung:	€ 2 500,–

Formel: (5 000)   (20 000)

$$\frac{\text{Schadenbetrag x Versicherungssumme}}{\text{Versicherungswert}} = \text{Entschädigung}$$

(40 000)   (2 500)

Überver-sicherung und imaginärer Gewinn Eine **Überversicherung** *(§ 74 VVG)* liegt vor, wenn die Versicherungssumme den Versicherungswert übersteigt. Nach den *ADS § 9* ist in solchen Fällen der Vertrag insoweit unwirksam, als die Versicherungssumme den tatsächlichen Wert übersteigt. Der Versicherungsnehmer ist in diesem Falle an die vertraglichen Bestimmungen gebunden. Schließt der Versicherungsnehmer den Vertrag in der Absicht, sich aus der Überversicherung einen rechtswidrigen Vermögensvorteil zu verschaffen, so ist der ganze Vertrag unwirksam. Dem Versicherer steht dennoch die Prämie zu.

Zu unterscheiden und oft verwechselt mit der Überversicherung wird die Mitversicherung eines **imaginären Gewinnes**. Die Transportversicherung deckt den **durch die Ankunft der Güter erhoffte Gewinn** (das Interesse des Empfängers einer Sendung). Die Entschädigung dafür wird bei Verlust oder Totalschaden mit dem Warenschaden zusammen bezahlt, dann, wenn infolge eines ersatzpflichtigen Schadens kein Veräußerungsgewinn anfallen kann (Versicherung des **Vermögenschadens Gewinnausfall**). Bei Akkreditivgeschäften muss stets nach den *Einheitlichen Richtlinien und Gebräuche für Dokumenten-Akkreditive* ein 10 % imaginärer Gewinn versichert werden, aber auch eine höhere Deckung ist möglich. Beispiel für die Versicherung eines imaginären Gewinnes:

Cif-Wert / cip-Wert	US-$ 11 500,–
+ 10 % imag. Gewinn:	US-$ 1 150,–
Vers.-Summe	US-$ 12 650,–

Doppelver-sicherung Von **Doppelversicherung** (vergleiche auch *§ 78 VVG*) sprechen wir, wenn ein Interesse gegen dieselbe Gefahr bei mehreren Versicherern versichert ist. Übersteigen die Versicherungssummen zusammen den Versicherungswert, sind die Versicherer nur als Gesamtschuldner verpflichtet. Der Versicherungsnehmer kann nicht mehr als den Betrag des Schadens verlangen.

Hat ein Versicherungsnehmer eine Doppelversicherung in der Absicht genommen, sich dadurch einen rechtswidrigen Vermögensvorteil zu verschaffen, ist der Vertrag unwirksam. Der Versicherer kann in solchem Falle die ganze Prämie verlangen. Nur wenn er bei der Schließung des Vertrages den Grund der Unwirksamkeit kannte, kann er es nicht.

Der Versicherungsnehmer hat, sobald er von der Doppelversicherung Kenntnis erlangt, dem Versicherer unverzüglich Mitteilung zu machen.

Beispiel:

Bei der Versicherungsgesellschaft *A* wurde (zum Beispiel durch den Absender) eine Transportversicherung für eine Maschine von *Düsseldorf* nach *Hamburg* eingedeckt. Versicherungssumme 50 000,– €.

Bei der Versicherungsgesellschaft *B* wurde (zum Beispiel durch den Empfänger) das gleiche Risiko auch noch einmal versichert. Versicherungssumme auch 50 000,– €. Es tritt ein Totalschaden während der Beförderung ein, weil die zwei Tonnen schwere Maschine bei einer Umladung aus dem Haken des Kranes fällt, Folge: Totalschaden! Der Geschädigte erhält nur einmal als Entschädigung 50 000,– €; die Versicherungsgesellschaft *A* zahlt 25 000,– € und die Versicherungsgesellschaft *B* zahlt 25 000,– €.

3.8 Praxis der versicherungsvertraglichen Gestaltung

Das der Versicherungsbranche sonst typische Antragswesen ist der Transportversicherung fremd. Der Spediteur stellt den **Versicherungsantrag** entweder per Fax, E-Mail oder mittels Deklarationsblatt aus einem fortlaufenden Anmeldeheft, das ihm der Versicherer zur Verfügung stellt.

Web-basierte Transportversicherungsanmeldung

Neben den konventionellen Anmeldemöglichkeiten werden auch step by step webbasierte Lösungen zur Verfügung gestellt. Die *OSKAR SCHUNCK AKTIEN-GESELLSCHAFT & CO.KG* praktiziert die folgende Lösung:

Pünktlich zum 1.1.2003 ging *EPAS* – das *Elektronische Prämien-Anmelde-System* online (siehe Abbildung *S. 259*). Mittels *EPAS* ist es nun möglich, fällige Transportmeldungen via Internet zu übermitteln. Hierzu werden nur wenige Daten benötigt. Die Anmeldungen werden automatisch angenommen und prämientechnisch erfasst. Abgefragt werden unter anderem Daten wie Versicherungssumme, Warenart, Abgangs- und Zielland sowie die Lieferscheinnummer zur späteren Identifikation des angemeldeten Transportes.

Gleichzeitig können Berichte zu einzelnen Auftraggebern erstellt und diverse Analysen abgerufen werden. Durch die Implementierung der *EPAS*-Standards in den gängigsten Speditionsprogrammen ist ab Mitte 2003 der direkte Datenimport in *EPAS* realisiert worden, sodass die Einzeleingabe der anzumeldenden Transporte entfällt. Durch diese elektronischen Hilfsmittel ist es dem Spediteur erst möglich geworden, den verschärften Anforderungen des Versicherungsmarktes gerecht zu werden. Die meisten Versicherer bestehen seit dem Wirksamwerden der Trennung von Haftungs- und Transportversicherung auf der zeitnahen Einzelanmeldung der Transporte. Die bisher übliche monatliche Nachmeldung ist ungewünscht.

Ein Beispiel für den manuellen Versicherungsantrag drucken wir auf *Seite 260* ab.

Diese Angaben setzen den Versicherer fast immer in die Lage, das Risiko genau zu beurteilen, eine marktgerechte Prämie zu finden – soweit nicht generelle Absprachen in Form einer General-Police bestehen – und die Police oder das Versicherungszertifikat auszufertigen, wenn beantragt.

Der Versicherer ist verpflichtet, eine von ihm unterzeichnete Urkunde über den Versicherungsvertrag (Versicherungsschein) dem Versicherungsnehmer auszuhändigen. Dieser Versicherungsschein heißt **Police**. Der Inhalt der Police gilt als vom Versicherungsnehmer genehmigt, wenn dieser nicht unverzüglich nach der Aushändigung widerspricht. Ist eine Police ausgestellt, so ist der Versicherer nur gegen Vorlegung der Police zur Zahlung verpflichtet.

Abbildung 43:
Versicherungs-
anmeldung mit
EPAS

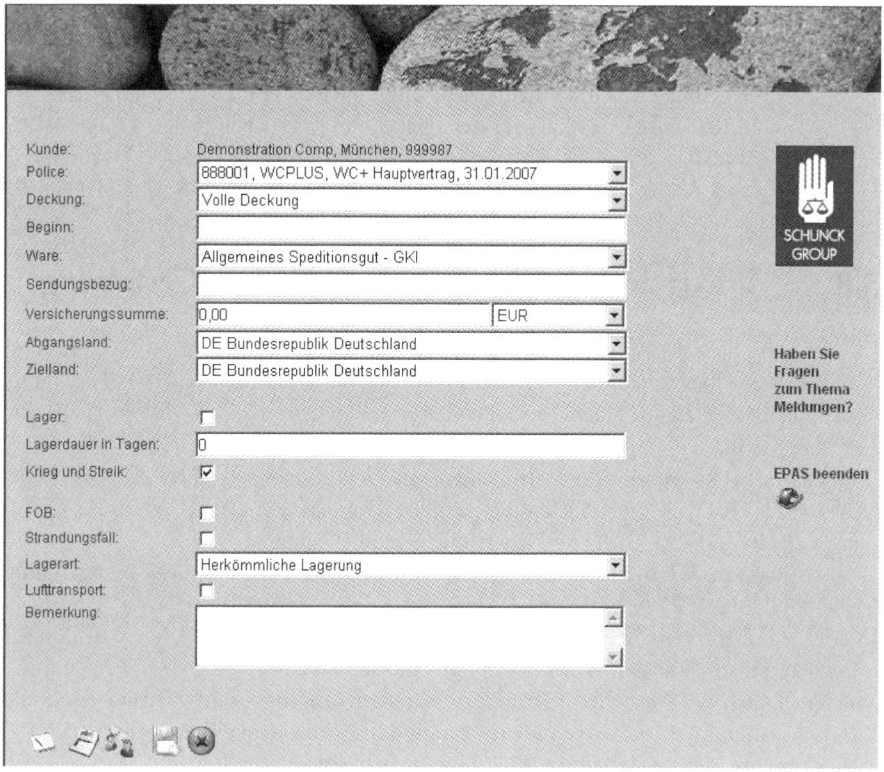

Quelle: Schunck

Einzel-police Ist derVersicherungsvertrag auf ein einzelnes Versicherungsgeschäft gerichtet, und ist hierfür eine Police ausgefertigt worden, so heißt diese Urkunde **Einzelpolice**. Diese gilt als Police im Sinne des Gesetzes.

General-police Ist dagegen die Versicherung in der Weise genommen, dass die Güter bei der Schließung des Vertrages nur allgemein oder nur ihrer Art nach bezeichnet und erst nach Entstehung des Versicherungsinteresses dem Versicherer einzeln aufgegeben werden, so bezieht sich die Versicherung auf alle Güter der im Vertrag bestimmten Art, für die der Versicherungsnehmer nach kaufmännischen Grundsätzen Versicherung zu nehmen hat. In solchen Fällen sprechen wir von einer laufenden Police (**Generalpolice**). Einer **Generalpolice** liegen die Bestimmungen für die laufende Versicherung, wenn es sich um See- oder kombinierte Land/Seetransportversicherung handelt, zugrunde.

Laufende Versicherungen (General-Policen) werden sowohl von den Verladern als auch von Spediteuren genommen, welche die einzelnen Transportrisiken ihrer Kunden fallweise anmelden und damit den Versicherungsschutz erwerben.

VERSICHERUNGS-ANMELDUNG Nr.

zur Transport-General-Police | Nr.

OSKAR SCHUNCK
Aktiengesellschaft & Co. KG
Assekuranz-Makler

Abbildung 44:
Manueller
Versicherungs-
antrag

Versicherungsnehmer:
(Name, Anschrift, Telefonnummer)

ZWEIGNIEDERLASSUNG
☎
Fax:
E-Mail: SH   @SCHUNCK.de

Hausinterne Positions-Nr. und Datum des Transportes		Umrechnungskurs*
Auftraggeber		Prämie*
Versicherungssumme in EUR oder in Fremdwährung (Bei Maschinen und Apparaten Neuwert!)		
Markierung, Anzahl und Art der Kolli / Gewicht Container Ja ☐ Nein ☐		
Versicherter Gegenstand (genaue Warenbeschreibung)		Zertifikat -fach ☐ deutsch ☐ englisch (ggf. bitte Akkreditiv-Vorschriften fotokopiert beifügen)
Versicherte Reise	von via nach	
Transportmittel (bei Seetransporten Schiffsnamen angeben)	im Raum ☐ an Deck ☐	Nr.*
Gewünschter Deckungsumfang (z.B. Kriegsrisiko, Güterfolge- und reine Vermögensschäden) und sonstige Bemerkungen (z.B. Firma, auf die das Zertifikat ausgestellt werden soll):		

_____ _____
Ort und Datum   Unterschrift

* wird durch SCHUNCKS ausgefüllt

Quelle: Schunck

Abbildung 45:
Güter-
versicherungs-
zertifikat

Einzelversicherung
Marine/CargoPolicy ☐

Güterversicherungszertifikat
Cargo Insurance Certificate ☒

Versicherungssumme Sum Insured	Ausfertigungsort/ -tag Place and Date of Issue	Exemplare Issues	Einzelversicherungs-Nr. Policy-No.	
EUR 100.000,00 (=110 %)	Hamburg, 01.01.2003	2	General-Police-Nr. Open Cover No. 1000000000	Zertifikat-Nr. Certificate No. 100000

Hiermit wird bescheinigt, dass aufgrund der obengenannten Einzelversicherung / General-Police Versicherung übernommen worden ist gegenüber: / This is to certify that insurance has been granted under the above Policy / Open Cover to:

Versicherungsnehmer   oder   *"to whom it may concern"*   oder   *"to the holder"*

für Rechnung wen es angeht, auf nachstehend näher bezeichnete Güter: / for account of whom it may concern, on following goods:

MACHINE W; TYPE XY
AS PER PURCHASE ORDER NO: 1. (M) DD. 2002-12-01
CREDIT NO. 11110011
CONTAINER NO. TISD 011000 1
GROSS 20.000 KGS

für folgende Reise (Transportmittel, Reiseweg) / for the following voyage (conveyance, route):
KATARINA VESSEL

FROM ROTTERDAM PORT TO ALEXANDRIA PORT

Von Haus zu Haus, sofern nicht anderweitig vereinbart, gemäß Ziffer 8 der DTV-Güter 2000, Volle Deckung
From warehouse to warehouse, unless otherwise agreed, in accordance with no. 8 of the DTV Cargo 2000, Full Cover

Schäden zahlbar an den Inhaber dieser Einzelversicherung / dieses Zertifikates. Mit Schadenzahlung gegen eine Ausfertigung werden die anderen ungültig. Claims payable to the holder of this Policy / Certificate. Settlement under one copy shall render all others null and void.

Bedingungen / Conditions:
A.   *DTV-Güterversicherungsbedingungen 2000 (DTV-Güter 2000) / DTV Cargo Insurance Conditions 2000 (DTV Cargo 2000)*
     Volle Deckung / Full Cover (siehe Rückseite)
B.   *Bedingungen der obengenannten Einzelversicherung/General-Police / Terms and conditions of the above Policy/Open Cover.*
C.   *Besondere Bedingungen/Klauseln :*
     Special Conditions/Clauses:
     1.   *Kriegsklausel für die Versicherung von Seetransporten sowie von Lufttransporten im Verkehr mit dem Ausland nach den DTV-Güter 2000 / War Clauses for the insurance of goods carried by sea and air transports to and from foreign countries governed by the provisions of DTV Cargo 2000*
     2.   *Streik- und Aufruhrklauseln für die Versicherung nach den DTV-Güter 2000 / Strikes, Riots and Civil Commotions Clause for insurances governed by DTV Cargo 2000*

CLAIMS PAYABLE AT DESTINATION FOR THE FULL INVOICE VALUE PLUS 10 % PCT.

Anweisungen für den Schadenfall siehe Rückseite.
See overleaf for instructions to be followed in case of loss or damage.
Im Schadenfall unverzüglich hinzuziehen:
In case of loss or damages immediately contact:

Fa Mustermann Surveyors
9ⁿᵈ Floor, Example Street, No. 10;
P.O. Box 555; Musterhausen, Schlaraffenland
Tel. u. Fax 123456789

Namens und in Vollmacht der beteiligten Gesellschaften:
For and on behalf of all insurance companies participating:

Musterversicherung
Hege-Allee 21, 20251 Hamburg

Prämie bezahlt/Premium paid

Quelle: Schunck

Versiche-
rungs-
zertifikat
Versicherer sind verpflichtet, auch über eine laufende Versicherung eine unterzeichnete Urkunde dem Versicherungsnehmer auszuhändigen. Weil die laufende Versicherung (General-Police) nicht als Police im Sinne des Gesetzes gilt, haben die Versicherer dem Versicherungsnehmer auf Verlangen über den einzeln zur Versicherung ange-

meldeten Transport eine Urkunde auszuhändigen. Diese Urkunde nennt man **Versicherungszertifikat**, das ebenfalls als Police im Sinne des Gesetzes gilt.

Beispielhaft drucken wir auf *Seite 260* das Formular *Certificate (Policy) of Marine Insurance* ab.

3.9 Gebräuchliche Begriffe aus der Transportversicherung

Jeder Kaufmann will bei Außenhandelsgeschäften sein Risiko gering halten. Deshalb werden Zahlungsverpflichtungen zwischen Käufer und Verkäufer in der Regel über **Akkreditive** abgewickelt. Geschäfte über Akkreditive abzuwickeln, geben dem Käufer die Gewähr, dass die Zahlung des Kaufpreises durch die Bank nur nach Vorlage einwandfreier Dokumente erfolgt. Eins dieser Dokumente ist das **Versicherungszertifikat**. Es muss der bankmäßigen Prüfung standhalten.

Akkreditiv und Versicherungs-Police

Ein **Dokumenten-Akkreditiv** ist der einem Dritten (meist der Bank des Käufers) gegebene Auftrag, eine genau bezeichnete Geldsumme gegen Aushändigung ganz bestimmter Dokumente zu zahlen, zum Beispiel Handelsrechnung, Ursprungszeugnis, Original-Konnossemente und das nach ganz bestimmten Kriterien aufgemachte Versicherungs-Zertifikat.

Der Käufer muß das Akkreditiv über die vorgeschriebene Akkreditivbank stellen; diese Bank befindet sich meist am Wohnsitz des Verkäufers. Von Fall zu Fall wird auch eine Korrespondenzbank an seinem Wohnsitz beauftragt, welche die Vermittlung dieses Geschäftes betrieben hat. Ein Akkreditiv ist erst dann gestellt, wenn die Akkreditivbank den Verkäufer von der Akkreditierung benachrichtigt. Ist der Verkäufer von der Eröffnung des Akkreditivs benachrichtigt worden, muss der Verkäufer die verlangten Urkunden vorlegen.

Erst nach Richtigbefund zahlt die Bank an den Verkäufer und gibt die Papiere an den Käufer weiter.

Hier ein besonderer Hinweis auf die *ICC Publikation 460*

- *Uniform customs and practice for documentary credits 1983 Revision in force as from 1st July 1990*
- *Einheitliche Richtlinien und Gebräuche für Dokumenten-Akkreditive Revision 1983, anzuwenden ab 1. Juli 1990.*

Transportversicherung bei LC-Geschäften ist verkäuferseitig nach diesen neuen, beziehungsweise überarbeiteten Richtlinien bei Vereinbarung der *CIF-* oder *CIP-Klauseln* zu besorgen, insbesondere

a) Versicherungsdokumente müssen so beschaffen sein, wie im Akkreditiv vorgeschrieben, und von Versicherungsgesellschaften oder Versicherern (underwriters) oder deren Agenten ausgestellt und / oder unterzeichnet sein.

b) Von Versicherungsmaklern ausgestellte Deckungsbestätigungen (cover notes) werden nicht angenommen, sofern dies im Akkreditiv nicht ausdrücklich zugelassen ist.

c) Sofern im Akkreditiv nichts anderes vorgeschrieben ist oder aus dem (den) Versicherungsdokument(en) nicht hervorgeht, dass die Deckung spätestens am Tag der

Verladung an Bord oder der Versendung oder der Übernahme der Waren wirksam wird. Die Banken weisen vorgelegte Versicherungsdokumente zurück, die ein späteres Datum tragen als das Datum der Verladung an Bord oder der Verendung oder der Übernahme der Waren, wie es in dem (den) Transportdokument(en) angegeben ist.

d) Sofern im Akkreditiv nichts anderes vorgeschrieben ist, muss das Versicherungsdokument in derselben Währung ausgestellt sein wie das Akkreditiv.

e) Sofern im Akkreditiv nichts anderes vorgeschrieben ist, ist der Mindestbetrag, auf den die im Versicherungsdokument angegebene Versicherungsdeckung lauten muss, der *CIF-Wert* (Kosten, Versicherung, Fracht „benannter Bestimmungshafen" beziehungsweise der *CIP-Wert* (Frachtfrei versichert „benannter Bestimmungsort")) der Waren zuzüglich 10 %. Wenn die Banken jedoch den *CIF-* beziehungsweise *CIP-Wert* nicht aus der äußeren Aufmachung der Dokumente bestimmen können, nehmen sie als Mindestwert den Betrag an, in dessen Höhe unter dem Akkreditiv Zahlung, Akzeptleistung oder Negoziierung verlangt wird, oder den Betrag der Handelsrechnung, je nachdem, welcher Betrag höher ist.

f) In den Akkreditiven sollte vorgeschrieben werden, welche Art von Versicherung verlangt wird, und gegebenenfalls, welche zusätzlichen Risiken zu decken sind. Ungenaue Ausdrücke wie „übliche Risiken" oder „handelsübliche Risiken", sollten nicht verwendet werden; werden sie jedoch verwendet, nehmen die Banken die Versicherungsdokumente so an, wie sie vorgelegt werden, und zwar ohne Verantwortung für irgendwelche nicht gedeckten Risiken.

g) Wenn ein Akkreditiv „Versicherung gegen alle Risiken" vorschreibt, nehmen die Banken ein Versicherungsdokument an, das irgendeinen Vermerk oder eine Klausel über „alle Risiken" enthält – gleichgültig, ob mit der Überschrift „alle Risiken" versehen oder nicht –, selbst wenn angegeben ist, dass bestimmte Risiken ausgeschlossen sind, und zwar ohne Verantwortung für irgendwelche nicht gedeckten Risiken.

h) Die Banken nehmen ein Versicherungsdokument an, in dem angegeben ist, dass die Deckung einer Franchise oder einer Abzugsfranchise unterworfen ist, sofern im Akkreditiv nicht ausdrücklich vorgeschrieben ist, dass die Versicherung ohne Berücksichtigung eines Prozentsatzes für Franchise ausgestellt sein muss.

Für die Praxis sei deshalb bei Geschäften mit Dokumentenakkreditiv im Hinblick auf die Transportversicherung empfohlen:

Beauftragen Sie den Transportversicherer mit der Eindeckung der Risiken gemäß Akkreditiv, und machen Sie diesen Auftrag unbedingt von der vollen Erfüllung der versicherungsmäßigen Akkreditivvorschriften abhängig. Damit der Versicherer diesen Auftrag auch fehlerfrei ausführen kann, sollten ihm folgende Dokumente mit dem Versicherungsauftrag zur Verfügung stehen:

a) Lesbare Fotokopie des Akkreditivs

b) Kopie der Handelsrechnung / Proforma Invoice

c) Kopie des Konnossementes.

Das Konnossement benötigt der Versicherer nicht, wenn ihm das konnossementmäßige Verschiffungsdatum, der Dampfername, eventuell Container-Nr., die konnossementmäßige Reiseroute und Hinweise über Abgangs- und Empfangshafen beziehungsweise -plätze der Sendung bekannt gemacht werden.

Der zusätzliche Hinweis, ob die Sendung im Container oder Sammelcontainer zum Versand kommt, kann eventuell zu einer günstigeren Prämie führen.

Der Transportversicherer erstattet nach den hier erläuterten Versicherungsbedingungen **Havarie-** Beiträge zur Havarie-grosse. Die *Havarie-grosse*, besser *große* oder *gemeinschaftliche Haverei*, **grosse** ist eine in fast allen Staaten gesetzlich geregelte Einrichtung. Alle Schäden, die dem Schiff oder der Ladung oder beiden zum Zwecke der **Errettung beider aus einer gemeinsamen Gefahr** auf Anweisung des Kapitäns oder seines Vertreters vorsätzlich zugefügt werden, sind *große Haverei*, auch die aus gleichem Anlass aufgewendeten Kosten. Alle anderen durch einen Unfall des Schiffes hervorgerufenen Schäden und Kosten sind *besondere Haverei*. Die *große Haverei* wird von Schiff, Ladung und Fracht gemeinschaftlich, die *besondere Haverei* nur vom Schiffseigner und den Ladungsbeteiligten, jeder für sich allein, getragen.

Einige Beispiele für die *große Haverei* oder *Havarie-grosse* (englisch *general-average*):

- Löschen eines Brandes an Bord eines Schiffes
- freiwilliges Aufgrundsetzen, um Schiff und Ladung aus einer gemeinsamen, unmittelbar drohenden Gefahr zu retten
- Anlaufen eines Nothafens oder
- Aufsuchen eines Zwischenhafens wegen Eisgangs in der Binnenschifffahrt.

Nach einer unfreiwilligen Strandung werden nur die auf die Rettung des Schiffes und seiner Ladung gezielten Kosten und Schäden in Havarie-grosse vergütet (alle Interessenten, Schiffseigner, Ladungseigner und Frachtinteressenten), während für die direkten Schäden als Folge dieser Strandung jeder Interessent selbst aufzukommen hat. Bei einem Brand wird jedoch ein Löschwasserschaden an der Ladung in Havarie-grosse vergütet, wenn die Ladung nicht vom Feuer zerstört worden ist.

Die bei einer *großen Haverei* angefallenen Aufwendungen (Bergelöhne, Schlepperkosten), Opfer (Überbordwerfen von Ladung) und Kosten (wegen Anlaufens eines Nothafens) werden nach gesetzlichen oder vertraglichen Regeln, meist nach *York-Antwerp-Rules*, auf die drei Interessenten Schiff, Ladung und Fracht im Verhältnis der geretteten und somit beitragspflichtigen Werte gemäß Dispache verteilt. Dieses Dokument, die *Dispache*, wird **Dispache** von einem vereidigten Dispacheur aufgemacht, in kleinen Fällen aber auch vom Reeder oder von den Schiffsversicherern, um die Kosten des Dispacheurs zu sparen.

Für Havarien auf deutschen Binnengewässern, die unter die *Havarie-grosse* fallen, müssen die Dispachen den Stempel der zuständigen Dispachen-Prüfstelle tragen. Die Fracht ist nicht beitragspflichtig.

Für die Praxis ist es wichtiger zu wissen, in welcher Form dieses Problem auf den Versicherungsnehmer, seinen Spediteur und den Transportversicherer zukommt:

Wenn einer Reederei ein *Havarie-grosse*-Fall gemeldet wird, gibt sie in aller Regel ihren Agenten in den Bestimmungshäfen Anweisung, die verschifften Güter an die Empfänger nur auszuhändigen gegen

a)   Zeichnung einer *Havarie-grosse-Garantie* (*Havarie-grosse-Bond*)
      oder
b)   die Leistung eines **Bareinschusses** beziehungsweise Depots.

Als Unterlage hierfür wird ein Wertaufgabe-Formular als Nachweis für den Wert der Güter (*Statement of value*) gefordert.

Der **Havarie-grosse-Bond** (siehe Abbildung *S. 265*) ist von den in den Konnossementen genannten Empfängern oder Abladern zu zeichnen. Die Versicherer haben sich in ihren Policen in aller Regel verpflichtet, durch Gegenzeichnung auch ihrerseits eine Garantie zu geben. Das geschieht meistens mit dem Vermerk: „Für *Havarie-grosse*-Beiträge gemäß gesetzmäßiger Dispache auf versichertes Interesse in den Grenzen der Policenhaftung".

Hat der Empfänger einen *Havarie-grosse-Einschuss* geleistet, erhält er hierfür eine ordnungsgemäße *Havarie-grosse-Einschuss-Quittung* (siehe Abbildung *S. 266*). Die Versicherer erstatten ihm seine Auslagen gegen Vorlage dieser ordnungsgemäß von dem Zahler des Einschusses indossierten Quittung. Es sollte allerdings immer versucht werden, einen Einschuss zu vermeiden. Häufig gelingt es, den Reeder durch Verhandlungen zur Annahme eines *Havarie-grosse-Bonds* zu veranlassen.

Sehr oft werden die Versicherer auch von dem Reeder, dem Dispacheur oder ihren Versicherungsnehmern angesprochen, mit dem Ziel, eine unmittelbare Regelung der *Havarie-grosse-Garantie* zu erreichen. Die Versicherer akzeptieren in der Regel diese Aufforderung nach Rücksprache mit ihrem Versicherungsnehmer.

Die **Wertaufgabe** ist von den Empfängern oder Abladern auszufüllen und zu unterschreiben. Es ist dabei darauf zu achten, dass der Versicherungswert nicht unbesehen übernommen wird, denn maßgeblich ist der Wert der Ware bei der Trennung vom Schiff, Basis ist also der *cif-Wert*, von dem etwaige Schäden abgesetzt werden müssen.

Franchisen   Eine andere Art der vertraglichen Freizeichnung sind die **Franchisen**. Sie werden entweder in den gedruckten oder geschriebenen Bedingungen zu den Versicherungsverträgen benannt. Franchisen haben die Wirkung von Selbstbeteiligungen des aus der Police Begünstigten.

Die Versicherer wollen nicht für solche Verluste und Beschädigungen aufkommen, die während eines Transportes zwangsläufig eintreten müssen. Sie wollen nur Schäden ausgleichen, die während eines Transportes eintreten können. Gewisse Verluste, die unbedingt eintreten müssen, gehören zum kaufmännischen Risiko. Sie sind deshalb von einem Kaufmann einzukalkulieren. Beispielsweise verlieren bestimmte Güter während des Transportes durch den Trocknungsprozess oder Auslauf an Gewicht. Der Versicherer befreit sich davon durch Vereinbarung einer Franchise.

Die gebräuchlichste Franchise ist die

a) Abzugsfranchise

Die Versicherer subtrahieren (ziehen ab) vom Schaden stets den vereinbarten Freiteil. Die Abzugsfranchise ist eine Selbstbeteiligung am Schaden durch den Versicherten, aber der Ausdruck „Selbstbeteiligung" wird in der Praxis nicht angewendet. Die Abzugsfranchise wird in der Police so formuliert:

GENERAL AVERAGE BOND

Abbildung 46:
Average Bond

To Owner(s) of the : ....

Voyage and Date : ....

Casualty : ....

Port of Shipment : ....

Port of Destination: ....

B/L No(s). Voyage Fol. No(s).	Marks and Nos. Container Nos.	Description of Cargo and Weight	CIF - Value (Pls. attached copy of Commercial Invoice)

In Consideration of the delivery to us or to our order, on payment of the freight due, of the goods noted above, we agree to pay the proper proportion of any salvage and / or general average and / or special charges which may hereafter be ascertained to be due from the goods or the shippers or owners thereof under an adjustment prepared in accordance with the provisions of the contract of affreightment governing the carriage of the goods or, failing any such provision, in accordance with the law and practice of the place where the common maritime adventure ended and which is payable in respect of the goods by the shippers or owners thereof.

In case the goods are oncarried by another vessel and / or conveyances the following Non-Separation-Agreement shall apply: It is agreed that in the event of the vessel's cargo or part thereof being forwarded to original destination by other vessel, vessels or conveyances, right and liabilities in General Average shall not be affected by such forwarding, it being the intention to place the parties concerned as nearly as possible in the same position in this respect as they would have been in the absence of such forwarding and with the adventure continuing by the original vessel for so long as justifiable under law applicable or under the Contract of Affreightment.

We also agree to:

(i) furnish particulars of the value of the goods, supported by a copy of the commercial invoice rendered to us, if there is no such invoice, details of the shipped value.

(ii) make a prompt payment on account of such sum as is duly certified by the average adjusters to be due from the goods and which is payable in respect of the goods by the shippers or owners thereof.

Date .... Signature of Receiver of goods ....

Full Name ....

Full Address ....

Tel./Fax No. ..../ ....Contact Person ....

Quelle: TIS GdV.de

IMPORTANT: This Guarantee will only be accepted, provided no additions, deletions or amendments are made to the wording by the Underwriters.

GENERAL AVERAGE GUARANTEE

(For signature by Underwriters of Cargo to avoid collection of
Cash Deposits in those cases in which it is practicable to do so.)

Vessel   : ....

Voyage : ....

Casualty : ....

In consideration of the delivery in due course to the Consignees of the Merchandise specified below, without collection of a deposit on account of Average, we, the undersigned Underwriters, hereby gua-rantee to the Shipowners on account of those concerned the payment of any contribution to General Average and / or Salvage and / or Charges which may hereafter be ascertained to be properly due in re-spect of the said Merchandise.

We further agree to make prompt payment-on-account if required, as soon as such pay-ment my be certified by the Average Adjusters and to furnish to the Average Adjusters at their request all information which is available to us relative to the value of the said Merchandise.

B/L No(s). Voyage Fol. No(s).	Marks and Nos. Container Nos.	Description of Cargo and Weight	CIF – Value (Pls. attached copy of Commercial Invoice)

We also agree to furnish particulars of the value of the goods, supported by a copy of the Commercial invoice and in case
of damage to goods, to provide Claim Documents, incl. Letter of Subrogation without undue delay.

Date .... Signature and Stamp of Insurers ....

Full Name ....

Full Address ....

Tel./Fax No. .... / .... Reference No. ....

Quelle: TIS GdV.de

frei von den ersten 3 % Schaden,
oft dann noch mit dem Zusatz
die ganze Partie eine Taxe
oder
jedes Kollie eine Taxe.

Dem gegenüber steht die

b) Integralfranchise

Die Versicherer treten nur ein, wenn der Schaden die Freizone übersteigt. Die Franchise wird in der Police so formuliert:

frei von Schaden, wenn unter 3 %
meist dann noch mit der Bestimmung (wie bei der Abzugsfranchise)
jedes Kollie eine Taxe
oder auch
die ganze Partie eine Taxe.

Die Franchise wird pro Kollo (Sack, Kiste, Fass, Palette usw.) oder im zweiten Fall pro Partie (gesamte versicherte Partie oder Police) berechnet.

Der Sinn dieser Franchise ist, bestimmten Schadenersatz, mit dem immer gerechnet werden kann, nicht zu ersetzen. Die Bearbeitung dieser Bagatellschäden würde höhere Bearbeitungskosten bei den Versicherern auslösen, als der Schaden selbst ausmacht, jedenfalls für die *pro Kollo-Integral-Franchise.*

Beispiel:

Beträgt der Schaden 1 % oder 2 % oder 3 %, erfolgt kein Ersatz durch die Versicherer, ist der Schaden höher als 3 %, zum Beispiel 3,01 %, erfolgt volle Erstattung durch die Versicherer ohne Abzug.

Mangelhafte Verpackung

Schon bei der ersten Überarbeitung der *ADS* im Jahre 1973 wurde der bisherige Begriff der **mangelhaften Verpackung** durch den Begriff des nicht ersatzpflichtigen Schadens bei **Fehlen oder Mängeln handelsüblicher Verpackung** ersetzt.

Wenn dieser Risikoausschluss zum Tragen kommen soll, ist auf die Handelsüblichkeit am Abladeort abzustellen. Die handelsübliche Verpackung kann am gleichen Ort, je nach den Umständen der Reise, unterschiedlich sein. Es kommt nur darauf an, ob die Verpackung für die (tatsächlich versicherte) Reise handelsüblich war. Die Versicherer sprechen von einem objektiven Risikoausschluss; es kommt nicht darauf an, ob das Fehlen oder die Mängel an der Verpackung durch den Versicherungsnehmer verschuldet sind. Wenn der Versicherungsnehmer zum Beispiel durch Dritte verpacken lässt, das kann auch der Exporteur sein, so ist ihm zuzurechnen, wenn die Güter nicht handelsüblich verpackt sind oder aber die handelsübliche Verpackung Mängel aufweist.

In der Schadenspraxis erfolgt die Wertung oder Bewertung der Verpackung durch den von den Versicherern vorgeschriebenen **Havariekommissar**; werden seine Angaben vom Versicherungsnehmer angezweifelt, bietet sich das **Sachverständigenverfahren** an; für die

Feststellung, ob eine Verpackung der Handelsüblichkeit entspricht oder nicht, sind immer **objektive Maßstäbe** anzulegen.

Fahrlässigkeit und grobe Fahrlässigkeit

In den Bedingungswerken der Versicherer tauchen immer wieder die Begriffe der **Fahrlässigkeit** und der **groben Fahrlässigkeit** auf. Der Spediteur kennt die Begriffe aus der Indikatur zum **groben Organisationsverschulden des Spediteurs**. Inwieweit bei Fahrlässigkeit Versicherungsschutz gewährt wird oder eine Freizeichnung der Versicherer einsetzt, kommt auf den Einzelfall an. Bei grober Fahrlässigkeit des Versicherungsnehmers tritt immer Leistungsbefreiung ein.

Zur besseren Abgrenzung soll hier eine Definition versucht werden:

Fahrlässig handelt, wer einen (den Schadenersatz auslösenden) Tatbestand zwar nicht wünscht, **ihn aber herbeiführt**. Davon ist auszugehen, wenn jemand bei seinem Handeln die im Verkehr erforderliche Sorgfalt außer acht läßt. Gemeint ist „diejenige Sorgfalt, die ein normaler, ordentlicher und gewissenhafter Mensch in dem betroffenen Verhältnis des Verkehrs anzuwenden pflegt". Ein Urteil ist also nur unter Berücksichtigung der Umstände zu geben, nicht aber im Hinblick auf die Eigenart der Person.

Grobfahrlässig handelt, wer die im Verkehr erforderliche Sorgfalt **gröblich in hohem Maße** außer Acht lässt. Der *BGH* hat 1977 nicht im Zusammenhang mit einem Verkehrsvertrag, sondern mit einem Schadenfall aus der Feuerversicherung den Begriff der groben Fahrlässigkeit recht anschaulich umrissen. Weil der Begriff kaum besser zu interpretieren ist, sei hier der *Oberste Deutsche Gerichtshof* wörtlich zitiert:

Grobfahrlässig verhält sich, wer nicht beachtet, was unter den gegebenen Umständen allgemein einleuchtet, oder wer schon einfachste, ganz naheliegende Überlegungen nicht anstellt und dadurch die im Verkehr erforderliche Sorgfalt in hohem Maße außer acht läßt; es muß sich um ein auch subjektiv unentschuldbares Fehlverhalten handeln, welches das gewöhnliche Maß erheblich übersteigt.

Leichtfertig im Sinn der *CMR* und des *HGB* handelt, wer sein Tun mit mehr als bewusster Fahrlässigkeit steuert, wobei damit kein bewusster Vorsatz vorliegen darf. Das subjektive Moment ist dabei darlegungspflichtig und zwar durch den Anspruchsteller.

F.p.a.-Versicherung

Der Spediteur bekommt oft von seinen Kunden den Auftrag, eine sogenannte *f.p.a.-Versicherung* einzudecken. Wenn sein Auftrag so lautet, meint damit der Verlader einen **eingeschränkten Versicherungsschutz** und spricht die Abkürzung der alten englischen Versicherungsbedingung *free from particular average* an.

Mit dieser Abkürzung wird jedoch nur der erste Teil dieser alten englischen Versicherungsklausel zitiert, denn die Klausel beginnt mit dem Text: *warranted free from particular average unless the vessel or craft be stranded, sunk or burnt ...*, das heißt sinngemäß übersetzt:

Frei von Teilschäden, es sei denn, das Schiff oder Fahrzeug ist gestrandet, gesunken oder verbrannt ...

Seit dem Jahre 1982 hat der englische Versicherungsmarkt unter anderem diese *f.p.a.-Versicherung*, ebenso wie die später erläuterte *all risks-Versicherung* aufgegeben und durch neue, anders geartete Klauseln ersetzt. Dennoch wird die Kurzbezeichnung *f.p.a.-Versicherung* wahrscheinlich nicht aus dem Sprachgebrauch verschwinden. Man muss in etwa davon ausgehen, dass der Kunde einen reduzierten Versicherungsschutz begehrt, für den eine gewisse Gleichartigkeit gegeben ist; einmal zur deutschen Deckung

ADS-Güterversicherung 1973 in der Fassung 1984 – Strandungsfall-Deckung, zum anderen zur englischen *Institute Cargo Clauses 1982, Deckungsform -C-*.

Ein Vergleich sowohl der neuen englischen *Deckungsform -C-* von 1982 als auch der neuen deutschen Deckungsform von 1984 *eingeschränktes Risiko* ergibt, dass die deutsche Deckung in einigen wenigen Fällen weitreichender ist, aber in keinem einzigen Fall eingeschränkter als die englische Klausel. Die wesentlichen Unterschiede liegen darin, dass bestimmte Naturereignisse nach deutschem, eingeschränkten Bedingungsstandard versichert sind, nach dem englischen Standard aber eben nicht. So bleiben bei diesen eingeschränkten Deckungsformen bei der englischen C-Deckung die Risiken Blitzschlag, Erdbeben, vulkanische Ausbrüche und Seebeben ausgeschlossen (nur nach der neuen englischen B-Klausel mitversichert), nach der deutschen eingeschränkten Deckung werden jedoch diese Risiken erfasst.

Wann wird diese eingeschränkte Art des Versicherungsschutzes gewählt?

Die Gründe sind vielfältig und unterschiedlich; einmal, wenn bestimmte Warengattungen, zum Beispiel unempfindliche oder robuste Güter zum Versand kommen und/oder auch Prämie gespart werden soll, zum anderen, wenn Warenarten versichert werden sollen, die der Versicherer eben nicht zu vollen Konditionen decken möchte oder gar decken kann, wie zum Beispiel bei Schüttgütern wie Salz oder Getreide oder bei unverpackten Gütern, oder wenn Güter mit konventionellen Schiffen auf Deck verladen werden.

In der täglichen Praxis verlangt der Verlader oft eine **All Risks-Versicherung**. Damit meint er eine Deckung **gegen alle Gefahren** analog der bis zum Jahre 1982 geltenden alten englischen *all risks clause* gemäß der frühen Fassung aus dem Jahr 1951, eingeführt durch das *Institute Cargo Comitee (ICC)*.

Eine *All Risks-Versicherung* ist so gestaltet, dass nicht etwa alle oder jegliche Gefahren, sondern selbstverständlich nur die Transportgefahren gedeckt sind.

All Risks-Versicherung / Institute Cargo Clauses

Der Anfang der zuletzt von *ICC* herausgelegten *Institute Cargo Clauses „All Risks"* 1/1/63 lautet:

This insurance is against All Risks of loss of or damage to the subject-matter insured but shall in no case be deemed to extend to cover loss damage or expense proximately caused by delay or inherent vice or nature of the subjectmatter insured.

Das heißt sinngemäß:

Diese Versicherung deckt alle Gefahren durch Verlust und/oder Beschädigung der versicherten Güter, sie soll aber keinesfalls für die Erweiterung der Deckung auf Verlust, Beschädigung oder Kosten gedacht sein, welche in ursächlichem Zusammenhang mit einer Verzögerung oder innerem Verderb oder der natürlichen Beschaffenheit der versicherten Güter stehen.

Obgleich die alte *All Risks-Deckung* einen weitgehenden Versicherungsschutz bietet, ist stets zu beachten, dass der Verlust oder die Beschädigung durch äußere Ursachen entstanden sein muss. Nicht gedeckt sind dagegen gewöhnliche Verluste, Handelsverluste durch Reiseverzögerungen sowie Schäden durch die natürliche Beschaffenheit der Ware, insbesondere durch inneren Verderb. Auch das Kriegs- und Minenrisiko wird nur auf Grund besonderer Vereinbarungen mitversichert.

Man muss sich einprägen, dass der englische Versicherungsmarkt nur die Schäden decken will, die sich während des Zeitpunkts der Gefahrtragung ereignen können, niemals aber solche Schäden, die sich zwangsläufig ereignen müssen.

Diese alte englische Versicherungskondition verkauft sich allein durch das Wort *All Risks*. Es würde zu weit führen, hier alle Unterschiede im Einzelnen aufzuzeigen. In jedem Fall dürfte jedoch eine Gleichwertigkeit im Grundsatz mit der deutschen Deckungsform, den *ADS-Güterversicherung 1973 in der Fassung 1984 – volle Deckung*, gegeben sein.

Merke:

Auch bei einer ***All Risks-Versicherung*** wachsen die Bäume nicht in den Himmel. Die Klausel gewährt keinen Versicherungsschutz für jeden, wie auch immer gearteten Schaden. Sie schränkt vielmehr durch Klauseln den Versicherungsschutz wieder ein. Die ***All Risks-Deckung*** kennt keine Franchise. Trotzdem wird der ***All Risks-Versicherer*** im Schaden keinen Ersatz leisten, der nicht aus einer versicherten Gefahr entstanden ist. Normales Manko oder Schäden durch mangelhafte Verpackung, Schäden durch Selbstentzündung, Schäden durch Klimaeinflüsse oder Fermentation werden nicht gedeckt. Die *I.C.C. All Risks-Clause* wird allmählich durch die *I.C.C. – Form A* – verdrängt.

Maximum   Das **Maximum** ist die in einer laufenden Police *(General-Police)* festgelegte **Höchstversicherungssumme** für ein Transportmittel oder ein feuertechnisch getrenntes Lager. Die Versicherer haften im Schadenfall nur bis zu den festgesetzten Höchst-Beträgen. Das hat bei Überschreitung zur Folge, dass die Regeln über die Unterversicherung zur Anwendung kommen. Was als Transportmittel gilt, ergibt sich immer aus dem geschriebenen Text der Police, zum Beispiel ein Seeschiff, ein Lastkraftwagen mit Anhänger, ein Eisenbahnzug.

Erfolgen Zuladungen auf das **maximierte Transportmittel** oder **maximierte Lager** und dies hat der Versicherungsnehmer nicht zu vertreten, so erfolgt keine Beschränkung auf die Höchstversicherungssumme im Schadenfall. **Die Überschreitung bleibt jedoch unverzüglich anzuzeigen.** Deshalb sollte immer für ausreichende Maxima gesorgt werden; ein ausreichendes Maximum (möglichst mit Reserve zu Gunsten des Versicherungsnehmers) beeinträchtigt im Regelfall nicht die Prämienhöhe. Für den Versicherer ist das Maximum oder sind die Maxima einer Police von wesentlicher Bedeutung; auf Grund der Höhe des Maximums entscheidet der Versicherer, inwieweit er das Risiko ganz oder nur teilweise tragen kann. Er hat dann von Fall zu Fall zu entscheiden, ob er sein eigenes Risiko in Form der Rück- oder Mitversicherung reduzieren will.

Abkürzungen aus Transportversicherung   Nicht nur im Geschäftsverkehr mit englischen Versicherern sondern auch international und in *Deutschland* – besonders bei englischsprachigen Policen – haben sich Abkürzungen aus der in *England* gebräuchlichen Seeversicherungstechnik eingebürgert, die wir im Abkürzungsverzeichnis im englischem Wortlaut und deutscher Übersetzung abdrucken.

3.10 Transportversicherungs-Prämien

Den Preis für die Übernahme eines Wagnisses durch den Versicherer nennt man **Prämie.** **Prämien,**
Die Prämie sichert dem Versicherer die Mittel für folgende Aufwendungen: **Zuschlags-**
  Kosten der Schadenfeststellung und -ermittlung **prämien**
  die Schadenvergütung selbst
  die Kosten der Schadenregulierung
  Mittel zur Bildung einer Schadensreserve.

Die Höhe der Prämie richtet sich nach dem Umfang des Wagnisses, das der einzelne
Versicherer übernimmt.

Für die Bildung der Prämie gelten für den Transportversicherer besondere Faktoren,
da er die bestimmten **Gesetzmäßigkeiten der großen Zahl** nicht unbedingt anwenden
kann. Die wichtigsten objektiven Faktoren der Prämienkalkulation sind

1. **die Güterart**

   Der wichtigste Faktor ist mit Sicherheit die Art des zu transportierenden Gutes. Stel-
   len wir uns einmal die unendliche Vielfalt der Güter vor, die täglich weltweit beför-
   dert werden. Die Bandbreite erstreckt sich von Ananas über Braunkohle bis zum
   Hitec-Microchip und Kunstgegenständen. Sind es Unikate oder Massenprodukte?
   Wie empfindlich / begehrt sind die Güter zum Beispiel gegen
   Bruch, Nässe, Temperaturschwankungen, Beschädigungen, Diebstahl, Raub,
   Trockenheit, Geruch?
   Sind die Güter neu, gebraucht, generalüberholt oder reparaturbedürftig?
   Sind sie handelsüblich oder beanspruchungsgerecht verpackt oder unverpackt?
   Werden sie im Sammelcontainer oder Fulload-Container gestaut, im Karton auf
   Paletten mit Schrumpffolie verschweißt?

2. **das Transportmittel**

   Je besser die Qualität des Transportmittels und die Haftung des Transporteurs,
   desto günstiger kann die Transportversicherungsprämie kalkuliert werden. Auch
   die vom Transportversicherer geschätzte Möglichkeit einer erfolgreichen Regressnahme beeinflusst die Prämie, zum Beispiel losgelöst von der Schadenursache ist
   die erfolgreiche Regressnahme eines Transportversicherers gegen einen im gewerblichen Güterverkehr fahrenden Lkw-Unternehmer **sicherer** als gegen einen im
   grenzüberschreitenden Verkehr fahrenden ausländischen Lkw-Unternehmer, da
   der Versicherungsschutz gesetzlich in Deutschland ab 1.7.1998 neu nach *§ 407 ff
   HGB* in Verbindung mit *§ 7a GüKG* geregelt ist, bei grenzüberschreitendem Verkehr es dem Unternehmer jedoch anheimgestellt ist, sein Haftungsrisiko nach der
   CMR zu versichern oder nicht. Ist zum Beispiel die Haftung eines Unternehmers
   pflichtversichert, ist von einem positiveren Risiko auszugehen. Die Prämie fällt.
   Nach der gesetzlichen Neuregelung haftet der Frachtführer ab dem 1.7.1998 inner-
   deutsch der Höhe nach beim „Normalschaden" mit 8,33 SZR/kg (Sondersiche-
   rungsrecht), bei abweichender Vereinbarung gemäß *§ 452d HGB* sogar bis maximal
   40 SZR/kg. Das entspricht umgerechnet bei einem Kurs von 1,39 einer kg-Haftung
   von 11,58 € bis 45,96 €.

Bei Seetransporten beeinflusst das Alter des Schiffes eventuell die Prämie. Auch eine Decklladung führt zu einem Aufschlag. Ein **Container**, der im Container-Schiff oben oder oberhalb der Bordwandungen gestaut ist, gilt **nicht als Deckladung**.

Im Luftverkehr verlangen einige Versicherer bei **Splitcharter** Zulagen.

3. **der Reiseweg**

Die Gefahren des Transportes werden natürlich weitgehend durch den Reiseweg bestimmt. Sie sind verschieden, je nachdem, ob der Landweg – Eisenbahn oder Straße –, der Flußweg – Flüsse, Kanäle –, der Seeweg – Küsten-Schiffahrt, Seeverkehr – oder der Luftweg gewählt wird.

4. **die Reisedauer**

Ganz entscheidend für die Bemessung der Prämie ist auch die Reisedauer. Je kürzer die Reise, desto geringer auch das Wagnis, das der Versicherer trägt. Die Schnelligkeit eines Transportmittels kann ein besonderes Gefahrenmoment sein, muss sich aber nicht mehr unbedingt bei der Prämienbildung auswirken. Nach wie vor ist und bleibt ein Hauptrisikofaktor die Zahl der Umschläge während einer Reise. Zu denken ist an mehrstufige Transporte mit sich wiederholendem Umschlag von einem Verkehrsmittel auf das andere, Umladungen, Zolllagerungszeiten und Wartezeiten der Schiffe in den Häfen und anderes.

5. **die Jahreszeiten**

Immer weniger beeinflusst heute die Jahreszeit die Prämienbildung. Man denke an Stückgutcontainer, die heute während des Umschlages konventionell verpacktes Gut noch zusätzlich gegen Regen schützen. Trotzdem bedeutet die Witterung, besonders in der Binnenschiffahrt, ein zusätzliches Gefahrenmoment. Prämienzuschläge entstehen bei speziellen Gütern und speziellen Reiserouten (zum Beispiel Winterzuschläge für die Kanadischen Seen, bei Binnenkanaltransporten Eiszuschläge).

6. **Umfang der Versicherung**

Ganz entscheidend ist auch die Frage, ob der Deckungsschutz gegen eine Vielzahl von Gefahren, also zur
– *Vollen Deckung*
oder, gegen eine genannte Anzahl von Gefahren, also zur
– *Strandungsfalldeckung*
gewährt wird.

Betrachtet man diese einzelnen Faktoren zusammen, so kommt der erfahrene Transportunderwriter zu seiner Versicherungsprämie, in der er dann noch abschließend berücksichtigt, ob es sich um ein einmaliges Risiko (Einzelpolice) oder laufendes Geschäft (Laufende Police, wie zum Beispiel *Speditions-General-Police/World Cover*) handelt.

Prämien-fälligkeit Die Prämie, die Ausfertigungsgebühr und die Versicherungssteuer (ab dem 1.1.2007 19 % des Prämienbetrages für innerdeutsche Transporte, grenzüberschreitende Transporte sind derzeit von der Versicherungssteuer befreit) sind, wenn nichts anderes vereinbart wird, gegen Aushändigung des Versicherungsscheines (Police) fällig.

Auch in der Transportversicherung ist der Versicherer im Schadenfall leistungsfrei, wenn zur Zeit des Versicherungsfalles die erste Prämie noch nicht bezahlt ist. Dies ist immer der Fall, wenn eine einzelne Versicherung abgeschlossen wird und keine anders lautenden Vereinbarungen getroffen wurden. Eine typische anders lautende Vereinbarung für einen Spediteur wäre zum Beispiel eine laufende General-Police. Einzelheiten regeln sich aus der General-Police des Spediteurs oder laut Absprachen. Wurden keine Absprachen getroffen, gelten die folgenden Bestimmungen:

a) Bei **Binnentransport-Versicherungen**: Das *Versicherungsvertrags-Gesetz, §§ 38* und *39*

b) Bei **See- und Lufttransportversicherungen über See**: *Allgemeine Deutsche Seeversicherungs-Bedingungen § 17*

Ristorno-gebühr

Eine Ristornogebühr kann vom Transportversicherer bei sogenannten **Zeitversicherungen** erhoben werden, wenn zum Beispiel das Versicherungsverhältnis ohne Einhaltung einer Kündigungsfrist kündbar war. Die Ristornogebühr beträgt die Hälfe der Prämie, höchstens jedoch ein achtel Prozent der Versicherungssumme. In der Praxis kommt es vor, dass der Transportversicherer eine Ristornogebühr verlangt. Gemeint ist jedoch eine unechte Ristornogebühr, das heißt eine Verwaltungsgebühr zur Abdeckung der Kosten, die dem Versicherer durch die Policierung, zum Beispiel auf Dokumentenpapier und in fremder Sprache, entstanden sind.

Der Spediteur, der für seinen Kunden die Transportversicherung vermittelnd eindeckt, erhält für seine Bemühungen und Dienstleistungen,

* Erfragen und Aushandeln der Prämie
* Deklaration (Anmeldung) der Transportrisiken beim Versicherer
* Kreditierung der Versicherungsprämie
* Besorgen der Policen
* Schadenmeldung

einen besonderen Rabatt, den **Spediteurrabatt**.

Auf die Zulageprämien für politische Risiken wird kein Spediteurrabatt gewährt, meist auch nicht auf die Mindestprämien und die Luftfrachtprämien.

3.11   Transportschäden

Anweisungen für den Schadenfall

Anweisungen für den Schadenfall finden wir in jedem Versicherungsvertrag (Police). Bei Nichtbeachtung kann die Leistungspflicht der Versicherer entfallen. Man spricht dann von einer **Obliegenheitsverletzung**.

Folgende Regeln sollten stets beachtet werden:

1. **Güter sofort auf Schäden untersuchen.** Schon bei Verdacht eines Schadens keine reine Empfangsquittung geben, sondern einen Vermerk in den Frachtpapieren, Rollkarte etc. anbringen: zum Beispiel
    – *Partie nass oder*
    – *2 Kolli fehlen oder*
    – *5 Kolli Verpackung gebrochen.*
2. **Ersatzansprüche gegen Dritte sicherstellen.** Dritte sind die mit der Beförderung des Gutes befassten Unternehmungen, zum Beispiel der Reeder, der Spediteur, der

Frachtführer, der Lagerhalter, Zoll- oder Hafenbehörden, die Airline, der private Express-, Kurier- oder Paketdienst, die Post, der Bote, diese gegebenenfalls bei größeren Schäden

- zu einer gemeinsamen Schadenbesichtigung auffordern
- um Bescheinigung des Schadens ersuchen
- immer schriftlich haftbar machen, und zwar bei äußerlich erkennbaren Schäden vor Annahme des Gutes, bei äußerlich nicht erkennbaren Schäden unverzüglich nach Entdeckung
- Reklamationsfristen feststellen und einhalten! (gegebenenfalls nachzulesen im Gesetz, in den Beförderungs- oder Speditions-Bedingungen etc.)

3. **Für die Minderung entstandenen und Abwendung weiteren Schadens sorgen**
4. Unverzüglich den im Versicherungsvertrag (Police oder Versicherungs-Zertifikat) genannten **Havariekommissar hinzuziehen**
5. **Zustand der Sendung und ihrer Verpackung** bis zum Eintreffen des Havariekommissars **nicht verändern**
6. **Den Versicherungsfall dem Versicherer unverzüglich anzeigen** und ihm zur Beschleunigung der Schadenabwicklung alsbald möglichst vollständige Schadenunterlagen übermitteln, insbesondere

    a) Original-Versicherungs-Police oder Original-Versicherungs-Zertifikat
    b) Original oder Kopie des Konnossementes oder des sonstigen Frachtvertrages oder sonstiger Frachtdokumente, die bei Übergabe der Sendung übergeben worden sind
    c) Original oder Kopie der Handelsfaktura (Einkaufsrechnung)
    d) Unterlagen über Feststellung von Zahl, Maß oder Gewicht am Abgangs- oder Bestimmungsort (Packliste)
    e) Bericht des Havariekommissars des Versicherers
    f) eine spezifizierte Schadenrechnung
    g) Korrespondenz mit der Reederei oder sonstigen Dritten über die gegen diese geltend gemachten Ersatzansprüche (also Ihr Anspruchschreiben und, wenn vorhanden, die Reaktion des Schadenstifters darauf)
    h) schriftliche Abtretungserklärung des aus dem Beförderungsvertrag Berechtigten an den Versicherer (meist Empfänger, wie im Frachtvertrag angegeben, wenn er die Sendung angenommen hat).

Schaden-anmeldefristen nach ADB und ADS Der Versicherungsfall ist dem Transportversicherer unmittelbar nach Kenntnis anzuzeigen. Die *Allgemeinen Deutschen Binnen-Transportversicherungs-Bedingungen (ADB 1963)* nennen keine Maximalfrist für die Anzeige. Somit gilt *§ 33* des *VVG* in Verbindung mit *§ 121 BGB: ohne schuldhaftes Zögern (unverzüglich) nach Kenntnis …*

Nach den *Allgemeinen Deutschen Seeversicherungs-Bedingungen (ADS Güterversicherung 1973 in der Fassung 1984)* ist der Schaden zwar auch unverzüglich feststellen zu lassen, für die Andienung (= konkrete Erklärung, entschädigt werden zu wollen) jedoch eine Nachfrist von 15 Monaten seit Beendigung der Versicherung zugelassen. Danach können keine Schadensersatzansprüche mehr gestellt werden.

Merke: Schadenanmelde-Fristen

ADB   =   unverzüglich
(Binnentransport)

ADS   =   unverzüglich, maximal 15 Monate nach Ende
(See- und Lufttransport)   der Versicherung

Zu unterscheiden von den Fristen über die Schadenanmeldung sind die **Verjährungs- und** **Verjährung,**
Klageausschlußfristen. In der Binnen-Transport-Versicherung verjähren die Ansprüche **Klage**
aus dem Versicherungsvertrag gemäß dem *VVG* **in zwei Jahren.** Die Verjährung beginnt mit **ausschluss-**
dem Schluss des Jahres, in welchem die Leistung verlangt werden kann. Ist der Anspruch **fristen**
des Versicherungsnehmers bei dem Versicherer angemeldet worden, ist die Verjährung
bis zum Eingang der schriftlichen Entscheidung der Versicherer gehemmt. Allerdings
wird der Versicherer von der Verpflichtung der Leistung frei, wenn der Anspruch auf die
Leistung nicht innerhalb von sechs Monaten gerichtlich geltend gemacht wird. Die Frist
beginnt erst, nachdem der Versicherer dem Versicherungsnehmer gegenüber den erhobenen Anspruch schriftlich abgelehnt hat.

Anders ist es in der Seeversicherung nach der *ADS-Güterversicherung 1973 in der Fas-*
sung 1984. Die rechtzeitige Andienung innerhalb der bereits zitierten 15-Monats-Frist
nach Beendigung der versicherten Reise oder der mitversicherten Lagerzeit / Zolllagerri-
siko etc. unterstellt, verjähren die Ansprüche in **fünf Jahren.** Die Verjährung beginnt mit
dem Schluss des Jahres, in dem die Versicherung endet oder – bei Verschollenheit der
Ware – die Verschollenheitsfrist abläuft.

Merke: Verjährungsfristen

ADB/VVG   =   2 Jahre
(Binnentransport)   }   Ab welchem Zeitpunkt gerechnet
                                     wird, siehe Text oben!
ADS
(See- und Lufttransport)

Vom **Verlust der versicherten Güter** kann nach dem *ADS* dann ausgegangen werden, **Verlust**
wenn sie **total verloren gehen oder dem Versicherungsnehmer ohne Aussicht auf Wieder-** **der Güter**
erlangung entzogen werden. Als Verlust bezeichnet man auch den Schaden, wenn nach
der Feststellung von Sachverständigen die Güter in ihrer ursprünglichen Beschaffenheit
zerstört worden sind. Dann kann der Versicherungsnehmer den auf sie entfallenden Teil
der Versicherungssumme abzüglich des Wertes geretteter Sachen verlangen.

Sind Güter mit dem Transportmittel verschollen, so leistet der Versicherer Ersatz wie
im Falle des Totalverlustes, es sei denn, dass mit überwiegender Wahrscheinlichkeit ein
Verlust als Folge einer nicht versicherten Gefahr anzunehmen ist. Ein Transportmittel

gilt jedoch dann als verschollen, wenn vom Zeitpunkt seiner geplanten Ankunft 60 Tage, bei europäischen Binnenreisen 30 Tage verstrichen sind und bis zur Reklamation keine Nachricht vom Transportmittel eingegangen ist. Kann die Nachrichtenverbindung durch Krieg, kriegsähnliche Ereignisse, Bürgerkrieg oder innere Unruhen gestört sein, so verlängert sich die Frist entsprechend den Umständen des Falles, höchstens jedoch auf sechs Monate (vergleiche auch *Art. 7.1* und *7.2* der *ADS Güterversicherung 1973 in der Fassung 1984*).

Beschädigung der Güter   **Werden die Güter oder Teile der Güter beschädigt**, so ist gemäß den *ADS Güterversicherung 73 in der Fassung 1984* der gemeine Handelswert und in dessen Ermangelung der gemeine Wert zu ermitteln, den die Güter in unbeschädigtem Zustand am Ablieferungsort haben würden (Gesundwert), sowie der Wert, den sie dort im beschädigten Zustand haben. Als Betrag des Schadens gilt der entsprechende Bruchteil des Versicherungswertes aus dem Verhältnis des Wertunterschiedes zum Gesundwert. Der Wert beschädigter Güter kann auch durch freihändigen Verkauf oder durch öffentliche Versteigerung festgestellt werden, wenn der Versicherer dies unverzüglich nach Kenntnis der für die Schadenhöhe erheblichen Umstände verlangt; dann tritt der Bruttoerlös an die Stelle des Wertes der beschädigten Güter. Hat nach den Kontrakten des Kaufvertrages der Verkäufer vorzuleisten, so haftet der Versicherer für die Zahlung des Kaufpreises, jedoch nur dann, wenn er den Kontrakten des Kaufvertrages zugestimmt hat.

Über die Beschädigung von Gütern im Falle einer Binnen-Transportversicherung finden wir in den *ADB 1963* keine eigenen Bestimmungen. Es gilt deshalb das *Versicherungsvertragsgesetz (§ 140, III)*. Danach ist die Regelung bei Beschädigung der Güter etwas anders.

Wiederherstellung der Güter   Wenn Güter beschädigt sind oder bei Verlust von Teilen der Güter, kann der Versicherungsnehmer gemäß *ADS Güterversicherung 1973 in der Fassung 1984* auch eine Reparatur verlangen anstelle eines Teils des Versicherungswertes. Der Versicherer erstattet die zum Zeitpunkt der Schadenfeststellung notwendigen Kosten der Wiederherstellung oder Wiederbeschaffung der beschädigten oder verlorengegangenen Teile. Niemals haftet der Versicherer jedoch über die Versicherungssumme hinaus und immer nur im Verhältnis der Versicherungssumme zum Gesundwert. So kann sich auch im Falle der Erstattung von Reparaturkosten durch die Versicherer eine vorliegende Unterversicherung nachteilig bemerkbar machen, die sich aus dem Verhältnis der Versicherungssumme zum Gesundwert errechnet. Bei der Versicherung von Maschinen und Apparaten sind die Bestimmungen der *DTV-Maschinenklausel* anzuwenden.

Auskunftspflicht   Der Versicherer kann nach dem Eintritt des Versicherungsfalles verlangen, **dass der Versicherungsnehmer jede Auskunft erteilt**, die zur Feststellung des Versicherungsfalles oder des Umfanges der Leistungspflicht des Versicherers erforderlich ist. Belege kann der Versicherer insoweit fordern, als die Beschaffung dem Versicherungsnehmer billigerweise zugemutet werden kann; die Herbeiführung einer Verklarung kann er bei Anwendung von Seerecht verlangen, wenn der Versicherer daran ein berechtigtes Interesse hat. (Verklarung = gerichtlich angeordnete objektive Feststellung eines bestimmten Sachverhaltes).

Abwendung und Minderung des Schadens   Der Versicherungsnehmer ist verpflichtet, stets für die **Abwendung und Minderung eines Schadens** sowohl vor seinem Eintritt als auch nach seinem Eintritt zu sorgen. Dabei hat er die Weisungen des Versicherers zu befolgen und, wenn es die Umstände gestatten, die Weisungen des Versicherers einzuholen. Der Versicherer haftet für einen Schaden **Schaden-** insoweit nicht, als er aus einer Verletzung der Verpflichtung zur Abwendung oder Minde- **nachweis** rung verursacht wird. Die Leistungsfreiheit des Versicherers entfällt, wenn die Verletzung **„dem** zur Abwendung oder Minderung des Schadens nicht auf einem Verschulden beruht. **Grunde**

Alle Aufwendungen, die vorsorglich zur Abwendung oder Minderung des Schadens **nach"** entsprechend den Umständen oder die bei oder nach dem Eintritt des Versicherungsfalles gemäß den Weisungen des Versicherers gemacht werden, fallen dem Versicherer zur Last, und zwar auch dann, wenn sie erfolglos geblieben sind. Auf Anforderung hat der Versicherer für diese Aufwendungen einen Vorschuß zu leisten.

Als **Schadennachweis dem Grunde** nach werden – neben dem Bericht des **Havariekommisars**, wenn dies im Versicherungsvertrag vorgeschrieben ist – vom Versicherer folgende Belege und Nachweise verlangt, und zwar je nach Transportmittelart:

- **Seeschiff:**
  Abschreibung auf dem Konnossement oder Restscheine oder Kai-Restschein (bei Verlust) oder schriftliche Bestätigung des örtlichen Reederei-Agenten oder des Reeders selbst, meist als *Delivery report* bezeichnet
- **Flussschiff:**
  Abschreibung auf dem Konnossement oder Ladeschein (mit Quittung des Schiffers) bei größeren Reklamationen, Bestätigung durch amtlich zu bestellenden Sachverständigen, sonst Verlust der Regressrechte)
- **Bahn:**
  bahnamtliche Tatbestandsaufnahme
- **Post:**
  postalische Bestätigung über Beschädigung und Verlust des Transportgutes
- **Luftfrachtführer:**
  Delivery Receipt oder *Claim Damage Report*, erstes für Beschädigung, zweites für Verlust
- **Spediteur:**
  schriftliche Bestätigung auf dem Spediteurübergabeschein, Hausfrachtbrief oder ähnlichem
- **Lkw-Frachtführer:**
  schriftliche Bestätigung, möglichst unterzeichnet vom Fahrer auf dem Original-Beförderungspapier, oder *CMR*-Frachtbrief oder Ladelisten bei Sammelladungsfrachtbriefen
- **Paketdienste / Post / andere Systemverkehre:**
  schriftliche Bestätigung auf dem Auslieferungsbeleg des jeweiligen Anbringers.

Der Versicherungsnehmer kann eine Zahlung der Entschädigung nicht eher verlan- **Schaden-** gen, bis er dem Versicherer eine **Schadenrechnung** zuschickt. Wenn die Versicherer **nachweis** trotz Fehlens einer eigenen Schadenrechnung Schäden regulieren, erstellen sie sich aus **„der Höhe** Servicegründen die Schadenrechnung selbst und legen sie ihrem Versicherungsnehmer **nach"** mit dem Regulierungsangebot vor. Hierauf besteht jedoch kein Anspruch.

Die Schadenrechnung muss spezifiziert beziehungsweise prüfbar sein und eine Zusammenstellung der Beträge enthalten, die der Versicherer sowohl für den Schaden selbst als auch für die Aufwendungen im Zusammenhang mit dem Schaden zu entrichten hat.

Der Höhe nach sind die Einzelpositionen durch die Handelsrechnung, Reparaturkostenrechnung oder Reparaturkostenvoranschläge oder ähnliches zu belegen.

Regress-sicherung Reklamationsfristen für Warenschaden   Der Versicherungsnehmer, auch der Versicherte, ist verpflichtet, Regressrechte zu wahren, Ansprüche gegen die Schadensverursacher zu sichern. Dafür sind Fristen zu beachten. Diese ergeben sich aus dem *HGB* beziehungsweise *CMR*. Die Schadenanzeige ist explizit in *§ 438 HGB* geregelt.

Im Rahmen aller Verkehrsverträge sind Schäden, die Versender oder Empfänger dem Spediteur oder sonstigem Verkehrsträger gegenüber geltend machen, auch wenn sie äußerlich nicht erkennbar sind, dem Spediteur oder sonstigem Verkehrsträger **unverzüglich** schriftlich mitzuteilen. Es handelt sich dabei um keine Ausschlussfrist, sondern um eine Vermutungsregelung im weitesten Sinn. Praktisch bedeutet dies, dass der Geschädigte oftmals die Beachtung der Fristen in allen Details darzulegen hat. Dies kann meist nur durch die Benennung von Zeugen und Plausibilitätsaspekten erfolgen. Ist die Ablieferung des Gutes durch einen Spediteur erfolgt, so muss der abliefernde **Spediteur** spätestens **am siebten Tage nach der Ablieferung im Besitz der Schadensmitteilung** sein (*§ 438 (2) HGB*).

Reklamationsfristen für Lieferfristüberschreitungen (national und nach *CMR*)

Ansprüche dieser Art erlöschen, wenn sie der Empfänger dem jeweiligen Frachtführer / Verkehrsträger nicht **binnen 21 Tagen nach Ablieferung** (*§ 438 (3) HGB*) schriftlich angezeigt hat.

Verjährung: Alle Ansprüche gegen den Spediteur verjähren in einem Jahr. Ausgenommen hiervon sind Ansprüche aus Vorsatz oder einem dem Vorsatz gleichstehenden Verschulden (leichtfertig in dem Bewusstsein, dass ein Schaden mit Wahrscheinlichkeit eintreten werde), hier gilt eine Frist von drei Jahren. Die Verjährung beginnt mit Ablauf des Tages, an dem das Gut abgeliefert wurde. Ist das Gut nicht abgeliefert worden, mit Ablauf des Tages, an dem es hätte angeliefert werden müssen (*§ 439 HGB*).

Nach dem *HGB* sind bei Güterschäden, die Spediteure oder Versender gegen Frachtführer oder Verfrachter von Seeschiffen geltend machen, die für die betreffenden Verkehrsträger geltenden Fristen einheitlich zeitlich geregelt, wobei für Regresse Sonderregelungen gelten.

Im **Eisenbahnverkehr** gelten die *ALB, die Allgemeinen Leistungsbedingungen Bahn*, wobei weitgehend die *HGB*-Regeln zur Anwendung kommen.

Im internationalen Seeverkehr (Schiff) ist der Schaden vor der Empfangnahme der Güter durch den Empfänger von einem amtlich bestellten Gütersachverständigen (Experten), durch einen vom Transportversicherer benannten Havarie-Kommissar oder durch die zuständige Behörde festzustellen. Die Gegenpartei (Verfrachter oder Empfänger) ist möglichst hinzuzuziehen. Formvorschriften gibt es nicht. Ist eine Schadensfeststellung nicht erfolgt, ist der Verlust oder die Beschädigung der Güter dem Verfrachter oder seinem Vertreter im Löschungshafen spätestens bei der Auslieferung der Güter schriftlich anzuzeigen. Wenn der Verlust oder die Beschädigung äußerlich nicht erkennbar ist, so genügt es, wenn die Anzeige innerhalb von drei Tagen nach der Empfangnahme abgesandt wird.

Verjährung: Die Haftung für Verluste und Beschädigungen verjährt innerhalb eines Jahres seit der Auslieferung der Güter oder seit dem Zeitpunkt, zu dem sie hätten ausgeliefert werden müssen, wenn diese Ansprüche nicht gerichtlich geltend gemacht worden sind.

Im internationalen Luftfrachtverkehr sind Schadensersatzansprüche aus Luftfrachtverträgen innerhalb der nachstehenden Fristen geltend zu machen

a. **innerhalb von sieben Tagen** im Falle der Beschädigung oder bei Teilverlust einer Sendung, gerechnet von dem Tage an, an dem der Empfänger das Original des Frachtbriefes erhalten und die Bestätigung des Empfanges (*delivery receipt*) gegeben hat

b. **innerhalb von vierzehn Tagen** im Falle von Lieferfrist-Überschreitungen, gerechnet vom Tage, an dem der Empfänger die erste Ankunftsmeldung erhalten hat

c. **innerhalb von 120 Tagen** im Falle eines gänzlichen Verlustes oder der Nichtauslieferung der gesamten Sendung, gerechnet vom Tage der Ausstellung des Frachtbriefes.

Bei Luftfrachtverträgen, die aufgrund des *Warschauer Abkommens* in der durch das *Haager Protokoll von 1955* ergänzten Fassung abgeschlossen worden sind, sind die unter a. und b. genannten Fristen auf 14 und 21 Tage verlängert worden.

Gleiches gilt nach dem *Montrealer Übereinkommen (MÜ) vom 28.5.1999*. Nach der Ratifizierung durch die *USA* in 2003, gilt das *MÜ* ebenfalls nach Ratifizierung auch für die *Europäische Union* im Jahr 2005 und ersetzt das *Warschauer-Abkommen 1955*. Entscheidender Unterschied ist, dass nach dem *MÜ* zukünftig ein angemessener Schadensersatz nach dem Grundsatz des vollen Ausgleichs gewährt werden soll.

Eine Schadensersatzklage kann nur erhoben werden, wenn vorher der Schaden bei dem Luftfrachtführer geltend gemacht worden war.

Beim kombinierten Transport auf Durchkonnossement (zum Beispiel *FIATA FBL*) ist die Regresssicherung so zu betreiben, dass der Schadenverursacher (wenn er feststeht, zum Beispiel Bahn / Schiff / Lkw) so behandelt wird, wie in den vorausgegangenen Kapiteln beschrieben. Wenn der Schadenverursacher nicht feststeht oder bei Ablieferung nicht mehr feststellbar war, wird der Schadenersatzanspruch beim Aussteller des *FBL* geltend gemacht. Dafür gelten folgende Fristen:

a. **für äußerlich erkennbare Schäden**
sofort bei Ablieferung oder früher, zum Beispiel bei Verpackungsbruch, unvollständiger Stückzahl der Sendung usw.

b. **für verdeckte Schäden**
innerhalb von sechs aufeinander folgenden Tagen (eventuelle Erweiterung auf sieben Tage wird erwartet) seit der Ablieferung bei einer **Klageausschlussfrist von neun Monaten** seit Ablieferung der Güter gegenüber dem Aussteller durch Durchkonnossementes.

3.12   Lagerversicherung

Werden Güter bei Spediteuren und Lagerhaltern gelagert, kann der Einlagerer die Risiken der Lagerung durch eine Versicherung decken, indem er den Spediteur oder Lagerhalter beauftragt, die erforderlichen Versicherungen zu besorgen.

Unter dem Begriff Lagerversicherung verstehen wir eine Kombination oder die Bündelung der nachfolgend einzeln erläuterten Versicherungsarten.

Die normalerweise und üblichen versicherbaren Risiken während der Lagerung sind
a)   Einbruchdiebstahl und Raub
b)   Feuer
c)   Leitungswasser sowie
d)   Sturm und Hagel.

Für die Versicherung dieser Risiken gelten die gesetzlichen Bestimmungen des Versicherungsvertragsgesetzes und meist die
a)   *Allgemeinen Bedingungen für die Versicherung gegen Schäden durch Einbruchdiebstahl und Raub (AERB)*
b)   *Allgemeinen Feuerbedingungen (AFB)*
c)   *Allgemeinen Bedingungen für Versicherungen gegen Leitungswasserschäden (AWB)*
d)   *Allgemeinen Bedingungen für die Sturmschäden-Versicherung (AStB)*
oder ähnliche am Versicherungsmarkt angebotene Bedingungen.

Weitergehender Versicherungsschutz ist im Rahmen einer so genannten *Extended Coverage (EC-Deckungen)* in Verbindung mit der Feuer- und Einbruchdiebstahl / Raub-Versicherung bei Lagerdeckungen ganz oder teilweise möglich. Hier können zusätzlich die Risiken
•   innere Unruhen
•   mutwillige Beschädigung
•   Streik oder Aussperrung
•   Fahrzeuganprall
•   Rauch
•   Überschalldruckwellen
•   Sprinkler-Leckage.
abgedeckt werden. Die *EC-Deckungen* verteuern in der Regel den Lagerversicherungsschutz.

Der Einlagerer muss den Spediteur oder Lagerhalter besonders (schriftlich) beauftragen, beim Versicherer einen besonderen Antrag zu stellen, wenn er diesen erweiterten Lagerversicherungsschutz wünscht.

Ein besonderer Augenmerk ist bei der Eindeckung fremder Waren auf die Kostenpositionen zu werfen, damit diese nicht durch den Einlagerer selbst getragen werden müssen. Hierbei handelt es sich insbesondere um Dekontaminationskosten und Aufräumungskosten.

Merke: Erforderliche Prüfung, ob ein Eigenschaden den Spediteur / Einlagerer hier treffen kann!

Lagerrisiken, die im Verlauf eines Transportes entstehen, weil im Ablauf durch das Warten auf die nächste Weiterbeförderungsmöglichkeit oder wegen der Verzollung eine Überlagernahme erfolgt, schließt die Transportversicherung ein, in der Regel

- bis 30 Tage transportbedingte Zwischenlagerung automatisch (prämienfrei)
- bis zur beantragten Lagerdauer oder laufend auf Antrag (gegen Zuschlagsprämie) auch für Lagergut, wenn der Spediteur die Lagerhaltung für seinen Kunden eventuell inklusive Distributionstätigkeit übernimmt.

Aufgrund einiger für die Transportversicherer schmerzhafter Schadenerfahrungen im Bereich der Lagerdeckung möchten die Risikoträger, allen voran die Rückversicherer, mehr Transparenz in diesem Bereich erhalten. Insbesondere die vorher nie für möglich gehaltenen Schadenereignisse in *New York* und *Toulouse* im September 2001 haben einen Umdenkungsprozess in Gang gesetzt.

Zur Zeit der Drucklegung zeichnet sich eine Tendenz ab, wonach die Erstversicherer gezwungen sind, bei disponierten (verfügten) Lagerungen ab einer Versicherungssumme von 10 Mio. € und / der einer Dauer länger als 60 Tagen zusätzlichen Rückversicherungsschutz einzukaufen. Das heißt diese Läger müssen einzeln deklariert, besichtigt und gewertet werden.

Kontrovers wird die Situation für Lagerungen, die infolge von Hindernissen während der Transportdauer entstehen, diskutiert. Hier wird einerseits der Standpunkt vertreten, dass es sich um einen typischen Umstand des Transportes handelt und somit grundsätzlich unter den Transportversicherungsschutz fallen soll. Andere Marktteilnehmer fordern eine eingeschränkte Deckung für diese Situation.

4   Finanzielle Verrichtungen des Spediteurs

Thorsten Hölser, Sabine Stork,
Hubert Valder

4.1   Finanzielle Verrichtungen (Vorlage, Inkasso, Nachnahmen)

Finanzielle Verrichtungen Zu den Verrichtungen, die der Spediteur bei der Besorgung und Durchführung von Güterbeförderungen auszuführen hat, gehören auch finanzielle Leistungen verschiedener Art. Sie stehen im Zusammenhang entweder mit der Aufbringung der Mittel, die bei der Abwicklung des Speditionsvertrages der Spediteur an Frachtführer (Fracht und Auslagen), staatliche Stellen (Zölle, Einfuhrumsatzsteuer) oder sonstige Dritte (zum Beispiel Versicherungsprämien) zahlt, oder zum anderen mit der Einziehung von Nachnahmen, die den Warenwert oder die auf der Sendung ruhenden Frachtkosten betreffen. Im ersten Fall verauslagt der Spediteur für seinen Auftraggeber Gelder; konkret: er tritt in Vorlage und verlangt anschließend die verauslagten Gelder im Wege des Aufwendungsersatzes zurück. Im zweiten Fall zieht er Forderungen seines Auftraggebers ein, die er sodann an seinen Auftraggeber auskehrt. Darüber hinaus wirkt der Spediteur auch im Akkreditiv-Verfahren mit.

Für diese finanziellen Verrichtungen, bei denen es sich in der Regel um Nebenleistungen zum Speditionsvertrag handelt, steht dem Spediteur eine Vergütung zu. In den *Allgemeinen Deutschen Spediteurbedingungen (ADSp)*, die – wie es im *LORENZ Band 1* dargelegt wurde – für alle Fragen der speditionellen Abwicklung gelten, sind einige wichtige Nebenleistungen, für die der Spediteur Anspruch auf eine Vergütung (Provision) hat, im Einzelnen angesprochen:

Verzollungsprovision	*Ziffer 5.2 ADSp*
Nachnahmeprovision	*Ziffer 16.4 ADSp*
Vorlageprovision	*Ziffer 17.2 ADSp*
Versicherungsprovision	*Ziffer 21.3 ADSp*
Provision für den Pfandverkauf	*Ziffer 20.5 ADSp.*

Aber auch ohne diese Regelungen könnte der Spediteur eine Vergütung verlangen, da *§ 354 Abs. 1 HGB* bestimmt: *Wer in Ausübung seines Handelsgewerbes einem anderen Geschäfte besorgt oder Dienste leistet, kann dafür auch ohne Verabredung Provision und, wenn es sich um Aufbewahrung handelt, Lagergeld nach den an dem Orte üblichen Sätzen fordern.*

Im Einzelnen gilt folgendes:

Vorlage Der Spediteur tritt in Vorlage, wenn er die auf ankommenden Gütern ruhenden Frachten, Wertnachnahmen, Zölle und Spesen auslegt. Er ist hierzu ermächtigt, jedoch nicht verpflichtet *(Ziffer 17.2 ADSp)*. In jedem Fall muss der Spediteur bei Vorliegen eines Auftrags die von einem Frachtführer oder einem anderen Spediteur angelieferten Güter in Empfang nehmen; die darauf ruhenden Kosten kann, muss er aber nicht begleichen. Handelt es sich um eine ständige Geschäftsverbindung mit einem Auftraggeber, der in der Vergangenheit stets seinen Zahlungsverpflichtungen nachgekommen ist, wird er für Kosten, soweit er deren Berechtigung zu erkennen vermag, in Vorlage treten. Vorsicht ist hier vor allen Dingen aber bei Wertnachnahmen geboten. Hier kann eine Rückfrage beim Auftraggeber (gegebenenfalls auch beim Empfänger) ratsam sein, insbesondere dann, wenn der Nachnahmebetrag augenscheinlich nicht mit dem Wert der Sendung in Einklang zu stehen scheint.

Der Spediteur tritt auch in Vorlage, wenn er im Rahmen der Abwicklung von Speditionsverträgen für ausgehende Güter Leistungen vorfinanziert. Je nach Art und Umfang des zu versendenden Gutes, der Lieferbedingungen und der dem Spediteur übertragenen Aufgaben sind von diesem oftmals beachtliche finanzielle Mittel einzusetzen. Diese Vorlagen können beispielsweise resultieren aus: Verpackungs- und Markierungskosten, Vortransportkosten zum Verschiffungshafen, Umschlagskosten, Seefrachten, Löschkosten im Bestimmungshafen, Zoll- und Steuerabgaben, Gebühren, Versicherungsprämien, Sicherheitsleistungen, Anschlusstransportkosten bis zum Bestimmungsort etc.

Auch wenn es weitgehend üblich ist, dass der Spediteur solche Vorlagen leistet, so ist er doch nicht verpflichtet, dies zu tun. Denn vom Spediteur kann insbesondere beim Auflaufen größerer Auslagen nicht verlangt werden, dass er in Vorlage tritt. Dies gilt insbesondere dann, wenn dies die finanzielle Leistungsfähigkeit des Spediteurs beeinträchtigen würde oder ihm das Zahlungsausfallrisiko zu groß erscheint. Das gilt aber auch in den Fällen, in denen auch Auslagen auf dem Gut ruhen, die dem Spediteur dem Grunde oder der Höhe nach bedenklich erscheinen oder in denen der Spediteur dem Auftraggeber eine Entscheidung darüber überlassen will, ob solche Vorlagen geleistet werden sollen oder nicht. In all diesen Situationen ist es verständlich, dass der Spediteur für diese Auslagen Vorschüsse von seinem Auftraggeber verlangt.

Deshalb enthält auch *Ziffer 17.3 ADSp* eine Klausel, die den Spediteur insoweit schützt. Denn nach dieser Bestimmung hat der Auftraggeber den Spediteur auf Anforderung von Forderungen aus Speditions-, Lager-, Fracht oder sonstigen Nebengeschäften oder Nachforderungen für Frachten, Havarie-Einschüsse oder Beiträge, Zölle, Steuern und sonstige Abgaben, die an den Spediteur gestellt werden, sofort zu befreien. Dies gilt auch im Verhältnis zwischen Haupt- und Zwischenspediteur; *Ziffer 2.7 ADSp*.

Dort, wo der Spediteur Beträge für seinen Auftraggeber verauslagt, wird er die verauslagten Beträge seinem Auftraggeber „in Rechnung stellen". Von ihrem rechtlichen Charakter her handelt es sich hierbei aber nicht um eine Vergütung, sondern der Spediteur macht seinen Anspruch auf Erstattung von Auslagen gegen seinen Auftraggeber geltend. Anspruchsgrundlage ist insoweit zum einen die in den *§§ 670, 675 BGB* enthaltene gesetzliche Regelung, die als spezielle Anspruchsgrundlage auch Eingang in die *ADSp* gefunden hat. Denn *Ziffer 17.1 ADSp* bestimmt, dass der Spediteur Anspruch auf Ersatz der Aufwendungen hat, die er den Umständen nach für erforderlich halten durfte. Die „Umstände", unter denen der Spediteur Beträge vorlegen darf, werden für die wichtigsten Fallgestaltungen in *Ziffer 17.2 ADSp* geregelt. **Danach ist der Spediteur ermächtigt, auf dem Gut ruhende Frachten, Wertnachnahmen, Zölle, Steuern und sonstige Abgaben sowie Spesen auszulegen**, wenn er den Auftrag hat, ankommendes Gut in Empfang zu nehmen. Nach *Ziffer 5.3 ADSp* schließt der Auftrag, unter Zollverschluss eingehende Sendungen zuzuführen oder frei Haus zu liefern, die Ermächtigung für den Spediteur

Aufwendungen des Spediteurs

ein, über die Erledigung der erforderlichen Zollförmlichkeiten und die **Auslegung der zollamtlich festgesetzten Abgaben** zu entscheiden.

Provision Für die finanziellen Verrichtungen, die der Spediteur auszuführen hat, steht ihm eine Vergütung zu. Anspruchsgrundlage ist insofern *§ 453 Abs. 2 HGB*. Soweit in dieser Bestimmung nur von der Zahlung einer Vergütung die Rede ist, fällt hierunter auch der Begriff der Provision, wie er heute noch in *§ 354 HGB* verwendet wird. Gerade diese Bestimmung ist bei der Berechnung der Vergütung für die oben beschriebenen finanziellen Verrichtungen von Bedeutung, weil in dieser Bestimmung gesagt wird, dass derjenige, der in Ausübung seines Handelsgewerbes für einen anderen Geschäfte besorgt oder Dienste leistet, dafür auch ohne Verabredung Provision nach den am Ort üblichen Sätzen fordern kann. Das bedeutet, dass in allen Fällen, wo keine ausdrückliche Vergütung für die Erbringung dieser finanziellen Verrichtungen vereinbart wurde, sich aus *§ 354 HGB* ein Provisionsanspruch des Spediteurs ergibt. Diese gesetzliche Bestimmung bringt damit zutreffend zum Ausdruck, dass ein Kaufmann grundsätzlich seine Dienstleistungen nur gegen Entgelt erbringt.

Vorlage-provision Soweit der Spediteur also Beträge verauslagt hat, handelt es sich hierbei um eine speditionelle Dienstleistung, für die der Spediteur eine Vergütung verlangen kann. Diese Vergütung wird in der Praxis häufig als Vorlageprovision bezeichnet. Die Vorlageprovision ist eine Vergütung für die Vorhaltung und Bereitstellung von Geldkapital und für die Zahlungsabwicklung. Deshalb wird in manchen Fällen konkreter auch von **Kapital-bereit-stellungs-kosten** Kapitalbereitstellungskosten gesprochen. Sie wird überwiegend in den Fällen berechnet, in denen der Spediteur Fracht-, Steuer- und Steuerbeträge verauslagt und findet ihre Anspruchsgrundlage in *§ 354 HGB, Ziffer 5.2 ADSp* (nur zollamtliche Abwicklung) und – nach einigen Gerichtsentscheidungen – in einem Handelsbrauch. Dabei werden im Bundesgebiet überwiegend 2 % des verauslagten Betrages, häufig kombiniert mit einer Mindestvergütung, berechnet.

Zahlungs-ausfall-risiko Die Zahlung der Vorlageprovision wird bei der Zahlungsabwicklung mit dem Zoll häufig von Auftraggebern mit der Begründung abgelehnt, dass bei sofortiger Zahlung durch den Auftraggeber den Spediteur keine Zinsverluste treffen, da er regelmäßig ein Zollaufschubkonto in Anspruch nimmt. Bei dieser Argumentation wird aber übersehen, dass die Vorlageprovision nicht nur eine Art Ersatz von Bankzinsen – wie oben beschrieben – enthält, sondern auch einen Zuschlag für das Zahlungsausfallrisiko umfasst. Deshalb können dem Spediteur erhebliche Aufwendungen entstehen, insbesondere in wirtschaftlich schlechten Zeiten mit hohen Insolvenzzahlen. Deshalb ist die Vorlageprovision auch dann zu zahlen, wenn der Spediteur ein Zollaufschubkonto in Anspruch nimmt. Schließlich sind bei der Kalkulation dieser Kosten auch die dem Spediteur entstehenden Spesen und Kosten für den allgemeinen Verwaltungsaufwand (zum Beispiel Kosten für Bürgschaften gegenüber dem Zoll) zu berücksichtigen und damit auch zu vergüten.

Welche Kosten dem Spediteur zum Beispiel durch eine zeitlich versetzte Zahlung der Spediteurrechnung gegenüber dem Zeitpunkt der Verauslagung allein durch berechnete Bankzinsen entstehen können, zeigt folgendes Beispiel:

Der Spediteur legt 100 000,– € für einen Kunden vor und erhält diese erste nach einem Monat erstattet. Bei einem Zinsatz von 10 % resultieren daraus Kosten von 833,33 €.

Bei verauslagten Zöllen, Einfuhrumsatzsteuer kann sich der Betrag leicht auf einige hunderttausend € belaufen.

Deshalb ist es auch wichtig, dass der Spediteur dafür Sorge trägt, diese Beträge zügig zu erhalten. Insoweit bestimmt *Ziffer 18.1 ADSp*, dass Rechnungen des Spediteurs sofort zu begleichen sind. Zahlungsverzug tritt, ohne dass es einer Mahnung oder sonstiger Voraussetzungen bedarf, spätestens 30 Tage nach Zugang der Rechnung ein, *§ 286 Abs. 3 BGB*. Der Spediteur darf im Falle des Verzugs für die Vorlageprovision Zinsen als Entgeltforderung in Höhe von 8 %, für den verauslagten Betrag in Höhe von 5 % über dem zum Zeitpunkt des Eintritts des Verzugs geltenden Basiszinssatz der Europäischen Zentralbank berechnen, *§ 288 Abs. 1 und 2 BGB*.

Die Einbeziehung von Nachnahmen (Warenwertbeträge) und anderen Beträgen **Nach-** (Frachten, Nebengebühren und andere), die bei der Auslieferung der Güter auf der Sen- **nahme,** dung lasten, bezeichnet man im Speditionsgewerbe auch als Inkasso. Das Inkasso gehört **Inkasso** zu den treuhänderischen Verrichtungen des Spediteurs im Sinne von *§ 454 Abs. 4 HGB, Ziffer 1 ADSp*, weil der Spediteur hier fremde Forderungen beim Warenempfänger einzieht. Diese können sich auf den Warenwert (Wertnachnahme) oder die Fracht und Auslagen (Frachtnachnahme) beziehen.

Für die Praxis von erheblicher Bedeutung ist, dass die Einziehung von **Nachnahmen** anderen tatsächlichen und rechtlichen Spielregeln folgt als die Einziehung eigener Forderungen beim Empfänger; im letzten Fall spricht man von einer Frachtüberweisung auf den Warenempfänger, die in der Regel durch eine Frankatur, wie zum Beispiel „unfrei", zum Ausdruck gebracht wird. Dies wird häufig übersehen; die Unterschiede sind aber erheblich:

1. Die Nachnahme ist in *§ 422 HGB*; die Frachtüberweisung in *§ 421 Abs. 2 HGB* geregelt.
2. Die Nachnahme und die Frachtüberweisung (Frankatur) werden in Speditionsauftragsformularen oder Frachtbriefen regelmäßig in unterschiedlichen Feldern eingetragen.
3. Bei einer Nachnahmeüberweisung darf der ausliefernde Spediteur (Frachtführer) das Gut nur gegen Zahlung des Nachnahmebetrages an den Empfänger ausliefern. Verweigert der Empfänger die Zahlung des Betrages, liegt ein Ablieferungshindernis *(§ 419 HGB)* vor. Der Spediteur (Frachtführer) hat dann Weisung seines Auftraggebers einzuholen.
   Bei der Frachtüberweisung ist der Spediteur berechtigt, aber nicht verpflichtet, das Gut nur gegen Zahlung der geschuldeten Fracht und sonstigen Beträge an den Empfänger auszuliefern. **Verweigert der Empfänger die Zahlung, darf der Spediteur dennoch ausliefern.** Ein Ablieferungshindernis liegt nicht vor.
4. Ist das Gut mit einer Nachnahme belastet, dann übernimmt es der Spediteur (Frachtführer), als Nebenverpflichtung zum Speditionsvertrag (Frachtvertrag) den Nachnahmebetrag beim Empfänger einzuziehen. Der vom Spediteur (Frachtführer) eingezogene Nachnahmebetrag steht dem Auftraggeber zu. **Der Spediteur (Frachtführer) zieht also eine fremde Forderung ein.**
   Bei einer Frachtüberweisung bezahlt der Empfänger dagegen die dem Spediteur (Frachtführer) zustehende Fracht oder sonstige Beträge; **dieser zieht also seine eigene Forderung ein.**

5. Nachnahmen sind in der Regel **provisionspflichtig**; dem Spediteur (Frachtführer) steht für diese Dienstleistung eine gesonderte Vergütung zu.
Bei einer Frachtüberweisung steht dem Spediteur (Frachtführer) kein gesondertes Entgelt zu (Ausnahme: bei gesonderter Rechnungsstellung).

Beachtet man diese Unterschiede, gilt im Einzelnen folgendes:

Nach-nahmen Nachnahmesendungen dürfen dem Empfänger nur **Zug um Zug gegen Zahlung des Nachnahmebetrages in bar oder in Form eines gleichwertigen Zahlungsmittels angeliefert werden.** Dabei spielt es keine Rolle, ob es sich um Wert- oder Frachtnachnahmen handelt. Frachtnachnahmen kommen in der verkehrswirtschaftlichen Praxis selten vor. Frachtüberweisungen sind hinsichtlich des Auslieferungskriteriums, Zug um Zug gegen Zahlung der Speditionsentgelte, **nicht mit einer Frachtnachnahme gleichzusetzen** (siehe auch *Ziffer 10 ADSp*).

Die Beauftragung des Spediteurs mit einer Nachnahme erfolgt gerade deshalb, weil der Auftraggeber die Gewissheit haben will, dass die Sendung erst dann an den Empfänger ausgehändigt wird, wenn der Nachnahmebetrag gezahlt ist. Der Spediteur wird hierdurch der Vertrauensmann des Auftraggebers und kann dieses Vertrauen nur rechtfertigen, indem er die Weisungen seines Auftraggebers genau befolgt. Deshalb ist die Annahme eines Schecks an Stelle von Bargeld nicht erlaubt, weil der Auftraggeber eine solche Weisung nicht erteilt hat.

Der Spediteur, welcher eine Auslieferung ohne Erhebung der Nachnahme vornimmt, und zwar im Vertrauen darauf, dass der Empfänger zahlungsfähig und zahlungsbereit ist, hat den Nachnahmebetrag weisungswidrig gestundet. Das bedeutet zwar nicht, dass der Absender, nachdem der Spediteur ihn von der Nichtzahlung der Nachnahme unterrichtet hat, sofort Zahlung des Nachnahmebetrages durch den Spediteur verlangen kann. Denn der Auftraggeber ist wegen der ihn treffenden Schadensminderungspflicht (*§ 254 Abs. 2 BGB*) gehalten, den Nachnahmebetrag beim Empfänger als seinem (Kauf-) Vertragspartner einzufordern. Zahlt der Empfänger nicht unverzüglich, sondern verspätet, hat der Spediteur den Verzugsschaden zu ersetzen; ist der Empfänger zahlungsunfähig, kann der Auftraggeber die Zahlung des vollen Nachnahmebetrages gegen Abtretung der Rechte aus dem (Kauf-) Vertrag verlangen. **Der Auftraggeber hat also gegen den Spediteur einen Schadensersatzanspruch, und zwar maximal bis zur Höhe des Nachnahmebetrages** (*§ 422 Abs. 3 HGB*).

Bei einer Nachnahme muss der Spediteur deshalb alle Vorkehrungen treffen, dass die Einziehung der Nachnahme und ihre Auszahlung an den Auftraggeber ordnungsgemäß ausgeführt wird. Der Hauptspediteur (Versandspediteur) besorgt die Einziehung einer Nachnahme durch Einschaltung eines Zwischenspediteurs (Empfangsspediteurs) der durch Einschaltung eines Frachtführers / Verfrachters. Der Zwischenspediteur überweist den eingezogenen Nachnahmebetrag unverzüglich an den Hauptspediteur, welcher verpflichtet ist, den eingegangenen Betrag unmittelbar an den Auftraggeber auszuzahlen. Bedient sich der Hauptspediteur für die Einziehung einer Nachnahme eines Frachtführers oder Verfrachters, ist bei Vorlage des Versandauftrages zunächst zu prüfen, ob ein Nachnahmeeinzug überhaupt von dem einzuschaltenden Frachtführer / Verfrachter durchführbar ist. Hierbei sind ganz besonders **im internationalen Verkehr die devisenrechtlichen Bestimmungen zu beachten.** Steht einer Beauftragung nichts im Wege, dann sind die sich aus der Weisung des Auftraggebers ergebenden Auflagen dem Frachtführer mitzuteilen und von diesem sorgfältig zu erfüllen. Sodann kann auch festgelegt werden, unter welchen Bedingungen und zu welchem Zeitpunkt der Nachnahmebetrag an den Versandspediteur ausgezahlt wird. Sobald der Betrag beim Versandspediteur eingegangen ist, hat er diesen an den Auftraggeber auszuzahlen.

Nachnahmeprovision

Dem Spediteur gebührt für das Inkasso eine Vergütung, die in der Regel als Nachnahmeprovision bezeichnet wird. Die Provision wird auch dann erhoben, wenn der Inkasso-Auftrag nachträglich zurückgezogen wird, *(Ziffer 16.4 ADSp)*. In diesem Fall ist der Spediteur zur Erhebung der Nachnahmeprovision aber nur berechtigt, wenn mit der Einziehung bereits begonnen oder dem Empfänger das Gut Zug um Zug gegen Nachnahmeerhebung angeboten oder einem Zwischenspediteur, Empfangsspediteur Nachnahmeanweisung erteilt wurde. **Hat der Spediteur einen Frachtführer mit der Einziehung der Nachnahme beauftragt, so berechnet dieser besondere Nebengebühren für die Nachnahme; in diesem Falle gebührt dem Spediteur für die Besorgung der Einziehung der Nachnahme eine Nachnahmeprovision zuzüglich der Vergütung der (Frachtführer-) Nebengebühr laut Auslage.**

Frachtüberweisung

Zu den finanziellen Verrichtungen des Spediteurs im weitesten Sinne kann man auch die Frachtüberweisung im Sinne von *§ 421 Abs. 2 HGB, Ziffer 10 ADSp* zählen. Basis für die hier angesprochenen Fallgestaltungen ist der Abschluss eines Kaufvertrages zwischen Auftraggeber und Empfänger, der unter anderem zum Inhalt hat, dass der Warenempfänger alle oder einen Teil der Beförderungskosten tragen soll.

Durch eine Frachtüberweisung auf den Empfänger soll hier der Zahlungsweg verkürzt werden, indem die vom Empfänger zu zahlenden Frachtkosten direkt an den Frachtführer gezahlt werden und nicht über einen Umweg vom Empfänger an den Auftraggeber und von diesem an den Spediteur oder Frachtführer.

Neben dem für eine Frachtüberweisung klassischen Frankaturvermerk „unfrei" hat sich insbesondere im internationalen Geschäft eingebürgert, dass auch die *Incoterms* (siehe *Kapitel 5*) als international anerkannte Kaufvertragsklauseln auf der Ebene des Speditions- oder Frachtvertrages als „Frankaturen" verwendet werden, mit denen eine Frachtüberweisung erfolgt. Werden solche Klauseln verwendet, entnimmt der Spediteur aus ihnen, welche Kosten er „nach hinten", also zum Auftraggeber, und welche er „nach vorne", also zum Empfänger hin abrechnet.

In Bezug auf die Rechtslage ist hier aber von folgendem auszugehen:

Bei einer Frachtüberweisung (zum Beispiel „unfrei-Sendung") ist der Empfänger regelmäßig nicht Partei des Speditions- oder Frachtvertrages, daher also auch nicht Schuldner der sich aus diesen Verträgen ergebenden Verpflichtungen. Eine vertragliche Vereinbarung zwischen dem Spediteur und seinem Auftraggeber, wonach der Empfänger zur Frachtzahlung verpflichtet würde, wäre ein nach deutschem Recht unzulässiger Vertrag zu Lasten eines Dritten (dies gilt auch für die Nachnahme). Deshalb kann durch eine Frachtüberweisung keine **Zahlungsverpflichtung des Empfängers entstehen mit der Folge, dass die Stellung des Absenders beziehungsweise Versenders *(§ 421 Abs. 4 HGB, Ziffer 10.1 ADSp)* als Frachtzahler nicht berührt wird.** Dieser bleibt als Vertragspartner des Spediteurs dessen Schuldner („Wer die Musik bestellt, der bezahlt").

In der speditionellen Praxis wurde früher über die dem Spediteur obliegenden Pflichten bei der Zahlungsabwicklung in Fällen der Frachtüberweisung gestritten. Vereinzelt wurde gefordert, dass der Spediteur Unfrei-Sendungen nur gegen Barzahlung ausliefern darf. Dies wird im Bereich des Spediteursammelgutverkehrs damit begründet, dass der Empfangsspediteur vor Ort die Bonität des Warenempfängers besser beurteilen könne als der Versandspediteur. Gegen diese Beurteilung spricht aber heute nicht nur die gesetzliche Systematik der unterschiedlichen Regeln in *§§ 421, 422 HGB*, sondern auch die allgemeinen kaufmännischen Gepflogenheiten. Zum einen hält heute kaum noch ein Empfänger eine „Frachtenkasse" mit Bargeld vor, vielmehr hat heute der bargeldlose Zahlungsverkehr absoluten Vorrang, so dass der ausliefernde Spediteur (Frachtführer) mit seinem Verlangen nach Barzahlung kaum Gehör finden wird. Zum anderen muss eine Ablieferung auch deshalb möglich sein, um frei über den Laderaum zum Beispiel für neue Aufträge verfügen zu können.

Hiervon gehen auch die *ADSp* aus. Denn nach *Ziffer 10 ADSp* enthält der Zahlungsvermerk „unfrei" **keine Nachnahmeweisung. Danach enthält die Weisung des Auftraggebers, Speditions- und Frachtkosten „unfrei" – also beim Empfänger – zu kassieren, nicht die Verpflichtung, diese Kosten in bar oder in Form eines gleichwertigen Zahlungsmittels einzuziehen.** Im Zeitalter des bargeldlosen Zahlungsverkehrs stellt der Spediteur dem Empfänger die zu zahlenden Beträge in aller Regel in Rechnung. Zahlt der Empfänger, erlischt die Zahlungsverpflichtung des Auftraggebers. Zahlt der Empfänger – aus welchen Gründen auch immer – die Rechnung nicht, hält sich der Spediteur an seinen Auftraggeber (an den Versender).

Damit gilt folgender Grundsatz: Auftraggeber und Empfänger sind als Gesamtschuldner zur Zahlung der Versendungskosten / Fracht verpflichtet (*§ 421 Abs. 4 HGB, Ziffer 10.1 ADSp*). Bei der Unfrei-Klausel ist der Spediteur berechtigt, aber nicht verpflichtet, die Auslieferung des Gutes von der Zahlung abhängig zu machen. Eine Frachtüberweisung verlangt von ihm nur, dass er sich (nachweisbar) bemühen muss, die Forderung zunächst beim Empfänger einzuziehen.

Selbstverständlich kann sich der Empfänger ausdrücklich dem (Empfangs-) Spediteur gegenüber zur Zahlung verpflichten (sogenannte Verpflichtungserklärung). Die Rechtsprechung hat eine solche Verpflichtung bei folgendem, auf einem Empfangsschein abgedruckten Text anerkannt: *Durch (Spediteur … empfing ich / empfingen wir Sendung …, wofür ich / wir zahle(n) … (es folgen die auf dem Gut liegenden Lasten).*

Der Warenempfänger, der einen entsprechenden Hinweis auf einem Empfangspapier gesondert unterzeichnet, verpflichtet sich, die dort genannten Kosten zu zahlen. In der Praxis ist aber zu beachten, dass Lagerpersonal als Personal des Empfängers in der Regel nicht bevollmächtigt ist, derartige Verpflichtungen einzugehen.

4.2 Akkreditivabwicklung, Dokumenteninkasso, Bankbestätigung

Im einfachen Handelsgeschäft geschieht die Zahlung des Kaufpreises gewöhnlich in der Form, dass der Kaufpreis Zug um Zug gegen Übergabe der Ware bezahlt wird. Im Außenhandelsgeschäft ist dieses Verfahren im Allgemeinen nicht möglich; daher haben sich Gewohnheiten entwickelt, die einerseits dem Verkäufer die Gewissheit geben, dass er den Kaufpreis bei Versand der Ware erhält, und andererseits dem Käufer die Gewissheit geben, dass der Kaufpreis erst ausgezahlt wird, wenn die gekaufte Ware vereinbarungsgemäß auf den Weg gebracht ist. Auch im internationalen Zahlungsverkehr werden heute Import- und Exportgeschäfte überwiegend im nichtdokumentären Zahlungsverkehr, das heißt durch einfache Zahlung beziehungsweise Scheck, abgewickelt. Nur ein geringerer Teil der Geschäfte wird im Dokumentenbereich, das heißt mit Akkreditiv oder durch Inkasso, abgewickelt. Hierbei wird Zahlung gegen Übergabe von Dokumenten geleistet, die den Versand der Ware nachweisen beziehungsweise das Eigentum an der Ware oder zumindest die Verfügungsgewalt darüber übertragen.

Internationaler Zahlungsverkehr

Speditionsverträge, in denen Akkreditive eine Rolle spielen, müssen besonders sorgfältig bearbeitet werden. Die Banktechnik des Außenhandels gehört zu den kompliziertesten Kaufmannsgeschäften.

Hierbei wirkt der Spediteur bei der Aufmachung und Besorgung von Dokumenten, die der Zahlungs-Sicherstellung dienen, mit. Es ist deshalb für den internationalen Spediteur unerlässlich, mit den gebräuchlichsten Zahlungsformen und den wichtigsten Richtlinien der Banken vertraut zu sein.

In aller Regel werden folgende Zahlungsklauseln verwendet:

Zahlungsklauseln

Kasse gegen Dokumente – D/P = documents against payment – cad = Cash against documents

Der Käufer zahlt an die Inkasso-Bank den Kaufpreis, dann werden ihm die Verschiffungsdokumente zur Übernahme der Ware ausgehändigt.

Dokumente gegen Wechsel-Akzept – D/A = documents against acceptance

Der Käufer akzeptiert einen Wechsel, dann werden ihm die Verschiffungsdokumente ausgehändigt. In diesem Falle ist das Risiko des Exporteurs größer als bei der Klausel „documents against payment", da nicht absolut sichergestellt ist, ob und inwieweit der Wechsel später auch eingelöst wird.

Dokumente gegen Trust-Receipt – d/TR = documents against Trust Receipt

Der Käufer verpflichtet sich der Bank gegenüber, die Ware ausschließlich nach den Weisungen im Trust Receipt zu behandeln, dann werden ihm die Verschiffungsdokumente ausgehändigt. Das Eigentum an der Ware geht erst auf den Käufer über, wenn dieser den Kaufpreis gezahlt hat. Die Rechtswirkung entspricht in etwa der Sicherungsübereignung. Diese Klausel gehört in der Praxis des internationalen Zahlungsverkehrs jedoch eher zu den Ausnahmen, da die Inkasso-Bank keinerlei Verantwortung trägt und somit vorausgesetzt wird, dass zwischen Käufer und Verkäufer der Ware ein großes Vertrauensverhältnis besteht.

Zahlung mittels Dokumenten-Akkreditiv – Letter of Credit (L/C) oder Documentary Credit (D/C)

Beim Dokumenten-Akkreditiv (englischsprachiger Ausdruck: letter of credit L/C) handelt es sich um eine Anweisung des Käufers an seine Bank, dem Verkäufer unter Vorlage von genau vorgeschriebenen Dokumenten den Kaufpreis auszuzahlen. Oder anders formuliert: **Das Akkreditiv ist ein unwiderruflich, bedingt-abstraktes Zahlungsversprechen einer Bank, für die Einreichung akkreditivkonformer Dokumente dem Begünstigten (Verkäufer) Zahlung zu leisten.**

Bank-Inkasso　Für die Durchführung des Bank-Inkassos hat die *Internationale Handelskammer, Paris, Einheitliche Richtlinien für das Inkasso von Handelspapieren* herausgegeben.

Diese Richtlinien sind mit Wirkung vom 1.1.1996 durch eine Neufassung unter der Bezeichnung *ICC, Einheitliche Richtlinien für Inkassi [ERI]*, ersetzt worden.

Nach diesen Richtlinien bedeutet „Inkasso" die Bearbeitung von Dokumenten (Zahlungspapiere oder Handelspapiere) durch Banken auf Grund der erhaltenen Weisungen, um

- bei Zahlungspapieren (Wechsel, Solawechsel, Schecks, Zahlungsquittungen oder andere ähnliche Dokumente) die Akzeptierung oder Zahlung zu erlangen oder um
- Handelspapiere (Rechnungen, Verladedokumente, Dispositions- oder andere ähnliche Dokumente) gegen Akzeptierung oder Zahlung auszuhändigen.

Dokumenten-Inkasso　Beim Dokumenten-Inkasso bringt der Verkäufer im Vertrauen auf die Zahlungsfähigkeit und Zahlungswilligkeit des Käufers die Ware zum Versand. Danach reicht der „Auftraggeber" (Verkäufer) die über den Versand ausgestellten Dokumente mit einem gesonderten Inkasso-Auftrag (Formular) bei seiner Bank (Einreicher-Bank) ein. Die Einreicher-Bank überprüft die Vollzähligkeit und Vollständigkeit der dem Inkasso-Auftrag beizulegenden Dokumente; zu darüber hinausgehenden Prüfungen ist sie nicht verpflichtet. Die Einreicher-Bank sendet die Dokumente mit den Weisungen des Verkäufers sodann an die Bank im Lande des Käufers (Inkasso-Bank). Die Inkasso-Bank (vorlegende Bank) legt dem Käufer die Dokumente zur Einlösung, sprich Bezahlung des Kaufbetrages, vor. Der Käufer (Bezogener) erhält dann die Dokumente (zum Beispiel Konnossement), die zur Empfangnahme der Ware berechtigen. Der Betrag wird dann zwischen der Inkasso-Bank und der Einreicher-Bank abgerechnet.

Der Ablauf eines Dokumenteninkassos ist im Folgenden grafisch dargestellt.

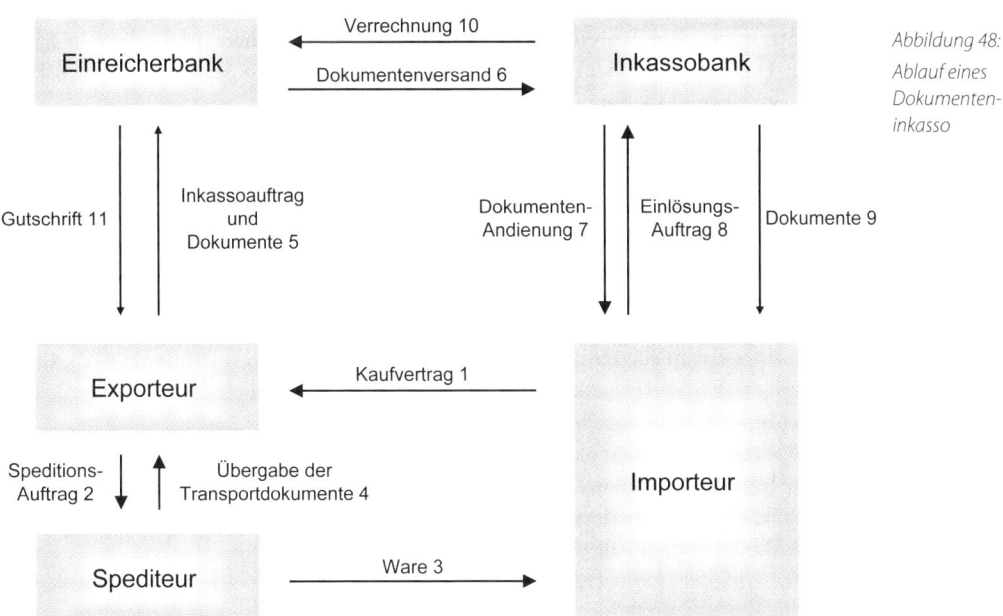

Abbildung 48:
Ablauf eines
Dokumenten-
inkasso

Quelle: Dresdner Bank AG

Im ersten Schritt (Pfeil 1) unterzeichnen Exporteur und Importeur einen Kaufvertrag mit der Zahlungsbedingung „Dokumente gegen Zahlung – documents against payment". Anschließend übergibt der Exporteur die zu befördernde Ware einem Spediteur auf Grund eines abgeschlossenen Speditionsvertrages (Pfeil 2), der den Transport zum Importeur besorgt (Pfeil 3). Der Exporteur erhält von dem Spediteur die erwünschten Begleitpapiere und Transportdokumente (Pfeil 4). Alle übrigen für die Einfuhrverzollung notwendigen Dokumente, die im Kaufvertrag ausgehandelt wurden, erstellt der Exporteur anschließend selbst beziehungsweise besorgt sie sich von Dritten wie Versicherungsgesellschaft, *IHK* usw.. In der Summe werden vom Exporteur diejenigen Transportdokumente (zum Beispiel Konnossement) angefordert und Begleitpapiere erstellt beziehungsweise besorgt, die sicherstellen, dass der Importeur erst nach Übergabe der Dokumente (Pfeil 9) in den Besitz der Ware gelangen kann. Hiernach (Pfeil 5) übergibt der Exporteur die Dokumente zuzüglich Inkassoauftrag an die Einreicherbank. Diese prüft Vollständigkeit und Plausibilität der Dokumente und versendet diese anschließend per Kurier oder Einschreiben an die Inkassobank (Pfeil 6). Die Inkassobank prüft ebenfalls Plausibilität und Vollständigkeit, verwahrt die Dokumente im Tresor und benachrichtigt den Importeur (Pfeil 7) bezüglich der Dokumentenvorlage. Diesen Vorgang bezeichnet man als Dokumentenandienung. Der Importeur erteilt anschließend der Inkassobank (Pfeil 8) einen Einlöseauftrag. Die Inkassobank prüft, ob genügend Deckung auf dem Konto des Importeurs vorhanden ist und – sofern dies der Fall ist – belastet das Konto des Importeurs. Anschließend liefert sie (Pfeil 9) dem Importeur die Dokumente aus, damit dieser die Einfuhrverzollung in die Wege leiten kann. Zeitgleich verrechnet die Inkassobank (Pfeil 10) mit der Einreicherbank und diese erteilt (Pfeil 11) dem Exporteur die Gutschrift.

Doku- Im internationalen Warenverkehr versteht man unter einem Akkreditiv in erster
menten- Linie ein Dokumenten-Akkreditiv. Der Geldbetrag wird dem Verkäufer nach Vorlage
Akkreditiv akkreditivkonformer Dokumente zur Verfügung gestellt.

Das Akkreditiv ist ein unwiderrufliches, bedingt-abstraktes Zahlungsversprechen, das mit dem ihm zu Grunde liegenden Kaufvertrag nur indirekt zusammenhängt. Ebenso wie im Wechselrecht lediglich eine selbständige Zahlungspflicht des Akzeptanten besteht, die nur indirekt mit dem Kauf zusammenhängt, so begründet die Eröffnung eines Akkreditivs eine abstrakte Zahlungsverpflichtung der Bank, die das Akkreditiv erstellt. Maßgeblich für das Akkreditivgeschäft sind lediglich die im Akkreditiv genannten Bedingungen, nicht aber der Kaufvertrag zwischen Käufer und Verkäufer. Somit ist die Zahlung unter einem Akkreditiv losgelöst vom Warengeschäft. Das bedeutet, dass die eröffnende Bank bei Vorlage akkreditivkonformer Dokumente auch dann Zahlung leisten muss, wenn die Ware mangelhaft oder beschädigt ist.

Das Akkreditiv-Geschäft ist ein Bankgeschäft. **An ihm sind beteiligt**

a)   der Käufer (Importeur)
b)   die Bank im Lande des Käufers (eröffnende Bank)
c)   die Bank im Lande des Verkäufers (avisierende Bank)
d)   der Verkäufer (Exporteur).

Das Dokumenten-Akkreditiv (L/C oder D/C) verdankt seine überragende Stellung für die Außenwirtschaft der Tatsache, dass es **drei Aufgaben gleichzeitig erfüllt:**

1.   **Die Zahlungsfunktion**
       Das L/C dient im internationalen Handel dem bargeldlosen Zahlungsverkehr zwischen Importeur und Exporteur.

2.   **Die Sicherungsfunktion**
       Das selbständige abstrakte Leistungsversprechen einer Bank sichert zunächst den Exporteur vor Zahlungsunfähigkeit oder Zahlungsunwilligkeit des Importeurs. Dieser ist gleichfalls insofern geschützt, als die Akkreditiv-Bank Zahlungen nur gegen Einreichung der von ihm selbst vorgeschriebenen Warendokumente leistet.

3.   **Die Kreditfunktion**
       Sofern die Akkreditiv-Bank vom Importeur bei Auftragserteilung keine Bar-Deckung verlangt, wird dessen Liquidität bis zur Inanspruchnahme des L/C geschont. Es erfolgt eine Einbuchung auf seine Kreditlinie.

Grundlage des Dokumenten-Akkreditivs ist der Kaufvertrag zwischen Käufer und Verkäufer. Der Kaufvertrag enthält als Zahlungsbedingung die sogenannte **Akkreditiv-Klausel**, nach der die Zahlung der Kaufsumme aus einem bei der Bank des Käufers zu eröffnenden Akkreditiv gegen Vorlage benannter Dokumente innerhalb eines bestimmten Zeitpunkts (Datum) zu erfolgen hat. Auf Grund dieser Klausel richtet der Käufer bei seiner Bank mit einem Akkreditiv-Eröffnungs-Antrag das geforderte Dokumenten-Akkreditiv zu Gunsten des Verkäufers ein. Die **Bank des Käufers** (**Akkreditiv-eröffnende Bank**) prüft die Bonität des Käufers und legt das Akkreditiv auf der Basis des Akkreditiv-Eröffnungs-Antrages heraus. Sie sendet eine Akkreditiv-Eröffnungsanzeige an die **Bank des Verkäufers** (**Akkreditiv-avisierende Bank**). Die Bank des Käufers teilt dem Verkäufer die Eröffnung des Akkreditivs mit. Daraufhin sendet der Verkäufer die Ware unter genauer Beachtung der Akkreditiv-Bestimmungen über Art und Zahl der zu erstellenden Versand- und Begleitdokumente an den Käufer ab. Der Verkäufer reicht die Versand- und Begleit-Dokumente seiner Bank ein und erhält, sofern sie akkreditiv-konform und fristgerecht vorgelegt werden, den Akkreditivbetrag von seiner Bank ausgezahlt. Die Bank des Verkäufers sendet die Dokumente an die Bank des Käufers und belastet diese mit dem ausgezahlten Betrag. Die Bank des Käufers händigt die Dokumente dem Käufer aus und verfügt über den vom Käufer beschafften Akkreditiv-Betrag. Spediteure müssen bei der Behandlung von Gütern / Sendungen, deren Kaufpreiszahlung auf der Basis von Dokumenten-Akkreditiven vereinbart worden ist, besonders genau arbeiten. **Die in dem Speditionsauftrag / Versandauftrag vom Versender bekanntgegebenen Vorschriften über die Beibringung der erforderlichen Dokumente sind streng zu beachten**; in der speditionellen Praxis wird dem Spediteur häufig lediglich eine Kopie des Dokumenten-Akkreditivs übergeben, so dass ihm die Pflicht obliegt, die transportdokumentrelevanten Bestimmungen zu ermitteln. **Oberster Grundsatz dabei ist, dass dem Versender Dokumente übergeben werden, die vollständig im Sinne des Akkreditivs sind, äußerlich in Ordnung sind und nach Art und Inhalt den jeweiligen Akkreditiv-Bedingungen entsprechen.** Ein Bankauftrag zur Eröffnung eines Akkreditivs ist auf *Seiten 294-296* abgedruckt.

Die Eröffnung und Abwicklung von Dokumenten-Akkreditiven erfolgt bei den Banken allgemein nach den von der *Internationalen Handelskammer (ICC) Paris* aufgestellten *Einheitlichen Richtlinien und Gebräuche für Dokumenten-Akkreditive* (kurz: *ERA*) und mit deren Standard-Formularen für die Eröffnung von Dokumenten-Akkreditiven. **Richtlinien für Dokumenten-Akkreditive ERA 600**

Am 1.7.2007 traten für Akkreditivgeschäfte verschiedene Neuregelungen in Kraft, denn seit diesem Zeitpunkt gelten neue *Einheitliche Richtlinien und Gebräuche für Dokumentenakkreditive (ERA 600)* beziehungsweise *ICC Uniform Customs and Practice for Documentary Credits (UCP 600)*. Zielsetzung der *ICC* für die Neufassung der *ERA 600* waren: Vereinfachung der Bestimmungen, Einbeziehung neuer Rechtspsrechung und neuer Verfahrensweisen. Alle *ICC*-Publikationen sind in *Deutschland* zu beziehen durch: *ICC Deutschland-Vertriebsdienst, Postfach 10 08 26, 50448 Köln.*

Der Einsatz elektronischer Medien im internationalen Welthandel nimmt rasant zu. Aus diesem Grund hat sich eine Arbeitsgruppe der *ICC* mit der Frage beschäftigt, wie man die grundsätzlichen Möglichkeiten für die Vorlage elektronischer Dokumenten-Akkreditiven schaffen kann. Das Ergebnis ist das *Supplement to the Uniform Customs and Practice for Documentary Credits for Electronical Presentation (eUCP)*. Im deutschsprachigen Raum lautet die Bezeichnung *el.ERA (elektronische ERA)*. Diese *el.ERA* mit der *Version 1.0* sind am 1.4.2002 in Kraft getreten.

Auftrag zur Akkreditiv-Eröffnung

◊ **Dresdner Bank** in Internationales Geschäft Dokumenten- und Garantieservice	**Name und Anschrift des Auftraggebers** Ort / Datum: Ansprechpartner(in) bei Rückfragen: Telefon: Fax: E-Mail: unsere Referenz:

Ich/Wir bitte(n) Sie, für unsere Rechnung nachfolgendes Akkreditiv zu eröffnen:

☐ unwiderruflich   ☐ per Telekommunikation/S.W.I.F.T.
☐ widerruflich   ☐ brieflich/S.W.I.F.T.
☐ übertragbar   ☐ mit Voravis per Telekommunikation

Verfallsdatum	
Ort des Verfalls	

Das Akkreditiv soll benutzbar sein	bei: ☐ Dresdner Bank, in
	         ☐ Ihrem Korrespondenten
	         ☐ andere (siehe nebenstehend)
	
	 durch ☐ Sichtzahlung
	         ☐ hinausgeschobene Zahlung, fällig
	         ☐ Akzeptierung
	         ☐ Negoziierung
	
	 gegen Einreichung der nachstehend genannten Dokumente und
	         ☐ der Tratte(n) des Begünstigten per
	         gezogen auf (Name der Bank),

Akkreditivbetrag	☐ genau ☐ circa ☐ bis zu ☐ andere
Begünstigter	
Bank des Begünstigten	S.W.I.F.T.-Code : (Sie sind berechtigt, das Akkreditiv dem Begünsigten über eine Korrespondenzbank Ihrer Wahl zuzuleiten)
Verladung	Von über **Teilverladung** ☐ gestattet / ☐ nicht gestattet nach nicht später als **Umladung** ☐ gestattet / ☐ nicht gestattet

Ware (Kurze Bezeichnung)	

Vom Begünstigten vorzulegende Dokumente	☐ Handelsrechnung
	☐ handschriftlich unterschrieben
	☐ unterschrieben
	      Original(e)
	      Kopie(n)
	
	☐ Voller Satz reiner an Bord Seekonnosse-
	    mente
	    ☐ ausgestellt an Order, ☐ blanko indossiert
	    ☐ ausgestellt an die Order von
	
	    ☐ ausgestellt an
	
	mit dem Vermerk:
	☐ „Fracht bezahlt"
	☐ „Fracht zahlbar am Bestimmungsort"
	
	☐ zu benachrichtigen (Name und Anschrift)
	
	☐ Multimodales Transportdokument *)
	
	☐ Internationaler Frachtbrief (CMR)
	(Exemplar für Absender) *)
	
	☐ Eisenbahn-Duplikatfrachtbrief *)
	
	☐ Luftfrachtbrief (Original for shipper) *)
	
	*) adressiert an:
	
	☐ Versicherungspolice / ☐ Versicherungszertifikat
	    ☐ exakt % CIF Wert, deckend folgende Risiken:
	    ☐ minimum % CIF Wert, deckend folgende Risiken:
	
	    ☐ Versicherung wird von uns abgeschlossen
		Sonstige:
		☐ Spediteurübernahmebescheinigung (FCR)
		    Original(e)
		    Kopie(n)
		
		☐ Packliste
		    Original(e)
		    Kopie(n)
		
		☐ Ursprungszeugnis
		    Original(e)
		    Kopie(n)
		
		☐
		    Original(e)
		    Kopie(n)
		
		☐
		    Original(e)
		    Kopie(n)
		
		☐
		    Original(e)
		    Kopie(n)
		
		☐
		    Original(e)
		    Kopie(n)
		
		☐
		    Original(e)
		    Kopie(n)

Lieferbedingungen (Incoterms 2000)	☐ CFR ☐ CIF ☐ CPT ☐ CIP ☐ DAF ☐ DES ☐ DEQ ☐ DDU ☐ DDP ☐ EXW ☐ FAS ☐ FCA ☐ FOB ☐ (Bestimmungsort) ☐ andere Bedingungen ☐ keine

Vorlagefrist	Die Dokumente sind innerhalb von ____ Tagen nach Verladedatum vorzulegen, jedoch innerhalb der Gültigkeit des Akkreditivs.
Zusätzliche Bedingungen	(z.B. zu Aussteller, Inhalt, Unterzeichnung von Dokumenten; ggf. unter Angabe des als Erfüllungnachweis vorzulegenden Dokuments)
Kosten	Fremde Kosten gehen ☐ zu unseren Lasten ☐ zu Lasten des Begünstigten Ihre Kosten gehen ☐ zu unseren Lasten ☐ zu Lasten des Begünstigten
Bestätigung	☐ ohne Bestätigung ☐ mit Bestätigung ☐ mit Bestätigung auf Wunsch des Begünstigten
Wir ermächtigen Sie,	nachstehendes Konto zu belasten ☐ unser EUR-Konto Nr. ____ bei Ihnen ☐ unser Fremdwährungskonto Nr. ____

Für die Ausführung des Auftrages sind die „Einheitlichen Richtlinien und Gebräuche für Dokumenten-Akkreditive" der Internationalen Handelskammer, Paris, in der jeweils gültigen Fassung, zugrunde zu legen. Ergänzend gelten die „Allgemeinen Geschäftsbedingungen" Ihrer Bank. Uns ist bekannt, dass die AWV-Meldungen für dokumentäre Zahlungen nach den Vorschriften der Deutschen Bundesbank von uns selbst vorzunehmen sind."

Ort und Datum der Auftragserteilung	Rechtsverbindliche Unterschrift(en) des Auftraggebers / Firmenstempel

Quelle: Dresdner Bank AG

Die *el.ERA* bestehen aus zwölf Artikeln und ergänzen die *ERA* insoweit, als sie die Besonderheiten der Abwicklung der elektronischen Präsentation von Dokumenten beschreiben. Die *el.ERA* sind also keine Revision der *ERA*, sondern stellen einen Anhang zu den *ERA* dar. Neben einer vollständigen elektronischen Präsentation besteht nunmehr auch die Möglichkeit einer gemischten Vorlage in Papierform und elektronischer Form. Bei der Vorlage von elektronischen Dokumenten ist aus Sicherheitsgründen die Nutzung digitaler Signaturen zwingend vorgeschrieben. In der Praxis findet dieses Verfahren jedoch bis dato keine Anwendung.

Zwar werden die *el.ERA* am Beginn noch keine überragende Anwendung finden, dennoch ist es wichtig, sich einmal mit diesem Thema zu beschäftigen, da die Nutzung elektronischer Dokumente in der Zukunft sicherlich stark zunehmen wird.

Die *ICC Deutschland* hat zu diesem Thema eine Broschüre veröffentlicht, die Sie bei der *ICC Deutschland* (http://www.icc-deutschland.de) zum Preis von 10,– € zuzüglich 7 % MWSt und Versandkosten erwerben können.

Akkreditive können entweder widerruflich oder unwiderruflich sein. Alle Akkreditive sollen daher eindeutig angeben, ob sie widerruflich oder unwiderruflich sind. Fehlt eine solche Angabe, so gilt das Akkreditiv als unwiderruflich. Ein widerrufliches Akkreditiv kann jederzeit ohne vorherige Nachricht an den Begünstigten geändert oder annulliert werden.

In der Praxis wird vorwiegend das unwiderrufliche, unbestätigte, befristete, nicht übertragbare und nicht teilbare, einfache Dokumenten-Akkreditiv vereinbart. Diese Form wird kurz unwiderrufliches Akkreditiv genannt.

Durch ein unwiderrufliches Akkreditiv werden die einem Außenhandelsgeschäft innewohnenden Risiken noch stärker abgesichert als bei einem Bank-Inkasso. Der Käufer hat die Sicherheit, dass er nur gegen Vorlage der verlangten Dokumente zu zahlen braucht. Der Verkäufer kann sich darauf verlassen, dass er bei einer akkreditivgemäßen Lieferung in jedem Falle sein Geld bekommt; die akkreditivöffnende Bank übernimmt eine abstrakte Zahlungsverpflichtung. Den Ablauf eines unwiderruflichen, unbestätigten Akkreditivs entnehmen Sie bitte der folgenden Darstellung:

*Unwider-
rufliches,
unbe-
stätigtes
Akkreditiv*

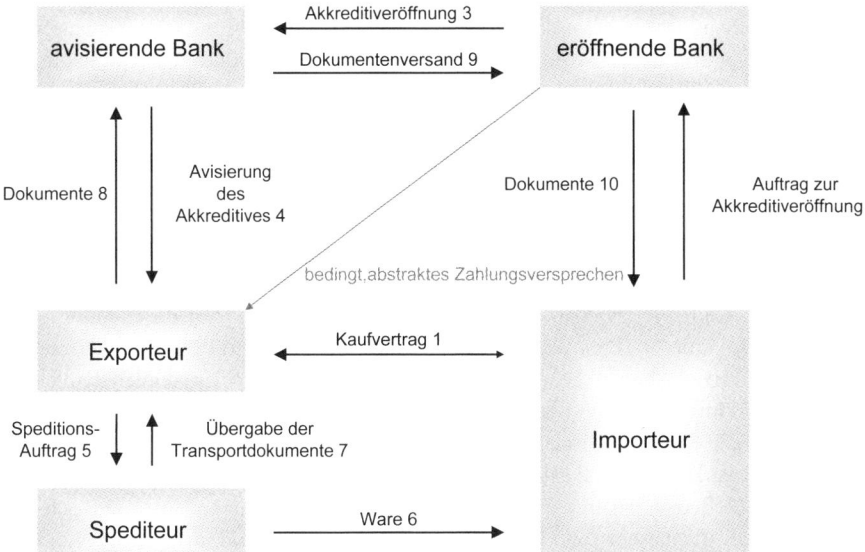

*Abbildung 50:
Ablauf eines
unwiderruf-
lichen,
unbestätigten
Akkreditivs*

Quelle: Dresdner Bank AG

Im ersten Schritt (Pfeil 1) unterzeichnen Exporteur und Importeur einen Kaufvertrag mit der Zahlungsbedingung „unwiderrufliches, unbestätigtes Dokumentenakkreditiv". Im Unterschied zum Dokumenteninkasso wird nun der Importeur initiativ und erteilt der eröffnenden Bank einen Auftrag zur Akkreditiveröffnung (Pfeil 2). Dieser Auftrag zur Akkreditiveröffnung ist ein Spiegelbild des Kaufvertrages. Die eröffnende Bank prüft die Bonität des Importeurs und eröffnet nach erfolgreicher Bonitätsprüfung das Akkreditiv per SWIFT oder Telex oder in Schriftform an die avisierende Bank (Pfeil 3). Rein rechtlich gibt die eröffnende Bank mit dieser Akkreditiveröffnung oder Hinauslegung gegenüber dem Exporteur ihr unwiderruflich bedingt abstraktes Zahlungsversprechen. Das bedeutet, dass sie bei Vorlage akkreditivkonformer Dokumente an den Exporteur Zahlung leisten muss, auch dann, wenn der Importeur zahlungsunfähig wäre. Die avisierende Bank prüft nun, ob die Akkreditivbedingungen augenscheinlich für den Exporteur durchführbar sind und benachrichtigt anschließend den Exporteur (Pfeil 4). Diesen Vorgang nennt man

Avisierung. Anschließend beauftragt der Exporteur einen Spediteur (Pfeil 5) mit dem Warenversand (Pfeil 6) und erhält von dem Spediteur das der Transportart entsprechende Transportdokument (Pfeil 7). In der Praxis wird dem Spediteur häufig lediglich eine Kopie des Dokumenten-Akkreditivs übergeben, so dass ihm die Pflicht obliegt, die Transportdokumenten relevanten Bestimmungen zu ermitteln. Die Bestimmungen in der Kopie des Dokumenten-Akkreditivs sind genau zu beachten. Die zu beschaffenden Dokumente und Begleitpapiere sind vollständig und fristgerecht vorzulegen. In aller Regel sind das Dokumente, die sicherstellen, dass der Importeur erst nach Vorlage der Dokumente (Pfeil 10) in den Besitz der Ware gelangt. Zusammen mit den darüber hinaus im Akkreditiv geforderten Dokumenten reicht der Exporteur diese an die avisierende Bank weiter (Pfeil 8). Diese prüft, ob die Dokumente Akkreditiv konform sind, hat aber keine Zahlungsverpflichtung aus dem Akkreditiv. Nach erfolgreicher Prüfung leitet die avisierende Bank die Dokumente an die eröffnende Bank (Pfeil 9) weiter. Diese prüft ebenfalls die Dokumente auf Akkreditivkonformität und sendet diese nach erfolgreicher Prüfung (Pfeil 10) an den Importeur. Dieser ist nun in der Lage, die Einfuhrverzollung in die Wege zu leiten. Der Zahlungsweg ist in dem Schaubild nicht dargestellt, da Akkreditive unterschiedlich zahlbar gestellt sein können. Ist das Akkreditiv zahlbar bei der avisierenden Bank, kann diese direkt bei Erhalt der Dokumente (Pfeil 8) und nach erfolgreicher Prüfung an den Exporteur zahlen. Dies wird sie aber nur dann tun, wenn sie das Konto der eröffnenden Bank belasten kann oder von einer Dritten Bank nach Remboursabforderungen Zahlung erhält. Ist das Akkreditiv zahlbar bei der eröffnenden Bank, so erfolgt die Zahlung nach Vorlage der Dokumente (Pfeil 9), das heißt nach erfolgreicher Prüfung der Dokumente durch die eröffnende Bank überweist die eröffnende Bank der avisierenden Bank den Akkreditiverlös und diese zahlt nach Erhalt an den Exporteur weiter.

Bestätigtes Akkreditiv   Gibt auch die Bank im Lande des Verkäufers mit der Anzeige der Akkreditiv-Eröffnung an den Verkäufer die Bestätigung ab, dass sie nach Aufnahme der Dokumente den angezeigten Betrag zahlen wird, dann geht diese Bank ein eigenes abstraktes Schuldversprechen ein. In diesem Falle **haften beide Banken dem Verkäufer**. Diese Art eines Akkreditivs wird kurz **bestätigtes Akkreditiv** genannt. Hiermit sichert der Verkäufer sich neben dem Bonitätsrisiko und dem Abnahmerisiko auch das Adressenausfallrisiko der eröffnenden Bank sowie die politischen Risiken im Importland ab. Der Ablauf eines unwiderruflichen, bestätigten Akkreditivs entspricht dem eines unwiderruflichen, unbestätigten Akkreditivs (siehe Abbildung *Seite 297*).

Im ersten Schritt unterzeichnen Exporteur und Importeur einen Kaufvertrag mit der Zahlungsbedingung „unwiderruflich, bestätigtes Dokumentenakkreditivs" (Pfeil 1). Anschließend erteilt der Importeur (Pfeil 2) der eröffnenden Bank den Auftrag zur Akkreditiveröffnung. Dieser Auftrag ist ein Spiegelbild des Kaufvertrages und muss ausdrücklich den Hinweis enthalten, dass das Akkreditiv von der avisierenden Bank bestätigt werden soll. Die eröffnende Bank prüft nun die Bonität des Importeurs und nach erfolgreicher Bonitätsprüfung eröffnet sie (Pfeil 3) das Akkreditiv per SWIFT oder Telex oder in Schriftform an die avisierende Bank verbunden mit dem ausdrücklichen Hinweis, eine Bestätigung hinzuzufügen. Rein rechtlich gibt die eröffnende Bank mit diesem Schritt gegenüber dem Exporteur ihr unwiderruflich, bedingt abstraktes Zahlungsversprechen ab. Die avisierende Bank prüft nun, ob die Akkreditiv-Bedingungen für den Exporteur augenscheinlich durchführbar sind und benachrichtigt anschließend (Pfeil 4) den Exporteur. Diesen Vorgang nennt man Avisierung. Im Unterschied zum unbestätigten Akkreditiv gibt sie mit diesem Schritt zusätzlich zu dem Zahlungsversprechen der eröffnenden Bank auch noch ihr eigenes unwiderruflich, bedingt abstraktes Zahlungsversprechen ab. Dies bedeutet, dass sie bei Vorlage akkreditivkonformer Dokumente durch den Exporteur zahlen muss, auch wenn sie von der eröffnenden Bank keine Zahlung erhält. Der Exporteur sichert sich somit neben dem Bonitätsrisiko des Importeurs auch das sogenannte Adressenausfallrisiko der eröffnenden Bank sowie eventuell vorhandene politische Risiken im Importland, die zu einer Nichtzahlung führen könnten, ab. Alle weiteren Schritte sind analog dem Schaubild „unwiderruflich / unbestätigtes Akkreditiv".

Die Spediteure haben mit dem Akkreditivgeschäft nur insoweit zu tun, als sie die in dem Akkreditiv benannten Dokumente zu beschaffen und fristgemäß vorzulegen haben. Die Auftraggeber der Spediteure müssen daher die in dem Akkreditivbrief enthaltenen Vorschriften für die Beibringung der erforderlichen Dokumente in dem Versandauftrag an den Spediteur genau bekanntgeben, und der Spediteur hat auf Grund seiner Sorgfaltspflicht für die ordnungsgemäße Beschaffung der erforderlichen Dokumente zu sorgen.

Die Bedingungen des Akkreditivs müssen genau eingehalten werden. Um Missverständnissen oder Übertragungsfehlern im Versandauftrag an den Spediteur vorzubeugen, **sollte der Auftraggeber eine Fotokopie des Akkreditivs dem Versandauftrag beifügen.** Unmittelbar bei Erhalt der Akkreditivbedingungen prüft der Spediteur, ob diese von ihm in allen Punkten eingehalten werden können. Andernfalls ist der Auftraggeber sofort zu verständigen.

Die Frage, welches Transport-Dokument ausgestellt werden muss, damit es akkreditivgerecht ist, ergibt sich ausschließlich und allein aus dem Kaufvertrag. **Im Kaufvertrag kann grundsätzlich jedes Begleitpapier zwischen Verkäufer und Käufer für die Abwicklung des Akkreditivs vereinbart werden.** Es muss der irrigen Meinung vorgebeugt werden, dass die Banken darüber das Bestimmungsrecht hätten. Verkäufer und Käufer haben aber vielfach keine ausreichenden Erfahrungen, um bei der Bestimmung des Begleitpapiers zu einer eigenen begründeten Entschließung zu kommen. Unter diesem Gesichtspunkt stellen die *Einheitlichen Richtlinien und Gebräuche für Dokumenten-Akkreditive* (**kurz genannt: ERA**) für den internationalen Güterverkehr beziehungsweise Zahlungsverkehr eine wesentliche Hilfestellung dar. **Es handelt sich dabei um die Festlegung bestimmter Regeln, die bei Geltung der Richtlinien für alle am Akkreditiv-Verfahren Beteiligten bindend sind, sofern nicht ausdrücklich anderweitige Vereinbarungen getroffen worden sind oder sie nicht nationalen, staatlichen oder örtlichen Gesetzen und / oder Verordnungen entgegenstehen, von denen nicht abgewichen werden darf.**

Nach den *ERA* sind Spediteur-Dokumente grundsätzlich nicht akzeptabel. Das ergibt sich zwingend aus der Notwendigkeit der Ausstellung aller Transportpapiere durch einen eigenverantwortlichen Frachtführer. **Der Frachtführer verspricht im Frachtvertrag die Durchführung des Transportes und die Übergabe des Transportgutes an den Empfänger. Der Spediteur dagegen übernimmt nicht die „Ausführung", sondern die Besorgung von Transporten.** Die Unterzeichnung als „Forwarding Agent" ist also schädlich. Das gleiche gilt, wenn Spediteure zwar ohne Speditionszusatz unterzeichnen, im Text jedoch auf die *ADSp* Bezug nehmen. Auf der anderen Seite kann ein als Speditionsfirma bekanntes Unternehmen akzeptable Transport-Dokumente dann ausstellen, wenn es diese wie ein Frachtführer oder Verfrachter zeichnet.

FBL ist akkreditiv-gerecht Die *FIATA* als weltweite Organisation der Spediteure hat Spediteur-Dokumente herausgegeben, die die Abwicklung von Verkehrsverträgen erleichtern sollen. Das bekannteste *FIATA*-Dokument ist das sogenannte *FBL* (früher *FBL = FIATA Combined Transport Bill of Lading*, heute *FBL = FIATA Multimodal Transport Bill of Lading*), weil es von der *ICC* in den *ERA* als akkreditiv-gerechtes Transportdokument anerkannt wurde. In der Vorgängerin der *ERA 500*, der *ERA 1983 (Publikation Nr. 400)*, war das *FIATA-FBL* noch ausdrücklich genannt. Die ausdrückliche Nennung des *FIATA-FBL* in der *ERA 400* ist trotz mehrfacher Interventionen der *FIATA* und einzelner Speditionsverbände weggefallen. Begründung laut *ICC*: es sei verfehlt gewesen, diesem Dokument eine Sonderrolle zuzugestehen; es habe die Androhung einer Klage aus den *USA* wegen der Monopolisierung dieses Dokuments gegeben; außerdem hätten sich wie die *FIATA* auch andere Organisationen an die *ICC* wegen einer „Zertifizierung" ihres Dokuments in den *ERA* und wegen des *ICC*-Labels gewandt; es komme hinzu, dass wegen der neuen Systematik einzelne Dokumente von Organisationen nicht mehr in die *ERA* aufgenommen werden könnten.

Von der *FIATA* wurde mittlerweile das *Negotiable FIATA Multimodal Transport Bill of Lading (FBL)* vor allem wegen der Änderung der *UNCTAD / ICC Rules for Multimodal Transport Documents* ab 1.1.1982 überarbeitet. Die *ICC* hat inzwischen der *FIATA* mitgeteilt, dass dieses *FBL* den *UNCTAD / ICC*-Regeln entspreche und daher mit dem *ICC*-Logo versehen werden könne. **Dieses geänderte *FBL* kann somit akkreditivgerecht verwendet werden,**

- wenn es im Akkreditiv ausdrücklich vorgeschrieben wird
- wenn im Akkreditiv ein multimodales Transportdokument nach *Artikel 19 ERA 600* verlangt wird
- wenn im Akkreditiv ein Transportdokument (zum Beispiel Seekonnossement) verlangt wird und der Spediteur in dem von ihm ausgestellten Dokument die in den *ERA 600* hinsichtlich dieses Dokuments vorgesehenen Anforderungen beachtet.

Den Speditionsfirmen wird empfohlen, bei der Kundschaft auf das geänderte *FIATA*-Dokument hinzuweisen, damit es bei Akkreditiven vorgeschrieben wird.

Ausgabestelle der *FIATA*-Papiere in *Deutschland* ist der *Verein Hamburger Spediteure*; notwendige Voraussetzung für die Verwendung der *FIATA*-Papiere ist die Mitgliedschaft in einem Landesverband des Speditions- und Logistikgewerbes.

Das neue *FBL* wird nur an Spediteure herausgegeben, die ihre sich aus dem neuen *FBL* ergebende Haftung versichert haben. Die Ausgabestelle wird sich als Nachweis die Versicherungsbestätigung eines Versicherers oder Agenten vorlegen lassen. Ergänzend zu dieser Versicherungsbestätigung benötigt der *Verein Hamburger Spediteure* von den Verwendern des neuen *FBL* **bei Erstbezug eine Erklärung** dahingehend, dass sich der Verwender verpflichtet, Mitteilung zu machen, wenn

- er den Versicherer wechselt
- die Versicherung nicht mehr besteht beziehungsweise der Versicherer von seinem vertraglichen und gesetzlichen Leistungsverweigerungsrecht Gebrauch macht
- er die Mitgliedschaft in einem *DSLV*-Landesverband beendet.

Zur **Haftung nach den neuen** *FBL*-**Bedingungen** ist Folgendes anzumerken: Die Haftungsbegrenzungen wurden erhöht. Unverändert legen die Bedingungen eine Verschuldenshaftung mit umgekehrter Beweislast fest. Für Schäden auf Seestrecken gelten die *Haager Regeln* oder *Hague Visby Rules*. **Die Höhe der Haftung ist nach den** *Hague Visby Rules*, **also nach deutschem Seerecht, beschränkt auf zwei Sonderziehungsrechte je kg des vom Schaden betroffenen Gutes oder 666,67 Sonderziehungsrechte je Packung oder Einheit.**

Schließt der Vertrag zwischen Auftraggeber und Spediteur keine See- oder Binnenwasserstrecke ein, so ist die **Höchsthaftung, wie in der** *CMR*, **beschränkt mit 8,33 Sonderziehungsrechten je kg des betroffenen Gutes.** Durch Wertvereinbarung kann diese Höchsthaftungsbeschränkung aufgehoben werden. Lässt sich der Schaden lokalisieren, gilt für die Höchsthaftung das zwingende Streckenrecht. Die *Paramount-Klausel* bestimmt, dass die Bedingungen des *FBL* nur gelten, soweit nicht zwingendes Recht entgegensteht.

Generell gilt weiterhin, dass eine Speditionsfirma die in *Artikel 23 bis 29 ERA 500* **genannten Dokumente ausstellen kann, wenn diese von ihr in der Eigenschaft als Frachtführer beziehungsweise als MTO ausgestellt und unterzeichnet werden.** Daraus folgt der für das Akkreditivgeschäft weitere wichtige Grundsatz, dass die vorzulegenden **Dokumente** *carrier-type* sein müssen; das heißt die Dokumente müssen unmissverständlich ausweisen, dass der Aussteller als Frachtführer gehandelt hat. Dabei spielt die Frage, ob die Reputation eines Spediteurs der eines Frachtführers überlegen ist, keine Rolle; es kommt ausschließlich auf die Rechtsnatur des Dokumentes an.

In Zusammenarbeit mit einem Spediteur, der im Bestimmungsland über einen zuverlässigen Partner verfügt, ist eine Zahlungsform praktikabel, welche den am Außenhandelsgeschäft Beteiligten gerecht wird, nämlich die **Auslieferung der Ware nur gegen unwiderruflichen Zahlungsnachweis (Bankbestätigung).**   **Bankbestätigung**

Der Empfangsspediteur liefert die Ware an den Käufer erst dann, wenn er von der Bank des Käufers oder von der im Inkasso-Auftrag bezeichneten Bank die rechtsverbindliche Bestätigung mit folgendem Wortlaut vorliegen hat:

> *Wir bestätigen hiermit, dass der Betrag von … (in Worten …) im Auftrag unseres Kunden, der Firma … heute, mit Wertstellung …, unwiderruflich zu Gunsten der Firma …, auf deren Konto Nr. … bei der Bank … in … überwiesen (eingezahlt) wurde.*

> *Ort, Datum, Unterschriften*

Voraussetzung zur Durchführung dieser Zahlungsform ist, dass der Auftraggeber dem Hauptspediteur (Versandspediteur) einen eindeutigen Inkasso-Auftrag erteilt: Anschrift des Käufers, Inkasso-Betrag, ausländische Bank, eigene Bankverbindung, gegen welches Versanddokument auszuliefern ist, Vertreteranschrift im Bestimmungsland etc.

Der Spediteur berechnet seinem Auftraggeber hierfür eine Provision unter dem Titel „Zahlungsüberwachung".

Dies findet jedoch nur statt, wenn die Ware ausdrücklich an die Inkassobank adressiert wurde. Wurde die Ware, was in der Regel der Fall ist, an den Käufer adressiert, wird diese ohne Bankbestätigung lediglich gegen Legitimation an den Käufer ausgehändigt.

Fazit: Im Außenhandel gibt es zahlreiche wirtschaftliche Risiken (Bonitätsrisiko, Abnahmerisiko, Kursrisiko, Qualitätsrisiko, Transportrisiko) sowie politische Risiken (Konvertierungsrisiko, Transferrisiko, Zahlungsrisiko, Moratorium, politische Unruhen und Kriegsereignisse). Diese lassen sich minimieren durch ein systematisches Management von Länderrisiken beziehungsweise der Auswahl der geeigneten Zahlungsbedingung, der Einschaltung von Versicherungen und Banken, der Vereinbarung von handelsüblichen Vertragformeln wie *Incoterms, Einheitliche Richtlinien für Inkassi* sowie *Einheitliche Richtlinien für Akkreditive*.

Als sicherste Zahlungsbedingung für den Exporteur zählt die Vorauskasse , gefolgt von bestätigtem Akkreditiv, unbestätigtem Akkreditiv, Dokumente gegen Zahlung, Dokumente gegen Akzept, Zahlung gegen Rechnung und dem Zahlungsziel.

Mit der Vorauszahlung sichert der Exporteur alle Risiken ab, der Importeur trägt das volle Risiko wie Lieferrisiko und Qualitätsrisiko. Bei der Zahlungsbedingung des unbestätigten Akkreditives sichert sich der Exporteur alle wirtschaftlichen Risiken, die politischen Risiken sowie das Adressenausfallrisiko der eröffnenden Bank bleiben bestehen. Diese kann er sich durch Wahl des bestätigten Akkreditives zusätzlich absichern. Verbleibende Risiken für den Importeur wären hier das Qualitätsrisiko, es sei denn, er fordert als integralen Bestandteil des Akkreditives die Vorlage eines Qualitätszertifikates, ausgestellt von einer neutralen Inspektionsgesellschaft wie *SGS, Bureau Veritas*. Diese inspizieren die Ware vor Warenversand und bestätigen die einwandfreie Qualität der Ware in einem Zertifikat. Bei den beiden Inkassoarten hat der Exporteur das Risiko, dass der Importeur die Annahme der Dokuments verweigert und gegebenenfalls auch die Zahlung verweigert beziehungsweise zahlungsunfähig ist. Der Importeur trägt bei dieser Zahlungsbedingung Lieferrisiko und Qualitätsrisiko. Einzig bei Lieferungen per Seeschiff und somit dem Konnossement als Versandpapier hat der Exporteur die Sicherheit, dass der Importeur nicht über die Ware verfügen kann, ohne Zahlung zu leisten. Dies resultiert aus der Traditionsfunktion des Konnossementes. Folglich eignet sich das Inkasso nur für Vertragspartner, die eine langjährige, vertrauensvolle Zusammenarbeit haben, bei der es keine Bedenken hinsichtlich Zahlungsmoral und Zahlungsfähigkeit des Importeurs gibt, sowie der Importeur seinen Geschäftssitz in einem politisch stabilen Land hat.

Welche Zahlungsbedingung letztlich vereinbart wird, hängt von einer Reihe von Faktoren ab: Bonität und Marktstellung von Käufer und Verkäufer, politische und wirtschaftliche Verhältnisse in beiden Ländern, Branchenusancen und landesspezifische Restriktionen, Möglichkeiten und Kosten der Kreditaufnahme sowie der Regelmäßigkeit und dem Umfang der Lieferung beziehungsweise der Geschäftsbeziehung.

4.3 Die wichtigsten Warenbegleitpapiere

Bei nationalen und vor allem bei internationalen Geschäften spielen bestimmte Unterlagen (das heißt Dokumente, Bescheinigungen, Zertifikate, Bestätigungen, Listen usw.) bekanntlich eine besondere Rolle, denn oft wird zum Beispiel die Zahlung des Kaufpreises von der Vorlage bestimmter Papiere abhängig gemacht; der typische Fall hierfür ist die Abwicklung einer Warenlieferung mit Hilfe eines Dokumenten-Akkreditivs.

Mit dem dabei oft verwendeten Begriff „Warenbegleitpapier" werden in der Praxis zahlreiche Unterlagen verbunden; zum einen natürlich solche Papiere, die auf Grund warenspezifischer Daten Auskunft über die jeweils beförderte Ware geben und zum anderen auch solche Papiere, die während einer Warenbeförderung mitzuführen sind, aber nicht unbedingt waren-, sondern auch fahrzeugspezifische Angaben enthalten. Diese Unterscheidung soll hier nicht weitergeführt oder in der einen oder anderen Richtung entschieden werden, auch die Definition des Begriffes „Warenbegleitpapiere" soll hier nicht festgelegt werden; man wird dies jeweils davon abhängig machen müssen, was im konkreten Einzelfall als notwendig erachtet wird.

Die nachfolgend genannten Unterlagen werden im Allgemeinen in der Spedition dem Begriff „Warenbegleitpapier" zugeordnet. Die Aufzählung enthält die wichtigsten Warenbegleitpapiere, aufgenommen sind auch die Dokumente der *FIATA (Zürich)*, also dem regierungsunabhängigen und weltweiten Zusammenschluss nationaler Speditionsverbände. **Warenbegleitpapier**

Der Frachtbrief dokumentiert den jeweiligen Frachtvertrag, er ist somit Beweisdokument über einen abgeschlossenen Frachtvertrag. Es handelt sich um ein vom Absender auszustellendes Dokument, mit dem dargelegt wird, dass die Ware vom Absender an den im Frachtbrief genannten Empfänger zum Versand gebracht wurde und an diesen abgeliefert wird. Auf dem Frachtbrief wird auch die Übergabe des Gutes (zum Beispiel Absender an Frachtführer, Frachtführer an Empfänger usw.) quittiert, was im Schadensfalle von Bedeutung ist. Form, Inhalt usw. des Frachtbriefes wird in den jeweiligen Vorschriften für die einzelnen Verkehrsträger genannt, zum Beispiel in *Artikel 4 CMR*, in *Artikel 5 ff. des Warschauer Abkommens* usw. **Frachtbrief**

FBL ist die Abkürzung für das von der *FIATA* entwickelte und herausgegebene *Multimodal Transport Bill of Lading.* **Mit dem** *FBL* **übernimmt der ausstellende Spediteur die Verantwortung für den Transport, auch für den Transport durch von ihm beauftragte Frachtführer oder Verfrachter und für die Herausgabe der Ware am Bestimmungsort.** Der Spediteur kann das *FBL* nur dann ausstellen, wenn er einem Mitgliedsverband der *FIATA* angehört und wenn er diesem Verband eine Versicherung nachweist, die seine Haftung als sogenannter *MTO (Multimodal Transport Operator)* gewährleistet. In der jetzigen Fassung ist das *FBL* das einzige Dokument eines Spediteurs auf der Basis der *UNCTAD/ICC-Regeln* für Dokumente des multimodalen Transports. Aufgrund dieser Übereinstimmung trägt das *FBL* das *ICC-Logo.* **FBL**

FCR ist die Abkürzung für das von der *FIATA* entwickelte und herausgegebene *Forwarder Certificate of Receipt.* Es entspricht der *Spediteurübernahmebescheinigung*, die an anderer **FCR**

Stelle behandelt wird. Im *FCR* bestätigt der Spediteur des Weiteren, dass er die Ware nur dann abweichend vom Auftrag an einen Dritten ausliefern wird, **wenn ihm das Original-FCR übergeben wird** und er in der Lage ist, den geänderten Auftrag auch auszuführen.

FCT   *FCT* ist die Abkürzung für das von der *FIATA* entwickelte und herausgegebene *Forwarder Certificate of Transport*. Hierbei handelt es sich um eine **Transportbescheinigung des Spediteurs**. Es wird unmittelbar nach der Übernahme des Gutes ausgestellt, und es wird garantiert, dass die Beförderung des Gutes an einen vom Auftraggeber bestimmten Empfangsspediteur am Bestimmungsort erfolgt. **Die Auslieferung der Ware erfolgt nur gegen Vorlage des indossierten Original-*FCT*.** Für die Ausstellung des *FCT* gelten die Geschäftsbedingungen des Landes, in dem das *FCT* ausgestellt wird.

FWB   *FWB* ist die Abkürzung für das (Non-Negotiable) *FIATA-Waybill*, das heißt für einen Seefrachtbrief, der dann verwendet werden kann, wenn die Güter dem Empfänger ohne Vorlage von Transportdokumenten ausgehändigt werden können. Das *FWB* wird das *FBL* somit nicht verdrängen, sondern kann es in bestimmten Fällen ergänzen. Es stimmt im Übrigen mit dem *UNCTAD/ICC-Regeln für multimodale Transportdokumente* überein (daher wird auf dem *FWB* wie auf dem *FBL* das *ICC-Logo* abgedruckt werden) und garantiert zudem die gleichen Haftungsregeln wie das *FBL*.

FWR   *FWR* ist die Abkürzung für das von der *FIATA* entwickelte und herausgegebene *FIATA Warehouse Receipt*, also für einen Lagerschein. Mit diesem vom Lagerhalter ausgestellten weltweit einheitlichen Lagerschein werden die Bedingungen für das Lagergeschäft, zum Beispiel also für eine Abtretung des Anspruchs auf die Herausgabe der Güter, für den Erhalt der Ware gegen Vorlage des *FWR* usw. festgelegt. **Das *FWR* ähnelt dem in Deutschland** früher oft verwendeten *Orderlagerschein*. Als Geschäftsbedingungen gelten die Geschäftsbedingungen im Lande des Ausstellers des *FWR*.

Handels-   Die **Handelsrechnung** zählt, vor allem im internationalen Verkehr, zu den gebräuch-
rechnung   lichsten Warenbegleitpapieren. Sie wird vom Verkäufer (beziehungsweise Exporteur) ausgestellt und enthält in der Regel Angaben zum Verkäufer und Käufer, Angaben zur Ware, zur Menge und zum Preis sowie zu den Zahlungsbedingungen und zur Versandart. Vor allem dann, wenn im Importland eine Verzollung durchzuführen ist, muss die Handelsrechnung genau sein und alle notwendigen Angaben enthalten. In vielen Fällen werden vom Importland noch besondere Anforderungen an die Rechnung gestellt. Hierzu ist auch auf die Ausführungen zu der Konsulatsfaktura und zur Zollfaktura zu verweisen.

Konnos-   Das Konnossement (englisch: *Bill of Lading* beziehungsweise *B/L*) ist wie der Frachtbrief
sement   eine **Beweisurkunde** über den Frachtvertrag im Überseeverkehr, aber zusätzlich **Wertpapier**. Es verbrieft die Ware und ist begebbar. Es handelt sich zum einen um ein Dokument, in dem der Verfrachter, das heißt der Reeder, bestätigt, die im Konnossement bezeichneten Güter zur Verschiffung übernommen oder verschifft zu haben und in dem der im Konnossement legitimierten Person ein Anspruch auf Übernahme der Ware im

Bestimmungshafen eingeräumt wird. Es gibt zahlreiche Formen des *B/L*. Je nach Verladeart, Zeitpunkt und Ort der Übernahme, Vermerke im Konnossement usw. spricht man zum Beispiel von *An-Bord-Konnossement, Übernahmekonnossement, Durchkonnossement, Sammelkonnossement, Reines Konnossement* usw.

Konsulats-faktura

Eine **Konsulatsfaktura** enthält die gleichen Angaben wie eine Handelsrechnung. Sie muss in den meisten Fällen vom Exporteur auf einem vom Importland vorgeschriebenen Vordruck erstellt und von dessen Konsulat im Exportland beglaubigt werden. Mit der Konsulatsfaktura wird in den Importländern eine zutreffende Verzollung angestrebt. Gegenwärtig wird diese besondere Form der Handelsrechnung noch von einigen Ländern in *Mittel-* und *Südamerika* verlangt.

Ladeliste

Die **Ladeliste ergänzt in der Regel den Frachtbrief.** Sofern bei einer Verladung der Platz im Frachtbrief für die Warenbeschreibung nicht ausreicht, wie es zum Beispiel im Sammelladungsverkehr immer der Fall ist, werden die warenspezifischen Angaben in einer Ladeliste aufgeführt (mit der Folge, dass die Ladeliste auch als Hilfsmittel beim Beladen des Fahrzeugs verwendet werden kann). Insofern gibt es zahlreiche firmenindividuelle Formen der Ladeliste. Sofern jedoch eine Ladeliste einem Versandschein als warenbeschreibender Teil im *EG*-Versandverfahren beigefügt wird, muss diese Ladeliste bestimmten im Zollrecht genannten Anforderungen entsprechen.

Ladeschein

Der **Ladeschein** wird auch *Flusskonnossement* genannt, denn es handelt sich um das **Konnossement im Binnenschiffsverkehr** und ähnelt dem Konnossement im Seeschiffsverkehr. Der Ladeschein wird vom Schiffer ausgestellt, er bestätigt darin, das Gut nur an die in der Urkunde legitimierte Person auszuhändigen. Nach der Reform des *HGB* (hier *§ 444*) übernimmt das Orderpapier eine vergleichbare Stellung für den Landverkehr

Packliste

Die **Packliste** ist ein **Verzeichnis aller Packstücke** einer Sendung mit Angaben zur Art, Markierung, Gewicht und Inhalt der Packstücke.

SDT

SDT ist die Abkürzung für die von der *FIATA* entwickelte und herausgegebene S*hippers Declaration for the Transport of Dangerous Goods*, also die Erklärung des Verladers über die besonderen Eigenschaften der von ihm dem Spediteur übergebenen gefährlichen Güter, damit dieser die zutreffenden, zum Teil in nationalen und internationalen Konventionen verlangten Angaben in Frachtbriefen und sonstigen Papieren vornehmen kann.

Spediteur-übernahme-bescheinigung

Mit der *Spediteurübernahmebescheinigung* (englisch: *Certificate of Receipt*) bestätigt der Spediteur, dass er eine bestimmte Ware mit dem unwiderruflichen Auftrag zur Weiterbeförderung erhalten hat. Diese Bescheinigung gibt es in zahlreichen betriebsindividuellen und fallbezogenen Formen und mit unterschiedlichen Aussagen über die Beförderungsstrecke, über den Empfänger, über die Modalitäten der Übergabe an den Warenempfänger usw. Ein einheitliches Modell wurde von der *FIATA* entwickelt und herausgegeben (vergleiche Ausführungen zum *FCR*).

Ursprungs-zeugnis   Das **Ursprungszeugnis** wird zu den Warenverkehrsbescheinigungen gezählt. Es ist **eine Urkunde, in der von einer im Handelsabkommen bezeichneten amtlichen Stelle der Ursprung einer bestimmten Ware bescheinigt oder beglaubigt wird**. Ein inhaltlich und formal zutreffendes Ursprungszeugnis ist zwingende Voraussetzung für die ebenfalls im Handelsabkommen festgelegte Begünstigung im Empfangsland.

Konsulats- und Muster-vorschriften   Der *Außenwirtschaftsdienst der Handelskammer in Hamburg* hat in den *K und M – Konsulats- und Mustervorschriften* – **ein universales Export-Nachschlagewerk geschaffen**, in dem die in den einzelnen Ländern der Erde geltenden Vorschriften für den Export-Warenverkehr aus der *Bundesrepublik Deutschland* veröffentlicht sind und laufend aktualisiert werden. Neben für jedes Land der Erde wichtigen allgemeinen Hinweisen sind in diesem Werk die in den einzelnen Ländern der Erde geltenden Vorschriften für die beim Versand erforderlichen im Bestimmungsland vorzulegenden Begleitpapiere enthalten.

5 Incoterms 2000

Thorsten Hölser

5.1 Grundlagen

Die *Incoterms (International Commercial Terms)* enthalten **einheitliche Regelungen** **Incoterms-**
wesentlicher Käufer- und Verkäuferpflichten für die wichtigsten und gebräuchlichsten **Regeln**
Lieferverträge im internationalen Handel.. Im Überseegeschäft wird der Außenhandel
seit mehr als einhundert Jahren mit den klassischen Klauseln *FOB (free on board ab*
Verschiffungshafen des Exportlandes) oder *C+F* – heute *CFR* – *(cost and freight bis zum*
Bestimmungshafen des Importlandes) betrieben. Was im Einzelnen unter diesen und anderen Vertragsformeln zu verstehen ist, bedurfte einer Klärung, der sich die *Internationale* **Inter-**
Handelskammer in *Paris*, eine 1919 gegründete private Organisation der internatio- **nationale**
nal tätigen Handelsunternehmen, seit 1923 angenommen hat. Nach einer Reihe von **Handels-**
Untersuchungen der Wirtschaftspraxis wurden 1936 erstmals die *Incoterms* veröffentli- **kammer**
cht, um eine einheitliche internationale Auslegung der verwendeten Handelsklauseln zu
erreichen. Im Zuge der weiteren Entwicklung des internationalen Handels wurden die
Klauseln in den Jahren 1953, 1967, 1976, 1980, 1990 und zuletzt 2000 revidiert und auch
weitere Klauseln eingeführt. Jede Revision entsprach der technischen Weiterentwicklung
der Transporttechniken und den daraus resultierenden Änderungen in der Praxis. Die
Revision der *Incoterms 2000* brachte keine grundsätzlichen Änderungen, abgesehen von der
Zuweisung der Exportfreimachung an den Verkäufer in *FAS* und der Importfreimachung
an den Käufer in *DEQ*. Das Ziel der Revision war jedoch auch damit erreicht, nämlich
zu überprüfen, inwiefern die vorhandenen Klauseln den Ansprüchen der Praxis gerecht
werden.

Die *Incoterms* haben den Charakter vorformulierter Vertragsklauseln. Es kann nicht
mit Sicherheit behauptet werden, dass die *Incoterms* als Gewohnheitsrecht oder Handels-
brauch anzusehen sind. Wenn die Kaufvertragsparteien eine *Incotermsklausel* für ihr
Geschäft anwenden wollen, bedarf es daher einer ausdrücklichen Vereinbarung unter
Benennung der vorgesehenen Fassung. Beispiele: *„FOB … (benannter Verschiffungs-*
hafen) Incoterms 2000" oder *„FCA … (benannter Abgangsflughafen) Incoterms 2000"* oder
„CFR … (benannter Bestimmungshafen) Incoterms 2000". Fehlt die Jahreszahl, kann es zu
Meinungsverschiedenheiten über die anwendbare Fassung der Klausel kommen.

Eine Bezugnahme auf die *Incoterms* bedeutet grundsätzlich, dass auf die englische
Originalfassung Bezug genommen wird. Die deutsche Übersetzung dient lediglich prak-
tischerer Handhabung, hat aber im Streitfall hinter der englischen Originalfassung zu-
rückzustehen.

Die *Incoterms* regeln einige wichtige Fragen im internationalen Handel, keineswegs
jedoch alle. Folgende Bereiche der Beziehung zwischen Verkäufer und Käufer werden mit
den *Incoterms* erfasst:

- Lieferung
- Abnahme
- Zahlung des Kaufpreises
- Lizenzen
- Genehmigungen und Formalitäten
- Beförderungs- und Versicherungsvertrag
- Gefahrenübergang
- Kostentragung
- Liefernachweis
- Transportdokument
- Prüfung und Verpackung der Ware.

5.2   *Incoterms* und Transportgewerbe

Die *Incoterms* entfalten keine unmittelbare Wirkung auf Rechtsbeziehungen zu Dritten, wie zum Beispiel Frachtführer oder Spediteure. Zu beachten ist jedoch, dass Verträge mit anderen an dem Handelsgeschäft Beteiligten meist in sehr engem Zusammenhang mit den Regeln der *Incoterms* stehen. So ist sehr genau darauf zu achten, dass Frachtverträge, Akkreditive oder auch Versicherungen den jeweiligen Regelungen der ausgewählten *Incoterms*-Klausel entsprechen. Wichtigster Bestandteil aller *Incoterms*-Klauseln ist die Verteilung der Pflichten hinsichtlich der Transportabwicklung und der damit zusammenhängenden Kosten- und Gefahrtragung zwischen den Kaufvertragsparteien. **Wer** hat ab **wo** und **wohin** die Transportaufträge zu erteilen?

Kosten- und Gefahrtragung

Dies wirkt sich naturgemäß auf das Transportgewerbe aus, wenn auch ausdrücklich festzustellen ist, dass zwischen dem Kaufgeschäft und den Speditions- und Frachtgeschäften, die ihren eigenen Bedingungen unterliegen, unterschieden werden muss. Vertragspartner der Spediteure und Frachtführer und damit deren Kostenschuldner sind die jeweiligen Auftraggeber auf der Verkäufer- beziehungsweise Käuferseite. Gleichwohl entspricht es der Wirtschaftspraxis, dass die Transportkosten nach der sogenannten Frankatur, das heißt den Frei- oder Zahlungsvermerken, die in die Fracht- und Speditionspapiere aufgenommen werden, bei derjenigen Kaufvertragspartei erhoben werden, welche nach den Kaufvertragsbedingungen, im Außenhandel nach der vereinbarten *Incotermsklausel*, die Transportkosten zu tragen hat, auch wenn sie nicht Auftraggeber für den Transport ist. **Hierin liegt die Bedeutung der *Incoterms* für die Spediteure und das Erfordernis, sich mit den Klauselinhalten vertraut zu machen.** Anzumerken ist, dass bei mangelnder Realisierung des Freivermerks der jeweilige Auftraggeber dem Spediteur oder Frachtführer zahlungspflichtig bleibt.

5.3   *Incoterms 2000* im Überblick

Alle Klauseln regeln die Verpflichtung des Verkäufers und des Käufers nach einem **einheitlichen Aufbauschema** in folgenden Punkten mit den nachstehend wiedergegebenen Überschriften:

Verkäufer	*Käufer*
A1	*B1*
Lieferung vertragsgemäßer Waren	*Zahlung des Kaufpreises*
A2	*B2*
Lizenzen, Gemehmigungen und Formalitäten	*Lizenzen, Genehmigungen und Formalitäten*
A3	*B3*
Beförderungs- und Versicherungsvertrag	*Beförderungsvertrag*
A4	*B4*
Lieferung	*Abnahme*
A5	*B5*
Gefahrenübergang	*Gefahrenübergang*
A6	*B6*
Kostenteilung	*Kostenteilung*
A7	*B7*
Benachrichtigung des Käufers	*Benachrichtigung des Verkäufers*
A8	*B8*
Liefernachweis, Transportdokument oder entsprechende elektronische Mitteilung	*Liefernachweis, Transportdokument oder entsprechende elektronische Mitteilung*
A9	*B9*
Prüfung – Verpackung – Kennzeichnung	*Prüfung der Ware*
A10	*B10*
Sonstige Verpflichtungen	*Sonstige Verpflichtungen*

Die dieser Gliederung folgenden Klauseln regeln in den einzelnen Punkten die unterschiedlichen Verkäufer- und Käuferpflichten in einer Reihenfolge, die mit der Mindestverpflichtung des Verkäufers in *EXW* beginnt und mit dessen Maximumverpflichtung in *DDP* endet, wobei sich der Pflichtenverlauf für den Käufer entsprechend umkehrt, seine Mindestverpflichtungen daher in *DDP* enthalten sind. Die fortschreitende Pflichtenverteilung besteht in vier Gruppen, wie sich aus der nachfolgenden tabellarischen Übersicht der 13 *Incotermsklauseln* ergibt:

Tabelle 12:	**Gruppe E**	*EXW*	*Ex Works* … (named place)
Übersicht der 13			*Ab Werk* … (benannter Ort)
Incoterms 2000-	Kosten- und Gefahren-		
Klauseln	übergang: Werk		
	Gruppe F	*FCA*	*Free Carrier* … (named place)
			Frei Frachtführer … (benannter Ort)
	Kosten- und Gefahren-	*FAS*	*Free Alongside Ship* … (named port of shipment)
	übergang: Lieferort		*Frei Längsseite Schiff* … (benannter Verschiffungshafen
		FOB	*Free On Board* … (named port of shipment)
			Frei an Bord … (benannter Verschiffungshafen)
	Gruppe C	*CFR*	*Cost and Freight* … (named port of destination)
			Kosten- und Fracht … (benannter Bestimmungshafen)
	Gefahrenübergang:	*CIF*	*Cost, Insurance and Freight* … (named port of destination)
	Lieferort		*Kosten, Versicherung und Fracht* … (benannter Bestimmungsort Bestimmungshafen)
	Kostenübergang:		
		CPT	*Carriage Paid To* – (named place of destination)
			Frachtfrei … (benannter Bestimmungsort)
		CIP	*Carriage and Insurance Paid to* … (named place of destination)
			Frachtfrei versichert … (benannter Bestimmungsort)
	Gruppe D	*DAF*	*Delivered At Frontier* … (named place)
			Geliefert Grenze … (benannter Ort)
	Kosten- und Gefahren-	*DES*	*Delivered Ex Ship* … (named port of destination)
	übergang:		*Geliefert ab Schiff* … (benannter Bestimmungshafen)
	Bestimmungsort =	*DEQ*	*Delivered Ex Quay* … (named port of destination)
	Lieferort		*Geliefert ab Kai* …(benannter Bestimmungshafen)
		DDU	*Delivered Duty Unpaid* … (named place)
			Geliefert unverzollt … (benannter Ort)
		DDP	*Delivered Duty Paid* … (named place)
			Geliefert verzollt … (benannter Ort)

Quelle: Eigene Darstellung

5.4 Die wichtigsten Klauselinhalte für die Transportabwicklung

Für die Warenverbringung zum Käufer sind die unterschiedlichen Lieferorte und Bestimmungsorte von Bedeutung. Nach ihnen richtet sich die Lieferverpflichtung des Verkäufers, die in der Warenübergabe an den jeweiligen Spediteur oder Frachtführer besteht.

Bei *EXW*, der Mindestverpflichtung des Verkäufers, ist die Ware am benannten Ort **E-Klausel** *ohne Verladung auf das abholende Beförderungsmittel* dem Käufer zur Verfügung zu stellen. Sache des Käufers ist es daher, den Transport ab der Verladestelle einschließlich Beladung auf seine Kosten zu beauftragen und ferner die Exportfreimachung zu erledigen.

Bei den *F-Klauseln* fallen in dem benannten Ort, das heißt dem Lieferort, Kosten und **F-Klauseln** Gefahrübergang zusammen.

Für *FOB* und *FAS* bleibt der benannte Verschiffungshafen maßgeblich für die Lieferverpflichtung *frei an Bord* beziehungsweise *frei Längsseite Schiff*, so dass der Käufer ab hier – regelmäßig über seinen Verschiffungsspediteur – zur Transportbeauftragung verpflichtet ist.

Unter die **FCA-Klausel** fallen alle Transportarten: Landverkehr mit Lkw, Bahn oder Binnenschiff, Luftverkehr und Seeverkehr, insbesondere mit Containern. Lieferort ist gleichfalls der jeweils benannte Ort. Ab hier obliegt dem Käufer die Transportbeauftragung, die allerdings auch der Verkäufer auf Gefahr und Kosten des Käufers übernehmen kann *(FCA A3a)*. In *FCA A4 Abs. 2a)* und *b)* werden nunmehr zwei Transportvarianten behandelt, in denen der benannte Ort für die Lieferung der Ware im Bereich der Be- und Entladung eine Rolle spielt: Liegt der benannte Ort beim Verkäufer, ist geliefert, *wenn die Ware auf das bereitgestellte Beförderungsmittel des Frachtführers verladen worden ist* (Variante a). Ist an einen anderen benannten Ort zu liefern, gehört hierzu, dass die Ware dem vom Käufer oder Verkäufer beauftragten Frachtführer (des Hauptlaufs) oder *einer anderen vom Käufer benannten Person*, das heißt insbesondere einem Spediteur, *auf dem Beförderungsmittel des Verkäufers unentladen zur Verfügung gestellt wird*, das heißt mit der Entladebereitschaft an der Ankunftsstelle (Variante b). Bei anderen Liefervarianten liegt die Erfüllung der Lieferverpflichtung in der Übergabe der Ware an den Transportbeauftragten gemäß *A4 Abs. 1*, zum Beispiel wenn die Ware nicht beim Verkäufer, sondern vom Ort des Warenherstellers abzuholen ist; oder wenn der Verkäufer, der die Beförderungsbeauftragung für den Käufer gemäß *A3c)* übernommen hat, einen Spediteur beauftragt, der die Ware am benannten Ort zur Transportbesorgung übernimmt (also nicht als – vertraglicher – Frachtführer), um sie nach einer Zwischenbehandlung dem ausführenden Frachtführer zur Beförderung zu übergeben (zum Beispiel Luftfracht-Einzelsendung über Luftfrachtspediteur).

FCA ist insbesondere für die Luftbeförderung und die Seebeförderung in Containern einschlägig. Die für den Luftfrachtverkehr eingeführte Klausel *FOB-Flughafen* wurde 1990 aufgehoben und in *FCA* integriert. Die Einfügung der *FCA-Klausel* in die *Incoterms 1980* (damals noch *FRC*) sollte gerade dem modernen Container- und Ro-Ro-Verkehr Rechnung tragen. Dies gilt weiterhin für die fortentwickelte Klausel in den *Incoterms 2000*. Containerisiertes Gut kann weiterhin nicht vom Verkäufer an Bord des Containerschiffes über die Reeling entsprechend *FOB* geliefert werden. Die Ware – als *FCL-* oder

LCL-Gut – muss bereits an einer Übergabestelle an Land in die Obhut des Seefracht-führers übergeben werden, zum Beispiel Übergabestelle des Container-Yards, Rampe einer Containerpacking-Station. In *Nr. 18* der Einleitung zu den *Incoterms 2000* weist die *ICC* unverändert darauf hin, dass die *FOB-Klausel* nicht für in Container verladene Ware geeignet ist. Insoweit sollte die *FCA-Klausel* verwendet werden, wie auch in der Präambel zu *FOB* vermerkt ist. Wegen weiterer Einzelheiten hierzu sei auf die einschlägige Fachliteratur verwiesen.

Mit der Gruppe der *F-Klauseln* beginnt die Verpflichtung des Verkäufers zur Export-freimachung. Dies gilt auch für die *FAS-Klausel*, die insoweit geändert worden ist.

C-Klauseln Bei den *C-Klauseln* übernimmt der Verkäufer die Beförderungsbeauftragung und die Transportkosten bis zum vereinbarten Bestimmungsort. Der Lieferort ist entsprechend den *F-Klauseln* der Übergabeort an den Frachtführer. Dort findet der Gefahrübergang auf den Käufer statt. Bei *CFR* und *CIF* ist Lieferort das Schiff im Verschiffungshafen, bei *CPT* und *CIP* der Ort, an dem die Reise mit der Übergabe an den Frachtführer, bei mehreren aufeinanderfolgenden Frachtführern an den ersten Frachtführer beginnt. Die *C-Klauseln* sind daher so genannte Zweipunkt-Klauseln mit unterschiedlichen Gefahren- und Kostenübergängen. *CIF* und *CIP* enthalten eine Transportversicherungspflicht für den Verkäufer. Sofern nicht anderes vereinbart ist, bezieht sie sich auf eine Mindestdeckung. Abgesehen von der Versicherungspflicht, decken sich diese Klauseln mit *CFR* beziehungsweise *CPT. CPT* und *CIP* sind entsprechend *FCA* für alle Transportarten geeignet. Um diese Klauseln im Luftverkehr oder Seeverkehr mit Containern hinsichtlich des Lieferorts *FCA* gleich zu stellen, bedarf es einer Zusatzvereinbarung, die klar bestimmt, dass erster Frachtführer im Sinne von *CPT A4* der Luftfrachtführer ab festgelegtem Flughafen beziehungsweise Seefrachtführer ab bestimmtem Seehafen sein soll. Zur geeigneten Anwendbarkeit sei gleichfalls auf die Fachliteratur verwiesen.

D-Klauseln Die *D-Klauseln* enthalten als Maximalverpflichtung des Verkäufers seine Lieferverpflichtung am vereinbarten Bestimmungsort, das heißt er hat die Transportbeauftragung bis dorthin vorzunehmen sowie Kosten und Gefahr bis dorthin zu tragen. Entsprechend *EXW* und *FCA A4 Abs. 2* wird der Vollzug der Lieferung durch Bezugnahme auf das Entladen klargestellt. Bei *DAF* hat der Verkäufer die Ware dem Käufer am Grenzort *auf dem ankommenden Beförderungsmittel unentladen zur Verfügung zu stellen*, das heißt entladebereit oder zur Weiterbeförderung zu überlassen, bei *DES* an Bord des Seeschiffes entladebereit zur Verfügung zu stellen, bei *DEQ* zur Übernahme am Kai zur Verfügung zu stellen, wobei der Käufer nach dieser Klausel nunmehr auch für die Importfreimachung zuständig ist. Bei *DDU* und *DDP* hat der Verkäufer die Ware dem Käufer oder seinem Beauftragten am benannten Bestimmungsort „auf dem ankommenden Beförderungsmittel unentladen" zur Verfügung zu stellen, das heißt entladebereit zu überlassen, bei *DDP* einschließlich Importfreimachung. Außer *DEQ* ist daher der Käufer in allen *D-Klauseln* für die Entladung kosten- und gefahrtragungspflichtig.

5.5   Zur Klauselauswahl

Die *Incoterms* stellen ein ausreichendes Klauselwerk zur Verfügung, aus dem die Kaufvertragsparteien die für ihre Geschäfte und die damit zusammenhängenden Transportabwicklungen geeignetste Klausel auswählen können. Die verschiedensten Erwägungen kommen in Betracht. Devisen- und schifffahrtspolitische Gründe wie auch Beeinflussung der Frachtraten durch das Transportaufkommen können sich zum Beispiel in den herkömmlichen Grundsätzen „*FOB* importieren" beziehungsweise „*CIF* exportieren" auswirken. Für zwei Fälle sei angemerkt:

Soll ab Werk des Verkäufers bis zum Käufer im Importland geliefert werden, ist anstelle von *EXW* regelmäßig *FCA … (benanntes Werk des Verkäufers) Incoterms 2000* vorzuziehen. Bei *EXW* hat der Verkäufer lediglich die Ware zur Abholung bereitzustellen. Exportfreimachung und Beladen (insoweit auch Kosten- und Gefahrtragung) sind Sache des Käufers. Bei *FCA* liegt für den Verkäufer ein übliches Exportgeschäft vor, er hat zu verladen und ist insoweit kosten- und gefahrtragungspflichtig, was auch gilt, wenn der abholende Frachtführer aus ladetechnischen Gründen verlädt.

Wenn im Anlagengeschäft bis zur Baustelle geliefert werden muss, kommt *DDU* gegebenenfalls *DDP* in Betracht. Die Bezahlung von Teillieferungen ist auch im Rahmen von Akkreditivgeschäften möglich, weil dem Verkäufer andienungsfähige Dokumente (zum Beispiel Konossement, *FIATA-Multimodal Transport Bill of Lading/FBL*) zur Verfügung stehen. Wollte der Käufer die Transporte organisieren, müsste hierzu eine besondere Vereinbarung geschlossen werden.

Zur weiteren Information steht das Buch von *Bredow/Seiffert*, *Incoterms 2000, Wegweiser für die Praxis, Economica-Verlag* zur Verfügung.

5.6   Graphische Übersicht über die Kosten- und Gefahrtragungs(übergangs-)punkte

Die im Folgenden abgedruckte Übersicht, die in der *DVV Media Group* erschienen ist, stellt transparent die wichtigsten kosten- und gefahrtragungsrelevanten Punkte / Schnittstellen dar.

Incoterms 2000

Risiko des Verkäufers	Risiko des Käufers
Kosten des Verkäufers	Kosten des Käufers

Beispiel:
FCA … (genannter Verladungsort)
–   Wenn der genannte Verladungsort ein Gebäude des Verkäufers ist, hört dessen Verantwortlichkeit auf, sobald er unter seiner Verantwortlichkeit die Güter auf das Beförderungsmittel des vom Käufer gewählten Transporteurs geladen

hat. Er beschäftigt sich auch mit allen Exportformalitäten (Zoll, Genehmigungen). Wenn die Güter in irgendeinen anderen Ort geliefert werden, ist der Verkäufer nicht verantwortlich für das Löschen der Güter und sicherlich nicht für das Laden auf das Beförderungsmittel des vom Käufer gewählten Transporteurs. Der Verkäufer ist aber noch immer verantwortlich für alle Exportformalitäten. Das Feld **genannter Bestimmungsort** passt nicht in diesen Kontext und wurde daher im Grauen gelassen.

Zweites Beispiel:
FOB ... (genannter Verschiffungshafen)
–   Die Verantwortung des Verkäufers für Kosten und Risiken endet mit der Übergabe im **genannten Verschiffungshafen** (Hafenbecken, Kai, Schiff), sobald die Waren die Reling des Schiffes überschritten haben, welches im Vertrag bestimmt ist. Der Verkäufer ist verantwortlich für alle Export-Formalitäten (Export-Lizenz, Zoll-Dokumente). Die Überschrift genannter Ankunftsort ist in diesem Fall nicht relevant und wird deshalb nicht ausgefüllt.

Das Ziel der Darstellung liegt einfach darin, den Text zu illustrieren, und dient lediglich als eine Liste, in der es nicht möglich ist, alle verschiedenen Veränderungen vollständig darzustellen, weswegen wir den Kauf und das Lesen einer offiziellen Ausgabe der *ICC* empfehlen.

Die 13 *Incoterm*s
EXW   *EX WORKS* (... named place)
FCA   *FREE CARRIER* (... named place)
FAS   *FREE ALONGSIDE SHIP* (... named port of shipment)
FOB   *FREE ON BOARD* (... named port of shipment)
CFR   *COST AND FREIGHT* (... named port of destination)
CIF   *COST, INSURANCE AND FREIGHT* (... named port of destination)
CPT   *CARRIAGE PAID TO* (... named place of destination)
CIP   *CARRIAGE AND INSURANCE PAID TO* (... named place of destination)
DAF   *DELIVERED AT FRONTIER* (... named place)
DES   *DELIVERED EX SHIP* (... named port of destination)
DEQ   *DELIVERED EX QUAY* (... named port of destination)
DDU   *DELIVERED DUTY UNPAID* (... named place fo destination)
DDP   *DELIVERED DUTY PAID* (... named place of destination)

Abbildung 51
(nächste Seite):

Grafische
Darstellung der
Incoterms 2000

Quelle: transportecho, Antwerpen

Käufer

Import

genannter Bestimmungsort (kann das Gebäude des Käufers sein)

Bestimmungsland (Bestimmungsort Bestimmungsgebäude des Käufers sein)

Entladung

Bestimmungshafen

Reling des Schiffes an Bord

Verschiffungshafen Reling des Schiffes an Bord

Verladung

Vereinbarter Lieferort
– Grenze
– Terminal
– Kai
– ......

Export Zoll

Verkäufer

EXW

Verladungsort (2 Möglichkeiten) genannter Verladungsort

FCA...

FAS...
Verschiffungshafen

FOB...
Verschiffungshafen

CFR...
Bestimmungshafen

CIF...
Bestimmungshafen

CPT...
genannter Ort

CIP...
genannter Ort

DAF...
Grenzübergang

DES...
Bestimmungshafen

DEQ...
Bestimmungshafen

DDU...
Bestimmungsort

DDP...
Bestimmungsort

Verladungsort: Gebäude des Verkäufers

Verladungsort: anderswo

ANMERKUNG: BENÜTZEN SIE FÜR RO/RO UND CONTAINER FCA STATT FOB

ANMERKUNG: BENÜTZEN SIE FÜR RO/RO UND CONTAINER CPT STATT CFR

Seeversicherungspflicht

ANMERKUNG: BENÜTZEN SIE FÜR RO/RO UND CONTAINER CIP STATT CIF

CPT FÜR JEDE TRANSPORTART

Versicherungspflicht

CIP FÜR JEDE TRANSPORTART

DAF - DDU - DDP FÜR JEDE TRANSPORTART

FÜR DIE LIEFERUNG IN EINEM BESTIMMUNGSHAFEN, BENÜTZEN SIE DES ODER DEQ

NUR FÜR LIEFERUNG AUF EIN SCHIFF IN EINEM BESTIMMUNGSHAFEN

NUR FÜR LIEFERUNG NACH ENTLADUNG VON EINEM SCHIFF IN EINEM BESTIMMUNGSHAFEN

FÜR DIE LIEFERUNG IN EINEM BESTIMMUNGSHAFEN, BENÜTZEN SIE DES ODER DEQ

FÜR DIE LIEFERUNG IN EINEM BESTIMMUNGHAFEN, BENÜTZEN SIE DES ODER DEQ

© Copyright 1999: transport echo Antwerpen. tel. +32/3/238 58 36 fax +32/3/216 43 85

Incoterms 2000 · Die Broschüre Nr. 560 „Incoterms 2000" wird verlegt von der Internationalen Handelskammer, Mittelstraße 12–14, D-50672 Köln. Telefon 02 21 / 2 57 55 65, Telefax 02 21 / 2 57 55 93

6   Die speditionelle Logistik
Klaus Zänker

6.1   Logistik – ein Begriff mit vielen Facetten

Begriffe Es gibt kaum einen Begriff in der Verkehrswissenschaft, der derart schillernd ist und zugleich so viele Innovationen angestoßen hat wie den der Logistik. Im militärischen Bereich hat dieser Begriff eine lange Tradition, und es wurden und werden hierunter vor allem die Versorgungsfunktionen militärischer Organisationen verstanden. Dieser Grundgedanke schlägt sich in verschiedenen Logistikdefinitionen, die auf die Planung, Gestaltung, Regelung und Steuerung der Waren- und Güterströme unserer Volkswirtschaft abstellen, nieder. Eine kleine Auswahl von Definitionen unterstreicht dies:

- *Logistik ist die Gestaltung, Steuerung, Regelung und Durchführung des gesamten Flusses an Energie, Informationen, Personen, insbesondere jedoch an Stoffen (Material, Produkte) innerhalb und zwischen Systemen (W. Kirsch, Betriebswirtschaftliche Logistik, 1973).*
- *Logistik dient als Oberbegriff für die Planung und Abwicklung raum- und zeitüberwindender Gütertransaktionen, insbesondere Lagerung und Transport im Beschaffungs-, Produktions- und Absatzbereich der Unternehmung (P. Riebel, DVZ, 17.3.1981).*
- **Beschaf-** *Logistik umfasst den gesamten Materialfluss von der Rohstoffgewinnung über die Ver-*
  fungs- *arbeitung und die Warenverteilung bis zum Konsumenten. Bei näherer Definition glie-*
  logistik *dert sich diese Kette in die Beschaffungs- und Distributionslogistik. Dabei sind nicht*
  Distri- *die verschiedenen Transportsysteme und -wege, sondern auch alle Bereiche der körper-*
  butions- *lichen Warenverteilung, der Lieferfrequenz und Lieferfrist sowie der Distribution, der*
  logistik *Verpackung und Versicherung ebenso einbezogen wie die erforderliche Behandlung der Güter, die Standortwahl von Lagern und die Entwicklung von Transportmitteln. Logistik bedingt Denken und Handeln im Verbundsystem (W. Ferber, DVZ, 11.5.1982).*
- *Zur Logistik gehören alle Tätigkeiten, durch die die raum-zeitliche Gütertransformation hinsichtlich der Gütermengen und -sorten, der Güterhandhabungseigenschaften sowie der logistischen Determiniertheit der Güter geplant, gesteuert, realisiert oder kontrolliert werden. Durch das Zusammenwirken dieser Tätigkeiten soll ein Güterfluss in Gang gesetzt werden, der einen Lieferpunkt mit einem Empfangsort möglichst effizient verbindet (H.Ch. Pfohl, Logistiksystem, 1985).*
- *Arbeitsteilig organisierte Wirtschaftssysteme sind durch vielfältige Güteraustauschbeziehungen gekennzeichnet. Diese physischen Gütertransfers verknüpfen die elementaren Transformationsprozesse der Produktion und des Konsums miteinander. Die Güterflussnetze konstituieren die Logistik der Wirtschaftssysteme. Logistikprozesse beziehen sich auf die güterflussbezogene Raumüberbrückung, Zeitüberwindung sowie die art- und mengenmäßige Zusammensetzung. Damit sind Transport- und Verkehrssysteme, Lager- sowie Umschlag- und Kommissioniersysteme als Basiselemente der Logistik*

bestimmt. Die Gestaltung und Steuerung der Güterströme erfolgt im Hinblick auf die Veranlassung und Durchführung von Produktions- und Konsumtionsprozessen (G.B. Ihde, Vahlens Großes Logistik Lexikon, 1997).

Anders als beim konventionellen Speditionsgeschäft, das sich auf die Organisation des Transports (von „Rampe zu Rampe") und aller damit zusammenhängenden Nebenleistungen konzentriert, stellt die Logistik auf eine **ganzheitliche Sicht des Güter- und Informationsflusses vom Rohstofflieferanten bis hin zum Endverbraucher** ab. Mit dieser logistischen Sicht öffnen sich für Spediteure Marktchancen, die in wachsendem Maße wahrgenommen werden.

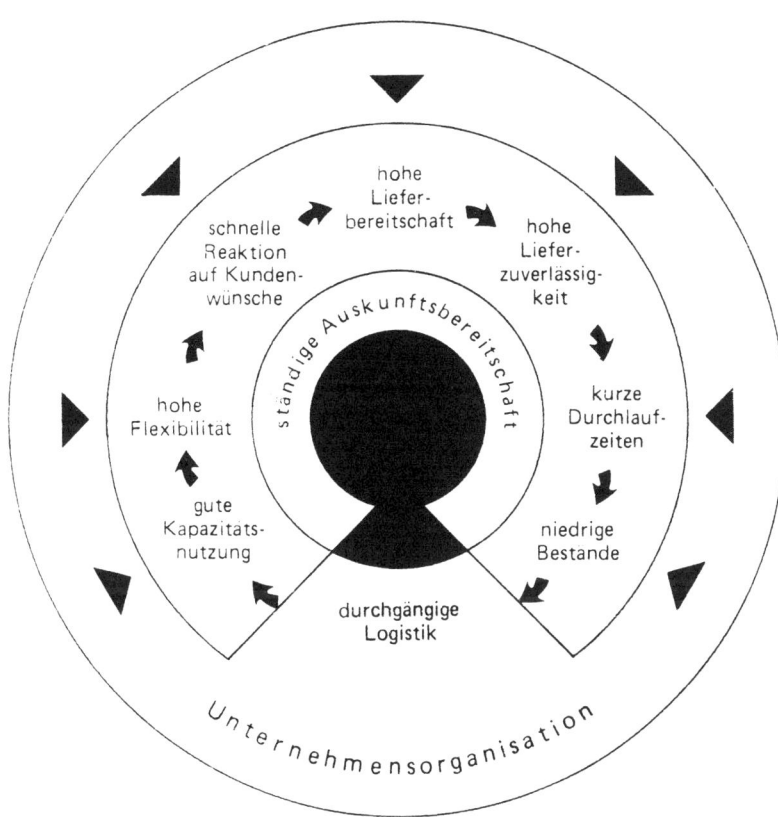

Abbildung 52:
Kunden-
orientierte
Logistik-Ziele

Quelle: DSLV Deutscher Speditions- und Logistikverband, Bonn

6.2   Produkt- und Prozessinnovationen in der Spedition

Die zu Beginn der 1980er Jahre einsetzende Logistikdiskussion fiel in eine Phase tiefer Rezession. Krisengeschüttelt von Strukturproblemen (sinkende Produktivität, steigende Kosten) suchte die Wirtschaft nach Wegen zur Effizienzsteigerung. Beispielhaft hierfür waren Aktivitäten der Automobilindustrie, die damit begann, die Material- und Güterströme systematisch in ihre Unternehmensstrategien einzubeziehen. Das Leitbild „Just-in-time" wurde „geboren" und beherrschte fortan die Diskussion. **Logistik wurde zu einem Instrument, um die Produktivität zu erhöhen und die Kosten zu senken.**

6.2.1   Stellenwert der Logistik wächst

Logistik-impulse

Logistik als Managementphilosophie erhielt im Laufe der 1980er Jahre unter dem fortwährenden, scharfen internationalen Wettbewerb verstärkt Impulse durch:

* Die wachsende Produkt- und Sortimentsvielfalt
* die gestiegenen Anforderungen an den Lieferservice
* die Internationalisierung der Beschaffungs- und Absatzmärkte
* die sich verstärkende Arbeitsteilung.

Wenn heute von Strategien für die industrielle Produktion im einundzwanzigsten Jahrhundert die Rede ist, dann ist damit auch die Logistik angesprochen. Denn die **volkswirtschaftliche Arbeitsteilung verlangt intelligente logistische Systeme.**

Neue Formen überbetrieblicher Zusammenarbeit, wie die Verringerung der Fertigungstiefe, die Auslagerung von Teile-Entwicklungen oder die Fertigung kompletter Baugruppen, die Einschaltung von Subzulieferern und die Zusammenarbeit von Produktions- und Dienstleistungsunternehmen haben sich etabliert.

Für die Automobilindustrie, die Konsumgüterwirtschaft und den Handel gilt gleichermaßen: Schwankungen im Waren- und Güterfluss sollen geglättet werden. Kostentreibende Sonderfahrten und Lieferschwankungen sind abzubauen. Aufbau und Ablauf der Logistik sind transparenter und einfacher zu gestalten. Die Ertragskraft der Unternehmen soll verbessert werden, indem die Kapazitätsauslastung gesteigert und die Dispositionsgenauigkeit erhöht wird.

Die Auslagerung von Dienstleistungen auf die Spedition ist in vollem Gange. **Der Trend ist klar: Verringerung der Fertigungstiefe.** Speditionen berichten, dass die Anfragen zur Übernahme ganzer Dienstleistungspakete (Kontraktlogistik) deutlich zugelegt haben.

6.2.2   Logistik prägt den Strukturwandel in der Spedition

Der Strukturwandel vom Spediteur zum Logistikdienstleister ist in vollem Gange. Nach Zahlen des *Deutschen Speditions- und Logistikverbandes (DSLV)* waren 2005 bereits über 70 % der rund 3000 Speditions- und Lagereibetriebe als Logistikdienstleister tätig. Von diesen Spediteuren erbringen 59 % Leistungen in der Absatzlogistik und 52 % sind in der Beschaffungslogistik tätig. Eine ganze Reihe von Spediteuren ist auf beiden Feldern engagiert.

Ein Blick auf die Logistikaktivitäten der Speditionsbranche zeigt, dass die Betriebe ihre Produktpalette auf die Anforderungen einzelner Branchen einstellen müssen (vergleiche Tabelle 13. Die logistische Kompetenz eines Spediteurs hängt in besonderem Maße davon ab, dass er die branchen- und güterspezifischen Logistikanforderungen seines Kunden versteht und dafür gemeinsam mit ihm Lösungen entwickeln kann.

Logistische Teilmärkte	Speditionsbetriebe in Prozent
Handelslogistik	37
Supply Chain Automobilindustrie	30
Nahrungs- und Genussmittel	25
Ersatzteillogistik	22
Temperaturgeführte Güter	20
Chemielogistik	19
High-Tech-Produkte	17
Textillogistik	13
Andere	47

Tabelle 13:

Logistische Teilmärkte der Spedition

Quelle: DSLV-Gewerbeerhebung 2005, Basis: 2 040 Speditionsbetriebe mit logistischem Angebot

Diese Teilmärkte haben für die Speditionsbranche zweifelsohne eine große Bedeutung, aber darüber hinaus gibt es weitere wichtige Teilmärkte wie zum Beispiel Baulogistik, Medienlogistik, Papierlogistik, Pflanzenlogistik, Pharmalogistik etc., die unter der Bezeichnung „Andere" zusammengefasst wurden. Eine „abschließende Liste" gibt es selbstverständlich hierfür nicht.

Logistikaufgaben gehen weit über das traditionelle Geschäft der Optimierung von Güterversendungen und Transportketten hinaus. Die bloße Güterversendung von der Rampe des Versenders an das Wareneingangstor des Empfängers wird zunehmend von **Systemlösungen** abgelöst, die den Spediteur tiefer in die Beschaffungs-, Produktions- und Absatzprozesse integrieren.

Neben der Organisation von Transport-, Umschlag- und Lagerprozessen sind es die **Value Added Services** Neben- oder Zusatzleistungen, „neudeutsch" Value Added Services, die beim Outsourcing für den Kunden einen Mehrwert darstellen. Nur wer diese Value Added Services beherrscht, wird sich am Logistikmarkt behaupten können. Nach der *DSLV-Branchenanalyse 2005* kann die Spedition bereits mit einem breiten Leistungsspektrum aufwarten. Dargestellt werden Dienstleistungen, die besonders häufig genannt werden, aber als eine abschließende Liste soll sie selbstverständlich nicht verstanden werden. Es gibt weitere und immer neue Dienstleistungen, gerade auch in Verbindung mit E-Commerce.

Sicherlich wird es nicht so weit kommen, dass der Spediteur auch noch das „Auto selbst montiert", wie mancherorts geunkt wird. Es ist jedoch realistisch, dass der **Spediteur weitere Wertschöpfungsfunktionen in der Logistik von Industrie und Handel übernimmt**, zum Beispiel einfache Produktionsschritte wie das Konfektionieren oder absatzunterstützende Arbeiten mit Regalservice, Bestellabwicklung für Kunden, Installation und Inbetriebnahme.

Logistische Dienstleistungen	Speditionsbetriebe in Prozent
Logistikberatung	69
Abrufsteuerung	28
Bestandsmanagement	43
Qualitätskontrollen	36
Zentrallagerfunktionen	39
Bestellabwicklung für Kunden	28
Konfektionierung	28
Montagearbeiten	17
Kommissionieren, Verpacken	66
Etikettierung	50
Regalservice	11
Fakturierung und Inkasso	13
Retourenmanagement	24
Call Center	5
Tracking & Tracing	42
E-Fulfillment	6

Quelle: DSLV-Gewerbeerhebung 2005, Basis: 2 040 Speditionsbetriebe mit Logistikangebot

6.2.3   Wachstumsmarkt Logistik

Unter dem Schlagwort „Logistik" hat sich der häufig eher gering eingeschätzte Güterverkehr zu einer hochtechnisierten, für die Produktionsunternehmen unverzichtbaren Dienstleistungsbranche mit eigener Innovationsdynamik entwickelt. Dieser Prozess ist – auch unter dem Gesichtspunkt der veränderten Verkehrs- und Güterströme in *Europa* – noch längst nicht abgeschlossen, und es zeichnet sich ab, dass sich das Beziehungsgeflecht zwischen den Unternehmen und die Verteilung der Wertschöpfung weiter verändern wird.

Beispiele für solche **Produkt- und Prozessinnovationen** auf den Verkehrsmärkten sind:

- Der Aufbau **flächendeckender und termingeführter Sammelladungs-, Paket- und Expressdienste**
- die Entwicklung von **Systemverkehren**, die spezielles Know-how, Personalqualifikation, technisches Equipment und entsprechende Ablauforganisation erfordern (Teilmärkte zum Beispiel für Textilien, temperaturgeführte Güter, Gefahrgut)
- die Übernahme des *Supply Chain Management (SCM)* für Industrie und Handel
- die Übernahme von Zentrallagerfunktionen bis hin zur europaweiten Distribution
- die Entwicklung neuer Beschaffungskonzepte, zum Beispiel *Externe Versorgungszentren (EVZ)* für die Automobilindustrie
- *Value Added Services* (Mehrwertdienste)
- die Einführung effektiver **Qualitätsmanagementsysteme**
- der Einsatz moderner **Informations- und Kommunikationstechniken** (EDI Elektronischer Datenaustausch, Barcoding, RFID (Radiofrequenz-Identifikationstechnik), Mobile Datenkommunikation, Internet)
- die Einrichtung aussagekräftiger Statusberichtsysteme für Sendungen und Packstücke (Tracking & Tracing).

Das Angebotsspektrum der Spedition spiegelt diese innovativen Dienstleistungen wider: Güter- und branchenbezogene Systeme, zum Beispiel für die Textillogistik, temperaturgeführte Güter oder die Automobilindustrie, Warendistribution über Zentralläger bei Spediteuren, Beschaffungslogistik für Kauf- und Versandhäuser, Fullservice für nationale und europäische Distribution oder Ersatzteillogistik, um nur einige Betätigungsfelder zu nennen.

Experten schätzen das Logistik-Marktvolumen in *Deutschland* für das Jahr 2007 auf **Logistik-** 205 Mrd. € (vergleiche *die TOP 100 der Logistik, Prof. Klaus, Fraunhofer Arbeitsgruppe,* **Markt-** *Nürnberg, 2008*). Diese Schätzung beruht auf dem Ansatz der erweiterten Logistikkosten. **volumen** Neben den klassischen TUL-Prozessen (Transport, Umschlag, Lagerei) werden die Kosten für die Auftragsabwicklung, der Logistikplanung und Administration sowie die Bestände-Vorhaltekosten einbezogen.

Folgende Anteile entfallen auf die verschiedenen Kostenarten:

43 %	Transportkosten
26 %	Kosten für die Lagerwirtschaft und Umschlag
69 %	Zwischensumme (TUL-Kosten)
5 %	Kosten für die Auftragsabwicklung der Logistikleistungen (Transaktionskosten)
5 %	Kosten für Logistikplanung, Administration
21 %	Bestände-Vorhaltekosten (Zinsen, Schwund- und Abwertungskosten)
100 %	Erweiterte Logistikkosten

Alle gewerblichen Logistikdienstleister (Frachtführer, Spediteure, Umschlagbetriebe) erwirtschaften zusammen einen Anteil von 50 % (rund 103 Mrd. €) an den erweiterten Logistikkosten. Auf die Werkslogistik mit den „insourced" Leistungen von Handel und Industrie entfallen knapp 50% (ca. 102 Mrd. €).

Nach bisherigen Beobachtungen kann jährlich 1 % bis 2 % des gesamten Logistikmarktvolumens zusätzlich an die gewerblichen Kontraktlogistik-Dienstleister „outsourced" werden.

6.3   Voraussetzungen für die Erbringung logistischer Dienstleistungen

Die Spedition muss hohe Anforderungen erfüllen, wenn sie im Spezialisierungswettlauf **Anforde-** auf den Logistikmärkten mithalten will: **ungen**

* **Kenntnisse der Prozessketten in Handel und Industrie**   **an die**
  Mit der Integration des Spediteurs in die Beschaffungs- oder Absatzlogistik wächst **Spedition** ihm eine größere Verantwortung für die punktgenaue Bereitstellung der Güter zu. In der Automobilindustrie sind zum Beispiel abgestufte Abrufkonzepte logistikrelevant: Lieferabruf mit Bedarfsvorschau, Feinabruf (Feinprogramm) und *PAB (Produktionssynchroner Abruf)*. In Konsumgüterwirtschaft und Handel werden unter dem Schlagwort *ECR (Efficient Consumer Response)* neue logistische Konzepte angestoßen. Die Logistikketten sollen von der Marktnachfrage her gesteuert werden. Mit der Einrichtung von Umschlags- oder Transit-Terminals (im *ECR*-Jargon

werden häufig dafür die Begriffe *Transshipment Points* oder *Cross-Docking* verwendet) soll der Aufwand für Lagerung und Kommissionierung gesenkt werden. Dies soll durch ein kontinuierliches Nachbefüllen der Sortimente in den Verkaufsstellen *(Continous Replenishment)* erreicht werden.

- **Produkt- und branchenspezifische Kenntnisse**
  Lagerung und Kommissionieren, Regalservice, einfache Montagefunktionen sowie Installationen erfordern weitergehende Produktkenntnisse beim Spediteur.

- **Kommunikative Kompetenz**
  Zweifelsohne sind Informations- und Kommunikationstechniken (EDV, EDI, Internet, Barcoding, RFID, Mobile Kommunikation) Schlüsseltechnologien für die Entwicklung logistischer Kooperationen.
  Rund 77 % der 2005 vom *DSLV* befragten 2 900 Spediteure setzen den elektronischen Datenaustausch (EDI) zur Übermittlung von Geschäftsdaten mit Versendern, Spediteuren, Carriern etc. ein. 75 % der Betriebe unterstützen ihre Umschlagaktivitäten mit Barcoding. Viele Spediteure nutzen heute das Internet auch zur Übernahme von Daten, zum Beispiel von Speditionsaufträgen für das Tracking & Tracing von Packstücken oder zur Einschaltung von Transport-Marktplätzen (Frachtenbörsen).

- **Organisatorische Flexibilität**
  Logistikkonzepte werden mit den unterschiedlichsten Organisationsformen umgesetzt, zum Beispiel der kompletten Übernahme der Kundenlogistik
  – durch den Spediteur
  – mit stiller Beteiligung durch den Verlader
  – mit Gründung einer gemeinsamen Firma.

- **Verkehrsträgerneutralität**
  Anfangs wurden speditionelle Beratungen manchmal skeptisch mit dem Hinweis versehen, der Spediteur würde seine Logistikangebote auf die Auslastung seiner Lkw-Kapazitäten konzentrieren und Transportalternativen vernachlässigen. Wenn der Spediteur als Logistikanbieter ernst genommen werden will, wird er alle Alternativen prüfen, um ein konkurrenzfähiges Angebot darstellen zu können.

- **Investitionsbereitschaft**
  2005 setzten Spediteure 83 000 eigene Fahrzeuge ein, davon entfielen 26 400 Einheiten auf Lkw, 40 600 auf Anhänger (einschließlich Sattelauflieger) und 16 000 auf Sattelzugmaschinen. Das Gewerbe verfügt über 70 000 Wechselbehälter. Mit Spezialfahrzeugen wird spezifischen Kundenanforderungen Rechnung getragen. Logistische Teilmärkte erfordern ein spezielles Equipment (zum Beispiel für Kühlketten, Gefahrgut, hängende Bekleidung, Pkw-Transporte, Schwergut). Die Lager- und Umschlagseinrichtungen von Spediteuren beanspruchen schätzungsweise eine Fläche von insgesamt 54,6 Mio. m². Davon entfallen auf die Lagerhallen 19,3 Mio. m², auf die Lagerfläche im Freien 17,3 Mio. m², auf die überdachte Umschlagfläche 7,8 Mio. m² sowie auf die Umschlagflächen im Freien 10,2 Mio. m².

6.4 *4PL-, 3PL-, 2PL-* oder *1PL*-Dienstleister – eine strategische Klassifikation der Transport- und Speditionsunternehmen

In Verbindung mit dem *E-Commerce (Elektronischer Geschäftsverkehr)* ist häufig die **E-Logistics** Rede von *E-Logistics.* **Geschäftsmodelle, in denen logistische Dienste wie Transport, Umschlag, Lagern, Kommissionieren, Verpacken und Distribuieren etc. mit den Möglichkeiten des *E-Commerce* verknüpft sind, werden als *E-Logistics* bezeichnet.**

Das Spektrum umfasst unter anderem:

* Die Abwicklung von *B2B-Projekten (Business to Business)* im Rahmen der Kontrakt-logistik
* die Herausbildung von logistischen Systemdienstleistern, die das vollständige *Supply-Chain-Management* organisieren
* die Logistik für den Online-Handel an den Endverbraucher.

Die in den ersten Jahren außerordentlich hohen Erwartungen an die Verbreitung des elek- **E-** tronischen Handels sind inzwischen einer nüchternen Betrachtung gewichen. Aber auch **Commerce** wenn sich das Entwicklungstempo des *E-Commerce* verlangsamt hat, bleibt die Integration von logistischen Dienstleistungen mit elektronischen Marktplätzen und Beschaffungsplattformen weiterhin eine Herausforderung der Speditions- und Logistikbranche.

Dabei steigen die Anforderungen an die Informationsverfügbarkeit. Tracking & Tracing (Sendungsverfolgung), der Einsatz von Barcodes für die automatisierte Packstück-Identifikation, *EDI (Electronic Data Interchange)*, Internet und mobile Datenkommunikation entwickeln sich zur logistischen „Infrastruktur".

Mit *E-Commerce* verbindet sich die Erwartung, dass die Reaktionszeiten und die Warenbestände gesenkt werden können. Von den Transport- und Logistiknetzen werden eine höhere Kosten- und Preistransparenz, flexiblere Transportdisposition, kürzere Laufzeiten, lückenlose Terminüberwachung und eine permanente Informationsverfügbarkeit erwartet.

Ausgelöst durch *E-Commerce* und *E-Logistics* entwickelten Unternehmensberatungen **1PL bis 4PL** in den *USA* ein Konzept zur strategischen Einordnung der logistischen Akteure. Danach wird unterschieden zwischen *1PL-, 2PL-, 3PL- und 4PL-Provider* (gelesen als *Third-Party-Logistics Provider* oder *Fourth-Party-Logistics Provider*).

Als *1PL* und *2PL* werden zum Beispiel Frachtführer und Spediteure als **Anbieter klassischer Transport- und Dienstleistungen** bezeichnet, während *3PL* oder *4PL* die logistischen Prozesse ihrer Kunden **über Software-Plattformen** steuern. *3PL* übernehmen dabei bestimmte Funktionen der logistischen Kette selbst, zum Beispiel das Warehousing, und steuern die verbleibenden logistischen Prozesse. *4PL* **stellen hingegen nur die Softwareplattform und das Geschäftsprozess-Know-how zur Verfügung.** Sie selbst verfügen über keine eigenen Transport-, Umschlag- und Lagerkapazitäten.

Danach erbringt ein *4PL* umfassende Logistikdienstleistungen, indem er ein Netzwerk von *3PL* zu einer optimalen Lösung für den Kunden verknüpft. Insbesondere *4PL* sind für das „Fulfillment" auf nachgelagerte Dienstleister wie Spediteure, Frachtführer, KEP-Dienste, Netzwerk-Dienstleister etc. angewiesen. Kernstück ist dabei das

Logistiksteuerungssystem des *4PL*, manchmal auch als „Logistikleitstand" bezeichnet. **Der *4PL* integriert die beteiligten Transport- und Warehousingdienstleister zu einem logistischen System;** er sichert die Durchgängigkeit der Informationsströme und ein gleich bleibendes Qualitäts- und Leistungsniveau. Ansprechpartner für den Kunden ist allein der *4PL*-Dienstleister, der die „Fäden zusammenhält".

Tabelle 15:

Das Leistungs-spektrum eines 4PL

Supply Chain Planung	• Operative Planung: unternehmensübergreifende Produktions-/Distributionsplanung • Taktische Planung: Verbund-/Netzwerkplanung zur Abstimmung der Beschaffungs-, Lager-, Bestands- und Transportplanung zwischen den beteiligten Unternehmen • Strategische Planung: Standortplanung, Lieferantenauswahl, Verkehrsträger-Mix
Integration der Informations-technologien	Schnittstellendefinition und die Datenintegration zwischen verschiedenen Softwaresystemen
Strategic Network Planning	Die Einbindung des *4PL* in die Netzwerkplanung ist Basis für das Gesamtkettenoptimum, dafür ist er verantwortlich
Transportplanung	Neben der klassischen Transportplanung wie Transportmittelauswahl, Beladungsterminierung und Lade- und Stauplanung beinhaltet dies die Dienstleisterauswahl
Order Tracking	Auftragsverfolgung über alle Partner der Supply Chain (SC)
Tourenplanung und -optimierung	Anwendung von EDV zur Optimierung der Transportprozesse
Tracking & Tracing	Verfolgung von Transportmitteln, Equipment, Sendungen, Packstücken, Artikeln
Lager- und Bestandsmanagement	Unternehmensübergreifendes Lager- und Bestandsmanagement zur Minimierung der Bestandskosten in der Supply Chain bei gleichzeitiger Verfügbarkeitsgarantie
Ertragsmanagement	Gewinn- und Verlustermittlung von einzelnen Partnern, die aus der Erreichung eines Gesamtkettenoptimums resultiert, und Verteilung der Ergebnisse auf die Partner
Dokumentenverwaltung	Management des Dokumentenstroms der Partner und Bereitstellung der physischen und Software-Infrastruktur
Application Service Providing	Bereitstellung der benötigten übergreifenden Supply Chain Management-Software
Personal Leasing	Personeller Ausgleich von Engpässen und Überkapazitäten
Finanzdienstleistungen	Angebot und Koordination von Finanzdienstleistungen durch Dritte für alle Partner der Supply Chain

Quelle: Prof. Helmut Baumgarten, TU Berlin

Spediteure als Logistikdienstleister haben bereits vielfach unter Beweis gestellt, dass sie leistungsfähige Logistiksysteme entwickeln und betreiben können. Ein Großspediteur erklärte auf die Frage, ob er sich von Lager- und Umschlaganlagen trennen wolle, um ein *4PL* zu werden: *Das wäre nicht klug. Sobald Sie mit einem Kunden verhandeln, fragt er Sie früher oder später, welche Sicherheiten in punkto Service Sie ihm garantieren können, was Sie als Back-up-System für dringende Fälle in der Hinterhand haben, wie es mit Kapazitätsreserven für Saisonspitzen aussieht – und das deutschland-, europa- und weltweit. Wenn Sie diese Sicherheit garantieren wollen, wird es unweigerlich die Konsequenz haben, dass Sie zumindest einen Teil der physikalischen Logistikleistungen selbst beherrschen müssen. Wir lassen uns die Systemführerschaft nicht nehmen.*

Ein *4PL* sollte über operatives Know-how verfügen. Er sollte über die Kompetenz verfügen, Dienste Dritter mit eigenen zu kombinieren und damit Supply Chain optimal zu steuern. **Spediteure und Logistikdienstleister bringen wichtige Voraussetzungen mit, die zu einem *4PL* gehören.** Denn die unternehmensübergreifende Organisation von Transport- und Logistikprozessen gehört seit jeher zum Geschäft. Auch kann eine Zusammenarbeit mit Softwarehäusern sinnvoll sein, die Erfahrungen bei der Umsetzung von *E-Commerce* und *Supply Chain Management* haben.

Die Klassifikation der Dienstleister in verschiedene Systemebenen (*1PL, 2PL, 3PL* oder *4PL*) ist im Wesentlichen ein Instrument von Unternehmensberatern zur strategischen Klassifikation und Beratung von Unternehmen, die in den Logistikprozessen Funktionen und Aufgaben übernehmen. Der Nutzen dieser Diskussion liegt für ein Unternehmen darin, sich mit seiner strategischen Ausrichtung auseinander zu setzen. Die gängige Unterscheidung von Frachtführer, Spediteur und Logistikdienstleister wird diese Klassifikation wohl kaum ablösen.

6.5 Volks- und betriebswirtschaftliche Effekte durch speditionelle Logistik

Das Outsourcing logistischer Dienstleistungen trägt dazu bei, gestiegene Anforderungen an die Unternehmenslogistik kostenoptimal zu bewältigen. Es sind vor allem kosten- und leistungswirksame Effekte, die eine Ausgliederung von Funktionen auf die Spedition begründen:

Outsourcing logistischer Leistungen

- **Ausgleichseffekt:**
  Unterschiedliche Kunden und Branchen ermöglichen dem Spediteur eine **höhere saisonale und regionale Auslastung der Kapazitäten.**

- **Bündelungseffekt:**
  Der Spediteur kann die Sendungen verschiedener Auftraggeber bündeln (Consolidation) und damit einen **höheren Auslastungsgrad von Transportmitteln, Equipment, Umschlags- und Lagerkapazitäten erreichen.**

- **Spezialisierungseffekt:**
  Die Spezialisierung auf logistische Dienstleistungen führt zu einem **höheren Abwicklungs-Know-how beim Spediteur.**

- **Volumeneffekt:**
  Bei entsprechendem Wachstum des Aufkommens können **Stückkostendegressionen in Transport-, Lager- und Umschlagprozessen ausgeschöpft werden**, so genannte *Economies of scale*.

- **Variabilisierungseffekt:**
  Beim Auftraggeber entstehen nur leistungsabhängige Kosten. Er ist von Sprungkosten entlastet, die beim Einsatz eigener Ausrüstung anfallen würden.

- **Flexibilitätseffekt:**
  Der Auftraggeber erhält eine **größere Flexiblität beim Einkauf logistischer Dienstleistungen**, indem er bei Lieferschwankungen nicht an kostentreibende Leerkapazitäten gebunden ist.

Sicherlich ist der Einkauf von logistischen Dienstleistungen mit zusätzlichen Transaktionskosten verbunden. Hierunter sind die Kosten für die Anbahnung von Verträgen (Such- und Informationskosten), die Kosten für den Vertragsabschluss sowie die Überwachung zur Durchsetzung von Leistungspflichten anzuführen. Dem ist entgegenzuhalten, dass auch die Eigenregie mit Kosten der Leitung und Überwachung verbunden ist.

Es wird auch der Einwand geäußert, dass dem Industrie- oder Handelsunternehmen Problemlösungskompetenz verloren gehe, wenn Leistungen auf einen Spediteur übertragen werden. Die zunehmende Transparenz logistischer Systeme, die durch neue Informations- und Kommunikationssysteme (elektronischer Datenaustausch, Barcoding, mobile Kommunikation) herbeigeführt wird, wirkt diesen Befürchtungen entgegen. Ganze Industriebereiche zeigen, dass sich Outsourcing bis hin zur Entwicklung von Fertigungsteilen oder der Lieferung von ganzen Baugruppen betreiben lässt.

6.6 Von der Kundenanfrage zum Logistikangebot

Anhand eines Beispiels aus der Distributionslogistik soll das Vorgehen eines Spediteurs von der Kundenanfrage bis zum Logistikangebot illustriert werden.

Ein Kunde richtet die folgende Anfrage an den Spediteur:

Für den süddeutschen Raum möchten wir unsere Logistik neu strukturieren. Die kostenoptimale Konzeption soll die Qualität des Lieferservice auf keinen Fall verschlechtern. Wir stellen uns ein Zentrallager vor, welches den Raum Bayern und Baden-Württemberg bedienen soll. Bayern wird zurzeit von unserem Lager in A-Stadt, Baden-Württemberg direkt ab Werk per Spedition beliefert.
Im Detail geht es um folgende Aufgabenstellung:
- *Ist-Erfassung der Kunden- und Auftragsstruktur – getrennt nach Kundenaufträgen und Lageraufträgen, der Kosten des Auslieferungslagers, des Transports, der Bestände und deren Bewertung sowie der Daten zum Lagerstandort einschließlich der Touren.*
- *Analyse und Konzept*
  a) *Erarbeitung der „idealen Lösung".*
     Die Daten über Kosten, Mengen und Strukturen sind kritisch zu analysieren und darauf aufbauend ist die „ideale Lösung" zu konzipieren. Hierbei sind die vertrieblichen Ziele (Marketingkonzept) einzubeziehen.
  b) *Erarbeitung der praktikablen Lösungen.*
     Die erarbeitete „ideale Lösung" ist auf Machbarkeit zu prüfen beziehungsweise anzupassen.
  Nach der Entscheidung über die einzuführende Konzeption ist in einem weiteren Projektschritt die Einführung vorzubereiten (Maßnahmeplan).

So oder ähnlich könnte das Anschreiben lauten, mit dem der Spediteur zur Abgabe eines Logistikangebotes aufgefordert wird.

Logistik ist Projektarbeit

Zu einer sorgfältig kalkulierten Logistikkonzeption gelangt der Spediteur nur durch **Projekt-** eine **Logistikanalyse**. Sie ist Voraussetzung, um ein Angebot abgeben zu können. Solche **arbeit** Analysen sind zugegebenermaßen zeit- und kostenaufwändig. Die Vorbereitung des Outsourcing von Aufgaben der Absatz- und Beschaffungslogistik erfordert von einer gewissen Größenordnung an die Einrichtung eines **Projektes**. Welcher Zeit- und Kostenaufwand erforderlich wird, hängt auch davon ab, welche Daten und vor allem mit welcher Qualität der Kunde sie zur Verfügung stellen kann.

6.6.1 Projektvorbereitung (Projektdefinition)

- **Grobfestlegung** des Untersuchungsumfangs, Definition der Aufgabenstellung und Betriebsbegehung (Grundlage zur Erarbeitung eines Ablaufplans für das Projekt und die Kostenkalkulation).
- **Kosten- und Zeitaufwand** der Analyse wird ermittelt. Die mögliche Realisierung des Logistikkonzeptes wird grob kalkuliert. Es wird ein Kurzbericht mit Angabe des Untersuchungsumfangs, der Projektschritte, des Zeit- und Kostenaufwands und der wichtigsten Realisierungsschritte ausgearbeitet.
- Bildung einer **Projektgruppe** aus Mitarbeitern (Qualifikation) der beteiligten Abteilungen (Kunde und Spediteur) sowie Festlegung der Projekt-Verantwortlichkeiten.
- Festlegung aufzunehmender Logistikkennzahlen und Daten (gegebenenfalls Erhebung).

6.6.2 Datenerhebung und Interviews (Ist-Analyse)

Dies sind die Schwerpunkte:

- **Projektgespräche** zur Aufnahme der Statistiken / Kennzahlen sowie Ausfüllen von Fragebögen, Aufnahme von Arbeitsabläufen, Erfassung von Schwachstellen in den logistischen Abläufen
- **Betriebsstellenbegehung**
- Aufnahme und gegebenenfalls Erhebung der **Basisdaten** von
  - Kundenstruktur – ABC-Analyse nach Sendungen (Gewicht und Volumen), Umsatz und Menge
  - Kundenauftragsstruktur nach Bestellhäufigkeit, Bestellgrößen, Lieferzeiten und Lieferhäufigkeit
  - Lagerauftragsstruktur nach Bestellhäufigkeit, Bestellgröße, Lieferzeiten, Lieferhäufigkeit
  - Produktstruktur nach Kunden und Aufträgen, differenziert nach Produktgruppen
  - Lieferstruktur
  - Touren (Rhythmus, Länge, Menge, Sendungen, Packstücke)
  - Distributionskosten (Lager, Umschlag, Transport)
  - Kosten der Kapitalbindung (Bestände, Bestandsbewegungen).

- Die **Bestandsaufnahme** (Ist-Bericht)
  Der Ist-Bericht stellt die wesentlichen logistischen Kennzahlen und deren Beurteilung dar. Er dokumentiert die **Schwachstellenanalyse** und vermittelt bereits erste **Verbesserungsvorschläge**.
  Grundlage für diesen Bericht sind Projektgespräche mit dem Auftraggeber, Begehung der Betriebsstelle und Ablaufbeschreibungen. Der Ist-Bericht soll bereits Ansatzpunkte für Verbesserungen der logistischen Abläufe aufzeigen, die später im Soll-Konzept konkretisiert werden.
  Der Ist-Bericht wird dem Auftraggeber vorgestellt, damit der nächste Projektschritt, das Soll-Konzept, gemeinsam vorbereitet werden kann.

Ein Exkurs: Kennzahlen

Betriebs-wirtschaft-liche Kenn-zahlen

Kennzahlen bringen **komplizierte betriebswirtschaftliche Beziehungen auf den Punkt**. Sie werden auch als „Werkzeug" für logistische Analysen verwendet. Beispielhaft wird nachfolgend eine Reihe dieser Kennzahlen vorgestellt.

Die Festlegung der Kennzahleninhalte und -werte orientiert sich an den jeweiligen Analysezielen:

- Wie hat sich das Logistiksystem im Vergleich zur Planung entwickelt (Soll-Ist-Abweichungsanalysen)?
- Wie hat sich die Leistungs- und Kostensituation im Zeitablauf verändert (Zeitreihenanalysen)?
- Wie steht es um das Logistiksystem im Vergleich zu den Branchenbesten (Benchmarking)?

Es gibt eine Fülle von logistischen Kennzahlen (KPI Key Performance Indicators), die häufig auch erst projektbezogen definiert werden. Die nachfolgenden Kennzahlen sind Beispiele dafür, wie ein Logistiksystem „vermessen" werden könnte:

- **Kennzahlen zur Messung der Logistikleistung:**

  $$\text{Liefergrad} = \frac{\text{Anzahl art-, mengen- und termingerecht ausgeführter Kundenaufträge}}{\text{Gesamtanzahl Kundenaufträge}} \times 100\,\%$$

  Auftragsdurchlaufzeit = Zeitpunkt der Anlieferung beim Kunden – Zeitpunkt Auftragseingang (in Zeiteinheiten)

  Fehllieferungsrate = Fehllieferungen / Gesamtauslieferungen (in %)

  Schadensquote = Anzahl der Schäden / Anzahl der Sendungen (in %)

- **Kennzahlen zum Lager**

  Durchschnittlicher Lagerbestand einer Periode = (Anfangs- + Endbestand)/2

  Durchschnittliche Lagerdauer = 360 Tage / Umschlagshäufigkeit einer Periode (zum Beispiel eines Jahres)

  Umschlagshäufigkeit einer Periode = Umsatz in der Periode / durchschnittlicher Lagerbestand

  Lagerkostenanteil = Lagerkosten / Gesamtdistributionskosten (in %)

- **Kennzahlen zum Transport**

  Durchschnittliche Fuhrparkkosten = Gesamtfuhrparkkosten / Transportaufkommen je Tonne

Durchschnittliche Versandweite = Transportleistung (Tkm) / Transportaufkommen (T)

Transportkosten an Distributionskosten = Transportkosten / Gesamtdistributionskosten

- **Kennzahlen zur Kapitalbindung**
  Summe der Bestandswerte x Zinssatz einer Periode
  oder
  Gesamt-Bestandswert x Anzahl Tage / 360 x Zinssatz

ABC-Analyse

Die ABC-Analyse hat auch für die Logistikanalyse eine besondere Bedeutung. **Sie ist ein universell einsetzbares Verfahren, um auch Tatbestände in der Logistik rasch in drei Gruppen zu klassifizieren**, zum Beispiel

ABC-Analyse

- Anteil am Umsatz, Aufträge nach Kundengruppen (A-, B- oder C-Kunden)
- Anteil am Sendungsaufkommen (nach Güterart, Menge, Relationen, Kunden)
- Anteil am Beschaffungsvolumen.

Die Anteile werden in Prozenten ausgedrückt und diese Werte werden kumuliert. Die ABC-Analyse ist ein Instrument, um sich auf die wesentlichen Vorgänge in der Logistik zu konzentrieren. Häufig wird in diesem Zusammenhang auch von der „80:20-Regel" gesprochen. Auf 20 % der Kunden entfallen 80 % des Umsatzes. Dies sind die so genannten A-Kunden. Oder auf die A-Materialarten, die 20 % der Gesamtzahl ausmachen, entfallen 80 % des Periodenverbrauchs.

Das Soll-Konzept

Dieser Projektschritt knüpft unmittelbar an den Ist-Bericht an. In dieser Projektphase wird das **neue Logistik-Konzept** mit den entsprechenden Realisierungsschritten entworfen. Es erfolgen Festlegungen über Standorte, Leistungsbeschreibungen, Ablauforganisation, operative Abwicklung, Datenkommunikation, Einsatz von Förder- und Lagertechniken und Transport.

Das **Soll-Konzept des logistischen Systems bildet die Grundlage für das Gesamtangebot des Spediteurs**. Es wird dem Auftraggeber zur Feinabstimmung vorgestellt. Der abschließende Soll-Bericht enthält das Soll-Konzept einschließlich der Verbesserungsvorschläge und das mögliche Nutzenpotenzial für den Auftraggeber.

6.6.3 Kalkulation

Das Gesamtangebot wird auf Basis des Soll-Konzepts kalkuliert (Gesamtangebotskalkulation). Gegebenenfalls sind in Abstimmung mit dem Auftraggeber Veränderungen des Soll-Konzepts erforderlich.

6.6.4   Gesamtangebot

Erstellung des Projektberichts. Der Projektbericht besteht aus dem Soll-Konzept und dem Gesamtangebot. Bei kleineren Projekten können Ist-Bericht, Soll-Konzept und Kalkulation zusammengefasst werden.

6.6.5   Realisierung und Haftung

Soweit nicht nur speditionelle, sondern auch logistische Dienstleistungen erbracht werden sollen, ist im Hinblick auf den Anwendungsbereich der *ADSp* zunächst festzustellen, dass von den *ADSp* nur speditionsübliche Dienstleistungen erfasst werden. Viele Speditionsunternehmen haben sich in den letzten Jahren zu Logistikunternehmen entwickelt. Sie organisieren nicht nur Transporte für ihre Kunden, sondern bieten diesen eine Fülle von logistischen Zusatzleistungen an, die zum Beispiel mit der Zulieferung, Produktion und Distribution von Gütern zusammenhängen und den Spediteur tiefer in die Beschaffungs-, Produktions- und Absatzprozesse von Industrie und Handel integrieren. Kennzeichnend hierfür ist, dass Speditions- und Logistikunternehmen Tätigkeiten übernehmen, die unmittelbar mit der Produktion (zum Beispiel Vormontagen) oder dem Handel mit Gütern (zum Beispiel Regalservice) in Zusammenhang stehen.

    Derartige weitreichende logistische Leistungen fallen aber nicht mehr, beziehungsweise nur punktuell in den Anwendungsbereich der *ADSp*, die nur speditionsübliche logistische Dienstleistungen erfassen, die mit der Beförderung und Lagerung im Zusammenhang stehen. Haben die Parteien keinen Vertrag – wie dies in der Kontraktlogistik üblich ist – geschlossen, sind nicht die *ADSp*, sondern die gesetzlichen Bestimmungen (*BGB* und andere zivilrechtliche Gesetze) auf die logistischen Tätigkeiten anzuwenden, die jedoch keine auf diese komplexe Leistungspakete maßgeschneiderte Regelungen kennen.

Logistik-AGB   Hier setzen die neuen *Logistik-AGB* an, die der *DSLV* seit Frühjahr 2006 allen seinen Mitgliedsorganisationen angeschlossenen Speditions- und Logistikunternehmen empfiehlt, im Geschäftsverkehr mit ihren Auftraggebern anzuwenden. Diese Empfehlung ist unverbindlich. Es bleibt den Vertragspartnern unbenommen, vom Inhalt dieser Empfehlung abweichende Vereinbarungen zu treffen.

    Der Anwendungsbereich der *Logistik-AGB* beginnt dort, wo der Anwendungsbereich der *ADSp* aufhört. Die *Logistik-AGB* gelten für alle logistischen Zusatzleistungen, die nicht von einem Verkehrsvertrag nach *Ziffer 2.1 ADSp* erfasst werden (*Die ADSp gelten für alle Verkehrsverträge über alle Arten von Tätigkeiten, gleichgültig ob sie Speditions-, Fracht-, Lager- oder sonstige üblicherweise zum Speditionsgewerbe gehörende Geschäfte betreffen. Hierzu zählen auch speditionsübliche logistische Leistungen, wenn diese mit der Beförderung oder Lagerung von Gütern in Zusammenhang stehen*). Welche Leistungen damit nach den *Logistik-AGB* erfasst werden, wird in einem nicht abschließenden Beispielskatalog näher verdeutlicht, zum Beispiel Auftragsannahme (Call-Center), Warenbehandlung, Warenprüfung, Warenaufbereitung, länder- und kundenspezifische Warenanpassung, Montage, Reparatur, Qualitätskontrolle, Preisauszeichnung, Regalservice, Installation oder die Inbetriebnahme von Waren oder Tätigkeiten in Bezug auf die Planung, Realisierung, Steuerung oder Kontrolle von Bestell-, Prozess-, Vertriebs-, Retouren-, Entsorgungs-, Verwertungs- und Informationsmanagement.

Diese Aufzählung macht deutlich, dass beide Klauselwerke – *Logistik-AGB* und *ADSp* – nebeneinander anzuwenden sind. Sollten sich dennoch Zweifelsfragen ergeben, welches der beiden Klauselwerke Anwendung findet, sollen die *Logistik-AGB* vorrangig angewendet werden.

So könnte eine logistische Lösung für die Distribution über ein Zentrallager aussehen:

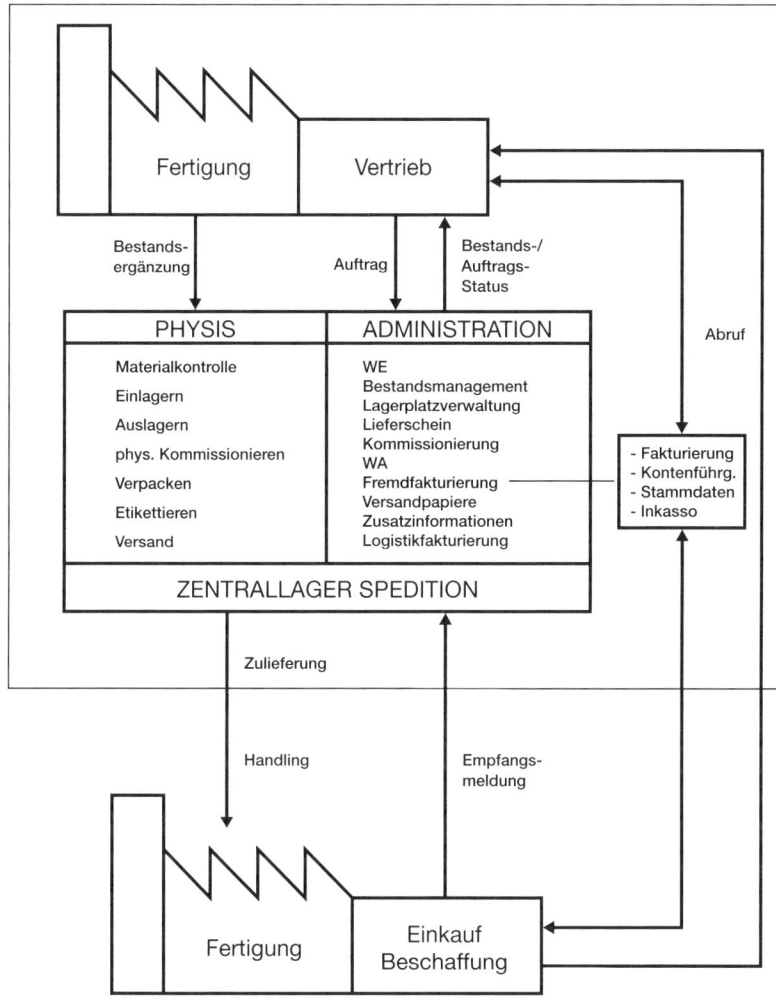

Abbildung 53: Distributions- logistik- Konzeption

Quelle: DSLV Deutscher Speditions- und Logistikverband, Bonn

331

6.7   Ein Beispiel: *Externes Beschaffungslager*

Die Automobilindustrie gehört zweifelsohne zu den Industriezweigen, die hohe logistische Anforderungen stellen und auch erhebliche Impulse auf Innovationen in der Spedition ausgelöst haben. Just-in-time gehörte zu den Visionen, die aus der Automobilindustrie an die Spedition herangetragen wurden. Die Tendenz zur **Individualisierung** der Autos bringt in der Automobilindustrie eine **größere Variantenvielfalt** mit sich. Der Übergang von einer auftragsneutralen zur kundenspezifischen Fertigung führt zu Kostensteigerungen. Die mengen- und termingerechte Beschaffung und Minimierung der Bestände in der logistischen Kette hat folgende Wirkungen:
- kleinere Auslieferungslose (kleinere Sendungsgrößen)
- Erhöhung der Lieferintervalle
- höhere Versorgungskosten.

Unter diesen Bedingungen stoßen die herkömmlichen Lieferformen insbesondere dann an ihre Grenzen, wenn Zulieferer und Automobilhersteller räumlich und zeitlich weit entfernt voneinander liegen. Ständig wird nach Wegen gesucht, die Kosten in der logistischen Kette zwischen Vorlieferern, Zulieferern, Spediteuren und Automobilherstellern zu senken. Die Ziele sind:
- Verbesserung der Informationsqualität und Verkürzung der Informationswege zur Erhöhung der Lieferflexibilität und Versorgungssicherheit
- Steigerung der Vorhersagegenauigkeit
- Erhöhung der Abrufstabilität im Kurzfristbereich
- Festlegung von Verfahrensweisen zur Minimierung der Auswirkungen von Störgrößen (auf Automobilhersteller, Zulieferer und Spediteure)
- Optimierung des Materialflusses
- Logistik-Optimierung durch externe Beschaffungsläger
- Festlegung normierter Informations- und Materialflussschnittstellen (zum Beispiel Datenaustausch- und Behälterstandards)
- Reduzierung der Kapitalbindung.

Das Konzept des *externen Beschaffungslagers*

Spediteur als externer Dienstleister Ende der 80er Jahre entwickelten Spediteure gemeinsam mit der Automobilindustrie das **Konzept des *externen Beschaffungslagers*,** das auch als *externes Versorgungszentrum (EVZ)* bezeichnet wird. In dieser Funktion spricht man vom Spediteur auch als *externem Dienstleister (EDL)*. Diese externen Versorgungszentren werden in der Nähe des Automobilherstellers errichtet.

An der Aufgabenbeschreibung von Geschäftsprozessen eines *EVZ* lässt sich exemplarisch nachvollziehen, wie logistische Strategien durch die Spedition umgesetzt werden (vergleiche *VDA-Empfehlung 5000, Vorschläge zur Ausgestaltung logistischer Abläufe, 2003*).

Bei einem *externen Beschaffungslager* übertragen Werk und Zulieferer gemeinsam einem Spediteur die Bevorratung und Bewirtschaftung eines vereinbarten Lieferumfangs. Diese Konzeption ermöglicht es

- dem Zulieferer, seinen Versand und Transport zu optimieren
- dem Automobilhersteller, unmittelbar vor dem Verbrauchszeitpunkt die erforderliche Menge abzurufen und durch gemeinsame Nutzung externer Logistik-Ressourcen die Gesamtkosten in der Logistikkette zum Nutzen von Hersteller und Zulieferer zu reduzieren und dabei die Versorgungssicherheit zu gewährleisten.

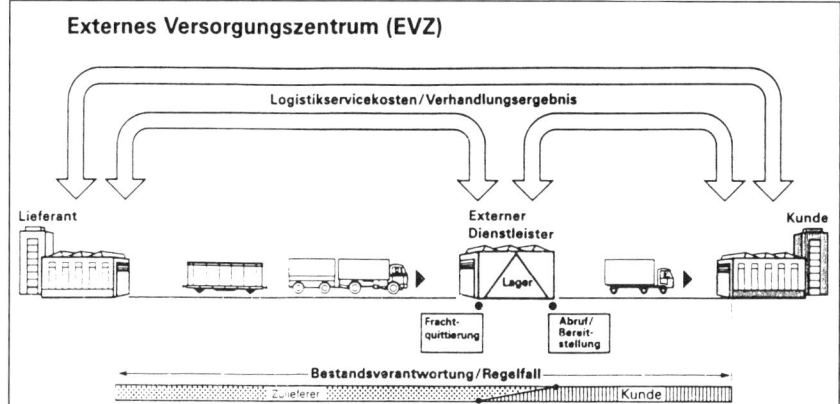

Abbildung 54:

Externes Versorgungs-zentrum (EVZ)

Quelle: *Empfehlung VDA 5000; Vorschläge zur Ausgestaltung logistischer Abläufe,*
Verband der Automobilindustrie (VDA), 2003

6.7.1   Dispositive Abwicklung

Über die grundsätzlich notwendigen Dispositionstätigkeiten beim Automobilhersteller und Zulieferer wird für das *externe Beschaffungslager* eine zusätzliche Disposition (Bestandssteuerung) erforderlich. Hierfür ist eine klare Verantwortungsabgrenzung zwischen den Beteiligten notwendig. Die Dispositionshoheit muss geregelt werden hinsichtlich der Verantwortung für die

- Lieferbereitschaft und
- Bestandshöhe.

Die Steuerung beziehungsweise Disposition der Bestände in einem *externen Beschaffungslager* sollte von demjenigen wahrgenommen werden, in dessen Eigentum sich die Ware befindet. Da einerseits die Lieferbereitschaft sichergestellt werden muss, andererseits diese unter anderem von der Bestandshöhe abhängt, wird diese Aufgabe in der Regel vom Zulieferer wahrgenommen. Der Zeitpunkt, an dem die Lieferverpflichtung erfüllt ist, muss vereinbart werden. Zur Sicherung der Versorgung können Kunde und Zulieferer Vereinbarungen wie Lieferflexibilitäten oder Bestandsreichweiten (Minimal-, Maximal-, Durchschnittsbestände) treffen.

Ebenso sollten Regelungen über den Eigentumsübergang und die Erfüllung der Abnahmeverpflichtung für den Fall getroffen werden, dass in das *externe Beschaffungslager* gelieferte Ware vom Kunden nicht wie bestellt abgerufen wird.

6.7.2   Operative Abwicklung

Für die operative Abwicklung im *externen Beschaffungslager* sind **Arbeitsanweisungen** zu erstellen, in denen die Vereinnahmung, Lagerung und Entnahme sowie gegebenenfalls weitere Aufgaben des Spediteurs geregelt sind. Vereinnahmung und Lagerung erfolgen im Auftrag des Zulieferers. Die Entnahme erfolgt in der Regel auf Anweisung des Automobilherstellers.

6.7.3   Informationsaustausch

Der Informationsaustausch richtet sich nach den Vereinbarungen über die Ausgestaltung der Lieferbeziehungen.

Für eine fundierte Bestandsplanung und -steuerung des *externen Beschaffungslagers* sind neben den vorliegenden Abrufinformationen, basierend auf den verschiedenen Planungsstufen des Automobilherstellers, zusätzlich folgende Informationen erforderlich:
- Zu-/Abgang mit Los-Identifizierung
- Bestandshöhe
- Bestandsstatus.

Diese Informationen muss der Spediteur dem Automobilhersteller und Zulieferer aktuell zur Verfügung stellen.

Um eine rasche Informationsübermittlung und wirtschaftliche Informationsverarbeitung zu gewährleisten, ist die Anwendung von DFÜ-Verfahren (Datenfernübertragung) erforderlich.

6.7.4   Aufgaben des Spediteurs

Die Aufgabenbeschreibung eines Spediteurs, der ein *externes Beschaffungslager* unterhält, unterstreicht die neue Rolle, die er als *Externer Dienstleister* eingenommen hat.
a)   **Einlagerung**
-    Erfassung der Eingangsdaten
-    Verpackungs-, Identitäts- und Mengenkontrolle
-    Bearbeitung der Warenbegleitpapiere und -belege
-    gegebenenfalls Abwicklung bei Mengendifferenzen und Transportschäden
-    gegebenenfalls Zollabwicklung.
b)   **Lagerhaltung**
-    Einlagerung
-    teilegerechte Lagerplatzvergabe
-    Zugangsbuchung
-    physische Einlagerung.
c)   **Auslagerung**
-    Erfassen der Abrufdaten
-    Auslagerung nach Entnahmeregeln (FIFO, gegebenenfalls Kommissionierung)

- Abgangsbuchung und Belegerstellung
- Versandbereitstellung
- gegebenenfalls Abwicklung von Rücklieferungen.

d) **Versand**
- Erstellen der Fracht- und Transportinformationen.

e) **Bestands- und Bewegungsverwaltung**
- Bestandsfortschreibung entsprechend der Zu- und Abgangsbuchungen sowie besonderer Bewegungsvorgänge
- Verwaltung der Bestandsdatei nach Bestandskategorien (frei, reserviert, gesperrt) und Bestandseigentum (Automobilhersteller oder Zulieferer)
- Weitergabe von Bestands- und Bewegungsdaten an Automobilhersteller und Zulieferer
- Bestandskontrollen und gegebenenfalls Bestandskorrekturen.

f) **Inventurverfahren**
Weitere Aufgaben für den Spediteur sind zum Beispiel:
- Übernahme von Qualitätssicherungsmaßnahmen
- verlängerte Werkbank (zum Beispiel Übernahme von Vormontagefunktionen)
- Verwaltung von Ladungsträgern.

Systemzentren zur Versorgung von Automobilwerken

Die Zusammenarbeit von Automobilhersteller und Logistikdienstleister wird noch enger geknüpft. So engagieren sich heute schon Logistikdienstleister beim Aufbau von *Systemzentren* – einem neuen Konzept der Automobilindustrie. Der Dienstleister übernimmt als Systemintegrator von der Bereitstellung des Personals bis hin zur Just-in-Sequence-Versorgung der Montagelinien alle anfallenden Arbeiten. *Systemzentren* entlasten die Autofabriken von flächenintensiver Logistik. Die Hersteller zum Beispiel von Hutablagen, Holzblenden, Türverkleidungen, Stoßfängern, Instrumententafeln oder Kraftstoffbehältern liefern ihre Komponenten am *Systemzentrum* an. Der Logistikdienstleister übernimmt die Endmontage der Teile – zum spätmöglichen Zeitpunkt. Erst wenn das Fahrzeug auf das Montageband aufgelegt und eine entsprechende elektronische Nachricht eingegangen ist, beginnt der Dienstleister mit der Montage. In der Regel stehen bis zur Anlieferung an die Montagebank der Autofabrik noch drei bis fünf Stunden zur Verfügung.

Die Übernahme solcher logistischen Funktionen zeigt eindrucksvoll, dass die Spedition in eine neue Rolle in der Beschaffungs- und Absatzlogistik hineinwächst.

6.8   *Supply-Chain-Management*
Weiter auf der Tagesordnung

SCM Die aktuelle Logistikdiskussion wird geprägt vom *Supply-Chain-Management (SCM)*, der Neugestaltung von Versorgungsketten. Nach einer gängigen Definition **integriert das SCM alle Beteiligten und logistischen Prozesse von der Rohstoffbeschaffung bis hin zu den Serviceleistungen beim Fachkunden, und soll damit den Kundennutzen maximieren.** Dem Wesen nach erfasst *SCM* alle betrieblichen Bereiche vom Einkauf bis zum Vertrieb. Der Einkauf wird im Allgemeinen über die Kostenreduzierung in der Beschaffung gesteuert, der Produktionsbereich wird anhand der Auslastung der Fertigungskapazitäten gemessen, die Logistik in Form von Distributions- und Transportkostenoptimierungen bewertet, der Vertrieb über Umsatzgrößen bezahlt. Weitergehende Erfolge lassen sich anscheinend nur mit ressortübergreifender Teamarbeit erreichen. *SCM* **betrachtet diese Prozesse mit dem Ziel, das Gesamtsystem zu optimieren.** Eine anspruchsvolle Zielsetzung, denn Ziel- oder Interessenkonflikte der Teilsysteme sind auszugleichen.

Abbildung 55:
Interessen-
konflikt

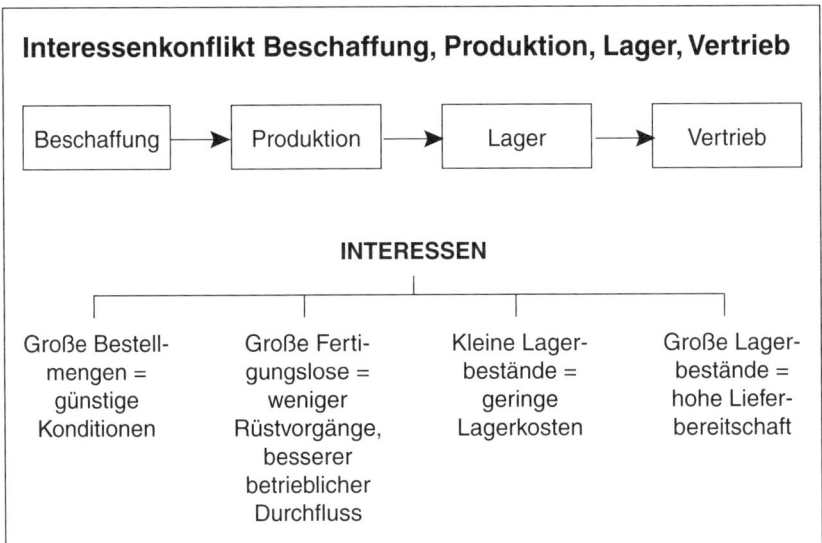

Quelle: DSLV Deutscher Speditions- und Logistikverband, Bonn

Das *Supply Chain Management* soll Nutzen und Verbesserungspotenziale der Logistikkette erschließen:

- Transparenz erhöhen
- Bestände reduzieren
- Durchlaufzeit senken
- Flexibilität steigern
- Produktivität erhöhen
- Auslastung verbessern.

Die Logistikkette (Supply Chain) stellt die Zusammenfassung einzelner Prozesse im Unternehmen und seinem direkt mit der Leistungserstellung verbundenen Umfeld zu bereichsübergreifenden Organisations- und Informationseinheiten dar.

So ist zum Beispiel der Beschaffungsprozess des Automobilherstellers eng mit den Vormaterial-, Modul- und Systemlieferanten sowie den Logistikdienstleistern verzahnt.

Als Prozess (englisch: process, activity) wird eine Reihe aufeinander folgender Aktivitäten und Handlungen definiert, die durch Ereignisse im Zeitablauf angestoßen werden und zu einem Ergebnis führen. Prozesse werden in Teilprozesse gegliedert. Dies lässt sich beispielhaft anhand der Teilprozesse des Pick-up-Verfahrens in der Automobil-Industrie nachvollziehen (vergleiche *Abbildung 56 Teilprozesse des Pick-up-Verfahrens, Seite 338*).

6.8.1 Trends bei der Integration der Spediteure in die Supply Chain

Die **Verkürzung der Entwicklungszyklen** (Time-to-market) und der **Produktionszeiten** (Time-to-consumer) rücken immer mehr in den Mittelpunkt des Interesses der Automobilhersteller. Durchgängige Kommunikationsketten und die Einbindung aller Partner ist hierfür der bestimmende Faktor. Das ist bei rund 11 000 Lieferanten eine anspruchsvolle Aufgabe. Es müssen alle Verbesserungspotenziale durch eine stärkere Einbindung der Logistikdienstleister ausgeschöpft werden. Der Anteil der Logistikkosten beträgt nach Angaben des *VDA (Verband der Automobilindustrie)* 11 % an den Gesamtherstellungskosten eines Automobils. Wesentliche Potenziale für eine Reduzierung dieser Kosten bestehen unter anderem in der Verringerung der Anlieferungsfehler, weil Abweichungen zwischen den vom Werk abgerufenen und den tatsächlich gelieferten Teilen bestehen und in der verbesserten Integration der Logistikdienstleister in die Gesamtsteuerung der Logistikkette (*Pull-Prinzip*).

Das *Pull-Prinzip* in der Supply-Chain

Die Automobilhersteller orientieren sich in der Logistik zunehmend am *Pull-Prinzip* **Pull-Prinzip** (to pull = ziehen). Was ist damit gemeint? Der Automobilhersteller steuert die Ware in der richtigen Menge, in der richtigen Verpackung, zur richtigen Zeit, an die richtige Stelle. Dies geschieht unter anderem durch neue Organisationsformen und Informationsflüsse:

- Der Feinabruf des Automobilwerkes wird per elektronischem Datenaustausch an den Zulieferer und den Spediteur übermittelt.
- Die Warenübernahme wird schon durch den Spediteur kontrolliert.
- Rechnungen werden auf das Gutschriftverfahren umgestellt.

Der Spediteur muss seine Dienstleistungen auf dieses Verfahren ausrichten.

Voraussetzung für die Anwendung und den Erfolg des *Pull-Prinzips* sind feste, zeitlich fixierte Feinabrufe (zum Beispiel für einen Zeitraum von 10-14 Tagen), eine Wareneingangskontrolle durch den Spediteur schon an der Rampe des Lieferanten und die Rückmeldung des Wareneingangs an das Automobilwerk bereits aus dem Lkw an der Rampe des Zulieferers via mobiler Datenkommunikation. Diese Form der Kontrolle soll die entscheidende Dienstleistung des Spediteurs sein, um die Anlieferqualität zu erhöhen.

Das *Pull-Prinzip* wurde in der *VDA-Empfehlung 5004 „Pickup-Verfahren" (Abholung)* vom *Verband der Automobilindustrie* zugrunde gelegt. *Der Pickup-Prozess* beginnt mit dem Abruf des Empfängers (Automobilherstellers) und endet mit der Anlieferung der Güter im Automobilwerk. Vor allem die kontrollierte Abholung der abgerufenen Teile beim Zulieferer soll Abweichungen vom Versandabruf vermeiden helfen. Der Lkw-Fahrer prüft bei der Übernahme die Packstücke (Versandeinheiten) gegen den Versandabruf (Soll-/Ist-Vergleich). Bei Abweichungen ist eine Rückkoppelung mit dem Spediteur beziehungsweise dem Automobilhersteller erforderlich. Damit soll die Informationsqualität verbessert, Über-, Fehl- oder Falschlieferungen vermieden und Packmittelvorschriften eingehalten werden.

Abbildung 56:

Teilprozesse des Pick-up-Verfahrens in der Automobilindustrie zwischen Zulieferer, Spediteur und Automobilhersteller

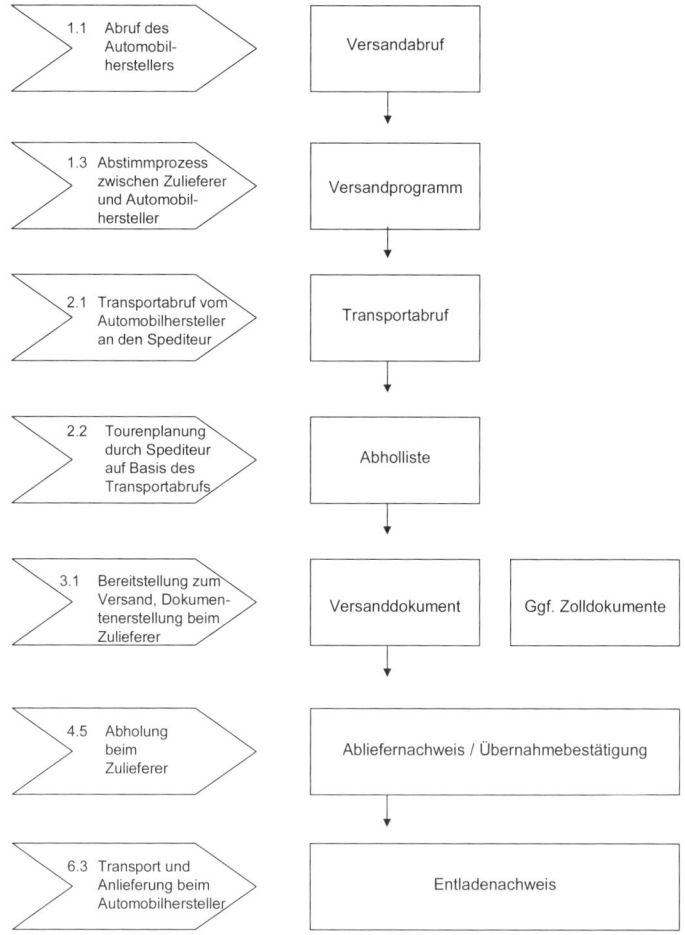

Quelle: Empfehlung VDA 5004, Pickup Prozess, Verband der Automobilindustrie (VDA), 2003

ECR – Kooperation zwischen Industrie, Handel und Logistikdienstleister

ECR (Efficient Consumer Response) gewinnt im Konsumgüterbereich zunehmend an Be- **ECR** deutung. *ECR* ist eine gemeinsame Initiative von Industrie und Handel. Ziel ist es, durch gemeinsame Anstrengungen die Versorgungskette zu verbessern und so dem Konsumenten ein Optimum an Qualität und Service kostenoptimal bieten zu können. Die Logistikdienstleister sind in diese Initiative integriert, sie gestalten die logistische Kette mit.

ECR zielt auf eine bestandsarme, kontinuierliche Beschaffungslogistik zwischen Lieferant und Handel ab. Die Kundennachfrage im Supermarkt soll die Logistikprozesse steuern *(Pull-Prinzip)*. In diesem Punkt wird die Verbindung zwischen *ECR* und dem *Supply-Chain-Management* deutlich. Ein nutzbringender Austausch mit Handelspartnern hängt untrennbar mit der nahtlosen Gestaltung logistischer Ketten zusammen.

Die Anforderungen der logistischen Kette mit kurzen Reaktions- und Lieferzeiten erfordern Standards, die der erforderlichen Flexibilität gerecht werden und einen Umgang mit Regelabweichungen und Ablaufstörungen ermöglichen. Das unterstreicht die Bedeutung einer leistungsfähigen Informationsverarbeitung zur Steuerung von Warenbewegungen und zur aktiven Einbindung in *ECR*-Kooperationen.

Integrationsstufen der Dienstleister

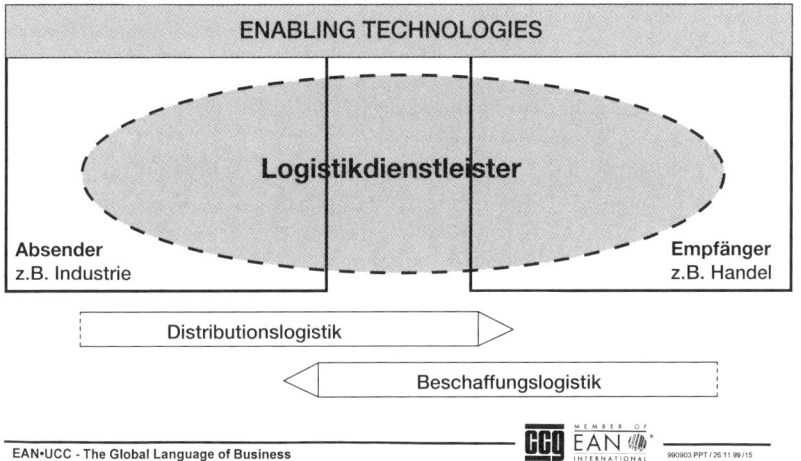

Abbildung 57: Integrationsstufen der Dienstleister

Quelle: Die logistische Kette in Deutschland, CCG Köln (heute GS1 Germany), 1999

Die für die Logistikdienstleister in *ECR* wesentlichen *Enabling Technologies* (to enable = **Enabling** befähigen) sind die: **Techno-**

• **Codierung von Lokationen** (Betriebsstellen oder Betriebsteilen) durch die Globale **logies** Lokationsnummer (GLN)

• **Codierung von Artikeln** durch die Globale Artikelidentnummer (GTIN); dieser Strichcode ist heute auf jeder Verpackung der Konsumgüterindustrie zu finden

• **Codierung von Versandeinheiten** durch die Nummer der Versandeinheiten (NVE), dies ist eine eindeutige, barcodierte Packstück-Identifikation und ermöglicht einen kontrollierten Umschlag und Transport (Stichwort: Tracking & Tracing)

- **Codierung von Mehrweg-Transportverpackung** (MTV) durch die Globale MTV-Identnummer (GRAI)
- **Elektronischer Datenaustausch** mittels *EANCOM*-Nachrichten; diese Nachrichten basieren auf dem internationalen Standard *EDIFACT (Electronic Data Interchange for Administration, Commerce and Transport)*; dies können Nachrichten sein wie Liefermeldung, Bestandsmeldung, Kommissionierauftrag, Speditionsauftrag.

Von diesen *Enabling Technologies* werden der Elektronische Datenaustausch und die barcodierte Nummer der Versandeinheit näher vorgestellt.

Elektronischer Datenaustausch mit *EANCOM*-Nachrichten

EDI   Elektronischer Datenaustausch (*Electronic Data Interchange*, kurz *EDI*) bedeutet die elektronische Übermittlung strukturierter Daten mittels festgelegter Nachrichtenstandards von einer Computeranwendung in eine andere bei einem Minimum an manuellen Eingriffen.

Erforderlich dafür sind

- *EDI*-Standardnachrichten
- *EDI*-Software und
- die Kommunikationsverfahren.

EDI-Software übernimmt die Konvertierung zwischen dem betriebsindividuellen Dateiformat des Anwenders und dem Standard *EANCOM* sowie die Archivierung und den Versand / Empfang von Übertragungsdateien.

Standardnachrichten sind angesichts der Vielzahl der Kommunikationspartner ein grundlegendes Erfordernis. Diese „gemeinsame Sprache" ist in der Konsumgüterwirtschaft und im Handel *EANCOM*, ein Subset der von den *Vereinten Nationen* mit *UN/EDIFACT (Electronic Data Interchange for Administration, Commerce and Transport)* geschaffenen Weltnorm. *EANCOM*-Nachrichtenarten decken alle wesentlichen Geschäftsvorfälle in der Versorgungskette ab und gliedern sich in folgende Kategorien:

- Stammdaten
- Bewegungsdaten
- Berichts- und Planungsdaten
- Transport- und Logistikdaten
- Finanzdaten.

Anhand eines Logistiknachrichten-Szenarios lässt sich verdeutlichen, welche Aufgaben anfallen und welche Nachrichten hierfür verwendet werden sollen. Beteiligt sind beim „Warehousing" in der Regel die Industrie (hier: Konsumgüterindustrie), der Logistikdienstleister, der das Bestandsmanagement und den Transport vornimmt, und der Handel.

Die angegebenen Kürzel werden aus der englischsprachigen Bezeichnung der Nachrichten gebildet und sind ein internationaler Standard (zum Beispiel *INVRPT Inventory Report = Bestandsmeldung, DESADV Despatch Advice = Liefermeldung, IFTSTA = Empfangsbestätigung (Status)*

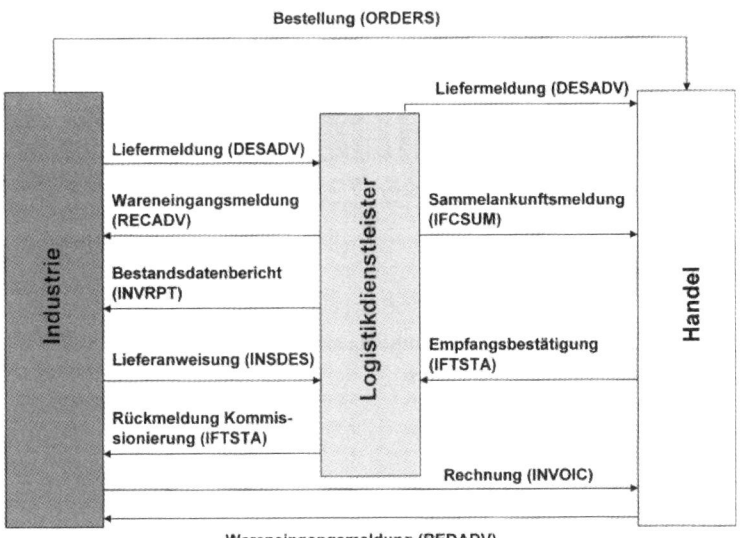

Abbildung 58:
Logistik-
nachrichten-
szenario –
Bestands-
management
und Transport
durch Spediteur

Quelle: Handbuch „Supply Chain Management", GS1 Germany, 2008

Die *Nummer der Versandeinheit (NVE)*

Die *Nummer der Versandeinheit* ist eine weltweit eindeutige Identnummer, die ein logistisches Gebinde auf seinem Weg vom Versender zum Empfänger eindeutig kennzeichnet. International hat sie sich unter der Bezeichnung *SSCC Serial Shipping Container Code* (sogenannte *License Plate*) als logistischer Standard etabliert. Es können alle Arten von Versandeinheiten wie Pakete, Kartons, Paletten, Container im zwischenbetrieblichen Daten- und Warenverkehr gekennzeichnet werden. Die *NVE* wird vom Versender aus der einheitlichen Betriebsnummer *(GLN Globale Lokationsnummer))* und einer fortlaufenden Nummer generiert.

Nummer der Versand- einheit

Zur Kennzeichnung der Versandeinheiten im Waren- und Informationsfluss durch die logistische Kette wird das *GS1-Transportetikett* eingesetzt. Die definierten Inhalte des Etiketts können sowohl in Klarschrift als auch in strichcodierter Form dargestellt werden.

EAN-128 Transport- etikette

Diese Daten können somit per Scanner erfasst und für computergesteuerte Prozesse genutzt werden. Die *NVE* ist als Referenznummer im elektronischen Datenaustausch vorgesehen und schlägt damit eine Brücke zwischen vorauseilender Information und warenbegleitendem Informationsfluss wie auch zur Ware selbst. Sie ist eine unverzichtbare Basis für die effiziente Steuerung zukunftsweisender Logistiksysteme.

Abbildung 59:
Aufbau der NVE

Quelle: GS1 Germany

In dem Schaubild „Waren- und Informationsfluss durch die logistische Kette" wird das Prinzip der barcodierten NVE in einer stark vereinfachten Logistikkette dargestellt. In der Praxis sind neben Versender und Empfänger vor allem noch Spediteure und Logistik-dienstleister eingebunden.

    Diese Beispiele der so genannten *Enabling Technologies* unterstreichen die Bedeutung der Informations- und Kommunikationstechniken bei der Gestaltung neuer Logistikketten.

Abbildung 60:
Waren- und
Informations-
fluss durch die
logistische Kette

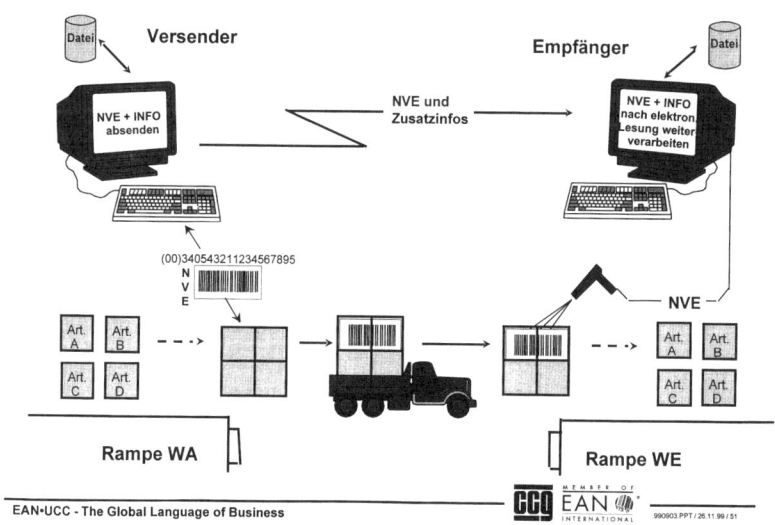

Quelle: Die logistische Kette in Deutschland, CCG Köln (heute GS1 Germany), 1999

RFID – eine neue Epoche kündigt sich an

RFID   Die *Radiofrequenztechnik für Identifikationszwecke (RFID)* steht derzeit vor der Herausforderung, in offenen Systemen – also unternehmensübergreifenden Prozessen – neue Maßstäbe hinsichtlich Effizienz und Transparenz von Geschäftsprozessen zu setzen. Als weitere Identifikationstechnologie wird sie zukünftig den etablierten Strichcode (Barcode) ergänzen. Grundlage dieser Technologie ist ein weltweit einheitlicher Standard für *RFID*-Anwendungen, entsprechend den *GS1*-Standards für die Strichcodetechnologie. Einen solchen Standard hat *EPCglobal* als Forschungs- und Entwicklungszentrum von *GS1 (Global Standard One)* bereits im Jahr 2003 entwickelt. Bis heute wird dieser *Elektronische Produkt-Code (EPC)* ausgebaut und mit Anwendungen auf die Bedürfnisse des Marktes zugeschnitten.

RFID ist schon seit Jahrzehnten bekannt. Die technischen Verfahren hierzu kommen aus der Funk- und Radartechnik. Als Datenträger werden hierbei Transponder (Tags) verwendet. Das sind einfache Mikrochips mit integrierter Antenne. Im Speicher des Chips können Informationen abgelegt werden. Die Antenne ermöglicht es einem Lesegerät, diesen Code berührungsfrei und ohne Sichtkontakt auszulesen.

Die *RFID*-Technologie wird die Ablauforganisation der Stückgutverkehre verändern, so zum Beispiel die Waren- und Packstückidentifikation, das Tracking & Tracing, die Wareneingangs- und -ausgangskontrollen und das Bestandsmanagement. *RFID* wird zunächst in geschlossenen Systemen der Kontraktlogistik, die von Handel und Industrie dominiert werden, zum Einsatz kommen. In den Umschlagslägern der offenen Stückgutsysteme mit einer Vielzahl kleiner und mittlerer Kunden ist ein Einführungsszenario für diese Technologie noch nicht absehbar. Nur 7 % der Stückgutspediteure haben *RFID* zur Identifikation von Packstücken, zum Beispiel in Pilottests, bereits im Einsatz. Nur 2 % haben ihre Wechselaufbauten beziehungsweise Lademittel mit Transpondern ausgestattet.

Auch wenn *RFID* den Strichcode heute bereits in manchen Prozessen ablöst und vielleicht in ferner Zukunft sogar vollständig ersetzt, wird es eine lang anhaltende Übergangsphase geben, in der beide Technologien parallel zum Einsatz gelangen.

Der Migrationspfad von *RFID* in der Logistik lässt sich nur grob abschätzen. Die Installationen setzen heute ein, erreichen aber erst in sechs bis sieben Jahren eine größere Verbreitung. Ein flächendeckender Einsatz in den Distributionsprozessen wird erst nach dem Jahr 2020 erwartet.

RFID kommt zunächst in geschlossenen Systemen der Kontraktlogistik, die von Handel oder Industrie dominiert werden, zum Einsatz.

Die *RFID*-Technik muss für den Einsatz in der Logistik stabil sein, das heißt nach Ansicht von *GS1 Germany*:

* dem Barcode vergleichbare Leseraten aufweisen
* flächendeckend installierbar sein, auch bei Logistikdienstleistern, um Distributionsprozesse durchgängig zu steuern
* global einheitlich ausgerollt werden, damit Industrie, Logistikdienstleister und Handel auf lange Sicht nicht unterschiedliche Technologien und Prozesse für nationale und importierte Waren bereithalten müssen
* mit angemessenen Preisen aufwarten können.

Vom Anwender werden Systemlösungen hinsichtlich Technik, Organisation und Software aus einem Guss erwartet.

7   Informations- und Kommunikationstechnologie in der Spedition
Kurt Wald

7.1   Bedeutung von EDV und Informationstechnologien für die Spedition

Die Anforderungen an logistische und damit auch speditionelle Dienstleistungen werden einerseits zunehmend komplexer, andererseits ist eine Tendenz zur Spezialisierung unverkennbar. Die Zeiten, in denen eine Spedition allein mit Telefon, Schreibmaschine und Telex zu betreiben war, gehören längst der Vergangenheit an.

IT Information Technology   Die Branche befindet sich in einer Situation, in der die operativen Möglichkeiten zur Beschleunigung des Umschlags und Transportes weitestgehend ausgeschöpft erscheinen. Nicht selten wird so aus „just in time" „just im Stau". Nicht zuletzt aufgrund dieser Situation rücken **IT** (**Information Technology**)-Lösungen in den Blickpunkt der an der Logistikkette Beteiligten, wenn es um Verbesserungen und Effizienzsteigerung geht.

Informationslogistik   Sendungsverfolgung (**Tracking & Tracing**), *EDI* (*Electronic Data Interchange* / Elektronischer Geschäftsdatenaustausch), die Nutzung des **Internet** und der **Barcode-** sowie *RFID*-Einsatz sind Beispiele wichtiger Komponenten einer **Informationslogistik**, die verstärkt von der speditionellen Kundschaft nachgefragt wird und auch als innerbetriebliches Instrument von maßgeblicher Bedeutung für den Geschäftserfolg und die weitere Entwicklung des Speditionsgewerbes ist.

Alle diese Techniken stützen sich auf eine **DV** (**Datenverarbeitungs**)-Infrastruktur, deren wesentliche Bausteine und Ausprägungen im Folgenden vorgestellt werden sollen.

7.2   Hardware

Den physischen Basisbaustein für **EDV** (**Elektronische Datenverarbeitung**) bildet die **Hardware**, das sind die Geräte, auf denen Programme zur Datenverarbeitung ablaufen können.

7.2.1   System-Architekturen

System-Architekturen   Im Wesentlichen sind heute in der Spedition die folgenden System-Architekturen anzutreffen:

7.2.1.1   PC (Personal Computer)

PC   Der PC ist das klassische **Einzelplatzsystem** im unteren Leistungsspektrum mit exklusiv genutzter Peripherie. Er ist, sicher auch wegen der vergleichsweise geringen Einstiegskosten und seiner Eignung für isolierte Spezialaufgaben, in der Spedition sehr verbreitet.

7.2.1.2   MDT (Mittlere Datentechnik)

Die mittlere Datentechnik stellt **Mehrplatzsysteme** der mittleren bis gehobenen Leistungs- **MDT**
klasse zur Verfügung, bei denen sich die über sogenannte **dumme Terminals** (Bildschirm- **Mittlere**
arbeitsplätze ohne eigene Verarbeitungskapazitäten) angeschlossenen Benutzer die Leis- **Daten-**
tung des Rechners und bestimmter Peripheriekomponenten, wie zum Beispiel Drucker, **technik**
teilen. Diese Architektur war, oft in Form der *IBM AS/400*, und ist weiterhin in der
Spedition anzutreffen.

7.2.1.3   Großrechner (Mainframes)

Die Großrechnersysteme sind Mehrplatzsysteme der höchsten Leistungsklasse, an die, **Groß-**
in ähnlicher Form wie bei den MDT Geräten, die Anwender oftmals mehrerer, zum Teil **rechner**
auch weit entfernter Standorte, angeschlossen sind. Diese Systeme bieten allerdings meist
eine relativ spartanische Benutzerschnittstelle und Handhabung und sind, nicht zuletzt
aufgrund der anfallenden Kosten, in der Spedition kaum noch anzutreffen.

7.2.1.4   Netzwerke

Diese Architektur ist sehr vielseitig. Es existieren **PC-Netzwerke**, in denen an einem **Netzwerke**
Standort Einzelplatzrechner zu einem Mehrplatzsystem mit Ressourcen Teilung zusam-
mengeschlossen werden. Solche lokalen Netzwerke werden auch als *LAN (Local Area* **LAN**
Network) bezeichnet und sind oft als *Ethernet* oder *Token Ring* ausgeführt. Auch ist
bereits bei PC-Netzwerken die **Client-Server**-Architektur anzutreffen, bei der bestimmte
Rechner im Netz (Server) anderen Rechnern (Clients) bestimmte Dienste, zum Beispiel
im Druckbereich zur Verfügung stellen.

Darüber hinaus existieren **homogene** Netzwerke, in denen Systeme der MDT oder
Großrechner miteinander verbunden werden, und **heterogene** Netzwerke, in die mit-
unter PC's, MDT-Anlagen und Großrechner gemeinsam eingebunden sind. Solche umfassen nicht selten mehrere entfernte Standorte und sind dann als *WAN (Wide Area* **WAN**
Network) unter Nutzung von **ISDN**, **DSL** oder Standleitungen ausgeführt.

Außerdem hat mit der Internet-Nutzung eine Vernetzung für lokale und entfernte
Standorte Verbreitung gefunden, die auf Internet-Standards aufsetzt und als *VPN (Vir-* **VPN**
tual Private Network) bezeichnet wird.

7.3   Software

7.3.1   Betriebssysteme

Betriebssystem Das **Betriebssystem** macht die Funktionen der Hardware für den Anwender zugänglich. So stellt es in der Regel ein **Dateisystem** zur Verfügung, das vorhandene Festspeichermedien in **Verzeichnis**- und darunter liegende **Dateistrukturen** organisiert. Grundlegende Hilfsmittel zur Dateimanipulation – Erstellen, Anzeigen, Bearbeiten, Kopieren, Löschen, Umbenennen von Dateien – sind ebenfalls Bestandteil jedes Betriebssystems.

In der Spedition verbreitet anzutreffende Betriebssysteme sind: *Microsoft Windows 9.x, NT, 2000, XP, Vista 7., Linux, UNIX-Derivate*

7.3.2   Anwendungssoftware

7.3.2.1   Betriebswirtschaftliche Anwendungssoftware

Das Betriebssystem ist eine der Basiskomponenten, die ein EDV-System in einen betriebsbereiten Zustand versetzen. Es sind aber erst betriebswirtschaftlich orientierte Anwendungsprogramme, die den Einsatz derartiger Systeme sinnvoll machen.

Office-Anwendungen Neben spezifischen speditionellen Programmen sind dies vorrangig sogenannte **Office-Anwendungen**, bestehend aus Textverarbeitung, Tabellenkalkulation, Präsentationsprogrammen und gegebenenfalls einer Datenbank.

Betriebswirtschaftliche Anwendungsprogramme Der Ursprung dedizierter **betriebswirtschaftlicher Anwendungsprogramme** in der Spedition ist in den meisten Fällen dokumentenorientiert, das heißt dass Computerprogramme eingesetzt wurden, um die Erstellung speditionell gebräuchlicher Dokumente und Formulare vorzunehmen.

Diesen „Kinderschuhen" sind speditionelle Anwendungen heute jedoch längst entwachsen. Sie erreichen bei der geforderten Funktionsvielfalt leicht die Komplexität gängiger Produktions-, Planungs- und Steuerungssysteme **(PPS)** beziehungsweise die von Vertriebs- oder Logistikanwendungen in Industrie und Handel.

PPS-Systeme

Logistik-Systeme Noch höhere Komplexitätsgrade erreichen Systeme zur Planung, Simulation und Steuerung logistischer Prozessketten.

Anwendungsgebiete Verbreitete Anwendungsgebiete betriebswirtschaftlicher Software im Rahmen der traditionellen speditionellen Abwicklung sind

- Nahverkehr inklusive Tourenplanung
- nationaler und internationaler Sammelladungsverkehr
- nationaler und internationaler Ladungsverkehr
- nationale und internationale Systemverkehre (zum Beispiel Paketdienst)
- Lagerei
- Abwicklung behördlicher Verfahren zum Beispiel Zoll.

Dabei haben die Systeme in der Regel eine verkehrsträgerspezifische Ausprägung, das heißt es existieren unterschiedliche Anwendungen beispielsweise für

- Lkw-Verkehre
- Bahnverkehre
- Luftfrachtverkehre
- Seeverkehre

**Verkehrs-
träger-
orien-
tierung**

und verkehrsträgerübergreifende Subsysteme etwa für
- elektronischen Geschäftsdatenaustausch
- Internet
- Barcode / *RFID*

**Sub-
systeme**

Office-Anwendungen
- Textverarbeitung
- Tabellenkalkulation
- Präsentation

**Office-
Anwen-
dungen**

sowie komplexe Systeme für den Betrieb logistischer Prozessketten
- Logistik-Planung
- Logistik-Simulation
- Logistik-Steuerung.

**Logistik-
Systeme**

Die tatsächliche Komplexität einer solchen Anwendung zeigen die folgenden Abbildungen am Beispiel der auf den europäischen Landverkehr ausgerichteten Speditionssoftware *EURO MISTRAL*.

Abbildung 61:
Software-
Aufbau EURO
MISTRAL

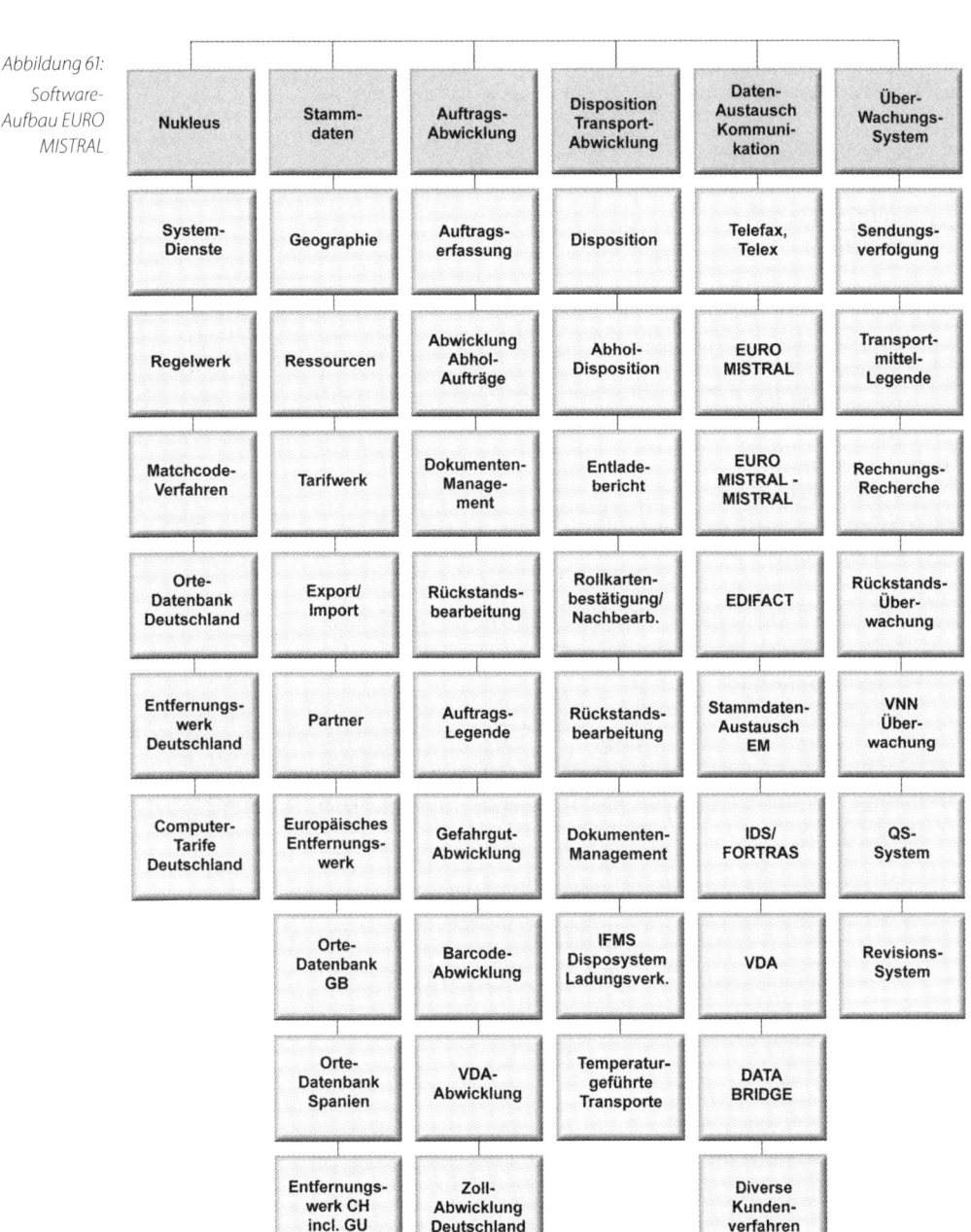

Quelle: Inforatio

Modularer An diesem Beispiel wird deutlich, dass sicherlich nicht jedes Unternehmen die volle
Aufbau Funktionalität eines derartigen Programmpaketes benötigt, sondern dass eine passende
Lösung im Einzelfall aus den vorhandenen Software-Komponenten „maßgeschneidert"
werden muss.

Das bedeutet, dass die Software hochgradig **modular** aufgebaut sein muss. Eine den
Erfordernissen gerecht werdende Anzahl von Modulen muss dabei in fast beliebiger Art
und Weise zu einem funktionierenden Ganzen verknüpft werden können, das außerdem
die Option bieten soll, zu einem späteren Zeitpunkt durch andere – teilweise noch zu
entwickelnde – Module ergänzt werden zu können. Hierbei ist wichtig, dass die einzelnen
Module den Bedürfnissen und Möglichkeiten der Anwender gerecht werden. Es macht
keinen Sinn, eine Erfassungskraft mit der Komplexität eines Management Informations
Berech- Moduls zu überfordern. Deshalb ist es neben dem modularen Aufbau wichtig, dass über
tigungs- **Berechtigungsprofile** dem Mitarbeiter auch nur die Module zugänglich gemacht werden,
profile die für ihn relevant sind.

Monoli- Die – leider immer noch anzutreffende – Alternative zu der oben skizzierten Software
thische Architektur sind **monolithische** Anwendungen, in die sämtliche Komponenten fest inte-
Anwendun- griert sind. Diese verlangen dann nach entsprechender Hardware-Ausstattung. Außerdem
gen ist in solchen Fällen die programmtechnische Wartbarkeit kaum noch gegeben, was ebenfalls zu überproportionalen Kosten führt. Notwendige Erweiterungen, im Fachjargon
auch als „Rucksäcke" bezeichnet, belasten das System zusätzlich, bis es nicht mehr **per-**
Perfor- **formant** ablauffähig ist – was oft daran erkennbar ist, dass Anwender über unerträglich
mance lange Reaktionszeiten zum Beispiel bei Erfassungstätigkeiten klagen – und durch ein
anderes System abgelöst werden muss.

Hierbei entstehen nicht nur Kosten für die notwendige Neuausstattung mit Hard-
und Software. Auch der Aufwand für die Schulung der Mitarbeiter im Umgang mit einer
neuen Anwendung ist nicht zu unterschätzen.

Zentrale   Neben der Software Architektur ist die Architektur des Gesamtsystems von ent-
Lösung scheidender Bedeutung, was Effizienz, Beschaffungs- und Betriebskosten angeht. Aber
Remote auch hier kann die Frage, ob ein **zentrales** System mit **remote**, das heißt über Leitung
Anbindung angeschlossenen Terminals, sinnvoller ist als etwa ein Verbund von **dezentralen** MDT-
Dezentrale Anlagen oder PC-Netzen, nur im Einzelfall und mit sachkundiger Beratung entschieden
Lösung werden. Hierbei dürfen weder organisatorische Aspekte, wie etwa die Frage einer zentra-
len beziehungsweise dezentralen Stammdatenhaltung und Pflege, noch technische, zum
Beispiel die Bewertung der im Kommunikationsnetz zu transportierenden Datenvolu-
mina und der damit verbundenen Betriebskosten, leichtfertig behandelt werden. Unter
Kostenaspekten spricht man hier auch von der *TCO (Total Cost of Ownership)*, die nicht
nur Beschaffungskosten, sondern auch Betriebskosten wie Wartung, Pflege, Reparatur,
Kommunikations- und Energiekosten berücksichtigt.

Von nahezu jeder heute am Markt verfügbaren speditionellen Anwendungssoftware
kann behauptet werden, dass sie den Erfordernissen der Sendungsabwicklung mehr oder
minder gerecht wird.

Erfolgs-   Längst aber stehen im Innen- wie im Außenverhältnis andere Inhalte im Vordergrund,
faktoren die entscheidenden Einfluss auf den Unternehmenserfolg haben.

Hierzu zählen:

a. intern

- tagesaktuelles Speditionsbuch
- kurzfristige Ergebnisrechnung
- Management Informations Systeme
- Decision Support / Simulation
- Dokumenten Management, Archivierung
- Kommunikationsfähigkeit
- automatisierte Identifikation auf Packstückebene (Barcode / *RFID*)
- Schnittstellen zu anderen Anwendungen (zum Beispiel Finanzbuchhaltung)

b. extern

- Kommunikationsfähigkeit
- Auskunftsfähigkeit (Sendungsverfolgung – Tracking und Tracing)
- automatisierte Identifikation auf Packstückebene (Barcode / *RFID*)
- flexiblere und gleichzeitig engere Einbindung der Spedition und damit ihrer DV-Systeme in logistische Prozesse auf Kundenseite (zum Beispiel im Sinne von Outsourcing bestimmter Funktionen).

Auf einige dieser Erfolgsfaktoren soll im Folgenden näher eingegangen werden.

7.4 *EDI (Electronic Data Interchange /* Elektronischer Geschäftsdatenaustausch)

Am Anfang einer Betrachtung zum Thema *EDI* muss eine Definition des Begriffs selbst **Definition** stehen. Diese Definition lautet: ***EDI***

> *EDI* ist der Austausch von strukturierten Geschäftsdaten zwischen Anwendungsprogrammen mit dem Anspruch auf automatisierte Weiterverarbeitung.

Aus dieser Definition leitet sich implizit ab, was *EDI* **nicht** ist, nämlich eine Beziehung von Computer zu Mensch oder Drucker. Der globale Nachrichtenstandard in diesem Bereich heißt **UN EDIFACT** *(United Nations Electronic Data Interchange For Administration* **UN EDIFACT** *Commerce and Transport).*

EDI zwischen Auftraggeber und Spediteur ist kein wirklich neues Thema. Es lässt sich **Motive** im Gegenteil bis in die Anfänge des **Datenträgeraustausches** zurückverfolgen. Dabei sind **für die** auch bereits einige der Motive wie **Vermeidung von Mehrfacherfassungen** und **Redu-** **Einführung** zierung der Fehlerhäufigkeit zu erkennen, die auch heute Auslöser für den Einsatz von **von** *EDI* *EDI* sind. Allerdings spiegelten diese Ansätze die Marktgegebenheiten oftmals dadurch wider, dass es sich um individuell vom Auftraggeber vorgegebene Strukturen handelte, die der Spediteur gemäß Weisung zu **implementieren** hatte. Dies führte auf Auftraggeberseite meist zu den gewünschten Vereinfachungen und Einsparungseffekten, ließ die

Anbindung einer Vielzahl von Verladern auf der Speditionsseite jedoch zu einer kosten-intensiven und manchmal kaum noch handhabbaren Aufgabe werden, was wiederum vielfach zu einer Verschleppung der entsprechenden Projekte führte.

Wiederver-wendbar-keit von Lösungen Ein **wirtschaftlicher Einsatz** von *EDI* ist nur dann möglich, wenn für alle beteiligten Partner ein messbarer Nutzen entsteht und die geschaffenen Lösungen in großen Teilen für weitere Anbindungen **wiederverwendbar** sind.

Einen Ansatz in diese Richtung stellt die oben bereits erwähnte *EDIFACT*-Norm dar, die für viele wesentliche Bereiche von Wirtschaft und Verwaltung **Nachrichtenstruk-turen** bereithält, die auf einer einheitlichen **Syntax** (Beschreibung der Strukturelemente wie Zeichensätze, Trennzeichen, Formatierungsregeln etc.) basieren.

EDIFOR Angesichts der offensichtlichen Notwendigkeit der Vereinheitlichung hat eine Arbeits-gruppe von *DSLV (Deutscher Speditions- und Logistikverband), SPEDLOGSWISS (Schwei-zer Spediteurverband)* und *ZV (Zentralverband der Spediteure, Österreich)* in Zusammen-arbeit mit der *FIATA* unter dem Begriff *EDIFOR (Electronic Data Interchange Forwarding)* die folgenden Implementierungsleitfäden für *EDIFACT*-Nachrichten entwickelt:

*Tabelle 16:
EDIFOR-Imple-
mentierungs-
leitfäden*

EDIFACT Nachrichtentyp	Gegenstand des Leitfadens
IFTMIN D.01B	Speditionsauftragsdaten Auftraggeber –> Spediteur
IFCSUM D.01B	Bordero/Cargo Manifest Versand –> Empfangsspediteur
INVOIC D.01B	Speditionsrechnung Spediteur –> Rechnungsempfänger
IFTSTA D.96A	Entladebericht Empfangs –> Versandspediteur
IFTSTA D.96A	Sendungsstatus Spediteur –> Versender
IFTSTA D.96A	Sendungsstatus Spediteur –> Spediteur
IFTSTA D.96A	Sendungsstatus Spediteur –> Empfänger

Quelle: EDIFOR-Arbeitsgruppe

Die branchen- und oft auch unternehmensbezogen unterschiedlichen Gegebenheiten las-sen eine völlig einheitliche, übergreifende Implementierung des elektronischen Geschäfts-datenaustausches auf kurze Sicht allerdings als unmöglich erscheinen. Dennoch können die Abweichungen gegenüber der weiter oben beschriebenen Wildwuchssituation in Grenzen gehalten werden, was einen wirtschaftlich sinnvollen Einsatz erlaubt. In diesem Zusammen-**Branchen-vereinba-rungen** hang kommt dann auch **Branchenvereinbarungen** eine besondere Bedeutung zu. Als Beispiel seien hier Konsumgüterindustrie und Handel mit dem *EANCOM*-Standard genannt. Interessant ist in diesem Zusammenhang, dass die Implementierungsrichtlinien nicht auf der sogenannten grünen Wiese entstehen, sondern oft bestehende **nationale** und **proprietäre Standards** ablösen und damit zur weiteren Vereinheitlichung beitragen. Auch bei anderen Transportdienstleistern existieren solche *EDIFACT* basierten Implementierungsrichtlinien wie beispielsweise in Form von *CARGO-FACT* der *IATA* bei den Fluggesellschaften. Auch die Zollverwaltungen gehen verstärkt dazu über, *EDIFACT* Schnittstellen zu implementie-ren. In *Deutschland* ist dies im Rahmen des Zollverfahrens *ATLAS* der Fall.

Cargo Commu-nity-Systeme Dort, wo innerhalb einer Transportkette verschiedene Beteiligte zusammentreffen, also zum Beispiel in Häfen oder an Flughäfen haben sich sogenannte *Cargo Commu-nity-Systeme* gebildet, die einen effizienten Datenaustausch zwischen diesen Beteiligten vereinfachen. Beispiele für solche Einrichtungen sind unter anderem:

- *DAKOSY (Hafen Hamburg)*
- *CARGONAUT (Flughafen Amsterdam Schiphol)*
- *ICARUS (Flughafen Dublin und andere)*

sowie *TRAXON* als nicht lokal gebundener Dienstleister im Bereich der Luftfracht.

EDI ist auch, nicht zuletzt im Rahmen von Systemen wie den gerade beschriebenen, Grundvoraussetzung für eine effiziente Sendungsverfolgung, die nicht nur die einzelne Sendung transparent macht – wofür auch das **Internet** geeignet ist – sondern, durch die **automatisierte Verarbeitbarkeit von Massendaten**, auch komplexere Auswertungen von Leistungsdaten zulässt.

Eine weitere Grundvoraussetzung für derartige Ansätze bilden Techniken der automatisierten Information auf Packstückebene, meist in Form von Barcoding oder auch, perspektivisch, *RFID* (siehe *Abschnitt 7.6*).

7.5 Virtualisierung / Internet / *Web EDI*

Die Verbreitung des Internets hat das Aussehen der Geschäftswelt dramatisch verändert. **Internet** Hiervon kann auch der Spediteur, einerseits als Nutzer von Instrumenten der Informations- und Kommunikationstechnik und andererseits als Dienstleister im neuen globalen Dorf *(Global Village)*, nicht unberührt bleiben. *Global*

So hat in einigen Bereichen der Spedition die Nutzung der elektronischen Post (E- *Village* Mail) via Internet das Fax bereits weitgehend verdrängt und wurden vergleichsweise teure direkte **DFÜ**-Strecken durch die Nutzung der kostengünstigeren Datenübertragung im Internet, beispielsweise unter Nutzung des *File Transfer Protocols (FTP)* abgelöst. Auch *FTP* die eigene **Internetpräsenz *(Website)* von Speditionsunternehmen** ist heute der Normal- *Website* fall. Diese dient oft als willkommene Plattform für Marketingaktivitäten, hat sich aber auch im Bereich der Sendungsverfolgung etabliert.

Die **Sendungsverfolgung ist** mit Buchung und Auftragsübermittlung **heute die wohl verbreitetste speditionelle Dienstleistung im weltweiten Netz** und zielt, anders als die oben beschriebene Übermittlung von Statusinformationen in großen Mengen zur Weiterverarbeitung in betriebswirtschaftlichen DV-Systemen, eher auf die **stichprobenartige, punktuelle Sendungsrecherche ab**, die von der Kundschaft besonders gewünscht und angenommen wird.

Sollen also Systeme zum Einsatz kommen, bei denen **nicht** wie bei *EDI* **die beidseitige Mensch-** **automatische Verarbeitung** der Daten im Vordergrund steht, sondern Daten von einem **Maschine-** Menschen lediglich erfasst beziehungsweise eingesehen werden sollen, werden häufig **Beziehung** **Browser orientierte Internet-Lösungen** genutzt.

Hierbei werden Daten, zum Beispiel Speditionsauftragsdaten, **in einem Standard Daten-** **Browser erfasst** und via Internet an den Spediteur übermittelt. **Erfassung**

Alternativ werden Daten, die der Spediteur, beispielsweise im Rahmen eines Sen- **Daten-** dungsauskunfts-Systems im Internet zur Verfügung stellt, **im Browser** in einer Vielzahl **Präsen-** von Sichten und Kumulierungen **angezeigt**. **tation**

Derartige Systeme haben in der Regel den Nachteil, dass die Seite, die den Browser **Daten-** einsetzt, die erfassten beziehungsweise angezeigten Daten nicht in anderen Anwendungs- **verlust** programmen weiterverwenden kann.

Einfache Realisierung   Dafür entfällt im Gegenzug die Notwendigkeit des oft komplizierten inhaltlichen Abgleichs der jeweiligen Anwendungsschnittstellen.

Web EDI   Um den Nachteil des Datenverlustes auszugleichen, kommen vermehrt sogenannte *Web EDI* Systeme zum Einsatz, die über die reine Datenerfassung beziehungsweise Anzeige hinaus kleine, Browser basierte Module beispielsweise zur Auftragsverwaltung sowie die Möglichkeit bieten, die erfassten beziehungsweise angezeigten Daten zu speichern und in anderen Anwendungen weiter zu verwenden.

XML   In solchen Fällen sind die Daten oftmals mit Hilfe des Internet Standards *XML (eXtensible Markup Language)* strukturiert und formatiert.

DSLV / XML-Schemata   Deshalb hat der *Deutsche Speditions- und Logistikverband* seinen *EDIFACT* basierten *EDIFOR-Empfehlungen für Speditionsauftrag und Sendungsstatus* (siehe oben) *XML-Schemata* zur Seite gestellt, die Struktur und Inhalt darauf basierender *XML-Dokumente* verbindlich beschreiben.

Nachfolgend nun ein Beispiel für den sinnvollen Einsatz einer *Web EDI* Lösung im Bereich des Rechnungsdatenaustausches:

Beispiel Web EDI im Rechnungsdatenaustausch   Insbesondere der Rechnungsdatenaustausch zwischen Unternehmen sowie die administrative Behandlung von Eingangsrechnungen sind oft noch mit vielen Unzulänglichkeiten behaftet.

So gibt es unterschiedlichste Ansätze für deren Buchung beziehungsweise sachlich inhaltliche Prüfung. Nicht selten können Belege nicht gebucht werden, weil sie sich zur Prüfung in der Fachabteilung stapeln oder gebuchte Belege können nicht zur Zahlung beziehungsweise Verrechnung freigegeben werden, weil sie auf dem Hauspostweg zur sachlich inhaltlichen Prüfung verschollen sind.

Genau hier setzt ein *Web EDI* Ansatz an.

Die Rechnungsdaten werden in Form eines *XML* Dokumentes vom Rechnungssteller an die beauftragende beziehungsweise prüfende Abteilung des Rechnungsempfängers übermittelt. Dort werden sie mit Hilfe eines *XSL (eXtensible Stylesheet Language*, Co-Standard von *XML* zur Visualisierung von *XML*-Dokumenten) Stylesheets zur Prüfung im Browser visualisiert.

XSL

Wird der Beleg sachlich-inhaltlich akzeptiert, so wird er mit einem elektronischen Prüfkennzeichen versehen und der entsprechende Buchungssatz wird zur Weiterverarbeitung an das Finanzbuchhaltungssystem des Rechnungsempfängers übermittelt.

Wird der Beleg sachlich-inhaltlich nicht akzeptiert, erhält der Rechnungsersteller eine entsprechende Meldung, beispielsweise per E-Mail, die den Klärungsprozess einleitet.

Ein derartiges Vorgehen strafft den Rechnungsprozess einerseits erheblich und macht ihn andererseits bei vertretbaren Kosten konsistenter und transparenter.

Virtualisierung   Aber das Internet wird von der Spedition nicht lediglich instrumentalisiert, es verändert auch die originären Marktgegebenheiten des Spediteurs als Transport- und insbesondere **Logistikdienstleister**. Die **Virtualisierung** lässt im Netz Unternehmen, insbesondere Handelsunternehmen, entstehen, die über keine weitere eigene Infrastruktur, wie etwa

Produktions-, Lagerstätten oder Bürogebäude, verfügen und sich in einer **Business-to-** **B2C** **Consumer**-Beziehung (B2C) mit ihren **Webshops** direkt an den Endverbraucher wenden, **Webshops** wobei sie die komplette Logistik auf Dienstleister, unter anderem Spediteure, verlagern. Findet dieser Ansatz weiterhin zunehmende Akzeptanz, könnten dadurch ganze Handelsstufen, wie wir sie heute kennen, in Frage gestellt werden. Außerdem verändern sich dadurch Sendungsstrukturen, weg von Outlet oder Lager bezogenen Teil- oder gar Komplettladungen, hin zu privatkundentypischen Kleinmengen, verbunden mit der Notwendigkeit der Auslieferung an Privathaushalte. Dies entspricht einer Verlagerung von Warenströmen auf die *Kurier-Express-Paket-Dienstleister (KEP)*.

Im Rahmen solcher *E-Business (Electronic Business / Elektronische Geschäftsabwick-* **E-Business** *lung)* beziehungsweise *E-Commerce (Electronic Commerce / Elektronischer Handel)* Sze- **E-Com-** narien bieten Spediteure und andere Logistikdienstleister ihren Kunden den Betrieb **merce** von Webshops in deren Namen an, um dann die nachgelagerten logistischen Aufgabenstellungen übernehmen zu können.

Der Entwicklung von Business-to-Consumer (B2C)-Beziehungen im Internet hinkt **B2B** derzeit der Bereich **Business-to-Business** (B2B), also die Beziehung von Unternehmen untereinander trotz optimistischer Prognosen immer noch hinterher. Dies mag damit zu tun haben, dass derartige Geschäftsbeziehungen technisch bereits andersartig, beispielsweise durch das oben beschriebene „klassische" *EDI* abgebildet wurden oder technische und Sicherheitsvorbehalte noch zu groß sind. Gegenbeispiele hierzu bilden die wieder auflebenden Transportbörsen, sowie zunehmend anzutreffende *E-Auctions* (Electronic **E-Auction** Auction), die Versteigerung von Transporten in der Regel durch den Auftraggeber an den preisgünstigsten Bieter.

7.6 Automatisierte Packstückidentifikation (Barcode / *RFID*)

Wenige technische Themen treiben das Speditionsgewerbe gegenwärtig in einem vergleichbaren Ausmaß um, wie das der automatisierten Identifikation, zumeist noch in Form von Barcodes.

Entsprechende Aktivitäten werden verstärkt durch die (Groß-) Kundschaft initiiert. **Prozess-** Diese will jetzt nämlich im Zuge des Re-Engineering eigener Logistikprozesse, wie oben **Re-Engi-** bereits angesprochen, endlich Ernst machen mit der Forderung nach Transparenz von **neering** Transportdienstleistungen. Hierbei geht es nicht nur um aktuelle Sendungsdaten, die unter der Überschrift *Tracking & Tracing* zur Verfügung gestellt werden sollen, sondern weiterführend in vielen Fällen um die Messbarmachung transportorientierter und logistischer **Logistik-** Dienstleistungen. So mag zum Beispiel ein Verlader mit seinem Spediteur die Auslieferung **controlling** sämtlicher innerdeutschen Sendungen bis 11 Uhr am Folgetage vereinbart haben. Ein Teil dieser Sendungen wird nun nach 11 Uhr ausgeliefert, ohne dass es zu Reklamationen der Empfänger gegenüber dem Versender kommt. Dennoch ist die Leistung durch den Spediteur im Sinne einer Qualitätskontrolle nicht in der vereinbarten Form erbracht worden.

Ein weiterer ebenso wesentlicher wie oft unterschätzter Trend geht mit den eben skizzierten Ansätzen Hand in Hand; nämlich die Veränderung des Bezugspunktes von

Transportdienstleistungen, weg von der Sendung und hin zum Packstück. Dies wird erst durch den Einsatz von Barcodes, und damit verbundenen Identifikationskonzepten, die die eindeutige Erkennbarkeit eines beliebigen Packstücks erlauben, in sinnvoller Weise ermöglicht.

Um den automatisierten Austausch der auf der physischen Ebene durch das Lesen von Packstück-Barcodes gewonnenen Informationen zu gewährleisten, wird der elektronische Geschäftsdatenaustausch als Verbundelement zu Identifikationstechniken angewandt. Im Optimalfall kann so der gesamte logistische Prozess, von der Bestellung über Lagerung, Transport und Zollabwicklung bis hin zur Vereinnahmung der Ware durch den Empfänger im Wege des Austausches elektronischer Nachrichten abgewickelt werden.

Hierzu das folgende Beispiel, das die mögliche Komplettabdeckung eines Beschaffungs- und Distributionsprozesses darstellen soll, in der Realität jedoch meist nur ausschnittsweise anzutreffen ist:

Beispiel zur Integration von Barcode und *EDI*

Ein deutscher Käufer bestellt bei seinem Lieferanten in *Taiwan* Ware. Hierzu bedient er sich des *EDIFACT* Nachrichtentyps *ORDERS* in der Implementierungsvariante *EANCOM*. Der Lieferant bestätigt per *ORDRSP* 80 % der Bestellmenge. Daraufhin reduziert der Käufer per *ORDCHG* die Gesamtbestellung auf die verfügbare Menge, die ihm der Lieferant wiederum bestätigt. Da der Käufer nicht über ein eigenes Einkaufsbüro vor Ort verfügt und mit der Termintreue seiner Lieferanten schlechte Erfahrungen gemacht hat, übergibt er, zusätzlich zur reinen Transportdienstleistung, die Orderverfolgung als Outsourcingaktivität seinem Spediteur. In diesem Zusammenhang stellt er möglicherweise die Lieferbedingungen auf „ab Werk" (siehe *Kapitel 5*) um. Der Spediteur hält Kontakt zum Lieferanten und meldet erkennbare Abweichungen von den Sollvorgaben elektronisch an den Käufer zurück, der so schon eine wesentlich größere Transparenz und einen erweiterten Dispositionsspielraum erhält.

Der taiwanesische Lieferant hat bislang möglicherweise lediglich den Bereich der reinen Bestellungen mit den *ORDxxx* Nachrichtentypen auf *EDIFACT* umgestellt. Er übergibt deshalb zusammen mit der Ware herkömmliche Lieferscheine gemeinsam mit der übrigen Dokumentation an den Spediteur. Um eine Verfolgung der Ware auf Packstückebene zu ermöglichen, sind auf die zum Versand gebrachten Kartons Barcode-Label aufgebracht worden. Der Spediteur erfasst die Lieferscheindaten manuell, um sie einerseits in Form von *DESADV* vorab an den Käufer übermitteln zu können, und andererseits, um die Daten zu einem Transportvorgang zu verdichten, etwa sämtliche Lieferscheine zu einem Luftfrachtbrief werden zu lassen, die Packstückidentifikationen mit dem neu erzeugten Luftfracht Barcodelabel nach *IATA-Resolution 606* zu verknüpfen, sie einzuarbeiten, um die physische Prüfung zu ermöglichen und die entstandenen Daten des Luftfrachtbriefes dann, beispielsweise in Form des Nachrichtentyps *IFTMIN* nach *IATA CARGO-FACT* an die Fluggesellschaft zu übermitteln.

Barcode-Label *IATA Resolution 606*

Da sich nach Rückmeldung der Fluggesellschaft der Abflug wegen eines Kapazitätsengpasses verzögert, meldet der Spediteur diesen Tatbestand unter Verwendung des *EDIFACT*-Nachrichtentyps *IFTSTA*, der die Referenz des Transportes, in diesem

Fall die Luftfrachtbrief- beziehungsweise AWB-Nummer mit den darin enthaltenen Lieferscheinen verknüpft. Die Information ist für den Käufer verarbeitbar
und verschafft ihm eventuell einen zusätzlichen Dispositionsspielraum. Wird eine
automatisierte Verarbeitbarkeit der Statusdaten nicht benötigt, können diese auch
über ein Internetportal oder via E-Mail zur Verfügung gestellt werden. Die Fluggesellschaft identifiziert den Container, in den die Packstücke für den Lufttransport
verladen wurden durch einen *RFID* **Tag / Transponder**.

RFID Tag / Trans- ponder

Beim Eintreffen der Ware in *Deutschland* wird durch eine Kontrolle der Packstücke mittels Barcodescanner entdeckt, dass zwei von zwanzig Kartons fehlen. Da
der Empfangsspediteur vom Versandspediteur die AWB- beziehungsweise Cargo
Manifest-Daten per *IFTMIN* oder *IFCSUM* vorab als Avis erhalten hat, kann er
durch die verknüpften Barcode Informationen den Käufer wiederum per *IFTSTA*
von dem Tatbestand in Kenntnis setzen, dass zwei Kartons mit Tonerkassetten,
nicht jedoch solche mit Laserdruckern fehlen. Während der Empfangsspediteur
per *CUSDEC* die Zollanmeldung vornimmt, erhält er vom Käufer Kommissionier-
und Umverpackungsinstruktionen per *HANMOV* sowie Speditionsaufträge per
IFTMIN zur direkten Auslieferung an Endkunden, die ihre Bestellungen vorher per
Internet oder über ein Call Center platziert haben. Hierfür werden auf die zur Auslieferung kommenden Packstücke neue Transport-Barcode-Etiketten aufgebracht.
Die Quittungsleistung dieser Endkunden erfolgt auf einem Digitalisiertablett und
die relevanten Daten werden vom Auslieferfahrzeug via Mobilfunk an die abferti-
gende Stelle des Spediteurs übermittelt, der wiederum eine entsprechende *IFTSTA*
an seinen Auftraggeber sendet, die diesen in die Lage versetzt, den Rechnungslauf
zu starten, da das Stornorisiko aufgrund nicht ausgelieferter Ware ausgeschaltet ist.
Soweit dieses Beispiel, das sich im Bereich der Datenübertragung und Präsentation
in vergleichbar Form mit Internet Techniken, zum Beispiel *Web EDI* oder *XML*
Nachrichtenformate, darstellen ließe.

Ein Wildwuchs im Bereich Barcoding würde für die Spedition wohl noch negativere
Folgen haben, als ein solcher im Bereich *EDI*. Aber es existieren auch hier internationale
Standards *(NVE/SSCC – Nummer der Versandeinheit/Serial Shipping Container Code –
beziehungsweise MITL – Multi Industry Transport Label)*, die das Potenzial haben, nach
Art eines Nummernschildes *(Licence Plate)* ein Packstück weltweit eindeutig zu identifi-
zieren. Insbesondere die *NVE* setzt sich in der Spedition zunehmend durch.

NVE/SSCC MITL

Das Aussehen einer Transportkette unter Verwendung einer solchen *Licence Plate* zeigt
die folgende Abbildung.

Abbildung 62:
Licence-Plate-
Einsatz in der
Spedition

Barcode Einsatz in der Spedition

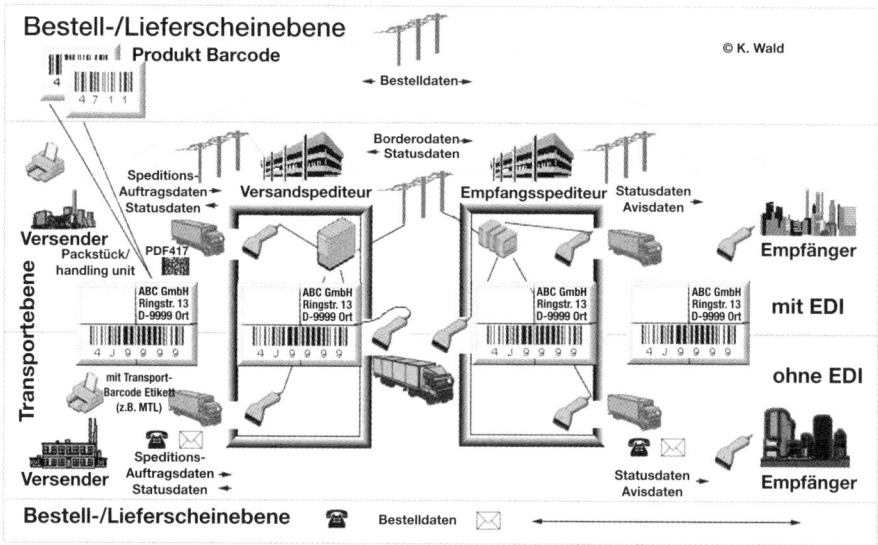

Warenfluss ──────────────────────────────────

Quelle: Eigene Darstellung

A. Grundsätzliches

Der obige Ansatz zeichnet sich dadurch aus, dass vom Versender ein Barcode-Etikett auf die Packstücke aufgebracht wird, das den Anforderungen entlang der Transportkette gerecht wird und dessen Eindeutigkeit und Unverwechselbarkeit im Rahmen eines Licence-Plate-Konzeptes sichergestellt ist.

B. Ablauf

Die angebrachten Etiketten werden sofort gescannt, um die Packstücke mit der im DV System enthaltenen Sendungsinformation abgleichen zu können. Sind die Speditionsauftragsdaten nicht vorab per *EDI* übermittelt worden beziehungsweise können nicht aus einem auf dem Speditionsübergabeschein angebrachten *PDF 417* gelesen werden, ist eine vorherige Sendungskurzerfassung notwendig. Bei *PDF 417* handelt es sich um einen **Dotcode**, der hohe Informationsdichten zulässt und das maschinelle Auslesen strukturierter Daten ermöglicht. Beim Scannen der Packstück-Barcodes können zwei Varianten unterschieden werden.

Bei **Online**-Systemen besteht eine direkte Verbindung des **MDE** (Mobile Daten Erfassung) Gerätes zum DV-System (zum Beispiel per Funk). Hiermit wird eine Interaktion der Systeme möglich, das heißt zum Beispiel, dass ein Lesegerät bei beliebigen Be- und Entladevorgängen verwendet werden kann. Dieser Ansatz bietet die größtmögliche Flexibilität.

Bei **Offline**-Systemen wird ein Soll-Datenbestand in ein Lesegerät geladen und später der Ist-Datenbestand in das DV-System zurückgeladen. Dieses System erlaubt keine direkte Interaktion, ist jedoch unter dem Aspekt der entstehenden Investitionskosten deutlich preiswerter zu installieren.

PDF 417

Dotcode

MDE-Gerät

Online-Scannen

Offline-Scannen

Der Scanprozess im Eingang und Ausgang setzt sich über die einzelnen Beteiligten hinweg, teilweise unter Einschluss einer Scannung des Transportgefäßes, möglicherweise in Mischformen von Online- und Offline-Systemen bis zur Auslieferung der Sendung fort.

C.   Auskunftsfähigkeit

Ab Ausgangsscan beim Versender wird eine Sendungsverfolgung auf Packstückebene bis zur Auslieferung ermöglicht.

Zunehmende Bedeutung erlangt die *RFID (Radio Frequency Identification)* Technik, die **RFID** den Datentransfer nicht wie beim Barcode optisch, sondern elektromagnetisch bewerkstelligt. *RFID* ermöglicht wesentlich höhere Datenmengen auf einem Tag beziehungsweise Transponder, dem „*RFID*-Etikett", als auf einem Barcode-Label sowie die Pulk-**Aktiver/** Lesefähigkeit, also das quasi gleichzeitige Auslesen einer Vielzahl von Tags. Außerdem **passiver** können *RFID* Tags im Gegensatz zu Barcode-Etiketten wiederbeschreibbar ausgelegt sein. **Trans-** Man unterscheidet aktive Tags, also solche mit eigener Stromversorgung, und passive ohne **ponder** eigene Stromversorgung. Die Art der Energieversorgung hat entscheidende Auswirkungen sowohl auf die maximale Leseentfernung eines Tags als auch auf seinen Preis. Aktive Transponder sind vorrangig an Transport Equipment, zum Beispiel Containern, zu finden und bieten oft Zusatzfunktionen wie zum Beispiel eine Temperaturüberwachung. Für den Masseneinsatz kommen ausschließlich passive Transponder zum Einsatz. In der Spedition ist der *RFID* Einsatz beinahe ausschließlich im Rahmen spezifischer Logistikprojekte zu beobachten. Der mögliche generelle Einsatz im Rahmen von Standardverkehren, beispielsweise beim Stückgut wird kontrovers diskutiert. Es ist jedoch davon auszugehen, dass *RFID* in diesem Umfeld den Barcode auf absehbare Zeit bestenfalls ergänzen, nicht aber ersetzen wird. Die Verbindung zwischen beiden Techniken stellen sogenannte Hybrid-Label her, die sowohl über einen Barcode-Aufdruck als auch einen Transponder **Hybrid-** verfügen. Aufgrund der möglichen Komplexität und hohen Datendichte bei *RFID* Tags **Label** kommt der Standardisierung von Datenstrukturen und Protokollen, ähnlich wie bei *EDI*, entscheidende Bedeutung zu. Einen bedeutenden Ansatz in dieser Richtung stellt der *EPC (Electronic Product Code)* der *GS1* dar, in den auch *NVE/SSCC* integriert wurden. *EPC* Vor einem möglichen flächendeckenden Einsatz sieht sich die *RFID* Technik aber noch mit einigen Frage- und Aufgabenstellungen konfrontiert. Dazu zählen:

*   Reduzierung der Tagpreise
*   Verbesserung der Lesefähigkeit zum Beispiel bei Metallreflexionen beziehungsweise Flüssigkeitsdurchdringung
*   Verbesserung der Pulk-Lesefähigkeit
*   Verwendbare Frequenzen und Sendeleistungen unterliegen nationalem Recht
*   Datensicherheit
*   Datenverschlüsselung
*   Schutz personenbezogener Daten/Verbraucherschutz.

7.7　Ergonomie

Hardware-　Der Umgang mit Datenverarbeitungsanlagen und Programmen wirkt auf den Organismus
Ergonomie　des Menschen ein. Deshalb ist auf Aspekte der Hardware-Ergonomie wie:
- Bildwiederholrate, Auflösung und Farbtiefe bei Bildschirmen
- Geräuschentwicklung
- Lichtverhältnisse
- Sitzposition
- Position des Erfassungsmaterials bei Erfassungstätigkeit
- Schadstoffemission (zum Beispiel Ozonausstoß bei Laserdruckern)

und der Software-Ergonomie wie
- Programmverständlichkeit
- Programmaufbau
- Bedienerführung
- Menüstruktur
- Hilfefunktionen

besonderer Wert zu legen. Zu diesem Themenkreis existieren in *Europa* gesetzliche Regelungen, in *Deutschland* zum Beispiel die *Verordnung über Sicherheit und*
BildscharbV　*Gesundheitsschutz bei der Arbeit an Bildschirmgeräten (Bildschirmarbeitsverordnung –*
BildscharbV).

7.8　Datenschutz

BDSG　Der Umgang mit personenbezogenen Daten unterliegt in *Deutschland* und anderen
Ländern dem Datenschutz. Hier zu Lande bilden das *Bundesdatenschutzgesetz (BDSG)*
sowie Datenschutzgesetze der Bundesländer die Rechtsgrundlage für die Behandlung derartiger Daten. Das *BDSG* hat folgende Gliederung:

Erster Abschnitt: Allgemeine Bestimmungen
§ 1　Zweck und Anwendungsbereich des Gesetzes
§ 2　Öffentliche und nicht-öffentliche Stellen
§ 3　Weitere Begriffsbestimmungen
§ 3a　Datenvermeidung und Datensparsamkeit
§ 4　Zulässigkeit der Datenverarbeitung und -nutzung
§ 4a　Einwilligung
§ 4b　Übermittlung personenbezogener Daten ins Ausland sowie an über- und zwischenstaatliche Stellen
§ 4c　Ausnahmen
§ 4d　Meldepflicht
§ 4e　Inhalt der Meldepflicht
§ 4f　Beauftragter für den Datenschutz
§ 4g　Aufgaben des Beauftragten für den Datenschutz
§ 5　Datengeheimnis

8 Der Spediteur und die Beförderung gefährlicher Güter
Frank Huster

8.1 Einleitung

Jeden Tag werden auf unseren Verkehrswegen gefährliche Güter aller Art befördert. **Aufkommen der transportierten gefährlichen Güter** Entsprechend dem Wachstum des Güterverkehraufkommens steigt auch die **Menge der beförderten gefährlichen Güter** Jahr für Jahr. Nach den Ermittlungen des *Statistischen Bundesamtes* (Stand: 2007) werden allein im Bundesgebiet von allen Verkehrsträgern ca. 352 Mio. Tonnen Gefahrgut pro Jahr befördert. Davon entfallen 169 Mio. t auf den Straßengüterverkehr, 74 Mio. t auf den Seeverkehr, 58 Mio. t auf den Eisenbahnverkehr und 51 Mio. t auf die Binnenschifffahrt. Die Beförderung gefährlicher Güter mit Flugzeugen fällt – verglichen mit den übrigen Verkehrsträgern – mengenmäßig kaum ins Gewicht. Gegenüber dem Vorjahr (2006) blieb die Menge der in *Deutschland* beförderten gefährlichen Güter allerdings erstmalig konstant. Ein leichtes Wachstum verzeichneten lediglich Gefahrguttransporte auf der Straße (+1,1 %).

Bei den Beförderungen im Straßengüterverkehr handelt es sich überwiegend um Versorgungsfahrten für Tankstellen, für deren Durchführung es keine Alternative zum Straßentransport gibt. Doch auch Industrie und Handel sind auf Belieferung von Gefahrgut mit dem Lkw angewiesen.

Da die Beförderung gefährlicher Güter mit besonderen Risiken verbunden ist, sind entsprechende Gefahrgutbeförderungsvorschriften erlassen worden. Sie sollen einerseits die Transportrisiken im Interesse der Allgemeinheit und des Umweltschutzes so gering wie möglich halten, andererseits tragbare Bedingungen darstellen, die die technisch-wirtschaftliche Entwicklung nicht hemmen und die Versorgung von Wirtschaft und Bevölkerung nicht behindern.

Das Gefahrtransportrecht ist sehr komplex. Neben den **speziellen Gefahrgutvorschriften für die einzelnen Verkehrsträger** (Rechtsverordnungen mit ihren Anlagen, Ausnahmeverordnungen, Richtlinien), gibt es eine Reihe zusätzlicher Vorschriften, die sich mit gefährlichen Gütern befassen, die gegebenenfalls auch für die Beförderung zu beachten sind.

Allein für die Gefahrgutbeförderung auf der Straße ist der **Pflichtenkatalog für die Beteiligten** weit gefächert. Je nach ihrer Funktion bei der Gefahrgutbeförderung werden dabei dem Verlader, Absender, Beförderer, Fahrzeugführer und Auftraggeber des Absenders unterschiedliche Verantwortlichkeiten übertragen. Da Spediteure bei der Gefahrgutbeförderung in verschiedenen Funktionen (zum Beispiel als Verlader, Absender, Beförderer) tätig sind, ist es für sie besonders wichtig, detaillierte Kenntnisse über Gefahrgutvorschriften zu haben.

In jedem Falle ist von einem leichtfertigen Umgang mit den Gefahrgutvorschriften zu warnen. Bußgelder bei Verstößen sind hoch, Haftungsfälle können schnell den finanziellen Rahmen eines Unternehmens sprengen. In besonders schweren Fällen fahrlässigen oder vorsätzlichen Handelns kann sogar das Strafrecht herangezogen werden.

Dem Anteil des Gefahrgutvolumens des Straßengüterverkehrs entsprechend soll in den folgenden Ausführungen die Betrachtung der Gefahrgutvorschriften für den Verkehrsträger Straße im Mittelpunkt stehen.

8.2   Gefährliche Güter und deren Gefahren

Begriff „gefährliche Güter"
Gefährliche Güter sind Stoffe und Gegenstände, von denen auf Grund ihrer Natur, ihrer Eigenschaften oder ihres Zustands im Zusammenhang mit der Beförderung Gefahren für die öffentliche Sicherheit oder Ordnung, insbesondere für die Allgemeinheit, für wichtige Gemeingüter, für Leben und Gesundheit von Menschen sowie für Tiere und Sachen ausgehen können. Mit anderen Worten: Gefährliche Güter sind Stoffe und Gegenstände, von denen bei unsachgemäßer Handhabung (Verpackung, Umschlag, Transport etc.) erhebliche Gefahren für Menschen, die Umwelt und sonstige Werte ausgehen können. Hierunter können auch Dinge des täglichen Lebens fallen. Die Gefahren sind unterschiedlicher Art und können wie folgt gruppiert werden:

Unterschiedliche Gefahren
- **Explosionen** können sich ereignen durch unsachgemäßen Umgang mit Sprengstoffen und Munition sowie mit brennbaren Flüssigkeiten, Dämpfen, Stäuben oder Gasen.
  Beispiele: Feuerwerkskörper, Benzin, Gase.
- **Entzündbar** sind auch Stoffe, die zum Beispiel durch heiße Oberflächen (Auspuffrohr), Funken oder offene Flammen entzündet werden können und dann weiter brennen oder weiterglimmen.
  Beispiele: Benzin, Heizöl, Dieselkraftstoff, Schwefel in geschmolzenem Zustand, brennbare Gase.
- **Selbstentzündlich** sind Stoffe, die sich ohne äußere Flammeneinwirkung erhitzen und schließlich entzünden können.
  Beispiele: Aluminiumstaub. Auch ölhaltige Putzlappen oder Putzwolle können sich durch chemische Zersetzung selbst entzünden.
- Bestimmte Stoffe können bei **Berührung mit Wasser oder feuchter Luft entzündliche Gase** in gefährlicher Menge entwickeln. Diese Gase können durch heiße Oberflächen, Funken oder offene Flammen entzündet werden.
  Beispiele: Kalium, Natrium.
- **Entzündend wirkende Stoffe** geben bei Berührung mit anderen, insbesondere entzündbaren Stoffen, Sauerstoff in erheblicher Menge frei, so dass es zur Entzündung kommen kann, ohne dass Zündquellen vorhanden sind.
  Beispiele: organische Peroxyde und bestimmte und Pestizide.
- **Giftige Stoffe** können durch Einatmen, Verschlucken oder Berührungen zum Tod führen.
  Beispiele: bestimmte Gase, Pflanzenschutzmittel.
- **Infektiöse (ansteckungsgefährliche)** Stoffe können schwere Krankheiten verursachen.

Beispiele: Infiziertes Blut, biologische Proben, Erreger.

- **Ätzende Stoffe** zerstören lebendes Gewebe (zum Beispiel Haut) und greifen auch feste Stoffe (zum Beispiel Metalle) an.
  Beispiele: Schwefelsäure, Salzsäure, Natronlauge.
- Es gibt zahlreiche gefährliche **Stoffe, von denen jeweils mehrere Gefahren ausgehen können**. So kann zum Beispiel ein entzündbarer Stoff auch giftige und/oder ätzende Eigenschaften haben. Man unterscheidet in solchen Fällen zwischen **Hauptgefahr (Primärgefahr)** und **Nebengefahren (Sekundärgefahren)**.
- Verschiedene Stoffe können den oben genannten Gefahreigenschaften nicht eindeutig zugeordnet werden, trotzdem stellen sie eine Gefahr für die Allgemeinheit und die Umwelt im Zusammenhang mit der Beförderung dar. Solche Stoffe werden als **sonstige gefährliche Stoffe** oder **Gegenstände** bezeichnet.
  Beispiele: Asbest, PCB-haltige Akkumulatoren.
- Teilweise bergen einige Stoffe schon deshalb eine Gefahr in sich, weil sie in extrem hohen Temperaturen befördert werden müssen.
  Beispiele: Bitumen oder geschmolzene Metalle.

Diese Eigenschaften werden in den einschlägigen Regelwerken über die Beförderung gefährlicher Güter kategorisiert, woraus sich für alle Beteiligten transportrelevante Vorschriften (zum Beispiel für Verpackungen, Mengen, Zusammenladung, Ausrüstung der Fahrzeuge, Schulung der Mitarbeiter) ableiten lassen. Für den Spediteur als verkehrsträgerübergreifenden Architekten des Verkehrs erfordert dies enorme Sach- und Fachkenntnisse über die aktuelle Gesetzeslage.

8.3 Internationales Gefahrgutrecht

8.3.1 *UN*-Empfehlungen *(Orange Book)*

Die weltweite Beförderung gefährlicher Güter erfordert detaillierte Kenntnisse der vielfältigen nationalen und internationalen Vorschriften. Die *Vereinten Nationen (UN)* geben seit 1956 einheitliche verkehrsträgerübergreifende *Empfehlungen für den Gefahrguttransport* als **Modell-Regelungen** *(Recommendations on the Transport of Dangerous Goods-Model Regulations)* in ihrem sogenannten *Orange Book* heraus. An diesen weltweiten Empfehlungen orientieren sich zunehmend internationale Übereinkommen und nationale Vorschriften. *Orange Book*

Das Gefahrgutrecht ist zudem, sowohl national als auch international, ständigen Revisionsprozessen unterworfen. Zwei Gründe sind hierfür ausschlaggebend: eine fortlaufende Überarbeitung wird vor allem durch technische Fortschritte, die Gefahrgutbeförderungen sicherer machen sollen, ausgelöst. Darüber hinaus wird versucht, die verkehrsträgerspezifischen Vorschriften auf der einen Seite sowie die nationalen und internationalen Vorschriften andererseits zu harmonisieren. Ein verkehrsträgerübergreifendes Weltabkommen nach dem Vorbild des *Orange Book* dürfte zwar noch als Utopie bezeichnet werden, doch ist man diesem Ziel in den letzten Jahren entscheidend näher gekommen.

2001:
Hamoni-
sierung
Ein wesentlicher **Harmonisierung**sschritt wurde 2001 mit der Fertigstellung der so-genannten Strukturreformen vollzogen. Sowohl die *UN-Model Regulations* wie auch die **Gefahrgutvorschriften für sämtliche Verkehrsträger** sind mittlerweile nach einer einheit-lichen Gliederung strukturiert. Dadurch wurde das komplexe Gefahrgutrecht erheblich anwenderfreundlicher; eine EDV-technische Aufbereitung wurde teilweise erst durch die Restrukturierung ermöglicht.

Neben bereits heute schon verkehrsträgerübergreifenden Vorschriften ist die Gefahr-gutbeförderung für jeden einzelnen Verkehrsträger nach wie vor in jeweils einer Spezial-vorschrift geregelt. Dies wird erklärbar, wenn man die speziellen unterschiedlichen Sicher-heitsanforderungen der jeweiligen Transportarten berücksichtigt. Leicht nachvollziehbar dürfte sein, dass die Sicherheitsanforderungen an einen Seetransport (hohe Belastung durch extreme Witterung, nicht eingrenzbare Umwelt bei Verlust oder Austritt gefähr-licher Ladung) von denen einer Beförderung mit Flugzeugen (andere Beanspruchung des Verkehrsmittels, unter Umständen extreme Gefährdung Dritter) abweicht. Die Landver-kehrsträger Straße, Schiene, Binnenschifffahrt stellen bei der Gefahrgutbeförderung zwar eine vergleichsweise höhere Gefahr für die Bevölkerung dar (Durchfahrt durch Ballungs-räume), hier kann aber bei einem Zwischenfall auf professionelle Unterstützung durch Rettungskräfte zurückgegriffen werden.

Ein höheres Risiko einzelner Verkehrsträger gegenüber anderen konnte wissenschaft-lich jedoch bislang nicht nachgewiesen werden.

8.3.2   Internationale Organisationen

UN-Empfehlungen

Unter Berücksichtigung der *UN*-Empfehlungen (hierfür zuständig ist das *UN-Sub-Committee of Exports on the Transport of Dangerous Goods*) werden in internationalen Gre-mien die Gefahrgutbeförderungsvorschriften fortentwickelt. Dies sind unter anderem:

Radioaktive Stoffe: *IAEO*

IAEO
Eine Bewertung der Risiken für den Transport radioaktiver Stoffe nimmt die *Internatio-nale Atomenergie-Organisation (IAEO)* in *Wien* vor. Ihre Empfehlungen gelten verkehrs-trägerübergreifend und werden in die unten genannten internationalen Übereinkommen integriert.

Seeverkehr: *IMO*

IMO
IMDG-Code
Die *Internationale Seeschifffahrts-Organisation (International Maritime Organization)* *IMO* erarbeitet Empfehlungen für die sichere Beförderung gefährlicher Güter im See-schiffsverkehr, den **International Maritime Dangerous Goods-Code (IMDG-Code)**, der weltweit anerkannt ist. Zuständig ist der Unterausschuss *Beförderung gefährlicher Güter, Container und fester Ladung*. Ein weiteres *IMO-Gremium* befasst sich mit der *Beförderung gefährlicher Güter als Schüttgüter und in Tanks*.

Luftverkehr: *ICAO* und *IATA*

ICAO-TI
Die *Internationale Zivil-Luftfahrt-Organisation (International Civil Aviation Organiza-*

tion) ICAO gibt ihre weltweit anerkannten *Technischen Anweisungen für die sichere Beförderung gefährlicher Güter im Luftverkehr (Technical Instructions for the Safe Transport of Dangerous Goods)*, die **ICAO-TI**, heraus. Sie sind im Wesentlichen inhaltlich identisch mit den *Vorschriften des Internationalen Verbands der Luftverkehrsgesellschaften*, den **IATA-** **IATA-DGR** *DGR (International Air Transport Association-Dangerous Goods Regulations)*. Beide Werke unterscheiden sich nur in ihrer Struktur.

Bemerkenswert ist, dass die gesetzlichen Vorschriften der *ICAO-TI* zum Teil weniger restriktiv sind als die von den Airlines herausgegebenen *IATA-DGR*, die darüber hinaus noch Airline-spezifisch verschärft werden.

Eisenbahnverkehr: *OTIF*

Das *Übereinkommen vom 9. Mai 1980 über den internationalen Eisenbahnverkehr (COTIF)* enthält als Anlage die *Ordnung für die internationale Eisenbahnbeförderung gefährlicher Güter*, das **RID** *(Reglement consernant le transport international ferroviaires* **RID** *des marchandises dangereuses)*. Das *Zentralamt für den internationalen Eisenbahnverkehr (OTIF)* ist über seinen *Fachmännischen Ausschuss für das RID* zuständig für die Fortent- **OTIF** wicklung des *RID*.

Straßenverkehr: *UN-ECE-WP.15*

Die *Europäische Wirtschaftskommission der Vereinten Nationen (ECE)* ist zuständig für **UN-ECE-** das *Europäische Übereinkommen für die internationale Beförderung gefährlicher Güter auf* **WP.15** *der Straße* von 1957, das **ADR** *(Accord europeen relatif transport des marchandises dan-* **ADR** *gereuses par route)*. Die Festlegung und Überarbeitung der Vorschriften übernimmt die *ECE-Arbeitsgruppe (WP)15*.

Binnenschiffsverkehr: *ZKR*

Die *Zentralkommission für die Rheinschifffahrt (ZKR)* gestaltet die *Verordnung der Be-* **ZKR** *förderung gefährlicher Güter auf dem Rhein, ADNR*. Sie beschränkt sich in ihrer Anwen- **ADNR** dung auf das *Rheinstromgebiet* und ist insofern nicht auf allen Binnenwasserstraßen in *Europa* anwendbar. Deshalb wird parallel hierzu bei der *ECE* an einem weitergehenden Übereinkommen für alle europäischen Binnenwasserstraßen, dem **ADN** gearbeitet, das **ADN** allerdings noch keine rechtliche Bedeutung hat, das *ADNR* in naher Zukunft aber ablösen wird. Das *ADN* wird wie das *ADR* von der **UN-ECE** entwickelt. **UN-ECE**

Die genannten Übereinkommen haben noch keine unmittelbare Rechtskraft in den einzelnen Vertragsstaaten. Sie werden in den meisten Fällen durch nationale Rechtsverordnungen erst noch in Kraft gesetzt werden.

8.4   Das Gefahrgutrecht der *Bundesrepublik Deutschland* (verkehrsträgerübergreifend)

8.4.1   *Gesetz über die Beförderung gefährlicher Güter (Gefahrgut-Gesetz)*

Gefahrgut-Gesetz
Oberste Rechtsgrundlage für die Gefahrgutbeförderung ist in *Deutschland* das *Gesetz über die Beförderung gefährlicher Güter (Gefahrgut-Gesetz)*. Es regelt Grundsätzliches für die Beförderung gefährlicher Güter mit allen Verkehrsträgern. Das Gesetz enthält die „Eckdaten" für die sichere Gefahrgutbeförderung wie den Geltungsbereich, Zuständigkeiten sowie Definitionen. Wesentlich ist, dass *§ 3* eine Ermächtigung für die *Bundesregierung* enthält, spezifische Rechtsverordnungen und allgemeine Verwaltungsvorschriften für die Beförderung gefährlicher Güter zu erlassen. Hier werden die Details für die Gefahrgutbeförderung geregelt, die für alle Beteiligten bindend sind.

Das Gesetz definiert die Beförderung nicht nur als reine Ortsveränderung, sondern schließt auch die Übernahme und die Ablieferung sowie zeitweilige Aufenthalte im Verlauf der Beförderung mit ein. Somit ist der Umschlag, das Be- und Entladen und selbst das Verpacken gefährlicher Güter Gegenstand der Gefahrgutvorschriften.

8.4.2   *Gefahrgutbeauftragtenverordnung (GbV)*

Gefahrgutbeauftragtenverodnung GbV
Aufgrund des *Gefahrgutgesetzes (§ 3 Ermächtigungen)* wurde die *Verordnung über die Bestellung von Gefahrgutbeauftragten und die Schulung der beauftragten Personen in Unternehmen und Betrieben (Gefahrgutbeauftragtenverordnung – GbV)* erlassen. Sie gilt in *Deutschland* seit 1989. Nach dem Vorbild der *GbV* wurde 2000 ein einheitlicher Rechtsrahmen für den gesamten Geltungsbereich der *Europäischen Union* erlassen, später sogar für weitere Staaten, die sogenannten *ADR*-Vertragsstaaten. Zur Erzielung einheitlicher Vorschriften in allen *EU*-Mitgliedsstaaten und *ADR*-Vertragsstaaten musste die *GbV* mehrfach geändert werden.

Unternehmen, *die an der Beförderung gefährlicher Güter mit Eisenbahn-, Straßen-, Wasser- oder Luftfahrzeugen beteiligt sind, müssen einen oder mehrere Gefahrgutbeauftragte schriftlich bestellen.* „Beteiligt" meint in diesem Zusammenhang, dass dem Unternehmen in den entsprechenden verkehrsträgerspezifischen Gefahrgutvorschriften, zum Beispiel der *Gefahrgutverordnung Straße/Eisenbahn/Binnenschifffahrt (GGVSEB)*, ausdrücklich Pflichten und Verantwortlichkeiten zugewiesen werden.

Die Wahrnehmung der Funktion des *Gefahrgutbeauftragten (Gb)* in einer Spedition kann durch den Unternehmer oder Inhaber des Betriebes, durch einen Mitarbeiter, dem auch andere Aufgaben übertragen wurden, oder durch eine dem Unternehmen nicht angehörenden Person *(externer Gefahrgutbeauftragter)* erfolgen. Bestimmte Aufgaben können betriebsbezogen mehreren *Gefahrgutbeauftragten* zugewiesen werden, alle Aufgaben können aber auch zentral von einem *Gb* erfüllt werden.

Der *Gefahrgutbeauftragte* wird unter der Verantwortung des Unternehmers tätig und hat die Aufgabe, nach Mitteln und Wegen zu suchen und Maßnahmen zu veranlassen, die die Einhaltung der Vorschriften zur Beförderung gefährlicher Güter für den jeweiligen

Verkehrsträger erleichtern. Im Vordergrund steht die kontinuierliche Beratung des Unternehmers durch den *Gefahrgutbeauftragten*. Die *GbV* enthält einen **Katalog der wichtigsten Aufgaben des *Gefahrgutbeauftragten (Gb)*.**

- **Überwachung:**
  Der *Gefahrgutbeauftragte* hat die Aufgabe, zu überwachen, dass die Gefahrgutvorschriften eingehalten werden. Diese Vorschriften selbst sind durch den Unternehmer, die beauftragten Personen[1] und die sonstigen verantwortlichen Personen[2] zu beachten. Der *Gb* hat somit „nur" zu überprüfen, ob dieser Personenkreis die Vorschriften auch einhält. Es ist aus dieser Aufgabe nicht unmittelbar abzuleiten, dass der Gb selbst eine Weisungsbefugnis bekommt.

- **Mängelanzeige:**
  Der *Gb* hat der Unternehmensleitung Mängel, die die Sicherheit beim Transport gefährlicher Güter beeinträchtigen, anzuzeigen. Über die Gegenmaßnahmen entscheidet die Unternehmensleitung. Die *GbV* sieht nicht vor, dass der *Gb* selbst einschreitet.

- **Beratung:**
  Die Beratung des Unternehmers durch den *Gb* soll einen Beitrag zur Erhöhung der Sicherheit liefern.

- **Jahresbericht:**
  Der *Gb* soll eine jährliche Übersicht über die beförderten Mengen gefährlicher Güter erstellen.

- **Weitere Aufgaben:**
  Überwachung und Überprüfung von Verfahren und Vorgehensweisen betroffener Tätigkeiten im Unternehmen.
  Im Einzelnen soll überprüft werden, ob folgende Verfahren und Maßnahmepläne im Unternehmen vorliegen:
  ⇨ Gibt es Verfahren, mit denen die Einhaltung der Vorschriften zur Identifizierung des Gefahrgutes sichergestellt wird? Gefährliches Gut kann zum Beispiel auf Grund der Dokumentation (Transportdokumente, Kennzeichnung) in einer Spedition „identifiziert" werden oder auch auf Grund einer Analyse des Inhalts einer Umschließung (Klassifizierung) in einem Chemieunternehmen.
  ⇨ Gibt es sicherheitsrelevante Richtlinien für den Kauf von Beförderungsmitteln?
  ⇨ Gibt es Verfahren zur Überprüfung des für das Verladen oder das Entladen verwendeten Materials (zum Beispiel Verträglichkeit des Schlauchmaterials mit dem Produkt, Unversehrtheit der Umschließung etc)?
  ⇨ Gibt es Richtlinien für die Schulung der „betreffenden Arbeitnehmer", die direkt Pflichten aus den Gefahrgutvorschriften haben, das heißt beauftragte und sonstige verantwortliche Personen?

---

1 *Beauftragte Person* ist eine Person, die der Unternehmer / Betriebsinhaber mit der eigenverantwortlichen Durchführung von Aufgaben, zum Beispiel *GGVSEB*, ausdrücklich beauftragt (zum Beispiel Betriebsleitung / Disponent).

2 Sonstige verantwortliche Personen sind diejenigen, die konkret die Gefahrgutvorschriften vollziehen, zum Beispiel Unfallmerkblätter mitgeben (Disponent), Warntafeln aufklappen (Fahrer).

⇨   Gibt es Verfahren für die Durchführung von geeigneten Sofortmaßnahmen bei Unfällen (Notfallpläne und -managementmaßnahmen)?

⇨   Gibt es (interne) Verfahrensanweisungen bezüglich des Verhaltens bei Unfällen / Zwischenfällen / schweren Verstößen?

⇨   Werden die Rechtsvorschriften bei der Auswahl und dem Einsatz von Subunternehmern berücksichtigt (zum Beispiel durch Anforderungsprofile, vertragliche Vereinbarungen, etc.)?

⇨   Sind Arbeitsanweisungen und Anweisungen für das Verladepersonal vorhanden?

⇨   Gibt es Maßnahmen, durch die das Personal über Gefahren aufgeklärt wird?

⇨   Sind Maßnahmen zur Überprüfung der Ausrüstung der Beförderungsmittel und der Vollständigkeit der Dokumente sowie der Einhaltung der Be- und Entladevorschriften vorhanden (zum Beispiel Checklisten)?

Der *Gb* hat für die **Erstellung eines Unfallberichts** zu sorgen, wenn es zu einem Personen-, Sach- oder Umweltschaden durch freigesetztes Gefahrgut (Produktaustritt) gekommen ist. Die Vorgabe, dass der *Gb dafür zu sorgen hat,* bedeutet, dass er den Unfallbericht nicht selbst erstellen muss. In keinem Fall müssen (und sollten auch nicht) in dem Bericht Mitarbeiter des Unternehmens belastet werden. Der Unfallbericht dient ausschließlich der Vorlage der Unternehmensleitung. Diese muss den Bericht zuständigen Behörden nur auf Verlangen vorlegen.

Sachkunde   Wer als *Gb* tätig wird, muss, im Anschluss an eine von der *IHK* anerkannte Grund-
Gefahr- schulung eine **Prüfung** bestehen. Die *EU*-weit anerkannte Schulungsbescheinigung gilt
gutbeauf- fünf Jahre. Bei der Grundschulung sind für den Allgemeinen Teil 10 Unterrichtseinheiten
tragter (UE) vorgesehen und für den verkehrsträgerspezifischen Teil 20 UE. Für jeden „Besonderen Teil" kommen pro Verkehrsträger noch einmal 10 UE hinzu. Für die Verlängerung der *Gb*-Schulungsbescheinigung nach fünf Jahren muss dann erneut ein Test bestanden werden.

Auch der **Unternehmer** oder der **Inhaber von Betrieben** unterliegt einem **Pflichtenkatalog**. Grundsätzlich muss er dem *Gb* die Ausübung seiner Tätigkeit auch ermöglichen und darf ihn für die Ausübung seiner Tätigkeiten nicht benachteiligen. Der Unternehmer handelt ordnungswidrig, wenn er einen *Gefahrgutbeauftragten* nicht bestellt, er nicht dafür sorgt, dass der Unfallbericht mindestens fünf Jahre aufbewahrt wird, oder er nicht dafür sorgt, dass beauftragte Personen im Besitz von gültigen Schulungsbescheinigungen sind. Ordnungswidrig handelt der *Gb*, wenn er nicht dafür sorgt, dass unverzüglich ein Unfallbericht erstellt wird.

Unternehmen, die nur geringe Mengen gefährlicher Güter befördern, oder wie es in der *GbV* heißt, *deren Tätigkeiten sich auf freigestellte Beförderungen gefährlicher Güter oder auf Beförderungen in begrenzten Mengen* beziehen, **sind von der Verpflichtung, einen *Gefahrgutbeauftragten* bestellen zu müssen, entbunden.** Für eine solche Befreiung von den Vorschriften gibt es mehrere Kriterien. Als Maßstab gelten für Speditionen und verladende Wirtschaft:

- die sogenannten *begrenzten oder Limited Quantities (LQ) Mengen* nach *Kapitel 3.4* sowie die *freigestellten Mengen (Excepted Quantities – EQ)* nach *Kapitel 3.5 der Gefahrgutvorschriften* (vergleiche *S. 389-390*). Diese sind in den jeweiligen verkehrsträgerspezifischen Vorschriften explizit genannte, meist handelsübliche Mengen mit konkreten Verpackungsvorgaben, bei deren Beförderung die Gefahrgutvorschriften ohnehin nicht zu beachten sind, **oder**
- die sogenannten *begrenzten Mengen nach Tabelle des Abschnitts 1.1.3.6.3 ADR*. Hierbei handelt es sich um eine Auflistung aller gefährlichen Stoffe. Je nach Gefährlichkeitsgrad eines Stoffes können ausgewählte, aber nicht sämtliche Vorschriften der *GGVSE* außer Acht gelassen werden. Die Mengenbegrenzung gilt dabei pro Beförderungseinheit.

Eine Spedition, die mit ihren Fahrzeugen beispielsweise nur Verkehre durchführt, bei denen die Mengen gefährlicher Güter immer unterhalb der Mengenschwellen des *Abschnitts 1.1.3.6.3 ADR* bleiben, braucht keinen *Gefahrgutbeauftragten* zu bestellen, auch wenn die beförderte Jahresmenge (theoretisch) insgesamt mehrere hundert Tonnen umfasst. Kurier- und Expressdienste könnten beispielsweise unterhalb der Mengenschwellen liegen, so dass diese von den Verpflichtungen zur Bestellung eines *Gb* befreit wären. Vorstellbar ist aber auch, dass für ein Unternehmen die Bestellung eines *Gefahrgutbeauftragten* erforderlich wird, weil bereits ein Transport die Grenzmengen des *Abschnitts 1.1.3* überschritten hat.

Ausgenommen sind auch Unternehmen, die gefährliche Güter lediglich empfangen, da sie keinen direkten Einfluss auf die Beförderung gefährlicher Güter mehr haben.

8.5 Überblick über die verkehrsträgerbezogenen Gefahrgutvorschriften

Gefährliche Güter werden mit allen Verkehrsträgern befördert. Die jeweiligen Verkehrsträger und ihre Ladungen sind während des Transports unterschiedlichen Einflüssen ausgesetzt.

Um die individuellen Gefahren und Risiken soweit wie möglich zu beschränken, werden die Gefahrgutvorschriften verkehrsträgerspezifisch erlassen. Da – in Übereinstimmung mit den Vorgaben des deutschen *Gefahrgutgesetzes* – nicht nur die reine Beförderung, sondern auch die so genannten Vorbereitungs- und Abschlusshandlungen eines Gefahrguttransports genau geregelt sind, umfassen die Vorschriften für jeden Verkehrsträger mehrere hundert Seiten. Vor allem um Beförderungen mit mehreren Verkehrsträgern, die so genannten multimodalen Transporte, nicht zu behindern, arbeiten Gremien der *Vereinten Nationen (UN)* fortlaufend an einer Harmonisierung der verkehrsträgerspezifischen Vorschriften. Erklärtes Ziel ist, Abweichungen zwischen den verkehrsträgerspezifischen Vorschriften auf ein Minimum zu reduzieren. Schon seit einigen Jahren profitieren die Unternehmen aus Spedition, Transport und verladender Wirtschaft von den Erfolgen der Harmonisierung. So gelten weltweit – bis auf wenige Ausnahmen, zum Beispiel in den *USA* – für alle Verkehrsträger die gleichen Grundsätze hinsichtlich der

Verkehrsträgerbezogene Gefahrgutvorschriften

Klassifizierung (Eingruppierung), der Verpackung und der Kennzeichnung gefährlicher Stoffe. Andere Vorschriften, die zum Beispiel die Beladung, die Transportdurchführung, die technischen Anforderungen an Beförderungsmittel und Fahrzeuge oder die Ausbildung von Fahrzeugbesatzungen regeln, unterscheiden sich aus den oben genannten Gründen nach wie vor verkehrsträgerspezifisch. Eines haben aber alle Vorschriften gemein: sie werden international, zumeist unter dem Dach der Vereinten Nationen erarbeitet und sind im Wesentlichen inhaltlich gleich aufgebaut (strukturiert). Dies erleichtert dem Anwender die Orientierung bei der Suche nach der für ihn anzuwendenden Vorschrift. Auf die besondere Struktur und die Inhalte des Gefahrgutrechts, insbesondere für den Straßenverkehr, wird in den folgenden Kapiteln noch näher eingegangen.

Für die einzelnen Verkehrsträger gelten folgende Regelungen:

- Straßenverkehr: *ADR – Europäisches Übereinkommen über die internationale Beförderung gefährlicher Güter auf der Straße* (Accord européen relatif au transport international des marchandises dangereuses par route)
- Eisenbahnverkehr: *RID – Ordnung für die internationale Eisenbahnbeförderung gefährlicher Güter* (Règlement consternant le transport international ferroviaires des marchandises dangereuses)
- Binnenschifffahrt: *ADNR – Verordnung über die Beförderung gefährlicher Güter auf dem Rhein* (Règlement pour le transport de matières dangereuses sur le Rhin) beziehungsweise *ADN – Europäisches Übereinkommen über die internationale Beförderung von gefährlichen Gütern auf Binnenwasserstraßen* (Accord européen relatif au transport international des marchandises dangereuses par voies de navigation intérieures).
- Seeschifffahrt: *IMDG-Code – Internationaler Gefahrgut-Code der Seeschifffahrt* (International Maritime Dangerous Goods Code).
- Luftfahrt: *ICAO-TI – Technische Anleitungen der Internationalen Organisation der Zivilluftfahrt für den sicheren Transport gefährlicher Güter im Luftverkehr* (International Civil Aviation Organization – Technical Instructions for the Safe Transport of Dangerous Goods by Air) (Die *ICAO-TI* sind im Wesentlichen inhaltsgleich mit den *IATA-Dangerous Goods Regulations (DGR)*, unterscheiden sich jedoch hinsichtlich ihres Aufbaus. Während die *ICAO-TI* verbindlich sind, haben die *DGR* der *International Air Transport Association*, dies ist die *Internationale Vereinigung der Luftfracht-Carrier*, nur empfehlenden Charakter und enthalten zusätzliche Spezifika der Airlines).

Juristisch betrachtet handelt es sich bei jedem der genannten Übereinkommen zunächst nur um eine Absichtserklärung der ihnen angeschlossenen Staaten. Jedes Land muss das jeweilige Übereinkommen für sein Hoheitsgebiet durch ein Gesetz oder eine Verordnung formal noch in Kraft setzen. In *Deutschland* geschieht dies durch die *Verordnung über die innerstaatliche und grenzüberschreitende Beförderung gefährlicher Güter auf der Straße, mit Eisenbahnen und auf Binnengewässern (Gefahrgutverordnung Straße, Eisenbahn und Binnenschifffahrt – GGVSEB)*. Rechtliche Grundlage hierfür ist die in § 3 *Gefahrgutgesetz* verankerte Ermächtigung der *Bundesregierung*. Für den Seetransport wurde die *Verordnung über die Beförderung gefährlicher Güter mit Seeschiffen (Gefahrgutverordnung See – GGVSee)* erlassen. Lediglich in der Luftfracht wurde in Deutschland bislang kein nationales Recht konzipiert.

Mit der zum 1.1.2009 vollzogenen Zusammenfassung ursprünglich drei verkehrsträgerspezifischer Einzelverordnungen für Straßen-, Eisenbahn und Binnenschifftransporte zu einer Verordnung, der *GGVSEB*, wird der Grad der Vorschriftenharmonisierung zwischen den drei Landverkehrsträgern deutlich. Die *GGVSEB* ist also die deutsche Rechtsvorschrift, mit der das *ADR*, das *RID* sowie das *ADNR* (beziehungsweise *ADN*) als zunächst unverbindliches internationales Übereinkommen über die Beförderung gefährlicher Güter auf der Straße zur verbindlichen Anwendung für innerdeutsche, aber auch für den deutschen Streckenteil grenzüberschreitender Gefahrgutbeförderungen vorgeschrieben wird.

Der Vollständigkeit halber sei noch darauf hingewiesen, dass zusätzlich *EU*-Recht die verbindliche Anwendung des *ADR* (ebenso des *RID* und des *ADNR* beziehungsweise *ADN*) für nationale, das heißt innerstaatliche Transporte, wie auch für innergemeinschaftliche Transporte, das heißt sämtliche Gefahrgutbeförderungen auf Straßen, Schienen und Binnenwasserstraße zwischen den 27 Mitgliedstaaten der *EU* vorschreibt *(Richtlinie 2008/68/EG des Europäischen Parlaments und des Rates über die Beförderung gefährlicher Güter im Binnenland)*. Damit gilt auf dem gesamten Territorium der *Europäischen Union* ausschließlich das Gefahrgutrecht der *Vereinten Nationen (UN)*. *Brüssel* will damit verhindern, dass die einzelnen *EU*-Mitgliedstaaten nationales Sonderrecht mit strengeren oder weniger strengen Auflagen für die Unternehmen erlassen. Dennoch gibt es unter bestimmten Voraussetzungen Ausnahmen hiervon, von denen die *EU*-Mitgliedstaaten nach von der *Europäischen Kommission* erteilten Genehmigung auch Gebrauch machen. So sind Abweichungen zum Beispiel zulässig, wenn die innere Sicherheit eines Landes bedroht ist oder eine internationale Vorschrift eine unzumutbare Härte für ausgewählte regionale Gefahrguttransporte darstellt.

Das *Europäische Übereinkommen über die Internationale Beförderung gefährlicher Güter auf der Straße (ADR)* gilt als verbindliche Rechtsvorschrift nicht nur für Beförderungen auf dem Territorium der *EU*. Dem **ADR-Übereinkommen** sind derzeit folgende 45 **ADR-Vertragsstaaten**, darunter auch nordafrikanische Staaten, angeschlossen (Stand: Oktober 2009):

Albanien, Andorra, Aserbeidschan, Belarus (Weißrussland), Belgien, Bosnien-Herzegowina, Bulgarien, Dänemark, Deutschland, Estland, Finnland, Frankreich, Griechenland, Italien, Irland, Kasachstan, Kroatien, Lettland, Liechtenstein, Litauen, Luxemburg, Malta, Marokko, Mazedonien, Moldawien, Montenegro, Niederlande, Norwegen, Österreich, Polen, Portugal, Rumänien, Russische Föderation, Schweden, Schweiz, Serbien, Slowakische Republik, Slowenien, Spanien, Tschechische Republik, Tunesien, Ukraine, Ungarn, Vereinigtes Königreich (UK) und *Zypern*.

Eine Reihe von Staaten wie zum Beispiel die *Türkei*, *Thailand* und *Singapur* wenden ebenfalls die Vorschriften des *ADR* beziehungsweise Teile hiervon an, ohne jedoch dem Übereinkommen beigetreten zu sein.

Der technische Fortschritt und weitere Harmonisierungsbestrebungen machen eine ständige Überarbeitung der Regelwerke zum Gefahrguttransport im Zwei-Jahresrhythmus erforderlich. Im selben Turnus werden auch das *RID* und das *ADNR* (beziehungsweise

ADN) geändert. Derzeit gilt zum Beispiel die 19. überarbeitete Fassung des *ADR*, die zum 1.1.2009 in Kraft getreten ist. Man spricht deshalb auch vom ***ADR 2009***. Der für die Beförderung gefährlicher Güter mit Seeschiffen verbindliche *IMDG-Code* ist derzeit erschienen in der 34. Fassung aus dem Jahr 2008. Man spricht daher vom *Amendment 34-08*. Lediglich die Vorschriften des Luftverkehrs unterliegen einem einjährigen Änderungsintervall. Im *IATA-DGR/ICAO-TI* gibt es vielfältige Abweichungen, die sich auf die jeweiligen Länder beziehen *(State Variations)* sowie auf die Luftfahrtgesellschaften *(Carrier Variations)*. Die Vorschriften werden deshalb alle zwei Jahre in einer geänderten Fassung veröffentlicht.

Durch die beständigen Änderungen des internationalen Rechts wird auch immer wieder eine Anpassung der *GGVSEB* sowie der *GGVSee* erforderlich.

Inhalt Gefahrgutvorschriften Die oben genannten Übereinkommen beziehungsweise Verordnungen geben unter anderem Auskunft darüber

- wie bestimmte gefährliche Stoffe eingruppiert (klassifiziert) und dem Gefahrgutrecht zugeordnet werden
- ob beziehungsweise welche gefährlichen Güter befördert werden dürfen
- wie gefährliche Güter verpackt und gekennzeichnet sein müssen
- wie die Beförderungsmittel zu kennzeichnen sind
- welche Begleitpapiere ausgestellt und mitgeführt werden müssen
- wie die Verladung und Stauung der gefährlichen Güter zu erfolgen hat
- welche Maßnahmen während der Beförderung und gegebenenfalls bei einem Zwischenfall vorzunehmen sind
- welche Verantwortung beziehungsweise Verpflichtungen die an der Gefahrgutbeförderung Beteiligten haben
- ob und in welchem Umfang die Beteiligten zu schulen sind.

Im weiteren Verlauf wird auf die betriebliche Umsetzung der Gefahrgutvorschriften für den Verkehrsträger Straße exemplarisch eingegangen. Die Vorschriften der übrigen Verkehrsträger werden nur kurz angerissen.

8.6   *ADR* und *GGVSEB* Gefahrgutvorschriften für den Straßenverkehr

8.6.1   Aufbau und Inhalte der *GGVSEB*

Die *Gefahrgutverordnung Straße, Eisenbahn und Binnenschifffahrt – GGVSEB –* (Stand 2009) bildet unter anderem den rechtlichen Rahmen für die verbindliche Anwendung des *ADR* in *Deutschland*. Sie umfasst 40 Paragrafen und drei Anlagen. Die Anlagen enthalten vom *ADR* abweichende, strengere Vorschriften. Sie gelten nur national.

Schaubildlich stellt sich der Aufbau und wesentliche Inhalt der *GGVSEB* wie in *Abbildung 63* veranschaulicht dar.

GGVSEB-Rahmenverordnung
(nur gültig für das deutsche Hoheitsgebiet)
In 40 Paragrafen wird hier der „Rahmen" festgelegt, zum Beispiel Begriffsbestimmungen (Absender, Verlader, Beförderer etc.); Sicherheitspflichten, Zuständigkeiten, Ordnungswidrigkeiten; zudem wird hinsichtlich der Gefahrgutbeförderung auf der Straße das ADR in Bezug genommen.

Abbildung 63: Übersicht Aufbau der GGVSEB-Rahmenverordnung

Anlage 1
Gefährliche Güter, für die auf dem Hoheitsgebiet Deutschlands eine Bestimmung über einzuhaltende Fahrwege gilt.

Anlage 2
Nationale Abweichungen von den ADR-Regelungen.

Anlage 3
Von Gefahrgutfahrzeugen nicht oder beschränkt zu benutzende deutsche Autobahnstrecken.

Die *Anlagen 1, 2* und *3* enthalten die nationalen, im Vergleich zum *ADR* strengeren Abweichungen. Sie haben nur Gültigkeit für das deutsche Hoheitsgebiet.

ADR
Das *ADR* enthält die umfassenden Einzelvorschriften.
Sie gelten für nationale und grenzüberschreitende Gefahrgutbeförderungen auf der Straße gleichermaßen, es sei denn, in den *Anlagen 1, 2* und *3* wird abweichendes geregelt (nur national).

Das *ADR* enthält das materielle Recht zum Gefahrgut: zum Beispiel Begriffsbestimmungen, Stoffaufzählung und besondere Vorschriften für die einzelnen Gefahrgutklassen, Klassifizierungen, Verpackungsvorschriften, Gefahrzettel etc.

Weiterhin enthält das *ADR* die Vorschriften, die die Beförderung betreffen: zum Beispiel Begleitpapiere, Ausrüstung und Kennzeichnung der Beförderungseinheiten, Schulung der Fahrer etc.

Quelle: Eigene Darstellung

Beim *ADR* handelt es sich um ein internationales Übereinkommen, das sehr präzise Beförderungen gefährlicher Güter auf der Straße regelt, und zwar einheitlich in 45 Staaten. Da das *ADR* als solches noch nicht bindend ist, macht es der deutsche Gesetzgeber durch eine Verordnung, die *GGVSEB*, rechtskräftig und verweist hierin auf die Inhalte des *ADR*.

Damit das Gefahrgutrecht vom Gesetzgeber und den Kontrollorganen auch durchgesetzt werden kann, müssen bestimmten „Rechtsunterworfenen", das heißt den am Gefahrguttransport Beteiligten, Pflichten und Verantwortlichkeiten zugewiesen und Regelungen getroffen werden, mit welchen Sanktionen bei Zuwiderhandlungen zu rechnen ist. Zwar sind einzelne Pflichten bereits im *ADR* selbst hinterlegt, doch aus rechtssystematischen Gründen werden sie in der *GGVSEB* noch einmal aufgeführt, beziehungsweise dort präzisiert.

Die Verantwortlichkeiten der Beteiligten nach GGVSEB

Beteiligte nach GGVSEB

Die *GGVSEB* ordnet den am Gefahrguttransport Beteiligten umfangreiche Verantwortlichkeiten zu. Dies sind (Auszug):

- **Auftraggeber des Absenders:**
  Als ursprünglicher Transportinitiator hat er dem Absender schriftlich alle zur Beförderungsabwicklung notwendigen Hinweise, die sich auf die korrekte Klassifizierung und alle Eigenschaften des gefährlichen Stoffes beziehen, zu liefern.

- **Absender:**
  Die *GGVSEB* definiert denjenigen als Absender, der selbst oder für einen Dritten gefährliche Güter versendet. Erfolgt die Beförderung auf Grund eines Beförderungsvertrags, gilt als Absender der Absender gemäß diesem Vertrag. Der Spediteur ist somit in seiner Eigenschaft als Auftraggeber des Frachtführers (Organisationsfunktion) sowie als Spediteur im Selbsteintritt mit eigenen Fahrzeugen Absender im Sinne der *GGVSEB*, da er gefährliche Güter für einen Dritten versendet. Auch der Werkverkehrtreibende fällt unter den Absenderbegriff. Die Hauptverpflichtung des Absenders besteht in der ausführlichen Information des Beförderers. Der Absender hat ferner dafür zu sorgen, dass der Beförderer ein *ADR*-Beförderungspapier mit allen gefahrgutrelevanten Informationen erhält. Er ist verantwortlich für die Richtigkeit und Vollständigkeit der Dokumentation. Gleichzeitig kann und muss der Absender auf die Richtigkeit der ihm von seinem Auftraggeber übermittelten Daten vertrauen.

- **Verlader:**
  Er übergibt als unmittelbarer Besitzer das gefährliche Gut an den Beförderer und/oder verlädt die gefährlichen Güter selbst. Seine Sorgfaltspflicht besteht vor allem in der ausführlichen Hinweispflicht gegenüber dem Fahrzeugführer. Ihm obliegt ferner eine ausdrückliche Pflicht zur Überprüfung der von ihm übergebenen Versandstücke auf mögliche Beschädigungen, sowie eine Überprüfung der zur Beladung vorgesehenen Beförderungseinheit, Wechselaufbauten und Container.

- **Beförderer:**
  Er verwendet das Fahrzeug für die Ortsveränderung und hat für die gefahrgutrechtliche Zulassung des Fahrzeugs zu sorgen. Nur ausgebildete Fahrzeugführer dürfen von ihm eingesetzt werden. Er hat vor allem das Fahrzeug mit der gefahrgutrechtlichen Ausrüstung und Kennzeichnung sowie mit Mitteln zur Ladungssicherung auszustatten.

- **Fahrzeugführer:**
  Er muss umfassend geschult sein. Bei der Ausbildung wird differenziert nach Beförderungen von Stück- und Schüttgut sowie Beförderungen in Tanks. Spezielle Kenntnisse müssen für Transporte von Explosivstoffen (Klasse 1) sowie von radioaktiven Stoffen (Klasse 7) erworben werden. Der Fahrzeugführer muss das Fahrzeug kennzeichnen und die vorgeschriebene Ausrüstung sowie die notwendigen Begleitpapiere mitführen.

- **Halter (von Fahrzeugen):**
  Er ist gemeinsam mit dem Beförderer (in der Regel ist er identisch mit diesem) verantwortlich für die gefahrgutrechtliche Zulassung des Fahrzeugs.
- **Verpacker:**
  Er hat für die ordnungsgemäße Umschließung des Gefahrguts in sicheren und zugelassenen Verpackungen zu sorgen. Darüber hinaus hat der Verpacker die Verpackungen mit Gefahrensymbolen zu kennzeichnen.
- **Befüller:**
  Er hat ähnliche Aufgaben wie der Verlader. Die Verantwortlichkeit des Befüllers beschränkt sich auf das ordnungsgemäße und sichere Befüllen von Tanks und Tankcontainern mit flüssigem Gefahrgut. Der Befüller muss die von ihm beladenen Tanks und Tankcontainer mit Gefahrgutsymbolen kennzeichnen.
- **Empfänger:**
  Er hat von den von ihm geleerten Transportgefäßen (Tanks, Tankcontainer, Container) die Gefahrgutsymbole zu entfernen.
- **Eigentümer (von Tankcontainern):**
  Er ist verantwortlich für den technischen Zustand der Tankcontainer. Diese müssen in regelmäßigen Abständen überholt werden.
- **Hersteller (von Verpackungen):**
  Er darf ausschließlich nach strengen Auflagen (Bauartprüfungen) hergestellte Verpackungen für den Transport gefährlicher Güter anbieten.

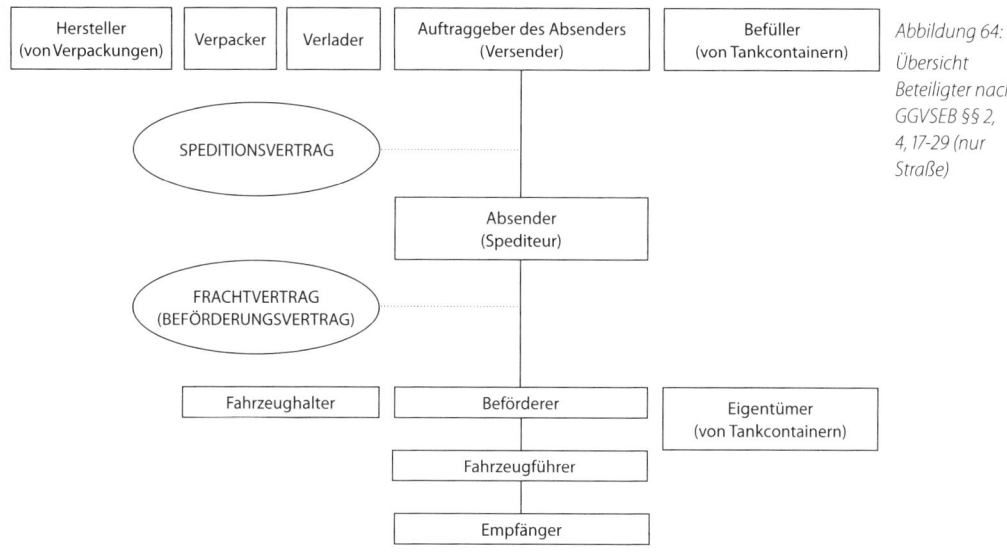

Abbildung 64: Übersicht Beteiligter nach GGVSEB §§ 2, 4, 17-29 (nur Straße)

Quelle: Eigene Darstellung

Durch diesen Pflichtenkreis sollen vor allem die Verantwortlichkeiten des physischen und administrativen Informationsflusses über die gesamte Transportkette, angefangen beim Verpackungshersteller über den Verlader und Beförderer bis hin zum Empfänger, geregelt werden. Dabei können einzelne Beteiligte durchaus mehrere Rechtspersonen im Sinne der *GGVSEB* darstellen. So kann ein Sammelladungsspediteur gleichzeitig Absender und Verlader sein, der für den Spediteur tätige selbstfahrende Unternehmer als Frachtführer sich in der Position des Beförderers, Fahrzeughalters und Fahrzeugführers wieder finden.

Die *Anlagen 1, 2* und *3* der *GGVSEB* enthalten nationale Abweichungen zum *ADR*, die in der Regel höhere Auflagen haben.

Anlage 3 regelt beispielsweise die Umsetzung des *§ 7 GGVSEB* (Fahrwegbestimmungen). Für einige besonders gefährliche Güter (aufgelistet in einer gesonderten Anlage zur *GGVSEB*) sind in *Deutschland* bestimmte Fahrwege vorgeschrieben. Hierbei handelt es sich um eine auf das deutsche Hoheitsgebiet beschränkte Erlaubnis, die alle Beförde-
Listengüter rungen von „Listengütern" auf deutschen Straßen erfasst. Die Fahrwegbestimmung für „Listengüter" erteilt die zuständige Straßenverkehrsbehörde (= untere Verkehrsbehörde). Danach sind „Listengüter" auf der Autobahn zu befördern, sofern dies nicht unzumutbar oder gegebenenfalls verboten ist. Fahrwege außerhalb der Autobahnen werden von der Straßenverkehrsbehörde schriftlich bestimmt und dürfen ohne Fahrwegbestimmung nicht befahren werden. Diese Fahrwegbestimmung kann sowohl vom Beförderer, Absender, Verlader als auch vom Empfänger bei der zuständigen Straßenverkehrsbehörde beantragt werden. Die Kopie der Fahrwegbestimmung ist beim Transport mitzuführen.

Güter dieser Liste dürfen auf der Straße nicht befördert werden, wenn das gefährliche Gut auf die Eisenbahn oder ein Schiff verladen werden kann und die Entfernung auf der Schiene oder dem Wasserweg nicht mindestens doppelt so groß ist, wie die Entfernung auf der Straße.

Güter der Liste dürfen nur zum nächstgelegenen Bahnhof befördert werden, wenn das gefährliche Gut

- in Tank- oder Großcontainern verladen und über mehr als 200 km mit der Eisenbahn oder dem Schiff auf dem größten Teil dieser Strecke befördert werden kann
- in Straßenfahrzeugen verladen und im Huckepackverkehr über mehr als 400 km auf dem größten Teil dieser Strecke befördert werden kann.

8.6.2   Aufbau und Inhalte des *ADR*

8.6.2.1   Gliederungsstruktur

Mit der sogenannten ***ADR-Strukturreform*** wurde 2001 eine neue Gliederung für das *Europäische Übereinkommen über die Internationale Beförderung gefährlicher Güter (ADR)* eingeführt, die sich – mit dem Ziel einer verkehrsträgerübergreifenden Harmonisierung – an die Struktur der weltweit gültigen *UN-Empfehlungen für die Beförderung gefährlicher Güter (Model Regulations)*, anlehnt. Sowohl für den Eisenbahnverkehr als auch für die Seeschifffahrt wurden die entsprechenden Regelwerke *RID* und *IMDG-Code* in gleicher Weise restrukturiert. Weite Teile der verkehrsträgerspezifischen Regelwerke sind jetzt harmonisiert und damit – von wenigen verkehrsträgerspezifischen Besonderheiten abgesehen – inhaltsgleich.

Aufbau   Die Struktur sieht für *ADR* sowie für *RID* und *IMDG-Code* eine **identische Gliederung** für die *Teile 1* bis *7* vor:

Teil 1:   Allgemeine Vorschriften
Teil 2:   Klassifizierung
Teil 3:   Verzeichnis der gefährlichen Güter, Sondervorschriften sowie Freistellungen in Zusam-
           menhang mit der Beförderung von in begrenzten Mengen verpackten Gütern
Teil 4:   Vorschriften für die Verwendung von Verpackungen und Tanks
Teil 5:   Vorschriften für den Versand
Teil 6:   Bau- und Prüfvorschriften für Verpackungen und Tanks
Teil 7:   Vorschriften für die Beförderung, die Be- und Entladung und die Handhabung.

Diese sieben Teile enthalten für das *RID* und den *IMDG-Code* sämtliche Vorschriften. Sie
bilden für das *ADR* die *Anlage A.* Zusätzlich umfasst das *ADR* als *Anlage B:*
Teil 8:   Vorschriften für die Fahrzeugbesatzungen, die Ausrüstung und den Betrieb der
           Fahrzeuge
Teil 9:   Vorschriften für den Bau und die Zulassung von Fahrzeugen.

Die neun Teile des *ADR* beziehungsweise sieben Teile des *RID* / des *IMDG-Code* sind in
Kapitel, diese wiederum in Abschnitte und diese schließlich in Unterabschnitte unter-
teilt. Damit ergibt sich insgesamt folgende Struktur:
*   *Teile (eine Gliederungsziffer)*
*   *Kapitel (zwei Gliederungsziffern)*
*   *Abschnitte (drei Gliederungsziffern)*
*   *Unterabschnitte (vier Gliederungsziffern)*

Sofern es systematisch sinnvoll erschien, sind Unterabschnitte in Absätze und Unterabsätze
mit weiteren Gliederungsziffern unterteilt, ohne dass dies im Inhaltsverzeichnis ausgewiesen ist.

Diese Systematik erlaubt den an Gefahrguttransporten Beteiligten einen Überblick,
welche Teile des *ADR* für sie relevant sind. Für die Spedition werden dies vor allem die
Teile 1, 3, 5 und *7* sein, für den Frachtführer die *Teile 1, 3, 8* und *9* und für den Verlader
die *Teile 1, 2* und *3.* Der Verpacker ist vor allem von den *Teilen 1, 4* und *6* betroffen.

8.6.2.2   Inhalte

Da das *Inhaltsverzeichnis zum ADR* in vielen Teilen selbsterklärend ist, wird es im **Inhalt**
Folgenden leicht gekürzt wiedergegeben und an einigen Stellen, da wo es notwendig
erscheint, direkt erläutert.

ADR Teil 1:
Allgemeine Vorschriften
    Dieser Teil stellt eine Einführung in die Vorschriften des *ADR* dar und regelt im
Wesentlichen Grundvoraussetzungen wie den Geltungsbereich, Übergangsvorschriften
und Definitionen. *Teil 1* wendet sich an alle am Gefahrguttransport Beteiligten und gliedert sich detailliert wie folgt:

Ein wichtiges Kapitel im *Teil 1* stellt *1.4* in Verbindung mit *1.2* dar. *Kapitel 1.2* definiert genau, wer **Absender** ist, nämlich das Unternehmen, das selbst oder für einen Dritten gefährliche Güter versendet. Erfolgt die Beförderung auf Grund eines Beförderungsvertrages, gilt als Absender der Absender gemäß diesem Vertrag. Die Definition ist also mit der Absenderdefinition in der *GGVSEB* identisch.

Der Begriff des Absenders nach *ADR/GGVSEB* ist vom Begriff des Absenders in anderen Rechtsvorschriften zu unterscheiden. So kann durchaus ein Spediteur verantwortlicher Absender sein. Nach *§ 454 HGB* ist es eine klassische Aufgabe des Spediteurs, Frachtverträge mit Frachtführern, das heißt Beförderern zu schließen. Der Vertragspartner des Frachtführers wird nach *HGB*-Frachtrecht als Absender bezeichnet. Der Spediteur, der Frachtverträge abschließt, ist also Absender, und zwar gleichermaßen nach dem *HGB*-Frachtrecht als auch nach *ADR/GGVSEB*. Auch der Spediteur, der Güterkraftverkehr im Selbsteintritt betreibt, also keinen Beförderungsvertrag beziehungsweise Frachtvertrag mit einem Frachtführer abschließt, sondern selbst befördert, wird zum Absender im Sinne des *ADR*. Besorgt ein Spediteur für seine Kunden die Beförderung gefährlicher Güter und bedient er sich dazu eines Frachtführers, mit dem er einen Beförderungsvertrag abschließt, so wird sein Kunde (zum Beispiel ein Produzent gefährlicher Güter) zum „Auftraggeber des Absenders", der zwar nach *ADR* nicht definiert ist, dessen Pflichten aber im nationalen Rahmenrecht, *GGVSEB § 17* geregelt werden Dieser muss dem Spediteur in seiner Eigenschaft als Absender sämtliche gefahrgutrelevanten Daten übermitteln.

Schwere Unfälle in Zusammenhang mit der Beförderung gefährlicher Güter, bei denen infolge eines Produktaustritts Personen-, Sach- oder Umweltschäden eingetreten sind, **müssen den zuständigen Behörden gemeldet werden**. In *Deutschland* sind dies das *Bundesamt für Güterverkehr (BAG)* oder das *Eisenbahnbundesamt (EBA)*. Diese Meldung ist nicht zur Ermittlung von Ordnungswidrigkeiten oder gar Straftatbestände bestimmt, sondern soll den Behörden Erkenntnisse über Schwachstellen im Gefahrgutrecht liefern *(Abschnitt 1.8.5 ADR)*.

Seit 2005 gelten neue *Sicherungsbestimmungen des Kapitels 1.10 zum Terrorschutz*. Denn es wird davon ausgegangen, dass sich gefährliche Güter potenziell dazu eignen, terroristische Anschläge zu begehen. Mit der Umsetzung dieser Anforderungen sollen die betroffenen Unternehmen die Möglichkeiten der missbräuchlichen Verwendung gefährlicher Güter minimieren. Dies geschieht vor allem durch die Implementierung einer Sicherungspolitik, Mitarbeiterschulungen und durch Erstellung von Sicherungsplänen.

ADR Teil 2:
Klassifizierung
2.1   Allgemeine Vorschriften
2.2   Besondere Vorschriften für die einzelnen Klassen
2.3   Prüfverfahren

Gefahrgut-klassen Die Gefahrgutbeförderungsvorschriften sämtlicher Verkehrsträger teilen alle zur Beförderung zugelassenen gefährlichen Stoffe in **13 Gefahrgutklassen** ein. Die Klassifizierung erleichtert die Feststellung, ob und unter welchen Bedingungen ein Transport im Straßengüterverkehr erfolgen darf. Die Klassifizierung der Gefahrgüter erfolgt weltweit für alle Verkehrsträger nach den gleichen Grundsätzen. Nur durch eine eindeutige Zuordnung der Gefahrgüter können alle an der Transportkette Beteiligten die entsprechenden sicherheitsrelevanten Maßnahmen für die Transportdurchführung ergreifen. Die Klassifizierung ist der Schlüssel für die richtige Verpackung, die geeigneten Transportmittel, die technische Ausrüstung und das richtige Verhalten der Beteiligten.

Die Klassifizierung der gefährlichen Güter muss der Produktverantwortliche, das heißt der Hersteller gefährlicher Güter vornehmen. Übergibt er diese Stoffe zur Beförderung (das heißt er veranlasst einen Transport), muss er alle sicherheitsrelevanten Daten weiterleiten und ist insbesondere für die Richtigkeit und Vollständigkeit verantwortlich.

Nur eine vollständige und lückenlose Informationskette gewährleistet maximale Sicherheit.

Tabelle 17:
Gefahrgut-klassen

Gefahrgutklasse	Stoffe
Klasse 1	Explosive Stoffe und Gegenstände mit Explosivstoff
Klasse 2	Gase
Klasse 3	Entzündbare flüssige Stoffe
Klasse 4.1	Entzündbare feste Stoffe, selbstzersetzliche Stoffe und desensibilisierte explosive feste Stoffe
Klasse 4.2	Selbstentzündliche Stoffe
Klasse 4.3	Stoffe, die in Berührung mit Wasser entzündbare Gase entwickeln
Klasse 5.1	Entzündend (oxidierend) wirkende Stoffe
Klasse 5.2	Organische Peroxide
Klasse 6.1	Giftige Stoffe
Klasse 6.2	Ansteckungsgefährliche Stoffe
Klasse 7	Radioaktive Stoffe
Klasse 8	Ätzende Stoffe
Klasse 9	Verschiedene gefährliche Stoffe und Gegenstände

Quelle: Eigene Darstellung

ADR Teil 3:

Gefahrgutverzeichnis und Freistellungen bei der Beförderung in begrenzten Mengen

3.1   *Allgemeines*

3.2   *Verzeichnis der gefährlichen Güter (Tabelle A)*

3.3   *Für bestimmte Stoffe und Gegenstände geltende Sondervorschriften*

3.4   *Freistellungen in Zusammenhang mit der Beförderung von in begrenzten Mengen verpackten gefährlichen Gütern (LQ)*

3.5   *In freigestellten Mengen verpackte gefährliche Güter (EQ)*

Die *Tabelle A* in *Kapitel 3.2* ist das „Herz" des *ADR*. In dieser Tabelle sind alle gefähr- **Tabelle A**
lichen Stoffe und Gegenstände, sortiert nach einem weltweit gültigen numerischen vierstelligen Code, den *UN-Nummern*, aufgeführt. Die wichtigsten Informationen zu jedem
gefährlichen Stoff oder Gegenstand sind in codierter Form in der Tabelle enthalten, zum
Beispiel die Klassifizierung, die Kennzeichnung und die Verpackungs- und Transport-
vorschriften. Von hier aus wird auf weitere Kapitel verwiesen. Die Tabelle enthält jedoch
nicht sämtliche zu beachtenden Vorschriften, vor allem solche nicht, die allgemeiner
Natur sind (zum Beispiel die des *Teils 1* oder die allgemeinen Verpackungsvorschriften).

Die im *ADR* abgebildete Tabelle ist in Aufbau und Inhalt der Spalten weitestgehend
identisch mit den UN-numerisch gegliederten Stofftabellen in den Gefahrgutvorschriften
für die anderen Verkehrsträger.

Anhand des folgenden Beispiels soll der Aufbau und der Umgang mit der *Tabelle A*
des *ADR* beschrieben werden. Sie besteht aus insgesamt 22 Spalten, wobei die ersten beiden Spalten (*UN-Nummer* und Benennung und Beschreibung des Gutes) am Ende der
Tabelle zur besseren Orientierung wiederholt werden. In dem angefügten Beispiel wurde
die Tabelle aus drucktechnischen Gründen aufgeteilt, in der Originalvorschrift ist sie auf
Doppelseiten abgedruckt.

Nummer der Spalte	1	2	3a	3b	4	5	6	7	8
Beispiele	1263	FARBE (darunter Lack, Emaille, Beize, Politur, u.a.) oder FARBZUBEHÖR-STOFFE (darunter Farbverdünnung und Lösungsmittel) (Dampfdruck bei 50°C größer als 110 kPa)	3	F1	II	3	163 640D 650	LQ6	P001 IBC02 R001

Tabelle 18:

Beispiel für den Aufbau der Tabelle A in Kapitel 3.2: UN 1263 FARBE oder FARBZUBEHÖR-STOFFE

Nummer der Spalte	9a	9b	10	11	12	13	14	15	16
Beispiele	PP1	MP19	T4	TP1 TP8 TP28	LGBF		FL	2 (D1E)	

Nummer der Spalte	17	18	19	20	21	22
Beispiele			S2 S20	33	1263	FARBE (…) oder FARBZUBEHÖR-STOFFE (…)

Anhand der *UN-Nummer 1263* wird der Inhalt der Tabelle nachfolgend Spalte für Spalte erläutert:

Tabelle 19:
Inhalt Tabelle A
Kap. 3.2 am
Beispiel UN 1263

Nr. der Spalte in Tabelle A	Bezeichnung / Erläuterung	Quelle im ADR	Beispiele
1	**UN-Nummer** Die nach den UN-Empfehlungen dem Stoff oder Gegenstand zugewiesene vierstellige Zahl als Nummer zur Kennzeichnung von Stoffen und Gegenständen (gilt weltweit für alle Verkehrsträger).	3.2 Tabelle A	1263
2	**Die Benennung und Beschreibung des Gutes** ist die offizielle Benennung des Stoffes oder Gegenstandes. Die Eintragung im Beförderungspapier muss der Benennung entsprechen.	3.1.2	FARBE oder FARBZUBEHÖRSTOFFE
3a	**Klasse** Die Nummer der Klasse in die der Stoff oder Gegenstand eingeordnet ist.	2.2	3
3b	**Klassifizierungscode** Beschreibt für die Klassen 2, 3, 4.1, 4.2, 4.3, 5.1, 5.2, 6.1, 6.2, 8 und 9 die Gefahren, die von einem Stoff oder Gegenstand ausgehen können. Für Güter der Klasse 1 ist der Klassifizierungscode in Spalte 3a enthalten; für Güter der Klasse 7 gibt es keinen Klassifizierungscode.	2.2	F1 Entzündbare flüssige Stoffe mit einem Flammpunkt von höchstens 60 °C
4	**Verpackungsgruppe** (I, II und III) Gibt den Grad der Gefährlichkeit eines Stoffes oder Gegenstandes an (I = hohe Gefahr, II = Gefahr, III = weniger hohe Gefahr). Einigen Stoffen, zum Beispiel denen der Klassen 1, 2, 5.2 und 7, sind keine Verpackungsgruppen zugeordnet.	2.1.1.3	II Mittlere Gefahr
5	**Gefahrzettel** Die Nummer(n) der Gefahrzettel, die an Containern, Tankcontainern, Beförderungseinheiten und Versandstücken anzubringen sind.	5.2.2 5.3.1	**Gefahrzettelmuster Nr. 3** (rot mit weißer oder schwarzer Flamme)

Nr. der Spalte in Tabelle A	Bezeichnung / Erläuterung	Quelle im ADR	Beispiele
6	**Sondervorschriften** Codierte Sondervorschriften, zum Beispiel Beförderungsverbote, Freistellungen von den Vorschriften, Hinweise zu Klassifizierungsbesonderheiten sowie zusätzliche Kennzeichnungsvorschriften.	3.3	**163** Ein in Kapitel 3.2 Tabelle A namentlich genannter Stoff darf nicht unter dieser Eintragung befördert werden. Stoffe, die unter dieser Eintragung befördert werden, dürfen höchstens 20 % Nitrocellulose enthalten, vorausgesetzt, die Nitrocellulose enthält höchstens 12,6 % Stickstoff (in der Trockenmasse).
6 (Fortsetzung)			**640 D** Die in Kapitel 3.2 Tabelle A Spalte 2 aufgeführten physikalischen und technischen Eigenschaften führen bei der Beförderung des Stoffes in ADR-Tanks zu unterschiedlichen Tankcodierungen für ein und dieselbe Verpackungsgruppe. Zur Identifizierung dieser physikalischen und technischen Eigenschaften des in einem Tank beförderten Produkts ist nur bei der Beförderung in ADR-Tanks zu den im Beförderungspapier vorgeschriebenen Informationen folgende Angabe hinzuzufügen: „Sondervorschrift 640X", wobei X der entsprechende Großbuchstabe ist, der in Kapitel 3.2 Tabelle A Spalte 6 nach dem Verweis auf Sondervorschrift 640 erscheint. Auf diese Angabe kann bei Beförderung in einem Tanktyp, der für eine bestimmte Verpackungsgruppe einer bestimmten UN-Nummer mindestens den höchsten Anforderungen genügt, verzichtet werden
7 (a)	**Begrenzte Mengen (Limited Quantities)** Codierter Verweis auf die Kleinmengenregelung, unter der der Stoff von sämtlichen Vorschriften des Gefahrgutrechts mit Ausnahme der Verpackungs- und Kennzeichnungsvorschriften freigestellt ist. Der Code LQ0 gibt an, dass für das betreffende Gefahrgut die Befreiungsregel für begrenzte Mengen nicht gilt.	3.4	**LQ6** Zusammengesetzte Verpackungen (je Versandstück): 1. Höchstzulässiger Inhalt einer Innenverpackung 1.1 in zusammengesetzten Verpackungen (Außen- und Innenverpackung): 5 Liter 1.2 auf Trays mit Dehn- oder Schrumpffolie: 1 Liter 2. Höchstzulässige Bruttomasse je LQ-Versandstück 2.1 bei zusammengesetzten Verpackungen: 30 kg 2.2 bei Trays: 20 kg

Nr. der Spalte in Tabelle A	Bezeichnung / Erläuterung	Quelle im ADR	Beispiele
7b	**Freigestellte Mengen** Codierter Verweis auf Kleinmengenregelungen, nach der die Beförderung des Stoffs von sämtlichen Vorschriften des Gefahrgutrechts vollständig freigestellt ist, mit Ausnahme der Vorschriften für die Unterweisung der Mitarbeiter (Kapitel 1.3) bestimmter Klassifizierungsverfahren und bestimmter Verpackungsvorschriften.	3.5.1.2	E2 1. Höchste Nettomenge (in Gramm oder ml) je Innenverpackung: 30 2. Höchste Nettomenge je Versandstück: 500
8	**Verpackungsanweisungen** Alphanumerische Codes für die jeweilig zutreffende(n) Verpackungsvorschrift(en). Fehlt in dieser Spalte jegliche Codierung, so ist für das betreffende Gefahrgut eine Beförderung sowohl in Verpackungen als auch in Großpackmitteln oder Großverpackungen verboten. Die Code-Nummer ist der Wegweiser, welche Verpackungsmöglichkeiten es generell gibt (P=Verpackungen oder Gefäße, IBC=Großpackmittel, LP=Großverpackungen, PR=Druckbehälter).	4.1.4	P001 Verpackungsanweisung für flüssige Stoffe (Einzelverpackungen, zusammengesetzte Verpackungen und Kombinationsverpackungen) IBC02 Metallene-IBC (31A, 31B, 31N), starre Kunststoff-IBC (31H1, 31H2), Kombinations-IBC (31HZ1) LP01 (flüssige Stoffe) – diverse Großverpackungen (…) R001 Feinstblechverpackungen 0A1 und 0A2 aus Stahl mit abnehmbarem und nicht abnehmbarem Deckel für Packgruppe II: 40 l / 50 kg (höchster Fassungsraum / höchste Nettomasse)
9a	**Sondervorschriften für diverse Verpackungen** Alphanumerische Codes für die jeweils zutreffende(n) Sondervorschrift(en), die im Anschluss an die Verpackungsvorschriften aufgeführt sind.	4.1.4	PP1 (a) Die UN Nummer 1263 Verpackungsgruppen II und III dürfen in Mengen von höchstens 5 l in Verpackungen aus Metall oder Kunststoff, die nicht die Prüfungen nach Kapitel 6.1 bestehen müssen, verpackt werden, vorausgesetzt, sie werden wie folgt befördert: a) als Palettenladung, in Gitterboxpaletten oder Ladungseinheiten b) als Innenverpackungen von zusammengesetzten Verpackungen mit einer höchsten Nettomasse von 40 kg

Nr. der Spalte in Tabelle A	Bezeichnung / Erläuterung	Quelle im ADR	Beispiele
9b	**Vorschriften für das Zusammenpacken** Alphanumerische Codes für die jeweils zutreffende(n) Zusammenpackvorschrift(en).	4.1.10	**MP19** Darf in Mengen von höchstens 5 l je Innenverpackung 1. mit Gütern, die unter einen anderen Klassifizierungscode derselben Klasse fallen, oder mit Gütern der übrigen Klassen, soweit eine Zusammenpackung auch für diese Güter zugelassen ist, und / oder 2. mit Gütern, die den Vorschriften des ADR nicht unterliegen, in einer zusammengesetzten Verpackung nach Unterabschnitt 6.1.4.21 zusammengepackt werden, wenn sie nicht gefährlich miteinander reagieren
10	**Vorschriften für ortsbewegliche Tanks (UN Tanktyp) und Schüttgut-Container** Alphanumerischer Code, der den Typ des Tanks oder Schüttgut-Containers angibt, der für die Beförderung des Stoffes mindestens erforderlich ist. Fehlt in dieser Spalte jegliche Codierung, so ist für das betreffende Gefahrgut eine Beförderung in einem solchen Tank nicht zulässig.	4.2.5.2 + 7.3.2	**T4** • Mindestprüfdruck 2,65 bar • Mindestwanddicke des Tankkörpers siehe 6.7.2.4.2 • Druckentlastungseinrichtungen: normal • Bodenöffnungen siehe 6.7.2.6.3
11	**Sondervorschriften für ortsbewegliche Tanks (UN Tanktyp)** Alphanumerischer Code, der die Sondervorschriften für ortsbewegliche Tanks nach UN angibt.	4.2.5.3	**TP1** Der in Absatz 4.2.1.9.2 vorgeschriebene Füllungsgrad darf nicht überschritten werden. **TP8** Der Prüfdruck darf auf 1,5 bar reduziert werden, wenn der Flammpunkt des beförderten Stoffes höher ist als 0 °C. **TP28** Ein ortsbeweglicher Tank mit einem Mindestprüfdruck von 2,65 bar darf verwendet werden, wenn nachgewiesen ist, dass nach der Begriffsbestimmung für Prüfdruck in Unterabschnitt 6.7.2.1 ein Prüfdruck von 2,65 bar oder weniger zulässig ist.

Nr. der Spalte in Tabelle A	Bezeichnung / Erläuterung	Quelle im ADR	Beispiele
12	**Tankvorschriften (ADR Tanktyp)** Eine aus vier Teilen bestehende Tankcodierung, die den Tanktyp gemäß ADR beschreibt, der für die Beförderung des Stoffes in Tanks mindestens erforderlich ist. 1. Stelle: Tanktyp 2. Stelle: Berechnungsdruck 3. Stelle: Beschreibung der Tanköffnungen 4. Stelle: Sicherheitsventile, Zusätzliches Fehlt in dieser Spalte jegliche Codierung, so ist für das betreffende Gefahrgut eine Beförderung in einem solchen Tank nicht zulässig.	4.3.3.1.1 + 4.3.4.1.1	**LGBF** L = Tank für Stoffe in flüssigem Zustand G = Mindestberechnungsdruck gemäß Absatz 6.8.2.1.14 B = Tank mit Bodenöffnungen mit drei Verschlüssen für das Befüllen oder Entleeren F = Tank mit Lüftungseinrichtung mit Flammendurchschlagsicherung gemäß Absatz 6.8.2.2.6 und TE1 von 6.8.4 oder explosions-druckstoßfester Tank
13	**Sondervorschriften für ADR-Tanks** Alphanumerischer Code, der zusätzliche Sondervorschriften für ADR-Tanks angibt.	4.3.5 + 6.8.4	– keine –
14	**Tankfahrzeugtyp** Codes für die vorgeschriebenen Anforderungen an den Fahrzeugtyp, der für Tankbeförderungen eingesetzt werden darf.	9.1.1.2	**FL** Fahrzeuge für die Beförderung entzündbarer flüssiger Stoffe mit einem Flammpunkt von höchstens 60 °C (…) in festverbundenen Tanks (…)
15	**Beförderungskategorie** Codes für die maximale Menge pro Beförderungseinheit, ohne dass das Fahrzeug kennzeichnungspflichtig wird (orangefarbene Warntafel). Bei Einhalten der Mengengrenzen können Erleichterungen für die Transportdurchführung in Anspruch genommen werden. **(Tunnelbeschränkungscode)**	1.1.3.6	**2** Höchstzulässige Gesamtmenge je Beförderungseinheit: bis zur Kennzeichnungspflicht (orangefarbene Warntafeln) 333 Kg **(D1E)** Durchfahrt verboten durch Tunnel der Kategorie D bei der Beförderung von Tanks; ansonsten Durchfahrt verboten durch Tunnel der Kategorie E
16	**Sondervorschriften für Versandstücke** Codes für den Transport von Versandstücken. Diese enthalten Einschränkungen für den Einsatz bestimmter Fahrzeugtypen.	7.2.4	– keine –
17	**Sondervorschriften für lose Schüttung** Codes für den Transport in loser Schüttung. Diese enthalten Einschränkungen für den Einsatz bestimmter Fahrzeugtypen. Fehlt in dieser Spalte jegliche Codierung, so ist für das betreffende Gefahrgut eine Beförderung in loser Schüttung nicht zulässig.	7.3.3	– keine –

Nr. der Spalte in Tabelle A	Bezeichnung / Erläuterung	Quelle im ADR	Beispiele
18	**Sondervorschriften für die Be- und Entladung** Zusätzliche Hinweise in codierter Form für die Be- und Entladung von Gütern bestimmter Klassen und für spezifische Ladungssicherungsvorschriften.	7.5.11	– keine –
19	**Sondervorschriften für die Handhabung** Zusätzliche Anforderungen an die mit dem Be- und Entladen befassten Stellen und Personen, beispielsweise Vorschriften über die Überwachung der Fahrzeuge, das vorübergehende Halten usw..	8.5	S2 Zusätzliche Vorschriften für die Beförderung entzündbarer flüssiger Stoffe oder Gase: 1. Handlampe 2. Umgang mit Heizgeräten während des Be- oder Entladens: ... 3. Vorsichtsmaßnahmen gegen elektrostatische Aufladungen: ... S20 Die Vorschriften des Kapitels 8.4 über die Überwachung der Fahrzeuge sind anzuwenden, wenn die Gesamtmasse des Stoffes im Fahrzeug 10 000 kg übersteigt.
20	**Nummer zur Kennzeichnung der Gefahr** Code zur Gefahrenspezifikation. Bei Beförderungen in Tanks befindet sich diese Nummer auf dem oberen Teil der orangefarbenen Warntafel, die am Bug und Heck des Fahrzeugs anzubringen ist (vergleiche auch „Kennzeichnung der Fahrzeuge")	5.3.2.3.2	33 Leicht entzündbarer flüssiger Stoff (Flammpunkt unter 23 °C)
21 (=1)	UN-Nummer (Wiederholung) Wie Spalte 1 zur besseren Orientierung	3.2 Tabelle A	1263
22 (=2)	Benennung und Beschreibung des Gutes (Wiederholung) Wie Spalte 2 zur besseren Orientierung.	3.2 Tabelle A	FARBE oder FARBZUBEHÖRSTOFFE

Quelle: Eigene Darstellung

Begrenzte Mengen (Limited Quantities – LQ)

Im *Kapitel 3.4* finden sich Vorschriften über die sogenannten „Begrenzten Men- **Limited** gen", im englischen „Limited Quantities" und abgekürzt „LQ". Die Vorschriften über **Quantities** die „Begrenzten Mengen" sagen – vereinfacht – aus, dass unter Einhaltung bestimmter **Anforderungen an die Verpackung (Innenverpackungen und Außenverpackungen)**, an die in den Gebinden enthaltenen Mengen und an die Kennzeichnung der Versandstücke die Beförderung dieser ansonsten gefährlichen Güter vollständig von den Vorschriften über die Beförderung gefährlicher Güter befreit ist und zwar unabhängig davon, wie hoch die absolute Menge der auf einen Lkw verladenen LQ-Güter ist.

Hierbei handelt es sich in der Regel um einzelhandelsübliche Mengen (zum Beispiel 500 ml-Spraydosen in einer Kiste mit maximal sechs Spraydosen oder kleine Gebinde für Lacke und Farben). Es wird unterstellt, dass bei einem Unfall nicht sämtliche Kleingebinde und Verpackungen gleichzeitig undicht werden und deshalb die Beförderung weniger gefährlich ist als die Beförderung in großen Verpackungen wie Fässer oder gar Tanks, bei deren Beschädigung die gefährlichen Stoffe in großen Mengen frei werden.

Praktisch problematisch ist, dass es hier zwischen den verkehrsträgerspezifischen Gefahrgutvorschriften nach wie vor inhaltliche Unterschiede hinsichtlich der Mengen in den Einzelgebinden gibt, was die internationale, multimodale Beförderung erschwert. Die Limited Quantities erkennt man an den **Zeichen**

Abbildung 65:
Verpackungs-
kennzeichen
für begrenzte
Mengen

LQ   oder   UN1950

Quelle: ADR Abschnitt 3.4.4.

auf den Verpackungen. Befinden sich verschiedene gefährliche Güter in Limited Quantities in einer Verpackung, muss die jeweilige UN-Nummer in der Raute erscheinen.

Absender von LQ-Sendungen müssen den Beförderer über die relevante Bruttomasse informieren. Ein mündlicher Hinweis ist hierbei ausreichend. Für *ADR*-Transporte ist bei LQ-Sendungen ansonsten kein Beförderungspapier vorgeschrieben.

Spätestens ab dem 1.1.2011 (bis dahin gilt eine Übergangsvorschrift) müssen **Beförderungseinheiten** beim Transport gefährlicher Güter in begrenzten Mengen mit folgendem **Kennzeichen** versehen werden:

Abbildung 66:
Neues
Kennzeichen
für begrenzte
Mengen

(Schwarze Buchstaben, Zeichenhöhe 65 mm, auf weißem Grund)

Quelle: ADR Abschnitt 3.4.12

Dieses Kennzeichen muss **vorne und hinten am Fahrzeug** angebracht werden. Dies gilt allerdings **nur für Beförderungseinheiten mit einem zulässigen Gesamtgewicht von mehr als zwölf Tonnen, die LQ-Sendungen mit einer Bruttogesamtmasse von acht Tonnen oder mehr befördern.** Kennzeichen gemäß *Kapitel 3.4* des *IMDG-Codes* sind auch zugelassen. Auf die LQ-Kennzeichnung kann verzichtet werden, falls die Beförderungseinheit zusätzlich mit gefährlichen Gütern beladen ist, für die bereits Kennzeichnungen (orangefarbene Warntafeln) vorgeschrieben sind. An **Containern** sind die LTD QTY-Kennzeichen **an allen vier Seiten** anzubringen. Dies gilt ebenfalls nur, wenn die Container mit LQ-Sendungen mit einer Bruttogesamtmasse von acht Tonnen oder mehr beladen sind.

Freigestellte Mengen (Excepted Quantities – EQ)

Excepted Quantities Nach dem Vorbild des Luftverkehrs *(IATA-DGR/Abschnitt 2.7)* wurden die Freistellungsregelungen der **Excepted Quantities (EQ)** für den Landverkehr in *Kapitel 3.5* übernommen. Sie gelten als Erleichterung zusätzlich zu den LQ-Bestimmungen. Freigestellte Mengen bestimmter Klassen unterliegen nicht den Vorschriften des *ADR* mit Ausnahme der

- Unterweisungen des Personals *(Kap. 1.3)*
- Klassifizierungsverfahren *(Teil 2)*
- bestimmten Verpackungsanforderungen nach *4.1.1.1, 4.1.1.2, 4.1.1.4 und 4.1.1.6.*

Code (Tabelle A, Spalte 7 (b))	Höchstzulässige Nettomenge je Innenverpackung (für feste Stoffe in Gramm und für flüssige Stoffe und Gase in ml)	Höchstzulässige Nettomenge je Außenverpackung (für feste Stoffe in Gramm und für flüssige Stoffe und Gase in ml oder bei Zusammenpackung die Summe aus Gramm und ml)
E0	in freigestellten Mengen nicht zugelassen	
E1	30	1000
E2	30	500
E3	30	300
E4	30	500
E5	1	300

Tabelle 20:

Freigestellte Mengen: Höchstzulässige Mengen Innen-/Außenverpackungen

Quelle: Eigene Darstellung

Zur Beförderung in „Freigestellten Mengen" sind nicht alle Klassen zugelassen. Diese sind mit dem Code *E0* in *Tabelle A Spalte 7 (b)* gekennzeichnet.

Versandstücke mit gefährlichen Gütern in „Freigestellten Mengen" müssen mit folgenden Kennzeichen (mindestens 100 x 100 mm) versehen sein.

(Schraffierung und Symbol in derselben Farbe (rot oder schwarz) auf weißem oder kontrastierendem Grund)

* An dieser Stelle ist die Nummer des ersten oder einzigen in Spalte 5 der Tabelle A genannten Gefahrzettels anzugeben.

** An dieser Stelle ist der Absender- oder Empfängername anzugeben, falls nicht schon anderweitig auf der Verpackung vorhanden.

Abbildung 67:

Verpackungskennzeichen für Freigestellte Mengen

Quelle: ADR Unterabschnitt 3.5.4.2

Die als „Excepted Quantities" beförderte Anzahl der Versandstücke darf 1000 pro Fahrzeug/Container nicht überschreiten. Im Versanddokument (zum Beispiel *CMR*-Frachtbrief, Konnossement, Luftfrachtbrief oder ähnliches) muss der Vermerk „GEFÄHR-LICHE GÜTER IN FREIGESTELLTEN MENGEN" sowie die Anzahl der Versandstücke (zum Beispiel „850 Versandstücke") aufgeführt sein.

Festzuhalten ist, dass die Excepted Quantities nicht die Limited Quantities ergänzende Freistellungen regeln, sondern andere. Es ist also nicht so, dass die Excepted Quantities für den Anwender noch größere Freiheitsgrade als für LQ-Sendungen eröffnen, vielmehr gelten andere Voraussetzungen. Freigestellte Mengen sollen vor allem dem einfacheren Übergang von Luftfrachtsendungen auf den Straßenverkehr dienen.

	Limited Quantities (LQ)	Excepted Quantities (EQ)
Höchstzulässige Anzahl Versandstücke pro Fahrzeug / Container	unbegrenzt	maximal 1 000 EQ-Versandstücke
Beförderungspapier	./. (mindestens mündlicher Hinweis auf Bruttomasse (Kg) bei Übergabe durch Absender / Verlader)	schriftlicher Hinweis im Begleitdokument „Gefährliche Güter in freigestellten Mengen, … Versandstücke"
Innenverpackung	maximal 3 L	maximal 30 ml
Versandstück	maximal 30 Kg brutto	maximal 500 ml
Kennzeichen auf Verpackungen	UN 1090	
Kennzeichen auf Beförderungs-einheiten und Containern	(ab 1.1.2011) LTD QTY > 12 t zlGg (Beförderungseinheit) und ≥ 8 t LQ-Ladung	./.

Tabelle 21:
Gegenüber-
stellung –
Anforderungen
an LQ und EQ –
Beispiel UN 1090
Aceton

Quelle: Eigene Darstellung

ADR Teil 4:

Vorschriften für die Verwendung von Verpackungen, Großpackmitteln (IBC) und Tanks

4.1   *Verwendung von Verpackungen, einschließlich Großpackmittel (IBC) und Großverpackungen*

4.1.1   *Allgemeine Vorschriften für das Verpacken gefährlicher Güter in Verpackungen, einschließlich Großpackmittel (IBC) und Großverpackungen*

4.1.2   *Zusätzliche allgemeine Vorschriften für die Verwendung von Großpackmitteln (IBC)*

4.1.3   *Allgemeine Vorschriften für Verpackungsanweisungen*

4.1.4   *Verzeichnis der Verpackungsanweisungen*

4.1.5   *Besondere Vorschriften für das Verpacken von Gütern der Klasse 1*

4.1.6   *Besondere Vorschriften für das Verpacken von Güter der Klasse 2 und von Gütern anderer Klassen, die der Verpackungsanweisung P 200 zugeordnet sind*

4.1.7   *Besondere Vorschriften für das Verpacken organischer Peroxide (Klasse 5.2) und selbstzersetzlicher Stoffe der Klasse 4.1*

4.1.8   *Besondere Vorschriften für das Verpacken ansteckungsgefährlicher Stoffe (Klasse 6.2)*

4.1.9   *Besondere Vorschriften für das Verpacken von Stoffen der Klasse 7*

4.1.10   *Sondervorschriften für die Zusammenpackung*

4.2   *Verwendung von ortsbeweglichen Tanks und von UN-Gascontainern mit mehreren Elementen (MEGC)*

4.2.1   *Allgemeine Vorschriften für die Verwendung ortsbeweglicher Tanks zur Beförderung von Stoffen der Klassen 1 und 3 bis 9*

4.2.2   *Allgemeine Vorschriften für die Verwendung ortsbeweglicher Tanks zur Beförderung nicht gekühlter verflüssigter Gase*

4.2.3   *Allgemeine Vorschriften für die Verwendung ortsbeweglicher Tanks zur Beförderung tiefgekühlt verflüssigter Gase*

Wesentliche Voraussetzung für die sichere Beförderung gefährlicher Güter ist die Verwendung geeigneter Umschließungen. Unter den **Begriff „Umschließungen"** fallen sämtliche Verpackungen und Ladegefäße, die eine besondere Eignung zum Gefahrguttransport aufweisen. Die wichtigsten Kriterien sind die Eignung der Innenbeschichtung der Umschließung sowie deren Dichtigkeit und Festigkeit, damit Produkte nicht austreten können. Gefahrgutumschließungen werden entsprechend der Transportart **Umschließungen**

- **Versandstücke** = verpackte Ware (feste und flüssige Stoffe) sowie kleinere Gasgebinde
- **Lose Schüttung** = Schüttgut, rieselfähige Güter und Silogüter
- **Tanks** = flüssige und gasförmige Stoffe in Mengen > 1000 Liter beziehungsweise > 3000 Liter

und ihrer Verwendung beschrieben.

Teil 4 enthält sämtliche Vorschriften für die *Verwendung von Gefahrgutumschließungen* (Verpackungen, sogenannte Großpackmittel – IBC – und Tanks). Die Verpackung und Tanks der Stoffe der einzelnen Gefahrgutklassen hat nach den allgemeinen und speziellen Verpackungsvorschriften *des Teils 4 des ADR* zu erfolgen. Für die meisten Stoffe gilt, dass diese nur in nach weltweit gültigen Kriterien geprüften Verpackungen befördert werden dürfen. Die Bau- und Prüfvorschriften für die Umschließungen sind von den Vorschriften betreffend die Verwendung getrennt und in *Teil 6* zusammengefasst.

Es ist offensichtlich, dass – in Abhängigkeit von Gefährlichkeitsgrad eines Stoffes – sehr strenge Anforderungen an die Umschließungen gelten müssen, damit sie mit den transportierten Stoffen nicht reagieren und auch bei schweren Unfällen nicht undicht werden.

Die Mehrzahl der gefährlichen Stoffe ist deshalb entsprechend ihres jeweiligen Gefahrengrads einer **Verpackungsgruppe** zugeordnet:

Ver-
packungs-
gruppen

- Verpackungsgruppe I Stoffe mit hoher Gefahr
- Verpackungsgruppe II Stoffe mit mittlerer Gefahr
- Verpackungsgruppe III Stoffe mit geringer Gefahr

ADR Teil 5:
Vorschriften für den Versand

5.1	**Allgemeine Vorschriften**
5.1.1	*Anwendungsbereich und allgemeine Vorschriften*
5.1.2	*Verwendung von Umverpackungen*
5.1.3	*Ungereinigte leere Verpackungen (einschließlich Großpackmittel (IBC) und Groß-* *verpackungen), leere Tanks, leere Fahrzeuge und leere Container für Güter in loser* *Schüttung*
5.1.4	*Zusammenpackung*
5.1.5	*Allgemeine Vorschriften für die Klasse 7*
5.2	**Kennzeichnung und Bezettelung**
5.2.1	*Kennzeichnung von Versandstücken*
5.2.2	*Bezettelung von Versandstücken*
5.3	**Anbringen von Großzetteln (Placards) und orangefarbene Kennzeichnung von** **Containern, MEGC, Tankcontainern, ortsbeweglichen Tanks und Fahrzeugen**
5.3.1	*Anbringen von Großzetteln (Placards)*
5.3.2	*Orangefarbene Kennzeichnung*
5.3.3	*Kennzeichen für Stoffe, die in erwärmtem Zustand befördert werden*
5.4	**Dokumentation**
5.4.1	*Beförderungspapier für die Beförderung gefährlicher Güter und damit zusammen-* *hängende Informationen*
5.4.2	*Container-Packzertifikat*
5.4.3	*Schriftliche Weisungen*
5.4.4	*Beispiel eines Formulars für die multimodale Beförderung gefährlicher Güter*
5.5	**Sondervorschriften**
5.5.1	*Sondervorschriften für den Versand ansteckungsgefährlicher Stoffe*
5.5.2	*Sondervorschriften für begaste Fahrzeuge, Container und Tanks*

Ver-
packung,
Kenn-
zeichnung

Teil 5 enthält sämtliche Bestimmungen über die Kennzeichnung, Bezettelung und Dokumentation einer Gefahrgutbeförderung. Dieser Teil ist vor allem für die Spedition relevant.

Kapitel 5.2 sieht die **Kennzeichnung mit Gefahrzetteln** (mindestens 100 x 100 mm) vor, die der eigenverantwortliche Verpacker auf den Versandstücken und erforderlichenfalls an den festverbundenen Tanks, den Aufsetztanks und an Containern anzubringen hat.

Mit Hilfe sogenannter Gefahrzettel sollen die von den beförderten Stoffen ausgehenden Gefahren nicht nur für Experten, sondern auch für Laien visualisiert werden. Gefahrzettel sind – in unterschiedlichen Größen – auf sämtlichen Umschließungen (Verpackungen, Tanks), auf Containern und gegebenenfalls auch an Fahrzeugen anzubringen.

Derjenige, der eigenverantwortlich verpackt (im Allgemeinen der Produzent gefährlicher Güter oder Großhändler), ist neben der Verwendung der richtigen Verpackung auch für die Beachtung der Zusammenpackvorschriften und der Kennzeichnungsvorschriften von Versandstücken verantwortlich. Zunehmend werden solche Tätigkeiten auch von Logistikdienstleistern übernommen. Dadurch gewinnen die Vorschriften des *Kapitels 5.2* zunehmende Bedeutung für die Spedition.

Für die Stoffe der einzelnen Gefahrgutklassen ist die Verwendung bestimmter Bildzeichen (**Gefahrzettel oder Label**) vorgeschrieben (siehe unten und nachfolgende Seiten).

Kennzeichnung der Versandstücke

Abbildung 68: Gefahrzettelmuster

(Nr. 1)
Unterklassen 1.1, 1.2 und 1.3
Symbol (explodierende Bombe): schwarz auf orangefarbenem Grund; Ziffer «1» in der unteren Ecke

(Nr. 1.4)   (Nr. 1.5)   (Nr. 1.6)
Unterklasse 1.4   Unterklasse 1.5   Unterklasse 1.6
Schwarze Ziffern auf orangefarbenem Grund; diese müssen eine Zeichenhöhe von 30 mm und eine Dicke von 5 mm haben (bei einem Gefahrzettel von 100 mm x 100 mm); Ziffer «1» in der unteren Ecke
**   Angabe der Unterklasse – keine Angabe, wenn die explosive Eigenschaft die Nebengefahr darstellt
*   Angabe der Verträglichkeitsgruppe – keine Angabe, wenn die explosive Eigenschaft die Nebengefahr darstellt.

(Nr. 2.1)   (Nr. 2.2)
Entzündbare Gase   Nicht entzündbare, nicht giftige Gase
Symbol (Flamme): schwarz oder weiß [mit Ausnahme   Symbol (Gasflasche): schwarz oder weiß auf grünem
der in Absatz 5.2.2.2.1.6 c) vorgesehenen Fälle] auf   Grund; Ziffer «2» in der unteren Ecke
rotem Grund; Ziffer «2» in der unteren Ecke

(Nr. 2.3)
Giftige Gase
Symbol (Totenkopf mit gekreuzten Gebeinen): schwarz auf weißem Grund; Ziffer «2» in der unteren Ecke

(Nr. 3)
Symbol (Flamme): schwarz oder weiß auf rotem Grund;
Ziffer «3» in der unteren Ecke

Gefahr der Klasse 4.1
Entzündbare feste Stoffe,
selbstzersetzliche Stoffe
und desensibilisierte
explosive Stoffe

Gefahr der Klasse 4.2
Selbstentzündliche Stoffe

Gefahr der Klasse 4.3
Stoffe, die in Berührung mit Wasser entzündbare
Gase entwickeln

(Nr. 4.1)
Symbol (Flamme): schwarz
auf weißem Grund mit
sieben senkrechten roten
Streifen; Ziffer «4» in der
unteren Ecke

(Nr. 4.2)
Symbol (Flamme): schwarz
auf weißem (obere Hälfte)
und rotem Grund (untere
Hälfte); Ziffer «4» in der
unteren Ecke

(Nr. 4.3)
Symbol (Flamme): schwarz oder weiß auf blauem
Grund; Ziffer «4» in der unteren Ecke

Gefahr der Klasse 5.1
Entzündend (oxidierend) wirkende
Stoffe

Gefahr der Klasse 5.2
Organische Peroxide

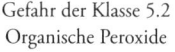

(Nr. 5.1)
Symbol (Flamme über einem Kreis):
schwarz auf gelbem Grund;
Ziffer «5.1» in der unteren Ecke

(Nr. 5.2)
Symbol (Flamme): schwarz oder weiß auf rotem (obere Hälfte) und
gelbem Grund (untere Hälfte);
Ziffer «5.2» in der unteren Ecke

Gefahr der Klasse 6.1
Giftige Stoffe

(Nr. 6.1)
Symbol (Totenkopf mit gekreuzten Gebeinen):
schwarz auf weißem Grund;
Ziffer «6» in der unteren Ecke

Gefahr der Klasse 6.2
Ansteckungsgefährliche Stoffe

(Nr. 6.2)
In der unteren Hälfte des Gefahrzettels darf
angegeben sein: «ANSTECKUNGSGEFÄHRLICHE
STOFFE» und «BEI BESCHÄDIGUNG
ODER FREIWERDEN UNVERZÜGLICH
GESUNDHEITSBEHÖRDEN VERSTÄNDIGEN»;
Symbol (Kreis, der von drei sichelförmigen Zeichen
überlagert wird) und Angaben:
schwarz auf weißem Grund;
Ziffer «6» in der unteren Ecke

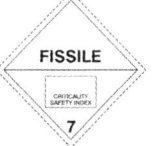

(Nr. 7A)	(Nr. 7B)	(Nr. 7C)	(Nr. 7E)
Kategorie I – WEISS Strahlensymbol: schwarz auf weißem Grund; (vorgeschriebener) Text: schwarz in der unteren Hälfte des Gefahrzettels: «RADIOACTIVE» «CONTENTS ...» «ACTIVITY ...»; dem Ausdruck «RADIOACTIVE» folgt ein senkrechter roter Streifen; Ziffer «7» in der unteren Ecke	Kategorie II – GELB Strahlensymbol: schwarz auf gelbem Grund mit weißem Rand (obere Hälfte) und weißem Grund (untere Hälfte); (vorgeschriebener) Text: schwarz in der unteren Hälfte des Gefahrzettels: «RADIOACTIVE» «CONTENTS ...» «ACTIVITY ...»; in einem schwarz eingerahmten Feld: «TRANSPORT INDEX» dem Ausdruck «RADIOACTIVE» folgen zwei senkrechte rote Streifen;	Kategorie III – GELB	Spaltbare Stoffe der Klasse 7 weißer Grund; (vorgeschriebener) Text: schwarz in der oberen Hälfte des Gefahrzettels: «FISSILE»; in einem schwarz eingerahmten Feld in der unteren Hälfte des Gefahrzettels: «CRITICALITY SAFETY INDEX»; Ziffer «7» in der unteren Ecke

dem Ausdruck
«RADIOACTIVE» folgen
drei senkrechte rote
Streifen;
Ziffer «7» in der unteren Ecke

Gefahr der Klasse 8
Ätzende Stoffe

(Nr. 8)

Symbol (Flüssigkeiten, die aus zwei Reagenzgläsern ausgeschüttet werden und eine Hand und ein Metall angreifen): schwarz auf weißem Grund (obere Hälfte); schwarzer Grund mit weißem Rand (untere Hälfte); Ziffer «8» in der unteren Ecke

Gefahr der Klasse 9
Verschiedene gefährliche Stoffe und Gegenstände

(Nr. 9)

Symbol (sieben senkrechte Streifen in der oberen Hälfte): schwarz auf weißem Grund; unterstrichene Ziffer «9» in der unteren Ecke

Quelle: ADR Unterabschnitt 5.2.2.2.2

Umweltgefährdende
Stoffe – Zusatzgefahr,
unabhängig von der Klasse

Symbol schwarz auf
weißem Grund

Ausrichtungspfeile

 oder

Zwei schwarze oder rote Pfeile
auf weißem oder geeignetem kontrastierendem Grund.
Die rechteckige Abgrenzung ist optional.

Kennzeichen für Stoffe,
die in erwärmtem Zustand
befördert werden (Klasse 9)

Warnzeichen für begaste
Fahrzeuge, Container oder
Tanks

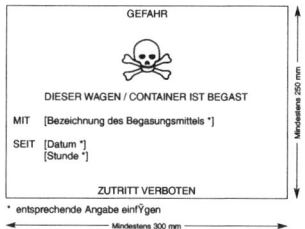

Da bestimmte Stoffe, wenn sie zusammenkommen, gefährlich reagieren, regeln die Gefahrgutvorschriften Zusammenpack- und Zusammenladeverbote.

Zusammenpacken und Zusammenladen darf nicht miteinander verwechselt werden. Zusammenpacken *(Kapitel 5.1.4)* bedeutet das Zusammenfügen von verschiedenen gefährlichen Gütern in einem Versandstück. Zusammenladen ist das Zusammenfügen von Versandstücken mit verschiedenen gefährlichen Gütern auf einer Ladefläche eines Fahrzeuges beziehungsweise Containers.

Die Beachtung der Zusammenladeverbote richtet sich nach dem auf den Versandstücken entsprechend den Vorschriften des *Kapitel 5.2* für die jeweiligen Klassen anzubringenden Gefahrzettel und ist in *Abschnitt 7.5.2 des ADR* geregelt.

Maßnahmen, die für den Transport zu treffen sind

In *Kapitel 5.3* wird die Kennzeichnung von Fahrzeugen mit sogenannten Großzetteln geregelt. Hierbei handelt es sich um die gleichen Symbole, allerdings in einer anderen Größe (mindestens 250 x 250 mm). Grundsätzlich gilt, dass bei der Beförderung von gefährlichen Gütern in Verpackungen, also in Versandstücken, die Fahrzeuge und Container nicht zusätzlich mit Großzetteln zu versehen sind (Ausnahmen: Klassen 1 und 7). Bei Beförderung in Tanks oder in loser Schüttung muss auch an den Fahrzeugen (seitlich) mittels Großzetteln auf die von diesem Transport ausgehenden Gefahren hingewiesen werden. Einzelheiten zur Kennzeichnung von Fahrzeugen folgen in einem späteren Kapitel.

Mit dem Verladen der Versandstücke auf den Lkw beziehungsweise in einen Container oder dem Befüllen eines Transporttanks beginnt die Durchführung des Transports. Die Maßnahmen, die für den Transport zu treffen sind, beziehen sich auf drei Pflichtenkreise:

- Begleitung des Transports durch Papiere, die der Information und Kontrolle dienen
- Ausrüstung / Kennzeichnung des Fahrzeugs für den Gefahrguttransport im Allgemeinen sowie im Hinblick auf die Gefahreigenschaften der Güter im Besonderen
- Verhalten des Fahrers während des Transports, beginnend beim Beladen und endend nach dem Entladen.

Begleitpapiere (Dokumentation)

Die Begleitpapiere für den Gefahrguttransport auf der Straße nach den Vorschriften des *ADR* sind:

a) Beförderungspapier
b) Schriftliche Weisungen (Unfallmerkblätter)
c) Zulassungsbescheinigung für Fahrzeuge zur Beförderung bestimmter gefährlicher Güter
d) Bescheinigung über die Schulung von Fahrern (*ADR-Bescheinigung*)
e) Container-Packzertifikat
f) Besondere Begleitpapiere beziehungsweise Bescheinigungen.

**Begleit-
papiere**

a) Beförderungspapier

Das Beförderungspapier liefert den an der Beförderung Beteiligten wichtige Hinweise zur Abwicklung des Transportes. Dementsprechend ist die Mitgabe eines Beförderungspapiers grundsätzlich für **jede** Gefahrgutsendung vorgeschrieben. Eine Formvorschrift besteht nicht. Folglich kann als Beförderungspapier, zum Beispiel der für den nationalen Straßengüterverkehr empfohlene oder der für den grenzüberschreitenden Güterkraftverkehr vorgeschriebenen *CMR-Frachtbrief* oder auch ein Speditionsauftragsformular verwendet werden.

Ausgenommen von der Pflicht ein Beförderungspapier erstellen zu müssen sind Beförderungen nach den Vorschriften der „Limited Quantities" (LQ) und der „Excepted Quantities" (EQ).

Das Beförderungspapier muss **folgende Mindestangaben** enthalten:

- die vierstellige *UN-Nummer*
- die offizielle Bezeichnung des Stoffes
- die Klasse / Nr. des Gefahrzettelmusters inklusive Nebengefahren
- die Verpackungsgruppe

- den Tunnelbeschränkungscode (nicht erforderlich, wenn sichergestellt ist, dass während der Beförderung keine Tunnels durchfahren werden)
- Anzahl und Beschreibung der Großpackmittel (IBC) oder Versandstücke
- die Gesamtmenge jedes gefährlichen Gutes mit unterschiedlicher *UN-Nummer* (als Volumen oder als Brutto- oder Nettomasse)
- Name und Anschrift des Absenders
- Name und Anschrift des Empfängers / der Empfänger
- eine etwaige Erklärung entsprechend den Vorschriften einer Sondervereinbarung.

Im Beförderungspapier gibt es für bestimmte Angaben eine **fest vorgeschriebene Reihenfolge (Sequenz)**. Die *UN-Nummer* (mit den Großbuchstaben „UN" vorangestellt), gefolgt von der offiziellen Benennung, den Gefahrzettelnummern, der Verpackungsgruppe sowie dem Tunnelcode (falls erforderlich).

Beispiel: *UN 1098 ALLYLALKOHOL, 6.1 (3), I, (C/D)*

Diese Reihenfolge darf nicht durchbrochen werden. Denn bei Unfällen sollen Fahrer und Rettungshelfer schnell und auf den ersten Blick die wichtigsten Daten aus dem Beförderungspapier ersehen können. Ansonsten gilt – wie gesagt – Formfreiheit.

Im grenzüberschreitenden Straßengüterverkehr müssen die Angaben im Beförderungspapier in jedem Falle in der amtlichen Sprache des Versandlandes erfolgen. Ist diese nicht gleichzeitig amtliche Sprache des *ADR* (englisch, französisch oder deutsch), so müssen die Angaben zusätzlich in einer der amtlichen Sprachen des *ADR* gemacht werden. Beispiel: Das Versandland ist *Portugal*. Es müssen dann die Angaben in portugiesisch und zusätzlich in einer amtlichen Sprache des *ADR* (englisch, französisch oder deutsch) erfolgen. Darüber hinaus können weitere stoffbedingte Angaben erforderlich sein. Diese sind gegebenenfalls aus den Sondervorschriften der *Tabelle A* in Kapitel *3.2* zu entnehmen.

b) Schriftliche Weisungen (Unfallmerkblätter)

Unfallmerk-blätter   Zur Unterstützung bei unfallbedingten Notfallsituationen, die sich während der Beförderung ereignen können, ist im Führerhaus an leicht zugänglicher Stelle eine vierseitige Schriftliche Weisung (Unfallmerkblatt) in der in *Unterabschnitt 5.4.3.4* festgelegten Form mitzuführen.

Unabhängig vom transportierten Gut und von der Art der Beförderung muss nur diese eine Weisung mitgeführt werden. Es soll dem Fahrer generelle Hinweise zum Verhalten bei Unfällen und Zwischenfällen geben.

Dieses Unfallmerkblatt ist vom Beförderer (und nicht mehr wie früher vom Absender / Verlader) vor Antritt der Fahrt in einer der Sprachen bereitzustellen, welche die Mitglieder der Fahrzeugbesatzung lesen und verstehen können.

Vor Antritt der Fahrt müssen sich die Mitglieder der Fahrzeugbesatzung selbst anhand des Beförderungspapiers über die geladenen gefährlichen Güter (Klasse und Menge) informieren und die Schriftliche Weisung im Hinblick auf die bei einem Unfall oder Notfall zu ergreifenden Maßnahmen einsehen.

Das Unfallmerkblatt enthält auch eine umfangreiche Liste mit Schutzausrüstungsgegenständen für den Fahrzeugführer, die zwingend mitgeführt werden müssen. Auf diese Gegenstände kann der Fahrzeugführer zum Selbstschutz im Falle eines Unfalls oder Zwischenfalls zurückgreifen.

Das Unfallmerkblatt muss hinsichtlich seiner Form und seines Inhalts dem folgenden vierseitigen Muster entsprechen.

SCHRIFTLICHE WEISUNGEN

Abbildung 69: Schriftliche Weisungen gemäß ADR Unterabschnitt 5.4.3.4

Maßnahmen bei einem Unfall oder Notfall

Bei einem Unfall oder Notfall, der sich während der Beförderung ereignen kann, müssen die Mitglieder der Fahrzeugbesatzung folgende Maßnahmen ergreifen, sofern diese sicher und praktisch durchgeführt werden können:

— Bremssystem betätigen, Motor abstellen und Batterie durch Bedienung des gegebenenfalls vorhandenen Hauptschalters trennen;

— Zündquellen vermeiden, insbesondere nicht rauchen und keine elektrische Ausrüstung einschalten;

— die entsprechenden Einsatzkräfte verständigen und dabei soviel Informationen wie möglich über den Unfall oder Zwischenfall und die betroffenen Stoffe liefern;

— Warnweste anlegen und selbststehende Warnzeichen an geeigneter Stelle aufstellen;

— Beförderungspapiere für die Ankunft der Einsatzkräfte bereit halten;

— nicht in ausgelaufene Stoffe treten oder diese berühren und das Einatmen von Dunst, Rauch, Staub und Dämpfen durch Aufhalten auf der dem Wind zugewandten Seite vermeiden;

— sofern dies gefahrlos möglich ist, Feuerlöscher verwenden, um kleine Brände/ Entstehungsbrände an Reifen, Bremsen und im Motorraum zu bekämpfen;

— Brände in Ladeabteilen dürfen nicht von Mitgliedern der Fahrzeugbesatzung bekämpft werden;

— sofern dies gefahrlos möglich ist, Bordausrüstung verwenden, um das Eintreten von Stoffen in Gewässer oder in die Kanalisation zu verhindern und um ausgetretene Stoffe einzudämmen;

— sich aus der unmittelbaren Umgebung des Unfalls oder Notfalls entfernen, andere Personen auffordern sich zu entfernen und die Weisungen der Einsatzkräfte befolgen;

— kontaminierte Kleidung und gebrauchte kontaminierte Schutzausrüstung ausziehen und sicher entsorgen.

Zusätzliche Hinweise für die Mitglieder der Fahrzeugbesatzung über die Gefahreneigenschaften von gefährlichen Gütern nach Klassen und über die in Abhängigkeit von den vorherrschenden Umständen zu ergreifenden Maßnahmen		
Gefahrzettel und Großzettel (Placards)	Gefahreneigenschaften	Zusätzliche Hinweise
(1)	(2)	(3)
Explosive Stoffe und Gegenstände mit Explosivstoff 1 1.5 1.6	Kann eine Reihe von Eigenschaften und Auswirkungen wie Massendetonation, Splitterwirkung, starker Brand/Wärmefluss, Bildung von hellem Licht, Lärm oder Rauch haben. Schlagempfindlich und/oder stoßempfindlich und/oder wärmeempfindlich.	Schutz abseits von Fenstern suchen.
Explosive Stoffe und Gegenstände mit Explosivstoff 1.4	Leichte Explosions- und Brandgefahr.	Schutz suchen.
Entzündbare Gase 2.1	Brandgefahr. Explosionsgefahr. Kann unter Druck stehen. Erstickungsgefahr. Kann Verbrennungen und/oder Erfrierungen hervorrufen. Umschließungen können unter Hitzeeinwirkung bersten.	Schutz suchen. Nicht in tief liegenden Bereichen aufhalten.
Nicht entzündbare, nicht giftige Gase 2.2	Erstickungsgefahr. Kann unter Druck stehen. Kann Erfrierungen hervorrufen. Umschließungen können unter Hitzeeinwirkung bersten.	Schutz suchen. Nicht in tief liegenden Bereichen aufhalten.
Giftige Gase 2.3	Vergiftungsgefahr. Kann unter Druck stehen. Kann Verbrennungen und/oder Erfrierungen hervorrufen. Umschließungen können unter Hitzeeinwirkung bersten.	Notfallfluchtmaske verwenden. Schutz suchen. Nicht in tief liegenden Bereichen aufhalten.
Entzündbare flüssige Stoffe 3	Brandgefahr. Explosionsgefahr. Umschließungen können unter Hitzeeinwirkung bersten.	Schutz suchen. Nicht in tief liegenden Bereichen aufhalten. Auslaufende Stoffe am Eintreten in Gewässer oder in die Kanalisation hindern.
Entzündbare feste Stoffe, selbstzersetzliche Stoffe und desensibilisierte explosive feste Stoffe 4.1	Brandgefahr. Entzündbar oder brennbar, kann sich bei Hitze, Funken oder Flammen entzünden. Kann selbstzersetzliche Stoffe enthalten, die unter Einwirkung von Hitze, bei Kontakt mit anderen Stoffen (wie Säuren, Schwermetallverbindungen oder Aminen), bei Reibung oder Stößen zu exothermer Zersetzung neigen. Dies kann zur Bildung gesundheitsgefährdender und entzündbarer Gase oder Dämpfe führen. Umschließungen können unter Hitzeeinwirkung bersten.	Auslaufende Stoffe am Eintreten in Gewässer oder in die Kanalisation hindern.
Selbstentzündliche Stoffe 4.2	Gefahr der Selbstentzündung bei Beschädigung von Versandstücken oder Austritt von Füllgut. Kann heftig mit Wasser reagieren.	
Stoffe, die in Berührung mit Wasser entzündbare Gase entwickeln 4.3	Bei Kontakt mit Wasser Brand- und Explosionsgefahr.	Ausgetretene Stoffe sollten durch Abdecken trocken gehalten werden.

Gefahrzettel und Großzettel (Placards)	Gefahreneigenschaften	Zusätzliche Hinweise
(1)	(2)	(3)
Entzündend (oxidierend) wirkende Stoffe 5.1	Zünd- und Explosionsgefahr. Gefahr heftiger Reaktion bei Kontakt mit entzündbaren Stoffen.	Vermischen mit entzündbaren oder brennbaren Stoffen (z.B. Sägespäne) vermeiden.
Organische Peroxide 5.2	Gefahr exothermer Zersetzung bei erhöhten Temperaturen, bei Kontakt mit anderen Stoffen (wie Säuren, Schwermetall-verbindungen oder Aminen), Reibung oder Stößen. Dies kann zur Bildung gesundheits-gefährdender und entzündbarer Gase oder Dämpfe führen.	Vermischen mit entzündbaren oder brennbaren Stoffen (z.B. Sägespäne) vermeiden.
Giftige Stoffe 6.1	Vergiftungsgefahr. Gefahr für Gewässer und Kanalisation.	Notfallfluchtmaske verwenden.
Ansteckungsgefährliche Stoffe 6.2	Ansteckungsgefahr. Gefahr für Gewässer und Kanalisation.	
Radioaktive Stoffe 7A 7B 7C 7D	Gefahr der Aufnahme und der äußeren Bestrahlung.	Expositionszeit beschränken.
Spaltbare Stoffe 7E	Gefahr nuklearer Kettenreaktion.	
Ätzende Stoffe 8	Verätzungsgefahr. Kann untereinander, mit Wasser und mit anderen Stoffen heftig reagieren. Gefahr für Gewässer und Kanalisation.	Auslaufende Stoffe am Eintreten in Gewässer oder in die Kanalisation hindern.
Verschiedene gefährliche Stoffe und Gegenstände 9	Verbrennungsgefahr. Brandgefahr. Explosionsgefahr. Gefahr für Gewässer und Kanalisation.	Auslaufende Stoffe am Eintreten in Gewässer oder in die Kanalisation hindern.

Bem. 1. Bei gefährlichen Gütern mit mehrfachen Gefahren und bei Zusammenladungen muss jede anwendbare Eintragung beachtet werden.

2. Die oben angegebenen zusätzlichen Hinweise können angepasst werden, um die Klassen der zu befördernden gefährlichen Güter und die Beförderungsmittel wiederzugeben.

<u>**Ausrüstung für den persönlichen und allgemeinen Schutz
für die Durchführung allgemeiner und gefahrenspezifischer
Notfallmaßnahmen, die sich gemäß Abschnitt 8.1.5 des
ADR an Bord des Fahrzeugs befinden muss**</u>

Die folgende Ausrüstung muss sich für alle Gefahrzettel-Nummern an Bord der Beförderungseinheit befinden:

– ein Unterlegkeil je Fahrzeug, dessen Abmessungen der höchstzulässigen Gesamtmasse des Fahrzeugs und dem Durchmesser der Räder angepasst sein müssen;

– zwei selbststehende Warnzeichen;

– Augenspülflüssigkeit[a] und

für jedes Mitglied der Fahrzeugbesatzung:

– eine Warnweste (z.B. wie in der Norm EN 471 beschrieben);

– ein tragbares Beleuchtungsgerät;

– ein Paar Schutzhandschuhe und

– eine Augenschutzausrüstung (z.B. Schutzbrille).

Für bestimmte Klassen vorgeschriebene zusätzliche Ausrüstung:

– an Bord von Fahrzeugen für die Gefahrzettel-Nummer 2.3 oder 6.1 muss sich für jedes Mitglied der Fahrzeugbesatzung eine Notfallfluchtmaske[b] befinden;

– eine Schaufel[c];

– eine Kanalabdeckung[c];

– ein Auffangbehälter aus Kunststoff[c].

---

[a] Nicht erforderlich für Gefahrzettel der Muster 1, 1.4, 1.5, 1.6, 2.1, 2.2 und 2.3.

[b] Zum Beispiel eine Notfallfluchtmaske mit einem Gas/Staub-Kombinationsfilter des Typs A1B1E1K1-P1 oder A2B2E2K2-P2, der mit dem in der Norm EN 141 beschriebenen vergleichbar ist.

[c] Nur für Gefahrzettel-Nummern 3, 4.1, 4.3, 8 und 9 vorgeschrieben.

Quelle: ADR Unterabschnitt 5.4.3.4

c) Zulassungsbescheinigung für Fahrzeuge zur Beförderung bestimmter gefährlicher Güter

Mit dieser Bescheinigung wird die Eignung eines Beförderungsmittels für den Transport gefährlicher Güter in Tanks sowie bestimmter Stoffe in Verpackungen bestätigt. Prüfbescheinigungen sind erforderlich für

- Tankfahrzeuge (Motorwagen, Anhänger, Sattelanhänger)
- Trägerfahrzeuge von Aufsetztanks
- Sattelzugmaschinen zum Betrieb von Tankfahrzeugen und Trägerfahrzeuge von Aufsetztanks
- Aufsetztanks und Gefäßbatterien.

d) Schulungsbescheinigung *(ADR-Bescheinigung)*

Fahrerschulung

Ausgehend vom Grundsatz, dass alle am Gefahrguttransport beteiligten Personen über Kenntnisse verfügen sollen, die einen sicheren Transportablauf gewährleisten, sind für Fahrzeugführer von mit orangefarbenen Warntafeln gekennzeichneten Beförderungseinheiten Schulungen vorgeschrieben. Sie erfolgen in Lehrgängen, die nach deutschem Recht von der zuständigen *Industrie- und Handelskammer (IHK)* anerkannt sind. Über die erfolgreiche Teilnahme werden von der *IHK* Schulungsbescheinigungen ausgestellt (*ADR-Bescheinigung* siehe Abbildung *S. 406*).

Seit 1999 gelten in *Deutschland* – wie in allen *ADR*-Vertragsstaaten – erworbene Bescheinigungen fünf Jahre. Sie können nur durch eine erneute Lehrgangsteilnahme (plus Anschlusstest) verlängert werden.

Die Fahrerschulung ist für Führer folgender Beförderungsmittel erforderlich:

- Tankfahrzeuge oder Beförderungseinheiten mit Tanks oder Tankcontainern mit einem Gesamtfassungsraum von mehr als 3 000 l und
- alle anderen (mit orangefarbenen Warntafeln) kennzeichnungspflichtigen Fahrzeuge, das heißt Stückgutfahrzeuge und Schüttgutfahrzeuge.

Beim Transport von Gütern der *Klasse 1* (explosive oder explosionsgefährliche Stoffe) bestehen zusätzliche Schulungsverpflichtungen. Dies gilt auch für die Beförderung radioaktiver Stoffe *(Klasse 7)*.

Die Fahrerschulung ist bei der Erstschulung gegliedert in

- einen **Basiskurs**
- einen **Aufbaukurs für die Beförderung in Tanks**
- einen **Aufbaukurs** für die Beförderung von Stoffen und Gegenständen der *Klasse 1*
- einen **Aufbaukurs** für die Beförderung radioaktiver Stoffe der *Klasse 7*.

e) Container-Packzertifikat

Insbesondere bei internationalen multimodalen Transporten werden Versandstücke mit gefährlichen Gütern in Containern im Anschluss an den Straßenvorlauf über See befördert. Die Internationale Seeschifffahrtsorganisation *IMO* hat für das sichere Verladen von Gütern in Großcontainern und Fahrzeugen Richtlinien für das Packen von Beförderungseinheiten (Cargo Transport Units – CTUs), die durch entsprechende Bezugnahme in den Gefahrgutvorschriften des Seeverkehrs, dem *IMDG-Code* auch bindend sind, veröffentlicht. Derjenige, der die Beladung eines Containers durchführt, hat die ordnungsgemäße Stauung gefährlicher Ware in einem Container-Packzertifikat, das während des Transports des Containers zum Seehafen in Fahrzeugen mitzuführen ist, zu bestätigen. Das Zertifikat verbleibt in der Regel auf dem Seeschiff. Für den Weitertransport vom Empfangshafen auf der Straße muss das Zertifikat nicht mehr mitgeführt werden.

Abbildung 70:
Muster
vierseitige ADR-
Bescheinigung

1	2
ADR-Bescheinigung **über die Schulung der Führer von** **Kraftfahrzeugen** **zur Beförderung gefährlicher Güter** in Tanks[1] anders als in Tanks[1]) Nr. der Bescheinigung **D** Gültig für Klasse(n) [1)2)] **in Tanks** **anders als in Tanks** 1 1 2 2 3 3 4.1, 4.2, 4.3 4.1, 4.2, 4.3 5.1, 5.2 5.1, 5.2 6.1, 6.2 6.1, 6.2 7 7 8 8 9 9 bis zum[3)] ───── [1)] Nichtzutreffendes streichen. [2)] Erweiterung der Gültigkeit auf andere Klassen siehe Seite 3. [3)] Verlängerung der Gültigkeit siehe Seite 2.	Name Vorname(n) geboren am Staatsangehörigkeit Unterschrift des Fahrers Angestellt durch Datum Unterschrift[4)] Verlängert bis durch Datum Unterschrift[4)] ───── [4)] und/oder Stempel der die Bescheinigung ausstellende Behörde
3	4

Gültigkeit erweitert auf Klasse(n)[5)]
 	
          in Tanks
 	
1   Datum
2
3
4.1, 4.2, 4.3   Unterschrift
5.1, 5.2   und/oder Stempel
6.1, 6.2
7
8
9
 	
          anders als in Tanks
 	
1   Datum
2
3
4.1, 4.2, 4.3   Unterschrift
5.1, 5.2   und/oder Stempel
6.1, 6.2
7
8
9
	Nur für nationale Vorschriften
	
	Gilt in Deutschland auch für innerstaatliche
	Beförderungen

Quelle: ADR Unterabschnitt 8.2.2.8.3

f) Besondere Begleitpapiere beziehungsweise Genehmigungen

Besondere Begleitpapiere beziehungsweise Genehmigungen sind für den Transport bestimmter Gefahrgüter erforderlich. Hierzu zählen zum Beispiel:

- Beförderungsgenehmigungen nach dem *Atomgesetz* beziehungsweise *Strahlenschutzverordnung* für Güter der *Klasse 7 ADR*
- Erlaubnis und / oder Befähigungsschein für das Unternehmen und / oder den Fahrzeugführer nach dem *Sprengstoffgesetz* für viele Güter der *Klasse 1 ADR*. Eine Erlaubnis / ein Befähigungsschein ist jedoch nicht erforderlich für bestimmte pyrotechnische Gegenstände der *Klasse 1* (zum Beispiel Partyfeuerwerk).
- Beförderung von gefährlichen Abfällen (Transportgenehmigung).

Werden die weniger restriktiven Vorschriften einer internationalen Multilateralen Vereinbarung (vergleiche *8.7*) genutzt, muss der Text der Vereinbarung als Kopie in der Regel ebenfalls mitgeführt werden.

Kennzeichnung der Fahrzeuge / Beförderungseinheiten für den Straßentransport und mitzuführende Ausrüstung

Die Kennzeichnung der Fahrzeuge / Beförderungseinheiten und die mitzuführende Ausrüstung sind abhängig von der zu befördernden Menge, der Beförderungsart (Versandstücke, Schüttgüter oder Tanktransporte) sowie von den Eigenschaften der Gefahrgüter.

Kennzeichnung der Fahrzeuge und Beförderungseinheiten

Die Pflicht zur Kennzeichnung von Fahrzeugen bei der Beförderung von Versandstücken (verpackte Ware) ergibt sich aus *Unterabschnitt 1.1.3.6.2 ADR*. Danach ist eine **Kennzeichnung mit Warntafeln** vorgeschrieben, wenn bestimmte geladene Mengen überschritten werden. Diese ergeben sich aus der im einzelnen aus der *Tabelle der begrenzten Mengen des Unterabschnitts 1.1.3.6.3 ADR*. Die Mengengrenzen sind abhängig von der Gefährlichkeit des jeweiligen Stoffes und mit Gewichtsfaktoren versehen. Überschreitet die Mengengrenze – multipliziert mit dem jeweiligen Gewichtsfaktor – den Wert „1 000", so ist das Fahrzeug kennzeichnungspflichtig und für den Beförderer ergeben sich hieraus Verpflichtungen hinsichtlich der Fahrerschulung und Ausrüstung.

Warntafeln

Auf einen Abdruck der *Tabelle der begrenzten Mengen des Unterabschnitts 1.1.3.6.3 ADR* wird an dieser Stelle verzichtet. Ein Abdruck gibt nur mit umfangreichen Anwendungserläuterungen einen Sinn, die dann allerdings den Rahmen dieser Abhandlung sprengen würden.

Wichtig ist: Erst die Pflicht zur Kennzeichnung des Fahrzeugs führt zu weiteren Pflichten aus dem *ADR*, wie zum Beispiel die Fahrerschulung, die Mitgabe von Unfall-Merkblättern und Schutzausrüstung sowie das Verbot, bestimmte Strecken zu befahren. Mit anderen Worten: sind die Grenzmengen, die zu einer Kennzeichnungspflicht des Fahrzeugs führen, überschritten, müssen weitere Vorschriften des *ADR* eingehalten werden; unterhalb dieser Mengen ist das nicht erforderlich. Natürlich gibt es wie überall im Gefahrgutrecht stoffspezifische Ausnahmen von dieser Regel. Dies ist im Einzelfall zu prüfen. Deshalb wird in vielen Einzelvorschriften auch auf das „kennzeichnungspflichtige Fahrzeug" oder die „kennzeichnungspflichtige Beförderungseinheit" abgestellt.

Für die Beförderung von Gefahrgut in Tanks oder in loser Schüttung gibt es diese „begrenzten Mengen" nicht. Die Kennzeichnungspflicht besteht generell.

Grundsätzlich sind die Beförderungseinheiten mit zwei neutralen orangefarbenen Warntafeln (rechteckig und rückstrahlend / Größe: 40 cm x 30 cm) zu kennzeichnen.

Abbildung 71:

*Neutrale Warn-
tafel (Unter-
grund orange-
farben) vorn und
hinten an der
Beförderungs-
einheit: Allge-
meiner Hinweis
auf gefährliche
Güter*

Quelle: ADR Unterabschnitt 5.3.2.2.1

Bei Tankfahrzeugen, Trägerfahrzeugen von Aufsetztanks und Tankcontainern, in denen ein in *Spalte 12, 17 oder 18 der Tabelle A in Kapitel 3.2 ADR* aufgezählter Stoff befördert wird, sowie Fahrzeugen und Containern, in denen feste Stoffe in loser Schüttung transportiert werden, müssen die orangefarbenen Warntafeln mit den in diesem Anhang vorgeschriebenen Kennzeichnungsnummern versehen sein.

Die Nummern auf den Warntafeln bedeuten:

Obere Hälfte = Nummer zur Kennzeichnung der Gefahr (sie bestehen aus zwei oder drei Ziffern).

Die Ziffern weisen im Allgemeinen auf folgende Gefahren hin:

2   Entweichen von Gas durch Druck oder durch chemische Umsetzung
3   Entzündbarkeit von Flüssigkeiten (Dämpfe und Gase)
4   Entzündbarkeit fester Stoffe
5   Brandfördernde oder oxidierende Wirkung
6   Giftigkeit
8   Ätzwirkung
9   Möglichkeit einer spontanen heftigen Reaktion
X   Stoff nicht mit Wasser in Berührung bringen.

Die Verdoppelung einer Ziffer weist auf die Zunahme oder entsprechenden Gefahr hin (Beispiel 66 = sehr giftig)

Falls die Gefahr eines Stoffes ausreichend von einer einzigen Ziffer angegeben werden kann, wird diese Ziffer mit einer Null an zweiter Stelle ergänzt (Beispiel: 30).

Untere Hälfte = Nummer zur Kennzeichnung des Stoffes (entsprechend der von den *Vereinten Nationen* erstellten Stoffliste = *UN-Nummer*).

Nummer zur Kenn-
zeichnung der Gefahr
(2 oder 3 Ziffern,
gegebenenfalls mit
vorangestelltem
Buchstaben «X»; siehe
Unterabschnitt 5.3.2.3)

UN-Nummer (4 Ziffern)

40 cm

Abbildung 72:
Beispiel einer
orangefarbenen
Tafel mit
Nummer zur
Kennzeichnung
der Gefahr und
UN-Nummer

Quelle: ADR Unterabschnitt 5.3.2.2.3

An Tanks, Containern und Silos sind noch zusätzlich die entsprechenden Gefahrzettel (in vergrößerter Form) anzubringen, wie sie auf *S. 395 ff.* dieser Ausarbeitung beschrieben wurden. Die zusätzliche Kennzeichnungspflicht besteht in der Regel auch bei Stückgutfahrzeugen, die Stoffe der *Klasse 1* (Explosivstoffe) und *Klasse 7* (radioaktive Stoffe) transportieren.

ADR Teil 6:
Bau- und Prüfvorschriften für Verpackungen, Großpackmittel (IBC), Großverpackungen, und Tanks

Da sich dieser Teil den zulassungsrechtlichen Bestimmungen von Gefahrgutverpackungen und -tanks widmet, soll er an dieser Stelle nicht näher beschrieben und auch das umfangreiche Inhaltsverzeichnis nicht abgedruckt werden.

ADR Teil 7:
Vorschriften für die Beförderung, die Be- und Entladung und die Handhabung

7.1   Allgemeine Vorschriften
7.2   Vorschriften für die Beförderung in Versandstücken
7.3   Vorschriften für die Beförderung in loser Schüttung
7.4   Vorschriften für die Beförderung in Tanks
7.5   Vorschriften für die Be- und Entladung und die Handhabung
7.5.1   Allgemeine Vorschriften
7.5.2   Zusammenladung
7.5.3   – bleibt offen –
7.5.4   Vorsichtsmaßnahmen bei Nahrungs-, Genuss- und Futtermitteln
7.5.5   Begrenzung der beförderten Mengen
7.5.5.2 Begrenzungen für explosive Stoffe und Gegenstände mit Explosivstoff
7.5.5.3 Begrenzungen für organische Peroxide und selbstentzündliche Stoffe

Hier werden im Wesentlichen Handlungen vor dem unmittelbaren Transport geregelt, also im wesentlichen Tätigkeiten desjenigen, der das Fahrzeug belädt. Hierbei wird zwischen allgemeingültigen Bestimmungen und ergänzenden stoffspezifischen Vorschriften unterschieden. Die Notwendigkeit der zwingenden Einhaltung der Belade- und Umgangsvorschriften sowie der Maßnahmen zur Ladungssicherung dürfte auf der Hand liegen und bedarf deshalb keiner weiterführenden Erläuterung.

Wichtig ist: der Spediteur ist oftmals auch Verlader gefährlicher Güter, weil er dem Frachtführer (Beförderer) gefährliche Güter zur Beförderung übergibt / bereitstellt und / oder sogar selbst das Fahrzeug / den Container des Frachtführers belädt. Hieraus ergeben sich für den Spediteur umfangreiche Pflichten. Er muss kontrollieren, ob das Fahrzeug den Vorschriften zum Beispiel hinsichtlich der Ausrüstung entspricht. Ferner muss er kontrollieren, ob dem Fahrer sämtliche Papiere vorliegen und dieser qualifiziert ist (ADR-Bescheinigung). Werden bei amtlichen Kontrollen durch Polizei oder BAG Defizite festgestellt, kann dies auch zu einer Ordnungswidrigkeit mit Bußgeld für den Spediteur in seiner Eigenschaft als Verlader führen.

Dieser Teil regelt die eigentliche Transportdurchführung und wendet sich daher an den Beförderer und den Fahrer. Wie auch nach *Teil 7* kommt der vorschriftenkonformen Umsetzung des *Teils 8* eine besondere Bedeutung zu. Hier sind auch die besonderen Schulungsanforderungen für den Gefahrgutfahrer definiert.

Die wichtigsten Inhalte des *Kapitels 7* und 8 sind im Folgenden zusammengefasst:

Verhalten des Fahrers während des Transports, beginnend beim Beladen und endend nach dem Entladen

- Außer der Fahrzeugbesatzung dürfen Personen in Beförderungseinheiten, in denen gefährliche Güter befördert werden, nicht mitgenommen werden.
- Die Fahrzeugbesatzung muss mit der Bedienung der Feuerlöschgeräte vertraut sein.
- Das Betreten eines Fahrzeugs mit Beleuchtungsgeräten mit offener Flamme ist untersagt.
- Das Rauchen sowie der Umgang mit Feuer oder offenem Licht ist bei Ladearbeiten in der Nähe der von Versandstücken und haltenden Fahrzeuge sowie in den Fahrzeugen verboten.
- Die erforderlichen Begleitpapiere müssen vom Fahrzeugführer mitgeführt werden.
- Kontrolle der Dokumente und Sichtprüfung des Fahrzeugs.
- Zusammenladeverbote sind zu berücksichtigen. Gefahrgüter mit einem Zettel mit den Mustern Nr. 1, 1.4, 1.5, 1.6 sowie Zettel der Muster Nr. 4.1 und 5.2 jeweils in Kombination mit Nr. 01 dürfen nicht mit anderen Gefahrgütern zusammen geladen werden; ansonsten besteht in der Regel Zusammenladeverbot bei bestimmten Gütern der Klasse 1 untereinander.
- Gefahrgut muss getrennt von Nahrungs-, Genuss- und Futtermitteln gehalten werden.

- Eine sichere Verstauung und wirksame Ladungssicherung ist zu beachten.
- Vor erneuter Beladung ist ein verunreinigtes Fahrzeug zu reinigen. Je nach Umfang der Verunreinigung (innen / außen) ist eine Weiterfahrt untersagt oder die Reinigung nur von Fachleuten zulässig.
- Während des Be- und Entladens muss der Motor abgestellt sein, wenn er nicht zum Betrieb von Pumpen oder anderen Einrichtungen zum Be- und Entladen des Fahrzeugs benötigt wird.
- Wenn Warntafeln erforderlich sind, sind diese deutlich sichtbar hinten und vorne an der Beförderungseinheit anzubringen.
- Die in den Schriftlichen Weisungen genannte Schutzausrüstung ist der Fahrzeugbesatzung vom Beförderer ebenso bereitzustellen wie die Schriftlichen Weisungen selbst, und zwar in einer Sprache, welche die Mitglieder der Fahrzeugbesatzungen lesen und verstehen können.
- Die Durchfahrtsbeschränkungen für Tunnels sind zu beachten (siehe unten)
- Der Fahrzeugführer hat die nächsten zuständigen Behörden unverzüglich zu benachrichtigen, wenn die in dem haltenden oder parkenden Fahrzeug beförderten gefährlichen Güter eine besondere Gefahr für die Straßenbenutzer bilden und die Fahrzeugbesatzung die Gefahr nicht rasch beseitigen kann.

Für bestimmte Güter wird außerdem vom Fahrpersonal gefordert:
- Fahrzeuge mit Gefahrgut während des Parkens zu überwachen.
- Aus Betriebsgründen möglichst nicht in der Nähe von bewohnten Orten oder Menschenansammlungen zu halten.

Tunnelbeschränkungscodes

Tunnel-kategorien Das *ADR* enthält in *Kapitel 8.6* Vorschriften, mit denen die Tunneldurchfahrt von Fahrzeugen mit gefährlichen Gütern risikobezogen geregelt und beschränkt werden soll. Damit wurde ein zuvor in die nationale Kompetenz fallender Regelungsbereich international standardisiert. Für Verlader, Speditionen und Transportunternehmen soll der Transport gefährlicher Güter durch Tunnels dadurch planbarer werden. Die zuständigen Behörden jedes *ADR*-Vertragsstaates müssen bis zum 31.12.2009 sämtliche Straßentunnels einer der in *1.9.5.2.2 ADR* festgelegten Tunnelkategorie zuteilen.

Die Kategorisierung basiert auf der Annahme, dass in Tunnels drei Hauptgefahren bestehen, die zu zahlreichen Opfern oder ernsthaften Schäden am Tunnelbauwerk führen können: Explosionen, Freiwerden giftiger Gase oder flüchtiger, giftiger flüssiger Stoffe sowie Brände.

Hieraus wurden **fünf Tunnelkategorien** abgeleitet:
- **Tunnelkategorie A:** Tunnels ohne Beschränkungen für die Beförderung gefährlicher Güter.
- **Tunnelkategorie B:** Beschränkungen für gefährliche Güter, die zu einer sehr großen Explosion führen können.
- **Tunnelkategorie C:** Beschränkungen für gefährliche Güter, die zu einer sehr großen Explosion, einer großen Explosion oder einem umfangreichen Freiwerden giftiger Stoffe führen können.

- **Tunnelkategorie D:** Beschränkungen für gefährliche Güter, die zu einer sehr großen Explosion, einer großen Explosion, einem umfangreichen Freiwerden giftiger Stoffe oder einem großen Brand führen können.
- **Tunnelkategorie E:** Beschränkungen für alle gefährlichen Güter mit Ausnahme der *UN-Nummern 2919, 3291, 3331, 3359* und *3373* (UN *3291, 3359* und *3373* sind für die Beförderung durch Tunnel als nicht gefährlich eingestuft worden; für gefährliche Güter, die den *UN-Nummern 2919* und *3331* zugeordnet sind, können individuelle Beschränkungen erlassen werden).

Sämtlichen gefährlichen Stoffen ist je nach Gefährlichkeit ein **Tunnelbeschränkungscode** zugeordnet. Die Beschränkungen für die Beförderung bestimmter gefährlicher Güter durch Tunnels können den in *Kapitel 3.2 Tabelle A Spalte 15 ADR* angegebenen Tunnelbeschränkungscodes entnommen werden. Der Code zeigt an, ab welcher Tunnelkategorie die Durchfahrt von Fahrzeugen mit gefährlichen Gütern beschränkt ist.

Tunnelbeschränkungscodes

Eine Beförderungseinheit, die verschiedene gefährliche Güter geladen hat, denen unterschiedliche Tunnelbeschränkungscodes zugeordnet wurden, ist der restriktivsten dieser Tunnelbeschränkungscodes zuzuteilen. Nachfolgendes Beispiel soll die Bedeutung der Tunnelbeschränkungscodes bei Sammelladungen illustrieren:

Die Durchfahrt einer Beförderungseinheit, beladen mit Versandstücken mit einer Nettomasse von 400 kg *UN 1965* (Kohlenwasserstoff), Tunnelbeschränkungscode B/D und 400 Liter *UN 1203* (Benzin), Tunnelbeschränkungscode D/E ist dem restriktivsten dieser Tunnelbeschränkungscodes zuzuordnen, das heißt dem Code B/D. Die Durchfahrt ist somit verboten durch Tunnel der Kategorien D und E. Die Beförderung der gleichen Stoffe in Tanks wäre sogar in Tunnel der Kategorien B, C, D und E unzulässig.

Tunnelbeschränkungscode Stand *ADR 2009*	Beschränkung
B	Durchfahrt verboten durch Tunnel der Kategorien B, C, D und E
B1000C	Beförderung einer gesamten Nettoexplosivstoffmasse je Beförderungseinheit – größer als 1 000 kg: Durchfahrt verboten durch Tunnel der Kategorie B, C, D und E – nicht größer als 1 000 kg: Durchfahrt verboten durch Tunnel der Kategorie C, D und E
B/D	Tankbeförderung: Durchfahrt verboten durch Tunnel der Kategorien B, C, D und E Andere Beförderungen: Durchfahrt verboten durch Tunnel der Kategorie E
B/E	Tankbeförderung: Durchfahrt verboten durch Tunnel der Kategorien B, C, D und E Andere Beförderungen: Durchfahrt verboten durch Tunnel der Kategorien D und E
C	Durchfahrt verboten durch Tunnel der Kategorien C, D und E
C5000D	Beförderung einer gesamten Nettoexplosivstoffmasse je Beförderungseinheit – größer als 5 000 kg: Durchfahrt verboten durch Tunnel der Kategorie C, D und E – nicht größer als 5 000 kg: Durchfahrt verboten durch Tunnel der Kategorie D und E
C/D	Tankbeförderung: Durchfahrt verboten durch Tunnel der Kategorien C, D und E Andere Beförderungen: Durchfahrt verboten durch Tunnel der Kategorie D und E
C/E	Tankbeförderung: Durchfahrt verboten durch Tunnel der Kategorien C, D und E Andere Beförderungen: Durchfahrt verboten durch Tunnel der Kategorie E
D	Durchfahrt verboten durch Tunnel der Kategorien D und E
D/E	Schüttgut- und Tankbeförderung: Durchfahrt verboten durch Tunnel der Kategorien D und E Andere Beförderungen: Durchfahrt verboten durch Tunnel der Kategorie E
E	Durchfahrt verboten durch Tunnel der Kategorie E
–	Durchfahrt durch alle Tunnel gestattet (für die UN-Nummern 2919 und 3331 siehe auch Unterabschnitt 8.6.3.1)

Quelle: ADR Abschnitt 8.6.4

Die *ADR*-Vertragsstaaten haben Tunnelbeschränkungen für die Durchfahrt mit Fahrzeugen mit gefährlichen Gütern oder alternative Strecken mit Hilfe von **Straßenverkehrszeichen und Zusatztafeln** anzugeben, zum Beispiel mit dem bereits bekannten Signal „Verbot für kennzeichnungspflichtige Fahrzeuge mit gefährlicher Ladung".

Tunnelbeschränkungscode	Tunnelkategorie			
	B	C	D	E
B				
B1000C (Klasse 1)	NEM < 1000 kg			
	NEM > 1000 kg			
B/D	Versandstück			
	Tank			
B/E	Versandstück			
	Tank			
C				
C5000D (Klasse 1)		NEM < 5000 kg		
		NEM > 5000 kg		
C/D		Versandstück		
		Tank		
C/E		Versandstück		
		Tank		
D				
D/E			Versandstück	
			Tank / lose Schüttung	
E				
nur UN 2919, 3291, 3331, 3373				

☐ = erlaubt   ▨ = verboten

Tabelle 23:
Tunnelkategorien und Durchfahrtsverbote

Quelle: eigene Darstellung

ADR Teil 9:
Vorschriften für den Bau und die Zulassung der Fahrzeuge

9.1 *Anwendungsbereich, Begriffsbestimmungen und Vorschriften für die Zulassung von Fahrzeugen*

(…)
(…)

9.2 *Vorschriften für den Bau von Fahrzeugen*

9.2.2 *Elektrische Ausrüstung*

(…)
(…)

9.2.3 *Bremsausrüstung*

(…)
(…)

9.2.4 *Verhütung von Feuergefahren*

(…)
(…)

9.2.5 *Geschwindigkeitsbegrenzer*

9.2.6 *Verbindungseinrichtung des Anhängers*

9.3   Ergänzende Vorschriften für vollständige oder vervollständigte EX/II- und EX/III-Fahrzeuge

(...)

(...)

9.4-9.5 Ergänzende Vorschriften für die Herstellung der Aufbauten ...

9.6   Ergänzende Vorschriften für vollständige oder vervollständigte Fahrzeuge zur Beförderung von Stoffen unter Temperaturkontrolle

9.7   Ergänzende Vorschriften für Tankfahrzeuge ...

(...)

(...)

Teil 9 enthält technische Anforderungen an Fahrzeuge für die Gefahrgutbeförderung und regelt die zulassungsrechtlichen Aspekte. Diese sollen an dieser Stelle nicht näher beschrieben werden.

8.7   Ausnahmen und Durchführungsrichtlinien

Abweichungen von den Vorschriften des *GGVSEB*/ des *ADR* für die Straßenbeförderungen ergeben sich durch:

*   Ausnahmen von den *Vorschriften über die Beförderung gefährlicher Güter (Gefahrgut-Ausnahme-Verordnung – GGAV)*. Sie enthält allgemeine Ausnahmen für die Verkehrsträger. Diese Regelungen sind Erleichterungen, die alternativ zu den verkehrsträgerspezifischen Vorschriften angewendet werden dürfen. Neben den Ausnahmen für den Straßenverkehr (gekennzeichnet durch ein „S"), gibt es die Ausnahmen für den Eisenbahnverkehr (Kennzeichnung „E"), die Binnenschifffahrt (Kennzeichnung „B") und den maritimen Bereich, also Seeverkehr (Kennzeichnung „M"), Diese Ausnahmen können nur für die innerdeutsche Beförderung von jedermann in Anspruch genommen werden. Aufgrund *EU*-rechtlicher Bestimmungen gibt es nur noch wenige nationale Ausnahmen.

*   *Multilaterale ADR-Vereinbarungen*
    Staaten, die das *ADR* gezeichnet haben, können untereinander sogenannte *Multilaterale Vereinbarungen (MV)* treffen, deren Inhalte vom *ADR* abweichende, weniger restriktive Vorschriften regeln. Diese Regelungen gelten für Transporte zwischen diesen Staaten, sofern auch die etwaigen Transitstaaten sich der Vereinbarung angeschlossen haben. Unabhängig hiervon gelten die vom *ADR* abweichenden Bestimmungen auch innerstaatlich. Die sogenannten *Multilateralen Vereinbarungen* dienen oftmals einer Vorabanwendung von Einzelvorschriften, die erst in der Zukunft in Kraft treten, aber heute schon verabschiedet wurden.

*   *§ 5 Ausnahmen (GGVSE)*
    Neben den per Verordnung festgelegten Ausnahmen können gemäß Antragstellung an die zuständigen Stellen der jeweiligen Bundesländer (Länderministerien) auch im Einzelfall (für einzelne Fahrten oder auch festgelegte Zeiträume) Ausnahmen von den *GGVSE*-Vorschriften (gemäß § 5 *GGVSE*) gewährt werden.

Inhaltliche Erläuterungen zu den Straßengefahrgutvorschriften ergeben sich aus Durchführungsrichtlinien. Sie wenden sich zum einheitlichen Vollzug der Vorschriften an die nationalen Kontrollorgane. Wie die Vollzugsorgane das Gefahrgutrecht interpretieren, ist natürlich auch für die Wirtschaft wichtig.

Die wichtigsten „Durchführungsrichtlinien" sind die der
RSE Richtlinien zur Durchführung der Gefahrgutverordnung Straße und Eisenbahnen.
Mit ihr werden den an Gefahrguttransporten Beteiligten sowie den deutschen Krontrollorganen (Polizei, *Bundesanstalt für Güterverkehr* etc.) wichtige Hinweise zur Umsetzung und zum Verständnis der nicht immer leicht nachzuvollziehenden Vorschriften gegeben.

Wesentliche Kritik der Wirtschaft an den *RSE* ist nicht deren Inhalt, sondern dass sie zu einer nationalen Interpretation führen, die womöglich in anderen Staaten nicht geteilt wird.

8.8 See- und Luftbeförderung gefährlicher Güter

Auch wenn Klassifizierungs- und Verpackungsgrundsätze des See- und Luftverkehrs überwiegend übereinstimmen mit denen des Straßen- und Schienentransports, gibt es zahlreiche zusätzliche, oftmals strengere Auflagen. Dies bezieht sich überwiegend auf die Dokumentation.

8.8.1 Beförderungspapiere nach *GGVSee / IMDG-Code*

Beim Seetransport gefährlicher Güter sind die Verantwortlichkeiten anders geregelt als im Binnenverkehr. Hersteller oder Vertreiber haben Bescheinigungen darüber auszustellen, dass bestimmte, für den sicheren Seetransport wichtige Voraussetzungen erfüllt sind (*Shipper's Declaration* oder *Verantwortliche Erklärung*) und diese demjenigen, der den Verladeschein (Schiffszettel) ausfüllt (das ist in der Regel die Seehafenspedition), zu übergeben.

Die *Verantwortliche Erklärung* enthält unter anderem:
- die Gefahrklasse
- Angaben über die Verpackung
- die *UN*-Nummer
- eine Beschreibung zusätzlicher Gefahren
- bei Meeresschadstoffen die Eintragung *MARINE POLLUTANT*
- den Namen des Vertreibers.

Zusätzlich ist im Container-Pack-Zertifikat die ordnungsgemäße Stauung der gefährlichen Güter im Container zu bestätigen.

Gefährliche Güter, die mit Seeschiffen befördert werden, bedürfen eines besonderen Verladeschcins. Er enthält alle Angaben aus der *Verantwortlichen Erklärung* und gegebenenfalls einen besonderen Hinweis, zum Beispiel *GEFAHRGUT*. Gefährliche Güter unterschiedlicher Gefahrklassen, die zu einer Sendung gehören und zusammen gestaut werden, dürfen auf einem Verladeschein aufgelistet werden.

8.8.2   Beförderungspapiere nach *ICAO-TI / IATA-DGR*

Im Luftverkehr hat der Versender für jede einzelne Gefahrgutsendung eine Erklärung abzugeben, die **Shipper's Declaration for Dangerous Goods**. Das Formblatt für die Versendererklärung muss in englischer Sprache ausgefüllt und vom Versender unterschrieben werden. Mit seiner Unterschrift übernimmt der Versender die Verantwortung, dass der Inhalt der Sendung mit richtiger Versandbezeichnung vollständig und genau beschrieben sowie entsprechend den internationalen Vorschriften klassifiziert, verpackt, markiert und gekennzeichnet ist. Die Versendererklärung darf nicht von einem Sammelverlader, einem Spediteur oder einem *IATA*-Frachtagenten ausgefüllt oder unterschrieben werden.

8.9   Weitere gesetzliche Bestimmungen

Außer den verkehrsträgerspezifischen Vorschriften, sind auch die Gesetze / Verordnungen zu beachten, die ergänzende Vorschriften über den Transport und den Umgang mit gefährlichen Stoffen regeln. Nachfolgend werden einige wichtige genannt und kurz erläutert:

- *Kreislaufwirtschafts- und Abfallgesetz (KrW-/AbfG)*
  In diesem Gesetz wird geregelt, was Abfälle sind, wie sie verarbeitet und beseitigt werden müssen. Es enthält die Grundsätze: Abfälle sind zu vermeiden, wenn Abfälle nicht zu vermeiden sind, sind sie zu verwerten, sind Abfälle nicht zu vermeiden und auch nicht zu verwerten, so sind sie zu beseitigen.
  Beim Umgang mit Abfällen (Verwertung oder Beseitigung) darf das Wohl der Allgemeinheit nicht beeinträchtigt werden (Gewässer- und Naturschutz, öffentliche Sicherheit, Gesundheit der Menschen, Gefährdung der Tiere und Pflanzen). Spezialvorschriften regeln auch den Transport von Abfällen *(Transportgenehmigungsverordnung-TgV)*.

- *Atomgesetz (AtomG)*
  Das *Atomgesetz* stellt bestimmte Transporte von radioaktiven Stoffen unter eine atomrechtliche Genehmigungspflicht. Solche radioaktiven Stoffe sind besonders spaltbare Stoffe in Form von zum Beispiel Uran und Plutonium.

- *Chemikaliengesetz (ChemG) und Gefahrstoffverordnung (GefahrstoffV)*
  Hier ist im Wesentlichen die Auflage verankert, vor dem in Verkehr bringen von neuen Stoffen eine ganze Reihe von Prüfungen durchzuführen und diese Prüfungsergebnisse der Anmeldebehörde vorzulegen. Die Prüfnachweise müssen die Beurteilung erlauben, ob der angemeldete Stoff schädliche Einwirkungen auf Mensch und Umwelt hat.

- *Sprengstoffgesetz*
  Im *Sprengstoffgesetz* wird der Umgang und der Verkehr mit festen oder flüssigen Stoffen, die durch eine nicht außergewöhnliche thermische, mechanische oder andere Beanspruchung zur Explosion gebracht werden können, geregelt.

- *Wasserhaushaltsgesetz (WHG)*
  In diesem Gesetz wird die Reinhaltung und Schutz des Wassers geregelt. Dieses Gesetz wird immer wichtiger, denn sauberes Wasser wird immer knapper. Mit nur wenigen Litern wassergefährdender Stoffe können tausende von Kubikmetern

Grund-, Fluss- oder Trinkwasser verunreinigt werden.

- *Betriebssicherheitsverordnung (BetrSichV)*
  Sie dient unter anderem der Organisation des betrieblichen Arbeitsschutzes und
  regelt unter anderem die Lagerung brennbarer Flüssigkeiten.
- *Sicherheitsüberprüfungsfeststellungsverordnung (SÜFV)*
  Unternehmen, die bestimmte besonders gefährliche Güter befördern, müssen
  einen genau definierten Mitarbeiterkreis geheimdienstlich überprüfen lassen. Hintergrund dieser Zuverlässigkeitsüberprüfung ist die theoretische Möglichkeit, mit
  diesen hochgefährlichen Stoffen Terroranschläge zu verüben. Betroffen hiervon
  sind in der Regel Mitglieder der Geschäftsleitung, nicht jedoch Fahrzeugführer
  oder Disponenten.

8.10 Gefahrguthandling in der Sammelladungsspedition

Im Rahmen der letzten *Strukturdatenerhebung 2005* des *Deutschen Speditions- und
Logistikverbands (DSLV)* haben 28 % der befragten Speditionsbetriebe erklärt, dass sie
regelmäßig Gefahrgut abfertigen. Für 8 % der Betriebe ist die Gefahrgutabwicklung ein
Leistungsschwerpunkt, wobei hier die Tankwagenspedition überwiegt.

Der Gesetzgeber scheint oftmals davon auszugehen, dass sich nach dem Erlass oder
der Überarbeitung einer umfangreichen Verordnung Unternehmen vollständig und ausschließlich dem Thema „Gefahrgut" zu widmen haben. Eine Annahme, die für Unternehmen wie Tankwagen- oder Bulk-Goods-Spediteure als Spezialisten für den Massenguttransport gefährlicher Stoffe durchaus zutreffen mag, aber die Situation und die
komplexen Zusammenhänge in der Sammelladungsspedition verkennt.

Relativ gesehen spielen gefährliche Güter in der **Sammelgutspedition** eine untergeordnete Rolle. Ihr **Sendungsanteil liegt bei etwa 5 %**. Die Größe der zu transportierenden Versandstücke reicht bei gefährlichen Gütern von Druckgaspackungen und
kleinen Gebinden bis zu metallischen IBC mit bis zu 1 000 l Fassungsvermögen. Das
spezifische Problem in der Sammelgutspedition besteht also darin, dass aus wirtschaftlichen Gründen eine ausschließliche Spezialisierung auf Gefahrgut kaum möglich ist,
zumal sich – obwohl kostenmäßig erfassbar – am Markt keine Preisdifferenzen zwischen
ungefährlichem und gefährlichem Gut durchsetzen lassen.

8.11 Typischer Ablauf einer Gefahrgutbeförderung auf der Straße (synoptische Darstellung)

Schritt	Tätigkeit	Ergebnis	Fundstelle *ADR / GGVSEB*	Verantwortlich-keiten
1	Klassifizierung / Identifizierung	Bestimmung, um welche Art von Gefahrgut es sich handelt und damit, welcher Eintrag in der *Gefahrguttabelle A* heran-zuziehen ist. Folgende Parameter müssen ermittelt werden: • Klasse / Unterklasse • Klassifizierungscode • *UN-Nummer* • Bezeichnung, gegebenen-falls mit Gefahrzettelmuster • Physikalische Daten wie Dampfdruck, falls dies zur Unterscheidung erforder-lich ist • Bei radioaktiven Stoffen: Nuklid, Aktivität, Trans-portkennzahl, eventuell Kritikalitätssicherheits-kennzahl • Bei bestimmten organi-schen Peroxiden und selbstzersetzlichen Stoffen gegebenenfalls Kontroll- und Notfalltemperatur	*Teil 2 (Klassifizierung)* + *Gefahrguttabelle A, Kapitel 3.2, Spalten 1, 2, 3a, 4, 5 Spalte 6* in Verbindung mit Sondervorschrift in *Kapitel 3.3*	Hersteller des Gefahrguts Auftraggeber des Absenders beziehungsweise Absender des Gefahrguts
2	Auswahl einer geeigneten Umschließung und eines Fahrzeugs	• Festlegung, ob Transport als Versandstücktransport, Tanktransport oder Trans-port in loser Schüttung durchgeführt werden darf • Auswahl einer zugelas-senen und geeigneten Umschließung (Verpac-kung, Gefäß, IBC, Tank, Container, Mulde, etc.) • Auswahl eines geeigneten, gegebenenfalls zugelassen Fahrzeugs • Einfüllen des Gefahrguts in die Verpackung bezie-hungsweise Befüllen des Tanks oder Behältnisses zum Transport in loser Schüttung	*Kapitel 1.10 (Security) Gefahrguttabelle Kapitel 3.2 Spalten 8, 9a => Versandstücke Spalten 10,12 => Tank Spalten 10 oder 17 => lose Schüttung Spalte 7: begrenzte Mengen* in Verbindung mit *Kapitel 3.4 Teil 4 (Verwendung von Umschließungen) Teil 6 (Bau und Prüfung von Umschließungen) Kapitel 7.3 (Lose Schüttung) Kapitel 7.4 (Tanks) Teil 9 (Fahrzeuge)* + Zulassungsschein der Ver-packung beziehungsweise Zulassungsbescheinigung des Fahrzeugs	Versandstücke: Verpackter Tank: Befüller Lose Schüttung: Befüller Grundsätzlich ist auch der Absender ver-antwortlich

Schritt	Tätigkeit	Ergebnis	Fundstelle *ADR / GGVSEB*	Verantwortlichkeiten
3	Kennzeichnung der Umschließung und des Fahrzeugs	• Anbringung aller Kennzeichen wie Gefahrgutzettel, *UN-Nummer*, gegebenenfalls Benennung, Großpackzettel (Placards), orangefarbene Kennzeichnung (Warntafeln)	*Gefahrguttabelle Kapitel 3.2 Spalte 5 (Gefahrzettel) Spalte 6 (Sondervorschriften, eventuell für zusätzliche Kennzeichnungen) + Teil 5 (Vorschriften für den Versand) – Kapitel 5.1, 5.2* und *5.3 Unterabschnitt 1.1.3.6 (1000-Punkte-Regelung)* in Verbindung mit *Spalte 15 der Gefahrguttabelle*	Versandstücke: Verpacker Tank: Befüller Lose Schüttung: Befüller Container: Verlader Fahrzeug: Fahrer
4	Dokumentation	Erstellung beziehungsweise Mitgabe folgender Dokumente: • Beförderungspapier • Schriftliche Weisungen (Unfallmerkblatt) • *ADR*-Bescheinigung des Fahrers • Gegebenenfalls Zulassungsbescheinigung des Fahrzeugs • Lichtbildausweis Fahrzeugbesatzung • Gegebenenfalls Containerpackzertifikat • Gegebenenfalls erforderliche Genehmigungen zum Beispiel beim Transport radioaktiver Stoffe • Kopie von Ausnahmegenehmigungen, zum Beispiel *ADR*-Vereinbarungen • Gegebenenfalls Tankprüfungsbescheinigung für Aufsetztank • Gegebenenfalls Fahrwegbestimmung / Reservierungsbestätigungen	*Kapitel 5.4 Kapitel 8.1 Kapitel 9.1 § 35 GGVSEB (Fahrwegbestimmung)*	Absender Beförderer Verlader Fahrer
5	Verladen von Versandstücken	Verladen der Versandstücke auf die Ladefläche des Fahrzeugs beziehungsweise in einen Container unter anderem • Beachtung Zusammenladeverbote und Trenngebote • Ladungssicherung • Begrenzung der Transportmenge • Eingangskontrolle inklusive Sicherungsbestimmungen (Security)	*§ 29 GGVSEB Gefahrguttabelle Kapitel 3.2 – Spalte 16 (Sondervorschriften Versandstücke) Spalte 18 (Sondervorschriften Beladen, Entladen, Handhabung) Kapitel 7.1, 7.5, 8.2 Kapitel 8.3 Kapitel 1.10*	Verlader Fahrer

Schritt	Tätigkeit	Ergebnis	Fundstelle *ADR/GGVSEB*	Verantwortlich-keiten
6	Ausrüstung des Fahrzeugs	Vollständige Ausstattung des Fahrzeugs mit der erforderlichen Gefahrgutausrüstung • Feuerlöscher • Unterlegkeil(e) • Warnweste(n) • 2 selbststehende Warnzeichen • Augenspülflüssigkeit bei Gefahrzettel (GZ) 3, 4.2, 4.2, 4.3, 5.1, 5.2, 6.1, 6.2, 7A, 7B, 7C, 7D, 7E, 8, 9 • Schaufel, Kanalabdeckung, Auffangbehälter bei GZ 3, 4.1, 4.3, 8 und 9 • Handlampe(n) • Gegebenenfalls Atemschutz bei GZ 6.1 und 2.3 • Sonstige Ausrüstung gemäß Unfallmerkblatt	*Abschnitt 8.1.4* und *8.1.5* und Schriftliche Weisungen (Unfallmerkblatt)	Beförderer für die Ausrüstung Fahrer für das Mitführen
7	Durchführung der Beförderung	Sichere Transportdurchführung unter Beachtung der Bestimmungen • zur Überwachung der Fahrzeuge • über Beladestellen, Umladestellen, Entladestellen • zur Sicherung (Security / Terrorschutz) • über Freistellungen, zum Beispiel hinsichtlich der Kennzeichnung mit Warntafeln	*Kapitel 8.3* *Kapitel 8.5* *Kapitel 1.10* *Abschnitt 1.1.3 Unterabschnitt 1.1.3.6*	Fahrer
8	Empfang der Gefahrgüter	Beachtung der Vorschriften beim Empfang von Gefahrgut, zum Beispiel Einweisung des Fahrers in Befülleinrichtungen von Lagertanks oder Reinigung nach Produktaustritt	*Kapitel 7.5* *Kapitel 8.3* *Kapitel 8.5* *GGVSEB Anlage 2*	Empfänger Fahrer

9 Einführung in die speditionelle Kosten- und Leistungsrechnung
Jörg Fiedler, Dirk Lohre

9.1 Vorbemerkungen

Mit der endgültigen Liberalisierung der Verkehrsmarktordnung Ende der neunziger Jahre und der schrittweisen Marktöffnung in Richtung der *EU*-Beitrittstaaten haben sich die Marktbedingungen für deutsche Spediteure, insbesondere bei Selbsteintritt weiter verschärft. Daher ist die konsequente Nutzung betriebswirtschaftlicher Methoden in der Unternehmensführung und -kontrolle inzwischen unverzichtbar. Dabei stellt die Kosten- und Leistungsrechnung ein wichtiges Instrument zur Unterstützung und Bewertung von Unternehmensentscheidungen dar.

Grundsätzlich ist wichtig: Es gibt keine besondere speditionelle Kosten- und Leistungsrechnung. Die Grundbegriffe der allgemeinen Kostenrechnung gelten uneingeschränkt auch für das Speditions- und Logistikgewerbe. Wohl ist es sinnvoll (und manchmal erforderlich), die verwendeten Begrifflichkeiten an die Welt der Spedition anzupassen, was aber keine systematische Änderung bedeutet.

In den ersten Teilen dieses Kapitels wird auf die sogenannte traditionelle Kostenrechnung in Speditionen eingegangen. „Traditionell" soll zum Ausdruck bringen, dass diese Art der Kostenrechnung bereits seit längerer Zeit existiert und sich in ihrer Vorgehensweise auf bestimmte Annahmen stützt. Diese Sichtweise und die damit verbundene Vorgehensweise ist in vielen Speditionen verbreitet und stellt letztendlich auch die Voraussetzung für das Nachvollziehen von Aufgaben und Aufbau der Kostenrechnung dar. In der jüngeren Vergangenheit haben sich jedoch einige Entwicklungen im Bereich der Instrumente und Formen der Kostenrechnung vollzogen. Hier ist insbesondere die Prozesskostenrechnung zu nennen, die in *Kapitel 9.12* dargestellt wird. Es wird gezeigt werden, dass die Prozesskostenrechnung an den Schwächen der traditionellen Kostenrechnung ansetzt und warum sie vor allem für Speditionen ein bedeutendes Instrument darstellt.

Für eine tiefgreifende Darstellung der Kosten- und Leistungsrechnung sind neben der Behandlung der kostenrechnerischen Werkzeuge auch deren spezifische speditionelle Ausgestaltung darzulegen, um eine umfängliche Nutzung dieser wichtigen Instrumentarien für das Gewerbe erschließen zu können. Es wird in den nachfolgenden Ausführungen davon ausgegangen, dass der 1990 durch den *Deutscher Speditions- und Logistikverband (DSLV)* – früher *BSL* – publizierte sogenannte *BSL-Kontenrahmen* (siehe *Kapitel 9.15*) dem betrieblichen Rechnungswesen zugrunde liegt.

9.2   Merkmale der Unternehmung und des Betriebes

Für das Verständnis der Kosten- und Leistungsrechnung ist wichtig, sich einmal die grundsätzlichen Merkmale zur Unterscheidung von „Unternehmung" und „Betrieb" vor Augen zu führen:

Unter-nehmen/ Betrieb

Merkmale der Unternehmung:

Unternehmungen werden gegründet, um Betriebe zu errichten.

Unternehmungen sind **finanzwirtschaftliche Gebilde**.

Unternehmungen werden nach dem erwerbswirtschaftlichen Prinzip (Gewinnerzielungsprinzip) geführt. Kennzahl ist die **Rentabilität**.

Rechtsform der Unternehmung ist die **Firma**.

Die Unternehmung besitzt die **gesetzliche Buchführungspflicht und die Veröffentlichungspflicht bezüglich des Jahresabschlusses**.

Für Speditionsunternehmen gibt es für die Finanzbuchführung den *Kontenrahmen für das Spedition- und Logistikgewerbe (BSL-Kontenrahmen)*. (siehe Anhang am Ende des Kapitels).

Merkmale des Betriebes:

Betriebe werden errichtet, um Güter oder Dienstleistungen zu erstellen.

Betriebe sind **technisch-produktionswirtschaftliche Gebilde**.

Betriebe werden nach dem Wirtschaftlichkeitsprinzip geführt. Eine der betrieblichen Kennzahlen ist die **Produktivität**.

Der Betrieb besitzt **keine Rechtsform**.

Der Betrieb besitzt **keine gesetzliche Buchführungspflicht** und daher auch keine Veröffentlichungspflicht der Betriebsbuchführung.

Für die Speditionsbetriebe gibt es für die Betriebsbuchführung, auch Kosten- und Leistungsrechnung genannt, keinen Kontenrahmen.

9.3   Das Rechnungswesen in Unternehmung und Betrieb

9.3.1   Die Gliederung des Rechnungswesens

Die vier Bereiche des Rechnungswesens der Unternehmung sind

Buch-führung

- die Buchführung mit dem Ziel der Erstellung von Bilanz und Gewinn- und Verlustrechnung, das ist die **Zeitrechnung der Unternehmung**; die Unternehmung ist der juristische und finanzwirtschaftliche Rahmen des Betriebes

Kosten- und Leistungs-rechnung

- Kosten- und Leistungsrechnung, das ist die Stück- und periodische **Zeitrechnung des Betriebes**; der Betrieb ist der produktionswirtschaftliche Teil der Unternehmung. Der Speditionsbetrieb produziert speditionelle Leistungen. Die Unterscheidung zwischen Unternehmen und Betrieb ist hier von großer Bedeutung, weil sich die Kosten- und Leistungsrechnung nur mit dem Betrieb (als dem Hauptzweck der Unternehmung) beschäftigt

- die betriebswirtschaftliche Statistik, das ist die **Vergleichsrechnung** für Unternehmung und Betrieb sowie
- das Controlling als das Instrument der quantitativen **Planung** von Unternehmenszielen mit anschließender **Kontrolle** und Reaktion auf festgestellte Abweichungen von der Planung.

Statistik

Controlling

9.3.2 Das Rechnungswesen der Unternehmung

Die Buchführung als ein Teil des Rechnungswesens ist das Informationssystem für die Unternehmensführung. Sie bildet die zahlreichen finanziellen Beziehungen der Unternehmung zu Dritten (Geschäftspartnern, Staat, Sozialversicherung usw.) und die innerbetrieblichen Leistungserstellungsprozesse quantitativ ab, dokumentiert sie, bereitet sie auf und wertet sie aus. Die Buchführung hat für die Unternehmung und für den Betrieb unterschiedliche Bedeutung und auch unterschiedliche Aufgaben zu erfüllen.

Bedeutung der Buchführung

In der Buchführung der Unternehmung, (Finanz- oder Geschäftsbuchführung) werden alle Geschäftsvorfälle, die sich finanziell auf das Vermögen, Kapital und den Erfolg auswirken, lückenlos, ordnungsgemäß, chronologisch und systematisch mit den auf den Belegen ausgewiesenen Beträgen auf den entsprechenden Konten gebucht. Am Jahresende wird in der Erfolgsrechnung (Gewinn- und Verlustkonto) der Aufwand dem Ertrag gegenübergestellt und damit der Jahreserfolg (Gewinn oder Verlust) des Unternehmens ermittelt. Die Vermögens- und Kapitalbestände der Unternehmung werden zu einem Stichtag in der Bilanz (Bestandsrechnung) dargestellt. Bilanz sowie Gewinn- und Verlustkonto bilden den Jahresabschluss des Unternehmens. Weil die Finanzbuchführung vor allem Belege bucht, die von außen kommen und nach außen gehen, bezeichnet man sie als extern orientiertes Rechnungswesen.

Erfolgsrechnung

Bilanz

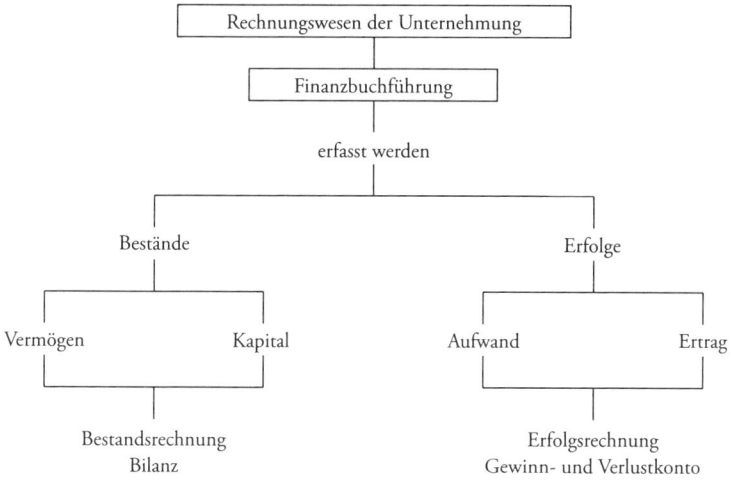

Abbildung 73: Rechnungswesen der Unternehmung

Quelle: Aus Vorauflage

425

9.3.3   Das Rechnungswesen des Betriebes

Betriebsab- Das Rechnungswesen des Betriebes ist die Kosten- und Leistungsrechnung, auch
rechnung Betriebsabrechnung genannt. Die Bezeichnung Betriebsbuchführung ist irreführend,
denn die Kosten- und Leistungsrechnung ist keine Buchführung im Sinne der doppel-
ten Buchführung. Die Zahlen der Kosten- und Leistungsrechnung werden in der Regel
nicht separat gebucht, sondern durch spezielle IT-Programme festgehalten und zugeordnet.

Mit den dokumentierten Zahlen der Kosten- und Leistungsrechnung werden die
innerbetrieblichen Leistungsvorgänge im Betrieb abgebildet. Man bezeichnet daher die
Kosten- und Leistungsrechnung als **intern** orientiertes Rechnungswesen.

Durch den betrieblichen Umformungsprozess werden aus bestimmten, in der
Geschäftsbuchführung erfassten Aufwendungen Kosten abgeleitet. Das weitere Verfahren
sieht wie folgt aus:

Kosten- • Die erste Stufe der Kostenrechnung ist die Zuordnung der Kosten zu einer Kos-
arten-   tenart. Die Kostenartenrechnung gibt Auskunft auf die Frage, welche Kostenarten
rechnung   (zum Beispiel Löhne, Gehälter oder Raumkosten) in welcher Höhe angefallen
         sind.

Kosten- • Die zweite Stufe der Kostenrechnung ist die Kostenstellenrechnung. Sie beantwor-
stellen-   tet die Frage, wo, das heißt in welcher Abteilung (= Kostenstelle) welche Kosten
rechnung   angefallen sind.

Kosten- • In der dritten Stufe der Kostenrechnung werden die Kosten dem Kostenträger
träger-   zugerechnet, das heißt: Der interne Aufwand zum Beispiel eines Kundenauftrages
rechnung   (in diesem Fall der Kostenträger) wird festgestellt. Die Kostenträgerrechnung
         beantwortet die Frage: Wer trägt die Kosten?

Abbildung 74:
Rechnungs-
wesen des
Betriebes

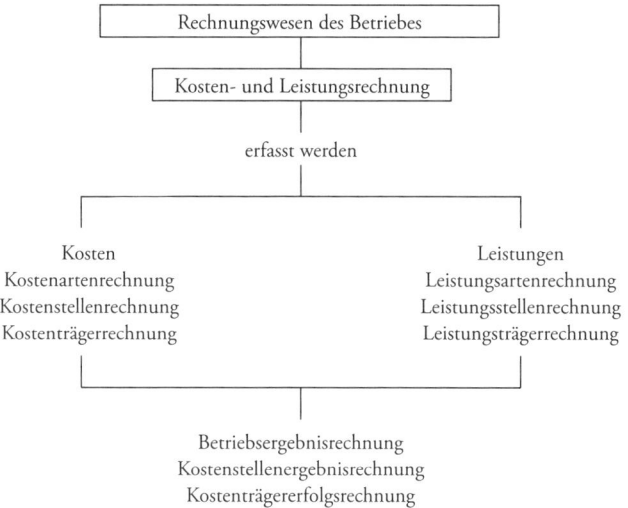

Quelle: Aus Vorauflage

Die verschiedenen Leistungsarten (zum Beispiel Luftfracht- oder Seefrachtspedition) **Erlös-** eines Betriebes werden in der Leistungsartenrechnung (Erlösrechnung) erfasst. Die **rechnung** Leistungsarten können in Kostenstellen (Leistungsstellenrechnung) beziehungsweise in Kostenträger (Leistungsträgerrechnung) gruppiert werden.

Werden die in einer Periode entstandenen Kosten den Leistungen gegenübergestellt, ergibt dies den Betriebserfolg der Periode, wobei die Periode hier in der Regel der Monat ist. Dieser Betriebserfolg kann auch als Kostenstellen- oder Kostenträgerergebnisrechnungen aufgegliedert werden.

9.3.4   Der Kontenrahmen als ordnendes Instrument

Ein Kontenplan ist eine systematisch gegliederte Aufstellung sämtlicher Konten, die **Konten-** in dem Buchhaltungssystem einer bestimmten Unternehmung geführt werden. Diese **rahmen** Aufstellung erfolgt vielfach nach einem Schema, dem Kontenrahmen. In den Unternehmen der Speditions- und Logistikbranche wird nicht nach einem einheitlichen Kontenrahmen gebucht. Wir wollen uns im Folgenden am *BSL-Kontenrahmen* orientieren, der eine weite Verbreitung gefunden hat. Dieser Kontenrahmen sieht folgende Kontenklassen vor:

Kontenklasse 0:	Anlage- und Kapitalkonten
Kontenklasse 1:	Finanz- und Privatkonten
Kontenklasse 2:	Abgrenzungskonten
Kontenklasse 3:	Vorräte
Kontenklasse 4:	Kostenarten-Konten
Kontenklasse 5 + 6:	frei für interne Leistungsverrechnung
Kontenklasse 7:	Auftragsgebundene, direkt zurechenbare Speditionskosten
Kontenklasse 8:	Erlöse
Kontenklasse 9:	Abschlusskonten

Zum besseren Verständnis ist der *BSL-Kontenrahmen* am Ende des *Kapitels 9* abgedruckt.

Für die Kosten- und Leistungsrechnung wichtig sind die Kontenklassen 4, 7 und 8. Die Kontenklasse 2 nimmt im Wesentlichen Aufwendungen und Erträge auf, die keine Kosten und Leistungen darstellen. In der speditionellen Praxis wird die Kosten- und Leistungsrechnung oft außerhalb der Buchhaltung geführt. Die Buchhaltung liefert aber alle Daten für die Kostenrechnung. Der Datenfluss kann wie folgt dargestellt werden:

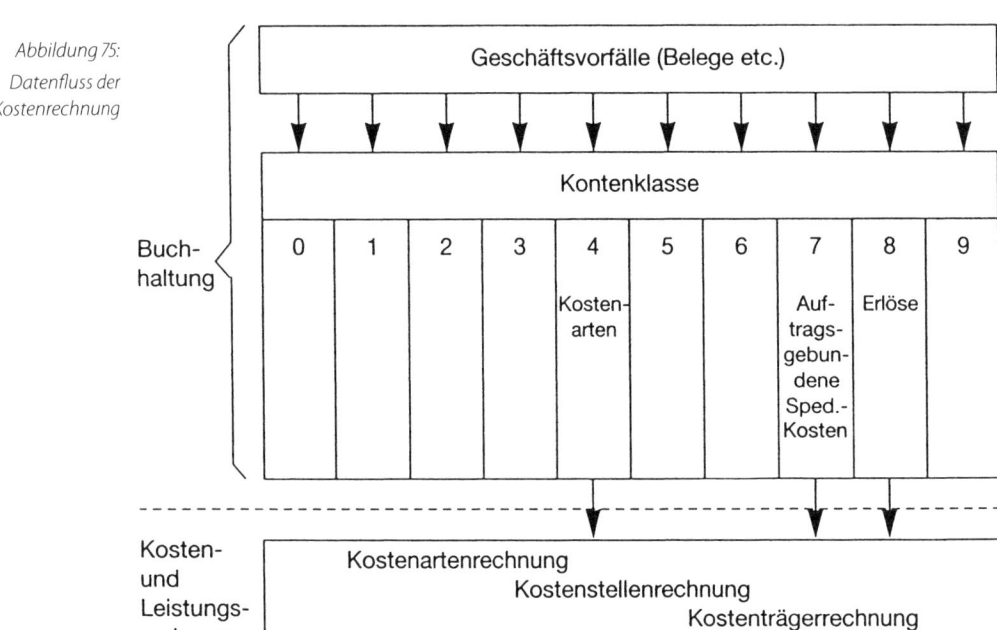

Quelle: Aus Vorauflage

Funktions- Im Folgenden wird versucht, Aufgaben und Funktion des modernen Spediteurs und ihre
kosten des Dokumentation in der Speditionsbuchführung darzustellen.
Spediteurs

Der Spediteur …	In der Speditionsbuchführung sind das die …
1. kauft national und international Verkehrs- und damit zusammenhängende Dienstleistungen ein	dem Auftrag direkt zurechenbare Speditionskosten (zum Beispiel Frachten von Fremdunternehmen), die in der Kontenklasse 7 gebucht werden;
2. ergänzt sie im jeweils erforderlichen Umfang durch selbst produzierte Dienstleistungen und	eigenen Betriebsleistungen verbunden mit den eigenen Betriebskosten, die in der Kontenklasse 4 dokumentiert werden;
3. verkauft beides als Gesamtleistung zu einem Gesamtpreis an seinen Auftraggeber.	Speditionserlöse, die in der Kontenklasse 8 festgehalten werden.

9.4 Aufgaben der speditionellen Kosten- und Leistungsrechnung

Hauptziel der speditionellen Kosten- und Leistungsrechnung ist es, Daten zu liefern

- für die Preisbildung
- für die Kostenkontrolle und Kostenplanung
- für die Entscheidung über Investitionen
- zur Ermittlung der Rentabilität einzelner Unternehmensbereiche
- für die Bildung innerbetrieblicher Verrechnungssätze und betriebswirtschaftlicher Kennzahlen
- für die Vorkalkulation neuer speditioneller Leistungen
- für die Unternehmensleitung (Controlling und andere).

Ziele der Kosten- und Leistungsrechnung

Um diese Ziele erreichen zu können, muss man innerhalb der Kosten- und Leistungsrechnung in folgenden Schritten vorgehen:

1. die Kosten nach Kostenarten erfassen (Kostenartenrechnung)
2. diese Kosten den Kostenstellen (Abteilungen) zuzuordnen (Kostenstellenrechnung)
3. den Kosten denjenigen Leistungen zuordnen, die sie verursacht und demzufolge auch zu tragen haben (Kostenträgerrechnung)
4. die Leistungen (Erlöse) ermitteln (Leistungsartenrechnung)
5. den Betriebserfolg beziehungsweise die Abteilungserfolge = Leistungen (Erlöse) abzüglich Kosten) errechnen
6. die Zahlen der Kosten- und Leistungsrechnung für die Kosten- und Leistungskontrolle im Controlling bereitstellen.

Diese Tätigkeiten werden in den nachfolgenden Ausführungen beschrieben.

9.5 Die Kostenartenrechnung

9.5.1 Aufgaben der Kostenartenrechnung

Die Kostenartenrechnung hat als erste Stufe der Kostenrechnung folgende Aufgaben zu erfüllen:

- die Aufwendungen aus der Finanzbuchhaltung zu übernehmen und von den Kosten sachlich abzugrenzen, sofern das in der Buchhaltung noch nicht geschehen ist
- die Kosten in Kostenarten zu gliedern
- die Kosten zu bewerten, sofern sie von den Ist-Kosten der Buchhaltung abweichen oder dort gar nicht erfasst worden sind (zum Beispiel kalkulatorische Kosten)
- die Kosten periodengerecht zu erfassen.

Kosten

9.5.2   Die grundsätzliche Abgrenzung zwischen Aufwendungen und Kosten

Die durch den betrieblichen Leistungsprozess entstehenden Aufwendungen (Buchhaltungsebene) werden grundsätzlich in Kosten des Betriebes (Kostenrechnungsebene) überführt. Da nicht alle in der Finanzbuchführung gebuchten Aufwendungen als Kosten weiterverrechnet werden sollen, ist zunächst zwischen kostenrechnerisch relevanten und irrelevanten Aufwendungen zu unterscheiden.

Aufwand oder Aufwendungen ist der gesamte erfolgswirksame Wertverzehr an Gütern, Abgaben, Arbeits- und Dienstleistungen in einem Unternehmen während einer Abrechnungsperiode. Sie werden in den Kontenklassen 2, 4 und 7 des Kontenrahmens gebucht. Aus der Sicht der Kostenrechnung werden die Aufwendungen in nicht betriebsbedingte und betriebsbedingte Aufwendungen unterteilt.

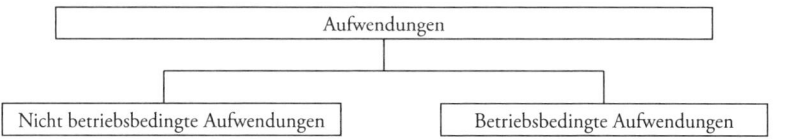

Abbildung 76:
Betriebs- und
nicht betriebs-
bedingte Auf-
wendungen

Quelle: Aus Vorauflage

Nicht betriebsbedingte Aufwendungen sind neutrale Aufwendungen Die **nicht betriebsbedingten** Aufwendungen stehen in keinem Zusammenhang mit der betrieblichen Leistungserstellung, sie dürfen daher der betrieblichen Leistungserstellung nicht zugerechnet werden. Zu diesen Positionen zählen folgende Aufwandsarten gemäß Kontenklasse 2 (Abgrenzungskonten) des *BSL-Kontenrahmens*:

20   Außerordentliche Aufwendungen: Aufwendungen beispielsweise für Unfälle, Brände, Katastrophenschäden soweit sie nicht von der Versicherung vergütet werden

21   Betriebs- und periodenfremde Aufwendungen wie Kursverluste aus Spekulationsgeschäften oder unterlassene bilanzielle Abschreibungen

22   Zinsen und ähnliche Aufwendungen: Zinsenaufwendungen für kurzfristige und langfristige Verbindlichkeiten (soweit sie nicht mit dem Leistungsprozess zusammenhängen), Diskontaufwendungen, zinsähnliche Aufwendungen, Aufwendungen für Kursdifferenzen

23   Steuern vom Einkommen und vom Ertrag: Körperschaftsteuer, Kapitalertragsteuer, Gewerbeertragsteuer, Steuernachzahlungen vom Einkommen und Ertrag sowie sonstige Steuern

24   Sonstige Aufwendungen: Auch Positionen wie Abgänge aus Anlageverkäufen, Einstellung in Sonderposten mit Rücklagenanteil, Spenden, Forderungsverluste, bilanzmäßige Abschreibung sind nicht betriebsbedingt und werden daher in der Kostenrechnung nicht berücksichtigt.

Betriebsbedingte Aufwendungen Grundsätzlich bezeichnet man Aufwandsarten der Klasse 2 in der Kostenrechnung als neutrale Aufwendungen.

Demgegenüber werden betriebsbedingte Aufwendungen der betrieblichen Leistungserstellung zugerechnet, sie decken sich also mit den Kosten. Man nennt sie deshalb auch aufwandsgleiche Kosten. Sie werden von der Buchführung in den Kontenklassen 4 und 7 des *BSL-Kontenrahmens* gebucht und direkt in die Kostenrechnung übernommen.

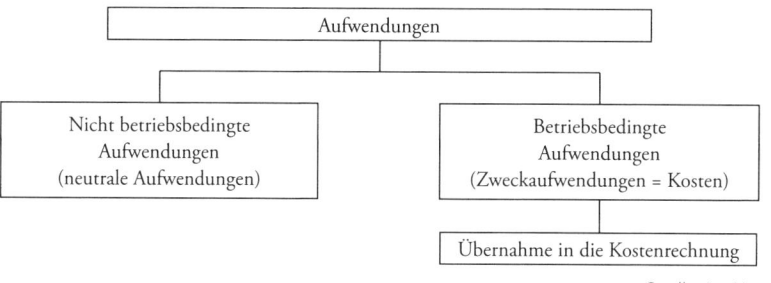

Abbildung 77:
Übernahme von
Aufwendungen
in die Kosten-
rechnung

Quelle: Aus Vorauflage

Grundsätzlich sind **Kosten** bewerteter betriebszweckbezogener Verbrauch von Gütern und Dienstleistungen. Sie dienen der betrieblichen Leistungserstellung. Diese Position ist aber weiter aufzugliedern:

9.5.3 Kosteneinteilung

Kosten können in Grundkosten und in kalkulatorische Kosten eingeteilt werden.

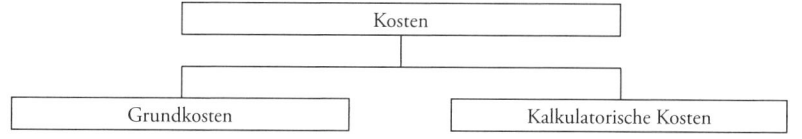

Abbildung 78:
Einteilung der
Kosten

Quelle: Aus Vorauflage

9.5.3.1 Grundkosten

Grundkosten sind den betriebsbedingten Aufwendungen (aufwandsgleiche Kosten oder Zweckaufwendungen) ähnlich. Die Grundkosten setzen sich wiederum aus den Betriebs- kosten und den Speditionskosten zusammen.

- Betriebskosten fallen im Innenbereich des Betriebes an. Beispiele sind Lohn- und Gehaltskosten, Fuhrparkkosten oder Raumkosten. Sie werden in der Konten- klasse 4 des *BSL-Kontenrahmens* (Siehe *9.15*) gebucht.

- Speditionskosten (oder auftragsgebundene Kosten) sind beispielsweise Frachtko- sten für betriebsfremde Frachtführer, Gebühren von Zollagenten usw. Sie werden in der Kontenklasse 7 des *BSL-Kontenrahmens* nach **einer verkehrsbezogenen** Glie- derung gebucht. Insbesondere bei Spediteuren mit geringem Selbsteintrittsanteil stellt dieser Block oft die wichtigste Kostenart dar.

9.5.3.2   Kalkulatorische Kosten

Die kalkulatorischen Kosten sind grundsätzlich solche Kosten, denen keine externen Zahlungsströme gegenüberstehen. Man unterteilt kalkulatorische Kosten in Anderskosten und in Zusatzkosten.

Abbildung 79:
Einteilung Kalkulatorischer Kosten

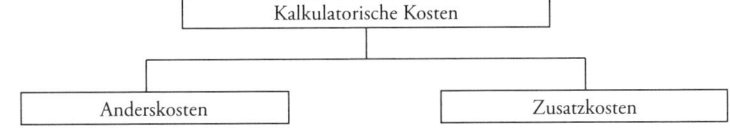

Quelle: Aus Vorauflage

Anders- • Anderskosten sind Kosten, denen zwar Aufwendungen in der Finanzbuchhaltung
kosten   gegenüberstehen, die jedoch in ihren Werten für die Kalkulation ungeeignet sind
              und deshalb mit anderen Werten in die Kostenrechnung eingesetzt werden müs-
              sen. Dazu zählen vor allem die kalkulatorischen Abschreibungen, welche sich an
              der tatsächlichen Nutzungsdauer von Wirtschaftsgütern und nicht an steuerlichen
              Vorgaben orientieren. Sie sind somit aufwandsungleiche Kosten.

Zusatz- • Die Zusatz- (oder aufwandslosen) Kosten sind Kosten, denen kein Aufwand in der
kosten   Geschäftsbuchführung gegenübersteht. Es sind aufwandslose Kosten. Sie können
              zwar in der Geschäftsbuchführung nicht erfasst werden, weil sie keine Geldausgabe
              veranlasst haben, stellen jedoch echten leistungsbedingten Werteverzehr dar und
              müssen deshalb in der Kostenrechnung zusätzlich berücksichtigt werden. Dazu
              zählen vor allem kalkulatorische Mieten und Pachten sowie der kalkulatorische
              Unternehmerlohn bei Einzelunternehmen und Personengesellschaften.

Das folgende Schaubild verdeutlicht die Zusammenhänge:

Abbildung 80:
Nichtkosten und Kosten

Aufwendungen der Geschäftsbuchführung		
Neutrale Aufwendungen	**Betriebsbedingte Aufwendungen**	
Nicht betriebs-bedingte, unter-nehmensbedingte Aufwendungen	Zweckaufwen-dungen Kontenklasse 7: Auftragsgebundene, direkt zurechenbare Speditionskosten	Kontenklasse 4: Kostenarten-Konten
Nichtkosten	**Kosten**	

Grundkosten		Kalkulatorische Kosten	
Übernahme der Aufwendungen in gleicher Höhe = aufwandsgleiche Kosten im Außenbereich	Kosten im Innenbereich	Übernahme der Aufwendungen in anderer Höhe	Errechnete Kosten =aufwandslose Kosten
Speditionskosten	**Betriebskosten**	**Anderskosten**	**Zusatzkosten**
Kosten der Kostenrechnung			

Quelle: Aus Vorauflage

9.5.4 Die Kostenartengliederung nach dem *BSL-Kontenrahmen*

Für die Kostenarten in der Kostenartenrechnung gibt es keine gesetzlichen Gliederungs- **Kosten-** vorschriften. Sinnvoll ist aber, analog zur buchhalterischen Erfassung sowohl der Betriebs- **arten-** kosten als auch der Zusatzkosten die Gliederung der *Kontenklasse 4 (Kostenarten-Konten)* **gliederung** und für die Speditionskosten die Gliederung der *Kontenklasse 7 (auftragsgebundene, direkt zurechenbare Speditionskosten)* des *BSL-Kontenrahmens* zu übernehmen.

- Die *Kontenklasse 4 Kostenarten-Konten* des *BSL-Kontenrahmens* (siehe *9.15*) ist für die Finanzbuchführung so tief gegliedert, dass die Konten und Unterkonten mit ihren Beträgen für die Kostenartengliederung übernommen werden können. Die Entscheidung, ob einige Konten aus der Sicht des Kostenrechners noch tiefer zu unterteilen sind, muss anhand der individuellen Bedeutung einzelner Kostenblöcke für das Unternehmen und der möglichen zusätzlichen Erkenntnisse entschieden werden. Dabei ist eine enge Abstimmung mit der Buchhaltung sinnvoll, da aus Gründen der Übersichtlichkeit und Nachvollziehbarkeit der Kostenentstehung die buchhalterische und kostenrechnerische Kontenstruktur identisch sein sollte.

- Die Speditionskosten sind verkehrsträgerbezogen im *BSL-Kontenrahmen* in der *Kontenklasse 7 (auftragsgebundenen, direkt zurechenbaren Speditionskosten)* enthalten. Gemeint ist damit, dass sich die Kosten eindeutig einem Speditionsauftrag (einer Position) zuordnen lassen. Die *BSL*-Gliederung ist nur bis zu den zweiziffrigen Kontengruppen vorgenommen worden. Auch hier müssen Kostenrechner und Buchhalter gemeinsam entscheiden, welche Tiefengliederung in dreiziffrige Konten und vierziffrige Unterkonten sinnvoll ist. Dabei sind die Restriktionen der genutzten IT zu berücksichtigen.

9.5.5 Die Kostenartenbewertung

Im Rahmen der Kostenartenbewertung werden Kosten zum Zwecke der Kalkulation **Bewertung** bepreist, also der durch sie dem Betrieb entstandene monetäre Aufwand bewertet. **der Kosten**

9.5.5.1 Die Bewertung der Betriebskosten

In den meisten Speditionsunternehmen ist es üblich, die Aufwendungen der Kontengruppen 40 bis 47 (siehe *9.15*) direkt in die Kostenartenrechnung zu übernehmen. Weil die übernommenen Kosten Ist-Kosten sind, bezeichnet man diesen Prozess auch als Ist-Kostenrechnungen.

9.5.5.2 Die Bewertung der kalkulatorischen Kosten

Im Gegensatz dazu werden die kalkulatorischen Kosten – im *BSL-Kontenrahmen* in der **Kalkula-** Kontengruppe 48 – in der Regel in Speditionsbetrieben nicht in der Finanzbuchhaltung, **torische** sondern kostenrechnerisch ermittelt. Dabei haben folgende Positionen branchenspezifisch **Kosten** eine besondere Bedeutung:

a)   Kalkulatorischer Unternehmerlohn

Kalkulatorischer Unternehmerlohn

Im Gegensatz zu den angestellten Geschäftsführern der GmbH und den Vorständen der Aktiengesellschaften erhalten die geschäftsführenden Einzelunternehmer und Gesellschafter von Personengesellschaften (OHG, KG) für ihre Tätigkeit aus steuerlichen Gründen kein Gehalt. Mit dem kalkulatorischen Unternehmerlohn werden die Kosten der Arbeitsleistung der Einzelunternehmer und Gesellschafter sowie der mitarbeitenden Familienangehörigen in die Kostenrechnung aufgenommen. Die Höhe des kalkulatorischen Unternehmerlohns ist angemessen, wenn er den Gehältern von Angestellten mit gleichen Tätigkeiten in ähnlich strukturierten Unternehmen entspricht.

b)   Kalkulatorische Mieten und Pachten

Kalkulatorische Mieten und Pachten

Diese Kosten werden in den Fällen in die Kostenrechnung aufgenommen, in denen der Geschäftsbetrieb in eigenen, das heißt dem Unternehmen gehörenden Gebäuden beziehungsweise Räumen stattfindet. Die kalkulatorischen Mieten und Pachten sind angemessen, wenn sie den tatsächlichen Nutzungswerten vergleichbarer Objekte entsprechen (Vergleichsmiete, Vergleichspacht).

c)   Kalkulatorische Zinsen

Kalkulatorische Zinsen

Betriebswirtschaftlich gesehen müssen nicht nur die für das Fremdkapital zu zahlenden Zinsen sondern auch die Zinsen für die Bereitstellung des Eigenkapitals in die Kostenrechnung einfließen. Weil man nicht feststellen kann, welche Teile des Vermögens durch Fremdkapital beziehungsweise durch Eigenkapital finanziert wurden, werden kalkulatorische Zinsen für die Kostenrechnung nicht getrennt für das Eigen- und Fremdkapital ermittelt, sondern man ermittelt kalkulatorische Zinsen für das gesamte betriebsnotwendige Kapital.

Das betriebsnotwendige Kapital wird beispielsweise wie folgt ermittelt:

	betriebsnotwendiges Anlagevermögen	875 000,– €
+	betriebsnotwendiges Umlaufvermögen	125 000,– €
=	betriebsnotwendiges Vermögen	1 000 000,– €
–	Abzugskapital:	
	(Fremdkapital, das zinslos zur Verfügung steht und durchschnittliche Verbindlichkeiten gegenüber Frachtführern / Lieferanten)	200 000,– €
=	betriebsnotwendiges Kapital	800 000,– €

Als Zinssatz für das Berechnen der kalkulatorischen Zinsen wird üblicherweise der Satz für langfristige Kapitalanlagen verwendet (angenommen werden hier 5 %).

$$\text{Kalkulatorische Zinsen} = \frac{\text{Betriebsnotwendiges Kapital} \cdot 5}{100}$$

$$= \frac{800\,000,-\,€ \cdot 5}{100} = \underline{\underline{40\,000,-\,€}}$$

d) **Kalkulatorische Abschreibungen auf Anlagen**   **Kalkula-**
Die kalkulatorischen Abschreibungen entsprechen begrifflich nicht den bilanziellen, **torische**
steuerlich geprägten Abschreibungen. Differenzen zwischen den bilanziellen und **Abschrei-**
kalkulatorischen Abschreibungen sind deshalb vorhanden, weil folgende Werte **bungen auf**
unterschiedlich eingesetzt und berechnet werden: **Anlagen**

da) Als kalkulatorischer Abschreibungsausgangsbetrag kann entweder der steuerliche Anschaffungspreis (Istpreis), das ist ein Vergangenheitswert, oder der
Wiederbeschaffungspreis, das ist ein Zukunftswert, eingesetzt werden.

db) Als Nutzungsdauer wird in der Regel die tatsächliche und nicht die steuerlich
mögliche Nutzungsdauer festgesetzt.

dc) Als Abschreibungsverfahren sind die (rein zeitabhängige) lineare, oder die **Abschrei-**
degressive Leistungsabschreibung oder Kombinationen der genannten **bungs-**
Abschreibungsverfahren üblich. **verfahren**

Diese wichtigen Methoden lassen sich am Besten an einem Rechenbeispiel erläutern:
Der Anschaffungspreis eines Lkw beträgt 120 000 €. Die Abschreibungsbeträge
und die Buchwerte für da), db) und dc) sind zu ermitteln.

- Die rein zeitabhängige, daher an einer Plannutzungsdauer orientierte
Abschreibung, *Absetzung für Abnutzung (= AfA)* genannt, beträgt für die
lineare Abschreibung 25 % (= 4 Jahre).

- Die rein leistungsabhängige Abschreibung:
Die voraussichtliche gesamte Fahrleistung wird auf 600 000 km geschätzt.
Der Abschreibungsbetrag je km beträgt (120 000 € : 600 000 km =) 0,20 €.
Die Fahrleistungen betrugen im ersten Jahr = 80 000 km, im zweiten Jahr
120 000 km, im dritten Jahr 160 000 km, im vierten Jahr 170 000 km, im
fünften Jahr 70 000 km.

- 50 % des Anschaffungspreises werden linear mit 20 % abgeschrieben;

- 50 % des Anschaffungspreises werden leistungsabhängig mit den eben
genannten Fahrleistungen abgeschrieben.

Lösung:	da) reine zeitabhängige Abschreibung	db) Leistungs-abschreibung
Anschaffungspreis	120 000,– €	120 000,– €
– Abschreibung erstes Jahr	30 000,– €	16 000,– €
Buchwert erstes Jahr	90 000,– €	104 000,– €
– Abschreibung zweites Jahr	30 000,– €	24 000,– €
Buchwert zweites Jahr	60 000,– €	80 000,– €
– Abschreibung drittes Jahr	30 000,– €	32 000,– €
Buchwert drittes Jahr	30 000,– €	48 000,– €
– Abschreibung viertes Jahr	29 999,– €	34 000,– €
Buchwert viertes Jahr		14 000,– €
– Abschreibung fünftes Jahr		13 999,– €
Erinnerungswert	1,– €	1,– €

	dc) 20 % lineare Abschreibung	Leistungs- abschreibung	Jahres- abschreibung
Anschaffungspreis	60 000,– €	60 000,– €	
– Abschreibung erstes Jahr	12 000,– € +	8 000,– € =	20 000,– €
Buchwert erstes Jahr	48 000,– €	52 000,– €	
– Abschreibung zweites Jahr	12 000,– € +	12 000,– € =	24 000,– €
Buchwert zweites Jahr	36 000,– €	40 000,– €	
– Abschreibung drittes Jahr	12 000,– € +	16 000,– € =	28 000,– €
Buchwert drittes Jahr	24 000,– €	24 000,– €	
– Abschreibung viertes Jahr	12 000,– € +	17 000,– € =	29 000,– €
Buchwert viertes Jahr	12 000,– €	7 000,– €	
– Abschreibung fünftes Jahr	11 999,– € +	7 000,– € =	18 999,– €
Erinnerungswert		1,– €	

Bei der Ermittlung kalkulatorischer Abschreibungen auf Fahrzeuge wird in der Regel eine Kombination von 50 % zeitabhängige und 50 % leistungsabhängige Abschreibung gewählt. Davon wird nur in Ausnahmefällen (zum Beispiel bei Jahresfahrleistungen über 160 000 km) abgewichen.

Die übrigen Wirtschaftsgüter in klassischen Speditionsunternehmen wie Stapler, Gebäude etc. werden kalkulatorisch in der Regel linear abgeschrieben.

e) **Kalkulatorische Wagnisse und kalkulatorische Abschreibungen auf Forderungen:**

Kalkulatorische Wagnisse

Mit den kalkulatorischen Wagnissen berücksichtigt man in der Kostenrechnung die Verlustgefahren, die durch die unternehmerische Tätigkeit entstehen. Wesentliche Wagnisarten sind:

– Anlagewagnis: Schäden durch unsachgemäße Behandlung, Maschinenbruch, Betriebsstörungen usw.
– Gewährleistungswagnis: zusätzliche Aufwendungen für kostenlose Ersatzauslieferungen, Preisnachlässe für mangelhafte Leistungen, Sonderfahrten usw.
– Beständewagnis: Diebstahl, Preissenkung, Verderb von Lagerbeständen
– Vertriebswagnis: Forderungsverluste, Währungsrisiken, Kursschwankungen, Umsatzausfall durch Witterungseinfluss

Kalkulatorische Abschreibungen auf Forderungen

Aus den Vertriebswagnissen werden – wegen ihrer Bedeutung – die Forderungsverluste herausgenommen und als kalkulatorische Abschreibungen auf Forderungen eigens ausgewiesen. Gegebenenfalls sind hier bereits – da auch steuerlich zulässig – Rückstellungen gebildet worden, so dass der Aufwand schon berücksichtigt ist.

Die eintretenden Wagnisse, insbesondere die kalkulatorischen Abschreibungen auf Forderungen sind Zufallsschwankungen unterworfen. Würde man die tatsächlich angefallenen Kosten in die Kostenrechnung übernehmen, würden die Abrechnungsperioden und Kostenträger ungleich belastet werden. Man ermittelt daher einen Durchschnittswert aus den letzten fünf Jahren und setzt diesen Wert in die Kostenrechnung ein. Treten keine Schäden ein, ist ein gewinnerhöhender Effekt durch die Berechnung der kalkulatorischen Wagnisse erzielt worden. Werden

Wagnisse fremdversichert, ermittelt man für diese Risiken keine kalulatorischen Wagnisse, es werden die geleisteten Prämienzahlungen aus der Buchhaltung in die Kostenrechnung übernommen.

9.5.6 Periodengerechte Kostenartenerfassung

Eine Kostenrechnung kann nur dann ein wirksames Mittel der Unternehmensführung sein, wenn Ihre Ergebnisse kurzfristig (monatlich) vorliegen. Die Aufwendungen fallen jedoch nicht immer für diese Abrechnungsperioden an. So werden zum Beispiel Versicherungsprämien oft für ein Jahr bezahlt. Die übernommenen Aufwendungen müssen daher für die Abrechnungsperioden abgegrenzt werden, das heißt es muss jeweils der erforderliche Periodenbetrag der Kostenart ermittelt und in die Kostenartenrechnung eingesetzt werden.

Periodengerechte Kostenartenerfassung

> Beispiel 1:
> Die jährlichen Kosten der Betriebshaftpflichtversicherung betragen 48 000 €. Die monatlichen Versicherungskosten betragen demnach 48 000,– € : 12 Monate = 4 000,– €.

> Beispiel 2:
> Das gleiche Vorgehen (Verteilung der Jahreskosten auf zwölf Monate) ist auch erforderlich, wenn zum Beispiel ein 13. Gehalt / Weihnachtsgeld bezahlt wird.

Mit der periodengerechten Kostenerfassung ist die Kostenartenrechnung abgeschlossen. Die weiteren Bereiche der Kosten- und Leistungsrechnung können somit stets auf diese Ausgangsgrößen zurückgreifen. In den heutigen IT-Programmen zur Kostenrechnung ist es möglich, viele der geschilderten Prozesse zu automatisieren. Trotzdem ist es natürlich erforderlich, dass der Kostenrechner die Zusammenhänge kennt, da er die Zuordnungsvorgaben in die IT-Programme einstellen muss.

9.6 Die Kostenstellenrechnung

Sinn der Kostenrechnung ist es vor allem, die Kosten der Erbringung einer speditionellen Leistung verursachungsgerecht den erzielten Erlösen gegenüber zu stellen. Das geht nur auf Ebene der einzelnen Aufträge. Demnach sind Speditionsaufträge beziehungsweise Transportaufträge die Kostenträger der speditionellen Kostenrechnung.

Kostenzurechnung auf Kostenträger

Versucht man mit den ermittelten Zahlen der Kostenartenrechnung die Selbstkosten eines Speditionsauftrages (Kostenträgers) zu kalkulieren, stellt man aber fest, dass es Kostenarten gibt, die man dem Speditionsauftrag (Kostenträger) **direkt** zurechnen kann (zum Beispiel Rechnungen von Frachtführern). Anderseits sind aber eine Reihe von Kostenarten allenfalls indirekt einem Kostenträger zuzurechnen, weil es Kosten sind, die für mehrere Speditionsaufträge anfallen (zum Beispiel Verwaltungskosten). In diesem Sinne unterteilt man daher die Kosten in Einzelkosten und Gemeinkosten.

Einzel- • Einzelkosten sind Kosten, die einem Speditionsauftrag (Kostenträger) direkt zuge-
kosten   rechnet werden können. Es sind dies die auftragsgebundenen, direkt zurechenbaren Speditionskosten der Kontenklasse 7 des *BSL-Kontenrahmens.*

Gemein- • Gemeinkosten sind Kosten, die einem Speditionsauftrag (Kostenträger) nur indi-
kosten   rekt zugerechnet werden können, also die Betriebskosten der Kontenklasse 4 des
BSL-Kontenrahmens (siehe 9.15). Der überwiegende Teil dieser Kosten fällt außerhalb der eigentlichen Speditionsabteilungen an. Sie müssen dem Kostenträger
daher auf dem Umweg über die Kostenstellenrechnung zugerechnet werden.

BAB: Die Betriebsabteilungen werden in der Kostenrechnung Kostenstellen genannt. Die
Kosten- erforderliche Aufteilung der Gemeinkosten auf die Speditionsabteilung (= Kostenstellen)
stellen- heißt Kostenstellenrechnung. Die Kostenstellenrechnung findet außerhalb der Buchfüh-
rechnung rung im sogenannten *Betriebsabrechnungsbogen (BAB)* statt. Die Kostenstellenrechnung
ermöglicht es, die Gemeinkosten anteilig erst den Speditionsabteilungen und von dort
den Kostenträgern (Speditionsaufträgen) zuzurechnen.

Auf diese Art und Weise lassen sich die Selbstkosten eines Speditionsauftrages verursachungsgerecht ermitteln. Die Selbstkosten sind also der Betrag, den der Auftrag den
Betrieb selbst kostet. Im Detail sind dazu folgende Schritte erforderlich:

Abbildung 81:
Kalkulations-
schema der
Selbstkosten

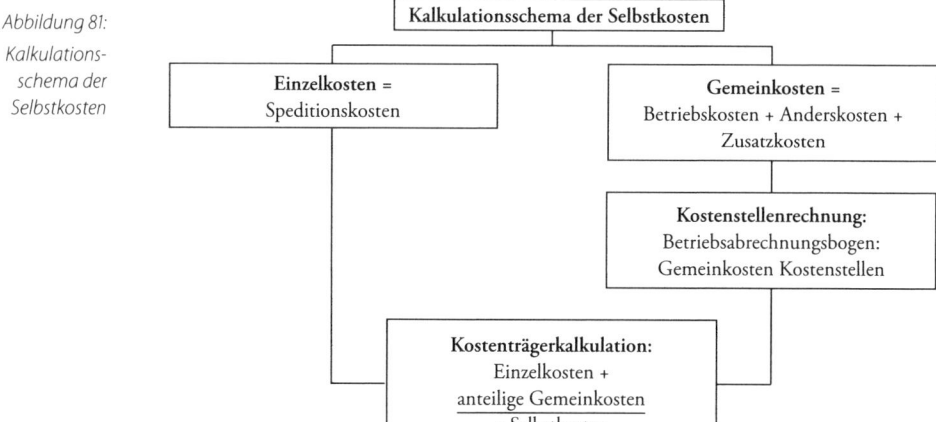

Quelle: Aus Vorauflage

9.6.1   Aufgaben der Kostenstellenrechnung

Kosten- Die Kostenstellenrechnung beantwortet die Frage: Wo, das heißt in welcher Kostenstelle
stellen- sind welche Gemeinkosten in welcher Höhe angefallen? Sie hat im Einzelnen folgende
rechnung Aufgaben zu erfüllen:

• den Betrieb in Kostenstellen aufzuteilen und einen entsprechenden Kostenstellenplan zu erstellen

• im *Betriebsabrechnungsbogen* die Gemeinkosten auf die Kostenstellen verursachungsgerecht zu verteilen (innerbetriebliche Leistungsverrechnung)

- Kalkulationsdaten für die Kostenträgerrechnung beziehungsweise für die Vor- und Nachkalkulation zur Verfügung zu stellen
- die Kosten und die wirtschaftliche Situation beziehungsweise Entwicklung der Kostenstellen zu überwachen und die notwendigen Daten für die Kostenplanung zur Verfügung stellen.

9.6.2 Kostenstellenbildung – Kostenstellenplan

Kostenstellen sind Orte, an denen Kosten anfallen und denen Kosten zugerechnet wer- **Kosten-** den. Kostenstellen können gebildet werden: Nach Verantwortungsbereichen, nach räum- **stellen** lichen Aspekten, nach abrechnungstechnischen Gesichtspunkten, nach Kostenträgergesichtspunkten.

Daher erfolgt die Kostenstellenbildung in der Regel auf der Grundlage des aktu- **Kosten-** ellen Organisationsplanes. Die Kostenstellenbildung ist abgeschlossen, wenn für das ge- **stellen-** samte Unternehmen ein Kostenstellenplan vorliegt und die Kosten- und Leistungsstel- **bildung** len nummeriert sind. Die Struktur sollte so gewählt werden, dass sie auch bei etwaigen Organisationsänderungen und Erweiterungen der Kosten- und Leistungsstellen nicht abgewandelt werden muss.

9.6.3 Einteilung der Kostenstellen

Nur ein Teil der Kostenstellen kann sich durch Außenumsatz selbst finanzieren. Unter **Kosten-** diesem Gesichtspunkt unterscheidet man die Kostenstellen in Haupt- und Hilfskosten- **stellen-** stellen. **arten**

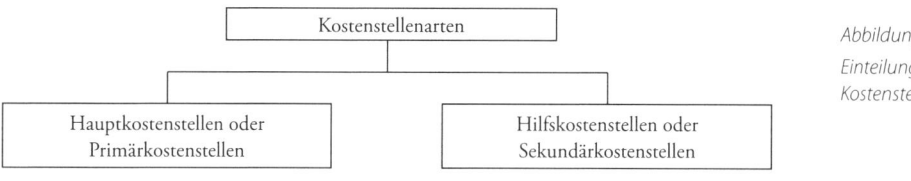

Abbildung 82:
Einteilung der
Kostenstellen

Quelle: Eigene Darstellung

- Hauptkostenstellen sind Kostenstellen (Abteilungen), in denen die speditionellen **Haupt-** Hauptleistungen erbracht werden und deren Leistungen zu externen (Kunden)- **kosten-** erlösen führen. Sie sind die speditionellen Produktionsstätten wie Lkw-Spedition oder **stellen** Logistikprojekte. Hauptkostenstellen werden oft auch Primärkostenstellen genannt.
- Die Hilfskostenstellen sind nicht direkt mit dem Erstellen der speditionellen Leistungen **Hilfs-** befasst, sondern sie erbringen notwendige Vorleistungen für Hauptkostenstellen. Sie **kosten-** erzielen somit keine eigenen Markterlöse. Typische Beispiele sind im technischen **stellen** Bereich anzutreffen: Umschlaglager, Werkstatt, Tankstelle, Waschanlage oder Fuhrpark. Man bezeichnet Hilfskostenstellen auch als Sekundärkostenstellen.

Weil die Hilfskostenstellen den Hauptkostenstellen zuarbeiten, werden sie möglichst verursachungsgerecht auf die Hauptkostenstellen umgelegt.

9.6.4 Der *Betriebsabrechnungsbogen*

Die Verteilung der Gemeinkosten auf die Kostenstellen und die Bildung der Stellenkosten erfolgt im *Betriebsabrechnungsbogen*, kurz *BAB* genannt.

9.6.4.1 Aufbau eines *Betriebsabrechnungsbogens (BAB)*

Betriebsab-
rechnungs-
bogen

Den *Betriebsabrechnungsbogen* kann man sich als eine Tabelle vorstellen, in deren Zeilen die Gemeinkostenarten der Klasse 4 des *BSL-Kontenrahmens* sowie die kalkulatorischen Kosten mit ihren Beträgen und in deren Spalten zunächst die Hilfs- und dann die Hauptkostenstellen aufgeführt sind. In manchen *BAB* werden auch die Verteilungsschlüssel in einer Spalte genannt. Heute wird der *BAB* innerhalb einer Kostenrechnungs-Software geführt.

9.6.4.2 Gliederung der Gemeinkostenarten im *BAB*

Die Gemeinkostenarten werden verursachungsgemäß auf die Kostenstellen aufgeteilt. Bei der Gemeinkostenverteilung sind wiederum zwei Kostenarten zu unterscheiden:

Kosten-
stellen-
einzel-
kosten

- Die **Kostenstelleneinzelkosten** fallen nur für eine Kostenstelle an und können daher einer Kostenstelle direkt zugerechnet werden. Diese Kostenstelleneinzelkosten unterliegen der ständigen Kontrolle und Beeinflussung durch den Kostenstellenverantwortlichen. Kostenstelleneinzelkosten sind zum Beispiel Personalkosten.

Kosten-
stellen-
gemein-
kosten

- Die **Kostenstellengemeinkosten** fallen für mehrere Kostenstellen an und müssen daher mit einem Verteilungsschlüssel verursachungsgerecht auf die Kostenstellen aufgeteilt werden.

Abbildung 83:
Gliederung der
Gemeinkosten-
arten

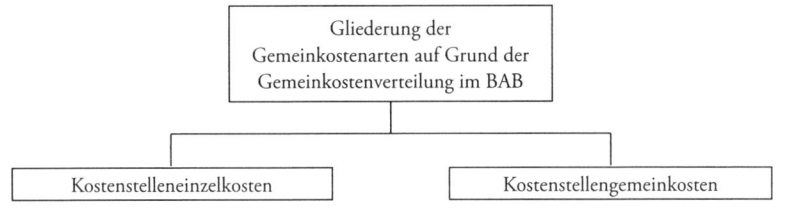

Quelle: Aus Vorauflage

9.6.4.3 Probleme der Kostenschlüsselung

Kosten-
schlüssel

Verteilungsschlüssel (Schlüsselgrößen) für die Verteilung der Kostenstellengemeinkosten auf die einzelnen Kostenstellen können beispielsweise folgende Schlüsselarten sein:

Art des Schlüssels	Beispiel für den Schlüssel	Beispiel für seine Anwendung
Fester Schlüssel	Raumfläche / m²	Raumkosten / Gebäude
veränderlicher Schlüssel	gefahrene Strecke	Fuhrparkkosten
	Zeitaufwand / h	Reparaturen
Mengenschlüssel	Zahl der Beschäftigten	Kosten der Kantine,
		Gehaltsbuchhaltung
Wertschlüssel	Lohn- und Gehaltskosten	Kosten gesetzlicher
		Sozialleistungen

Tabelle 24:
Beispiel für
Kostenschlüssel

Quelle: Aus Vorauflage

Die Schlüssel sind Hilfsgrößen der Kostenverteilung. Sie sollen für eine möglichst verursachungsgemäße Verteilung der Kosten sorgen und sich somit proportional zu den zu verteilenden Kostenarten verhalten: Ändert sich die Schlüsselgröße, müssen sich die Kosten proportional zur Veränderung der Schlüsselgröße ändern.

Die auf alle Kostenstellen verteilten Gemeinkostenarten werden zu Kostenstellenkosten. Die für jede Kostenstelle gebildeten Summen nennt man Stellenkosten. Sie zeigen die Kostensituation in den Kostenstellen auf.

9.6.4.4 Einstufiger *BAB*

Ein einstufiger *BAB* besitzt nur Hauptkostenstellen. Der Aufbau und die Kostenverrechnung sind verhältnismäßig einfach, der Ansatz ist aber nur selten (in sehr kleinen Speditionsunternehmen) sinnvoll. Der nachfolgende Beispiel-*BAB* zeigt die Hauptkostenstellen Internationale Spedition, Luftfrachtspedition und Lkw-Spedition.

Einstufiger BAB

Kostenarten \ Kostenstellen	Betrag	Internationale Spedition	Luftfrachtspedition	Lkw-Spedition
Lohnkosten	80 000	20 000	25 000	35 000
Gehaltskosten	240 000	90 000	70 000	80000
Fuhrparkkosten	90 000	8 000	12 000	70 000
Raumkosten	60 000	14 000	28 000	18 000
Verwaltungskosten	40 000	11 000	16 000	13 000
Steuern, Versicherungen	30 000	9 000	7 000	14 000
Unternehmenskosten	15 000	6 000	4 000	5 000
Kalkulatorische Kosten	36 000	5 000	22 000	9 000
Stellenkosten	591 000	163 000	184 000	244 000

Tabelle 25:
Beispiel für einen
einstufigen BAB

Quelle: Aus Vorauflage

9.6.4.5 Mehrstufiger *BAB* – Kostenstellenumlageverfahren

Größere Speditionsunternehmen errichten zusätzlich zu den Hauptkostenstellen noch Hilfskostenstellen. Die Stellenkosten der Hilfskostenstellen werden auf der Basis von Umlageschlüsseln auf die empfangenden Hauptkostenstellen verteilt.

Mehrstufiger BAB

Die nachfolgende Darstellung enthält beispielhaft die Umlage der Hilfskostenstellen „Verwaltung" und „Fuhrpark" auf die Hauptkostenstellen „Internationale Spedition", „Luftfrachtspedition" und „Lkw-Spedition".

Bei dieser stufenweisen Umlage, auch Stufenumlageverfahren genannt, werden mehrere vorhandene Hilfskostenstellen so lange weiterverrechnet, bis alle Hilfskostenstellen die bei Ihnen gesammelten Kosten an die Hauptkostenstellen weitergegeben haben. Der Übersichtlichkeit wegen werden die Vorkostenstellen in der Reihenfolge ihrer Entlastung angeordnet; dadurch entstehen die „Stufen" der Umlage, nach denen der mehrstufige *BAB* genannt wird.

Tabelle 26:
Beispiel für einen
mehrstufigen
BAB

Kostenarten \ Kostenstellen	Betrag	Hilfskostenstellen		Hauptkostenstellen		
		Verwaltung	Fuhrpark	Intern. Spedition	Luftfracht-spedition	Lkw-Spedition
Lohnkosten	1 200	600	50	170	160	220
Gehaltskosten	3 100	300	400	700	1 100	600
Fuhrparkkosten	2 200		2 200			
Raumkosten	1 800	80	270	440	620	390
Steuern u.a.	1 000	90	180	270	210	250
Unternehmenskosten	3 500	260	910	900	1 050	380
Kalkulatorische Kosten	2 900	180	420	520	740	1040
Zwischensumme	15 700	1 510	4 430	3 000	3 880	2 880
Umlage Verwaltung			400	600	300	210
Zwischensumme			4 830	3 600	4 180	3 090
Umlage Fuhrpark				1 650	2 100	1 080
Stellenkosten der Hauptkostenstellen	15 700			5 250	6 280	4 170

Quelle: Eigene Darstellung

9.7   Die Leistungsartenrechnung

Leistungen Unter Leistung versteht man betriebsbedingte Erlöse.

9.7.1   Aufgaben der Leistungsartenrechnung

Die Leistungsartenrechnung hat – analog zur Kostenartenrechnung – folgende Aufgaben zu erfüllen:
- die Erträge von den Leistungsarten (Erlösen) sachlich abzugrenzen
- die Leistungsarten (Erlöse) periodengerecht zu erfassen
- die Leistungen in Leistungsarten (Erlöse) zu gliedern (Leistungsartenrechnung)
- die Erlöse den Leistungsstellen zuweisen
- die Erlöse den Leistungsträgern zurechnen.

9.7.2 Die sachliche Abgrenzung zwischen Erträgen und Leistungsarten (Erlösen)

Ertrag ist jeder erfolgswirksame Wertzuwachs im Unternehmen während einer Abrechnungsperiode. Letztendlich vermehren Erträge das Eigenkapital. Erträge werden in der Finanzbuchführung in den Kontenklassen 2 und 8 (siehe *9.15*) gebucht. Sie werden in neutrale und betriebsbedingte Erträge unterteilt. **Ertrag**

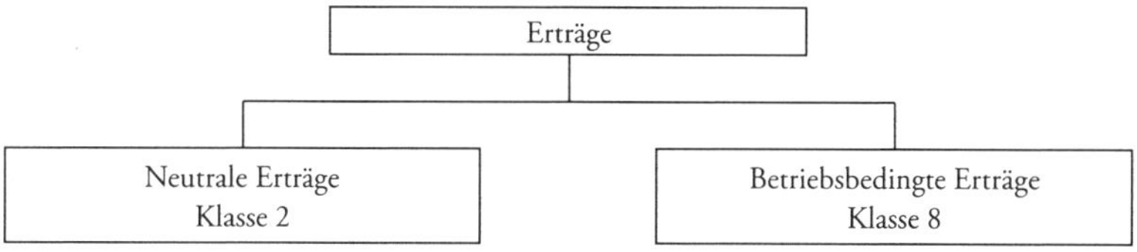

Abbildung 84:
Unterteilung der Erträge

Quelle: Aus Vorauflage

- **Neutrale Erträge** sind rein unternehmensbedingte Erträge ohne Bezug zur regelmäßigen betrieblichen Leistungserstellung. Hierzu zählen gemäß *BSL-Kontenrahmen* folgende Abgrenzungskonten der Kontenklasse 2 (vergleiche *9.15*): **Neutrale Erträge**

  25 Außerordentliche Erträge:
  Das sind unter anderem Gewinne aus Unternehmungsverschmelzungen oder Schuldnachlässen

  26 Betriebs- und periodenfremde Erträge:
  Betriebsfremde Erträge sind zum Beispiel Erträge aus Spekulationsgeschäften.
  Periodenfremde Erträge könnten Zahlungseingänge für betriebsfremde Erträge aus Vorjahren sein

  27 Zinserträge:
  Erträge aus Finanzanlagen oder Kursdifferenzen, Diskonterträge

  28 Sonstige Erträge:
  Steuererstattung aus Vorjahren, Erträge aus Gewinnabführungsvereinbarungen mit Tochtergesellschaften oder Erträge aus Anlageverkäufen über Buchwert.

- **Betriebsbedingte Erträge** (Erlöse) stehen im unmittelbaren Zusammenhang mit der eigentlichen betrieblichen Leistungserstellung. Man nennt sie auch Zweckerträge. Die aus dem Verkauf der Speditionsleistungen erzielten Erträge (Markterträge) nennt man in der Kosten- und Leistungsrechnung Leistungen. Der *BSL-Kontenrahmen* bezeichnet diese Leistungen in der Kontenklase 8 als Erlöse (Speditionserlöse). Die in der Kontenklasse 8 benannten Arten der Speditionserlöse sind demnach die speditionellen Leistungsarten. In der speditionellen Kosten- und Leistungsrechnung hat sich der Begriff „speditionelle Leistungsart" nicht verbreitet. Die Begriffe „Leistung" und „Erlös" werden daher häufig bedeutungsgleich gebraucht. **Erlöse**

443

Innerbe- Im Gegensatz zu den externen, (also unmittelbar finanzwirksamen) Erträgen stehen die
triebliche innerbetriebliche Leistungen: Diese lassen sich an folgendem Beispiel erläutern: Die
Leistungen meisten Speditionsbetriebe sind Gemischtbetriebe, Speditions- und Lagerfunktionen
werden in der Regel durch Transportfunktionen ergänzt. In einem Gemischtbetrieb ist
es selbstverständlich, dass zum Beispiel die Transportfunktion auch von anderen Abteilungen des Betriebes in Anspruch genommen wird. Durch die Inanspruchnahme der
Leistungen anderer Kostenstellen (Abteilungen) wird deutlich, dass der speditionelle
Gemischtbetrieb nicht nur Absatzleistungen erstellt, die für den Verkehrsmarkt bestimmt sind, sondern es findet im Unternehmen selbst ein ständiger Leistungsaustausch
zwischen den Kostenstellen (Abteilungen) statt. Diesen internen Leistungsaustausch bezeichnet man als innerbetriebliche Leistungen. Weitere Ausführungen zu den innerbetrieblichen Leistungen sind dem *Kapitel 9.8 Die innerbetriebliche Leistungsverrechnung
und die Kostenstellenergebnisrechnung* zu entnehmen.

9.7.3   Gliederung der Erlösarten

Erlös- In der Kontenklasse 8 des *BSL-Kontenrahmens* werden die Erlöse (Leistungsarten) ver-
gliederung kehrsträgerbezogen gegliedert. In der Praxis sind auch andere Strukturierungen gebräuchlich, zum Beispiel nach geographischen Kriterien (Relationen).

9.7.4   Periodengerechtes Erfassen der Erlöse

Perioden- Bei der Erfassung der Erlöse ist darauf zu achten, dass die Rechnungen für die erbrachten
gerechte speditionellen Leistungen periodengerecht gebucht werden. Die Bezahlung der Rechnung
Erlös- hat auf das periodengerechte Erfassen keinen Einfluss. Die von der Buchführung in der
erfassung Kontenklasse 8 gebuchten Erlöse können daher direkt in die Leistungsrechnung übernommen werden.

Die Ausführungen zu den Erträgen, Leistungen und Erlösen lassen sich schaubildlich
wie folgt darstellen:

Abbildung 85:
Erlösrechnung

Erträge der Geschäftsbuchführung	
Neutrale Erträge Unternehmensbedingte Erträge, nicht betriebsbedingte Erträge Kontenklasse 2 **Nichtleistungen**	Betriebsbedingte Erträge Zweckerträge Kontenklasse 8: Erlöskonten

Grundleistungen	Innerbetriebliche Leistungen
Absatzleistungen = Erlöse	
Leistungen der Leistungsrechnung	

Leistungen – Kosten = Betriebsgewinn
Erträge – Aufwendungen = Unternehmensgewinn

Quelle: Aus Vorauflage

9.8 Die innerbetriebliche Leistungsverrechnung und die Kostenstellenergebnisrechnung

Zur Erläuterung dieser Rechenarten ist der Ansatz des speditionellen Gemischtbetriebes (Daher: Speditions- und Lagerfunktionen werden durch Transportfunktionen ergänzt) aufzunehmen. **Austausch innerbetrieblicher Leistungen**

Die innerbetriebliche Leistungserbringung erfolgt in der Regel zwischen Hilfskostenstellen und Hauptkostenstellen (siehe *Kap. 9.6.3.4*). Sie wird im Rahmen der eingesetzten Speditions-Software automatisch oder aber manuell mit Hilfe interner Belege dokumentiert. In der klassischen Kosten- und Leistungsrechnung wurden diese Belege dann mit internen Verrechnungspreisen versehen, deren Höhe sich aus den entstandenen Stellenkosten der jeweiligen Hilfskostenstelle ergab. Damit wurde auch die Umlage auf die entsprechenden Hauptkostenstellen vorgenommen; die auf der Hilfskostenstelle aufgelaufenen Kosten sind damit vollständig verteilt (siehe mehrstufiger *BAB*).

Dieser Ansatz weicht heute einer anderen Philosophie: Dabei stellt man sich primär die Frage, ob man die von der Hilfskostenstelle erbrachte Leistung nicht besser fremd bezogen hätte (*Make or Buy*-Entscheidung). In diesem System nehmen die Hauptkostenstellen die innerbetrieblichen Leistungen zu Marktpreisen von den Hilfskostenstellen ab. Dies wiederum hat zur Folge, dass – kostenrechnerisch gesehen – die Hilfskostenstellen zu Hauptkostenstellen werden, weil ihnen eigene Markterlöse zugerechnet werden. Die Hilfskostenstellen verkaufen ihre internen Leistungen zu Marktpreisen an die Hauptkostenstellen. Damit kann der Leiter der Hilfskostenstelle auch seinen erzielten Erfolg oder Misserfolg messen. Die Hilfskostenstellen werden dadurch motiviert, wirtschaftlich zu arbeiten. **Make or Buy-Entscheidungen**

Ob die innerbetriebliche Leistung oder die Marktleistung durch Subunternehmen kostengünstiger ist, kann regelmäßig am Ergebnis der Hilfskostenstellen geprüft und entsprechende Unternehmensentscheidungen vorbereitet werden.

9.8.1 Die Erfassung innerbetrieblicher Leistungen

Die innerbetriebliche Leistungsverrechnung beginnt mit der Leistungserfassung. Das bedeutet, dass zur späteren, verursachungsgerechten Leistungsverrechnung neben rein monetären Größen auch die erbrachten Leistungen zusammen mit dem Leistungserbringer (leistende Abteilung) und dem Leistungsverbraucher (empfangende Abteilung) dokumentiert werden. Dies geschieht heute in IT-basierenden Verfahren meist innerhalb des Speditionsprogramms. So wird beispielsweise in der Kostenstelle „Fuhrpark" die Art der Anlieferung (eigener Nah- oder Fernverkehr, fremder Nahverkehr, Selbstabholer) sendungsgenau erfasst. **Innerbetriebliche Leistungserfassung**

Diese Erfassung erfolgt auch im Allgemeinen in der Abteilung, in der die innerbetriebliche Leistung erbracht wird. Nachfolgend beispielhaft einige speditionelle Hilfskostenstellen mit typischen durch sie erbrachten Leistungen / Leistungseinheiten:

Tabelle 27:

Kostenstelle	zu erfassende Daten
Werkstatt	Stunden
Tankstelle	getankte Menge / Liter
Waschanlage	Wascheinheiten
Fuhrpark	beförderte Menge im Nah- und Fernverkehr in Tonnen oder Paletten
Umschlaglager	bewegte Tonnage
Umschlaggeräte	bewegte Tonnage

*Leistungs-
erfassung für
Hilfskostenstelle*

Quelle: Eigene Darstellung

9.8.2   Die Bewertung innerbetrieblicher Leistungen

Grundsätzlich gibt es drei Möglichkeiten, die erfassten Leistungsdaten zu bewerten: Mit Ist-Kosten, mit innerbetrieblichen Verrechnungssätzen oder zu Marktpreisen.

Ist-Kosten
- **Ist-Kosten** sind die Kosten, die die leistende Kostenstelle für die Erbringung der innerbetriebliche Leistung tatsächlich aufgewendet hat. Sie können sich bei Beschäftigungsschwankungen ändern.

**Innerbe-
triebliche
Verrech-
nungssätze**
- **Innerbetriebliche Verrechnungssätze** sind Beträge, die zwischen den zuständigen Kostenstellenleitern vereinbart oder durch das Controlling festgelegt wurden. Die innerbetrieblichen Sätze sind entweder stark von subjektiven Überlegungen getragen oder sie orientieren sich an Marktpreisen.

**Markt-
preise**
- **Marktpreise** sind Preise, die für eine vergleichbare Leistung am Markt üblich sind. Die Ermittlung zutreffender Marktpreise ist leider oft aufwendig.

Trotzdem setzt sich in der speditionellen Praxis die Verrechnung von innerbetrieblichen Leistungen nach – zumindest marktangenäherten – Preisen immer mehr durch. Nur diese Methode ermöglicht nämlich einen kontinuierlichen Vergleich der Wirtschaftlichkeit der leistungsabgebenden Stelle mit externen Dienstleistern (zum Beispiel externe Reparaturwerkstätten).

9.8.3   Die innerbetriebliche Leistungsverrechnung im *BAB*

**Innerbe-
triebliche
Leistungs-
verrech-
nung im
BAB**
Die innerbetriebliche Leistungsverrechnung wird im *Betriebsabrechnungsbogen* (*BAB*) vorgenommen. Dabei handelt es sich in der Regel um ein Modul der speditionellen Kostenrechnungs-Software. Im nachfolgenden Beispiel werden nach der Umlage aller Hilfskostenstellen die erbrachten Leistungen der Kostenstelle „Fuhrpark" gutgeschrieben. Der gleiche Betrag wird in der nächsten Zeile den empfangenden Hauptkostenstellen belastet, das heißt intern in Rechnung gestellt. Nach der Umlage können die Stellenkosten der Hauptkostenstellen ermittelt werden.

Kostenstellen		Hilfskosten-stellen	Hauptkostenstellen			
Kostenarten	Betrag	Verwaltung	Fuhrpark	Intern. Spedition	Luftfracht-spedition	Lkw-Spedition
Lohnkosten	1 200	600	50	170	160	220
…						
…						
Zwischensumme	15 700	1 510	4 430	3 000	3 800	2 880
Umlage Verwaltung			400	600	300	210
Zwischensumme	15 700		4 830	3 600	4 180	3 090
Innerbetriebl. Leistungs-verrechnung Fuhrpark: Gutschrift Belastung	5 500 5 500		5 500	1 750	2 300	1 450
Stellenkosten Hauptkostenstellen				5 350	6 480	4 540

Tabelle 28: Innerbetriebliche Leistungs-verrechnung im BAB

Quelle: Aus Vorauflage

9.8.4   Die Kostenstellenergebnisrechnung

Der Abschluss der internen Kosten- und Leistungsverrechnung ist die Kostenstellen-ergebnisrechnung (Abteilungsergebnisrechnung). Den Stellenkosten der Hauptkosten-stellen werden die Erlöse der Kontenklasse 8 des *BSL-Kontenrahmens* und den Stellenkosten der Hilfskostenstellen werden die Gutschriftsbeträge der belasteten Hauptkostenstelle gegenübergestellt. Somit kann man das Abteilungsergebnis (Kostenstellengewinn oder Kostenstellenverlust) jeder Kostenstelle ermitteln.

Kosten-stellen-ergebnis-rechnung

Nachfolgend das Beispiel einer Kostenstellenergebnisrechnung nach innerbetrieb-licher Leistungsverrechnung im *BAB*, wobei das Kostenstellenergebnis in der letzten Zeile ausgewiesen wird:

Tabelle 29:
Kostenstellen-
ergebnis-
rechnung

Kostenstellen			Hilfskosten-stellen	Hauptkostenstellen			
Kostenarten	Betrag		Verwaltung	Fuhrpark	Intern. Spedition	Luftfracht-spedition	Lkw-Spedition
Lohnkosten	1 200		600	50	170	160	220
Gehaltskosten	3 100		300	400	700	1 100	600
Fuhrparkkosten	2 200			2 200			
Raumkosten	1 800		80	270	440	620	390
Steuern u.a.	1 000		90	180	270	210	250
Unternehmenskosten	3 500		260	910	900	1 050	380
Kalkulatorische Kosten	2 900		180	420	520	740	1 040
Zwischensumme	15 700		1 510	4 430	3 000	3 800	2 880
Umlage Verwaltung				400	600	300	210
Zwischensumme	15 700			4 830	3 600	4 180	3 090
Innerbetriebl. Leistungs-verrechnung Fuhrpark:							
Gutschrift	5 500			5 500			
Belastung	5 500				1 750	2 300	1 450
Stellenkosten Hauptkostenstellen					5 350	6 480	4 540
Erlöse					6 300	7 280	5 040
Abteilungsergebnis				+670	+950	+800	+500

Quelle: Aus Vorauflage

9.8.5   Die Auswertung der Kostenstellenergebnisrechnung

Analyse der Kosten-stellen Im *BAB* kann man auf einen Blick die Kosten, die Erlöse und die Abteilungsergebnisse einer Abrechnungsperiode / Kostenstelle (Abteilung) erkennen. Die gesamte Arbeit des Betriebes kann somit detailliert analysiert und kontrolliert werden. Die Kenntnis dieser Zahlen ist gleichzeitig eine wesentliche Voraussetzung für unternehmerische Entscheidungen. Der *BAB* ist somit eine wichtige Schnittstelle zwischen der Kosten- und Leistungsrechnung und dem Controlling eines Speditionsunternehmens.

Weisen die Abteilungsergebnisse Gewinne aus, ist das Ergebnis zunächst einmal gut. Inwieweit ein besseres Ergebnis hätte erzielt werden können, muss durch Vergleiche mit früheren Perioden (Zeitvergleich) beziehungsweise mit gleichen Perioden anderer Betriebe (externer Betriebsvergleich) festgestellt werden. Um Zeitvergleiche im Rahmen der Analyse leicht vornehmen zu können, werden im *BAB* oft die Vergleichszahlen früherer Perioden mit ausgewiesen.

Kostenstel-len = Profit-center Die Kostenstellen, die kalkulierte innerbetriebliche Leistungen erstellen und abgeben, werden so zu einer Art Profitcenter. Sie besitzen ein eigenes Produkt- beziehungsweise Leistungsprogramm, eigene Entscheidungskompetenz und einen eigenen Periodenerfolg.

9.9 Die Kostenträgerrechnung

Die Kostenträgerrechnung beantwortet grundsätzlich die Frage, welchem Kostenträger welche Kosten zuzurechnen sind. Dabei ist der Kostenträger grundsätzlich das Produkt oder die Leistung, die das Unternehmen am Markt anbietet oder innerbetrieblich verrechnet. Kostenträger in der Spedition ist zumeist die Sendung, kann aber auch jeder andere Auftrag (zum Beispiel ein komplexer Logistikvertrag) sein. Welche Leistungseinheit im Endeffekt als Kostenträger gewählt wird, hängt von den Zielsetzungen des Unternehmens ab. **Kostenträger**

Unterschieden wird zwischen der Kostenträgerrechnung pro Leistungseinheit (zum Beispiel pro Sendung oder Abfertigung) und der Kostenträgerzeitrechnung. Im erstgenannten Fall wird nach Abschluss des Auftrages bilanziert und das Ergebnis festgestellt. Demgegenüber handelt es sich bei der Kostenträgerzeitrechnung um eine kurzfristige Betriebsergebnisrechnung. Ihre Aufgabe ist es, den Anteil einzelner Kostenträger oder einer Gruppe von Kostenträgern am Gesamterfolg des Unternehmens festzustellen. Mit der Kostenträgerzeitrechnung wird beispielsweise das Monatsergebnis bezogen auf einen Großkunden oder eine Relation ermittelt. **Arten der Kostenträgerrechnung**

Auch für die Durchführung der Kostenträgerrechnung bildet der *Betriebsabrechnungsbogen* die Grundlage. In den speditionellen IT-Systemen wird heute das Speditionsbuch verstärkt als Kostenträgerrechnung benutzt, dessen Basiswerte (externe Einnahmen und Ausgaben) um die internen Werte der Kostenrechnung ergänzt werden. An einem Beispiel für das Lkw-Spediteursammelgut ist das gut nachvollziehbar.

Positionsnummer	*12345*
Abfertigungs-/Leistungsdatum	*30.3.*
Ausgangsrelation	
Ort	*Hamburg*
Nummer	*200*
Auftraggeber/Versender/Kunde	
Konto-Nummer	*14814*
Name	*Warenhandels-GmbH*
Ort	*Düsseldorf*
Warenempfänger	
Konto-Nummer	*24814*
Name	*Fa. Jäger Elektrik*
Ort	*Norderstedt*
Sendungsdaten	
Anzahl der Lademittel	*2 Euro-Platetten*
Anzahl der Packstücke	*40 Kartons*
Inhalt der Sendung	*Elektroteile*
Gewicht der Sendung in kg	
tatsächliches Gewicht in kg	*150 kg*
abgerechnetes Gewicht in kg	*300 kg*
Frankatur	*Frei Haus (3)/DDU*

Speditionsentgelt in €, netto	*92,75*
Regiekosten in €	*4,70*
Umschlagkosten in €	*6,15*
Vorlaufkosten in €	*8,95*
Hauptlaufkosten in €	*29,15*
Weiterleitungskosten (Rückrechnung) in €	*14,80*
Innerbetriebliche Leistungsverrechnung (ILV) in €	*12,30*
Sendungsergebnis beziehungsweise Ergebnis Kostenträgerrechnung in €	*16,70*

9.10   Verhalten der Kosten bei Beschäftigungsschwankungen

Leistungs-mengen Jedes Unternehmen kann auf Grund seiner räumlichen, technischen und personellen Ausstattung eine bestimmte Leistungsmenge (Kapazität) je Zeiteinheit, also zum Beispiel Tonnage pro Monat, erstellen.

Grundsätzlich spricht man von einer Beschäftigungsschwankung, wenn sich die tatsächlich erstellte Leistungsmenge ändert. Zur Beantwortung der Frage, ob die Beschäftigungsschwankung auch zu Kostenänderungen führt, muss man nach fixen und variablen Kosten unterscheiden können.

Fixe Kosten Fixe (feste, konstante) Kosten bleiben bei Beschäftigungsänderungen für einen langen Zeitraum grundsätzlich gleich. Es sind zumeist zeitabhängige Kosten wie Miete, Abschreibungen oder Kfz-Versicherung, die in Zusammenhang mit der Aufrechterhaltung der Betriebsbereitschaft entstehen. Ändert sich aber die Kapazität, wird zum Beispiel im Nahverkehr ein zusätzlicher Lkw angeschafft, ändern sich die fixen Kosten sprunghaft (sprungfixe Kosten), um dann wieder für längere Zeit gleich zu bleiben.

Variable Kosten Variable (veränderbare) Kosten ändern sich hingegen mit den Beschäftigungsschwankungen. Diese Kostenart lässt sich noch weiter unterteilen:

- Proportionale Kosten ändern sich im gleichen Verhältnis wie der Beschäftigungsgrad (zum Beispiel Kraftstoffverbrauch mit den gefahrenen Kilometern).
- Degressive (unterproportionale) Kosten steigen bei zunehmender Beschäftigung schwächer an, als es der Beschäftigungszunahme entspricht (zum Beispiel Vorräteeinkauf bei Gewährung von Mengenrabatt).
- Progressive (überproportionale) Kosten steigen bei zunehmender Beschäftigung stärker an, als es der Beschäftigungszunahme entspricht (zum Beispiel durch gezahlte Überstundenzuschläge).

Fixe Kosten – Stück-kosten Bezieht man die fixen und variablen Gesamtkosten auf die sich verändernden Kosten einer Leistungseinheit (also die Stückkosten), ergeben sich folgende Auswirkungen:

Fixe Kosten ergeben bei steigender Beschäftigungsmenge sinkende (degressive) Stückkosten und bei fallender Beschäftigungsmenge steigende (progressive) Stückkosten.

Beispiel:

Für einen 40 To. Lkw sind jährlich ca. 24 000,– € feste Kosten (Steuer, Zinsen, Versicherungen etc.) auf schwankenden Jahreskilometerleistungen zu beziehen. Die errechneten (degressiven) Stückkosten ergeben sich aus folgender Tabelle:

Gefahrene km in TKM	70	85	100	115	130	145
Fixe Gesamtkosten	24 000 €	24 000 €	24 000 €	24 000 €	24 000 €	24 000 €
Degressive Stückkosten / km	0,34 €	0,28 €	0,24 €	0,21 €	0,18 €	0,17 €

Tabelle 30: Beispielrechnung degressive Stückkosten

Quelle: Eigene Darstellung

Proportionale Gesamtkosten ergeben konstante Stückkosten

Proportionale Kosten – Stückkosten

Beispiel:

Untersucht man dann die variablen (entfernungsabhängigen) Kosten wie Kraftstoff, Reifen, Öl, Wartung, erkennt man: Diese nehmen in dem Maße zu, in dem mehr Kilometer gefahren werden. Wenn also die Kosten je Kilometer bei 60 ct. liegen, würden 50 000 km 30 000,– € und 100 000 gefahrene Kilometer 60 000,– € variable Jahreskosten nach sich ziehen.

Die gesamten Stückkosten (fixe und variable Kosten je Einheit) ergeben sich dann aus folgender Tabelle:

Gefahrene km in TKM	70	85	100	115	130	145
Proportionale Geamtkosten	42 000 €	51 000 €	60 000 €	69 000 €	75 000 €	87 000 €
Konstante Stückkosten	0,60 €	0,60 €	0,60 €	0,60 €	0,60 €	0,60 €
Gesamte Stückkosten	0,94 €	0,88 €	0,84 €	0,81 €	0,78 €	0,77 €

Tabelle 31: Beispielrechnung gesamte Stückkosten

Quelle: Eigene Darstellung

Hier ist zu ergänzen, dass die dargestellten Kosten reine Fahrzeugkosten (daher ohne Fahrpersonal und kaufmännische Abwicklung sind.

Degressive Gesamtkosten ergeben degressive Stückkosten:

Dieses, in der Spedition eher ungewöhnliche Kostenverhalten ist nachfolgend am Beispiel des Dieseleinkaufs dargestellt:

Degressive Kosten – Stückkosten

Dieseleinkauf (Liter)	1 000	2 000	5 000	10 000	20 000	25 000
Degressive Gesamtkosten	1 000 €	1 900 €	4 500 €	8 500 €	16 600 €	20 000 €
Degressive Stückkosten	1,– €	0,95 €	0,90 €	0,85 €	0,83 €	0,80 €

Tabelle 32: Beispielrechnung degressive Kosten

Quelle: Eigene Darstellung

9.11   Vollkostenrechnung und Teilkostenrechnung

Vollkosten-rechnung Bei den bisherigen Überlegungen wurde davon ausgegangen, dass alle entstehenden Kosten dem Kostenträger (also zum Beispiel der Position oder der transportierten / verladenen Gesamtmenge) zugerechnet werden. Wie bereits unter *9.10 – Verhalten der fixen Kosten bei fallender Beschäftigungsmenge* – ansatzweise zu erkennen war, können sich aber aus den verschiedensten Gründen „unvorteilhafte" Änderungen der Kosten pro Einheit ergeben. Dazu zwei Beispiele:

a)   Die insgesamt transportierte Menge nimmt ab:
Dies könnte sich zum Beispiel aus einer rezessiven Entwicklung der Gesamt-wirtschaft, aber auch aus einem verschärften Wettbewerb heraus ergeben.

b)   Die eigenen fixen Kosten nehmen zu:
Grund dafür kann zum Beispiel der Bezug einer neuen Umschlaganlage sein.

Teilkosten-rechnung In beiden Fällen ist gut nachvollziehbar, dass die eintretende Erhöhung der Stückkos-ten (ausgedrückt zum Beispiel in Kostensätzen je 100 kg) nicht mit einer Preiserhöhung eliminiert werden kann. In der Regel würde dies (gerade im Fall a) natürlich zu einer weiteren Verringerung der Menge und damit zu weiter steigenden Stückkosten führen. Um dem Unternehmer in einer solchen Situation rechenbare Handlungsalternativen zur Verfügung zu stellen, wurde das Instrumentarium der Teilkostenrechnung entwickelt.

Grundlage dieser Systematik ist die Aufteilung aller Kosten in fixe (beschäftigungs-unabhängige) und variable (also beschäftigungsabhängige) Kosten. In einem zweiten Schritt wird dann gefragt, welcher Anteil der fixen Kosten durch den kalkulierten Auftrag noch abgedeckt werden kann.

Um die Vorgehensweise zu erläutern, nachfolgend ein Beispiel:

Beispiel Ein größeres Speditionsunternehmen plant die Aufnahme einer zusätzlichen Exportrelation im Nahbereich, zum Beispiel *Benelux*. Vor Beginn der Verkehre wird – basierend auf Marktkenntnissen – der durchschnittliche 100 kg-Preis für „Frei-Haus"-Transporte ermittelt. Im Rahmen des Vorhabens werden die folgenden Kosten entstehen:

a)   Fixe Kosten
Hier wird anteilig ½ Mitarbeiter für Sachbearbeitung, Abfertigung und Dispo-sition geplant. Darüber hinaus wird ein Teil des Umschlaglagers (100 qm) verrechnet und die entstandenen Vorlaufkosten (Auswahl Empfangsspedi-teur, Akquise etc.) auf drei Jahre umgelegt. Das Serviceversprechen ist die Einhaltung von zwei wöchentlichen Abfahrten. Hier sind nur Komplett-Lkw zu chartern. Aus diesen Vorgaben ergeben sich die folgenden Monatskosten:

Lkw-Charter: (2 x 665 € x 4 Wochen)	5 320,– €
½ Sachbearbeiter (inklusive Gemeinkostenzuschläge)	2 096,– €
Lagerfläche 100 qm x 4,10 €	410,– €
Vorlaufkosten (9 180 €): 36 Monate	255,– €
Gesamtfixkosten pro Monat:	<u>8 081,– €</u>

b)   Die variablen Kosten liegen bei:

Vorholkosten:	1,45 € / 100 kg
Umschlagkosten:	1,80 € / 100 kg
Für Entladung, Verteilung und Eingangsabfertigung berechnet der Empfangsspediteur:	4,90 € / 100 kg
Variable Kosten insgesamt:	8,15 € / 100 kg

In den ersten sechs Monaten wird von einer durchschnittlichen Menge von etwa 6 000 kg pro Abfahrt ausgegangen. Ab dem 7. bis zum 18. Monat sollen etwa 9 000 kg je Abfahrt, danach ca. 12 000 kg transportiert werden.

Unter der Vollkostenprämisse „Umlage aller Kosten auf den Kostenträger" (hier also die transportierte Menge) ergäben sich pro Monat: **Vollkostenrechnung**

Für die Monate 1.–6.:

Variable Kosten:	8,15 € / 100 kg
Fixkosten: (8 081 €/(6 t x 8 Abfahrten)	16,84 € / 100 kg
Gesamtkosten	24,99 € / 100 kg

Für die Monate 7.–18.:

Variable Kosten:	8,15 € / 100 kg
Fixkosten: (8 081 €/(9 t x 8 Abfahrten)	11,22 € / 100 kg
Gesamtkosten	19,27 € / 100 kg

Nach dem Monat 18:

Variable Kosten:	8,15 € / 100 kg
Fixkosten: (8 081 €/(12 t x 8 Abfahrten)	8,42 € / 100 kg
Gesamtkosten	16,57 € / 100 kg

Laut Einschätzung der Verkaufsabteilung kann ein 100 kg-Preis im Bereich von etwa 18,90 € erzielt werden. Eine vollständige Abdeckung aller entstehenden Kosten ist somit in den ersten anderthalb Jahren nicht zu erwarten. Trotzdem wird der Verkehr in die neue Relation aufgenommen, da die zu erwartenden Erlöse von 18,90 € deutlich über den variablen Kosten von 8,15 € (kurzfristige Preisuntergrenze) liegen. Die monatsbezogene Teilkostenrechnung ist nachfolgend dargestellt: **Teilkostenrechnung**

Tabelle 33:
Monats-
bezogene Teil-
kostenrechnung

Ermittlung der Monatsergebnisse nach Teilkostenansatz				
A: Erlöse	Pro 100 kg	Gesamt		
		Monate 1-6	Monate 7-18	ab 19
Plan-Menge pro Monat (in 100 kg)		480	720	960
Gem- Schätzung Verkauf:	18,90 €	9 072 €	16 608 €	18 144 €
B: Variable Kosten (eigene und Fremde)	-8,15 €	-3 912 €	-5 868 €	-7 824 €
Es verbleiben zur Deckung der Fixkosten		5 160 €	7 740 €	10 320 €
Fixkostenblock		-8 081 €	-8 081 €	-8 081 €
Relationsergebnis		-2 921 €	-341 €	2 239 €
Kumuliertes Ergebnis / Monate bis BEP		-17 526 €	-21 618 e	10

Quelle: Eigene Darstellung

Break-
even-Point

Es ist zu erkennen, dass während der ersten sechs „Anlaufmonate" nur eine teilweise Deckung der Fixkosten erfolgt. Durch die höheren Mengen in der zweiten Phase kann bereits nahezu Vollkostendeckung erzielt werden. Ab dem 19. Monat werden (durch die erneut gewachsene Menge) nach Abzug der variablen Kosten etwa 10 320,– € erwirtschaftet, so dass ein Relationsergebnis von monatlich ca. 2 239,– € entstehen kann. Die kumulierten Verluste bis zum Monat 18 (etwa 21 618,– €) können dann in ca. zehn Monaten abgetragen werden. Der *Break-even-Point* (Gewinnschwelle) – *BEP* – des Projekts liegt somit bei (18 + 10 Monaten) also etwa 2 ⅓ Jahren.

Das Beispiel zeigt aber auch die außerordentliche Gefahr bei Kalkulationen auf Teilkostenbasis: Nicht alle betrieblich entstehenden Fixkosten werden abgedeckt. Der (in allen Fällen zugrunde gelegte) Marktpreis genügt in den ersten anderthalb Jahren nicht, die tatsächlich entstehenden Gesamtkosten abzudecken. Dementsprechend laufen durch die Kalkulation auf Teilkostenbasis zunächst erhebliche Verluste auf!

Risiken der
Teilkosten-
rechnung

Soll die Existenz des Unternehmens sichergestellt werden, können Preise auf Basis der Teilkostenrechnung daher nur kurzfristig angeboten werden. Langfristig müssen diese Verluste mit Marktpreisen, die deutlich über den Vollkosten liegen, wieder ausgeglichen werden. Dementsprechend können Leistungen zu Teilkosten kurzfristig oder einmalig (zum Beispiel, um einen leer gewordenen Lkw ins Ladegebiet zurück zu holen) erbracht werden, im Rahmen langfristiger Verträge mit Pflicht zur Leistungserbringung (zum Beispiel im Rahmen der Kontraktlogistik) verbietet sich aus Gründen der betrieblichen Existenzsicherung aber eine Offerte unter Vollkosten!

9.12 Prozesskostenrechnung in Speditions- und Logistikunternehmen

9.12.1 Grundlagen der Prozesskostenrechnung

In diesem Teil wird zunächst herausgearbeitet, warum sich gerade Speditionsunternehmen mit Prozesskostenrechnung beschäftigen sollten und wie sie gegen die im Vorkapitel dargestellte, klassische Kosten- und Leistungsrechnung abzugrenzen ist.

9.12.1.1 Besondere Herausforderungen der Kostenrechnung in Speditionen und Logistikunternehmen

Speditionelle und logistische Leistungen sind Dienstleistungen und nicht auf Lager produzierbar. Daher kommt dem zeitlichen Zusammenfallen der Nachfrage nach der Dienstleistung mit deren Erbringung besondere Bedeutung zu. Um aber stets leistungsbereit zu sein, muss der Logistikdienstleister bestimmte Ressourcen vorhalten, wie zum Beispiel das Umschlaglager, Fahrzeuge, Büroräume aber auch die Mitarbeiter.

Betrachtet man die vorzuhaltenden Ressourcen aus der Perspektive der Kosten, so fallen diese – unabhängig von der tatsächlichen Beschäftigung der Ressourcen – meist in gleicher Höhe an. Mit anderen Worten: **Es handelt sich um Fixkosten** (vergleiche *Kapitel 9.10*). Das kritische an Fixkosten für das Unternehmen ist, dass sie nicht reagieren, wenn die Beschäftigung und damit die Erlöse sinken. Damit verbunden ist allerdings noch eine weitere Schwierigkeit für die Kostenrechnung: Fixkosten lassen sich einer einzelnen Leistung, also zum Beispiel einer abgewickelten Sendung, nicht unmittelbar zurechnen. Denn sämtliche Fixkosten sind Gemeinkosten. Es fallen also für die Ressourcenbereithaltung fixe Gemeinkosten an, die sich einer unmittelbaren Zurechenbarkeit auf die Kostenträger entziehen! Der Anteil der Fixkosten an den gesamten Kosten ist freilich vom jeweiligen Tätigkeitsbereich der Spedition abhängig. So wird ein klassischer Spediteur im Sinne des *§ 453(1) HGB* naturgemäß eine geringere Fixkostenbelastung aufweisen als ein Sammelgutspediteur, der neben den Büroräumen auch Umschlagsflächen und Fahrzeuge zur Leistungserstellung vorhält. Somit lässt sich festhalten: Ein hoher Anteil fixer Gemeinkosten und geringe Einzelkostenanteile kennzeichnen die Kostenstruktur vieler logistischer Dienstleister.

Die speditionelle Leistungserstellung selbst ist, im Gegensatz zur Produktion in der Industrie, durch den Logistikdienstleister nicht autonom disponibel. Das bedeutet, dass auch externe Faktoren Einfluss auf seine Leistungserstellung ausüben. Dies bezieht sich einerseits auf die Ressourcenauslastung, die stets an die unmittelbare Nachfrage gekoppelt ist. Andererseits hat beispielsweise im speditionellen Sammelgutverkehr die Beschaffenheit der Sendung Einfluss auf die Planbarkeit und Qualität der Leistungserstellung. So kann zum Beispiel eine nicht transportsicher verpackte Sendung Einfluss auf die Zuverlässigkeit oder die Schadenquote haben. Wichtiger noch ist der externe Einfluss auf die Kostenstrukturen des Spediteurs. Die Art der Colli, aus denen eine Sendung besteht (zum Beispiel Paletten, Einzelkartons oder lose Packstücke) beeinflusst die Möglichkeiten, den Umschlag zu automatisieren und hat damit auch Einfluss auf die Kostenstrukturen.

Damit ein Spediteur die Auswirkungen solcher Einflüsse überhaupt beurteilen und entsprechende Maßnahmen ergreifen kann, benötigt er Transparenz über diese Zusammenhänge. Dazu kann die Kostenrechnung beitragen.

In Logistikunternehmen existiert eine Vielzahl möglicher Bezugsgrößen, auf die Gemeinkosten bezogen werden können. Im Nahverkehr könnten dies zum Beispiel der Stopp, das Sendungsgewicht, die Entfernung, der beanspruchte Laderaum oder eine Kombination aus diesen Bezugsgrößen sein. Die für die jeweilige Situation relevanten Bezugsgrößen zu identifizieren, ist für die Aussagekraft der Ergebnisse der Kostenrechnung sehr bedeutsam.

In Logistikunternehmen liegt zudem häufig eine sogenannte verbundene Leistungserstellung vor, indem die Erstellung mehrerer am Markt absetzbarer Leistungen gleichzeitig durch ein Betriebsmittel erfolgt. Werden auf einem Hauptlauf gleichzeitig mehrere Sendungen durch ein Fahrzeug befördert, so können die Kosten für das Fahrzeug nur über einen Schlüssel auf die einzelnen Sendungen (Kostenträger) verteilt werden. Dies gilt selbst für die kilometerabhängigen, variablen Kosten, die mit dem entsprechenden Hauptlauf verbunden sind! Es handelt sich also auch hier um **Kostenträger-Gemeinkosten**, die den einzelnen Sendungen über möglichst plausible Schlüssel zugeordnet werden müssen. Die Auswahl des entsprechenden Schlüssels (zum Beispiel 100 kg-Sätze, Stellplatz- oder Lademetersätze) beeinflusst die Ergebnisse der Kostenrechnung.

Zusammenfassend lässt sich also festhalten, dass sowohl bei den Kostenbezugsgrößen als auch bei den Verteilungsschlüsseln Wahlmöglichkeiten bestehen. Dabei sind die Schlüssel auszuwählen, die eine möglichst verursachungsgerechte Kostenzuordnung (Allokation) erlauben.

Die aufgeführten Beispiele verdeutlichen die **Herausforderungen**, vor denen die Kostenrechnung in Speditionen steht. Dies bezieht sich insbesondere auf die **verursachungsgerechte Verrechnung der (Gemein-)Kosten**. Die Prozesskostenrechnung kann hierbei ein wichtiges Hilfsmittel sein.

9.12.1.2   Kritik an der „traditionellen" Kostenrechnung

Fixkosten lassen sich nicht unmittelbar einer einzelnen Leistung zurechnen. Dies gilt unabhängig davon, wie man nun die Kosten konkret verrechnet oder mit anderen Worten: welches Kostenrechnungssystem man verfolgt. Für kurzfristige Entscheidungen, bei denen die Fixkosten nicht entscheidungsrelevant sind, wird deshalb häufig auf die Teilkostenrechnung zurückgegriffen (vergleiche *Kapitel 9.11*).

Gerade wegen der zentralen Bedeutung der fixen Gemeinkosten für den Spediteur ergibt sich aber eine Vielzahl von Fragestellungen, bei denen teilkostenorientierte Ansätze nicht ausreichen und Vollkosten relevant sind. Und gerade hier, bei der Vollkostenrechnung, lässt sich an der „traditionellen" Durchführung, wie sie in den letzten Kapiteln beschrieben wurde, folgende Kritik äußern:

Die „traditionelle" **(Voll)Kostenrechnung konstruiert Beziehungen zwischen den Kostenträgern** (zum Beispiel Sendungen) **und den Gemeinkosten über sogenannte volumenorientierte** (Wert- oder Mengen-) **Schlüssel**. Eine Verursachungsgerechtigkeit liegt bei diesen volumenorientierten Schlüsseln in den meisten Fällen jedoch nicht vor. Die

Umlage mit Hilfe solcher volumenorientierter Schlüssel ist stets mit einem gewissen Maß an Subjektivität und der Gefahr von Verzerrungen und Ungenauigkeiten verbunden. Zudem lässt sich bei diesem Vorgehen nicht erkennen, warum die Gemeinkosten verursachenden Ressourcen (zum Beispiel Lagerflächen) tatsächlich vorgehalten werden.

Solche Schlüssel können Wert- (zum Beispiel Abteilungsumsatz) oder Mengenschlüssel (zum Beispiel Tonnage) sein. Schlüsselungen können an vier Stellen auftreten:

- Beim Übergang von der Kostenarten- in die Kostenstellenrechnung müssen Kostenstellengemeinkosten auf mehrere Kostenstellen verteilt werden (zum Beispiel Miete anhand der durch die Abteilungen genutzten Büroflächen).
- Bei der Verteilung der Kosten von Hilfskostenstellen auf die Hauptkostenstellen (zum Beispiel Umlage der Kosten der Lademittelabteilung auf die einzelnen Hauptkostenstellen).
- Beim Leistungsausgleich zwischen den Hauptkostenstellen (zum Beispiel Leistungsverrechnung zwischen der Disposition Nahverkehr und dem Sammelgutausgang). Dies geschieht entweder im Zuge der innerbetrieblichen Leistungsverrechnung (vergleiche *Kapitel 9.8.3*) oder durch pauschale Schlüsselungen.
- Beim Übergang von der Kostenstellen- in die Kostenträgerrechnung, indem plausible Schlüssel für die Belastung der einzelnen Kostenträger (zum Beispiel Speditionsauftrag) mit den Gemeinkosten der Hauptkostenstellen identifiziert werden müssen.

Dabei wird meist dem sogenannten Tragfähigkeitsprinzip der Kostenrechnung gefolgt. Das bedeutet, dass zum Beispiel diejenige Teilpartie, welche die höchsten Erlöse erwirtschaftet, auch mit den meisten Gemeinkosten belastet wird. Dies ist jedoch nur selten verursachungsgerecht!

Ein **Beispiel** soll dies verdeutlichen: In einer Spedition sollen die Kosten des Umschlags auf die einzelnen umgeschlagenen Sendungen verteilt werden. Ein durchaus gebräuchlicher Verteilungsschlüssel ist das Sendungsgewicht, also die Verrechnung über sogenannte 100 kg-Sätze. Angenommen dieser 100 kg-Satz wurde ermittelt, indem über mehrere Perioden hinweg der Durchschnitt der reinen Umschlagskosten (ohne Overheadkosten etc.) zur mittleren umgeschlagenen Tonnage ins Verhältnis gesetzt wurde (Normalkosten). Er soll hier vereinfacht mit 1,– € / 100 kg angenommen werden. Betrachten wir vor diesem Hintergrund drei Sendungen:

- *Sendung 1*, bestehend aus zwei Paletten mit einem Gewicht von jeweils 450 kg wird mit 9,– € Umschlagskosten belastet.
- *Sendung 2*, bestehend aus vier Paletten mit einem Gewicht von jeweils 200 kg wird mit 8,– € belastet.
- *Sendung 3*, bestehend aus fünf Bund 2,50 m langer Zierleisten mit einem Gewicht von jeweils 20 kg wird lediglich mit 1,– € belastet.

Der 100 kg-Satz ist ein typischer volumenorientierter Zuschlagsatz und allein aus dem oben aufgeführten Beispiel wird seine wesentliche Schwäche deutlich:

Der tatsächliche, mit dem Umschlag der einzelnen Colli verbundene, Aufwand beziehungsweise **Ressourceneinsatz wird bei einer solchen Verrechnung der Kosten nicht**

berücksichtigt. Stattdessen wird pauschal über einen Schlüssel verrechnet, der nicht immer verursachungsgerecht ist.

Aus dieser Schwäche ergeben sich noch weitere Fragestellungen, bei denen die „traditionelle" Kostenrechnung keine Transparenz schaffen kann:

- Was, wenn beispielsweise ein Verlader, der dem Spediteur ausschließlich palettisierte Güter übergibt, dafür in den Genuss günstigerer Konditionen kommen möchte? In welchen Kostenbestandteilen der Sendungsabwicklung wirkt sich dies wie aus?
- Sind mit dem eingangs- und ausgangsseitigen Umschlag andere Prozesse / Prozessvarianten (zum Beispiel Durchladeprinzip) verbunden, die zu unterschiedlichen Umschlagssätzen führen?
- Wie wirkt sich im Umschlag die Aufnahme einer zusätzlichen Eingangsrelation aus?
- …

Auf all diese Fragen liefert die „traditionelle", zuschlagsorientierte Vollkostenrechnung keine Antworten. Gleiches gilt für die bereits oben angesprochenen Einflüsse, die von schwer handelbaren Sendungen auf die Kosten ausgehen können. Diese müssen freilich nicht sämtlich vom Spediteur hingenommen werden. Doch bevor hier über Konditionenverhandlungen gegengesteuert werden kann, muss die entsprechende Transparenz vorhanden sein. Man muss also zum Beispiel beurteilen können, zu welchen kostenmäßigen Konsequenzen die Verschiebung von Sendungsstrukturen führen können. All diese Informationen können nur mit Hilfe der Prozesskostenrechnung ermittelt werden.

Die Prozesskostenrechnung setzt an der Verrechnung der Gemeinkosten an. Sie strebt über die Definition anderer Bezugsgrößen, die nicht volumenorientiert, sondern ressourcenverbrauchsorientiert sind (sogenannte Prozesse), eine verursachungsgerechtere Zuordnung der Gemeinkosten an. Durch diese grundsätzlich andere Herangehensweise können auch die oben angesprochenen Fragen beantwortet werden.

9.12.1.3   Darstellung der Prozesskostenrechnung

9.12.1.3.1   Hintergrund und Ziele der Prozesskostenrechnung

Die Dominanz fixer Gemeinkosten bei vielen Logistikdienstleistern hat die gefährliche Konsequenz, dass der Anteil der kurzfristig beeinflussbaren Kosten gering ist. In diesen Fällen kann also nicht davon ausgegangen werden, dass eine zurückgehende Beschäftigung und damit sinkende Erlöse auch zu sinkenden Kosten führen. Die Fragestellung muss in einem solchen Fall lauten: **Warum werden die Ressourcen, welche die (überwiegend fixen) Gemeinkosten verursachen, in diesem Umfang vorgehalten?**

Es müssen deshalb diejenigen Einflussgrößen identifiziert werden, die für die Höhe der (fixen) Gemeinkosten verantwortlich sind. Dazu zählen in Logistikunternehmen zum Beispiel

- die Breite des Leistungsprogramms
- unterschiedliche Leistungsvarianten (8-Uhr-, 10-Uhr-, 12-Uhr-Zustellung im Sammelgutbereich)
- die Komplexität der Leistungen (Kontraktlogistik)
- die Sendungsstruktur (externer Faktor) und auch
- Sonderwünsche der Verlader (Spätabholungen, Aktionen).

Ein **Beispiel** soll dies verdeutlichen: Noch vor einigen Jahren existierte neben den gebräuchlichen Frankaturen *Frei Haus* und *Unfrei* im Sammelgutverkehr die Frankatur *Frei Station*, nach welcher der Absender die Kosten bis zur politischen Gemeinde des Empfängers zu tragen hatte und der Empfänger das sogenannte Rollgeld. Das Rollgeld, welches in seiner Höhe lediglich einen geringen Betrag ausgemacht hat, wurde vom Empfangsspediteur eingezogen. Da nicht bei allen Empfängern das Rollgeld bar kassiert werden konnte, musste der Empfangsspediteur für die *Frei Station*-Sendungen Rechnungen über relativ geringe Beträge erstellen. Dazu mussten in der Abrechnungsabteilung wie in der Buchhaltung entsprechende Ressourcen vorgehalten werden. Diese dazu erforderlichen Ressourcen wurden also aus einem Grund vorgehalten, der nicht in dem Volumen (Anzahl der Sendungen), sondern in einem bestimmten Prozess in Form der Abrechnungsmodalität lag. Mittlerweile wird diese Frankatur genau aus diesem Grunde nicht mehr angeboten.

Grundgedanke der Prozesskostenrechnung ist, dass die Gemeinkosten nicht (nur) durch das Volumen (zum Beispiel Anzahl Sendungen, eingelagerte Paletten, ...) verursacht werden, sondern (auch) durch die Prozesse, die zur Erreichung der Unternehmensziele ausgeführt werden. Die Prozesskostenrechnung schlägt also einen anderen Weg zur Verrechnung der Gemeinkosten ein, als es die „traditionelle" Kostenrechnung mit volumenorientierten Zuschlagssätzen macht. Die Gemeinkosten werden über beanspruchte Ressourcen, die sich in Prozessabwicklungen ausdrücken, auf die Prozessverursacher verrechnet.

Die Ziele der Prozesskostenrechnung lassen sich wie folgt zusammenfassen (vergleiche *Mayer/Kaufmann 2000, S.294*):

- **Schaffung von Kostentransparenz:** Das prozessorientierte Vorgehen soll die Transparenz über die Tätigkeitsstruktur in den Gemeinkostenbereichen erhöhen und die Kostensituation verdeutlichen.

- **Planung und Kontrolle der Gemeinkosten:** Sichtbarmachung der mittel- und langfristigen Einflussgrößen auf die Kosten- beziehungsweise Ressourcenveränderung über sogenannte Kostentreiber. So soll ein permanentes Gemeinkostenmanagement ermöglicht werden.

- **Kapazitätssteuerung:** Die Planung der Haupt- und Teilprozesse und das Herunterbrechen auf die Ebene der Kostenstellen ermöglicht es, die benötigten Ressourcen in den Kostenstellen präziser zu bestimmen und somit anzupassen. Aufgrund dieser Informationen kann eine kontinuierliche Kapazitätssteuerung auf Ebene der einzelnen Kostenstellen erfolgen.

- **Verbesserung der Produktkalkulation:** Das prozessorientierte Vorgehen soll im Vergleich zu den traditionellen Verfahren zu einer verursachungsgerechteren Verrechnung der Gemeinkosten führen. Strategische Fehlentscheidungen sollen dadurch vermieden werden.

9.12.1.3.2 Begriffe in der Prozesskostenrechnung

Nachfolgend werden zunächst wichtige Begrifflichkeiten in Zusammenhang mit der Prozesskostenrechnung erläutert:

- **Prozess:** Ein Prozess stellt allgemein eine geordnete Abfolge einzelner Tätigkeiten **Prozess** an einem Objekt dar, die zu einem messbaren Output führen und sich bei erneutem Prozessanfall so oder in vergleichbarer Weise wiederholen.

- **Hauptprozess:** Ein Hauptprozess stellt eine Abfolge homogener Aktivitäten dar, die demselben Kosteneinflussfaktor unterliegen. Hauptprozesse sind in der Regel kostenstellenübergreifend. Als Beispiel aus der speditionellen Praxis sei die Abfertigung einer Exportsendung genannt.

- **Teilprozess:** Abfolge homogener Aktivitäten in einer Kostenstelle, die einem oder mehreren Hauptprozessen zugeordnet werden können. Teilprozesse sind das Bindeglied zwischen der Kostenstellenrechnung und den (kostenstellen-übergreifenden) Hauptprozessen. So würde der Hauptprozess „Abfertigung Exportsendung" in Teilprozesse wie „Vorholung", „Buchen Seetransport", „FoB-Lieferung" und „Ausfuhrzollabfertigung" zerfallen.

- **Leistungsmengeninduzierte (lmi)-Prozesse:** Der Zeitaufwand und damit auch die zugeordneten Kosten verhalten sich mengenproportional zum erbrachten Leistungsvolumen. Je mehr Paletten zum Beispiel eingelagert werden müssen, desto häufiger muss der Prozess Einlagerung ausgeführt werden.

- **Leistungsmengenneutrale (lmn)-Prozesse:** Hier besteht kein Zusammenhang zwischen dem zu erbringenden Leistungsvolumen und der Häufigkeit der Prozessdurchführung, wofür stets das Beispiel „Abteilung leiten" angeführt wird.

- **Kostentreiber:** Sie stellen die Kosteneinfluss- beziehungsweise Bezugsgrößen dar und sind die Messgröße für die Anzahl der Prozessdurchführungen. Beispielhaft seien hier genannt: Palette (Ein-, Auslagerung), Sendung (Sendungserfassung), Bordero (Abfertigung). Kostentreiber besitzen im Wesentlichen zwei Funktionen: Sie determinieren die Kostenverursachung und sind Maßstab für die Kostenzurechnung auf Kostenträger.

- **Prozesshierarchie:** Kostenstellenübergreifende Hauptprozesse setzen sich aus kostenstellenbezogenen Teilprozessen zusammen. Bestandteile der Teilprozesse sind Aktivitäten, die stets in der gleichen Abfolge ausgeführt werden. Die konkrete Definition der Prozesshierarchien muss stets unternehmensindividuell erfolgen, Beispiel für eine Aktivität im Rahmen des Teilprozesses „Seetransport buchen" wäre ein Ratenvergleich zwischen verschiedenen Reedern.

9.12.2   Vorgehen der Prozesskostenrechnung am Beispiel Systemverkehre

Nachfolgend soll die Einführung und Nutzung einer Prozesskostenrechnung am Praxisbeispiel des speditionellen Sammelgut-Systemsverkehrs dargstellt werden.

9.12.2.1   Warum eignet sich die Prozesskostenrechnung für Systemverkehre?

Die Einführung der Prozesskostenrechnung ist mit erheblichem Aufwand verbunden. Zum Beispiel müssen zunächst die Prozesse identifiziert und sauber voneinander abgegrenzt werden. Auch die erforderlichen Bearbeitungszeiten und die entsprechenden Ressourcen müssen erhoben werden. **Aus Gründen der Praktikabilität und Wirtschaftlichkeit bietet sich der Einsatz der Prozesskostenrechnung deshalb vor allem für solche Anwendungsbereiche an, in denen logistische Prozesse weitgehend standardisiert beziehungsweise industrialisiert ablaufen.**

Im Marktsegment für Systemverkehre werden homogene logistische Dienstleistungen des Sammelgutverkehrs erbracht, die sich durch eine hohe Zuverlässigkeit und Berechenbarkeit auszeichnen. Aufgrund des hohen Standardisierungsgrades und des repetitiven Charakters der Prozesse eignen sich Systemverkehre in besonderer Weise für die Anwendung der Prozesskostenrechnung. Zudem ist die Kostenstruktur durch hohe fixe Gemeinkosten geprägt.

9.12.2.2 Vorgehensweise der Prozesskostenrechnung

9.12.2.2.1 Vorüberlegungen

Für eine fundierte Einführung der Prozesskostenrechnung sind bestimmte Vorüberlegungen wichtig: Dazu gehört zunächst, sich über die mit der Einführung verbundenen Ziele und der Anwendungsbereich selbst klar zu werden.

Ein aktueller Anlass, der mit einem konkreten Informationsbedürfnis verbunden ist, wird häufig der Auslöser sein, sich mit der Prozesskostenrechnung auseinander zu setzen (vergleiche *Delfmann et al. 2003, S. 72*). Die Ziele, die mit der Einführung der Prozesskostenrechnung verbunden werden, bestimmen ihre Anwendungsbereiche (zum Beispiel gesamtes Netz, Nahverkehr, Umschlag, Regie) mit. Beispiele für solche konkreten Anlässe im Bereich Systemverkehre könnten sein:

Anlass zur Einführung der Prozesskostenrechnung

- Ein Verlader stellt in Aussicht, ausschließlich palettisierte und bereits belabelte Sendungen zu übergeben und möchte dafür günstigere Konditionen.
- In einem Hub treten bei den Sendungen einer Niederlassung auffällig viele Schäden auf, was zu Störungen im Ablauf und zu einer Zunahme der Schadenbearbeitung führt.
- Eine Abgangsniederlassung speist in das Netz Güter ein, die bei den Eingangsniederlassung zu überdurchschnittlichen Aufwand im Umschlag führen.
- Bei einem Kunden kommen zunehmend Nachnahmesendungen hinzu, die trotz Avisierung häufig zu einer zweiten Zustellung führen.

Aus solchen Anlässen lassen sich dann auch konkrete **Zielvorstellungen** die mit der Einführung der Prozesskostenrechnung verbunden sind, ableiten. Solche Zielvorstellungen könnten etwa sein:

Mögliche Ziele der Prozesskostenrechnung

- **Transparenz** in einzelnen Leistungsbereichen erhöhen (zum Beispiel Abrechnung, Palettenabteilung, Vertrieb)
- Hinweise zur **kundenindividuellen Kalkulation** erarbeiten (zum Beispiel Vermutung, dass einzelne Kunden mehr Ressourcen in Anspruch nehmen, als in der Kostenrechnung bisher ausgewiesen wird)
- Konsequenzen von **Kapazitätsanpassungen abschätzen** (zum Beispiel Erkenntnisse der Prozessanalyse zur Planung und Steuerung von Kapazitäten einsetzen)
- Hinweise zur **Zusammensetzung des Leistungsprogramms** erhalten (zum Beispiel Ermittlung der Ressourcenkosten, die sich aus bestimmten Leistungen, wie etwa garantierte Zustellung bis 8.00 Uhr am Folgetag ergeben).

In den Vorüberlegungen muss aber auch geklärt werden, in welchen Bereichen die Prozesskostenrechnung eingeführt werden soll. Denn aufgrund des hohen Aufwandes bei der Einführung kann sich zunächst eine Begrenzung auf bestimmte Leistungsbereiche anbieten. Eine solche Vorgehensweise bietet sich zwar an, es ist jedoch damit die Gefahr von Insellösungen verbunden, daher: Bereichsübergreifende Prozesse werden nicht vollständig identifiziert und abgebildet, was die Aussagefähigkeit der Rechnung insgesamt deutlich einschränkt.

Weitere Vorüberlegungen ergeben sich aus dem Bereich des Projektmanagements:

- Zusammenstellung des Projektteams
- Konkrete Definition von Projektzielen, Meilensteinen, Verantwortlichkeiten
- Planung von Kosten und benötigten Zeiten für das Projekt
- Überlegung, in welchem Maße die Mitarbeiter informiert und einbezogen werden sollen
- Klärung, auf welche Informationen zurückgegriffen werden kann (zum Beispiel QM-Handbuch, Arbeitsanweisungen, Stellenbeschreibungen, …)

Schließlich sind im Rahmen der Vorüberlegungen erste Vorstrukturierungen der zu untersuchenden Hauptprozesse vorzunehmen. Für Systemverkehre wird sich dabei eine Hauptprozessstruktur ergeben, die mit der in nachstehender Abbildung vergleichbar ist. Dabei wird eine Unterteilung in physische und administrative Hauptprozesse vorgenommen.

Abbildung 86:
Hauptprozess-
struktur

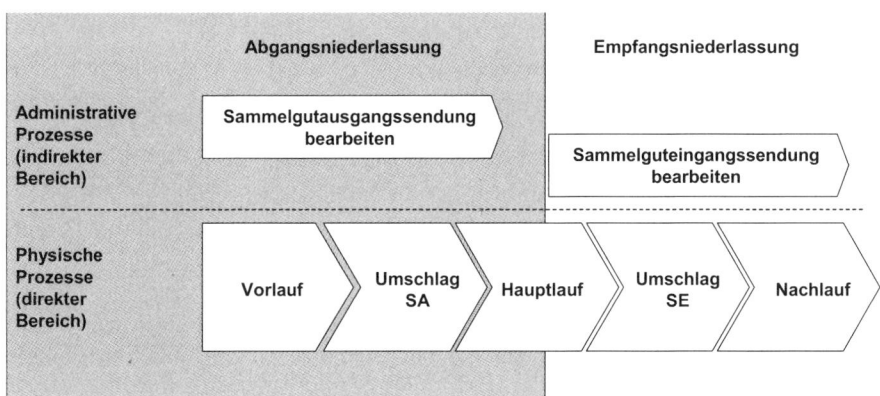

Quelle: Hartmann / Lohre, 2004, S. 191

9.12.2.2.2   Tätigkeitsanalyse

Im Rahmen der Tätigkeitsanalyse wird eine Zerlegung der von den Kostenstellen jeweils zu verrichtenden Teilprozesse in einzelne Aktivitäten vorgenommen. **Die Tätigkeitsanalyse ist deshalb besonders bedeutsam, weil sie die Basis zur Durchführung der Prozesskostenrechnung ist.** Versäumnisse an dieser Stelle werden sich auf die gesamte Prozesskostenrechnung auswirken.

Zur Gewinnung von Informationen über die Prozesse und die entsprechenden Kostentreiber stehen mehrere Erhebungstechniken zur Verfügung, wie zum Beispiel: Befragung der Mitarbeiter, Dokumentenanalysen, Gespräche mit den Kostenstellenleitern oder der Rückgriff auf bereits vorliegende Dokumentationen, wie zum Beispiel QM-Handbücher oder Verfahrensanweisungen.

Neben der Art der Tätigkeit steht bei der Tätigkeitsanalyse die jeweils erforderliche Bearbeitungszeit im Mittelpunkt des Interesses, da der Ressourcenverbrauch sich im Wesentlichen über die benötigten Zeiten ermitteln lässt. **Eine Ermittlung der Bearbeitungszeiten kann grundsätzlich bottom up oder top down erfolgen** (vergleiche *Mayer / Kaufmann 2000, S. 300*):

Ermittlung der Bearbeitungszeiten

Bottom up werden die Zeiten, die für eine Teilprozessdurchführung anfallen, mit der Anzahl der Durchführungen multipliziert und man erhält die gesamte Zeitdauer, die zur Abarbeitung dieses Teilprozesses benötigt wird. Hier können zum Beispiel die Selbstaufschreibung durch die Mitarbeiter oder bestimmte Stichprobenverfahren zur Ermittlung eingesetzt werden. Die Addition der benötigten Zeiten für alle Teilprozesse, die in der Kostenstelle ausgeführt werden, müsste dann den Gesamtjahresminuten der Mitarbeiter entsprechen. Gesamtjahresminuten je Mitarbeiter ergeben sich, indem man die bezahlte Arbeitszeit eines Jahres (zum Beispiel 52 Wochen x 38 Stunden) zunächst um Feiertage, Urlaub und Krankheitstage reduziert. Es ergeben sich ca. 42 Wochen á 38 Stunden daher ca. 1 600 Stunden p.a. Davon werden Erhol- und Verteilzeiten von normalerweise ca. 20 % abgezogen, so dass sich pro Mitarbeiter und Jahr etwa 1 275 Stunden oder ca. 76 600 effektive Arbeitsminuten ergeben. Abweichungen können auf Fehler bei der Zeiterfassung oder auf Unter- beziehungsweise Überauslastungen hinweisen.

Top down werden die Mitarbeiterkapazitäten in Mannjahren auf die einzelnen Teilprozesse verteilt, indem beispielsweise der Abteilungsleiter Sammelguteingang abschätzt, wie hoch der Arbeitsanteil für Aktivitäten wie „Eingangsborderos bearbeiten", „Entladeberichte erstellen", „Statistikkorrekturen setzen" etc. ist. Die Division der einem Teilprozess zugeordneten Kapazität durch die Anzahl der Teilprozessdurchführungen ergibt den benötigten Zeitaufwand pro Teilprozessdurchführung.

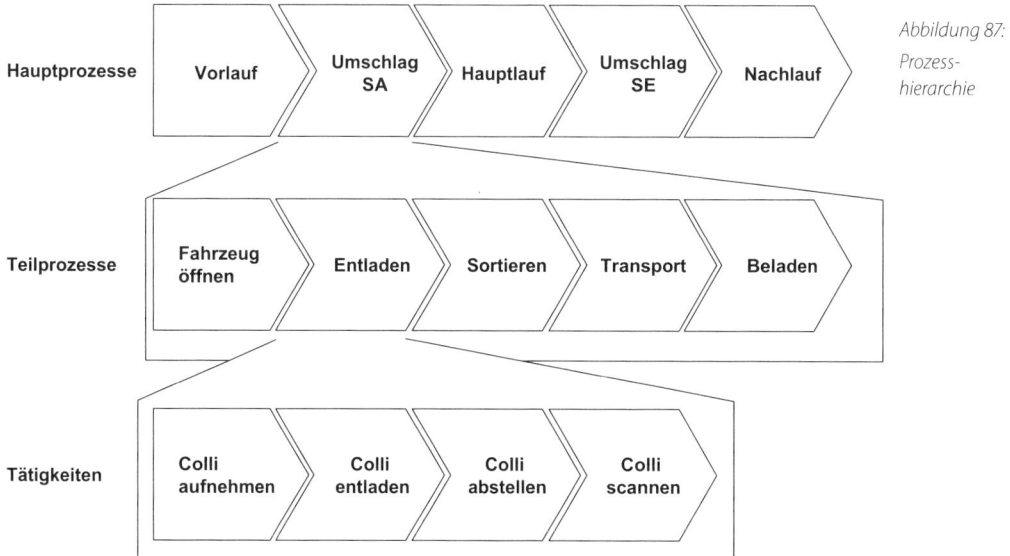

Abbildung 87: Prozesshierarchie

Quelle: Hartmann / Lohre, 2004, S. 193

Der Top down-Ansatz führt schneller zu Ergebnissen, als der Bottom up-Ansatz. Der Vorteil schneller Ergebnisse kann hier jedoch durch Ungenauigkeiten überkompensiert werden.

Auf Ebene der **physischen Prozesse** gliedert sich die Stückgutwertschöpfungskette in die Stufen Vorlauf, Umschlag SA, Hauptlauf, Umschlag SE und Nachlauf. Die vorstehende Abbildung zeigt dies und verdeutlicht am Beispiel Umschlag eine mögliche **Prozesshierarchie**.

Im **administrativen Bereich** sind vor allem die Abteilungen Nah- und Fernverkehrsdisposition, Sammelgutaus- und -eingang, Abrechnung, Lademittel und Service an der Leistungserstellung beteiligt. Diese Abteilungen sind gleichzeitig Kostenstellen. Hier können je Kostenstelle meist mehrere Teilprozesse identifiziert werden. In der Abrechnungsabteilung können dies zum Beispiel sein: Kundenrechnungen erstellen, Spediteurrückrechnungen kontrollieren, Nahverkehrs-Unternehmer abrechnen, Rechnungsanfragen bearbeiten und Abteilung leiten.

Die kaufmännischen Teilprozesse sind dann daraufhin zu untersuchen, ob sich der Ressourcenverbrauch zum erbringenden Leistungsvolumen mengenvariabel verhält oder unabhängig davon anfällt. Dies führt zur Unterteilung in leistungsmengeninduzierte (lmi)- und leistungsmengenneutrale (lmn)-Prozesse. Für die einzelnen Kostenstellen können dann Teilprozesslisten aufgestellt werden, die folgende Kriterien berücksichtigen:

- Beschreibung des Teilprozesses
- Häufigkeit der Inanspruchnahme
- Dauer der Inanspruchnahme insgesamt und je Durchführung

9.12.2.2.3 Aggregation von Teil- zu Hauptprozessen

Das Ergebnis der Tätigkeitsanalyse sind kostenstellenbezogene Teilprozesslisten, die Auskunft darüber geben, welche Teilprozesse in welcher Kostenstelle abgewickelt werden. Häufig lassen sich aus sachlich zusammenhängenden Teilprozessen kostenstellenübergreifende Hauptprozesse (sogenannte Workflows) bilden. Für die Prozesskostenrechnung ist hier aber zwischen den direkt dem Materialfluss zurechenbaren Aktivitäten wie dem Umschlaglager oder dem Hauptlauf und dem indirekten Bereich wie Palettenabteilung oder Abrechnung zu differenzieren.

Im **direkten Bereich** wird es schwerfallen, die kostenstellenbezogenen Teilprozesse zu kostenstellenübergreifenden Hauptprozessen zusammenzuführen. Denn die Kostenverursachungsgrößen unterscheiden sich in den einzelnen Bereichen deutlich voneinander. Deshalb bietet es sich an, die Hauptprozesse auf Ebene der einzelnen Stufen der physischen Stückgutwertschöpfungskette zu bestimmen. Die nachstehende Abbildung verdeutlicht die zu den einzelnen Hauptprozessen gehörenden Teilprozesse für eine durchschnittliche Sammelgutspedition (vergleiche *dazu ähnlich Ebner 1997, S. 190 ff.*).

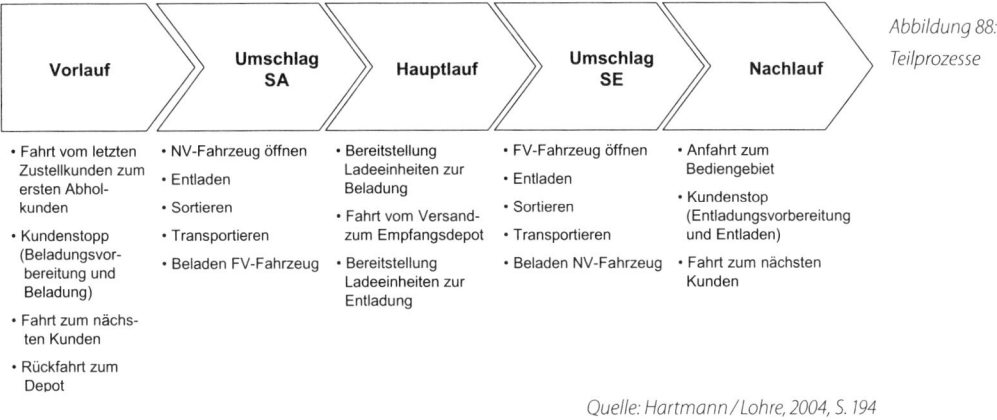

Abbildung 88:
Teilprozesse

Quelle: Hartmann / Lohre, 2004, S. 194

Im **indirekten Bereich** hingegen lassen sich kostenstellenübergreifende Hauptprozesse bestimmen, die mit „Ausgangssendung abwickeln" und „Eingangssendung abwickeln" bezeichnet werden können. Die nachstehende Abbildung verdeutlicht dies am Beispiel des Hauptprozesses „Ausgangssendung abwickeln". Die bei den einzelnen Teilprozessen aufgeführten Kostenstellen können dabei jedoch von Unternehmen zu Unternehmen variieren.

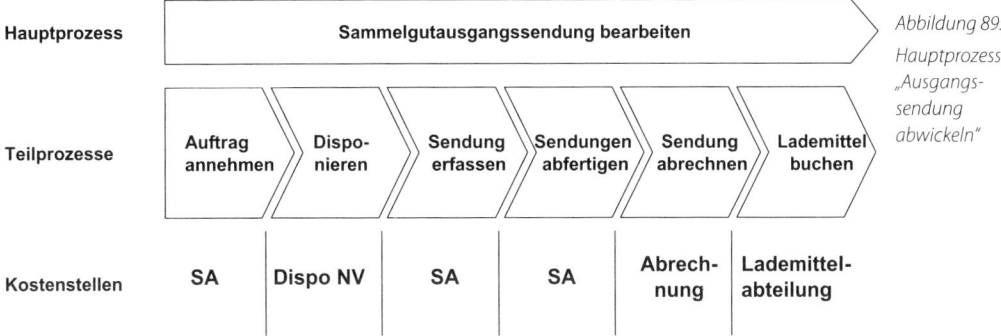

Abbildung 89:
Hauptprozess
„Ausgangs-
sendung
abwickeln"

Quelle: Hartmann / Lohre, 2004, S.194

9.12.2.2.4 Bestimmung der Kostentreiber

Nachdem Klarheit über die abgewickelten Prozesse erzielt wurde, kann im nächsten Schritt der Hauptkostentreiber je Teilprozess definiert werden. Dies ist aus zwei Gründen sinnvoll: Zum einen können Hauptprozessketten in der Prozesskostenrechnung nur über homogene Kostentreiber definiert werden. Zum anderen sind Kostentreiber ganz generell erforderlich, um die auf den Kostenstellen angefallenen Kosten auf Kostenträger herunter zu brechen.

Um eine zu hohe Komplexität der Prozesskostenrechnung zu vermeiden, sollte eine Beschränkung auf die wesentlichen Kostentreiber für die einzelnen Hauptprozesse vorgenommen werden (vergleiche *Mayer 1998, S. 10*). Je mehr Teilprozesse allerdings zu einem Hauptprozess zusammengefasst werden, desto schwieriger wird es, den Ressourcenverbrauch mit nur einem einzigen Kostentreiber auszudrücken. Zunächst beginnt man dabei mit der Identifikation der Kostentreiber auf Teilprozessebene und im Anschluss (gegebenenfalls durch Umrechnungen) auf Hauptprozessebene (Buttom up-Verfahren).

Direkter Bereich

Vorlauf: Transporte im Vorlauf wie auch im Nachlauf werden häufig nicht mit eigenen Fahrzeugen (Selbsteintritt), sondern durch Subunternehmer durchgeführt. Für die Prozesskostenrechnung ist in diesem Fall die Vergütung der Subunternehmer relevant: Erfolgt diese leistungsbezogen (zum Beispiel in Form eines 100 Kg-Satzes), so besitzen die Vor- und Nachlaufkosten Einzelkostencharakter. Bei einer Tagespauschale entstehen hingegen, wie beim Einsatz eigener Fahrzeuge, in Bezug auf die Sendung nahezu ausschließlich Gemeinkosten, die dann über Prozesse verrechnet werden müssen beziehungsweise können.

Für die einzelnen Teilprozesse in der Nahverkehrszustellung sind aber unterschiedliche Kostentreiber relevant. So wirkt sich zum Beispiel nicht nur die Anzahl, das Gewicht und die Beschaffenheit der Packstücke, sondern zum Beispiel auch die Organisation der Versandabteilung des Kunden auf die Dauer des Kundenstopps aus. Für die Dauer der Fahrt zwischen den Kundenstopps ist insbesondere die Art des Bediengebietes (zum Beispiel Innenstadt, Stadtrand oder Land) relevant (vergleiche *Ebner 1997, S. 192 ff.*).

Die Festlegung des Kostentreibers für den Hauptprozess sollte hier engpassorientiert erfolgen: So stellt die Nutzlast des Fahrzeugs im Nahverkehr oftmals einen Engpass dar. In Abhängigkeit vom Zustell- und Abholgebiet kann die Leistung des Fahrzeugs aber auch durch die Stellfläche oder die Anzahl der möglichen Stopps begrenzt sein. Im letztgenannten Fall wirkt sich auch die Sendungsdichte pro Stopp (Stopp / Drop-Faktor) auf die einer Sendung zu belastenden Kosten aus.

Umschlag SA / SE: Im Umschlag werden die Kosten meist anhand eines pauschalen 100 kg-Satzes verrechnet, der sich aus der Division der gesamten Umschlagskosten durch die durchschnittlich umgeschlagene Tonnage ergibt. Dies lässt die tatsächliche Sendungsstruktur jedoch gänzlich unberücksichtigt, da ein proportionales Verhältnis zwischen Sendungsgewicht und Umschlagskosten unterstellt wird. In der speditionellen Praxis hängen die Kosten in den einzelnen Teilprozessen aber von verschiedenen Faktoren ab. Für die Entladung ist insbesondere die Anzahl und die Art der Packstücke relevant, für die Sortierung spielt die Anzahl Colli pro Sendung eine Rolle und für den Transport in der Umschlaghalle wiederum ist die Art der Colli entscheidend. Gegebenenfalls muss auch zwischen Umschlagshallen mit und ohne Unterflurkette differenziert werden.

Als wesentlicher Kostentreiber für den Teilprozess Umschlag kann die Anzahl der Packstücke je Sendung sowie das Gewicht je Colli herangezogen werden. In einer Untersuchung wurde in Bezug auf das Colli-Gewicht (nicht das Sendungsgewicht) ein degressiver Kostenverlauf im Umschlag identifiziert (vergleiche *Ebner 1997, S. 212 ff.*).

Umschlagsprozesskosten pro Kolli	
Gewichtsklasse (kg)	Umschlagskosten (€)
bis 30	0,79
31-50	0,82
51-80	0,89
81-120	1,05
121-200	1,35
201-300	1,48
301-500	2,00
501-700	2,05

Tabelle 34:

Beispiele für prozessorientierte Gewichtsklassenbildung

Quelle: Hartmann / Lohre, 2004, S. 196

Geht man davon aus, dass in der klassischen Kostenrechnung mit einem durchgängigen 100 Kg-Satz gerechnet wird, dann wird in nachfolgenden Abbildung eine grundsätzliche Aussage der Prozesskostenrechnung bestätigt: Kleingewichtige Colli werden tendenziell mit zu wenig, großgewichtige tendenziell mit zuviel Kosten belastet.

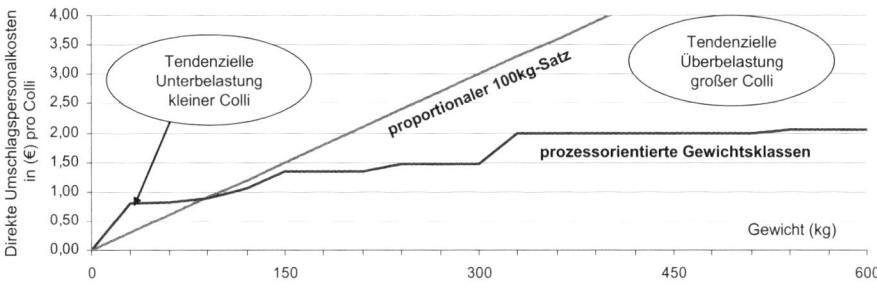

Abbildung 90:

Prozessorientierte und gewichtsbezogene Verrechnung von Umschlagskosten

Quelle: Hartmann / Lohre, 2004, S.194

Hauptlauf: Die Kosten des Hauptlaufs werden häufig über relationsbezogene 100 kg-Sätze auf die Sendungen verrechnet. Doch insbesondere für den reinen Sammelgut-Hauptlauf gilt, dass die Güterstruktur eine nutzlastbezogene Vollauslastung praktisch nie zulässt. Vielmehr stellt das Volumen beziehungsweise die Stellplätze den Engpassfaktor im Hauptlauf dar. Die Inanspruchnahme der Ladefläche wird deshalb prozessorientiert als Bezugsgröße / Kostentreiber vorgeschlagen (vergleiche *Czenskowsky et al. 2002, S. 82*). Alternativ kann die Kostenverteilung aber auch nach Maßgabe des bei Sammelgut-Vollauslastung durchschnittlich zu erreichenden Gewichtes (zum Beispiel 10 Tonnen auf dem Komplett-Lkw) erfolgen.

Nachlauf: In Speditionskooperationen stellen die Nachlaufkosten für die Abgangsniederlassung in der Regel Einzelkosten dar, die sie über die Rückrechnung einer Sendung unmittelbar zurechnen kann. Häufig basieren diese Rückrechnungen auf einer Gewichts-Entfernungskombination und unterstellen damit zwei Sachverhalte: Erstens wird über die Entfernungskomponente eine sternförmige Verteilung der Sendungen unterstellt, da stets die Entfernung vom Empfangsspediteur zum Empfänger zugrunde gelegt wird. Zweitens wird durch die Gewichtskomponente stets eine direkte Beziehung zwischen

Fahrzeugkapazität (gemessen in Nutzlast) und Sendungsgewicht unterstellt. Grundsätzlich können aber im Nachlauf dieselben Kostentreiber wie beim Vorlauf für die einzelnen Teilprozesse identifiziert werden. Jedoch wird die Sendungsanzahl pro Stopp deutlich niedriger sein als im Vorlauf, weil bei der Abholung meist Sendungen für viele Empfänger übergeben werden, dieser Bündelungseffekt aber spiegelseitig in der Zustellung weniger auftritt.

Indirekter Bereich

Die beiden Hauptprozesse *Ausgangssendung abwickeln* und *Eingangssendung abwickeln* sind kostenstellenübergreifend. In der nachstehenden Tabelle sind die einzelnen Teilprozesse des Hauptprozesses *Ausgangssendung abwickeln* und die möglichen Kostentreiber aufgeführt.

Tabelle 35:
Mögliche Teil-
prozesse und
Kostentreiber des
Hauptprozesses
Ausgangs-
sendung
abwickeln

Teilprozess	Kostentreiber
Abholauftrag annehmen	Kunden
Disponieren	Kundenstopp
Sendung erfassen	Sendung
Sendungen abfertigen	Ausgangsbordero / Fahrzeug, Sendung
Sendung abrechnen	Sendung
Lademittel buchen	palettierte Sendung

Quelle: Hartmann / Lohre, 2004, S. 197

Demnach ist bei den indirekten, kaufmännischen Prozessen vor allem die Sendung der Kostentreiber. Für Teilprozessen, bei denen die Sendung zunächst nicht der Hauptkostentreiber sind, gilt: Durch Umrechnungen (wie zum Beispiel mit der durchschnittlichen Anzahl der auf einem Bordero abgefertigten Sendungen) kann man auf Prozessebene den Kostentreiber *Sendung* verwendbar machen. Hierbei sollten auch Kundenspezifika berücksichtigt werden: Gibt ein Kunde etwa bei einem Stopp fünf Sendungen zur Verladung, so kann man dies auf der Prozessebene auch entsprechend einfließen lassen (ein Fünftel der Stoppkosten). Ebenso müssen hier unterschiedliche Prozessvarianten berücksichtigt werden: Der Teilprozess *Speditionsaufauträge erfassen* wird nur dann anfallen, wenn der Kunde seine Aufträge nicht per DFÜ einspielt. Damit wird klar: **Die Prozesskostenrechnung ermöglicht es, die Kostenallokation auf Basis der kundenindividuell beanspruchten Prozesse vorzunehmen!**

9.12.2.3   Ergebnisse der Prozesskostenrechnung

9.12.2.3.1   Ermittlung der Prozesskostensätze

Prozess-
kostensatz   Der **Prozesskostensatz** stellt denjenigen Anteil der Gemeinkosten dar, der auf die einmalige Abwicklung eines Prozesses entfällt beziehungsweise verrechnet wird. Zu seiner Ermittlung existieren unterschiedliche Möglichkeiten. So können zum Beispiel die gesamten Kosten einer Kostenstelle ohne weitere Differenzierung in unterschiedliche Kostenarten verrechnet werden oder aber die Verrechnung findet nach Kostenarten differenziert (zum Beispiel Personalkosten und Flurförderzeugkosten separat) statt. Auch für

die lmn-Kosten, also diejenigen Kosten, für die kein Zusammenhang zur abgewickelten Prozessmenge besteht, gibt es unterschiedliche Alternativen. Sie können entweder auf die lmi-Kosten umgelegt werden oder aber sie werden über volumenorientierte Schlüssel auf die Kostenträger verteilt (vergleiche *Coenenberg/Fischer 1991, S. 29 ff.*). Die Ermittlung der Prozesskostensätze, also der Kosten, die durch die einmalige Inanspruchnahme eines Prozesses entstehen, wird dabei nach folgender Logik vorgenommen:

$$\text{Prozesskostensatz} = \frac{\text{Kosten der Prozessdurchführung}}{\text{Anzahl der Porzessdurchführungen}}$$

Bei der Ermittlung der Prozesskostensätze im direkten Bereich wird hier von einem homogenen Kostentreiber ausgegangen. Im betrieblichen Alltag (zum Beispiel im Nahverkehr) üben allerdings oft mehrere Kostentreiber Einfluss aus. Für den indirekten Bereich wird anhand des Beispiels SE (Sammelguteingang) die Ermittlung der Prozesskostensätze mit Umlage der lmn-Kosten gezeigt:

Nachdem erarbeitet wurde, welche Prozesse in welcher Häufigkeit in einer Kostenstelle abgearbeitet werden und die notwendigen Zeiten dazu ermittelt wurden, liegen die lmi-Prozesse mit dem für sie erforderlichen Zeitbedarf vor. Durch eine Tätigkeitsanalyse wurden auch die Zeitbedarfe für die lmn-Prozesse ermittelt. Die Summe der Zeiteinheiten aller lmi- und der lmn-Prozesse ergeben zusammen die gesamten Zeiteinheiten in der Kostenstelle. Die Kosten der Kostenstelle können nun anhand der beanspruchten Zeiteinheiten auf die lmi-Prozesse verteilt werden. Die Kosten der lmn-Teilprozesse werden ebenfalls, und zwar im Verhältnis ihrer Prozesskosten auf die lmi-Prozesse verteilt. Die Division der gesamten Teilprozesskosten durch die Anzahl der Prozessdurchführungen ergibt dann die (Teil-)Prozesskostensätze. Die nachstehende Tabelle verdeutlicht dies am Beispiel einer fiktiven Abteilung Sammelguteingang.

Kostenstelle: Sammelguteingang

Teilprozesse	Art	Maßgröße	Anzahl	Zeit-aufwand in MJ	Teilprozess-kosten lmi	lmi-Prozess-kostensatz	Umlage lmn	Teilprozess-kosten gesamt	Prozess-kostensatz
Spalte	a	b	c	d	e	f	g	h	i
Formel					c*d/ 2 Mj	= e/c	7500/100.000 *e	e+g	h/c
Eingänge bearbeiten	lmi	Borderos	10.800	0,30	15.000,00 €	1,39 €	1.216,22 €	16.216,22 €	1,50 €
Entladeberichte erstellen	lmi	Borderos	10.800	0,25	12.500,00 €	1,16 €	1.013,51 €	13.513,51 €	1,25 €
Sendungen vorsortieren	lmi	Sendungen	162.000	0,50	25.000,00 €	0,15 €	2.027,03 €	27.027,03 €	0,17 €
Sendungsstati setzen	lmi	Sendungen	162.000	0,30	15.000,00 €	0,09 €	1.216,22 €	16.216,22 €	0,10 €
Nachnahmen bearbeiten	lmi	Nachnahmen	350	0,05	2.500,00 €	7,14 €	202,70 €	2.702,70 €	7,72 €
Verfügung einholen	lmi	AV-Sendungen	800	0,15	7.500,00 €	9,38 €	608,11 €	8.108,11 €	10,14 €
Lademittel buchen	lmi	pal. Sendungen	129.600	0,30	15.000,00 €	0,12 €	1.216,22 €	16.216,22 €	0,13 €
Abteilung leiten	lmn			0,15	7.500,00 €				
		Kosten insges.:	100.000,00 €	2,00	100.000,00 €		7.500,00 €	100.000,00 €	

Tabelle 36:
Ermittlung der Prozesskostensätze auf Teilprozessebene

Quelle: Eigene Darstellung

Im direkten Bereich lassen sich die Prozesskostensätze dann wie folgt bestimmen (vergleiche zu einer detaillierteren Ermittlung der Prozesskostensätze *Ebner 1997, S. 192 ff.*):

Hauptprozess	Kostentreiber	Prozesskostensatz
Vorlauf	Abholstopp	$\dfrac{\text{Kosten der Abholung}}{\text{Abholstopps}}$
Umschlag	Colli, Gewichtsklassen	$\dfrac{\text{Kosten des Umschlags (Ausgang)}}{\text{Umgeschlagene Colli (Ausgang, Gewichtsklassenabhängigkeit)}}$
Hauptlauf	Stellplatz	$\dfrac{\text{Hauptlaufkosten}}{\text{Stellplätze}}$
Umschlag	Colli, Gewichtsklassen	$\dfrac{\text{Kosten des Umschlags (Eingang)}}{\text{Umgeschlagene Colli (Ausgang, Gewichtsklassenabhängigkeit)}}$
Nachlauf	Stopp	$\dfrac{\text{Kosten der Zustellung}}{\text{Zustellstopps}}$

Tabelle 37:
Beispiele für die Ermittlung von Prozesskostensätzen im direkten Bereich

Quelle: Hartmann / Lohre, 2004, S. 198

9.12.2.3.2 Von den Prozesskostensätzen zur Prozesskostenkalkulation

Die Ermittlung der (Teil-) Prozesskostensätze ist ein wichtiger Schritt im Rahmen der Prozesskostenrechnung, allerdings sind durch die Prozesskostenrechnung noch weiter gehende Aussagen möglich. Denn zu wissen, welche Kosten mit Abwicklung eines Prozesses verbunden sind, ist insbesondere vor dem Hintergrund der Transparenzschaffung wesentlich. Letztendlich soll aber mit Hilfe der Prozesskostenrechnung ermittelt werden, welche Kosten auf die einzelnen betrieblichen Leistungen zu verrechnen sind, beziehungsweise welcher Ressourcenverzehr durch einzelne betriebliche Leistungen verursacht wird. Mit anderen Worten: Wie in der traditionellen Vollkostenrechnung muss noch die Kalkulation, also die Verrechnung der (Gemein-) Kosten auf die Kostenträger stattfinden!

Dies soll anhand eines Beispiels mit Sammelgutausgangssendungen verdeutlicht werden, bei dem gleichzeitig die Unterschiede zur „traditionellen" Kalkulation herausgearbeitet werden können.

In der Sammelgutausgangsabteilung entstehen Kosten von insgesamt 18 000,– € pro Monat und es werden 12 000 Sendungen abgewickelt. Für die Kostenstelle wurden folgende Teilprozesskostensätze ermittelt:

Tabelle 38:
Teilprozess-kostensätze pro Kostenstelle

Kostenstelle: Sammelgutausgang

Teilprozesse	Art	Maßgröße	Anzahl	Zeit-aufwand in MM	Teilprozess-kosten lmi	lmi-Prozess-kostensatz	Umlage lmn	Teilprozess-kosten gesamt	Prozess-kostensatz
Abholer aufnehmen	lmi	Nicht DFÜ-Abholer	4.400	0,45	2.700,00 €	0,61 €	746,81 €	3.446,81 €	0,78 €
Sendungen erfassen	lmi	Nicht DFÜ-Sdg.	7.600	0,55	3.300,00 €	0,43 €	912,77 €	4.212,77 €	0,55 €
Sendungen vorsortieren	lmi	Sendungen	12.000	0,40	2.400,00 €	0,20 €	663,83 €	3.063,83 €	0,26 €
Ausgangsborderos bearbeiten	lmi	Borderos	320	0,32	1.920,00 €	6,00 €	531,06 €	2.451,06 €	7,66 €
Nachnahmen bearbeiten	lmi	Nachnahmen	110	0,15	900,00 €	8,18 €	248,94 €	1.148,94 €	10,44 €
Sendungen routen	lmi	Sendungen	12.000	0,35	2.100,00 €	0,18 €	580,85 €	2.680,85 €	0,22 €
Fixtermin-Überwachung	lmi	Fixtermine	50	0,03	180,00 €	3,60 €	49,79 €	229,79 €	4,60 €
Avis 8-Uhr Zustellung (Hub)	lmi	8 Uhr-Sdg.	400	0,10	600,00 €	1,50 €	165,96 €	765,96 €	1,91 €
Abteilung leiten	lmn			0,65	3.900,00 €				
		Kosten insges.:	18.000,00 €	3,00	18.000,00 €		3.900,00 €	18.000,00 €	

Quelle: Eigene Darstellung

Nach der traditionellen Kalkulation entfallen auf jede Ausgangssendung 1,50 € für die Abwicklung im Sammelgutausgang. Bei der Prozesskostenrechnung werden nun die Abwicklungskosten nach der Ressourceninanspruchnahme ermittelt.

Beispiel 1: Einer Sendung, deren Daten per DFÜ übertragen werden und die auf einem Ausgangsbordero mit insgesamt 25 Sendungen abgefertigt wird, werden entsprechend folgende Teilprozesskosten zugeordnet:

SA (Sammelausgang)		Bezugsgröße	TP-Kosten	Ko-Träger	Sdg.-Kosten
Abholer aufnehmen		Nicht DFÜ-Abholer	0,78		
Sendungen erfassen		Nicht DFÜ-Sdg.	0,55		
Sendungen vorsortieren		Sendungen	0,26	1	0,26
Ausgangsborderos bearbeiten		Borderos	7,66	25	0,31
Nachnahmen bearbeiten		Nachnahmen	10,44		
Sendungen routen		Sendungen	0,22	1	0,22
Fixtermin-Überwachung		Fixtermine	4,60		
Avis 8-Uhr Zustellung (HUB)		8-Uhr-Sdg.	1,91		
Prozesskosten SA					**0,79**

Tabelle 39: Beispielrechnung 1

Quelle: Eigene Darstellung

Beispiel 2: Sendungen eines anderen Kunden müssen erfasst werden. Im Schnitt werden sie gemeinsam mit zwei weiteren Sendungen als Abholer aufgenommen, und auf einem Ausgangsbordero mit insgesamt 15 Sendungen abgefertigt. Dementsprechend werden folgende Teilprozesskosten zugeordnet:

SA (Sammelausgang)		Bezugsgröße	TP-Kosten	Ko-Träger	Sdg.-Kosten
Abholer aufnehmen		Nicht DFÜ-Abholer	0,78	3	0,26
Sendungen erfassen		Nicht DFÜ-Sdg.	0,55	1	0,55
Sendungen vorsortieren		Sendungen	0,26	1	0,26
Ausgangsborderos bearbeiten		Borderos	7,66	15,00	0,51
Nachnahmen bearbeiten		Nachnahmen	10,44		
Sendungen routen		Sendungen	0,22	1,00	0,22
Fixtermin-Überwachung		Fixtermine	4,60		
Avis 8-Uhr Zustellung (HUB)		8-Uhr-Sdg.	1,91		
Prozesskosten SA					**1,80**

Tabelle 40: Beispielrechnung 2

Quelle: Eigene Darstellung

Beispiel 3: Einer Sendung, die zu erfassen ist und alleine als Abholer aufgenommen wird, die auf einem Ausgangsbordero mit insgesamt 15 Sendungen abgefertigt wird und als 8-Uhr-Zustellung zu avisieren ist, werden entsprechend folgende Teilprozesskosten zugeordnet:

SA (Sammelausgang)		Bezugsgröße	TP-Kosten	Ko-Träger	Sdg.-Kosten
Abholer aufnehmen		Nicht DFÜ-Abholer	0,78	1	0,78
Sendungen erfassen		Nicht DFÜ-Sdg.	0,55	1	0,55
Sendungen vorsortieren		Sendungen	0,26	1	0,26
Ausgangsborderos bearbeiten		Borderos	7,66	15,00	0,51
Nachnahmen bearbeiten		Nachnahmen	10,44		
Sendungen routen		Sendungen	0,22	1,00	0,22
Fixtermin-Überwachung		Fixtermine	4,60		
Avis 8-Uhr Zustellung (HUB)		8-Uhr-Sdg.	1,91	1,00	1,91
Prozesskosten SA					4,24

Quelle: Eigene Darstellung

Aus dem Beispiel wird deutlich, dass die Höhe der belasteten Kosten in einem vordergründig identischen Prozess *Sammelausgang* im Rahmen der Prozesskostenrechnung mit einer großen Bandbreite von dem Wert der *klassischen Kostenrechnung* (1,50 €) abweichen können. Dies hängt von der hier berücksichtigten, individuellen Ressourcenbeanspruchung durch den einzelnen Kostenträger (die Sendung) ab.

9.12.3   Aussagefähigkeit der Prozesskostenrechnung

Durch ihren Aufbau ist die Prozesskostenrechnung in der Lage, Informationen darüber zu liefern, warum welche Gemeinkosten überhaupt vorgehalten werden. Die Prozesskostenrechnung sorgt damit für die **Schaffung von Transparenz**. Ihr Einsatz bietet sich vor allem dort an, wo die Prozesse einen hohen Standardisierungs- und Wiederholungsgrad aufweisen. Das hat das Beispiel der Systemverkehre klar verdeutlicht. Die langfristig durch einzelne Prozesse verursachten Gemeinkosten können ermittelt und über die Prozesskostenkalkulation den einzelnen Prozessdurchführungen zugeordnet werden. Die Kalkulation kann damit eine deutlich verbesserte **Verursachungsgerechtigkeit** annehmen und erreicht hohe Genauigkeit bei der Ermittlung der kundenspezifischen Prozessinanspruchnahme. Das hilft, die tatsächliche Kosten / Erlössituation einzelner Kunden deutlich besser zu beurteilen.

Die gewonnenen Informationen können aber auch für Zwecke des **Kostenmanagements** eingesetzt werden. Insgesamt ist die Prozesskostenrechnung deshalb ein sehr wichtiges Instrument für logistische Dienstleistungsunternehmen.

Die Prozesskostenrechnung hat primär die Verrechnung der Gemeinkosten zum Inhalt und ist damit eine Vollkostenrechnung. Im Gegensatz zur Teilkostenrechnung ist sie aufgrund der von ihr berücksichtigten fixen Gemeinkosten nicht in der Lage, kurzfristig orientierte Entscheidungen zu unterstützen. Denn die fixen Gemeinkosten fallen auch dann an, wenn die bereit gestellten Ressourcen nicht zur Leistungserbringung genutzt werden können und stellen somit kurzfristig sogenannte **sunk costs** dar.

9.13 Statistik

Der Aussagewert der Kosten- und Leistungsrechnung wird größer, wenn bestimmte Kosten- und Erlöszahlen mit Hilfe der Statistik in Beziehung gesetzt werden. Beispielsweise sagen absolute €-Beträge über Kraftstoffkosten wenig, wenn diese nicht bezogen werden auf die Kilometerleistung der Fahrzeuge.

Für die Auswertung der Betriebsabrechnung, für Kontroll- und Planungsarbeiten ist **Betrieb-** es deshalb unbedingt notwendig, betriebliche Statistiken zu führen. In einem Speditions- **liche** unternehmen sind solche Erhebungen in der Regel in folgenden Bereichen wichtig: **Statistik**

a) Auftrags-, Sendungs- und Gewichtsstatistiken in der Spedition
b) Leistungsstatistiken im Fuhrpark
c) Gewichts- und Sendungsstatistiken im Umschlag
d) Mengen- beziehungsweise Leistungsstatistiken in bestimmten Verwaltungsabteilungen
e) Personaleinsatzstatistiken.

Häufig wird im Zusammenhang mit statistischen Auswertungen auch von „Leistungscontrolling" gesprochen.

9.14 Betriebswirtschaftliche Kennzahlen

Jeder Logistikdienstleister muss ständig darüber informiert sein, inwieweit die gesetzten **Analyse mit** Ziele erreicht wurden und ob eine wirtschaftliche und rentable Unternehmenssituation **Kennzahlen** gegeben ist. Ein wichtiges Mittel dazu sind aussagefähige Kennzahlen, die schnell und prägnant Auskunft über die Unternehmensentwicklung geben, Verlustquellen aufdecken, zu Rationalisierungsmaßnahmen anregen und die Ertragsentwicklung offen legen.

Die Ermittlung richtiger Kennzahlen setzt voraus, dass die Buchhaltung, die Kostenrechnung und betriebsinterne Statistiken aufeinander abgestimmt sind und aktuelle und aussagefähige Informationen liefern. Kennzahlen erhalten ihren vollen Wert für den Unternehmer dann, wenn sie periodisch erstellt und verglichen werden; bei genügender Erfahrung können sie als Planzahlen oder Budgets für zukünftige Perioden vorgegeben werden und lassen damit einen permanenten Soll- / Ist-Vergleich zu.

9.14.1 Wesentliche Kennzahlenarten

Kennzahlen sind komprimierte, betriebswirtschaftlich bedeutsame Verhältniszahlen mit **Kenzahlen-** Daten, zwischen denen eine kausale Beziehung besteht. Man unterscheidet grundsätzlich **arten** folgende Verhältniszahlen:

a) Prozentzahlen:

$$\text{zum Beispiel Kapitalrentabilität} \quad = \quad \frac{\text{Gewinn x 100}}{\text{Kapital}} \quad = \%$$

b)   Produktivitätsparameter:
zum Beispiel Abteilungsproduktivität = 60 Sendungen pro Tag und Mitarbeiter
c)   Indexzahlen:
Werte aus mindestens zwei Perioden werden durch Indexzahlen so verglichen, dass
der Wert der Basisperiode gleich 100 gesetzt und die entsprechenden Werte der
folgenden Periode dazu in Beziehung gesetzt werden. Beispiel:
Gewinn von 1990 = 100
Gewinn von 2000 = 163
Gewinn von 2005 = 170

9.14.2   Wichtige Kennzahlen für Logistikdienstleister

Kenn-zahlen-Definition Wie bereits oben dargstellt, geben gute Kennzahlen einen komprimierten, aussagefähigen Einblick in die aktuelle Unternehmenssituation. Dabei kommt es auf Klasse statt Masse an: Es geht nicht darum, all die Kennzahlen zu bilden, die mit den Möglichkeiten modernen IT-Systeme darstellbar sind. Vielmehr ist es wichtig, gezielt solche Kennzahlen auszuwählen, die für die individuelle Beurteilung des Unternehmens die höchste Aussagekraft haben. Dabei kann es durchaus möglich sein, ein Unternehmen mit 4 bis 10 Kennzahlen verlässlich zu führen. Nachfolgend werden wichtige Kennzahlen für Spedition und Logistik dargestellt. Leider werden sowohl in der Literatur als auch von spezifischen Controlling-Programmen für die selben Wertgrößen oft unterschiedliche Begriffe verwendet. Zur besseren Orientierung werden daher häufig verwendete Alternativbegriffe mit angegeben.

Brutto-nutzen Der **Bruttonutzen** (auch: Rohertrag, Nettoumsatz) ist eine entscheidende Größe in der Spedition. Er stellt die Differenz aus den Umsatzerlösen (auch: Außenumsatz, Bruttoumsatz) und den auftragsgebundenen Speditionskosten (auch: Fremdleistungskosten, auftragsgebundene Einzelkosten) dar. **Der Bruttonutzen ist damit die Restgröße, aus welcher die eigenen Betriebskosten und der Gewinn finanziert werden.**

Brutto-marge Die **Bruttomarge** (auch: Rohertragsmarge) ist das Verhältnis von Bruttonutzen zum Außenumsatz. Sie ist **in der Spedition** zunächst ein **Anhaltspunkt für die Intensität des Selbsteintritts**:

$$\text{Bruttomarge} \quad = \quad \frac{\text{Bruttonutzen}}{\text{Umsatzerlöse}} = 100$$

Selbst-eintritt Je höher das Ausmaß des Selbsteintritts ist, desto weniger Fremdleistungen werden von außen bezogen. Damit ist in Bezug auf die Bruttomarge gemeint: Die gleichen Umsatzerlöse können einmal durch den Einsatz eigener Fahrzeuge und einmal durch Subunternehmereinsatz (niedriger Selbsteintrittsquote) erzielt werden. Ist der Selbsteintritt gering, müssen die meisten Transportleistungen zugekauft werden, der Bruttonutzen ist ebenfalls gering.

Die folgende Abbildung zeigt den Zusammenhang zwischen der Selbsteintrittsquote und der Bruttomarge: Die Gesamtkosten betragen in allen drei Fällen 1 450,– € und die Bruttomarge steigt mit abnehmender Selbsteintrittsquote.

	Bruttomarge		
Selbsteintrittsquote			
	Unt. 1	**Unt. 2**	**Unt. 3**
Speditonserlöse	1500	1500	1500
Speditionskosten	1000	750	250
Bruttonutzen	500	750	1250
Bruttomarge	33,33%	50,00%	83,33%
Betriebskosten	450	700	1200
Betriebsergebnis	50	50	50
Umsatzrentabilität	3,33%	3,33%	3,33%

Tabelle 42:

Selbsteintritts-
quote und
Bruttomarge

Quelle: Aus Vorauflage

Erst in Zusammenhang mit der Bruttomarge können dann auch andere Kennzahlen **Branchen-** beziehungsweise Aussagen beurteilt werden. So ist zum Beispiel bei unbefriedigender **typische** Rentabilität ein Blick auf die Kostenanteile am Bruttonutzen anzuraten: **Kosten-**
- Der Anteil Personalkosten schwankt in der Regel zwischen 50 und 60 %. Unter- **anteile** nehmen mit hohem Selbsteintrittsanteil haben tendenziell geringere Personal-kostenanteile an den Gesamtkosten, da typische Fahrzeugkosten (Diesel, Werk-statt, Versicherungen) bei Ihnen mehr ins Gewicht fallen. Wenn die Quote in sol-chen Unternehmen also um oder über 60 % liegt, kann hier das Problem liegen, weitergehende Analysen sind erforderlich.
- Der Anteil Overheadkosten am Nettoumsatz sollte bei ca. 10 % liegen. Allerdings werden je nach Art der Kennzahlenermittlung von Unternehmen zu Unternehmen unterschiedliche Kostenblöcke als Overheadkosten definiert, so dass ein betriebs-übergreifender Vergleich oft geringe Aussagefähigkeit hat. Dies ist ein sehr grund-sätzliches Problem des überbetrieblichen, kennzahlenbasierenden Unternehmens-vergleichs, dem sogenannten **Benchmarking.**
- Wegen der hohen Bedeutung der Personalkosten für Logistikdienstleister ist der Pro-duktivitätsparameter „Bruttonutzen pro Mitarbeiter" eine entscheidende Größe: Er variiert je nach Unternehmensschwerpunkt, sollte aber mindestens 60 000,– € p.a. betragen, um eine langfristig rentable Unternehmensführung zu ermöglichen. Vor dem Hintergrund unterschiedlicher Selbsteintrittsquoten macht eine Kenn-zahl Produktivität zu Umsatzerlösen keinen Sinn.

9.14.3   Cash-Flow Rechnungen

Eine weitere, wichtige Größe ist der Cash-Flow. Er spiegelt vor allem die Möglichkeiten **Cash-Flow** des Unternehmens wider, sich aus dem Umsatzprozess heraus selbst (und nicht extern, zum Beispiel über Bankkredite) zu finanzieren. Die Zahl gibt an, in welchem Maße der Umsatzprozess liquide Mittel erzeugt. Diese ergeben sich grundsätzlich aus Zahlungsüberschüssen einer Periode. Betrachtet werden also nur die **zahlungswirk-samen** Erträge und Aufwendungen. Der Unterschied zum Unternehmensergebnis sind damit vor allem Aufwendungen, die nicht direkt zum Abfluss liquider Mittel führen. Der wesentliche Block für Spediteure sind dabei die Abschreibungen, teilweise besitzen Positionen wie die Zuführung zu Pensionsrückstellungen eine gewisse Bedeutung. Der Cash-Flow gibt vor allem Auskunft darüber, welche liquiden Mittel dem Unternehmen für Investitionen und Gewinnausschüttungen zur Verfügung stehen.

9.15   Übersicht über die Kontenklassen laut *BSL-Kontenrahmen*

Kontenklasse 0

Anlage – Kapitalkonten

00   *Immaterielle Vermögensgegenstände*

01   *Grundstücke, grundstücksgleiche Rechte und Bauten einschließlich der Bauten auf fremden Grundstücken*

02   *Anlagen, Maschinen, Betriebs- und Geschäftsausstattung*

03   *Finanzanlagen*

04   *Mittel- und langfristige Verbindlichkeiten mit einer Laufzeit von mehr als einem Jahr*

05   *Eigenkapital*

06   *Rückstellungen*

07   *Rechnungsabgrenzungsposten*

08   *Wertberichtigungen*

Kontenklasse 1

Finanz- und Privatkonten

10   *Liquide Mittel*

11   *Frei*

12   *Frei*

13   *Frei*

14   *Forderungen*

15   *Wertpapiere des Umlaufvermögens*

16   *Verbindlichkeiten*

17   *Finanzverbindlichkeiten*

18   *Privatkonten*

Kontenklasse 2

Abgrenzungskonten

20   *Außerordentliche Aufwendungen*

21   *Betriebs- und periodenfremde Aufwendungen*

22   *Zinsen und ähnliche Aufwendungen*

23   *Steuern vom Einkommen und vom Ertrag*

24   *Sonstige Aufwendungen*

25   *Außerordentliche Erträge*

26   *Betriebs- und periodenfremde Erträge*

27   *Zinserträge*

28   *Sonstige Erträge*

29   *Verrechnete kalkulatorische Kosten*

Kontenklasse 3

Vorräte

30   *Vorräte des Hauptbetriebs*

31   *Vorräte der Hilfs- oder Nebenbetriebe*

Kontenklasse 4

Kostenarten-Konten

40   *Lohn- und Lohnnebenkosten*

41   *Gehalts- und Gehaltsnebenkosten*

42   *Fuhrparkkosten*

43   *Raumkosten*

44   *Verwaltungskosten*

45   *Sonstige Steuern, Versicherungen, Gebühren und Beiträge*

46   *Unternehmenskosten*

47   *Kosten der Nebenbetriebe*

48   *Kalkulatorische Kosten*

49   *Aktivierte Eigenleistungen*

Kontenklasse 5

frei für die interne Leistungsverrechnung

Kontenklasse 6

frei für die interne Leistungsverrechnung

Kontenklasse 7

Auftragsgebundene, direkt zurechenbare Speditionskosten (vergleiche auch Kontenklasse 8)

70   *Internationale Spedition*

71   *Seehafenspedition/Überseespedition*

72   *Luftfrachtspedition*

73   *Binnenschifffahrts- und Binnenumschlagspedition*

74   *Kraftwagenspedition*

75   *Bahnspedition*

76 Lagerei
77 Möbelspedition
78 Logistikprojekte

Kontenklasse 8
Erlöskonten

80 Internationale Spedition
81 Seehafenspedition/Überseespedition
82 Luftfrachtspedition
83 Binnenschifffahrts- und Binnenumschlagspedition
84 Kraftwagenspedition
85 Bahnspedition
86 Lagerei
87 Möbelspedition
88 Logistikprojekte

Kontenklasse 9
Abschlusskonten

90 Betriebsergebniskonto
91 Finanzergebniskonto
92 Ergebniskonto der außerordentlichen
Geschäftstätigkeit
94 Gesamtergebniskonto vor Steuern
95 Gesamtergebniskonto nach Steuern
96 Bilanzgewinn/Bilanzverlust
97 Eröffnungsbilanzkonto
98 Schlussbilanzkonto

10   Verpackung und Markierung

Frank Huster, Klaus Zänker

10.1   Spediteur und Verpackung

Spediteur und Verpackung

Die Verpackung hat den Zweck zu erfüllen, dass die Ware unbeschädigt den Käufer erreicht. Die Pflicht zur Verpackung obliegt dem Verkäufer. Beim Versendungskauf *(§ 447 BGB)* geht die Gefahr auf den Käufer über, sobald der Verkäufer die Sache dem Spediteur, dem Frachtführer oder der sonst zur Ausführung der Versendung bestimmten Person oder Anstalt ausgeliefert hat. Ist nach dem Kaufvertrag die Ware an den Käufer zu liefern, so gehen die Verpackungskosten zu Lasten des Verkäufers, sonst zu Lasten des Käufers. Die Kostentragung wird oft durch Handelsklauseln geregelt. Verpackung ist zu einem wichtigen Kostenfaktor geworden. In *Deutschland* beispielsweise wird jedes Jahr Verpackungsmaterial in der Größenordnung von rund 13 Mio. Tonnen verarbeitet.

Einweg- und Mehrwegverpackung

Grundsätzlich unterscheiden wir zwischen **Einweg- und Mehrwegverpackungen** (Dauerverpackung). Bei der Entscheidung zwischen diesen beiden Verpackungsalternativen sollten nicht nur die unterschiedlichen Kosten für die Beschaffung des Materials eine Rolle spielen. Die höheren Beschaffungskosten für Mehrwegverpackungen müssen auf die Anzahl der Wiederverwendungsmöglichkeiten umgerechnet werden; bezogen auf den einzelnen Transportvorgang verursacht dann die Einwegverpackung in der Regel höhere Kosten als die Dauerverpackung. Mehrwegverpackungen erfordern aber zusätzlich einen hohen Überwachungs- und Kontrollaufwand, ferner sind die Kosten für den Rücktransport als Leergut zu berücksichtigen.

Schutz- und Verkaufsfunktion

Die Verpackung der Güter hat eine Schutzfunktion und eine Verkaufsfunktion. Für die Beförderung der Güter steht die Schutzfunktion im Vordergrund. Dabei sind unter anderem zu beachten: Wahl des Verkehrsmittels, Anzahl der Umladungen, Art des Gutes, Dauer des Transports, Zielort / Zielland, Verpackungsvorschriften, zum Beispiel der einzelnen Seehäfen, Einfuhrbestimmungen des Ziellandes / der Durchfuhrländer, Kundenwünsche, mögliche Zwischenlagerungen. Verkaufsfördernde Elemente sollten bei der Gestaltung der Verpackung für den Transport möglichst in den Hintergrund treten.

Eine zunehmende Bedeutung erhält in der Güterverkehrswirtschaft der Transport gefährlicher Güter. Die Gefahrgutverordnungen der einzelnen Verkehrsträger enthalten umfassende und detaillierte Verpackungs- und Markierungsvorschriften, die es zu beachten gilt.

Die *ADSp* regeln in *Ziffer 4.1*, dass der dem Spediteur erteilte Auftrag mangels Vereinbarung nicht die Verpackung des Gutes umfasst, auch nicht die Untersuchung, Maßnahmen zur Erhaltung oder Besserung des Gutes und seiner Verpackung, es sei denn, dies ist geschäftsüblich. Tätigkeiten nach *Ziffer 4.1* sind gesondert zu vergüten.

Der Spediteur ist verpflichtet, an Schnittstellen die Packstücke auf Vollzähligkeit und Identität sowie äußerlich erkennbare Schäden und Unversehrtheit von Plomben und Verschlüssen zu überprüfen und Unregelmäßigkeiten zu dokumentieren (zum Beispiel in den Begleitpapieren oder durch besondere Benachrichtigung). Schnittstelle ist jeder Übergang der Packstücke von einer Rechtsperson auf eine andere sowie die Ablieferung am Ende jeder Beförderungsstrecke *(ADSp Ziffer 7)*.

Für das Frachtgeschäft wird in *§ 411 HGB* (Verpackung, Kennzeichnung) bestimmt, dass der Absender das Gut, soweit dessen Natur unter Berücksichtigung der vereinbarten Beförderung eine Verpackung erfordert, so zu verpacken hat, dass es vor Verlust und Beschädigung geschützt ist und dass auch dem Frachtführer keine Schäden entstehen. Der Absender hat das Gut ferner, soweit dessen vertragsgemäße Behandlung es erfordert, zu kennzeichnen.

Das Leistungsangebot der Spediteure auf dem Verpackungssektor hat sich im Laufe der letzten Jahre zu einem umfangreichen Dienstleistungsangebot entwickelt. Zu den im Speditionsgewerbe üblichen Verpackungsarbeiten wie Ausbesserung und Anfertigung von kleinen und mittleren Verpackungseinheiten werden teilweise modern ausgerüstete Verpackungsbetriebe mit Konstruktionsbüros, technischen Einrichtungen und Spezialisten unterhalten. Die Kombination von Verpackungstechnikern und Transportexperten gewährleistet eine sichere und zugleich rationelle Verpackung. Erheblicher Materialaufwand allein macht noch nicht die Güte und Dauerhaftigkeit der Verpackung aus. Wesentlich ist, dass geeignetes Material eingesetzt wird.

Das Leistungsangebot erstreckt sich unter anderem auf:

Seemäßige Verpackung, Export-Land-Verpackung, Luftfracht-Verpackung, Container-Verpackung, Schwergut-Verpackung, Sonder-Verpackungen, Verpackung gefährlicher Güter, Konservierung mit Korrosionsschutzmitteln, Lieferung und Anwendung von geeigneten Polstermitteln, Anfertigung von Kisten, Verschlägen und Paletten, Verpacken von Umzugsgut und Neumöbeln, Verpacken von Kunstgegenständen und Messegütern, Sammeln, Zwischenlagern, Bereitstellen zur Verpackungsabnahme, Koordinierung und Terminüberwachung.

Die modernen Verpackungstechniken sind so umfangreich, dass wir nur einige grundsätzliche Hinweise geben können.

Verpackungshinweise

Die Wahl des geeigneten Verpackungsmaterials richtet sich nach:

* **Warenart**
  Es muss kostenmäßig im richtigen Verhältnis zum Wert der Waren stehen.

* **Transportmittel**
  Es muss ausreichenden Schutz während der gesamten Reisedauer und anschließender Lagerung gewährleisten. Hierbei sind die Beförderungsmittel, die Umschlagshäufigkeit und die technische Situation am Bestimmungsort zu berücksichtigen.

* **Beförderungsweg / Reiseziel**
  Es sind die klimatischen Verhältnisse auf dem Beförderungsweg und am Bestimmungsort zu beachten. Ausreichender Feuchtigkeitsschutz wie zum Beispiel Einschweißen in Polyäthylenfolie und Beigabe von Trockenmitteln nach *DIN 55473* ist zu gewährleisten. Blanke Teile sind mit Korrosionsschutzmitteln zu behandeln.

* **Verpackungsgröße**
  Durch die Größe der Grund- oder Verkaufsverpackung wird im Konsumgüterbereich bereits die Größe der Transportverpackung bestimmt. Im Investitionsbereich – ohne Grundverpackung – wird die Größe der Transportverpackung durch das Gut von seiner erforderlichen Konstruktion her bestimmt.

- **Beanspruchung der Verpackung**
  Mechanische Beanspruchung durch Fall, Stoß, Schub, Druck, Schwingungen und Rüttelbewegungen; klimatische Beanspruchung durch Hitze, Kälte, Feuchtigkeit; Beanspruchung durch Lebewesen; Raub und Diebstahl.

- **Überseeverpackung**
  Überseesendungen sind ganz besonders zahlreichen Beanspruchungen und Gefahren ausgesetzt durch den Druck der darauf ruhenden Ladung im Schiffsraum, Schweißwasser, Schimmelbildung, Ungezieferbefall usw.

- **Kostenfaktoren**
  Die Kosten, welche zwischen der Endkontrolle in der Fertigung und der versandbereiten Verpackungseinheit liegen, sind im Wesentlichen:
  Materialbeschaffung, Materialvorhaltung und Lagerung, Materialverbrauch und -verschnitt, Hebekapazität, Verpackungszeit, Kapazität und Auslastung des Verpackungsbetriebes.
  Diese Kosten sind unabwendbar und können nur durch rationellste Arbeitsweise günstig beeinflusst werden.

- **Heu-, Stroh- und Holz-Bestimmungen**
  Bei Verwendung von Holz, Heu und Stroh als Verpackungsmaterial sind die Bestimmungen des Empfangslandes zu beachten. Teilweise wird die Beifügung von Gesundheits- und Desinfektionszeugnissen verlangt.

Hinweise können den von der *Außenwirtschaftsabteilung der Handelskammer Hamburg* herausgegebenen *Konsulats- und Mustervorschriften* entnommen werden.

Container-Ver-packung   Die Vorzüge eines Containertransportes werden erst dann voll ausgeschöpft, wenn die Ware fachgerecht gesichert und gestaut im Container verladen wurde. **Die Beladung eines Containers unterscheidet sich wesentlich von der transportsicheren Unterbringung der Güter in Eisenbahnwaggons und auf Lkw.** Während des Transportes auf der Straße und in der Eisenbahn ist der Container nicht nur Beschleunigungen und Bremsungen ausgesetzt, sondern auch Zentrifugalkräften und lang anhaltenden Schwingungen. Während des Seetransports bei schlechten Wetterbedingungen ist die Ladung Drucklasten ausgesetzt, die den normalen Zustand bei weitem übertreffen können. Einige fundamentale Regeln sollte man beachten, um die Ladung vor Schaden zu bewahren.

- **Sicherung der Ladung im Container:**
  - durch Wandverkleidungen zum Halt von leichterer Ladung
  - durch Eckpfosten zur Absicherung von Versteifungen
  - durch Laschringe und Halterungen, an denen Taue (Hanf, Manila, Sisal etc.) und Drähte befestigt werden können
  - Homogene Ladung
    Der Containerraum ist voll auszunutzen; es darf kein Freiraum zwischen der Ladung, den Türen und den Seitenwänden gelassen werden. Lässt sich ein Freiraum nicht vermeiden, dann nur in der Mitte des Containers. Die Zwischenräume müssen abgestützt werden.

- **Große Ladungseinheiten**
  Sofern der Container-Innenraum nur zum Teil in Anspruch genommen wird, ist

die Ladung in der Mitte zu stauen und durch Verstrebungen abzusichern.

- **Sackladung**
  Sackgut wird im Kreuzverbund verladen, um ein Verrutschen zu verhindern.
- **Güter mit unterschiedlicher Verpackung**
  Weitmöglichst sind die Güter nach Verpackungstypen getrennt zu stauen und durch Separierungsmaterial gegeneinander abzusichern.
- **Fassware**
  Fässer sind stehend und mit dem Spund nach oben zu verladen. Bei mehreren Lagen müssen Zwischenböden eingelegt werden.
- **Rollen, zum Beispiel Papier**
  Rollen können stehend oder auch liegend verladen werden.
- **Autoreifen**
  Autoreifen sind flach zu stapeln und die Zwischenräume vertikal auszufüllen, um einen festen Verbund herzustellen.
- **Geruchsempfindliche Güter**
  Stark riechende Güter dürfen nicht zusammen mit geruchsempfindlichen Gütern verladen werden.
- **Schwerstücke**
  Schwerkolli sind auf Schlitten und dergleichen zu befestigen, damit bei der Entladung der Container beziehungsweise das Kolli nicht beschädigt wird. Der Schwerpunkt des Containers ist soweit wie möglich im Zentrum zu halten. Die zulässige Belastung des Containers muss eingehalten werden.
- **Zollware**
  Güter, die im Empfangsland vorverzollt werden müssen, sind am Türende des Containers zu verladen.

10.2   Markierung

Der Absender hat die Pflicht, eine vorschriftsmäßige Markierung der Packstücke vorzunehmen. Die Markierung muss in Übereinstimmung mit den Beförderungsbedingungen der Verkehrsunternehmungen alle hier festgelegten Details enthalten; zusätzlich sind noch eventuelle Sondervorschriften des Bestimmungslandes oder aus dem Kaufvertrag zu beachten. Für das Frachtgeschäft legt *§ 411 HGB* fest, dass der Absender das Gut, soweit dessen vertragsgemäße Behandlung dies erfordert, zu kennzeichnen hat.

Markierung

Eine Markierung muss (siehe auch *DIN 55402 Teil 1 und 2*):

- gut lesbar, klar verständlich und übersichtlich sein
- in dauerhafter Weise angebracht werden
- im Normalfalle enthalten: Kennbuchstabe oder -zeichen des Absenders oder Empfängers
- Auftragsnummer des Absenders oder Empfängers, Unternummer des Kollos, Bestimmungshafen und Endbestimmungsort, Bruttogewicht des Kollos – bei Packstücken über 1000 kg Einzelgewicht ist die Gewichtsangabe zwingend vorgeschrieben.

Kennzeichnungspflichten des Auftraggebers nach ADSp

Kennzeich-
nungs-
pflicht
Hinsichtlich der Verpackungs- und Kennzeichnungspflichten wird in den *ADSp Ziffer 6* festgelegt, dass die **Packstücke vom Auftraggeber deutlich und haltbar mit den für ihre auftragsgemäße Behandlung erforderlichen Kennzeichen zu versehen sind,** wie Adressen, Zeichen, Nummern, Symbolen für Handhabung und Eigenschaften, alte Kennzeichen müssen entfernt und unkenntlich gemacht sein. Darüber hinaus ist der Auftraggeber verpflichtet, die zu einer Sendung gehörenden Packstücke als zusammengehörig leicht erkennbar zu kennzeichnen.

Markierung gefährlicher Güter

Hier bestehen besondere Vorschriften für den Transport gefährlicher Güter per Bahn / Lkw / Schiff / Flugzeug, die den jeweiligen verkehrsträgerspezifischen Gefahrgutvorschriften zu entnehmen sind. Die Markierungsvorschriften umfassen sowohl die Kennzeichnung der Versandstücke als auch die der Beförderungsmittel (Lkw, Eisenbahnkesselwaggon, Container etc.) (siehe auch *Abschnitt 8.5*).

Packstücke Packstücke im Sinne der *ADSp* sind Einzelstücke oder vom Auftraggeber zur Abwicklung des Auftrags gebildete Einheiten, zum Beispiel Kisten, Gitterboxen, Paletten, Griffeinheiten, geschlossene Ladegefäße, wie gedeckt gebaute oder mit Planen versehene Waggons, Auflieger oder Wechselaufbauten, Container, Iglus.

Barcodiertes Transportlabel in der Spedition

Barcodie-
rung
In der logistischen Kette werden täglich Millionen von Packstücken auf den Weg gebracht. **Mit dem Barcoding wurde die Möglichkeit eröffnet, eine eindeutige Identifikation, die jedes Packstück auf seinem Weg durch die logistische Kette identifiziert, in Form eines Strichcodes auf dem Packstück aufzubringen.** Diese Identifikations-Nummer ist mit einem Scanner maschinell lesbar. Die Daten können somit per Scanner erfasst und für computergesteuerte Prozesse genutzt werden. Die Packstück-Identifikation, auch als *License Plate* oder ***Nummer der Versandeinheit (NVE)*** bezeichnet, ist als **Referenz-Nummer im elektronischen Datenaustausch** vorgesehen und schlägt damit die **Brücke zwischen vorauseilender Information und warenbegleitendem Informationsfluss** wie auch der Ware selbst. Sie ist eine unverzichtbare Basis für eine effiziente Steuerung zukunftsweisender Logistiksysteme.

Mit Hilfe des Transportlabels wird die Identität von Packstücken sichergestellt. Jedes Packstück erhält eine eindeutige Identifikations-Nummer *(License Plate)* (vergleiche hierzu *S. 359 ff.*).

Transportlabel

Um eine kostengünstige und effektive Erstellung des Transportlabels zu ermöglichen, hat sich das Hochformat für den Einsatz des Transportlabels bewährt.

In seiner äußeren Form gliedert sich das *EAN 128*-Transportetikett in drei wesentliche Segmente:

1. In das Kopfsegment für die frei formulierte Information (zum Beispiel Versender, Logo, Empfänger)

2. In das Mittelsegment, in dem die für den Ausführenden an der Rampe beziehungsweise im Lager bestimmten Klartextinformationen (Standarddateninhalte) wiedergegeben werden

3. In das Fußsegment, in dem die EAN 128-Strichcodes mit ihrer jeweiligen Klarschriftzeile gedruckt werden.

Abbildung 91:
Layout EAN 128-
Transportetikett

EAN 128 Transportetikett
Beispiel: Transportinformation

Quelle: GS1 Germany, Köln

Der vor den einzelnen Segmenten auf dem Etikett beanspruchte Platz kann je nach Anwendung variieren. Es wird empfohlen, die einzelnen Segmente durch eine horizontale Linie optisch voneinander zu trennen. Der Druck eines Rahmens ist nicht vorgeschrieben

SSCC ist die Abkürzung für *Serical Shipping Container Code*, die deutsche Übersetzung dafür ist *NVE Nummer der Versandeinheit*.

10.3   Paletteneinsatz

Paletten-funktion Hauptfunktion der Palette ist es, den Güterfluss im inner- wie zwischenbetrieblichen Transport sowie im Lager zu rationalisieren. Die Palette wird verwendet als

- Fertigungseinheit
- Lade- und Transporteinheit
- Versand- und Verpackungseinheit sowie
- Lager- und Regaleinheit.

Die Vorteile der Palettisierung sind um so größer, je höher die Zahl gleichartiger Umschlagsvorgänge im inner- und zwischenbetrieblichen Güteraustausch ist und je häufiger ein Wechsel zwischen Förder- und Verkehrsmitteln stattfindet. Die Palette ermöglicht es, eine Folge von Transport- und Umschlagsvorgängen ohne Auflösung der zwischen den einzelnen Schnittstellen zu bewegenden Gütereinheiten herzustellen, das heißt eine ununterbrochene Transportkette zu bilden. Erreicht werden dadurch

- bessere Auslastung der Lager- und Transportkapazitäten
- einfacheres und schnelleres Handling
- Einsparen von Arbeitskräften
- Einsparen von Verpackung
- Minderung von Schäden
- Reduzierung von Stand- und Lagerzeiten sowie
- Vermeidung kostspieliger Einzeltransporte.

Diese Vorteile des Paletteneinsatzes lassen sich am besten bei Verwendung gleichartiger, das heißt zwischen allen Gliedern der Transportkette austauschbaren Paletten realisieren. Daher wurde schon vor 1960 eine Normung der Paletten vorgenommen.

Nach *DIN 15145* ist die Palette wie folgt definiert:

Die Palette ist eine tragbare Plattform mit oder ohne Aufbau, die dazu dient, Güter zusammenzufassen, um eine Ladeeinheit zum Befördern, Lagern und Stapeln mit Flurförderzeugen oder anderen mechanischen Einrichtungen zu bilden. Sie ist mit Einrichtungen zum Unterfahren durch die Einführorgane von Flurförderzeugen (Gabelstapler, Gabelhubwagen usw.) versehen; die Unterfahrhöhe beträgt in der Regel etwa 100 mm.

DIN unterscheidet artmäßig Flach-, Rungen- und Boxpaletten. Daneben gibt es noch die Rollpalette, die an Stelle der Füße oder Kufen drei oder vier Rollen besitzt.

Am meisten Verwendung gefunden hat die Vierwege-Flachpalette aus Holz in den Abmessungen 800 mm x 1 200 mm. Dies nicht zuletzt deshalb, weil sie in dem 1961 von den europäischen Eisenbahnen geschaffenen *Europäischen Palettenpool* als tauschbare Palette fixiert wurde. Heute als *Europalette* bezeichnet, ist die *Gütegemeinschaft Paletten (GPAL)* als deutsches Nationalkomitee der *European Pallet Association (EPAL)* unter anderem mit der Qualitätssicherung von Europaletten und Eurogitterboxen beauftragt.

Der *Bundesgerichtshof* hat mit Urteil vom 15. 1. 1987 festgestellt, dass Paletten Packmittel sind. Als Packmittel gehört die Palette zum Beförderungsgut, sie ist kostenmäßig auf der Kaufvertragsebene angesiedelt und damit zwischen Käufer und Verkäufer abzurechnen. Der Beförderungsvertrag hat die Beförderung der aufgelieferten Sendung zum

Gegenstand. Er ist mit der Auslieferung des beförderten Gutes an den Empfänger erfüllt. Wird Gut auf Paletten zur Beförderung übergeben, so enden die Pflichten des Frachtführers mit der Auslieferung des palettierten Gutes.

Selbstverständlich besorgen Spediteure beziehungsweise Frachtführer den Rück- oder Weitertransport leerer Paletten. Hierfür ist aber ein **gesonderter Auftrag erforderlich, der gegen Zahlung von Speditions- und / oder Frachtentgelten auszuführen ist.**

Diese für den Bereich der Beförderungsverträge dargestellten Konsequenzen gelten in gleicher Weise auch für den Bereich der Speditionsverträge.

10.4 *Verpackungsverordnung*

Die *Verordnung über die Vermeidung und Verwertung von Verpackungsabfällen (Verpackungsverordnung)* wurde erlassen, nachdem die Zielfestlegungen zur Vermeidung, Verringerung oder Verwertung von Abfällen, insbesondere im Bereich von Getränke- und Verkaufsverpackungen, nicht zu dem gewünschten Ergebnis geführt haben. *— Verpackungsverordnung*

Angesichts der Zielsetzung des Abfallgesetzes, vorrangig Abfälle zu vermeiden oder zu verwerten, haben entsprechende Maßnahmen im Verpackungsbereich daher besondere Priorität. Verpackungsabfälle gehören mit rund 50 % nach dem Volumen und etwa 30 % nach dem Gewicht zu den wichtigsten Abfallarten in Hausmüll und hausmüllähnlichen Gewerbeabfällen. Mit der Verordnung sollen die Auswirkungen von Abfällen aus Verpackungen auf die Umwelt vermieden oder verringert werden. Grundsätzlich wird der Wiederverwendung von Verpackungen, der stofflichen Verwertung sowie den anderen Formen der Verwertung Vorrang vor der Beseitigung von Verpackungsabfällen eingeräumt.

Daher schreibt die Verpackungsverordnung als Grundsatz vor, dass Verpackungen aus umweltverträglichen und die stoffliche Verwertung nicht belastenden Materialien herzustellen sind.

Verpackungen im Sinne der *Verpackungsverordnung* sind:

1. Verpackungen:
   Aus beliebigen Materialien hergestellte Produkte zur Aufnahme, zum Schutz, zur Handhabung, zur Lieferung oder zur Darbietung von Waren, die vom Rohstoff bis zum Verarbeitungserzeugnis reichen können und vom Hersteller an den Vertreiber oder Endverbraucher weitergegeben werden. *— Verpackungen*

2. Verkaufsverpackungen:
   Verpackungen, die als eine Verkaufseinheit angeboten werden und beim Endverbraucher anfallen. Verkaufsverpackungen im Sinne der Verordnung sind auch Verpackungen des Handels, der Gastronomie und anderer Dienstleister, die die Übergabe von Waren an den Endverbraucher ermöglichen oder unterstützen (Serviceverpackungen) sowie Einweggeschirr. *— Verkaufsverpackung*

3. Umverpackungen:
   Verpackungen, die als zusätzliche Verpackungen zu Verkaufsverpackungen verwendet werden und nicht aus Gründen der Hygiene, der Haltbarkeit oder des Schutzes der Ware vor Beschädigung oder Verschmutzung für die Abgabe an den Endverbraucher erforderlich sind. *— Umverpackung*

**Transport-
verpackung**

4.   Transportverpackungen:
Verpackungen, die den Transport von Waren erleichtern, die Waren auf dem Transport vor Schäden bewahren oder die aus Gründen der Sicherheit des Transports
verwendet werden und beim Vertreiber anfallen.

Die *Verpackungsverordnung* schreibt grundsätzlich Folgendes vor:

1.   *Transportverpackungen, Umverpackungen und Verkaufsverpackungen sind von
Vertreiber und Hersteller zurückzunehmen und einer erneuten Verwendung zu demselben Zweck oder einer Verwertung außerhalb der öffentlichen Abfallentsorgung zuzuführen.* Vertreiber und Hersteller können sich zur Erfüllung dieser Pflichten Dritter, zum
Beispiel Spediteure, bedienen. Für die Durchführung von Transportversprechungen
durch Dienstleister muss allerdings ein gesonderter Auftrag erteilt werden (zum Beispiel Speditionsauftrag). Die Verpflichtung selbst hat auf Speditionen keinen Einfluss,
wenn sie für ihre Auftraggeber für den Transport verpackte Güter übernehmen. Zu
den Transportverpackungen zählen auch Paletten. Mit der *Verpackungsverordnung* ist
damit öffentlich-rechtlich festgeschrieben, dass die Verlader, die palettiertes Gut zur
Beförderung übergeben und damit Vertreiber im Sinne der Verordnung sind, die Paletten vom Empfänger der Güter zurücknehmen müssen. Den Spediteur / Frachtführer
trifft diese Pflicht also nicht. Er hat die Rücknahme der Paletten vom Empfänger
nur dann vorzunehmen, wenn er sich hierzu vertraglich gegenüber dem Auftraggeber
verpflichtet und damit als Dritter im Sinne der *Verpackungsverordnung* anzusehen ist.
Im Gegensatz zur alten Fassung der *VerpVO* werden nun die Rücknahmepflichten für
Transportverpackungen detaillierter ausgestaltet. Es wurde ergänzend festgeschrieben,
dass im Rahmen wiederkehrender Belieferungen die Rückgabe auch bei der nächsten
Anlieferung erfolgen kann. Von besonderer Bedeutung ist, dass die Rücknahme am
Ort der tatsächlichen Übergabe unentgeltlich zu erfolgen hat, allerdings mit der Maßgabe, dass im Einzelfall besondere Vereinbarungen getroffen werden können. Sofern
eine Transportverpackung beim Endverbraucher anfällt, handelt es sich um eine Verkaufsverpackung. Transportverpackungen können entsprechend der Begriffsbestimmung nur noch beim Vertreiber anfallen. Daraus könnte sich ergeben, dass bestimmte
Verpackungen im industriellen Bereich, die bisher als Transportverpackung angesehen
wurden, zum Beispiel Ausgangsmaterialien für die Herstellung weiterer Stoffe, nunmehr als Verkaufsverpackung eingestuft werden.

2.   *Umverpackungen muss der Vertreiber bei der Abgabe der Waren an den Endverbraucher entfernen oder dem Käufer die Möglichkeit eröffnen, die Umverpackung in der
Verkaufsstelle oder auf dem zu der Verkaufsstelle gehörenden Gelände zurückzu-
lassen.*

3.   *Verkaufsverpackungen schließlich muss der Vertreiber generell zurücknehmen.* Er
kann sich von dieser Rücknahmepflicht durch die Beteiligung an einem System befreien,
das eine regelmäßige Abholung gebrauchter Verpackungen bei den Haushaltungen oder
in der Nähe gewährleistet (sogenanntes „duales Entsorgungssystem").

4.   Die sogenannten *dualen Entsorgungssysteme* sind an strenge Auflagen gebunden
hinsichtlich der zu erfassenden Mengen der Verpackungen, deren ordnungsgemäße
stoffliche Verwertung und der reibungslosen Integration in bestehende kommu-

nale Wertstoffsammelsysteme. Maßgebende Teile des Einzelhandels und der Verpackungswirtschaft haben bereits entsprechende Sammelsysteme aufgebaut.

5. Die Rücknahmepflichten für Verpackungen schadstoffhaltiger Füllgüter kam mit der Novelle der *VerpVO* im Jahr 1998 hinzu. Damit bestehen auch Rücknahme- und Verwertungsverpflichtungen für Verpackungen, die Füllgüter enthalten haben, die auf Grund ihrer Gefährlichkeitsmerkmale als giftig, sehr giftig, ätzend, brandfördernd, hoch entzündlich oder gesundheitsschädlich und nach den *R-Sätzen* des Gefahrstoffrechts *R 40, R 62 oder R 63* zu kennzeichnen sind. Für Verpackungen, die nach der Gefahrstoffverordnung mit anderen Symbolen (zum Beispiel reizend oder entzündlich) zu kennzeichnen sind, gelten nach wie vor die „allgemeinen" Rücknahme- und Verwertungspflichten. Verkaufsverpackungen für schadstoffhaltige Füllgüter können grundsätzlich nicht in das *Duale System Deutschland (DSD)* aufgenommen werden.

Stichwortverzeichnis